STATISTICS FOR THE SOCIAL SCIENCES

제2판

사회과학을 위한

통계학

김 태 일

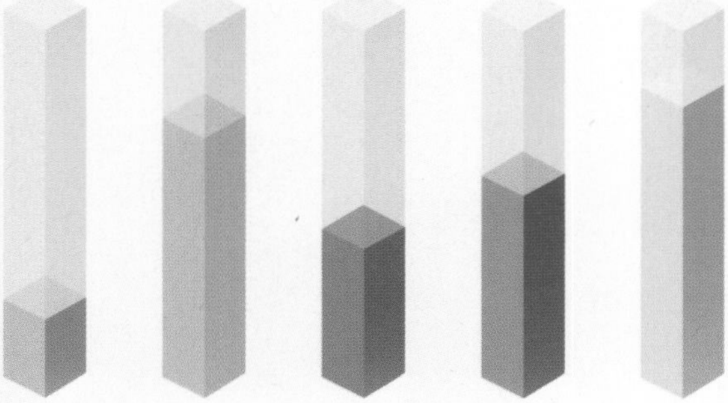

法 文 社

제2판 서문

1. 이 책의 특성

시중에 기초 통계학 교재는 이미 충분하다. 그럼에도 또 하나의 교재를 추가하는 이유는 무엇인가. 이 책을 집필하는 데 상당히 많은 시간과 정성을 투입했다. 고만고만한 책을 하나 더 얹을 뿐이라면 그렇게 많은 노력을 기울일 필요가 없었다. 아니, 애초에 집필을 시도하지도 않았을 것이다. 기존 교재들에서 부족함을 느끼고 아쉬움을 가져서 이 책을 집필했다. 기존 교재들과 차별화되는 이 책의 특징들은 대강 다음과 같다.

○ 통계학의 기본원리 이해에 중점을 두었다.

이 책은 기초통계학 교재다. 기초통계학이라면 무엇을 가르쳐야 할까. 처음 기초를 배운 고등학교 통계 수업에서 배운 내용을 떠올려보자. 대강 순열 조합, 정규분포, 신뢰구간추정 같은 것이 기억날 것이다. 하지만 그뿐이다. 이런 것들이 왜 어디에 어떻게 사용되는지는 모른다. 물론 고등학교 공부의 상당부분은 그저 대학입시를 위한 것이긴 하다. 하지만 대학에서 배우는 것이라면 좀 달라야겠다. 나는 기초통계학을 배운 것이 단지 '한 학기 수강하고 학점 받고 나면 끝'에 머물러서는 곤란하다고 생각한다.

어느 학문 분야든 '기초'를 가르친다면 공통으로 갖춰야 할 것들이 있다. 가장 중요한 것은 해당 학문의 기본원리를 확실히 이해하게 만드는 것이다. 확실히 이해한다면 기본원리를 구성하는 논리가 어떻게 구성되어 있는지, 그 원리가 실제에서 왜 어디에 어떻게 활용되며 이의 한계는 무엇인지 설명할 수 있어야 한다. 이를테면 통계학에 대한 설명이라면 "통계학의 기본원리는 이런 것인데 말이야, (…) 이런 경우에는 이 방법을 적용하는데, (…) 이런 점들이 한계라고 할 수 있지."라고 1시간 동안 얘기할 수 있어야 한다.

'기본원리의 확실한 이해'라는 면에서 보자면 기존 교재의 다수는 미흡하다. 각종 기법을 나열하고 적용법을 소개하고 있지만 각각 파편화되어 있다. 기본원리를 바탕으로 전체가 일관되게 구성되어 있지 못하다.

이 책은 각 장이 일관된 흐름을 갖고 서로 연결되면서 순서대로 통계학의 기본원리를 구축해 가도록 구성되어 있다. 그래서 차근차근 공부해 가면 통계학의 기본원리를 이해하고 통계라는 창을 통해 사회현상을 파악하는 능력을 갖추도록 하였다. 이를 위해 기존 교재에서 다루고 있는 내용이라도 불필요하다고 생각되는 것은 제외하였다. 대신 필요하다고 생각되는 내용은 훨씬 상세하게 다뤘다. 이 책을 충실히(!) 공부한 독자라면 '통계학이란 무엇인가'라는 질문에 대해 1시간 동안 무난히 얘기할 수 있을 것으로 기대한다.

○ 인과관계 추론을 중시했다.

이 책은 '사회과학을 위한' 기초통계학이다. 통계학은 모든 분야에 활용된다. 사회과학 분야에 활용된다고 해서 이공계 분야에 적용되는 것과 생판 다른 내용일수는 없다. 그러나 분야 특성에 따라 강조하는 내용에는 차이가 있다.

통계학을 활용하는 목적은 두 가지다. 하나는 현상의 상태, 그 자체를 알기 위함이다. 경제수준을 GDP로 측정하고, 소득분배 수준을 지니계수로 파악하는 것이 그런 예다. 또 하나는 인과관계를 추론하기 위한 것이다. R&D 투자 늘리는 것이 성장에 얼마나 도움이 되는지, 최저임금을 올리면 소득분배 상태가 얼마나 개선되는지 분석하는 것이 그런 경우다. 그런데 인과관계 규명 방식은 사회과학과 이공계에서 다소 차이가 있다.

이공계는 흔히 실험연구를 통해 인과관계를 규명한다. 새로 개발한 약이 다이어트에 효과가 있는지를 분석하는 것처럼 말이다. 이런 경우는 인과관계 규명이 수월하다. 실험군과 대조군을 설정해서 차이를 비교하면 된다. 사회과학은 실험연구를 적용할 수 있는 경우가 드물다. R&D 투자와 경제성장의 관계를 어떻게 실험연구로 규명하겠는가. 대부분의 경우 복잡한 사회현상들을 있는 그대로 관찰하고 파악해야 한다. 그래서 사회과학 연구에서는 인과관계 규명이 이공계보다 훨씬 어렵다.

이 책 후반부 내용의 대부분은 사회과학의 인과관계 추론을 다루고 있다. 이 책만큼 사회과학 인과관계 추론을 상세하게 논의한 기초통계학 교재는 없다. 하지만 나는 '사회과학을 위한' 기초통계학에서는 이에 대한 논의가 핵심이 되어야 한다고 생각한다. 이 책을 읽고 나면 통계학을 이용한 사회과학 인과관계 추론이 왜 어렵고 한계가 무엇인지, 어떤 방법을 적용해야 하는지에 대해 단단한 기반을 갖출 것으로 믿는다. 기존 교재와 차별화되는 이 책의 가장 큰 장점이다.

○ 통계적 판단의 한계를 강조하였다.

통계학은 표본을 통해 모집단을 파악하는 방법을 다룬다. 일부로써 전체를 판단하기 때문에 틀릴 가능성이 존재한다. 틀릴 가능성을 확률로 계산해서 그에 따라 판단하는 것이 통계적 판단이다. 대부분의 교재들은 틀릴 가능성 계산 방법 설명에 중점을 두고 있다. 물론 이는 기초 통계학에서 배워야할 주요 내용이긴 하다. 하지만 실제 연구자가 통계적 판단을 할 때, 직접 확률 계산을 하는 경우는 없다. 데이터가 존재하고 모형만 세우면 컴퓨터가 알아서 계산해준다. 그래서 실제 분석에서는 확률계산 자체가 아니라 데이터가 적절한지, 모형이 타당한지가 중요하다.

앞서 사회과학의 인과관계 추론은 이공계 분야보다 어렵다고 했다. 인과관계 추론이 어렵다는 것은 곧 타당한 모형을 세우는 것이 어렵다는 말이다. 그뿐이 아니다. 사회과학 분야는 적절한 데이터 얻기도 어렵다. 직무 만족, 정치 성향, 신뢰 등 사회과학 분야에는 추상적 개념에 대한 연구가 많다. 이런 변수들은 당연히 측정이 어렵다. 또 대표성 있는 표본을 얻는 것도 쉽지 않다.

사회과학에서 통계학의 기초를 가르친다면, 이러한 것들을 제대로 이해하는 것이 정말 중요하다. 그래야만 실제 분석을 할 때 잘못된 판단을 피할 수 있기 때문이다. 그래서 이 책에서는 틀릴 가능성 확률계산 방법 못지않게, 제대로 된 분석을 하기 위해(혹은 엉터리 분석을 면하기 위해) 주의해야 할 점들을 책 전편에 걸쳐 일관되게 강조하였다.

○ 수식보다는 말로 설명하는 것을 우선하였다.

수식을 사용하는 이유는 소통을 더 잘하기 위해서다. 말로 설명하면 길어지고 모호할 내용도 수식으로 나타내면 간결하고 명확해진다. 하지만 이는 수식을 이해할 수 있는 수리적 실력을 갖춘 경우에 해당한다. 불행히도 사회과학 분야 학생과 연구자들의 경우, 소수를 제외하고는 수식을 편하게 대할 수준의 실력을 갖추지는 못했다. 그 때문에 조금 복잡해 보이는 수식이 나오면 더 이상 생각하기를 멈춰버리곤 한다. 그래서 이 책은 다양한 개념과 논리를 우선 말로 풀어서 설명하였다. 그다음에 필요한 최소한도로 수식을 사용하여 설명했다.

아무리 쉽게 풀어 설명했다지만 대중소설 읽는 것보다는 집중과 인내가 필요하다. 하지만 찬찬히 따라가면 능히(!) 이해할 수 있게 기술하였다. 수식 역시 말로 풀어쓴 설명을 읽고 나서 하나씩 따라가면 어렵지 않게 이해하도록 기술하였다. 통계학은 암기과목이 아니다. 이 책을 약간의 끈기를 갖고 읽어가노라면 어느 새 통계학의 기본원리를 이해하게 될 것으로 믿는다.

○ 분석능력을 갖추는 데 힘썼다.

요즘 기초통계학 교재 중 다수는 SPSS를 이용한 연습문제를 제시함으로써 실제 분석하는 방법을 익힐 수 있게 하고 있다. 기초통계학을 배우면 간단하게나마 실제 분석을 할 수 있어야 한다. 따라서 통계 패키지를 이용한 자료 분석 문제를 포함하는 것은 바람직하다. 그런데 이런 교재들은 대체로 통계 패키지 활용법 익히는 데 치중하고 있다. 이것도 필요하다. 하지만 활용법 자체를 배우는 데는 통계 패키지 매뉴얼을 보는 것이 더 도움이 된다. 무릇 통계학 교재라면 활용법 자체보다는, 타당한 분석을 위해 해야 할 것과 피해야 할 것을, 실제 자료 분석을 통해 습득하게 하는 것이 더 필요하다. 구체적인 통계 패키지는 무엇을 사용하든 상관없다.

이 책은 타당한 분석을 위해 필요한 지식을 갖추는 데 노력했다. 본문의 주요내용으로 다뤘을 뿐만 아니라 데이터를 활용한 연습문제를 풀어가면서 습득할 수 있도록 하였다. 데이터는 연습용의 소규모뿐만 아니라, 실제 분석에서 사용하는 정도의 대규모 표본도 다뤘다.[1] 많은 변수를 포함한 대규모 표본 자료를 다뤄봄으로써 실전 능력을 키우기 위함이다.

이 책의 본문과 연습문제에서 다루는 자료들은, 이 책의 전용 블로그인 blog.naver.com/statforss에서 다운 받을 수 있다(눈치 챘겠지만 statforss는 Statistics for Social Sciences를 뜻한다). 이 블로그에는 자료뿐만 아니라 연습문제의 해답도 제시되어 있다. 그리고 Q&A 코너도 마련되어 있으니, 언제든지 내게 질문할 수 있다.

1 이 책에서 다루는 대규모 분석용 데이터는 한국노동패널조사 자료 등에 기초하여 내가 허구로 만든 것이다. 따라서 실제와는 다르다는 점에 주의해야 한다.

2. 한 학기 수업 구성

이 책은 12장으로 구성되었다. 통상 기초통계학은 한 학기짜리 수업이다. 나는 이 책의 바탕이 된 강의안으로 기초통계학 강의를 해왔는데, 한 학기 동안 12장 모두를 소화하기는 빠듯하다. 처음부터 차례대로 훑어가면 10장까지, 조금 무리한다면 11장까지가 한 학기 분량으로 적절하다. 마지막인 12장까지 다루는 것은 무리다. 사실 12장은 다중회귀분석에 대한 것이라서 통상의 기초통계학 수업에서는 잘 안 다루기도 한다. 하지만 나는 12장은 반드시 포함한다. '인과관계 추론'은 사회과학 분야 기초통계학에서 습득해야할 핵심 지식인데, 이를 위해서는 12장 내용을 이해하는 것이 매우 중요하기 때문이다. 대신 나는 다른 부분, 예를 들면 5장의 이항분포나 8장의 차이검정 등을 건너뛰거나 가볍게 지나간다.

이 책으로 수업을 할 때 한 학기 분량을 어떻게 정할지는 강사가 선택할 나름이다. 다만 저자 욕심으로는 12장을 포함하면 좋겠다. 그리고 12장을 다룰 때는 마지막의 "Advanced: 회귀분석 이해를 위한 문제"와 연습문제까지 포함하면 더욱 좋겠다. 이 부분은 어렵다. 그리고 기초통계학 범주를 뛰어넘는다(그래서 이 부분을 포함하면 강의평가 점수에 부정적인 영향을 미칠 수 있다). 그렇지만 여기까지 배워야 사회과학의 인과관계 추론, 그리고 이를 위한 회귀분석의 원리를 제대로 이해할 수 있다. '조금 더 도전적으로.' 저자의 바람이다. 한편 통계학을 초급과 중급으로 나눠서 가르친다면 11·12장은 중급에 포함하는 것도 가능할 것이다.

3. 이 책의 한계

이 책은 내 학부수업 강의안에 바탕을 두고 있다(그래서 문체도 강의 투에 가깝다). 강의안은 개론서에 비해 내용을 취사선택하기 마련이다. 이 책은 내 입장에서 필요하다고 생각하는 기초통계학 내용을 담고 있다. 내 주관이 깊이 들어가 있다는 점은 장점뿐만 아니라 단점도 될 수 있다. 그래서 독자들의 피드백이 필요하다. 포함되어야 할 내용이 빠졌다든가, 혹은 설명이 미흡하거나 어렵다든가 등등. 독자들의 피드백을 받아 개정해 가면서 완성도를 높이고 싶다.

언젠가 친한 통계학과 교수에게 기초통계학 교과서를 집필 중이라는 말을 했더니 언짢은 얼굴을 했다. 내가 통계학 비전공자이기 때문인데, 그렇다고 전공의 배타성을 내세우려는 것은 아니었다. 어느 학문이든 기초 교과서 집필은 해당 분야에 깊은 내공이 있어야 제대로 할 수 있기 때문이다. 아무리 내가 행정학자 중에서는 통계학을 깊이 공부했더라도 통계학 전공자에 비하겠는가. 그런 면에서는 분명 한계가 있다. 반면에 '사회과학 연구에의 통계학 활용'이라는 면에서는 장점이 있다. 이 책을 쓰면서 나의 장점을 십분 살리되 한계는 최소화하려 했다. 조금 명쾌하지 않은 부분은 동료 통계학자들의 조언을 받았다. 그럼에도 여전히 통계학자들의 시각에서는 개선 여지가 있을 것이다. 그런 피드백들을 받아서 좀 더 좋아진 개정판을 내고 싶다.

4. 이 책을 쓴 배경, 그리고 감사의 말

이 책의 집필을 시작한 지 15년이 넘었다. 집필의 계기는 나의 대학원 은사이신 노화준 선생님의 요청이었다. 선생님은 '행정계량분석'이라는 기초통계학 교재를 저술하셨다. 그 책은 1980년대에 나온 것이라서 당시(2000년대 초반)로는 좀 구식이었다. 그래서 선생님은 제자인 나와 함께 공저로 그 책의 개정판 내기를 원하셨다.

애초에는 몇몇 부분만 보완하고 약간의 내용을 추가할 계획이었다. 그런데 막상 시작하고 보니 그렇게 간단하게 끝낼 수가 없었다. '행정계량분석'이 처음 나왔을 당시 기준으로는, 정말 쉽게 잘 쓴 기초통계학 교재였다. 하지만 10여 년이 지나면서 꽤 좋은 교재들이 출간되었다. 대표적인 것이 류근관 교수의 '통계학'이다. 이 책은 내가 '행정계량분석' 개정 작업을 시작하고 얼마 안 있어 출간되었다. 류근관 교수의 책을 읽어보니, '행정계량분석'을 개정하더라도 그보다 더 나은 기초통계학 교재가 될 수는 없었다. 어차피 더 좋은 교재가 있는 마당에 구태여 개정판을 내기위해 나의 시간과 정성을 쏟고 싶지는 않았다.

이후 수년 간 나는 학부 기초통계학 수업 교재로 류근관 교수의 '통계학'을 사용했다. 그러면서 학부 학생들이 그 책을 다소 어려워함을 알았다. 류근관 교수의 '통계학'은 경제학과 학부생 기준으로는 쉽게 쓰였다. 그러나 다른 사회과학 전공 학부생 기준으로는 다소 어려울 수 있었다. 그리고 같은 사회과학이라도 경제학과 다른 전공들은 통계학의 쓰임새가 조금 다르다. 이런 이유로 일반 사회과학을 위한 잘 쓰인 기초통계학 교재가 별도로 필요함을 느꼈다.

그래서 이 빈틈을 메꾸기 위해 개정으로 시작했다가 아예 새로 쓰는 것으로 방향을 바꿨다. 그 결과 이 책이 나오게 되었다. 아무리 중간에 방향을 바꿨다 해도 15년이 지나서야 출간하게 된 것은 전적으로 나의 게으름 탓이다. 중간 중간 우여곡절이 있었지만 결국은 이 책을 쓰는 데 집중하지 못했기 때문이다.

이 책 초판은 나와 은사이신 노화준 교수님과 공저로 표기했다. 공저로 한 것은 두 가지 이유 때문이다. 비록 내가 온전히 썼지만 시작은 노 교수님의 '행정계량 분석' 개정 작업에서 비롯되었기 때문이라는 점, 그리고 이 책의 일부내용은 '행정계량분석'의 설명을 차용했다는 점 때문이다(예. 9장의 교차표 분석). 이 책은 분명히 '행정계량분석'에 빚졌으며, 그런 면에서 공저로 하는 것도 의미있을 것으로 판단하였다. 노화준 교수님은 2023 가을에 소천하셨다. 그 몇 개월 전에 내게 전화를 주시고는, 2판부터는 당신 이름을 빼달라고 하셨다. 당신의 기여가 적다고 여기셨기 때문이다. 은사님의 요청에 따라 이번 2판에서는 저자로 내 이름만을 올렸다.

교수가 교과서를 집필할 때는 으레 대학원생들의 도움을 받기 마련이다. 집필에 시간을 길게 끌어온 탓에 여러 명의 대학원생들이 이 책 집필을 위한 조교를 거쳐 갔다. 그 중에서 처음과 마지막 조교들은 특별히 언급할 필요가 있다. 첫 조교는 경희대학교 정외과의 조진희 교수였다. 조 교수는 대학원 시절 때 조교로 참여했는데 유일하게 이 책의 본문 집필을 함께 했다. 1장과 2장의 내용은 조 교수와 공동으로 집필한 것이다. 마지막 조교는 초판 당시 본과 대학원 석사과정에 재학 중인 박승빈, 이영빈, 그리고 통계학과 대학원생인 김형우 군이다. 이들은 본문의 교정과 도표 작성, 연습문제를 만드는 데 크게 기여했다. 이들은 물론이고 그 동안 거쳐 갔던 여러 명의 조교들에게도 고맙다는 말을 전한다.

통계학은 외국어라고 한다. 요즘 세상에 영어를 모르면 불편하듯 통계학을 모르면 각종 수치 정보를 이해하고 활용하는 데 제약을 받는다. 기초영어 과정을 익히고 나면 간단한 의사소통이 가능하고 쉬운 문장은 읽고 쓸 수 있어야 제대로 배운 것이다. 그리고 이후에는 스스로 그 이상의 과정을 얼마든지 공부할 수 있어야 튼튼한 '기초'라고 할 수 있다.

기초통계학도 그렇다. 배우고 나면 익힌 내용들이 실제로 왜 어디에 어떻게 활용되는지, 그리고 그 이유는 무엇인지 이해해야 한다. 당연히 기초적인 분석도 할 수 있어야 한다. 또한 향후 중급 이상의 통계학을 공부하는 데 튼튼한 기반이 되어줘야 한다. 무엇보다 배우기 이전과 이후는 통계를 보는 눈이 달라져야 한다. 나는 이 책이 그런 역할을 할 것으로 기대한다.

2024. 1

차례

PART 1 자료 구성하기

PART 2 기술통계: 자료의 요약

PART 3 확률과 분포

PART 5 인과관계의 탐색

PART 1

자료 구성하기

통계학은 자료를 다루는 학문이다. 자료로부터 필요한 정보를 알아내는 방법을 설명한 것이 통계학이다. 맛있는 요리를 만들려면 우선 재료가 좋아야 하고 요리사는 재료의 특성을 숙지하고 있어야 한다. 통계학을 활용해서 유용한 정보를 얻으려면, 먼저 좋은 자료가 있어야 하고 분석자는 자료 특성을 잘 이해하고 있어야 한다.

아무리 멋진 통계기법을 적용한다고 해도 주어진 자료 자체가 잘못되었다면 유용한 정보를 얻는 것은 애당초 물 건너간 일이다. 영어 표현에 'GIGO: garbage in garbage out'이라는 것이 있다. 우리말로 옮기면 '쓰레기를 넣으면 쓰레기가 나온다' 정도가 된다. 구슬이 서 말 있으면 꿰어서 보배로 만들 수 있다. 하지만 자갈이 서 말 있으면 아무리 열심히 꿰어도 보배가 되기는 처음부터 글렀다. 좋은 자료를 생산하는 것! 통계학을 이용하여 필요한 정보를 얻기 위한 첫 단계이자 가장 중요한 단계이다.

좋은 자료를 생산하려면 어떻게 해야 할까? 어떤 경우에 잘못된 자료를 얻게 될까? 여러 경우가 있다. 그 중에서 이 책에서 다루려는 것은 두 가지이다. 하나는 '측정'에 대한 것이며 또 하나는 '표본추출'에 대한 것이다.

통계학에서 다루는 자료는 수치로 되어 있거나 혹은 수치로 전환 가능한 형태로 되어 있다. 어떤 대상에 숫자를 부여하는 것이 측정이다. 그리고 분석 자료를 얻기 위해 연구대상 전체 중에서 일부를 선택하는 것이 표본추출이다. 우리나라 고등학생들의 1인당 사교육비 지출액을 알고 싶다고 하자. 이를 위하여 고등학생 모두를 대상으로 일일이 사교육비 지출액을 조사하는 것은 너무 힘들다. 현실적으로는 일정 규모, 가령 1,000명을 뽑은 다음에 이들에 대해 조사해야 한다. 이처럼 자료의 획득을 위하여 전체 중에서 일부를 뽑는 것이 **표본추출**이다. 그리고 뽑힌 1,000명에 대하여 사교육비 지출액을 조사하는 것이 **측정**이다.

측정과 표본추출이 잘못되면 당연히 제대로 된 자료를 얻을 수 없다. 그런데 불행하게도 실제의 통계분석에서 측정과 표본추출이 잘못된 경우는 너무도 많다. 왜 그런지 알아보자. 우선 각각의 개념을 좀 더 상세히 알아보고, 어떤 경우에 잘못 적용되는지 이해하자.

제 1 장

자료의 측정과 표본 추출

1. 자료의 측정

1) 자료의 형태와 척도

자료의 형태

우리가 일상생활에서 흔하게 접하는 다음과 같은 자료들의 형태를 생각해 보자.

그룹 A

소득, 키, 강수량, 학교로부터의 거리, 출퇴근에 걸리는 시간, 환율
가족 수, 홈페이지 방문자 수, 교통사고 건수, 농구경기의 득점

그룹 B-1

혈액형, 성별, 지지하는 정당, 고용상태, 출신지역, 버스노선번호

그룹 B-1

제품사용만족도(만족, 보통, 불만), 계층의식(상, 중, 하)
건강상태(매우 건강, 건강, 보통, 허약, 아주 허약)

그룹 A에 속한 자료들과 그룹 B에 속한 자료들은 어떤 차이가 있는가? 금

방 눈치 챌 수 있듯이 A에 속한 자료들은 가능한 결과들이 수치로 표현된다. 그리고 연봉 3,000만 원, 키 170cm처럼 표현되는 숫자 자체가 해당 자료의 수량(크기)을 나타낸다. 이러한 자료를 수치자료 혹은 양적 자료라고 한다. 수치자료는 다시 둘로 나눌 수 있다. A그룹의 윗줄은 연속형 자료, 아랫줄은 이산형 자료이다. 연속형 자료는 키 175.3cm와 같이 측정 간격이 계속 쪼개질 수 있는 것이다. 이에 비하여 이산형 자료는 가족 수 2명, 3명 등과 같이 측정 간격이 일정하게 벌어져 있는 것을 의미한다.

이제 그룹 B-1을 보자. B-1은 A와는 달리 자료의 특성이 직접 수치로 표현될 수 없다. 이들은 '혈액형(A형, B형, AB형, O형)', '성별(남, 여)'과 같이 유형별로 구분만 가능하다. 이러한 자료를 범주형 자료 혹은 질적 자료라고 한다. 그런데 이 대목에서 의문이 생기는 자료가 하나 있다. 버스노선번호이다. 버스노선번호는 145번, 4012번처럼 숫자로 표현된다. 그런데 왜 질적 자료에 속할까? 버스노선번호는 비록 숫자로 표현되지만 숫자 자체는 단지 다양한 노선들을 구분하기 위한 목적일 뿐이며 숫자 자체가 크기로서의 의미는 갖지 않기 때문이다. 202번은 145번보다 숫자가 크다. 하지만 이는 노선이 다르다는 것을 보여줄 뿐이다.

다음은 그룹 B-2를 보자. 이 그룹도 '제품사용만족도(만족, 보통, 불만)'처럼 유형별로 구분만 가능하므로 역시 범주형 또는 질적 자료에 해당한다. 하지만 만족, 보통, 불만이라는 것은 만족도 수준이 서로 다른 크기를 나타낸다는 의미에서 B-1과는 다소 성격이 다르다. 만족은 보통보다, 보통은 불만보다 만족도 수준이 높다는 것을 나타낸다. 그렇다면 이런 범주형 자료는 양적 자료와는 어떻게 다른가? 이어지는 척도의 유형에서 설명한다.

참고 이산형 자료지만 연속형 자료로 취급하기

이산형 자료는 가구당 휴대폰 수처럼 측정간격이 일정하게 벌어져 있는 것이고 연속형 자료는 대한민국 성인여성의 키와 같이 측정간격이 계속 쪼개질 수 있는 것이라고 했다(경희의 키는 162㎝, 태희의 키는 163㎝라면, 영희의 키는 162.5㎝, 도희의 키는 162.25㎝일 수 있다).

한 가지 주의할 게 있다. 실제로는 이산형 자료라도 가능한 자료값들의 간격이 워낙 촘촘하면 편의상 연속형 자료로 가정하기도 한다. 소득이 대표적인 예다. 소득은 1원 이하로 쪼갤 수는 없으므로 원래는 이산형 자료다. 하지만 통상 연속형 자료로 취급한다.

보기 1-1 축구 국가대표명단

위치	번호	이름	생년월일	체격 (cm/kg)	소속	A매치: (경기/득점)
GK	21	김영광	1983.06.28	184/85	울산 현대	16/−13
GK	23	김진현	1987.07.06	193/78	세레소 오사카(일본)	1/−4
GK	1	정성룡	1985.01.04	190/86	수원 삼성	44/−35
DF	19	황석호	1989.06.27	182/71	히로시마 산프레체(일본)	0/0
DF	4	정인환	1986.12.15	187/84	인천 유나이티드	1/0
DF	22	윤석영	1990.02.13	182/74	전남 드래곤즈	0/0
DF	3	오범석	1984.07.29	181/77	수원 삼성	41/2
DF	15	고요한	1988.03.10	170/65	FC서울	3/0
DF	2	박주호	1987.01.16	174/71	FC바젤(스위스)	11/0
DF	14	이정수	1980.01.08	185/76	알 사드(카타르)	53/5
DF	5	곽태휘	1981.07.08	185/80	울산 현대	27/5
MF	8	윤빛가람	1990.05.07	178/70	성남 일화	14/2
MF	9	이청용	1988.07.02	180 /69	볼턴 원더러스(잉글랜드)	41/5
MF	6	하대성	1985.03.02	182 /73	FC서울	5/0
MF	7	김보경	1989.10.06	178 /73	카디프시티(웨일스)	15/2
MF	17	이승기	1988.06.02	177 /67	광주FC	3/0
MF	12	박종우	1989.03.10	180 /74	부산 아이파크	0/0
MF	13	구자철	1989.02.27	182 /73	아우크스부르크(독일)	28/10
MF	16	기성용	1989.01.24	186 /75	스완지시티(웨일스)	48/5
MF	11	이근호	1985.04.11	177 /75	울산 현대	45/15
FW	20	이동국	1979.04.29	187 /83	전북 현대	93/29
FW	10	박주영	1985.07.10	183 /72	셀타 비고(스페인)	59/23

이 표는 2014년 브라질 월드컵 최종예선 우즈베키스탄전을 앞두고 발표된 국가대표 축구선수 22명의 명단이다. 어떤 것이 수치자료이고 어떤 것이 범주형 자료인가? '선수의 위치, 번호, 이름, 소속'은 모두 범주형 자료(명목 자료)에 속한다. 반면 '체격(키와 몸무게), A매치 출전 경기 및 득점 수'는 수치자료이면서 앞의 것은 연속형 자료이고, 뒤의 것은 이산형 자료이다. 마지막으로 선수들의 '생년월일'은 어떤 자료로 보아야 할까? 이는 선수들의 나이를 알려주기 위한 자료이므로 수치자료라고 볼 수 있다. 그러나 이 정보에 대한 우리의 관심사가 선수들이 태어난 달 혹은 계절 같은 것이라면 이는 질적 자료로서 취급하는 셈이 된다. 가령 '아하, 우리나라 국가대표 축구선수 22명 중에

서 겨울(12–2월)에 태어난 사람은 7명이지만, 여름(6–8월)에 태어난 사람은 8명이네'와 같은 정보를 얻는다면 이는 질적 자료로 활용한 셈이다.

척도의 유형

우리가 통계분석에 사용하는 자료에는 양적인 자료뿐만 아니라 질적인 자료도 있다. 그런데 통계분석을 위해서는 비록 질적인 자료라고 해도, 그 특성을 수치로 바꿔서 표현하는 것이 편리하다. 즉 'A형', '남성', '아주 만족' 등과 같이 자료의 특성을 말로 표현하는 것보다는 A형=1, 남성=0, 아주 만족=5와 같이 수치로 전환하여 표현하는 것이 편리하다.

자료의 특성을 수치로 나타내는 것이 측정(measurement)이다. 측정을 위해서는 일정한 기준이 필요한데 이를 척도(scale)라고 한다. 우리는 키를 측정하기 위해서 ㎝라는 척도를 사용하고, 음식의 열량을 측정하기 위해서 ㎈라는 척도를 사용한다.

척도는 측정할 때 요구되는 조건에 따라 명목(nominal), 서열(ordinal), 구간(interval), 비율(ratio)의 네 유형으로 구분한다. 명목 → 서열 → 구간 → 비율 순으로 척도의 수준이 높아진다고 하는데, 이는 요구되는 조건이 더 많아진다는 의미이다.

명목척도는 단지 자료의 특성을 구분하기 위하여 임의로 수치를 부여한 것이다. 성별에 대하여 남성=1, 여성=2와 같이 수치를 부여하는 것이 이에 해당한다. 1과 2라는 수치는 단지 남성과 여성을 식별하기 위해 임의로 부여된 수치일 뿐이며, 숫자의 크고 작음이 어떤 의미를 지니지는 않는다. 남성=2, 여성=1과 같이 뒤바꿔서 수치를 부여해도, 그렇게 약속만 하면 아무런 문제가 없다. 앞서 살펴본 그룹 B–1에 속하는 자료들은 그 특성이 유형별로 구분만 가능하므로 명목척도에 의해서만 측정이 가능하다.

서열척도는 순위척도라고도 하는데, 개별 자료 값 간의 순위나 대소를 정하기 위하여 순서에 따라 수치를 부여한 것이다. 성적순으로 등수를 매기는 것이 이에 해당한다. 그룹 B–2에 속하는 자료들은 서열척도로 측정할 수 있다. 예를 들어 삼송전자의 지젤 냉장고 소비자들을 대상으로 제품사용 만족도를 '만족', '보통', '불만'의 세 범주로 구분하여 조사하는데 만족은 3점, 보통은 2점, 불만은 1점의 수치를 부여한다고 하자. 3점은 2점보다, 2점은 1점보다

만족도가 더 높은 상태를 의미한다. 즉 숫자의 크기가 만족도 높낮이 순서를 나타내고 있다.

주의할 것은 3, 2, 1이라는 수치가 만족도 크기에 대한 절대적인 의미를 갖는 것은 아니라는 점이다. 즉 3과 2의 만족도 크기 차이가 2와 1의 만족도 크기 차이와 동일하다는 의미는 아니며, 3이 1에 비하여 3배의 만족도를 갖는 것도 아니다. 생각해 보라. 만족도 '보통'인 두 명의 만족도 합이 '만족'인 사람과 '불만'인 사람의 만족도 합과 동일하다고 할 수 있는가?

이처럼 수치의 크기 자체가 절대적인 의미를 갖는 것은 아니므로 양적 자료와는 구별된다. 수치의 크기가 상대적 의미만 갖기 때문에 서열자료는 순서만 일정하면 어떤 수치를 부여해도 상관없다. 가령 만족에 10, 보통에 5, 불만에 1이라는 수치를 부여해도, 더 큰 숫자가 더 높은 만족도를 의미하는 한 상관없다. 3, 2, 1이라는 일련의 수치를 부여하는 것은 단지 편의를 위한 것뿐이다. 그리고 만족=1, 보통=2, 불만=3과 같이 거꾸로 수치를 부여해도 상관없다. 이 경우는 숫자가 클수록 불만족도가 높음(만족도가 낮음)을 의미한다는 것만 분명히 하면 된다.

구간척도는 측정 대상이 담고 있는 특성의 수량적 차이에 비례하여 수치를 부여한 척도이다. 구간척도에서는 부여된 수치간의 간격이 동일한 크기를 나타낸다. 서열척도인 경우 만족=3, 보통=2, 불만=1의 수치를 부여했더라도 만족과 보통의 만족도 차이가 보통과 불만의 만족도 차이와 동일하다고 할 수 없다. 그러나 구간척도에서는 두 숫자의 차이가 동일하면 특성의 크기 차이 역시 동일하다. 섭씨온도는 물이 어는 점을 0℃, 끓는점을 100℃로 정하고 그 간격을 동일하게 100등분한 것으로서 구간척도에 해당한다. 20℃와 30℃의 차이는 30℃와 40℃의 차이와 같다. 그리고 20℃의 물 1ℓ와 40℃의 물 1ℓ를 합치면 30℃의 물 2ℓ가 생긴다.

비율척도도 구간척도와 마찬가지로 양적 자료를 측정하는 척도로서 수치간의 간격이 동일한 크기를 나타낸다. 두 척도의 차이는 자연적으로 주어지는 '0'(natural zero)의 존재 유무에 있다. 아무것도 없다는 의미의 '0'이 존재하면 비율척도이며, 존재하지 않으면 구간척도에 해당한다. 무슨 말인가? 구간척도로 측정하는 온도와 비율척도로 측정하는 소득을 생각해 보자. 온도가 0℃라는 것은 단지 1℃보다는 낮고 −1℃보다는 높은 특정 온도 수준을 나타내는 것이지 온도가 없다(?)는 의미는 아니다(참고로 0℃는 32℉이다). 이에 비하여 소득이 0원이라는 것은 소득이 없음을 의미한다. 자연적으로 주어지는 '0'이 없으면 자료간의 절대적인 크기를 '배수'로 즉 비율로 비교할 수 없다. 소득이 200만 원인 사람은 소득이 100만 원인 사람보다 2배의 소득을 갖고 있는 셈이다. 하지만 40℃가 20℃보다 2배 덥다는 것을 의미하지는 않는다.

양적 자료는 대부분 비율척도로 측정되며, 구간척도로만 측정할 수 있는 양적 자료는 많지 않다. 그리고 실제 통계분석에서 두 척도를 구분할 실익은 그다지 크지 않다.

[그림 1-1]에는 지금까지 설명한 측정의 수준에 따른 자료의 형태를 정리하여 제시했다.

그림 1-1
측정 수준에 따른 자료의 형태

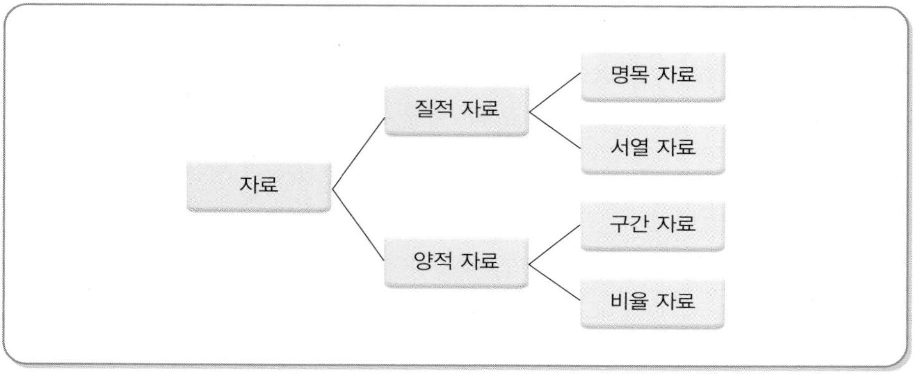

참고 **변수(variable)와 자료(data)**

변수는 자료로 표현되는 특정 속성이나 대상 자체를 의미한다. 즉 앞의 예에서 '소득', '혈액형', '계층의식' 등은 각각이 하나의 변수이며, 이들에게 특정 값이 부여된 것이 자료이다. 특정 변수의 값은 자료에 따라 달라질 수 있다. 그래서 변하는 수, 즉 변수이다. 〈보기 1-1〉의 표에서 '위치', '번호', '이름' 등은 변수이며 그 아래의 값들은 이런 변수들에 대한 22명의 자료이다.

서열 자료의 양적 자료 취급

지금까지 자료의 유형을 양적 자료와 질적 자료로 구분하고, 자료를 측정하기 위한 네 유형의 척도를 소개하였다. 그런데 질적 자료 중에서 명목척도로 측정한 자료는 쉽게 양적 자료와 구분되지만, 서열척도로 측정한 자료는 양적 자료와 구분이 애매한 경우가 종종 있다. 보다 명확하게 말하면, 사실은 서열척도로 측정한 질적 자료이지만 구간 또는 비율척도로 측정한 양적 자료인 것처럼 간주하고 사용하는 경우가 많다.

예를 들어보자. 대전시 행정서비스 만족도를 조사하기 위하여 대전 주민 1,000명을 대상으로 20문항을 만들어서 5점 만점(매우 만족=5, 만족=4, 보통=3, 불만=2, 아주 불만=1)으로 응답하게 했다. 이는 서열척도로 측정한 것이다. 왜냐하면 5점보다는 4점이, 4점보다는 3점이 만족도가 높음을 의미하기는 하지만, 이 수치는 상대적인 순서로서의 의미만을 지니지 절대적인 크기가 의미를 갖지는 않기 때문이다. 절대적인 크기가 의미를 갖지 못한다는 것은 사칙연산을 적용할 수 없다는 말이다. 따라서 사칙연산을 적용하여 만든 통곗값들, 가령 '총합'이나 '평균'은 통곗값이 갖는 본래의 의미를 제대로 충족하지 못한다.

각각 20명씩 이루어진 두 집단 A와 B가 있다. A 집단은 '아주 불만' 응답자 10명과 '매우 만족' 응답자 10명으로 이루어져 있으며, B 집단은 '만족' 응답자 10명과 '불만' 응답자 10명으로 이루어져 있다. 두 집단의 합과 평균은 60점과 3점으로 동일하다. 그렇다고 해서 두 집단의 만족도 총합은 같다거나, 두 집단의 만족도 평균은 '보통'으로 동일하다고 판단하는 것은 타당하지 않다.

정부는 각 기관별로 행정서비스 만족도라는 것을 조사하고 결과를 발표한다. 이를 보도하는 언론 기사를 보면 'A부처는 5점 만점에 평균 3.15이며 B부처는 2.74로서 A부처의 서비스 만족도가 더 높다'와 같이 만족도 평균을 구하고 이 값들을 비교하고 있다. 이는 서열자료는 평균을 낼 수 없다는 원칙에 위배된다. 하지만 만족도 점수 평균을 낼 수 없다면, 어떤 집단의 전반적인 만족도 수준을 파악하거나, 서로 다른 집단 간에 비교하는 것이 상당히 불편해진다. 원칙적으로 하면 'A 기관은 매우만족 7%, 만족 12%, 보통 30% …'이고 'B 기관은 매우만족 5%, 만족 20%, 보통 27%, …' 하듯이 각 수준별 비율만을 비교할 수 있다. 그런데 이것만으로 어느 기관의 만족도가 더 높은지, 작년보다 만족도는 얼마나 변했는지 등을 파악하려면 조금 골치 아프지 않겠는가! 따라서 원칙적으로는 서열척도로 측정한 질적 자료여서 평균을 구할 수 없지만, 편의상 구간 혹은 비율척도로 측정한 양적 자료인 것처럼 간주하고 평균을 구해서 사용하는 것뿐이다.

일반적인 경우 이렇게 사용하는 것이 크게 문제가 되지는 않는다. 하지만 원래는 서열자료라는 것을 감안해서 결과 해석에 신중할 필요는 있겠다.

보기 1-2 의견 조사는 몇 점 척도를 사용해야 하나?

복지지출 확대에 대한 국민들의 의견을 파악하기 위해 "귀하는 지금보다 복지지출을 확대해야 한다고 생각하십니까?"라는 질문을 했다. 여기에 대한 답은 다음과 같은 척도로 측정할 수 있다.

1) 반대, 찬성

2) 반대, 보통, 찬성

3) 적극 반대, 다소 반대, 다소 찬성, 적극 찬성

4) 적극 반대, 다소 반대, 그저 그렇다, 다소 찬성, 적극 찬성

1)과 2), 3)과 4)를 비교하자. 한 쪽은 보통(그저 그렇다)이 없고 다른 한 쪽은 있다. 찬반을 묻는 데 '보통'이 뭐를 의미하냐는 반문도 있겠지만, 일단 이건 무시하고 결과가 어찌 나올지 생각해 보자. 평소 정부재정이나 복지에 대해 별 관심이 없는 사람들(다수일 것이다), 혹은 성의 없이 설문에 응하는 사람들은 보통(그저 그렇다)에 응답하는 경우가 많을 것이다. 그렇다면 이 척도는 빼는 것이 맞을까? 1)로 물을 때는 찬반이 4:6인데 2)로 물었더니 2:5:3으로 나왔다면, 국민들이 복지지출 확대에 찬성하는 편일까 반대하는 편일까? 정부가 내심 복지지출을 확대하고 싶다면 어떤 척도로 물을까?

2점, 3점, 4점, 5점 척도로 물은 결과들에 대한 기술통계분석(2장에서 다룬다)을 할 때 어떻게 하면 좋을까? 각 카테고리의 비율만 제시할까 아니면 평균값도 가능할까? 그렇다면 평균값은 어떻게 해석해야 하나?

생각해보기

대학교 학점은 어떤 자료이며, 무슨 척도로 측정한 것일까? 명목척도는 물론 아니다. 전과목 F면 학점이 0이 되므로 구간척도도 아니다. 결국 서열척도 아니면 비율척도일 것이다. 서열척도로 측정한 것이라면 질적 자료로 봐야 하고, 비율척도로 측정한 것이마면 양적 자료로 봐야한다. 어떤 걸까?

대학교 학점은 A^+, B^0, F 등과 같이 매긴다. 그리고 A^+는 4.5, B^0는 3.0처럼 정해진 수치를 부여한다. 대학교 학점이 양적 자료가 되려면 A, B, C와 같은 각 등급의 간격이 동일해야 한다. 즉 A학점을 받은 학생과 B학점을 받은 학생의 시험 또는 레포트 점수 차이는 B학점과 C학점을 받은 학생의 시험 또는 레포트 점수 차이와 동일해야 한다. 과연 그럴까?

학점 후한 교수에 따라서 기준이 서로 다르다. 절대평가를 하기도 하고 상대평가를 하기

도 하며, 그 안에서도 후하게 매기는 교수와 박하게 매기는 교수가 있다(많은 독자들도 학점 후한 교수 강의를 찾아다닌 경험이 있을 것이다).

이러 저러한 사정을 고려하면 학점은 서열척도로 측정한 질적 자료라고 봐야 할 것 같다. 다만, 편의상 양적 자료인 것처럼 간주해서 평균을 내는 것으로 이해하는 게 옳을 것 같다. 따라서 평균학점만을 갖고 대학 성적의 우열을 논할 때는 주의할 필요가 있다. 실제로 국내외의 많은 대학원에서는 지원자의 학부 성적을 평가할 때, 평균학점 외에 A학점을 받은 과목 수와 과목 성격을 함께 고려한다.

2) 측정 오차

측정의 어려움

전술한 바와 같이 사물의 특성을 수치로 표현하는 것이 측정이다. 통계학은 수치로 측정된 자료를 이용하여 필요한 정보를 얻는 방법을 가르친다. 그런데 자료의 측정 자체가 잘못되었다면, 이 자료에 아무리 멋진 방법을 적용해도 올바른 정보를 얻을 수 없다. 따라서 자료를 올바르게 측정하는 것은 통계학의 다양한 방법들을 제대로 활용하기 위한 전제가 된다.

독자들은 측정이 뭐가 어려운가라고 생각할 수도 있다. 그러나 사실 제대로 측정하는 것은 매우 어렵다. 사회과학에서는 특히 더 그렇다. 가구소득을 조사한다고 하자. 여러분은 자기 집 월 소득이 얼마인지 정확히 알고 있는가? 대부분은 정확히는 고사하고 개략적으로라도, 가령 200만 원, 300만 원처럼 100만 원 단위로 끊더라도 대답하기 어려울 것이다. 여러분은 대부분 직접 돈을 벌지 않고, 타서 쓰는 처지라서 그렇다고 치자. 하지만 실제로 돈을 벌어오는 사람들도 자신의 소득이 얼마인지 정확히는 잘 모른다. 그래서 소득을 조사하면 대개 250만 원, 300만 원처럼 50만 원 단위로 응답하는 경우가 많다. 그나마 50만 원 단위로라도 맞는 것이면 좋겠지만 이것도 정확하지는 않다(실제 소득보다 축소 응답하는 경우가 많다). 미국의 인구조사 결과를 보면 연령도 20세, 25세처럼 0이나 5로 끝나는 경우가 다른 숫자로 끝나는 연령보다 훨씬 사람이 많다. 이는 실제로 그런 게 아니라 사람들이 연령마저도 5단위로 끊어서 답하는 경우가 많기 때문이다. 우리나라도 여성을 대상으로 연령조사를 하면 29세가 30세보다, 39세가 40세보다 월등히(!) 많을 것 같다.

보기 1-3 가구소득 측정은 얼마나 정확할까?

정부가 주기적으로 수집하는 주요 통계 중에 가구소득이 있다. 통계청에서 '가계조사'라는 설문조사를 통해 수집한다. 이에 근거해서 소득불평등도, 빈곤율 등 다양한 지표를 생산한다. 그런데 이 통계는 얼마나 정확할까? 설문조사로 소득을 파악할 때는 최상층은 조사에 빠지는 경우가 많다. 생각해 보라, 우리나라 굴지의 재벌들한테 설문에 응해 달라고 한들 얼마나 응하겠는가? 사실 설문지를 제대로 전달하기도 힘들다. 그리고 고소득층은 설문에 답할 때도 실제 소득보다 축소 응답하는 경우가 많다(일부러 그러는 게 아니라, 소득원이 근로소득과 사업소득 말고도 주식 배당 및 매매 차익, 부동산 임대료, 예금 이자 등 워낙 많아서 제대로 파악하기 어려워서 그렇다고 한다).

최하층도 조사에 빠지는 경우가 흔하다. 노숙인은 말할 것도 없고, 밤늦게 들어와 아침 일찍 나가는 고시텔 거주자 등은 아무래도 설문조사에 응답하기가 어렵기 마련이다.

이처럼 최상위와 최하위의 소득이 제대로 안 잡히면 결과는? 소득불평등도와 빈곤율은 실제보다 작게 나온다.

소득이나 연령처럼 객관적인 특성도 제대로 측정하기 어려운데, 하물며 행정서비스 수준이나 경쟁력 같은 추상적인 특성을 올바르게 측정하는 것은 얼마나 더 어렵겠는가? 예를 들어서 구청의 행정서비스 수준을 측정한다고 하자. 어떻게 측정하면 좋을까? 구청 앞에 가서 민원처리를 마치고 나오는 사람들을 대상으로 "구청의 행정서비스 수준을 100점 만점으로 평가한다면 몇 점에 해당한다고 생각하십니까?"와 같이 물으면 될까? 이렇게 묻는 것도 한 방법일 수는 있다. 하지만 이 결과가 얼마나 정확할까? 동일한 방식으로 서울시 모든 구청에 대하여 조사한 후, 이 점수를 근거로 구청별 행정서비스 순위를 매긴다면 각 구청들이 결과에 수긍할까?

추상적 특성을 측정하기 위한 좀 더 세련된, 그럴 듯한 방법들이 개발되어 있기는 하다. 하지만 어떤 방법을 사용하더라도 추상적이라는 성격상 이를 올바르게 측정하는 것은 매우 어렵다. 이에 대한 상세한 논의는 이 책의 범위를 벗어나므로 생략한다. 다만 올바른 측정이 그리 만만한 것은 아니라는 점을 기억해 두자. 그래서 나중에 자료를 보고 현상을 해석·판단할 때 주의하도록 하자.

생각해보기

행정서비스 美보다 낫다?(조선일보 2001. 8. 5 기자수첩)

기획예산처는 국내의 한 컨설팅 회사가 지난 5월부터 8월까지 실시했다는 '공공 서비스에 대한 국민 만족도 조사' 결과를 지난 3일 발표했다. 이번 조사는 기획예산처가 INCO그룹이라는 이름도 생소한 '행정전문 컨설팅 회사'에 3,000만 원의 용역비를 제공해 이루어진 것이다. 서○○ 재정개혁단장은 "이번 조사에서 일반인 1,900명을 대상으로 역대 정권의 공공개혁 성과를 50점(기준)이라 할 경우 DJ 정부는 몇 점인가를 물어보았다"고 밝혔다. 그는 "DJ 정부에 대한 만족도는 평균 76점으로, 과거 정부에 비해 월등히 만족스럽다는 결과가 나왔다"고 설명했다. '공기업 민영화', '기금제도 개선', '책임운영 기관제' 등 일반 국민은 물론 전문가들도 평가하기 어려운 주제들에 대해 민원인들의 평가를 조사했다는 설명이었다.

독자들은 역대 정권의 공공개혁 성과에 대해 얼마나 알고 있는가, 지난 정부의 '기금제도 개선'과 '책임운영 기관제' 성과를 평가할 수 있는가. 생각해보기의 신문기사는 좀 극단적일 수 있겠다. 하지만 유사한 사례는 흔히 발견할 수 있다. 정부의 조사 발표만 그런 것이 아니다. 학자들의 논문 중에도 오십보 백보인 것이 꽤 된다.

참고 통계학(Statistics)의 어원

영어의 statistics의 어원은 국가인 state에서 왔다고 한다. state에 학문을 뜻하는 접미어인 ics가 붙은 것이니 우리말로 직역하면 '국가학'이 된다. 예부터 국가를 다스리려면 다양한 통계가 필요했다. 세금을 부과하려면 농산물을 얼마나 생산했는지 알아야 하고, 징집을 하려면 마을마다 장정이 몇 명인지를 알아야 했다. 또 치수를 하려면 시기마다 강수량의 변화를 알아야했다(고대 중국 문명이 황하의 홍수를 다스리는데서 시작했음을 기억하자). 국가가 특정 정책을 펼치려면 우선 해당 상황에 대한 정보가 있어야 함은 물론이다.

국가 운영에 통계는 매우 중요하다. GDP, 실업률, 물가, 소득분배 상황 등의 경제지표나 환경오염, 평균수명, 교통사고, 행복지수 등 사회지표는 물론이고 국정 지지도 같은 여론 동향도 중요하다.

국가 운영에 통계를 제대로 활용하려면 일단 통계가 제대로 생산되어야 한다. 이를 위해서는 제대로 된 통계생산체계를 갖춰야 하는데 그러려면 돈도 많이 투입해야 한다. 그리고 무엇보다 정직해야 한다! 그나저나 우리나라 국가 통계의 품질은 어떨까?

측정 오차의 유형

측정하고자 하는 대상의 참값과 측정값의 차이를 측정 오차라고 한다. 측정 오차는 체계적 오차(systematic error)와 무작위 오차(random error)로 구분하기도 한다. 체계적 오차는 오차가 일정한 방향성을 갖고 있는 것을 말한다. 가령 저울의 0점 조정을 잘못해서 실제로는 100g인 지점을 0g으로 정했다면 이 저울로 잰 무게는 항상 실제보다 100g 더 가볍게 나올 것이다. 즉 100g의 체계적 오차를 포함하게 된다. 체계적 오차를 편의(偏倚, bias)라고도 한다. 설문조사에서 소득액을 물으면 고소득층일수록 실제보다 축소해서 응답하는 경향이 많다. 이 경우는 고소득일수록 −의 편의가 발생하는 셈이다. 5점 척도의 설문조사를 할 때, 깊이 생각하기 귀찮거나, 딱히 강한 의견이 없을 때는 그냥 중간인 3점에 체크하는 경향이 있다. 이것도 중간에 몰린다는 의미에서 편의의 일종이다.

무작위 오차는 말 그대로 오차가 +, − 어느 쪽이든지 무작위로 발생하는 것을 말한다. 나 같은 초보자가 다트 게임을 하면 정 가운데를 조준하고 던져도 다트 판의 사방팔방으로 마구 꽂힌다. 무작위오차가 발생하는 셈이다. 측정에서 무작위오차가 발생하는 경우는 찾기 어렵다. 굳이 찾는다면, 응답자가 아예 설문을 읽어보지도 않고 아무 것이나 찍는 경우 정도가 있겠다. 무작위 오차는 측정보다는 표본추출에서 훨씬 중요하다.

참값과의 차이를 의미하는 오차는 측정에서뿐만 아니라 다음 절에서 설명하는 표본추출에서도 발생하는데, 이때는 표본추출 오차라고 한다. 통상 기초통계학에서는 측정 오차보다는 표본추출 오차에 관심을 갖는다. 그러나 이는 결코 측정 오차가 중요하지 않아서가 아니다. 다만 측정 오차는 통계기법을 이용해서 크기를 파악하거나 이로 인한 문제를 처리하기가 어렵기 때문이다. 이에 비하여 표본추출 오차의 크기를 추정하고 이로 인한 문제를 처리하는 것은 가능하며, 이 방법이 바로 기초통계학의 핵심 내용이다. 비록 통계학 수업에서 강조하지는 않는다고 해도, 분석 결과의 타당성에 측정 오차는 치명적인 영향을 끼친다는 것을 명심하자.

보기 1-4 설문조사 시 주의사항

소득 소비 조사, 각종 만족도 조사, 의식 조사, 여론 조사 등등 사회과학 분야의 연구에서는 설문조사를 통하여 자료를 구하는 경우가 매우 많다. 그런데 설문조사는 조사대상 중 응답한 사람에 한해서만 자료를 구할 수 있다. 또 응답자가 나름대로 판단해서 답한 결과만을 얻는 것이므로 어떤 내용을 어떤 방식으로 묻는가에 따라 결과가 달라질 수 있다.

가령 대면면접, 전화면접, 인터넷조사 등 조사방식에 따라 응답률에 많은 차이가 있으며, 응답률의 차이에 따라 결과가 달라질 수 있다. 선거철이면 어느 정당을 지지하는가를 묻는 전화가 많이 온다. 과거 권위주의 정권 시절 전화로 선호 정당을 물으면 실제보다 여당지지 응답이 많았다. 이는 실제로는 야당을 지지하더라도 솔직히 답하면 불이익(!)을 당할까봐 여당을 지지한다고 답하기 때문이다. 물론 요새는 그런 사람이 없을 것이다.

질문 내용이 사회적으로 또는 응답자 개인적으로 민감한 사안일 때는 어떤 방식으로 조사해야 사실을 끌어낼 수 있을까? 다음의 예를 보자.

예) 서울시는 구청 공무원들의 뇌물 수수실태를 조사하려고 한다. 특히 각 구청별로 실태를 파악해서, 청렴한 구청은 포상을 하고, 부패한 구청은 징계를 내리려고 한다.

이를 위하여 각 구청별로 공무원 100명씩을 무작위로 선정한 다음 설문조사(대면면접, 전화면접, 우편조사, e-mail, 기타 중 어떤 방식이었을까?)를 하였다. 조사내용은 지난 6개월간 민원인들로부터 뇌물을 수수한 빈도와 금액을 적으라는 것이었다. 물론 개인의 익명성은 철저하게 보장한다는 전제를 붙이는 것을 잊지 않았다! 그 결과는 어떻게 나타났을까?

설문조사를 통하여 올바른 자료를 획득하기 위해서는 주의해야 할 점들이 정말 많다. 표본추출도 잘 되어야 하고, 응답률도 높아야 하고, 대면면접이나 전화조사인 경우 조사원이 잘 훈련되어야 하고, 민감한 사항은 솔직한 답변을 끌어 낼 수 있는 방법을 써야 하고, 기타 등등, 정말 많다. 비록 이 책에서 다루지는 않지만, 나중에라도 독자들 스스로 찾아서 공부해 보길 권하며, 여기에서는 설문 문항을 만들 때 주의할 점 몇 가지만 언급하고 마무리 하자. 필자도 자주 설문대상이 되는데(소위 전문가 조사라고 해서 교수들한테는 자주 설문이 온다. 인터넷 설문이 제일 많은데, 특별히 친분 있는 사람이 부탁한 것 혹은 관심분야가 아니라면 대부분 무시해 버린다). 도대체 설문 구성의 기본도 모르는 설문들이 흔히 발견된다. 다음은 설문 구성에서 주의해야 할 것들 중에서 기본적인 것들이다.

- **편향된 척도**: 응답 척도(선택지)가 어느 한 쪽으로 치우친 경우이다. 예를 들어, "아주 좋다", "좋다", "괜찮다", "나쁘다"와 같이 선택지를 구성한다고 하자. 네 개 중에 세 개가 긍정적인 답이다. 이렇게 되면 당연히 응답자들은 (실제 생각보다!) 긍정적인 대답을 하는 경향을 갖게 된다.
- **유도 질문**: 응답을 일정 방향으로 유도하는 질문이다. 가령 "지금 북한 동포들은 기아로 고통 받고 있습니다. 굶주림에서 벗어나는 것은 인간의 존엄성 실현을 위한 최소한의 기본 조건일 것입니다. 귀하는 인도적 차원에서 조건 없는 대북식량지원에 대하여 찬성하십니까?"와 같이 묻는 것과 "최근 북한에 지원한 식량이 실제로 주민들에게 제공되기보다는 군량미 비축으로 사용되고 있다는 주장이

제기되고 있습니다. 귀하는 정부가 무조건으로 대북식량지원 하는 것에 대하여 찬성하십니까?"와 같이 물을 때 동일한 응답 결과가 나올까?

– **다중 질문**: 하나의 질문에 두 가지 이상의 것을 묻는 질문이다. 예를 들면 "낙태와 (게이 등) 동성 간 혼인을 허용하는 것에 대하여 찬성하십니까?"와 같은 질문이다. 낙태 허용은 찬성하지만 동성 간 혼인 허용에 반대하는 사람이라면 어떻게 대답해야 할까?

보기 1-5 설문문항 배열의 효과[1]

때로는 설문의 순서에 의해서도 결과가 달라질 수 있다. 다음은 실제 독일에서 전화조사를 했던 사례이다.

- 질문1: 귀하는 대기 오염에 자동차가 제조업 공장보다 더 큰 영향을 끼친다고 생각하십니까?
- 질문2: 귀하는 대기 오염에 제조업 공장이 자동차보다 더 큰 영향을 끼친다고 생각하십니까?

질문 1과 2는 자동차와 제조업 공장의 순서만 바뀌었을 뿐 동일한 내용을 묻고 있다. 하지만 결과는 판이하다. 질문1에서는 45%의 사람들이 자동차가 공기오염에 더 큰 영향을 끼친다고 답했으며, 27%의 사람들이 공장이 더 큰 영향을 끼친다고 답했다. 반면에 질문2에서는 24%의 사람들이 자동차가 더 큰 영향을 끼친다고 답했으며, 57%의 사람들이 공장이 더 큰 영향을 끼친다고 답했다.

생각해보기

여론조사까지 의사협회 입맛에 맞추나(중앙일보 2014. 1. 21. 취재일기)

누구라도 쉽게 믿을 수는 없는 결과였다. 대한의사협회가 지난 15일 발표한 '의료영리화 관련 대국민 설문조사' 얘기다. 의협은 이날 국민 1,500명에게 물어본 결과 "국민의 93%가 원격의료와 영리병원 같은 의료영리화 정책이 아니라 공공성 강화를 원한다"는 내용의 보도자료를 냈다. 의협이 3월 3일 예고한 총파업(집단휴진)의 당위성을 뒷받침하기에 안성맞춤인 조사결과였다.

설마 그런 결과가 나왔을까, 뭔가 미심쩍었다. 그런데 의협의 의뢰를 받은 여론조사기관

1 Mario F. Triolla. 2009. Elementary Statistics (11th ed). Addison Wesley. p.22 참고.

이 한국갤럽이라는 사실을 알고는 확인할 필요를 느꼈다. 한국갤럽이 어떤 회사인가. 국내에서 처음 선거 예측 조사결과를 발표한 글로벌 여론조사 전문기관이다. 그게 국민 여론이겠거니 하고 믿을 정도다.

의협에 설문조사 원본을 요청했다. 한국갤럽이 의협에 보낸 13장 분량의 통계표에는 12가지 문답이 담겨 있었다.

질문을 살펴봤다. 1번 질문은 이랬다. "핸드폰을 활용한 진료의 경우 오진 등 사고의 위험성이 있다는 의견이 있는데 동의하십니까." 이 질문을 받으면 동의하지 않는다고 답하기 쉽지 않다. 이미 위험하다는 뉘앙스를 강하게 풍기고 있어서다. 75%가 '동의한다'에 체크했다. 다음 질문은 "병의원이 가까워서 의사와 직접 대면진료가 가능한 경우에도 핸드폰 등을 활용한 진료가 필요하다고 생각하십니까"이다. "필요 없다"가 68%다. 설문 문항자체가 '원격진료는 위험한 데다 병의원이 (집) 가까이에 많은데 왜 해야 하느냐'고 반문하는 듯하다. 의료법인의 자회사 설립의 타당성을 묻는 질문도 부정적인 답변을 유도했다.

의협이야 자신들의 행동의 정당성을 입증하고 싶어서 무리수를 뒀다고 치자. 하지만 국내 최고 여론조사 전문기관인 한국갤럽까지 의뢰인의 요구를 그대로 수용해 여론조사의 'ABC'까지 지키지 않았다는 것을 이해하기 어렵다. 여론을 왜곡할 소지가 있다면 이를 수정했어야 한다. 이 회사 담당자는 "의뢰를 받은 쪽이기 때문에 의견을 낼 여지가 별로 없었고, 의협 내부적으로 쓰는 자료인 줄 알았다"고 말했다.

법무부, 司試 존치 유도한 여론조사 부끄럽지 않은가(조선일보 2015. 12. 8. 사설)

법무부가 사법시험을 2021년까지 4년 더 유지하는 방안을 추진하면서 근거 자료로 내놓은 여론조사가 유도 질문에 따른 것으로 밝혀졌다. 법무부는 지난 3일 "국민의 80% 이상이 사시 존치를 주장하고 있다"는 여론조사 결과를 제시했다.

하지만 핵심 문항을 보니 '사시는 누구에게나 응시 기회가 부여되고, 수십 년간 공정한 운영을 통해 객관적 기준으로 법조인을 선발해 왔기 때문에 존치해야 한다는 의견에 동의하느냐'는 것이다. 다음 문항도 "로스쿨 도입은 충분한 논의 없이 결정되었고, 운영 성과가 불확실한 현 상태에서 사시 폐지는 시기상조이므로…'라는 것이다. 누가 봐도 사시 존치는 긍정적 측면만을, 로스쿨에 대해선 부정적 측면만을 제시한 편파적 질문이었다. (…)

그러지 않아도 국민은 사시 출신이 대부분인 법무부 간부들이 자기들 '밥그릇' 때문에 사시 존치를 추진하는 것 아니냐는 의심을 갖고 있었다. 유도 질문을 통한 여론조사는 이런 시각에 기름을 붓는 격이다.

2. 표본추출

1) 표본과 모집단, 통계량과 모수

자료를 통한 현상 파악을 위해서는 대부분의 경우 전체 대상 중에서 일부만을 수집하여 조사한다. 왜 일부만을 조사할까? 물론 전체에 대한 조사를 하는 것이 쉽지 않기 때문이다. 어떤 경우는 전체에 대한 조사가 불가능하다. 예를 들어서 현도 자동차는 새로 출시한 '소만타' 신형이 충격에 얼마나 강한지 알고 싶다. 이를 위해서는 실제로 부딪쳐보는 실험을 해야 한다. 그런데 이 경우 생산된 모든 소만타 자동차에 대하여 충격 실험을 할 수는 없지 않겠는가? 생산된 자동차 중에서 일부(물론 자동차는 비싸니까 몇 대만 하겠지?)만을 선택하여 실험할 것이다. 그리고 그 결과를 해당 모델 자동차 전체에 대한 것으로 간주할 것이다. 또 어떤 경우는 가능은 하지만 경제적·시간적으로 너무 많은 비용이 들기 때문에 일부만을 조사한다. 생각해 보라. 정부에서 분기별 소비자 물가수준을 조사하기 위하여 대한민국의 모든 시장(대형할인점, 백화점, 재래시장 등등)에서 판매되는 상품의 값을 석 달에 한 번씩 조사하기는 힘들지 않겠는가? TV 가요프로에서 인기가요 순위를 파악하기 위하여 전 국민에게 모두 물어보기는 어렵지 않겠는가?

우리가 관심을 갖는 대상 전체를 모집단(population)이라고 하고 실제로 조사된 일부를 표본(sample)이라고 한다. 그리고 모집단으로부터 표본을 뽑는 것을 표본추출(sampling)이라고 한다. 또한 표본의 특성을 수치로 요약한 것을 통계량(statistic), 모집단의 특성을 수치로 요약한 것을 모수(parameter)라고 구분한다. 즉 표본 평균은 통계량이며, 모집단 평균은 모수이다.

표본추출은 자료 생산의 첫 단계인데, 이때 중요한 것은 표본이 모집단의 특성을 잘 반영할 수 있도록 추출하여야 한다는 점이다. 이를 대표성이 있어야 한다고 말한다. 다른 말로 하면 통계량과 모수의 차이(이를 표본 오차라고 한다)가 작을수록 좋다는 것이다. 예를 들어서 우리나라 가구의 평균소득을 알기 위하여 서울 강남구에서 1,000가구를 추출하여 이들의 평균소득을 조사한다고 하자. 이 결과를 우리나라 가구의 평균소득으로 간주할 수 있겠는가? 혼전동거에 대한 국민여론을 조사하는데 토요일 오후 홍대 거리(서울 신촌의 잘 나가는 카페, 클럽 등이 즐비한 동네)를 지나는 사람들 중에서 500명을 택해서 조사한다고 하자(아마 이 표본에는 개방적인 젊은 계층이 훨씬 많을 것이다). 이 결과를 전체 국민의 의견이라고 할 수 있겠는가?

표본추출이 잘못 되어서 판단을 그르친 사례로서 흔히 드는 것이 미국의 1936년 대통령 선거 예측이다. 미국의 대통령 선거는 통상 공화당과 민주당이라는 두 정당의 후보가 대결을 하는데, 이 선거에서 공화당 후보는 랜던이라는 사람이었고, 민주당 후보는 루스벨트였다. 누가 이길 것인가를 예측하기 위하여 리터러리 다이제스트라는 잡지사에서 무려 240만명이라는 엄청난 규모의 표본을 추출하여 조사하였으며, 그 결과에 따라 57% 대 43%로 랜던이 승리할 것으로 예측했다. 그런데 실제 결과는 루스벨트가 62% 대 38%로 승리했다. 그리고 이 잡지사는 망했다!

어떻게 이런 일이 발생했을까? 리터러리 다이제스트 사는 전화번호부와 클럽회원 명단의 주소로 설문을 보내서 여론조사를 하였다. 그런데 1936년에 전화를 가지고 있거나 클럽의 회원인 사람은 부유층에 해당한다(당시에는 네 가구당 하나 꼴로 전화가 보급되었다고 한다). 즉 이 조사는 전체 국민에서 골고루 표본이 추출되었던 것이 아니라, 부유한 계층에서 표본이 추출된 셈이다. 미국은 지금도 그렇지만 부유한 계층은 공화당을 선호하고 중하위 계층은 민주당을 선호하는 경향이 있다. 특히 당시의 루스벨트는 빈곤 계층에게 인기가 높았다고 한다. 따라서 부유한 계층을 주 대상으로 한 표본조사에서는 랜던이 이기는 것으로 예측되었지만, 전체 국민이 투표에 참여한 실제 결과에서는 루스벨트가 승리하였던 것이다!

물론 요즘은 대선 예측처럼 중요한 것을 이처럼 엉성하게 조사하지는 않는다. 하지만 이만큼 명백하지는 않더라도, 대표성 없는 표본추출이 이루어지고 그에 따라 엉터리 추론이 이루어지는 사례는 지금도 비일비재하다.

2) 무작위 추출

무작위는 확률

모집단으로부터 대표성 있는 표본을 추출하는 방법의 기본 원칙은 무작위 표본추출(random sampling)이다. 무작위 표본추출을 학문적으로 정의하면, "자료 수가 N개인 모집단에서 n개의 자료를 추출할 때, 각 자료가 표본으로 뽑힐 가능성이 $\frac{n}{N}$으로 동일하게 추출하는 것"이다. 이는 다른 말로 확률 표본추출(probability sampling)이라고도 한다. 무슨 뜻인지는 알겠지만 구체적으로 어떻게 한다는 것인지 감이 잘 오지는 않는다. 반례를 통하여, 즉 무작위가 아닌 추출의 예를 통하여 무작위추출 방법을 좀 더 명확히 이해하자. 무작위가 아닌 표본추출은 각 자료가 표본으로 뽑힐 가능성이 동일하지 않은 경우를 말한다. 비확률 표본추출이라고도 한다. 흔히 관찰되는 비확률 표본추출의 예에는 응답자의 자발적인 참여로 구성된 표본과 연구자가 뽑기 쉬운 개체들로 구성된 표본이 있다. 전자를 자발적 반응표본(voluntary response sample), 후자를 편의표본(convenience sample)이라고 한다.

TV 토론 프로그램에서 휴대폰 문자 투표에 의한 즉석 여론조사를 실시하거나, 인터넷 신문에서 인터넷 여론조사를 하는 것이 자발적 반응표본에 해당한다. 해당 TV 프로나 인터넷 신문을 보지 않는 사람들, 보더라도 조사 참여를 꺼리는 사람들은 처음부터 표본으로 뽑힐 확률이 없으므로 이는 무작위추출이 아니다. 우리나라 대학생의 특성을 연구하는 교수가 자기 수업 수강생들만을 대상으로 설문조사를 하거나, 대한민국 국민 전체의 의견을 파악해야 하는 연구에서 일요일 오후 명동에서 지나가는 행인들을 대상으로 조사하는 것은 편의표본에 해당한다. 해당 교수 수업을 듣지 않는 사람들, 그 시간대에 명동에 없는 사람들은 아예 표본으로 뽑힐 확률이 없으므로 이는 무작위 추출이 아니다.[2]

비무작위 표본추출의 가장 큰 문제점은 이 표본들이 모집단 전체의 특성을 대표하는 대신에 한쪽으로 치우칠 수 있다는 점이다. 가령 프레시안에서 독자들을 대상으로 남북문제에 대한 온라인 설문조사를 하는 경우, 이 결과는 국민 일반의 의견에 비하여 훨씬 진보적이지 않을까? 동일한 설문을 인터넷 조선일보에서 한다면 또 어떤 결과가 나올까? 토요일 오후 세칭 젊은이의 거리인 서울의 홍대 앞을 지나는 행인들에게 혼전동거에 대한 의견을 물으면 국민 일반에 비하여 찬성률이 훨씬 높지 않을까? 이처럼 모집단 전체의 특성을 대표하지 못하고 한쪽으로 치우친 것이 편의(bias)다('측정'에서 이미 나온 용어임을 상기하자). 편의추출(convenience sampling)이라고 했을 때의 편의와 여기서 말하는 편의(bias)는 우리말로는 같지만 뜻이 전혀 다르다는 데 주의하자. 앞에서의 편의는 자기 편리한대로 라는 의미의 '편의'이고 여기에서는 한 쪽으로 치우쳤다는 의미의 '편의'이다. 편의(bias)라는 말을 일상에서는 잘 안 쓰지만

2 자발적 반응표본 역시 연구자가 뽑기 쉬운 개체들로 구성되었다고 할 수 있으므로 편의표본에 해당한다고 볼 수 있다. 되풀이하지만 명칭에 너무 구애받지 말자. 그보다는 의미를 이해하는 게 중요하다.

통계학에서는 중요한 용어이므로 잘 기억하자.

한편 자발적 반응 표본에서 발생하는 편의와 유사한 것으로서 무응답편의(non-response bias)가 있다. 가령 1,000명의 표본을 무작위 추출하여 우편설문을 실시하였는데 이 중에서 200명만 회신을 하였다고 하자. 분석에는 당연히 응답을 한 200명의 결과만 사용될 텐데, 이 200명은 1,000명의 표본 중에서 자발적으로 반응한 표본에 해당한다. 따라서 자발적 반응 표본과 마찬가지의 문제점이 발생한다. 대체로 설문의 주제에 대하여 적극적인 의견을 가진 사람들 혹은 착실한(!) 또는 한가한 사람들이 주로 응답하였을 것이다. 그런데 이러한 성향과 결과 사이에 어떤 관련성이 있다면, 결과에 편의(bias)가 발생한다.

무작위 vs. 골고루

비확률 표본추출이라고 해서 항상 표본추출에서 편의가 발생하는 것은 아니다. 그리고 연구자가 모집단의 특성을 잘 안다면 연구자의 주관적 판단에 따른 표본추출이 무작위추출보다 오히려 모집단 특성을 더 잘 반영할 수도 있다. 왜 그럴까? 이를 이해하기 위하여 일단 무작위 추출이 모집단을 얼마나 잘 대표하겠는가를 생각해 보자. 이를 위해서는 다음의 지시대로 해 보는 것이 도움이 된다.

0 10

위의 직선 위에다가 무작위로 10개의 점을 찍어 보라. 책에다가 표시하는 것이 꺼려지면 종이에다가 그린 후에 찍어 보라. 일단 찍고 나서 다음 줄을 읽도록 하자.

자, 여러분은 어떻게 점을 찍었는가? 수업 시간에 시켜보면 대다수가 위의 직선 위에 일정한 간격으로 10개의 점을 찍으려고 노력한다. 그런데 나는 무작위로 찍으라고 했지, 등간격으로 규칙적으로 찍으라고 하지는 않았다. 0부터 10까지의 직선 위에 무작위로 점을 찍는데, 각각의 점이 일정한 간격으로 찍히는 경우는 정말 드물 것이다. 이는 엄청나게 작위적인 찍기가 아니겠는가?

무작위로 추출한다는 것이 반드시 골고루 추출된다는 것은 아니다. 무작위는 그야말로 모든 자료가 뽑힐 확률이 동일하기 때문에, 경우에 따라서는 어느 한 쪽에 몰려서 뽑힐 수도 있다. 예를 들어서 주사위를 6번 던진다고 하자. 1부터 6까지의 숫자가 모두 한 번씩 나오겠는가? 이런 경우는 정말 드물 것이다.

무작위의 골고루 수렴

그렇다면 무작위 추출은 모집단을 잘 대표하는 추출방법이 아니란 말인가? 무작위 추출은 각 자료가 뽑힐 확률이 동등한 추출방법이다. 따라서 비록 우연히 어느 한 쪽으로 몰릴 수는 있어도 체계적으로 어느 한 쪽으로 몰리지는 않는다. 더구나 우연이란 것은 말 그대로 어디로 튈지 모르는 것이기 때문에 자료 수가 증가할수록 고르게 퍼지는 경향이 있다.

가령 주사위를 6번 던졌을 때 꼭 한 번 1이 나온다고 장담할 수는 없다. 만일 한 번도 안 나오면 1이 나온 비율은 0이 될 것이고, 한 번 나오면 1/6, 두 번 나오면 1/3, 세 번 나오면 1/2이 될 것이다. 비록 이론적인 확률은 1/6이지만 정말 그 확률대로 실현되리라는 보장은 없다. 하지만 주사위를 600번쯤 던지면 1이 나오는 횟수는 대략 1/6 근처의 어느 비율로 실현될 것이다. 600번 던졌는데 한 번도 안 나와서 0이 되거나, 300번 이상 나와서 1/2 이상이 될 가능성은 거의 없다.

이처럼 무작위 추출인 경우 표본 수가 적을 때는 전체 모집단에서 고르게 추출되었다고 장담할 수 없지만, 표본 수가 증가할수록 고르게 추출되는 경향이 있다. 따라서 표본 수가 웬만큼 크다면 무작위로 추출된 표본이 모집단을 잘 대표한다고 할 수 있다.

여기까지 이해했으면 아까의 질문, 즉 모집단의 분포 특성을 잘 안다면 연구자의 주관적 판단에 따른 표본추출이 무작위추출보다 모집단 특성을 더 잘 반영할 수 있는 이유에 대한 답을 알 수 있을 것이다. 즉 무작위 추출은 고르게 뽑는 것이 아니다. 이에 비하여 연구자가 임의로 표본을 선정하는 경우는, 연구자가 모집단의 분포 특성을 잘 안다면 고르게 뽑을 수 있기 때문이다.

그럼에도 불구하고 연구자의 주관적 판단에 의존하는 추출보다는 무작위 추출이 더 바람직하다. 왜일까? 이는 주관적 판단에 의존하는 것은 말 그대로 객관적이지 않기 때문에 연구자에 따라 결과가 왜곡될 수 있기 때문이다. 비록 연구자는 고르게 추출한다고 했지만, 모집단 분포 특성을 잘못 알고 있어서 극도로 편향된 표본이 추출되었다면? 혹은 연구자가 고의로 자기에게 유리한 표본만을 선별하여 추출했다면? 표본추출을 연구자의 판단에 맡길 경우 연구의 객관성을 담보할 수 없기 때문에 설사 무작위 추출보다 더 대표성이 높은 표본을 추출할 수 있다고 해도, 무작위 추출이 더 바람직한 것이다.

무작위 추출이 바람직한 또 한 가지 이유가 있다. 사실 제일 중요한 이유인데, 비확률 추출의 경우는 결과에 대한 통계적 판단을 할 수 없기 때문이다. 뒤에서 설명하겠지만, 통계적 판단이란 것은 확률 이론을 이용하여 표본의 결과가 모집단의 결과와 얼마나 유사할 것인가(혹은 다르겠는가)를 판단하는 것을 말한다. 그런데 표본이 확률추출 되어야만 확률이론을 적용할 수 있다(무작위 추출과 확률추출은 같은 말이다). 실증연구의 핵심은 표본 특성을 통해 모집단의 특성을 추론하는 것이므로, 표본 결과와 모집단의 결과가 얼마나 유사한가(혹은 다른가)를 아는 것은 매우 중요하다.

3) 무작위 표본추출의 유형

단순무작위 추출

앞에서 무작위 추출은 모집단으로부터 표본으로 선택될 확률이 모두 동일하도록 추출하는 방법이라고 했다. 이를 위해서는 어떻게 추출해야 할까? N개의 모집단에서 n개를 추출할 때 어떻게 하면 각 자료가 표본으로 뽑힐 가능성이 $\frac{n}{N}$으로 동일해질까? 쉽게 떠오르는 생각은 N개의 자료 각각에 번호를 부여한 다음 이 중에서 n개를 뽑는 것이다.[3] 이러한 방법을 무작위 추출 중에서도 특히 단순무작위추출(simple random sampling)이라고 한다.

그런데 실제 분석을 위하여 표본을 추출할 때는 단순무작위 추출이 어렵거나 비효율적인 경우가 많다. 가령 대통령 선거에서 누가 당선될 것인가를 알기 위하여 1,000명을 표본으로 추출하여 조사한다고 하자. 이때 단순무작위 추출을 적용하려면 투표권이 있는 대한민국의 성인남녀 전체(3,000만명은 넘겠지!)에 대하여 리스트를 작성해서 모두에게 번호를 부여한 다음에 난수표 등을 이용하여 1,000명을 추출해야 한다. 이는 꽤나 시간 및 인력(그리고 종이)의 낭비가 심할 것이다. 그리고 이렇게 힘들게 추출하여도 뒤에서 설명하는 다른 대안적 표본추출 방법에 비하여 대표성(표본 특성이 모집단 특성과 일치하는 정도)도 떨어진다. 따라서 실제로 이처럼 단순무식한 단순무작위추출 방법

3 N개의 번호로부터 n개를 뽑는 구체적인 방법은 각자 생각해 보자. 가령 N개의 쪽지에 번호를 적어서 상자 속에 넣은 다음 n개를 뽑는 것도 한 방법이 될 수 있겠다.

이 사용되는 경우는 많지 않다.

단순무작위추출에 비하여 좀 더 비용이 적게 들거나, 같은 수를 뽑더라도 대표성을 더 높일 수 있는 표본추출 방법들에는 다음과 같은 것들이 있다.

계통추출

계통추출(systematic sampling)은 모집단에 대한 목록을 작성하고, 이 목록에서 매 k번째마다 하나씩 표본을 추출하는 것을 말한다. 예를 들어서 모집단이 1만 명인데 이에 대한 목록이 존재하고 1번부터 10,000번까지 번호가 부여되어 있다고 하자. 이 경우 일단 1번부터 10번 사이에서 무작위로 하나를 뽑는다. 이 번호가 6번이었다고 하자. 그러면 그 다음부터는 16번, 26번, 36번과 같이 첫 번째 뽑힌 번호 이후 매 10번째에 해당하는 사람을 추출해서 1,000명의 표본을 구성하는 것이다. 이 방법은 맨 처음에 한 명만 무작위로 추출하면, 나머지는 기계적으로 추출할 수 있으므로 단순무작위추출에 비하여 경제적이다. 그리고 각 자료가 뽑힐 가능성은 동일하므로 이 역시 무작위추출이다.

계통추출을 할 때 주의할 것이 하나 있다. 목록의 자료 순서가 일정한 경향성을 갖고 있을 때 계통추출을 하면 편의(bias)가 발생할 수도 있다는 점이다. 예를 들어 보자. 40명씩 50개 학급으로 이루어진 어느 고등학교에서 50명의 학생을 무작위로 선발하려고 한다. 이때 계통추출 방법을 적용해서 일단 한 반에서 단순무작위로 1명을 뽑은 후 나머지 49개 반에 대해서는 동일한 번호의 학생을 뽑기로 했다고 하자. 요새는 어떤지 모르겠지만 내가 학교 다닐 때는 일단 성별에 따라 남학생에게 먼저 번호를 붙이고 여학생은 그 다음부터 번호를 붙였다. 그리고 동일한 성별 내에서는 키 순서에 따라 번호를 부여했다. 즉 1번은 남학생 중에서 가장 키가 작은 학생이, 40번은 여학생 중 가장 키가 큰 학생이 되는 식이다.

이처럼 반이 구성되어 있을 때 한 반에서 단순무작위로 뽑힌 학생의 번호가 37번이었다고 하자. 이 학생은 키가 큰 여학생일 것이며, 다른 반에서도 동일 번호의 학생을 뽑는다면 모두 키가 큰 여학생으로만 50명이 선발될 것이다. 이는 물론 무작위가 아니며, 성별과 신장에 따라 극도로 편중된 표본이 된다. 그리고 응답결과가 성별과 신장에 따라 달라질 수 있는 내용을 조사하는 것(가령 멀리뛰기 기록)이라면, 응답결과에 편의(bias)가 존재함은 물론이다.

집락추출

집락추출(cluster sampling)이란 먼저 하위집단을 무작위로 추출한 다음, 추출된 하위집단 내의 개인을 다시 무작위 추출하는 것을 말한다. 대통령 선거 예측을 위해 1,000명을 추출한다고 하자. 투표권이 있는 전 국민을 대상으로 단순무작위로 1,000명을 추출하기는 너무나 힘들다. 따라서 처음부터 개인을 추출단위로 해서 전 국민 중 1,000명을 뽑는 대신에, 전국의 시·군·구를 추출단위로 해서 이 중에서 일부 시·군·구를 선택한 다음, 여기에 속한 읍·면·동 중에서 다시 일부 읍·면·동을 선택하고, 여기에 속한 리·통 중에서 다시 일부 리·통을 선택한다. 그리고 이렇게 선택된 리·통의 주민들 중에서 무작위로 일부 주민을 선택하는 것이다. 이렇게 하면 처음부터 개인을 단위로 단순무작위 추출하는 것보다 훨씬 손쉽다. 집락추출은 군집추출이라고도 부른다. 집락과 군집은 모두 영어의 cluster를 우리말로 번역한 것이다.

층화추출

층화추출(stratified sampling)이란 모집단 특성에 대한 사전지식을 이용하여, 모집단을 일정한 기준에 따라 분류한 후 분류된 각 집단 내에서 무작위추출을 하는 것이다. 이번에도 대통령 선거 예측을 위해 1,000명을 추출하는 경우를 생각해 보자. 우리나라의 대통령 후보 지지 성향은 지역에 따라 상당히 다르다. 편의 상 호남, 영남, 중부의 세 지역이 있으며, 모집단 분포는 중부 40%, 영남 30%, 호남 30%라고 하자. 1,000명을 추출하는데 우연히, 정말 우연히 영남 지역에서 모집단 분포보다 10%P 많은 표본이 추출되었고, 호남 지역에서는 10%P 적은 표본이 추출되었다고 하자. 이 표본에 대한 조사결과가 대통령 선거 결과를 제대로 예측할 수 있을까? 이러한 편중성을 방지하려면 어떻게 할까? 모집단의 지역별 분포와 동일하게 표본을 지역별로 할당한 후, 각 지역 내에서 무작위추출을 하면 된다. 이게 층화추출이다.

물론 1,000명 규모의 표본을 추출하는 데 우연히 한 쪽으로 극도로 편중된 표본이 추출되기는 힘들다. 하지만 그래도 모집단의 지역별 분포를 고려하지 않고 무작위추출을 하는 것보다는 이를 반영해서 지역별로 층화한 후, 표본을 추출한다면 좀 더 대표성을 높일 수 있다. 지역 이외에 연령, 소득에 따라서도 투표 성향이 다르다면 마찬가지로 연령과 소득에 따라 층화한 후에 표본을 추출하면 된다.

실제의 표본추출에서는 몇 가지 추출방법을 함께 사용하는 경우가 많다. 앞에서 예로 든 대통령 선거 예측의 경우라면, 먼저 층화추출을 통하여 인구 규모에 비례하여 지역별 표본 수를 할당한 다음에, 몇 단계의 집락추출에 의하여 리·통을 선정하고, 그 안에서 다시 연령, 성별 등에 따라 층화추출을 할 수 있을 것이다.

참고

독자들 중에 %와 %P(포인트)를 헷갈리는 사람들도 제법 있을 것 같다. %P는 %간의 절대적 격차를 의미한다. 우리나라의 지역별 인구분포가 중부 40%, 영남 30%, 호남 30%라고 하자. 이 경우 중부 지역의 인구 비율은 영남 지역의 인구 비율보다 10%P 더 많다고 해야 맞다. 그럼 중부 지역의 인구는 영남 지역보다 얼마나 더 많은 셈일까? $\frac{40}{30}=1.33$이므로 33% 더 많다고 해야 맞다. 언론 등에서는 흔히 %와 %P를 헷갈린다. 하지만 적어도 기초통계학을 배운 사람들이라면 이 둘은 구분할 수 있어야겠다.

집락추출과 층화추출의 집단구성 기준은 정반대

집락추출과 층화추출은 모두 몇 개의 집단으로 구분한 후, 집단 내에서 무작위추출을 한다는 면에서는 비슷해 보인다. 하지만 두 방법은 집단을 구성하는 원칙이 전혀 다르다. 가령 20여개 중앙부처 공무원 만족도 조사를 위하여 1,000명을 표본추출한다고 하자. 이를 위하여 집락추출과 층화추출을 적용한다면 어떻게 해야 할까?

집락추출을 적용하여 먼저 20여개 부처 중에서 일부 부처를 선택하고, 이 중에서 다시 일부 국·과를 선택한다고 하자. 그런데 이 경우 대표성 있는 표본이 되려면, 부처 혹은 국·과 간에 성향이 유사해야 한다. 예를 들어서 만족도를 조사하는데, 부처 간에 소속 공무원의 만족도 차이가 심하다면 어떤 부처가 선택되는가에 따라 조사 결과가 크게 달라진다. 선택된 부처 혹은 국·과의 성향이 모집단 전체의 성향과 유사할수록 집락추출된 표본의 대표성은 높아진다. 기존연구에 의하면 입직직급, 재직기간, 성별에 따라 공무원의 만족도는 상당히 차이가 있다고 한다. 이 경우 부처 혹은 국·과 간에 입직직급, 재직기간, 성별의 편차가 심하다면 집락추출은 그다지 대표성이 높은 추출방법은 못된다.

다음으로 층화추출을 적용하는 경우를 생각해 보자. 입직직급, 재직기간, 성별에 따라 만족도 차이가 심하다면, 입직직급, 재직기간, 성별의 모집단 비율대로 하위집단을 나누어서 각 하위집단별로 무작위추출을 해야 한다.

이쯤이면 집락추출과 층화추출의 차이에 대해서 감이 오지 않는가? 집락추출의 하위집단끼리는 동질적일수록 바람직하다. 그리고 각 집단 내의 개별 표본의 구성은 모집단 전체에서의 구성과 동질적일수록 좋다. 즉 모집단이 입직직급, 재직기간, 성별 등에 따라 다양한 개인들로 구성되어 있으면 각 집단도 마찬가지로 구성되는 게 좋다.

반면에 층화추출의 하위집단들은 서로 이질적이다. 만일 동질적이라면 굳이 계층을 구분해서, 각 집단마다 일정 비율씩 뽑을 이유가 없다. 입직직급에 따라 만족도가 다르다면, 입직직급별로 하위집단을 구성해야 하고, 재직기간과 성별에 따라 만족도가 다르면 또 재직기간별로, 성별로 하위집단을 구성하는 것이 필요하다.

단순무작위추출 이외의 확률추출방법

- 비용을 줄이는 방법 : 계통추출(systematic sampling),
  집락추출(cluster sampling)
- 대표성을 높이는 방법 : 층화추출(stratified sampling)

집락추출과 층화추출의 차이

- 집락추출은 비용을 줄이기 위한 것이지만, 층화추출은 대표성을 높이기 위한 것이다.
- 집락추출의 하위집단은 동질적이지만, 층화추출의 하위집단은 이질적이다.
- 집락추출은 특정 하위집단에서 표본을 추출하지만, 층화추출은 모든 하위집단에서 모집단에서의 비율에 따라 표본을 추출한다.

4) 표본추출 모집단과 연구목적 모집단

모집단은 연구 대상 전체이고 표본은 그 중에서 실제 분석에 사용되는 일부를 말한다고 했다. 그리고 통계적 추론이란 표본의 특성으로부터 모집단의 특성을 파악하는 것이라고 했다. 또한 표본의 대표성을 높이려면, 그리고 더 중요하게 통계적 추론을 하려면 모집단으로부터 무작위추출에 의하여 표본을 뽑아야 한다고 했다.

그런데 이런 원칙을 실제 분석에서 그대로 지키는 것이 쉬운 일은 아니다. 또한 모집단의 의미도 그리 단순하지는 안다. 왜 그런지 다음 질문에 답하면서 생각해 보자.

예제 1-1

1. 삼송전자는 새로 출시한 스마트폰 '갈라서S'가 충격에 얼마나 잘 견디는지 알고 싶어 한다. 이를 위하여 지금 막 출고된 3,000개 중에서 10개를 무작위로 선택해서 2m 높이에서 시멘트 바닥에 떨어뜨리는 실험을 했다. 그 결과 4대는 껍데기에 다소 손상이 있으나 기능에는 문제가 없었고, 6대는 껍데기 손상+화면 일부가 까맣게 죽는 변화가 있었지만 다른 기능에는 문제가 없었다.

이 사례에서 모집단이 무엇이고 표본은 무엇인가? 물론 출고된 3,000개가 모집단이며 표본은 실험에 투입한 10개가 된다. 그렇다면 표본 10개로 밝혀진 '갈라서 S'의 충격 강도를 모집단 3,000개의 충격 강도로 간주할 수 있을까? 나아가서 같은 생산라인에서 향후 1년간 쏟아져 나올 300,000개의 '갈라서S'에 대해서도 동일한 판단을 내릴 수 있을까?

2. 제주의 삼다도 대학 농업연구소에서는 새 품종의 한라봉을 개발하였다. 새 품종 한라봉 나무 50그루를 심어서 10,000개의 한라봉을 수확했다. 이 중에서 100개를 무작위 추출하여 조사한 결과 기존 한라봉보다 당도가 20% 이상 높았다.

이 사례에서 모집단이 무엇이고 표본은 무엇인가? 10,000개의 한라봉이 모집단이며 당도를 조사한 100개가 표본이다. 그런데 이 조사의 목적이 단지 시험 재배한 10,000개의 한라봉의 당도를 파악하기 위함일까? 새 품종 한라봉을 제주 지역의 한라봉 재배 농가에 보급할 때, '여러분들이 이 품종을 재배하면 기존 품종보다 20%이상 당도를 높일 수 있습니다'라고 홍보할 수 있을까?

3. 한국대 행정학과의 김교수는 인근에 있는 성북구청 공무원 중에서 300명을 무작위 추출하여 공직 만족도를 조사하였다. 그리고 이 결과를 분석하여 '우리나라 공무원의 공직 만족도 연구'라는 논문을 발표하였다. 이 연구의 모집단은 무엇인가? 이렇게 논문을 써도 될까?

이 사례에서 이슈는 두 가지이다. 우선은 겨우 10개, 혹은 100개의 표본만 추출해도 괜찮은가이다(1번과 2번의 경우). 삼송전자는 왜 겨우 10개의 '갈라서 S'만 조사했을까? 비싸서? 그럴 수도 있다. 하지만 더 중요한 것은 같은 공장 라인에서 찍어낸 '갈라서S' 제품들의 품질은 거의 동일할 것이기 때문이다. 극단적으로 모든 제품의 품질이 동일하다면 한 개의 품질만 조사해도 전체의 품질을 알 수 있을 것이다. '한라봉'의 경우는 '갈라서S'보다는 품질의 동일성이 떨어질 것이다. 따라서 '갈라서 S'보다는 더 많은 표본을 추출해야 할 것이다. 과연 100개만 조사해도 충분한가는 낱개의 '한라봉' 간 당도가 얼마나 비슷한가에 달려있다.

두 번째 이슈는 조사결과의 일반화 문제이다. '갈라서S' 10개는 3,000개의 모집단에서 추출되었으며, 한라봉 100개는 10,000개의 모집단에서 추출된 것이다. 표본의 결과를 표본이 추출된 모집단의 결과로 해석하는 것은 통계적 추론에 해당하며 별 문제가 없다. 하지만 삼송전자가 관심 갖는 것은 단지 지금 막 출고된 3,000개의 품질만은 아니다. 향후 계속해서 생산될 갈라서S의 품질인 것이다. 삼다도 대학 농업연구소가 진짜로 관심 갖는 것은 실험 재배한 한라봉의 당도가 아니라, 이 품종을 제주 지역의 농가에 보급해서 재배하게 했을 때의 당도이다.

향후 생산될 갈라서S나 농가에서 재배할 한라봉은 표본이 추출된 모집단은 아니다. 하지만 이들은 표본조사 결과로부터 궁극적으로 알고 싶은 대상이라는 점에서 연구목적의 모집단이라고 할 수 있다. 이를 타겟 모집단(target population)이라고 부르기도 한다.

통계적 추론은 원칙적으로는 표본이 추출된 모집단에 대해서만 할 수 있다. 하지만 이렇게 제한하면, 조사를 통해 진짜 알고 싶은 것에 대해서는 말할 수 없는 경우가 너무 많다. 어떻게 할까? 표본조사 결과를 표본추출 모집단을 넘어서서 연구목적의 모집단으로 확대 해석하는 것, 이를 연구결과의 '일반화'라고 하는데 이는 통계학의 영역은 아니다. 건전한 상식으로 판단할 일이다.

'갈라서S'의 경우 표본 10개의 품질이나 향후 생산될 제품의 품질이나 거의 동일할 것이므로 일반화를 한다고 해도 별 문제는 없겠다. 한라봉의 경우 토양, 날씨, 농사꾼의 솜씨 등이 달라진다. 이러한 차이가 크며, 이로 인해 한라봉 당도가 큰 영향을 받는다면 일반화는 위험하다. 하지만 그렇지 않다면 조심스런 일반화는 가능할 것 같다.

사례3에서 성북구청 공무원에 대한 결과를 우리나라 공무원 전체에 대한 것으로 일반화하는 것도 관건은 공직만족도에 영향을 미치는 특성이 '성북구청 공무원'과 '우리나라 공무원 전체' 간에 얼마나 유사한가에 달려 있다. 별 차이가 없다면 일반화해도 큰 문제는 없겠지만, 많이 다르다면 일반화는 곤란하겠다. 더구나 조사시점과 연구발표시점 간에는 통상 시차가 존재하는데, 그 사이에 정권이 바뀌고 공무원에 대한 처우가 크게 달라졌다면?

사회과학 연구에서는 연구결과를 일반화하는 게 부적절한 경우가 흔히 발생한다. 그렇다고 이를 표본이 추출된 모집단의 결과로만 제한해서 발표한다면 연구의 의의가 제약된다. 가령 '2016년 9월 2일부터 9월 14일까지 성북구청에서 근무한 공무원의 공직만족도'라고 제목을 달아서 발표한다면 좀 거시기하지 않을까? '연구결과의 일반화'는 연구자가 결과를 발표할 때 늘 고민해야 할 문제이다.

예제 1-2

효과적인 표본추출 방법에 대하여 얼마나 이해했는가를 보기 위하여 다음 문제를 풀어보자.

삼송전자는 50개 부서에 15,000명의 직원이 근무하는데, 하급직이 11,000명, 중급직이 3,000명, 상급직이 1,000명이다. 인사부에서는 상·중·하의 직급에 따라 직무 만족도에 차이가 있는가를 조사하려고 한다. 이를 위하여 300명을 표본추출할 예정이다. 어떤 방법을 사용하는 것이 표본오차(모집단의 값과 표본 조사한 값과의 차이, 즉 통계량과 모수의 차이)를 줄이기 위하여 가장 좋을까?

① 직원 15,000명의 명단에서 제비뽑기로 뽑는다.
② 직원 15,000명 명단의 1-40번째 사람 중 한 명을 뽑은 다음, 그 다음부터 매 40번째마다 한 명씩 뽑는다.
③ 일단 50개 부서 중에서 5개 부서를 제비뽑기로 선택한 다음(5개 부서 직원의 총수는 300명보다 많다고 가정하자), 5개 부서 직원 중에서 300명을 제비뽑기로 선택한다.
④ 직원 15,000명의 직급별 분포인 11:3:1과 동일하도록 직급별로 표본 수를 할당한 다음, 각 직급 내에서 제비뽑기로 뽑는다.
⑤ 상·중·하의 세 직급별로 각각 100명씩을 제비뽑기로 뽑는다.

답이 뭘까? ①은 단순무작위추출이며, ②는 계통추출, ③은 집락추출에 해당한다. 그리고 ④는 층화추출이다. 같은 수의 표본을 추출할 때, 계통추출과 집락추출은 단순무작위 추출에 비하여 비용을 절감할 수 있는 방법이지만, 표본오차를 더 줄일 수 있는 방법은 아니다. 단순무작위추출에 비하여 표본오차를 줄일 수 있는 것은 층화추출이다. 그렇다면 답은 ④일까? 하지만 선택지가 다섯 개이니 ⑤도 검토해 보자. 어떤가? ⑤가 무슨 추출방법인지는 모르겠지만 좌우간 답은 아니며, ④가 답일 것 같다. 하지만 틀렸다. ⑤가 정답이다. 왜인가?

이 문제에서 알려는 것은 15,000명 직원 전체의 만족도 평균이 아니라, 각 직급별 만족도 평균의 차이이다. 이 둘은 조금 다른 개념이다. 만일 15,000명 직원 전체의 평균 만족도를 알고 싶은데, 직급별로 만족도가 다르다고 생각되면, 층화추출을 하는 것이 바람직하다. 하지만 직급별 평균 만족도가 어떻게 다른가를 알고 싶다면 그보다 더 효율적인 방법이 있다.

직급별 만족도 차이 파악이 올바르게 되려면, 먼저 각 직급별 만족도 자체를 올바르게 파악해야 한다. 즉 상·중·하 각 직급의 만족도를 올바르게 추정하는 것이 필요하다. 그런데 모집단의 직급별 인원분포에 따라 층화추출을 할 경우 하급직에서는 220명이 추출되는데 비하여 중급직에서는 60명, 상급직에서는 20명만이 추출된다. 표본 수가 증가할수록 표본오차는 감소한다. 따라서 하급직의 만족도 추정에서는 표본오차가 작겠지만, 중급직과 상급직의 만족도 추정에서는 표본오차가 제법 클 것이다.[4] 이 경우 하급직 추출 규모를 줄이는 대신에, 중급직과 상급직 추출 규모를 늘리면, 하급직의 표본오차가 증가하는 대신에 중·상급직의 표본오차는 감소한다. 이 경우 직급별 차이 추정의 오차는 어떻게 변할까? 전체 표본 수가 동일하다면, 한 쪽이 감소하는 대신에 다른 쪽이 증가하니까 어차피 마찬가지일까?

그렇지 않다. 나중에 배우겠지만, 표본수가 증가하면 표본오차는 감소하지만, 감소 속도가 표본 수 증가 속도에 비하여 늦다. 정확하게 표현하면, 표본수가 k배 증가할 때, 표본오차는 $\frac{1}{\sqrt{k}}$배 감소한다. 가령 표본수가 4배 증가하면, 표본오차는 절반으로 감소한다(바꿔 말하면 표본수가 $\frac{1}{4}$로 줄면 표본오차는

4 물론 이는 표본 규모 이외에 표본오차에 영향을 미치는 다른 조건은 동일하다는 것을 전제하고 하는 말이다. 다른 조건이 다르다면, 가령 상급직 내에서는 개인 간 만족도 차이가 거의 없는 데 비하여, 하급직에서는 개인 간의 만족도 차이가 굉장히 크다면, 표본 수는 하급직이 더 많더라도 표본오차는 상급직에서 더 작을 수 있다.

2배가 증가한다). 따라서 층화추출에 비해서 하급직의 표본 규모를 줄이는 대신 중급직과 상급직의 표본 규모를 늘리면 직급별 차이 추정에서의 전체적인 표본오차는 감소한다.[5]

가령 하급직을 220명 추출하는 대신에 절반인 110명만 추출한다고 하자. 남은 110명의 표본 중에서 80명은 상급직 추출로 돌리고, 30명은 중급직 추출로 돌리면, 상급직은 표본수가 5배로 늘어나는 셈이 되며, 중급직은 1.5배로 늘어나는 셈이 된다. 이는 하급직의 표본오차는 $\sqrt{2}$ 배로 증가하지만, 상급직의 표본오차는 $\frac{1}{\sqrt{5}}$로 감소하며, 중급직의 표본오차는 $\frac{1}{\sqrt{1.5}}$로 감소함을 의미한다. 따라서 직급별 만족도차이를 추정할 경우, 표본수의 재배분에 의하여 표본오차는 줄어들게 된다. 이러한 논리를 연장하면, 각 직급별로 100명씩 추출할 때가 직급별 차이 추정의 표본오차를 더 작게 하는 경우임을 어렵지 않게 유추할 수 있다.

---

5 한 마디 덧붙이면 설사 표본 규모 증가와 오차 감소가 1:1로 비례한다고 해도, 즉 표본규모가 k배가 되면 오차는 $\frac{1}{k}$배가 된다고 해도 비교집단들 간의 표본규모를 동일하게 하는 것이 더 바람직할 것이다. 왜일까? 조금만 생각해 보면 쉽게 답을 알 수 있다.

그림 1-2

표본추출 방법

편의추출 (Convenience Sampling)
집 앞이나 학교 앞에서 지나가는 행인들을 무작위로 선정하는 등 조사자가 편리한 방법을 선택하여 표본을 추출하는 것을 말한다.

단순무작위추출 (Simple Random Sampling)
모집단에서 각각의 표본들이 선택될 확률이 동일한 추출방법으로, 컴퓨터가 무작위로 생성하는 전화번호를 통해 표본을 추출하는 방법 등이 그 예라고 할 수 있다.

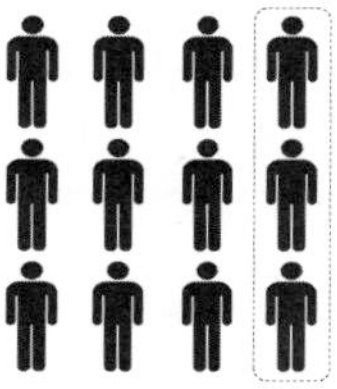

계통추출 (Systematic Sampling)
모집단에 대한 목록을 작성하고, 이 목록에서 매 k번째마다 하나씩 표본을 추출하는 것을 말한다.

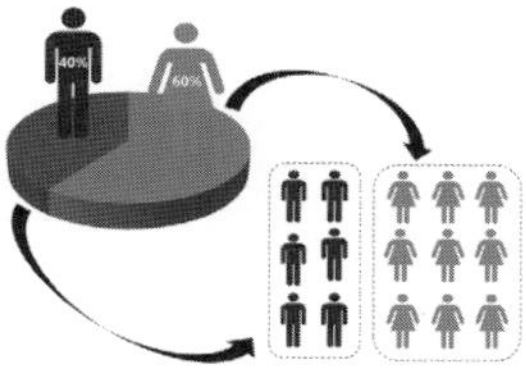

층화추출 (Stratified Sampling)
모집단 특성에 대한 사전 지식을 이용하여 모집단을 일정한 기준에 따라 분류한 후, 분류된 각 집단 내에서 무작위 추출을 하는 것을 말한다.

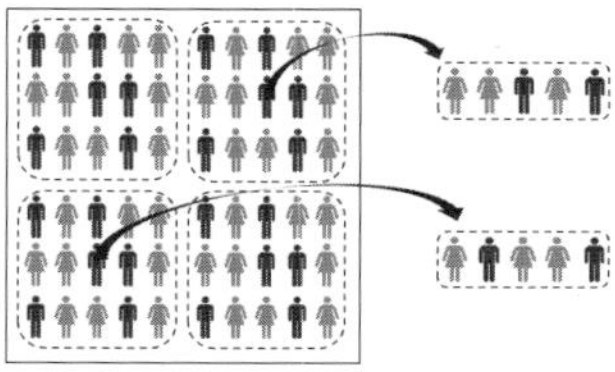

집락추출 (Cluster Sampling)
먼저 하위집단을 무작위로 추출한 다음, 추출된 하위집단 내의 개인을 다시 무작위 추출하는 것을 말한다.

제1장 점검

1장을 제대로 배웠다면 다음과 같은 것들을 충분히 해낼 수 있어야 한다.

1. 서열자료를 양적자료로 취급하는 사례 들고 주의할 점 설명하기
2. 국가경쟁력, 행정서비스만족도 등 추상적 개념의 측정에서 발생할 수 있는 문제점 설명하기
3. 다양한 유형의 잘못된 설문문항 예를 들고 왜 문제인지 설명하기
4. 무작위추출을 해야 하는 이유 설명하기
5. 전국단위 조사(선거예측, 의견조사 등)의 표본추출방법 설명하기
6. 비슷한 정밀도를 유지할 때, 모집단 특성에 따라 표본 규모 달라지는 이유 예를 들어 설명하기
7. 표본추출 모집단과 연구목적 모집단 구분하기

연습문제 해답과 자료 | "blog.naver.com/statforss"

연습문제 E·X·E·R·C·I·S·E

1. 다음 자료들은 각각 명목, 서열, 구간, 비율척도 중 무엇에 해당하는지 말해보자.
   1) 아시아 각국의 1인당 GDP
   2) 역대 국무총리의 출신 지역
   3) 농구선수의 등번호
   4) 공공기관 행정서비스에 대한 고객 만족도 응답
   5) 서울특별시에 등록된 자동차의 수
   6) 교육학과 학생들의 지난 학기 교육학 개론 성적
   7) 국가대표 농구 선수들의 키
   8) 로또복권 당첨 번호
   9) 작년 1월 영동지역 평균기온
   10) 지난해 1년간 KOSPI 지수

연령처럼 결과의 수가 많은 경우 자료들을 분류할 계급을 결정하고 그 계급 구간에 속하는 값의 빈도를 표시한다. 〈표 2-3〉의 경우는 나이를 15세부터 5세 간격으로 모두 10개의 계급으로 나누어서 실업자 937천 명을 분류하였다.

계급의 수는 몇 개로 하는 것이 좋을까? 정해진 원칙은 없다. 상식 수준에서 정할 일이다. 원론적으로 말하면 자료의 특성을 꿰뚫어 볼 통찰력을 잃지 않으면서도 자료를 요약하는 효과가 있도록 적정한 숫자로 정하는 것이 좋겠다. 예를 들어서 〈표 2-3〉의 경우 5세 단위로 끊다보니 계급의 수가 10개이다. 연령대별로 상세한 분포를 원한다면 10개가 적절할 수 있다. 하지만 대략적인 모습만 봐도 충분하면 10세 단위로 끊어서 계급의 수를 5개로 줄여도 된다(반대로 훨씬 더 상세한 연령대별 분포를 원한다면 1세 혹은 2세 단위로 끊을 수도 있겠다).

각 계급의 폭은 동일하게 하는 게 일반적이지만 반드시 그럴 필요는 없다. 계급의 폭을 다르게 하는 것이 자료 특성을 쉽게 파악하는 데 더 유용하다면 다르게 해도 된다. 가령 자료가 밀집된 부분에서는 계급 폭을 더 작게 하고 자료가 희박한 구간에서는 계급 폭을 더 크게 정하는 것이 자료의 특징을 더 효과적으로 보여줄 수도 있다. 서울시 거주가구의 월소득을 조사한다고 할 때 계급 폭을 50만 원씩으로 정했다고 하자. 그런데 500만 원을 넘어가면서부터 빈도가 희박해진다면 500만 원 이상에서는 계급의 폭을 100만 원으로 조정할 수도 있다. 참고로 〈표 2-3〉에서 다른 계급들은 5년 단위이지만 제일 마지막 계급은 '60세 이상'으로서 구간 폭이 다름에 유의하자. 마찬가지로 〈표 2-2〉에서 마지막 범주는 '3대 이상'으로서 다른 범주들과 폭이 다름에 주의하자.

보기 2-1 도수분포표 만들어 보기

다음 표의 축구 선수들의 키를 가지고 연속형 자료의 도수분포표를 만드는 연습을 해 보자. 1장에 제시한 〈보기 1-1〉에는 소수점이 없지만 여기서는 연속형 자료임을 강조하기 위해 (a)에서는 소수점 한자리 수치를 부여했다.

22명의 키 측정치의 범위는 170에서 193.4까지로 23.4이다. 따라서 계급의 폭을 5로 하면 5개의 계급이 나오니 보기에도 적절할 것 같다. 시작점을 얼마로 할까? 제일 작은 값이 170.0이다.

이 값을 시작점으로 해서 '170이상-175미만' '175이상-180미만'처럼 끝자리가 0과 5가 되도록 하면 보기에도 자연스럽다.

이제 우리는 (b)와 같이 다섯 개의 계급으로 자료를 정리한 도수분포표를 얻었다. 빈도는 각 계급 구간에 속하는 측정치의 개수를 세서 구하고, 상대도수는 빈도를 전체 빈도수(22)로 나누어서 계산한다. 오른쪽 표를 보면 22명 중에서 9명, 즉 41%의 선수의 키가 180~185 사이에 있음을 알 수 있다.

(a) 축구선수들의 키(cm)

184.2	193.4	190.0	182
187.6	182.6	181.1	170.0
174.3	185.6	185.5	178.4
180.1	182.5	178.6	177.3
180.4	182.7	186.1	177.2
187.5	183.2		

다음은 이산형 수치 자료의 도수 분포표를 만드는 연습을 해 보자. 어떤 대학 학생 중 임의로 50명을 뽑아서 '지난해에 읽은 책의 권 수'를 조사했더니 (c)와 같았다. 독서권수는 이산형 자료이지만 자료의 범위가 1~41로 비교적 넓게 퍼져 있으므로 연속형 자료처럼 계급을 나누어서 그 구간에 속하는 빈도수를 세서 정리하면 된다. 24권 이상에서는 빈도수가 희박해지므로 계급의 폭을 다르게 하여 (d)와 같이 도수분포표를 작성할 수 있다. 이 경우 계급의 구분이 마치 연속형과 같이 되어 있지만 실제의 자료는 이산적이라는 것과, 24권 이상의 계급에서는 그 아래 계급과 같은 빈도수를 가지더라도 구간이 더 넓기 때문에 자료가 더 희박하게 분포되어 있다는 점을 염두에 두어야 한다. 계급의 구간을 5나 10 단위로 끊는 게 일반적이기는 하지만 반드시 그럴 필요는 없다. 여기서는 4 단위로 끊었다.

(b) 축구선수들 키의 도수분포표

키 (cm)	빈도	상대도수	계급중앙값
170이상-175미만	2	0.09	172
175이상-180미만	4	0.18	177
180이상-185미만	9	0.41	182
185이상-190미만	5	0.23	187
190이상-195미만	2	0.09	192
합계	22	1.00	

(c) 독서권수

16	3	2	24	41
18	23	28	3	6
19	1	37	15	17
20	20	4	17	11
2	24	4	30	10
34	7	30	12	12
23	2	8	15	14
8	17	14	8	11
14	13	5	14	3
9	20	9	30	12

(d) 독서권수의 도수분포표

권수	빈도	비율(%)
0~4미만	7	14
4이상~8미만	5	10
8이상~12미만	8	16
12이상~16미만	10	20
16이상~20미만	6	12
20이상~24미만	5	10
24이상~32미만	6	12
32이상~42미만	3	6
합계	50	100

2) 원형그래프(pie chart)와 막대그래프(bar graph)

이제 위에서 작성한 도수분포표를 이용하여 다양한 그림(그래프)을 그려보자. 그림을 그리는 목적은 표로 제시하는 것보다 더 쉽게 알아보기 위함이다. 만화가 소설보다 쉽게 읽히듯이, 그림은 통계표보다 보기 편하다. 따라서 그림의 가치는 요약된 정보를 일목요연하게 보여 주는 데 있다. 그래프로 제시하는 것이 표로 제시하는 것보다 이해하기에 더 어렵다면 그런 그래프는 그리지 않느니만 못하다.

원형그래프와 막대그래프는 질적 자료나 이산형 수치 자료의 요약에 흔히 사용된다. 원형그래프는 도수분포표의 상대도수를 이용하여 중심각이 '360°×상대도수'가 되는 부채꼴로 각 범주에 속하는 자료의 비중을 나타낸 것이다. 따라서 원형그래프에서는 각 부채꼴의 넓이를 통해 전체를 구성하고 있는 자료의 분포를 한눈에 파악할 수 있다. [그림 2-1]은 〈표 2-1〉을 원형그래프로 나타낸 것이다. 구체적인 수치를 보지 않더라도 범죄 피해에 대한 두려움을 느끼는 사람들(매우느낌+약간느낌)이 전체의 반을 넘는다는 것을 쉽게 알 수 있다.

그림 2-1

범죄 피해에 대한 두려움

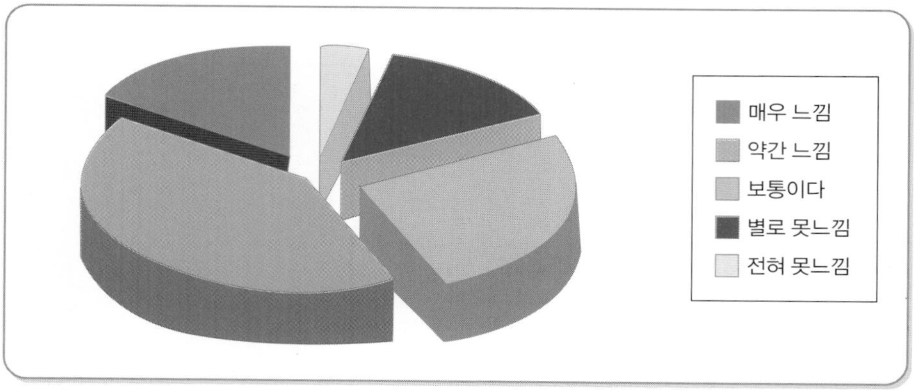

그림 2-2

범죄 피해에 대한 두려움

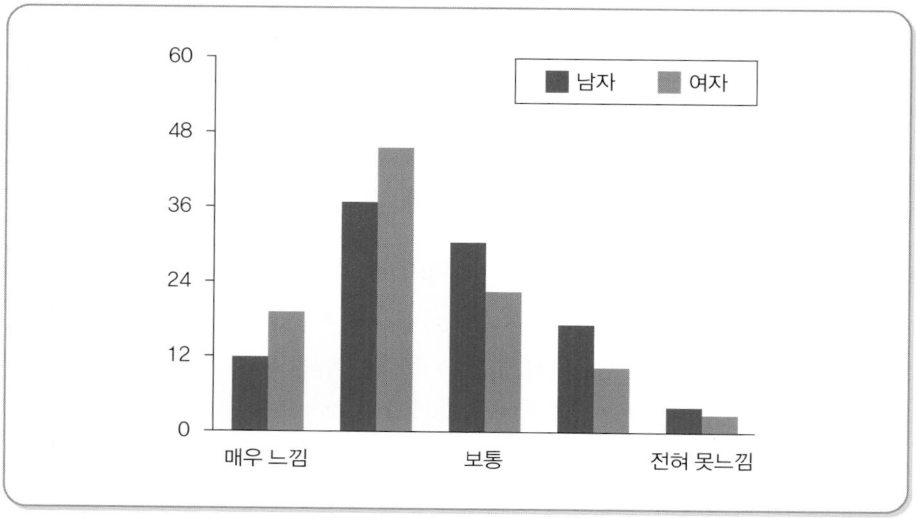

막대그래프는 가로축에 범주를 표시하고 세로축에 상대도수나 절대도수를 표시한다. 각 범주에 해당하는 자료의 도수를 한눈에 볼 수 있어서 범주간의 크기 비교가 용이하고, 어떤 특성에 따라 구분한 후 이 특성의 차이에 따라 분포가 어떻게 다른가를 비교할 때도 편리하다. 예를 들면 [그림 2-2]는 '범죄 피해에 대한 두려움'에 대하여 남녀를 구분하여 막대그래프로 나타낸 것이다. 성별에 따라 분리하여 두려움을 느끼는 정도를 살펴봐도 남녀 모두에서 전체적인 자료 분포의 경향은 비슷하게 나타난다. 그러나 남자는 '매우 느낌'과 '약간 느낌'을 합해도 50%가 안 되지만 여자는 60%를 넘는 등 여자가 두려움을 훨씬 더 많이 느끼고 있음을 알 수 있다.

원형그래프는 상대도수를 이용해서만 그리는 데 비하여 막대그래프는 [그

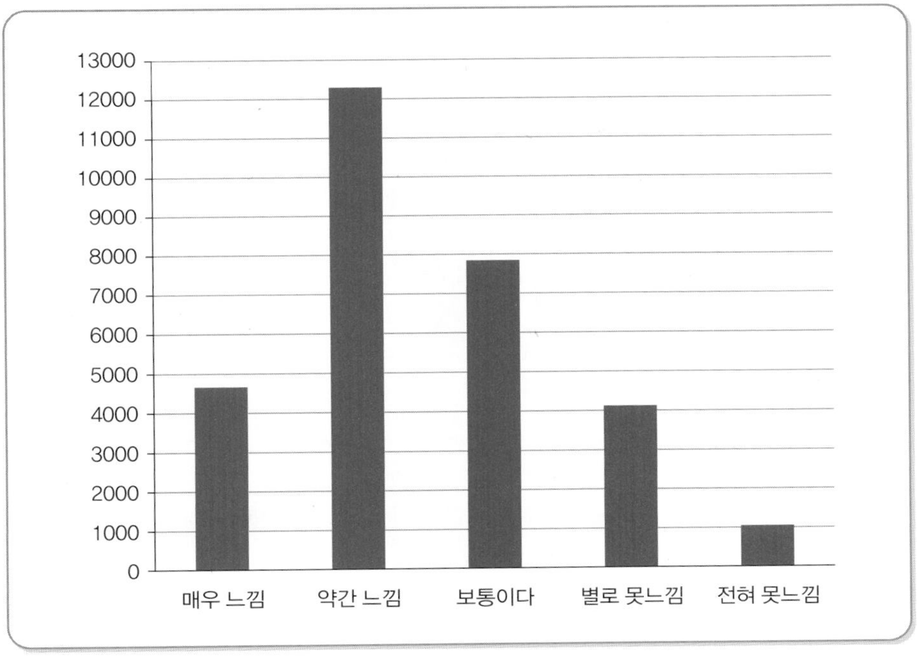

그림 2-3

범죄 피해에 대한 두려움 (명)

림 2-3]과 같이 절대도수를 사용할 수도 있다.

원형그래프가 막대그래프보다 좋은 점은 무엇일까? [그림 2-1]과 [그림 2-2]를 비교해 보면 알 수 있겠지만, 각 범주에 속하는 자료가 전체에서 차지하는 비중을 한 눈에 파악하기는 막대그래프보다 원형그래프가 더 용이하다. 하지만 [그림 2-2]처럼 두 집단 이상의 분포를 비교할 때는 원형그래프보다 막대그래프가 더 편리하다.

[그림 2-1]의 원형그래프는 입체적으로 표현되었다. 그런데 이는 [그림 2-4]처럼 평면으로 표현해도 동일한 정보를 준다. 독자들은 둘 중에 어떤 그래프를 더 선호하는가? [그림 2-1]은 입체라서 폼 난다. 하지만 현상을 명료하게 보여준다는 면에서는 [그림 2-4]가 더 낫다. 종종 매스컴에서 그래프를 제시하는 것을 보면 필요 이상으로 멋을 내는 경우가 있다. 이해하기 쉬우면서도 멋있다면 상관없다. 하지만 멋에 신경 쓰다가 정작 이해하기 어려운 그래프가 된다면 이는 곤란하다. 그래프의 제일의 가치는 현상을 단순명료하게 보여준다는 데 있음을 명심하자. 요새는 인포그래픽스(InfoGraphics)라고 해서 각종 정보에 스토리텔링까지 덧씌워서 시각화하는 게 유행이다. 관련 사이트를 보면 참으로 현란한 것들이 많다. 다 좋지만, 정보의 시각화의 본질은 현상

그림 2-4

범죄 피해에 대한 두려움

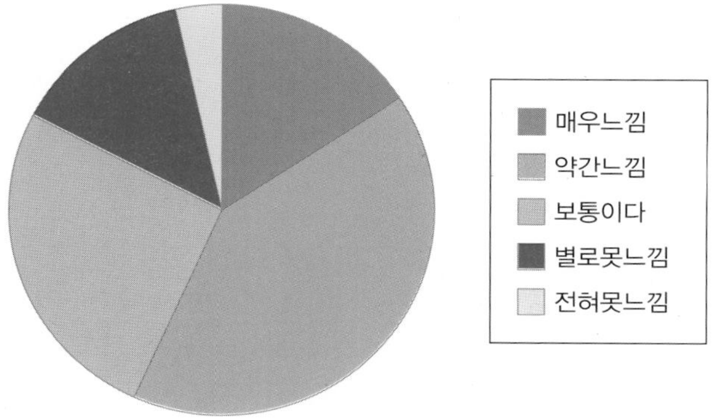

을 더 잘 전달하는 데 있음을 명심하자. 자칫 그림 때문에 현상을 왜곡하거나, 이해에 혼란을 야기한다면 곤란하겠다.

예제 2-1 현상을 왜곡하는 그래프

음식물 쓰레기 배출량 비교

다음 그래프는 A 시와 B 시의 일일 음식물 쓰레기 배출량을 보여준다. A 시는 하루에 24t의 음식물 쓰레기를 배출하며, B 시는 6t의 음식물 쓰레기를 배출한다. 즉 두 시의 쓰레기 배출량을 비율로 표시하면 4:1이 된다. 여러분이 보기에 이 그림이 4:1이라는 격차를 효과적으로 보여주고 있는가?

얼핏 봐도 4:1보다 격차가 훨씬 커 보인다. 왜 그런가? 그림에서 두 직육면체의 앞면의 면적이 4:1이다. 그런데 그림은 입체이다. 그래서 앞면의 면적이 4:1이면 부피는 8:1이 된다. 올바른 그림이 되려면 부피가 4:1이 되도록 그려야 한다.

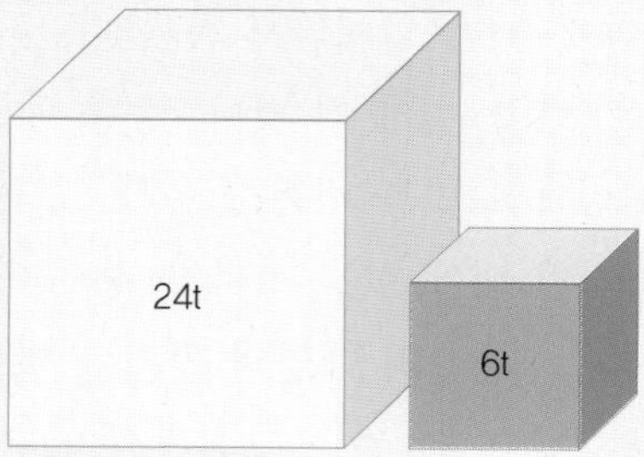

연령대별 지지도 비교

J 신문사는 S당의 K대통령 후보에 대한 연령대별 지지도를 조사하였다. 조사결과는 그래프

로 발표할 예정이다. 그래픽 담당자는 다음과 같은 두 가지 시안을 가져왔다. 편집국장은 둘 중 어떤 것을 선택해야 할까?

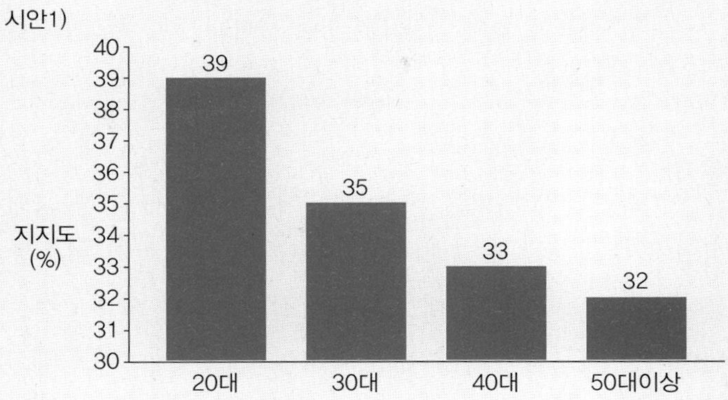

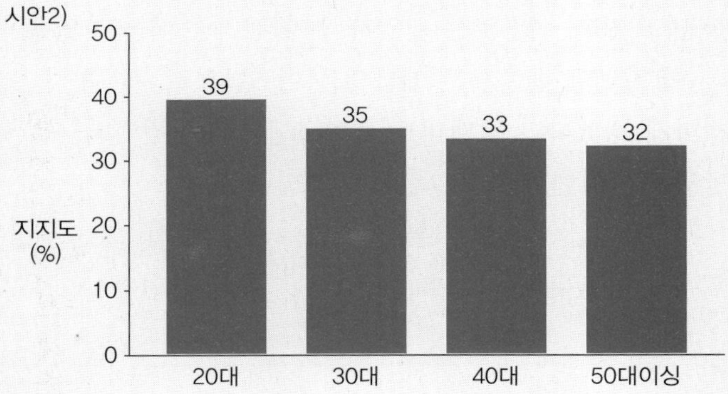

시안1)은 수직축이 30부터 시작하고 전체가 30−40의 범위를 갖는데 비해 시안2)는 0부터 시작하고 전체가 0−50의 범위를 갖는다. 당연히 시안1)은 연령대별 격차가 커보이고 시안2)는 연령대별 격차가 작아 보인다.

3) 히스토그램(histogram)

히스토그램 역시 도수분포표를 그래프로 표현한 것이다. 가로 축은 도수분포표의 계급구간을 나타내며, 세로축은 빈도(도수)를 나타낸다. 그러나 다음과 같은 점에서 앞의 그래프들과 차이를 갖는다.

히스토그램의 특성

- 양적 자료에만 적용되며, 각각의 막대는 연속적이어서 빈 간격이 없다.
- 가로축의 동일한 간격은 동일한 크기를 나타낸다.
- 막대그래프는 높이가 자료의 양을 나타내지만, 히스토그램은 면적이 자료의 양을 나타낸다.

이 조건들의 의미를 사례를 통해 알아보자. 다음 그림은 〈표 2-3〉 연령별 실업자 수의 히스토그램이다. 가로축에는 연속적 변수를 나눈 계급의 경계값을 순서대로 써 주고, 세로축에는 절대도수나 상대도수를 표시한다. 히스토그램에서는 가로축의 변수가 연속적이므로 막대그래프의 경우와는 다르게 막대 간의 빈 간격이 없다. 이처럼 그린 [그림 2-5]를 보면 20대의 실업자 수가 가장 많고 30대 이후로는 실업자 수가 점차 줄어들고 있음을 쉽게 알 수 있다.

이 사례에서는 모든 계급의 폭이 5년으로 동일하다. 따라서 연령(세)을 일정하게 정했다면 막대의 밑변이 모두 같은 길이이므로 막대그래프를 그리는 방법과 똑같이 히스토그램을 그리면 된다.

이제 계급의 폭이 다른 경우에는 어떻게 히스토그램을 그리는지 알아보자. 위에서 말했듯이 히스토그램에서는 막대의 면적이 그 구간에 속하는 자료가

그림 2-5
연령별 실업자 수

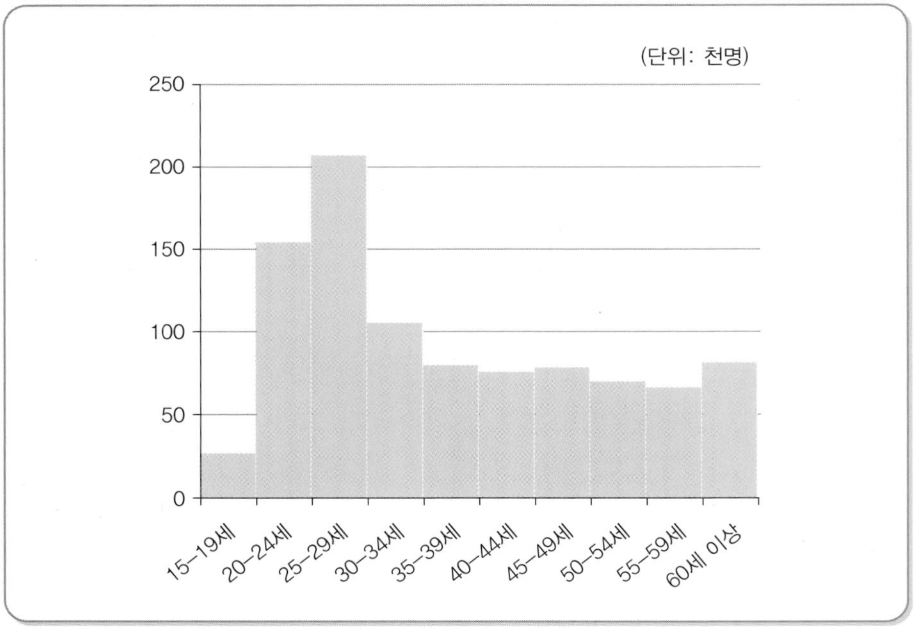

권수	비율(%)
0~4미만	14
4이상~8미만	10
8이상~12미만	16
12이상~16미만	20
16이상~20미만	12
20이상~24미만	10
24이상~32미만	12
32이상~42미만	6
합계	100

표 2-4
독서권수의 도수분포표

전체에서 차지하는 비율을 나타낸다. 위에서는 밑변의 길이가 모두 일정했지만 이제 밑변의 길이가 달라졌으므로, 밑변의 길이에 반비례하여 높이를 조절해 주어야 올바른 히스토그램을 그릴 수 있다. 예를 하나 들어보자.

〈표 2-4〉는 〈보기 2-1〉에서 만들었던 독서권수의 도수분포표를 다시 제시한 것이고 이것을 히스토그램으로 나타낸 것이 [그림 2-6]이다. 수치자료는 숫자가 양적인 의미를 지니기 때문에 세로축에 계급구간을 쓸 때 간격을 맞추어서 계급의 폭과 막대의 폭이 비례하도록 한다. 즉 24~32 구간에서는 계급의 폭이 그 앞에 비해서 두 배로 넓기 때문에 히스토그램의 막대의 폭도 두 배 넓도록 그려주었다. 32~42 구간도 마찬가지이다.

그러면 막대의 높이는 어떻게 정해주어야 할까? 계급의 폭이 4로 일정한 24권미만의 계급에서는 앞에서와 마찬가지로 도수를 그대로 표시해 준다.

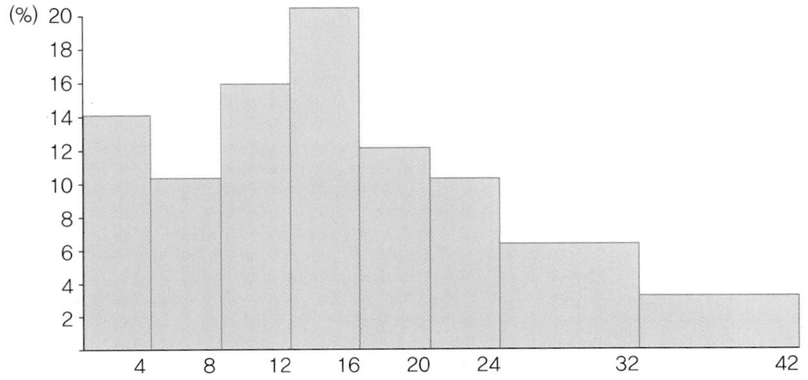

그림 2-6
〈표 2-4〉의 히스토그램

24~32구간에서는 밑변이 2배로 늘어났기 때문에 도수를 2로 나누어서 12% 대신에 6%가 되도록 높이를 정해준다. 32~42구간에서는 밑변이 2.5배로 늘어났기 때문에 도수를 2.5로 나누어서 6%가 아니라 2.4%가 되도록 높이를 조정해주면 된다. 어렵게 생각할 필요가 없다. 기준이 되는 계급의 폭(이 경우에는 4권)을 하나의 단위로 하여 거기에 해당하는 자료의 비율을 따져준다고 생각하면 쉽다. 가령 24~32구간은 24~28, 28~32의 두 계급을 합친 것에 해당하기 때문에 도수를 반으로 나누어 6%씩이 되도록 그림을 그려준 것이다.

올바로 그린 [그림 2-6]의 히스토그램에서는 24~32구간의 넓이가 20~24구간의 넓이보다 더 넓기 때문에 24~32구간에 속한 전체 자료의 양이 20~24구간의 자료 양보다 더 많다는 것을 확인할 수 있다. 동시에 기준이 되는 단위구간 4권당 속한 자료의 수는 20~24구간에서는 10%이지만, 24~32구간에서는 6%로 20~24구간에 자료가 좀 더 빽빽하게 분포하고 있다는 사실을 알려준다. 정리하면, 히스토그램에서 막대의 넓이는 그 구간에 속한 자료의 비중을 나타내고 높이는 단위 구간 당 자료의 비율, 즉 밀도를 나타내는 것이다.

이런 식으로 그림을 그리기 때문에 히스토그램에서는 그냥 막대의 높이가 아니라 단위 구간 당 자료의 비율, 즉 단위 구간 당 막대의 높이를 모두 더해주어야 전체가 100%가 된다. 이의 의미를 좀 더 명확하게 하기 위하여 잘못 그려진 히스토그램을 보자. 이는 [그림 2-7]에 제시되어 있다. [그림 2-7]과 같이 그리면 24~32와 32~42 구간에도 매우 높은 빈도로 자료가 분포하는 것처럼 과장되게 된다. 기억을 더듬어보면 처음에 우리가 〈표 2-4〉를 만들면서 이들 구간의 계급 구간을 더 넓게 해 준 이유는 바로 이 구간에 자료가 듬

그림 2-7
잘못 그린 히스토그램

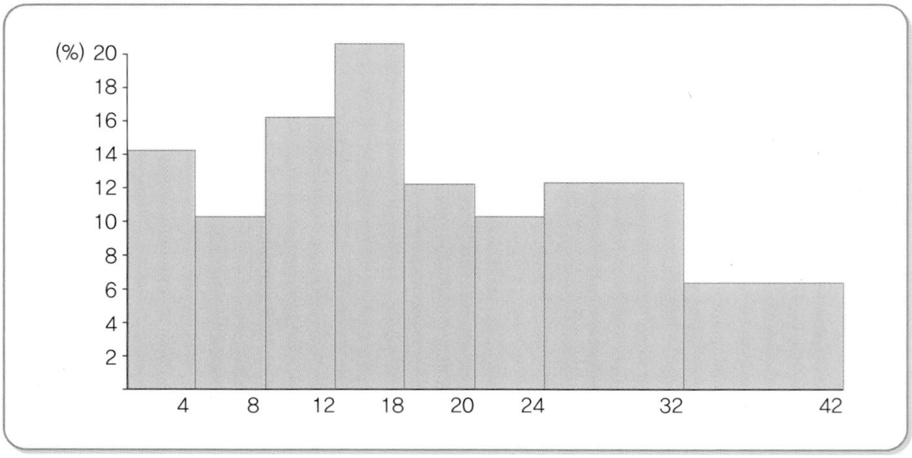

성듬성 있었기 때문이다.

이 정도면 히스토그램의 특성을 이해했을 것으로 믿는다. 그런데 주의 깊은 독자라면 여기까지 읽었을 때 잘못된 점을 하나 발견했을 법하다. 바로 [그림 2-5] 연령별 실업자 수의 히스토그램이다. 히스토그램은 가로축이 등간격이어야 한다. 하지만 이 그림에서는 딱 한 계급이 다른 계급들과 간격이 다르다. 마지막 계급이다. 마지막 계급은 60세 이상으로 오픈되어 있다. 따라서 그 이전의 5년 단위와 같은 간격으로 그린 것은 엄밀히 따지면 잘못된 것이다. 이 때문에 꼼꼼히 보지 않으면 마치 60대 초반 그룹의 실업자 수가 50대 후반 그룹의 실업자 수보다 더 많은 것 같은 착각을 일으키게 된다.

생각해보기

[그림 2-5]를 보면 연령대별 실업자 수는 20대에 가장 많다. 이를 보고 우리나라의 '청년실업' 문제가 심각하다고 말할 수 있을까? 글쎄, 사실 '청년실업'이 심각한 문제이긴 하다. 하지만 이 그림만을 보고서 그런 판단을 내리는 것은 곤란하다. 왜 그럴까? 우선은 연령대별 실업의 심각성을 판단하려면 절대수가 아닌 실업률을 비교하는 것이 더 적합하다는 것을 들 수 있다. 연령대별 경제활동인구 규모는 서로 다르므로, 절대수의 차이가 실업률의 차이를 반영하지는 않기 때문이다. 다음으로 실업률의 경우도 20대가 30대 이상보다 높은 것이 '당연할 수 있다'는 점을 생각해 보자. 대개 20대는 학교를 졸업하고 처음 사회에 진출하여 첫 직장을 잡으려고 하는 시기이다. 대부분 첫 직장을 잡기 전까지 여러 군데 원서를 냈다고 탈락되는 과정을 거치기 마련이다. 혹은 아주 우수해서 여러 군데서 오라고 손짓하는 사람이라도 이것저것 따져 본 후에 선택하는 것이 일반적이다. 또는 장기적으로 근무할 직장을 선택하기 전까지 몇 군데를 입사했다가 퇴사하는 과정을 반복하기도 한다.

이러 저런 이유로 인하여 20대의 실업률(또는 구직률)은 30대 혹은 그 이상의 연령대에 비하여 높기 마련이다. 따라서 단지 20대의 실업률이 30대 이상에 비하여 높다는 사실 자체만으로 그것이 사회문제 혹은 정부가 해결해야 할 정책문제라고 할 수는 없다. 그 보다는 통상 기대되는 20대의 실업률에 비하여 얼마나 높으며, 그 수준이 사회적인 문제가 될 정도로 심각한가를 따져 봐야 한다.

보기 2-2

지일이네 월소득은 279만 원이다. 지일이는 자기 마을에서 자신의 가정보다 더 높은 소득을 얻는 집이 얼마나 되는지 알고 싶어 하던 중, 친구 승목이로부터 아래와 같은 자료를 얻었다.

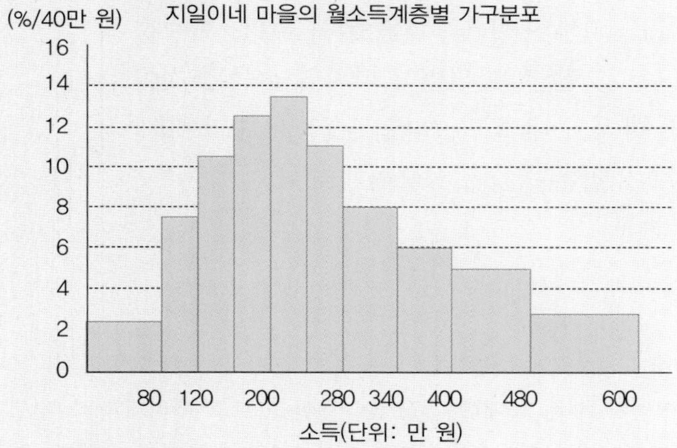

월소득계층별 가구분포

소득(단위: 만 원)	비율(%)
~80	?
80~120	?
120~160	?
160~200	12.5
200~240	13.5
240~280	11.0

여러분이 보듯이 히스토그램은 괜찮지만 도수분포표는 일부가 훼손된 상태이다. 승목이는 이 히스토그램을 보여주면서 마을에서 지일이네보다 더 높은 소득 계층에 속하는 가구가 전체의 40%쯤 된다고 말해주었다. 그러나 히스토그램을 어떻게 그리는지 배운 적이 없는 지일이가 보기에는 280만 원 이상에 속하는 가구는 8+6+5+3=22%밖에는 되지 않는다. 누구의 계산이 옳은 것일까?

280만 원 이상에 속하는 가구가 얼마나 되는지 알기 위해서는 막대의 높이를 그냥 더해 주어서는 안 된다. 밑변의 길이가 바뀌면서 높이도 조정해 주었다는 사실을 잊지 말자. 도수분포표에서 240~280미만 계급의 상대도수가 11%로 표시되어 있는데, 여기에 해당되는 막대의 높이가 똑같이 11%인 것과 히스토그램의 세로축 단위가 (%/40만 원)임을 보고 우리는 기준이 되는 계급의 폭이 40만 원이라는 것을 확인할 수 있다. 이제 히스토그램을 그릴 때 높이를 조정해 주었던 과정을 거꾸로 반복하기만 하면 된다. 280~340, 340~400의 구간은 폭이 60이므로 막대의 높이에 1.5를 곱해주어야 그 계급에 속한 자료의 상대도수를 구할 수 있다. 이렇게 계산하면 각각 12%, 9%라는 비율을 얻는다. 마찬가지로 400~480 구간의 막대 높이×2=10%, 480~600 구간의 막대 높이×3=9% 와 같이 계산할 수 있다. 따라서 지일이네보다 높은 소득 계층에 속하는 가구는 12+9+10+9=40%, 즉 전체의 40%에 해당한다.

4) 줄기-잎 그림(stem-and-leaf diagram)

줄기-잎 그림은 막대그래프와 같은 시각적 효과와 더불어 원자료를 그대로 볼 수 있게 해 주는 요약기법이다. 자료를 요약하면서도 잃어버리는 정보가 없다는 것이 장점이지만 자료의 수가 많거나 흩어진 정도가 클 때는 일목요연하게 살펴보기 어렵다.

'통계학' 과목을 수강한 학생 30명의 성적이 아래 〈표 2-5〉와 같을 때, 이를 줄기-잎 그림으로 나타낸 것이 [그림 2-8]이다.

표 2-5 '통계학'기말 시험성적

55	32	58	55	69	87
56	30	60	64	70	95
66	35	53	68	75	67
65	45	58	62	78	69
47	40	50	65	83	72

[그림 2-8]에서 왼쪽의 파란색으로 표시된 부분이 줄기이고 오른쪽의 숫자 하나하나가 하나의 케이스를 나타내는 잎이 된다. 줄기-잎 그림을 그리기 위해서는 우선 관측치의 수치를 자료의 흩어진 정도에 맞게 앞부분과 뒷부분으로 나누어서 앞부분은 줄기 부분에, 뒷부분은 잎 부분에 써 준다. [그림 2-8]의 경우 줄기는 두 자리의 시험 성적 중에서 십의 자리를 떼어 내서 왼쪽에 세로로 순서대로 써 준 것이고, 잎은 일의 자리를 역시 순서대로 나열한 것이다. 예를 들어 [그림 2-8]의 첫째 줄에는 30, 32, 35라는 성적이 정리되어

```
3 | 0 2 5
4 | 0 5 7
5 | 0 3 5 5 6 8 8
6 | 0 2 4 5 5 6 7 8 9 9
7 | 0 2 5 8
8 | 3 7
9 | 5
```

그림 2-8 〈표 2-5〉의 줄기-잎 그림

있다.[1]

[그림 2-8]을 보면 마치 각 범주별로 빈도수를 나타낸 막대그래프를 옆으로 뉘어놓은 그림 같다. 여러분은 막대그래프에서처럼 한눈에 60점대에 가장 많은 성적이 몰려있다는 것과 90점대에는 한 사람밖에 없다는 것을 알 수 있을 것이다. 줄기-잎 그림에서는 이에 더해서 최하 점수가 30점이고 최고점수가 95점이라는 것도 알 수 있고, 특정 점수의 위치도 정확하게 파악하기가 쉽다.

줄기-잎 그림은 개별 관측값들의 크기를 알 수 있기 때문에 도수분포표나 히스토그램 등 다른 자료요약 방법에 비하여 더 많은 정보를 제공한다. 하지만 이 방법은 자료의 수가 적을 때만 유용하며, 자료 수가 많아지면 적용이 어렵다. 생각해 보라. 자료 수가 1,000개가 넘을 때 이를 줄기-잎 그림으로 나타낸다면 어떻겠는가!

5) 히스토그램의 발전: 도수다각형(Frequency Polygon)과 분포 곡선

히스토그램은 자료의 분포 형태를 파악하기에 용이하다. 그런데 자표의 분포 모습을 알기 위하여 꼭 막대그래프를 이용할 필요는 없다(사실 막대그래프는 좀 불편하다). [그림 2-9]처럼 지일이네 마을 히스토그램에서 각 계급구간 막대 상단의 중앙점을 직선으로 연결해 보자.

이처럼 꺾은선 형태로 분포를 나타낸 것을 도수다각형이라고 부르기도 한다. 도수다각형은 히스토그램에 비하여 몇 가지 장점을 지닌다. 우선 도수다

그림 2-9
지일이네 마을의 월소득계층별 가구분포의 히스토그램과 도수다각형

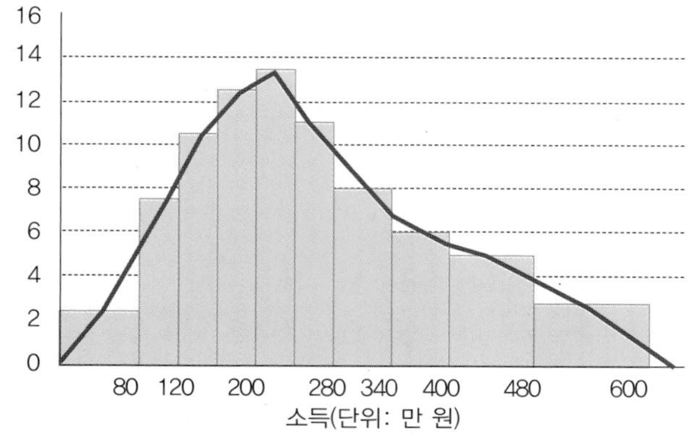

1 만일 시험 성적이 한 자리 수면 어떻게 할까? 이 경우는 줄기에 0을 써 주고, 잎에다 각 점수를 써 주면 된다.

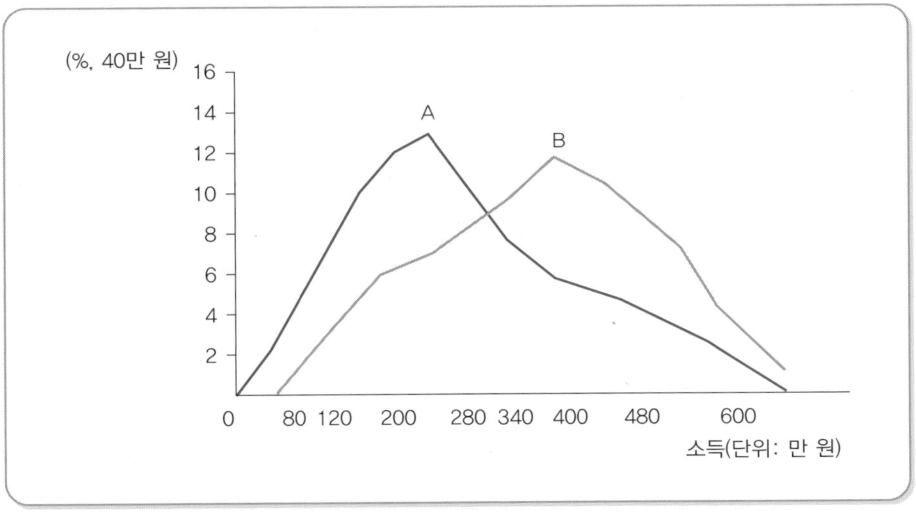

그림 2-10
월소득계층별 가구분포

각형은 여러 개의 자료들을 비교하는 데 유용하다. [그림 2-10]을 보자. A는 지일이네 마을 소득분포 도수다각형을 그대로 가져 온 것이다. B는 다른 마을, 가령 순이네 마을의 소득분포 도수다각형이라고 하자. 두 마을의 소득분포를 중첩해서 히스토그램으로 그렸다면, 보기에 복잡하고 헷갈릴 것이다. 하지만 도수다각형으로 그리니까 보기에도 깔끔하고, 두 마을 소득분포 차이를 한눈에 파악할 수 있다.

도수다각형은 이처럼 복수 자료의 비교에 편리할 뿐만 아니라, 하나의 자료만을 본다고 해도 히스토그램에 비하여 자료의 분포 형태를 파악하는 데 더 편리하다. [그림 2-10]의 A와 [보기 2-2]의 히스토그램을 비교해 보자. 지일이네 마을 소득분포 형태를 한눈에 알아보기에는 도수다각형으로 나타낸 A가 히스토그램으로 나타낸 것보다 더 편리함을 느낄 것이다.

이처럼 도수다각형은 자료의 분포 형태를 나타내는 데 적합하다. 하지만 자료의 분포 형태를 파악하기 위해서는, 많은 경우에 도수다각형보다는 좀 더 부드러운 곡선 형태로 제시하는 방법을 사용한다.

[그림 2-10]에서 도수다각형은 꺾은선들로 이어져 있다(따라서 꺾은선 그래프라고 하기도 한다). 하지만 실제로 지일이나 순이네 마을 사람들의 소득 분포가 이처럼 꺾은선 형태는 아닐 것이다. 다만 도수다각형을 그리는 바탕이 된 히스토그램의 계급 구간이 40만 원, 60만 원 등과 같이 정해져 있기 때문에 그렇게 나타난 것뿐이다. 만일 계급 구간이 1만 원으로 촘촘하다면, 꺾은선이

그림 2-11

꺾은선 및 곡선 형태로 나타낸 자료의 분포

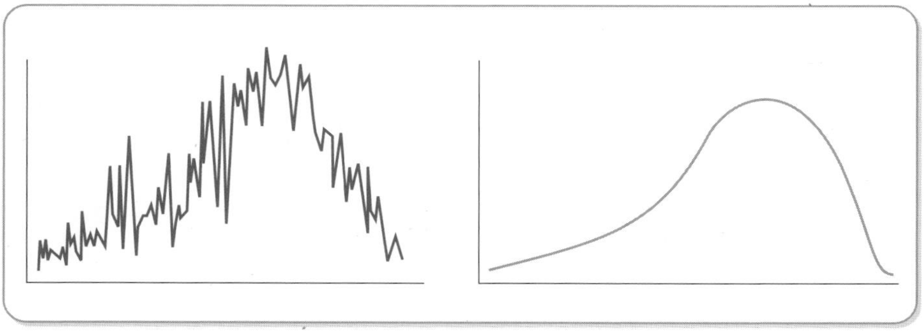

훨씬 많아지고, 도수다각형은 좀 더 부드러운 모습이 될 것이다. 그리고 이는 실제의 분포 형태를 좀 더 잘 반영할 것이다. 즉 연속형 자료이고 관찰값의 수가 충분하다면, 꺾은선보다는 부드러운 곡선 형태가 좀 더 실제의 분포 형태와 부합한다고 할 수 있다. 이에 따라 자료의 수가 많을 때, 자료의 분포 형태를 나타내기 위해서는 꺾은선보다 곡선 형태를 더 많이 사용한다.

또한 곡선 형태로 나타내는 것은 자료 분포 형태를 단순화하여 자료의 특성을 좀 더 일목요연하게 제시하려는 목적으로도 사용된다. [그림 2-11]의 왼쪽과 오른쪽을 비교해 보자. 왼쪽은 계급 구간을 촘촘하게 잡은 도수다각형이고 오른쪽은 곡선 형태로 나타낸 것이다. 더 설명할 필요도 없이, 오른쪽이 왼쪽보다 자료의 개괄적인 특성을 보다 쉽게 파악할 수 있다.

2. 그림에 의한 다양한 표현 방법들

지금까지 도표를 통한 자료 요약 방법에 대하여 설명하였다. 이들은 가장 기본적인 것들이며, 실제의 도표를 통한 자료의 요약 제시에는 이들을 응용한 다양한 형태의 도표들이 사용된다. 이하에서는 이러한 도표들에는 어떤 것들이 있는가를 알아보자.

1) 복수의 자료집단 간 비교

앞에서 히스토그램에 대한 도수다각형의 장점으로서 자료집단 간 비교가 용이하다는 것을 들었다. 도표를 통한 자료의 요약 제시에서는 자료집단 간 비교를 하는 경우가 흔하다. 이에 따라 도수다각형이 널리 쓰인다. 그런데 이산형 자료의 경우에는 도수다각형 이외에 막대그래프나, 방사형 도표 자료집단 간 비교에 널리 쓰인다. 그리고 때로는 막대그래프와 꺾은선 그래프를 혼합하여 사용하기도 한다. 이제 복수의 자료집단 간의 비교에 사용되는 다양한 형태의 그래프들을 보기로 하자.

복수의 자료집단 간의 비교라는 것은 집단 내의 비교와 집단 간의 비교가 동시에 이루어짐을 의미한다. 구체적인 도표의 형태는 자료의 형태, 비교의 목적에 따라 달라진다. 중요한 것은 가능하면 알기 쉬운, 이해하기 편리한 형태로 제시하는 것이다.

방사형 도표

방사형 도표는 복수의 대상(통상 2개) 간에 여러 항목을 비교할 때, 어떤 항목의 격차가 더 큰가(혹은 작은가)를 쉽게 파악할 수 있게 해 준다. 가령,

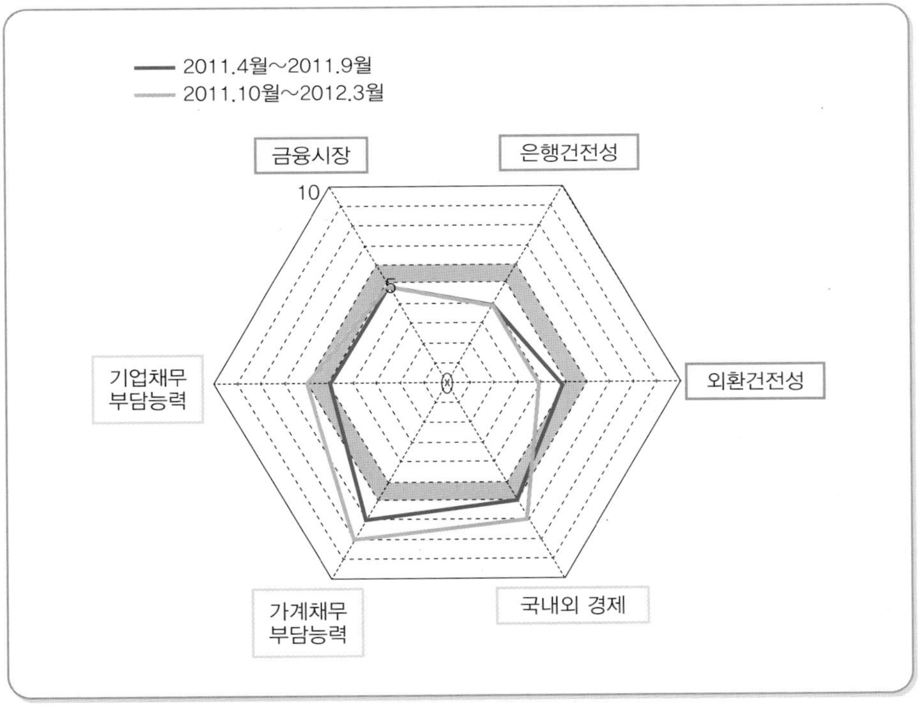

주: 1) 중심(0분위)에 가까울수록 안정성이 증대됨을 의미[3]
2) 금융시스템부문: 금융시장, 은행건전성, 외환건전성
금융안정여건부문: 기업채무부담능력, 가계채무부담능력, 국내외경제

그림 2-12 우리나라의 금융안정지도[2]

2 한국은행, 2012년 금융안정보고서 p. 16 발췌.

3 점수가 높을수록(바깥으로 나갈수록) 불안정한 것을 나타내므로 그래프 제목으로는 안정지도보다는 불안지도가 더 적당할 것 같기는 하다.

[그림 2-12]을 보면 2011년 4월부터 9월까지의 기간보다 2011년 10월부터 2012년 3월까지의 기간에서 국내외경제, 가계채무부담능력, 기업채무부담능력 등 금융안전여건부문의 안정성이 나빠진 것을 알 수 있다. 반면에 같은 기간 금융시스템부문에서는 외환건전성 부문에서만 안정성이 증대된 것을 알 수 있다.

혼합 꺾은선-막대그래프

때로는 [그림 2-13]과 같이 꺾은선과 막대그래프가 혼합되어서 하나의 도표로 제시되기도 한다. 이 경우는 꺾은선과 막대그래프들이 서로 다른 통계 유형을 제시하는 경우가 많다. 항목만 다른 동일한 통계 유형을 제시한다면 구태여 복잡하게 서로 다른 그래프를 사용할 실익이 별로 없을 것이다. [그림 2-13]은 2010년부터 2014년까지 한국의 연간 사교육비 지출액과 전체 학생 수를 보여주고 있다. 이 그림에서 막대그래프는 한국 사교육비를 보여주고 있으며, 꺾은선은 전체 학생 수를 제시하고 있다.

그림 2-13
2010~2014년 연간 사교육비 및 전체 학생 수[4]

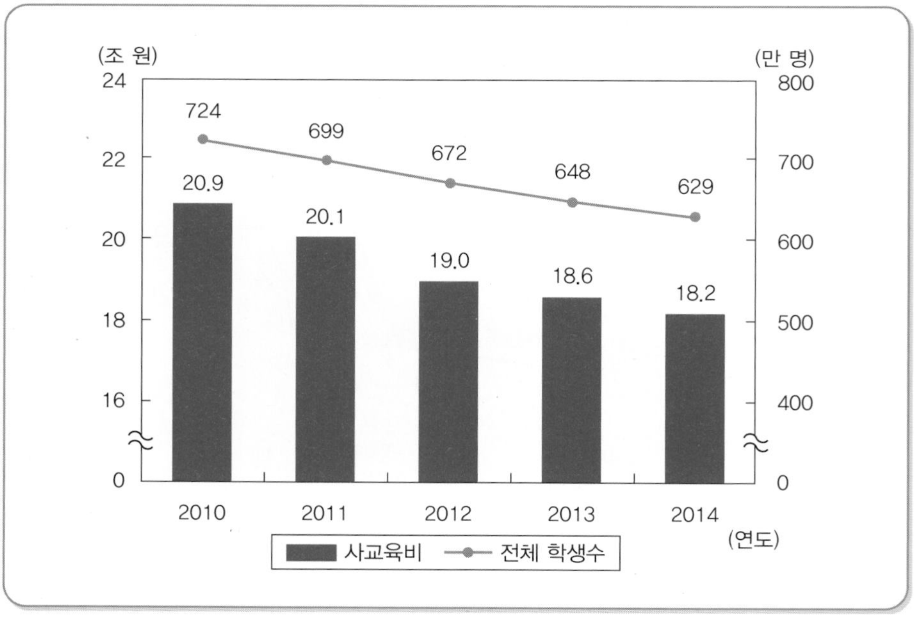

4 사이버국가고시센터, 2016년도 국가공무원 5급 공채·외교관후보자 선발 제1차시험 및 지역인재 7급 선발 필기시험, 자료해석영역 39~40번 문제에서 발췌.

2) 산점도: 변수간의 관계

지금까지는 한 변수의 다양한 통계량(규모, 비율, 지수, 순위 등)을 도표로 제시하였다. 그런데 때로는 두 변수간의 관계를 도표를 통하여 파악하기도 한다. 다음 그림을 살펴보자.

[그림 2-14]는 OECD 국가들에 대하여 기대수명과 1인당 의료비 부담 금액이라는 두 변수의 통곗값을 보여 준다. 이 그림을 보면 몇몇 예외도 있지만 대체로 기대수명이 높아질수록 1인당 의료비 부담 역시 높아지는 편이라는 것을 알 수 있다. 이 그림을 보면 우리는 한 국가에서의 1인당 의료비 부담액과 개인들의 기대수명 사이에는 대체로 정(+)의 관계가 존재한다는 것을 짐작할 수 있다.

한편 미국의 경우는 다른 국가들의 추세와 동떨어져 있다. 이런 경우를 이상치(outlier)라고 한다. 이 그래프에서 추세선(각 자료를 통과하는 곡선)을 그릴 때 미국 자료는 제외한 것 같다. 추세선을 그릴 때 이상치 자료값은 흔히 제외한다. 안 그러면 추세선이 왜곡될 수 있기 때문이다(물론 무엇이 이상치인가의 판단은 신중해야 한다!). 어쨌든 미국은 추세선보다 상당히 아래에 놓여있다.

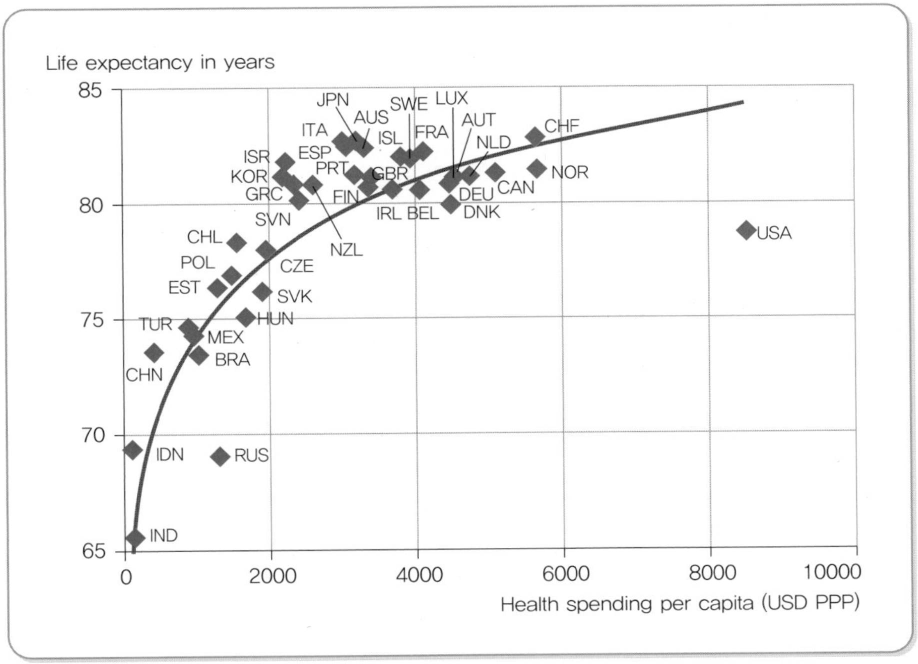

그림 2-14
OECD국가의 기대수명과 1인당 의료비 부담의 관계[5]

5 OECD, Society at a Glance 2014 p.123 발췌.

그림 2-15

65세 이상 인구의 비율에 따른 사망률 (2015년)

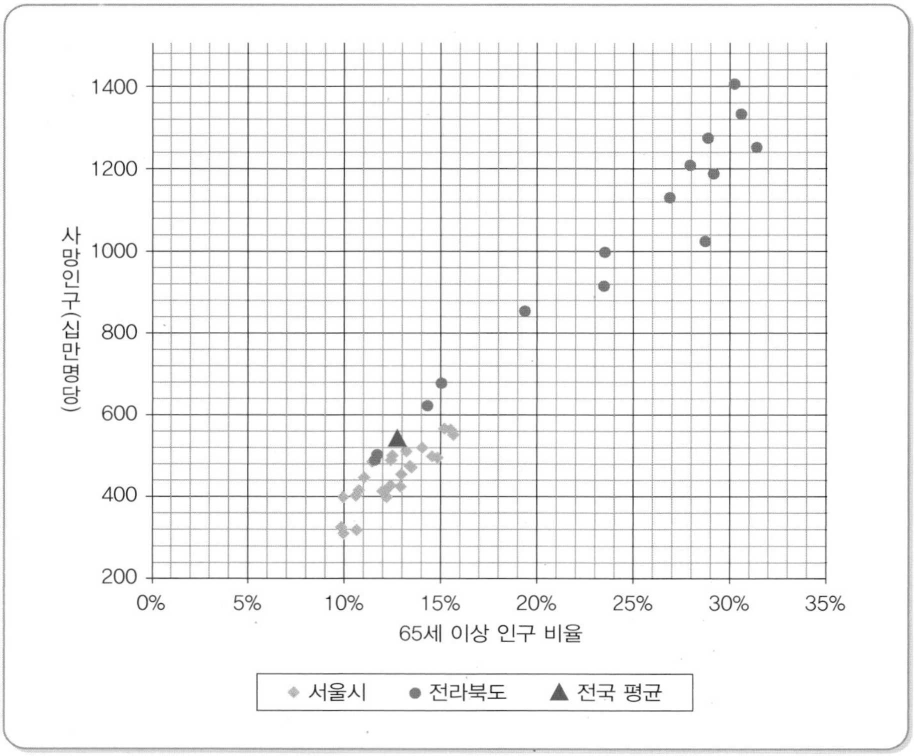

이는 미국은, 다른 국가들과 비교할 때, 의료에 쓰는 돈(x)에 비해 기대수명(y)이 상당히 낮다는 것을 보여준다. 역으로 우리나라(KOR)를 보면 추세선보다 제법 위에 위치한다. 이는 우리나라는, 다른 국가들과 비교할 때, 의료지출액에 비해 기대수명이 높다는 것을 의미한다.

[그림 2-15]는 서울시와 전라북도 기초자치단체(시군구)의 65세 이상 인구 비율에 따른 사망률을 나타내고 있다. 이 산점도에서 우선 눈에 띄는 현상들은 다음과 같은 것들이다.

① 서울시의 평균적인 노인인구 비율은 전라북도에 비해 낮다. ② 기초 지자체 간 65세 이상 인구 비율은 전라북도에서는 많은 차이가 있으나 서울시에서는 상대적으로 차이가 적다(아마 전북은 도시와 농촌 지역이 공존하나 서울은 도시 지역만 있기 때문일 것이다). ③ 65세 이상 인구 비율과 사망률 간에는 강한 상관관계가 있다. 그밖에도 좀 더 찬찬히 살펴보면 여러 가지 정보를 얻을 수 있을 것이다. 어떤가? 산점도라는 것이 다양한 정보를 보여 주는 데 상당히 유용하지 않은가?

이처럼 그래프는 현상을 파악하는 데 유용하다. 역사적으로 유명한 통계 그래프들이 제법 있는데 그 중에서 하나만 살펴보자.

나이팅게일의 Coxcomb

백의의 천사의 대명사이자 간호의 어머니로 불리는 나이팅게일. 우리는 크리미아 전쟁에서 종군 간호원으로 활동하면서 다친 군인들에 대한 헌신적인 간호를 했던 것으로 그녀를 기억하고 있다. 그런데 나이팅게일은 역사적으로 의미 있는 통계 그래프를 남긴 것으로도 유명하다. 이는 다음과 같은 통계 그래프이다.

이 그림은 1854년 4월부터 1856년 3월까지 1년간 매달 크리미아 전쟁에서 사망한 군인들의 숫자를 사망원인에 따라 두 유형으로 분류하여 나타낸 것이다. 원을 분할한 각각의 삼각추는 월별 사망자수를 나타낸다. 삼각추의 면적은 사망자 수에 비례한다. 그리고 삼각추 중에서 중앙의 파란색은 전투에 의한 사망자이며 주변부의 회색은 비전투적인 요인에 의한 사망자수를 나타낸다. 이 그림을 보면 1년 중 어느 달에 사망자가 많았는지를 쉽게 알 수 있다. 그런데 이 그림에서 가장 충격적인 것은 파란색보다 회색 면적이 훨씬 크다는

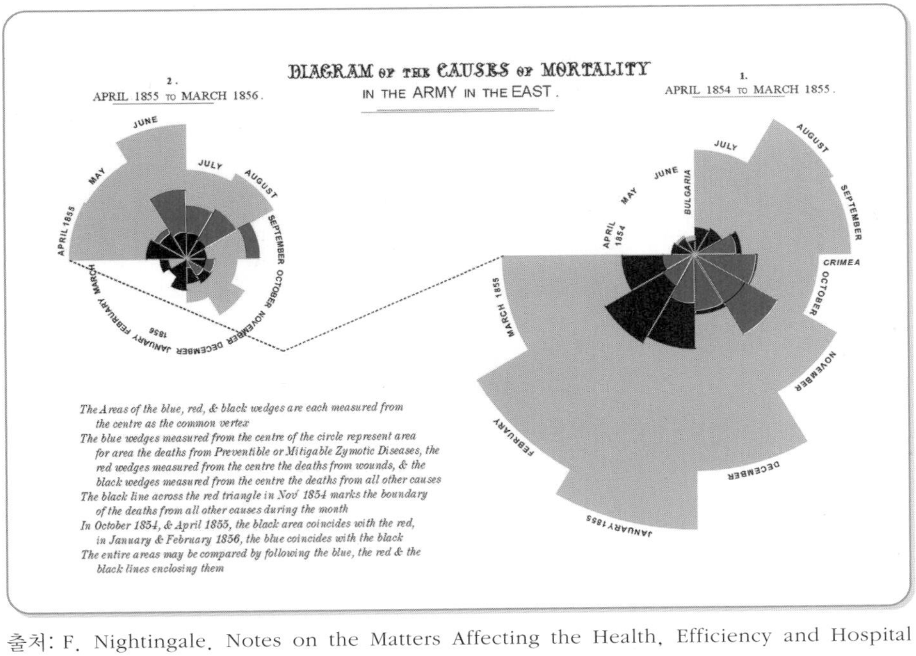

그림 2-16 나이팅게일의 Coxcomb

출처: F. Nightingale. Notes on the Matters Affecting the Health, Efficiency and Hospital Administration of the British Army, 1858

점이다.

이 그림은 전쟁에서 전투 중에 사망한 사람보다 비전투적인 요인(추위, 불결 등)에 의하여 사망한 사람이 훨씬 많다는 점을 극명하게 보여줌으로써 정책 결정자들을 위시한 많은 사람들을 놀라게 했고, 그 결과 위생이나 추위 등 전장의 환경을 개선하는 데 많은 노력을 촉구하게 했으며, 그 결과 (그렇지 않았다면 죽었을) 많은 생명을 구할 수 있었다. 나이팅게일 본인의 간호를 통하여 구한 생명보다 이 통계표를 통하여 구한 생명이 훨씬 많았다고 한다.

다음 그림은 서울시 예산안에 대한 인포그래픽이다. 서울시 예산이 어느 부문에 얼마나 쓰이는지 알기 쉽게 잘 나타냈다고 생각하는가? 이 그림이 한강변에서 자전거 타는 모습을 형상화한 것임은 쉽게 알아보았는지? 여러분이 담당자라면 어떻게 표현하겠는가?

그림 2-18
인포그래픽스 예제

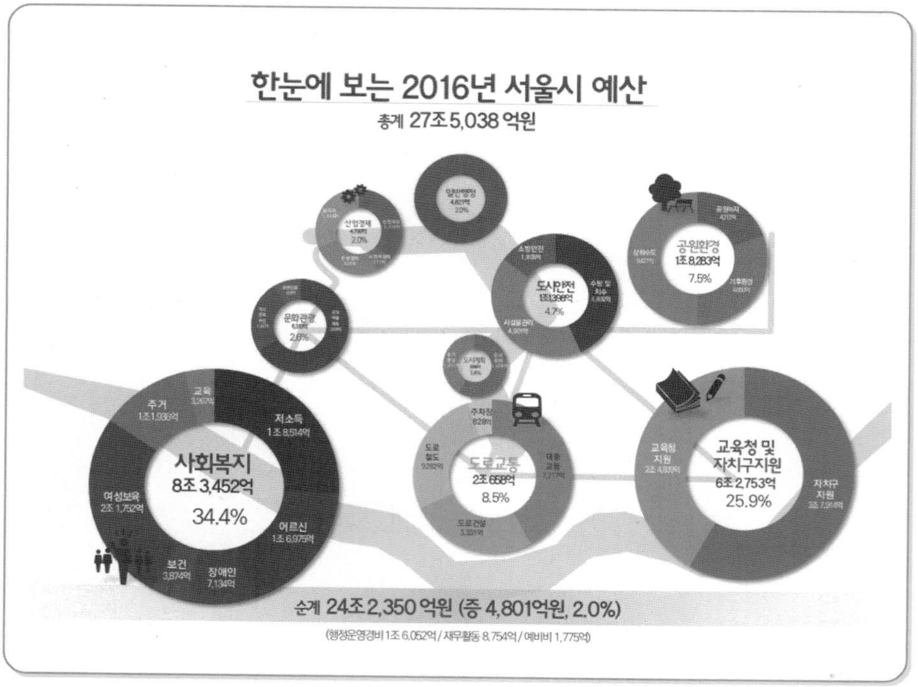

출처: http://finance.seoul.go.kr/archives/33432

제 2 장 점검

2장을 제대로 배웠다면 다음과 같은 것들을 충분히 해낼 수 있어야 한다.

1. 다양한 자료들에 대해, 분석 목적에 따른 자료 특성을 효과적으로 나타내는 그림(그래프) 그리기
2. 히스토그램의 특성 설명하기
3. 방사형도표, 혼합 꺾은선-막대 그래프, 산점도 등 다양한 유형의 그래프 보고 자료의 특성 설명하기
4. 인터넷에서 발견할 수 있는 각종 인포그래픽의 장단점 평가하기

연습문제 해답과 자료 | "blog.naver.com/statforss"

연습문제 E·X·E·R·C·I·S·E

1. 다음 〈그림〉은 어느 대학의 통계학과 행정학에 대한 수강자 성적의 줄기-잎 그래프이다. 이 〈그림〉에 대한 해석으로 옳은 것을 〈보기〉에서 모두 골라보자. (2005년 PSAT 모의평가)

※

줄기	잎
5	56888

인 경우 55점 1명, 56점 1명, 58점 3명이라는 것을 의미한다.

과목별 수강자 성적

과목 : 통계학 (줄기 간격:5 ,잎 단위: 1)			과목 : 행정학 (줄기 간격:5 ,잎 단위: 1)		
	줄기	잎		줄기	잎
1	5	3	1	3	5
3	5	7 9	2	4	0
6	6	1 2 3	3	4	5
10	6	5 6 7 8	3	5	
16	7	0 1 2 3 4 4	8	5	5 6 8 8 8
( )	7	5 7 8	9	6	2

( )	8 | 1 4	13	6 | 5 5 6 7
( )	8 | 5 6 7 7 9	17	7 | 0 0 2 4
( )	9 | 1 3 4	( )	7 | 5 7 9
( )	9 | 8	( )	8 | 0 3 3 3 4
		( )	8 | 7
		( )	9 | 2 2
		( )	9 | 5 9

| 보기 |

ㄱ. 과목당 성적이 하위 10% 이하인 학생을 과락시키는 경우, 통계학의 과락기준점수가 행정학의 과락기준점수보다 높다.
ㄴ. 두 과목 모두 60점대의 학생수가 70점대의 학생수보다 더 많다.
ㄷ. ( ) 는 '누적 학생수'를 나타낸다.
ㄹ. 행정학을 수강한 학생의 수가 통계학을 수강한 학생의 수보다 5명이 많다.

2. 아래 표는 지난 1996~2012년의 기간 동안 한국을 방문한 외국인을 국적별로 집계한 결과이다.

연도	합계	일본	미국	중국	해외동포	기타국적
1996	3,683,779	1,526,559	399,300	199,604	302,366	1,255,950
1997	3,908,140	1,676,434	424,258	214,244	307,045	1,286,159
1998	4,250,216	1,954,416	405,735	210,662	313,995	1,365,408
1999	4,659,785	2,184,121	396,286	316,639	301,027	1,461,712
2000	5,321,792	2,472,054	458,617	442,794	277,523	1,670,804
2001	5,147,204	2,377,321	426,817	482,248	286,585	1,574,233
2002	5,347,468	2,320,837	459,362	539,466	316,534	1,711,269
2003	4,752,762	1,802,542	421,602	512,768	290,628	1,725,222
2004	5,818,138	2,443,070	511,170	627,264	302,141	1,934,493
2005	6,022,752	2,440,139	530,633	710,243	280,464	2,061,273
2006	6,155,046	2,338,921	555,704	896,969	226,702	2,136,750

2007	6,448,240	2,235,963	587,324	1,068,925	294,061	2,261,967
2008	6,890,841	2,378,102	610,083	1,167,891	307,551	2,427,214
2009	7,817,533	3,053,311	611,327	1,342,317	234,420	2,576,158
2010	8,797,658	3,023,009	652,889	1,875,157	319,494	2,927,109
2011	9,794,796	3,289,051	661,503	2,220,196	327,260	3,296,786
2012	11,140,028	3,518,792	697,866	2,836,892	329,558	3,756,920

출처: 한국관광공사 한국관광통계

1) 한국을 방문한 전체 외국인 수의 변화를 요약할 수 있는 적절한 그래프를 제시해보자.
2) 2012년 한국을 방문한 외국인을 국적별로 분류하여 원 그래프로 나타내고, 각각의 상대빈도를 표시해보자.

3. 다음 그림은 2010년 세계 인구의 국가별 구성비와 OECD 국가별 인구를 나타낸 자료이다. 2010년 OECD국가의 총 인구 중 미국 인구가 차지하는 비율이 25%일 때, 이에 대한 〈보기〉의 설명 중 옳은 것은 무엇일까? (2013. PSAT 자료해석영역)

그림 1 2010년 세계인구의 국가별 구성비

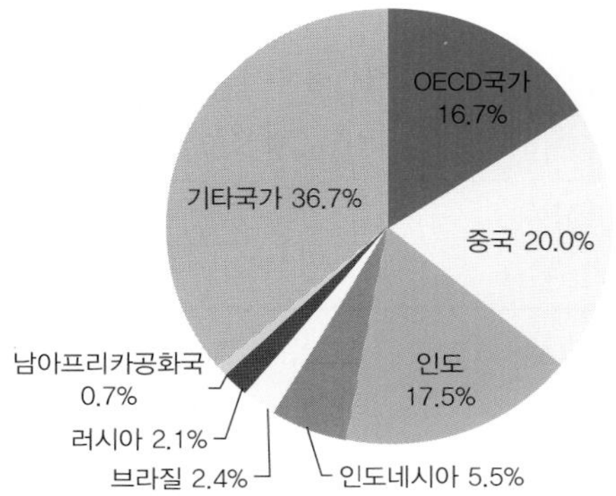

그림 2 2010년 OECD 국가별 인구

(단위: 백만 명)

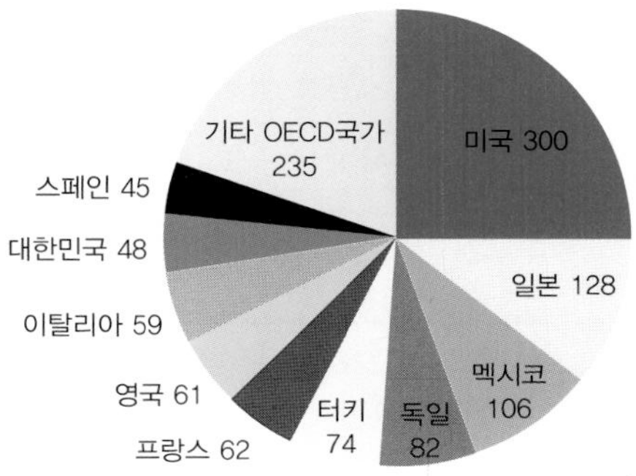

| 보기 |

ㄱ. 2010년 세계 인구는 70억 명 이상이다.

ㄴ. 2010년 기준 독일 인구가 매년 전년대비 10% 증가한다면, 독일 인구가 최초로 1억 명 이상이 되는 해는 2014년이다.

ㄷ. 2010년 OECD 국가의 총 인구 중 터키 인구가 차지하는 비율은 5% 이상이다.

ㄹ. 2010년 남아프리카공화국 인구는 스페인 인구보다 적다.

① ㄱ, ㄴ ② ㄱ, ㄷ ③ ㄱ, ㄹ

④ ㄴ, ㄷ ⑤ ㄷ, ㄹ

4. 한창 정보화를 추진 중인 개도국 '인디나'는 최근 몇 년 간 컴퓨터 보급률이 급격히 늘고 있다. 아래 표는 올해 각 부문별 컴퓨터 구매 대수와 구매 금액 자료다. 다음 물음에 답해보자.

(단위: 대, 백만 달러, %)

이용 부문	구매 대수	구매 금액
공공부문	317,953 (40.8)	368.1 (43.7)
교육	190,301 (76.8)	123.0 (55.3)
일반 가정	1,092,452 (223.7)	570.6 (167.5)
자영업	704,415 (66.6)	466.5 (49.5)
소규모 기업	759,294 (71.9)	694.8 (71.0)
중규모 기업	457,886 (15.6)	617.7 (19.6)
대규모 기업	415,620 (31.0)	346.2 (33.3)
계	3,747,921(103.4)	3,187 (67.3)

※ 괄호 안 숫자는 전년 대비 증가율(%)

1) 부문별 구매 대수 규모를 가장 쉽게 비교할 수 있는 그래프를 제시하라.

2) 부문별 구매 대수와 전년대비 증가율을 하나의 그래프로 보기 쉽게 제시하라.

3) 각 부문별 구매 컴퓨터 대당 가격을 비교해 보라. 그리고 이처럼 부문별로 가격이 다른 이유를 유추해 보자.

4) 표와 그래프 정보로부터 알 수 있는 이 나라의 부문별 정보화 현황에 대해 설명해 보자.

(3)과 4)는 정답이 없음. 주어진 통계자료로부터 현황을 파악하는 연습을 해 보라는 것임)

5. 다음 자료는 지난 한달간 신나라 백화점을 방문한 고객 중 20명을 무작위 추출하여 한달간 신나라 백화점에서 쇼핑하는 데 보낸 시간을 조사한 것이다. 이를 바탕으로 아래 도수분포표를 완성하고, 백분율에 대한 히스토그램을 그려보자. 이 히스토그램으로 신나라 백화점에서 고객들의 쇼핑시간 행태를 파악하려고 한다면 어떤 한계가 있을지 생각해 보자.

8, 5, 3, 2, 3, 4, 10, 12, 11, 1
6, 10, 9, 10, 18, 2, 10, 5, 6, 3

도수분포표

구간	빈도	백분율(%)
2시간 미만		
2시간 이상~4시간 미만		
4시간 이상~6시간 미만		
6시간 이상~8시간 미만		
8시간 이상~10시간 미만		
10시간 이상~20시간 미만		
계	20	100

6. 다음은 한국 대학교 3학년생 40명의 키를 측정한 결과이다.

181	178	171	171	169	174	179	166	183	170
168	176	181	186	168	167	172	165	181	181
166	162	171	172	154	165	162	178	167	178
159	190	182	171	173	161	170	171	170	174

1) 40명 키의 분포를 잘 요약해 주는 도수분포표를 제시하라.

2) 1)의 도수분포표를 바탕으로 히스토그램을 제시하고, 상대도수다각형을 그려보자.

3) 40명 키의 분포를 잘 요약해 주는 줄기-잎 그림을 제시하라.

7. 다음 그림은 교양 한국사를 수강한 학생 200명의 기말시험 성적을 히스토그램으로 나타낸 것이다.

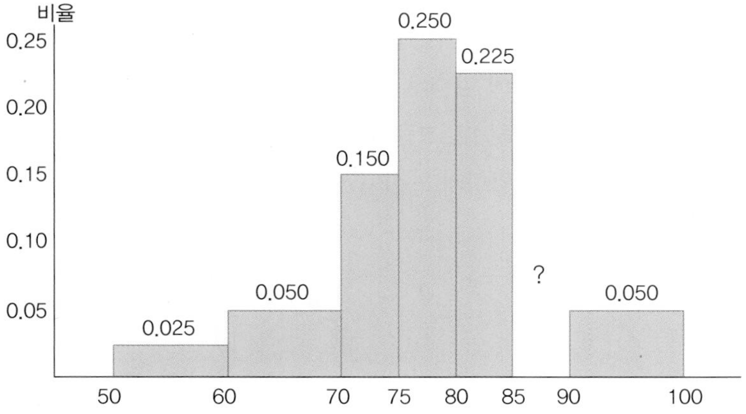

1) 50점 미만의 점수를 받은 학생은 없다. 85이상 90점 미만을 득점한 학생은 전체의 몇 %이겠는가?

2) 90점 이상을 득점한 학생은 모두 몇 명인가?

3) 70점 이상 85점 미만인 학생 수는 몇 명인가?

4) 학생들을 성적에 따라 오름차순으로 줄 세울 때 앞에서 50번째에 서게 되는 학생은 어느 구간에 속하겠는가?

8. 정식이는 20대 남녀 각 60명씩 120명의 체중자료를 아래와 같이 정리하였다.

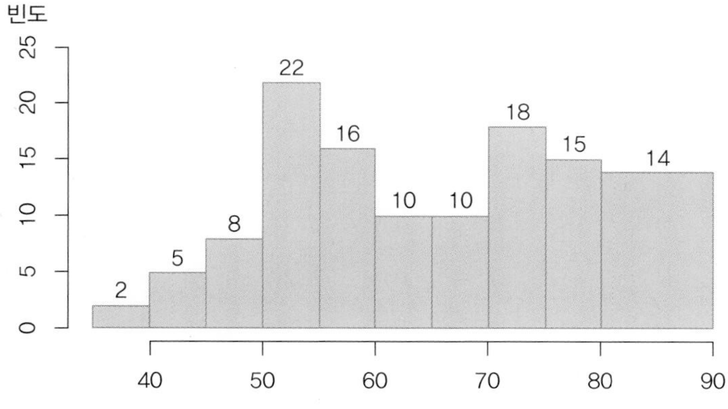

1) 정식이는 남녀 구분 없이 120명 전체에 대한 하나의 히스토그램을 그렸다. 남녀 구분을 안 했다는 문제는 차치하고, 이 히스토그램 자체만 봤을 때의 문제점을 따져보

고 다시 그려보자.

2) 남녀 각 60명씩 추출한 것이라면, 남녀 별로 구분해서 그린 후 비교하면 더 유용한 정보를 제공할 것 같다. 그런데 이 그래프만으로는 남녀를 구분할 수 없다. 각 구간별 총합은 히스토그램에 주어진 정보와 일치하되 남녀를 분리한 가상의 도수분포표(각 60명)를 만들어보자. 그리고 그 도수분포표에 의거하여 남녀를 비교하는 도수다각형을 그려보자. 가상의 자료지만 대강 남자 평균 몸무게가 여자 평균 몸무게에 비해 10kg 정도 더 많게 하자.

데이터를 활용한 연습문제 E·X·E·R·C·I·S·E

1. 통계청이 운영하는 국가통계포털(http://kosis.kr/) 사이트에는 한국의 각종 통계자료가 제시되어 있다. 아래에 주어진 항목, 또는 각자 관심 항목에서 특정 주제를 선택하고 이를 잘 보여주는 그래프를 그려보라.

[항목 예시]
2005년 이후 조출생률 변화, 외환위기 이후 한국의 소득불평등 추이, 연령별 남녀 간 경제활동참가율 격차, 광역자치단체별 재정자립도, 물가상승률과 경제성장률 사이의 관계

2. 'http://stats.oecd.org/'에는 OECD 국가들을 대상으로 다양한 통계를 제공하고 있다.

1) 'health' 항목을 보면 'life expectancy'와 'public health expenditure' 자료가 있다. 이 자료를 이용하여 공공보건지출(Government/compulsory schemes) 비중(GDP 대비)과 기대수명의 관계를 보여주는 적절한 그래프를 그려보라.
2) 지니계수와 복지지출비중(GDP 대비) 자료를 찾아서 소득불평등도와 복지지출비중의 관계를 보여주는 적절한 그래프를 그려보라. 그리고 어떤 국가들이 이상치(outlier: 추세에서 벗어나는 자료)에 해당하는지 따져보라.

3. household.dat 자료에는 각 가구의 월평균통신비가 주어져있다. 이에 대한 히스토그램을 그리고 다음 물음에 답해보자. 물음을 먼저 읽어보고 히스토그램의 구간을 설정하는 것이 편리하다(주의: 표본, 즉 주어진 자료에 대한 질문임. 모집단에 대한 판단을 하라는 것이 아님).

1) 월 20만 원 이상 25만 원 미만의 통신비를 사용하는 가구의 수는 얼마인가? 또 이들 가구가 전체에서 차지하는 비중은 얼마인가?
2) 200번째로 월평균통신비를 적게 쓰는 사람은 어느 구간에 속할까? 해당 구간에 속하는 가구수는 얼마인가?
3) 월 20만 원 이상 통신비를 사용하는 가구는 월 5만 원 미만의 통신비를 사용하는 가구보다 많을까?
4) 히스토그램 구간을 세분해서 그려보면 일정한 규칙성을 갖고 삐죽삐죽 솟아있는 막대를 관찰할 수 있다. 왜 이런 현상이 발생했을까?(Hint 일종의 측정오차와 관련되어 있음)

4. 이번에는 각 가구주의 근로형태(임금근로자 vs. 자영업자)에 따른 가구 월평균통신비의 히스토그램을 그려보자. 그리고 이를 바탕으로 다음의 물음에 답해보자.
(Hint 가구주는 fam_status 변수에 의해 선별할 수 있으며, 근로형태는 job_type 변수에 의해 구분할 수 있다).

1) 가구주가 임금근로자인 가구와 자영업자인 가구의 월평균통신비 분포에 특별한 차이가 있는가?
2) 히스토그램의 Y축을 빈도로 표현하였는가 아니면 비율로 표현하였는가? 두 집단을 비교할 때는 어떤 것이 더 적절할까?

제 3 장

수치에 의한 자료 요약

2장에서 도표에 의한 자료 요약은 자료의 분포 모습을 쉽게 직관적으로 파악할 수 있게 해 줌을 확인하였다. 그런데 자료 요약에는 도표 이외에 수치도 사용된다. 가장 널리 쓰이는 것은 자료의 중심위치와 자료의 퍼진 정도를 나타내는 수치들이다.

도표에 의하여 자료의 분포 형태를 파악하는 것은 쉽고 편리하다. 하지만 눈대중으로 파악하는 것이라서 주관적이고, 개략적인 형태를 넘어선 정확한 특징을 알기는 어렵다. 이에 비하여 수치에 의한 자료 요약은 주어진 자료로부터 일정한 공식에 따라 계산된 것이어서 자료의 분포 형태를 한 눈에 알아보기는 어렵지만, 자료의 특징을 객관적으로 정확하게 나타내준다.

1. 중심위치의 측정

자료의 중심위치를 나타내는 수치를 대푯값이라고도 한다. 대푯값으로는 평균(mean)이 가장 대표적(!)이다. 그 다음으로 중위수(median)가 있다. 그리고 간혹 최빈값(mode)도 사용된다. 고등학교 때 배운 개념들이겠지만, 복습하는 셈 치고 이들의 계산 방법과 특징을 알아보자.

1) 평균(mean)

평균은 수치 자료의 중심위치를 나타내는 데 가장 널리 사용된다. 관측치 값들을 모두 합한 다음 관측치 총 개수로 나누어 구한다. 관측치 크기를 고려하여 계산되는 값이기 때문에 평균은 관측치 값의 크기의 중심이라고 할 수 있다. N개의 자료 X_1, X_2, X_3 ⋯ X_N가 있을 때 평균은 다음과 같이 계산된다.

$$\overline{X} = \frac{1}{N}(X_1 + X_2 + X_3 + \cdots + X_N) = \frac{1}{N}\sum_{i=1}^{N} X_i$$

예를 들어 대학생 8명이 한 달 동안 아르바이트로 버는 돈의 액수가 각각 30, 30, 30, 35, 40, 40, 45, 70만 원이라면, 이들의 아르바이트 소득 평균은 $(30+30+30+35+40+40+45+70)/8=40$만 원이다.

평균이 대푯값으로 가장 널리 쓰이는 까닭은 계산이 용이하고 수리적인 조작이 편리하며 모집단 특성 추론하는 데 유용하기 때문이다(이에 대해서는 뒤에 설명이 나온다). 그러나 평균은 모든 값의 크기를 고려하기 때문에 극단값의 영향을 많이 받는다. 따라서 극단적인 값이 포함된 자료의 경우 대표치로 평균을 사용하면 자칫 현상을 오해할 수 있다.

가령 프로운동선수들의 연봉수준, CF광고의 모델료 수준 등을 알아보고자 할 때 평균을 대표치로 사용한다면 실제보다 크게 판단할 가능성이 많다. 왜 그럴까? 예를 들어서 미국 프로농구(NBA)의 어느 팀이 한 명의 초특급 스타와 9명의 별 볼일 없는 선수들로 구성되어 있다고 하자. 초특급 스타 한 명의 연봉은 9,730만 불이고, 나머지 9명의 연봉은 30만 불이라고 하자. 이 경우 이 팀에 속한 선수들의 평균 연봉은 1,000만 불$\left(\frac{9730 \times 1 + 30 \times 9}{10} = 1000\right)$이다. 그렇다고 이 1,000만 불이 이 팀에 속한 선수들의 연봉 수준을 잘 나타내 준다고, 대표한다고 할 수 있을까?

예제 3-1 평균의 여러 측면 이해하기

우리 반은 중산층, 옆 반은 갑부들만?: 평균은 다수의 특성이 아닐 수도

무궁화 초등학교 5학년 3반의 학생은 24명이다. 이 반 학생들의 가구 소득을 조사했더니 평균 월소득이 450만 원이었다. 이 평균 소득액을 보고 담임교사인 도균이는 '흠, 우리 반은 전형적인 중산층 아이들로 구성되어 있구나'하고 판단했다. 한편 옆 반인 5학년 4반의 학생은 25명이다. 이 반에는 우리나라 굴지의 재벌인 독고 씨의 딸이 있다. 독고 씨의 연소득은 1,200억 원이다. 월로 환산하면 100억 원이다. 그래서 5학년 4반 25명 학생의 월 가구소득 평균은 4억 원이 넘는다. 도균이는 옆 반의 평균 소득을 보고 뭐라고 생각할까?

할머니와 손주의 대화: 평균은 실제로는 존재하지 않을 수도

손주: 할머니, 우리나라 평균 출산률이 1.2명이래요.

할머니: 그게 무슨 말이야?

손주: 우리나라 여성들이 일생 동안 아이를 1.2명 낳는다는 말이예요.

할머니: 떽, 거짓말 마라. 어떻게 아이를 1명도 아니고 2명도 아니고 1.2명을 낳는다는 말이냐?

손주: …….

2) 중위수(median)

중위수는 모든 관측치를 크기순으로 늘어놓았을 때 한가운데 오는 값이다. 평균이 크기의 중심이라면, 중위수는 순서의 중심에 해당한다. 자료의 개수가 홀수인 경우에는 한가운데 오는 값이 존재하므로 그 관측치 값이 중위수이다. 자료의 개수가 짝수인 경우에는 자료의 가운데 오는 값이 두 개이므로 이 두 관측치의 평균이 중위수가 된다.

가령 위에서 말한 대학생 8명의 소득 30, 30, 30, 35, 40, 40, 45, 70만 원에서 중위수는 4 번째 관측치 35만 원과 5번째 관측치 40만 원의 평균인 37만 5천 원이다. 37.5만 원보다 작은 값을 갖는 관측치도 4개이고 더 큰 값을 갖는 관측치도 4개라는 것을 확인할 수 있다.

평균이 모든 값을 고려해서 계산되는 것과는 달리 중위수는 중앙에 위치한 관측치의 값만이 관심사이기 때문에 극단값에 큰 영향을 받지 않는다. 따라서 극단적인 이상치(outlier)가 존재하는 경우 중위수가 대푯값으로서 선호된다. 가령 졸업을 앞두고 취업을 준비하며 적당한 회사를 찾고 있는 사람에게는 회사의 평균 연봉보다 중위수가 더 유용한 자료가 될 수 있다. 평균 연봉이 높더라도 소수 임원들이 받는 고액연봉의 영향으로 인한 것이라면 오히려 평균연봉이 더 낮더라도 중위수가 더 큰 회사가 유리할 수 있기 때문이다. 중위수는 자료의 중앙에 위치해 있기 때문에 중위수의 아래 위에 각각 50%의 관측치가 위치한다는 점을 기억하자.

3) 최빈값(mode)

최빈값은 가장 빈도가 높은 관측치를 말한다. 평균이나 중위수는 수치자료에서만 사용되는 요약치인데 비해 최빈값은 수치자료에도 사용되지만 질적

그림 3-1
축구선수들의 키

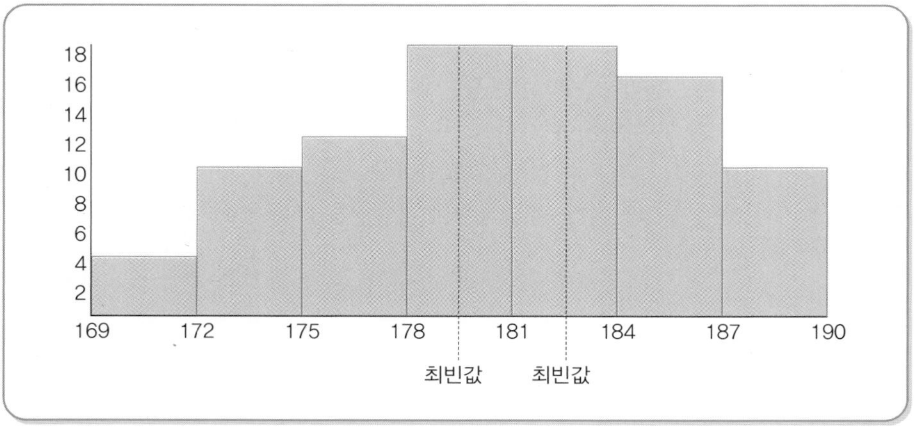

자료의 분석에 더 많이 이용된다. 질적 자료의 분석은 빈도분석이 주를 이루기 때문이다. 위에서 예로 든 대학생들의 소득 30, 30, 30, 35, 40, 40, 45, 70만 원에서는 30만 원이 최빈값이다. 질적 자료인 〈표 2-1〉 범죄피해에 대한 두려움에서는 '약간 느낌'이 최빈치가 된다.

자료가 도수분포표로 요약되어 있는 경우에는 가장 빈도수가 많은 계급을 최빈구간 또는 최빈계급이라 하고, 이 최빈계급의 중앙값을 최빈수로 한다. 도수분포표에서 최빈계급이 두 개가 있는 경우도 있는데 이때는 이들 두 개 계급의 중앙값들을 각각 최빈값으로 보아야 한다. 가령 아래 [그림 3-1]의 축구선수들 키의 도수분포표에서는 가장 높은 도수를 갖는 '178이상~181미만'과 '181이상~184미만'이 최빈구간이며, 이 구간의 중앙값인 179.5와 182.5가 최빈값이 된다.

자료의 수가 적은 경우에는 평균보다는 최빈값이나 중위수가 대표치로서 더 적합할 수도 있다. 자료의 수가 제한적일 때는 운이 나빠서 극단적인 값이 관측됐을 가능성도 있기 때문이다(〈예제 3-2〉 참조). 한편 모자나 기성복을 만드는 의류업자에게도 평균보다는 최빈치가 더 매력적인 대푯값이 될 수 있다(왜 그런지는 조금만 생각해 보면 알 수 있다). 이와 같이 각 특성치는 상황에 따라 적절하게 사용될 수 있다.

4) 히스토그램을 통한 대푯값들의 특성 비교

당연한 말이지만, 각 대푯값의 위치는 자료의 분포 형태에 따라 달라진다. 2장에서 배운 히스토그램을 통해 각 대푯값의 위치와 특성을 알아보자.

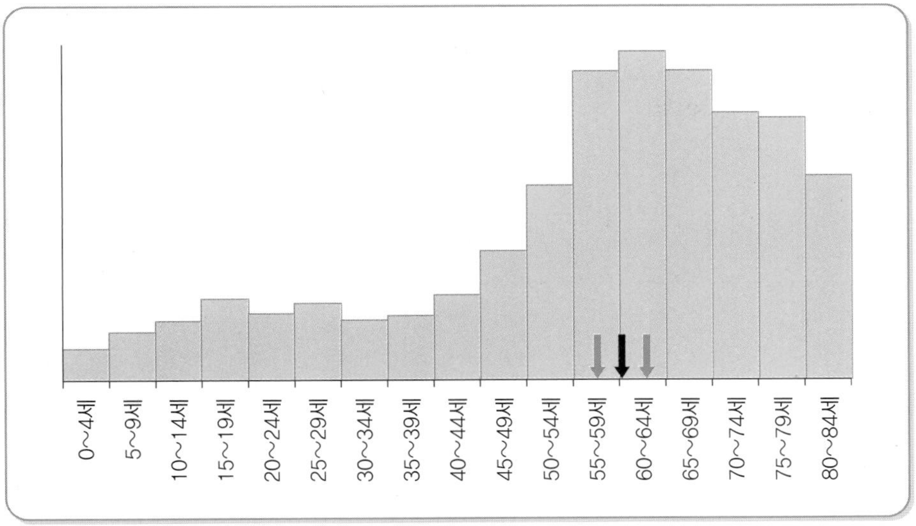

그림 3-2

연령별 농가인구

[그림 3-2]는 연령별 농가인구의 히스토그램이다. '농촌에 청년이 없다.'는 말을 여러분도 들어보았을 것이다. 이의 히스토그램은 이러한 농가 인구의 특징을 잘 보여주고 있는데, 전체적으로 자료가 고연령층, 즉 오른쪽에 더 많이 분포되어 있음을 알 수 있다.

자료가 오른쪽에 더 많이 분포되어 있고 왼쪽으로 꼬리가 긴 모양(이걸 영어로 left skewed라고 한다)일 때 평균, 중위수, 최빈값은 각각 어디에 위치할까? 위 그림에는 세 개의 화살표가 표시되어 있다. 각각의 화살표가 표시하는 값은 어떤 대푯값일지 생각해보라.

중위수는 순서의 중심이기 때문에 중위수를 중심으로 왼쪽과 오른쪽에 똑같은 양의 자료가 분포해야 한다. 히스토그램에서 막대의 면적은 자료 개수의 상대적인 양을 나타내기 때문에 중위수는 바로 히스토그램의 면적을 양분하는 값이 된다. 그림에서 가운데의 검정 화살표가 바로 이 히스토그램의 넓이를 반으로 나누는 중위수에 해당된다.

평균은 크기의 중심이므로 자료가 한 쪽으로 편중되어 있을 때는 자료의 가운데 위치하지 않는다. 또한 평균은 극단의 영향을 받기 때문에 중위수에 비하여 극단값 쪽, 즉 꼬리 쪽으로 끌어당겨져 위치한다. 위의 그림처럼 왼쪽으로 꼬리가 늘어진 분포(다른 말로 하면 오른쪽으로 편중된 분포)에서는 평균은 중위수 왼쪽에 위치하게 되므로 더 작은 값을 갖는다.[1] 그리고 꼬리가 길수록

1 이 히스토그램은 연령 구간별 빈도가 제시되어 있으므로 평균과 중위수는 정확하게 구할 수 없다. 각 구간의 중간값을 기준으로 평균을 계산하면 대강 평균이 56세 정도가 된다. 그

그림 3-3

분포의 모양과 대푯값의 관계

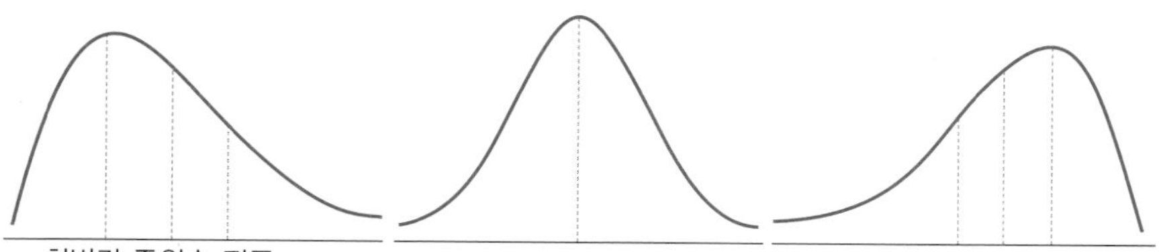

이 차이는 커진다.

예를 들어서 8명의 선수로 이루어진 농구팀 연봉의 평균과 중위수는 동일하게 5천만 원이라고 하자. 이 팀이 2명의 선수를 새로 보강했는데, 한 명은 연봉이 4,000만 원이며, 다른 한 명은 연봉이 3억 6천만 원이라고 하자. 이제 이 팀 연봉의 평균과 중위수는 어떻게 변하겠는가? 중위수인 5천만 원보다 연봉이 작은 선수와 큰 선수가 각각 1명씩 추가되었으므로 중위수에는 변함이 없다. 하지만 평균은 8천만 원(선수 10명의 총 연봉이 8억이므로)으로 크게 증가하게 된다.

최빈값은 가장 빈도수가 많은 계급의 중앙값으로 정의된다. 그림에서 60~64구간에 가장 많은 자료가 분포되어 있으므로, 이 계급의 중앙에 최빈값이 위치한다. 오른쪽 회색 화살표가 최빈값이다.

만약에 자료가 오른쪽이 아니라 왼쪽으로 편중되어 있다면, 다시 말해 오른쪽으로 꼬리가 긴 형태라면 위와 반대가 될 것이다. 또한 만일 자료가 어느 한쪽으로 치우쳐서 분포되지 않고 좌우 대칭이라면 중위수와 평균이 일치하게 된다. 자료의 분포가 좌우대칭이면서 봉우리가 하나인 형태라면, 중위수 평균 최빈값이 모두 일치한다. 이런 관계를 그림으로 나타낸 것이 [그림 3-3]이다.

평균이 대푯값으로서 적당하지 않은 경우1

〈예제 3-1〉의 무궁화 초등학교 5학년 4반 아이들 가구소득 자료에서 재벌인 독고 씨네 소득은 나머지 반 아이들에 비해 어마어마하게 크다. 이처럼 예외적으로 다른 자료값들과 크게 차이 나는 자료값을 이상치(outlier) 혹은 극

리고 중간값은 각 구간의 분포로부터 계산하면 60~64세 구간에 위치한다는 것만 알 수 있다. 이 예에서 중요한 것은 이 그림처럼 왼쪽으로 꼬리가 긴 분포에서 평균, 중위수, 최빈값의 위치를 짐작해 보는 것이다.

예제 3-2 이상치(outlier)와 대푯값

자신만의 수학강의 비법을 개발한 지혜는 에토스 수학학원을 찾아갔다. 그리고는 내 강의를 한 달만 들어도 학생들의 수학점수를 5점 이상 높일 수 있다고 장담했다. 학원장 병규는 일단 5명의 학생에게 시험적으로 한 달간 듣게 한 다음, 그 결과를 보고 지혜의 고용 여부를 결정하기로 했다. 정말 10점 이상 성적이 오르면 에토스 학원을 대표하는 일타강사로 키울 계획이다.

5명이 한 달 간 배운 후 치른 수학점수 변동은 다음과 같다.

이름	용익	준철	미라	미향	은숙
점수변동	+11	+13	+10	−68	+14

평균값은 $\frac{11+13+10+14-68}{5}=-4$다. 10점이 오르기는커녕 오히려 4점이 하락했다. 그렇다면 학원장 병규는 지혜를 뺑쟁이 엉터리로 치부하고 내쫓아야 할까?

5명의 학생 중 4명은 모두 10−14점 사이로 점수가 올랐다. 1명만 나머지 4명과는 대조적으로 68점이 내려갔다. 매우 심한 이상치다. 미향이를 제외한 나머지 4명의 평균값을 구하면 12점 상승이다. 또 중앙값은 13점 상승이다. 어떻게 해야 할까?

고심하던 병규는 판단을 내리기 전에 왜 미향이만 유독 엄청나게 낮은 점수를 받았는지를 알아봤다. 원래 미향이는 가장 수학을 잘하는 학생이었다. 알아보니 미향이는 복통을 일으켜서 처음 세 문제만 풀고 바로 병원으로 갔다. 역시 점수가 이상치로 나왔던 것은 시험 당일 미향에게만 이상한 일이 발생했기 때문이다. 당연히 병규는 미향이 점수는 제외하고 나머지 4명의 점수만으로 판단하였고, 지혜는 에토스를 대표하는 강사가 되었다.

이상치의 존재는, 특히 자료수가 많지 않을 때는 평균을 왜곡해서 다수의 특성을 보여주지 못하게 한다. 실제 연구를 할 때 종종 이상치로 인한 문제가 발생한다. 그리고 연구자는 이상치 처리 문제로 고민한다. 이상치를 포함해서 분석할 것인가 빼고 할 것인가.

우리 사례처럼 조사 목적에 비춰볼 때 명백히 제외하는 것이 타당하다면 그다지 고민할 필요가 없이 제외하면 된다. 하지만 실제는 왜 이상치가 발생했든지 알 수 없는 경우, 또 이유를 짐작하더라도 판단이 애매한 경우가 대부분이다. 이럴 때는 정말 고민된다. 이럴 때는 이상치를 포함한 경우와 제외한 경우를 모두 보여주는 것도 한 방법이 된다(11장 논의 참조).

단치라고 한다. 영어 뜻 그대로 집단의 바깥(out)에 놓여있는(lie) 값이다. 이상치가 존재하면 평균은 집단 다수의 특성을 대변하지 못한다(이상치 문제는 11장에서 좀 더 상세하게 다룬다).

평균이 대푯값으로서 적당하지 않은 경우2

우리나라의 1인당 GDP는 30,000불이 훨씬 넘는다(2023년 기준). 환율을 1,200원으로만 잡아도 3,600만 원이 넘는다. 1인당 3,600만 원이면 3인 가족 기준으로는 1억이 넘는다. 즉 우리나라 가구의 평균소득은 3인 가구 기준으로 1억이 넘는다는 얘긴데, 어째 체감하는 평균소득보다 상당히 높다는 생각이 들지 않는가? 왜 그럴까?

평균소득이라는 것이 중간 정도 계층의 소득이라는 의미와는 다르기 때문이다. 소득의 분포 형태는 오른쪽으로 매우 긴 꼬리를 갖는데, 이 경우 평균이 중위수보다 더 크다는 것은 우리가 이미 아는 사실이다. 한 번 소득분포를 그려 보라. 0부터 1억 원까지를 5cm 정도로 나타낼 경우, 소득이 50억, 100억인 경우를 나타내려면 오른쪽으로 얼마나 뻗어 나가야 하겠는가![2]

보기 3-1 **펜의 곡선-1인당GDP의 의미**

히스토그램을 통하여 대충 감을 잡았으면, 이제는 다른 방식으로 소득의 분포 형태를 표현한 예를 살펴보자. 이 예는 펜이라는 네덜란드 경제학자가 소득분배(1971)라는 책에서 제시한 방법을 다소 각색한 것이다.[3]

하나의 가상적인 행렬을 꾸며 보자. 이 행렬에는 소득을 가진 모든 개인이 참가한다. 이 행렬의 특징은 참가자의 키가 그 사람의 소득에 비례한다는 것이다. 즉 소득이 0인 사람의 키는 0m(몸 전체가 바닥에 밀착되어 있는 모습?!)이며, 평균소득인 사람의 키는 우리나라 성인의 평균 신장인 1.7m가 된다. 물론 평균소득의 두 배에 해당하는 소득을 갖는 사람의 키는 평균 신장의 두 배인 3.4m가 된다. 이처럼 각자의 키는 자신의 소득을 반영하게 되며, 행렬은 키의 순서대로 이루어져 있다고 하자. 그리고 이 행렬이 올림픽 메인 스타디움에 나타나는데, 처음부터 끝까지 행렬 전체가 등장하는 데 걸리는 시간은 1시간이라고 하자.

맨 먼저 나타나는 사람은 땅 속에 머리를 파묻고 거꾸로 나타나는데 이 사람은 파산한 사업가(마이너스 소득)이다. 그 다음에는 파트 타임으로 몇 시간 일하는 알바생으로 이뤄진 소인국 사람들이 출연한다. 한참 뒤에 등장하는 사람들은 아직도 키가 1미터가 채 안 되는 난장이들인데 이들은 장사가 안 되는 영세 자영업자를 비롯해서 식당·편의점 등의 종업원, 청소·경비 용역업체 직원 등 법이 정하는 최저임금을 받는 사람들이 출현한다. 시간이 흐르면서 완만하게 키가 증가

2 물론 GDP가 모두 가구소득을 의미하지는 않는다는 점도 중요하다. 하지만 가구소득 평균 역시 우리가 체감하는 보통사람들의 가구소득에 비해 제법 높다.

3 이 내용은 이정우, 소득분배론(1997)에 소개된 내용을 수정한 것이다.

한다. 하지만 계속해서 난장이들만 나오고 정상적인 키를 가진 사람들은 좀처럼 나오지 않는다. 물론 키는 조금씩 커지지만 아주 서서히 커질 뿐이다. 이제 기술을 가진 생산직도 나오고 사무직 노동자들도 지나간다. 행렬이 시작한 지 얼마나 되면 평균 신장을 가진 사람이 나올까? 30분? 천만의 말씀. 45분이 지나서도 평균 신장은 되지 않는다. 정확히 말한다면 행렬이 끝나기 12분쯤 남았을 때 비로소 성인의 평균 신장을 가진, 즉 평균소득을 가진 사람이 나타난다. 이것은 중위소득(30분 후 출현)에 비해 평균 소득이 얼마나 높은가를 잘 보여주며, 바꾸어 말하면 그 사회의 "보통 사람"의 소득은 평균 소득보다는 중위 소득으로 측정하는 것이 더 타당하리라는 것을 시사한다. 중년의 공무원이나 대기업 정규직원 등이 대강 여기에 해당할 것 같다.

평균 소득이 지나가고 나면 키는 급속도로 변한다. 마지막 6분을 남겨 두고, 즉 소득순위로 상위 10%에 해당하는 사람들이 나타나는데 이들의 키는 3미터 정도인데 장년층의 대기업 정규직이나 은퇴를 앞둔 공무원 등이 그들이다. 그 후 키는 빠르게 상승하며, 그리 성공하지 못한 변호사와 의사의 키는 5미터 정도이다. 마지막 1분을 남기고 8미터의 금융자산 운용가가 등장하며, 평범한 변호사, 의사는 9미터이다. 좀 더 지나면 수입 좋고 소위 잘나가는 회계사, 의사, 변호사들도 출연하기 시작하는데 이들의 키는 거의 20미터다. 목 좋은 상가 건물을 소유한 임대업자의 키도 그 정도는 될 것 같다.

마지막 몇 십초는 정말로 굉장한 거인들이 등장한다. 이들은 주로 스타 연예인이거나 대기업 경영진들이다. 예능인 유재석의 키는 100미터가 훨씬 넘고, 가수 임영웅의 키는 200미터도 넘을 것 같다. 인강 일타강사 중에는 200미터 넘는 경우도 제법 있다. 삼성전자 CEO의 키는 400미터에 달한다. 행렬의 마지막에 등장하는 사람들은 머리가 구름 위에 있기 때문에 미터 단위보다는 킬로미터로 측정하는 편이 더 나을 듯하다. 이들은 대부분 재산을 물려받은 부자들이거나 성공한 벤처기업가들이다. 드디어 행렬의 맨 마지막을 장식하는 사람은 구름 위에 있는 재벌그룹 오너 회장이다.

이 행렬을 보고 난 다음 사람들은 이런 사실들을 알게 될 것이다. 첫째, 평균 신장을 가진 사람이 아주 늦게 나타난다는 점이다. 이는 평균 이하의 소득을 가진 사람이 인구의 절반을 훨씬 넘는다는 뜻이다. 물론 그 이유는 행렬의 끝에 나오는 고소득층이 평균 소득을 한참 끌어올리는 역할을 하기 때문이다.

펜의 곡선

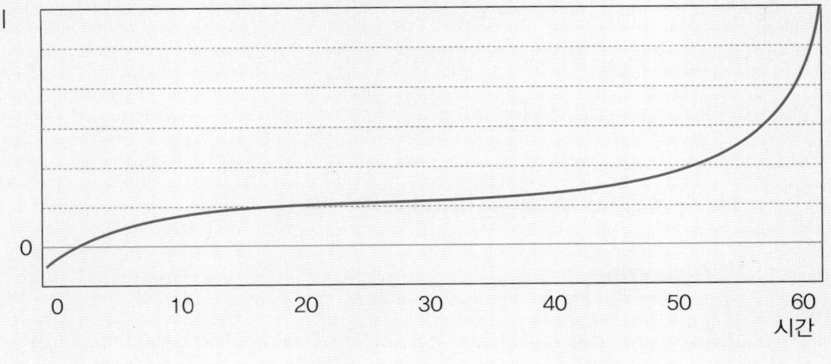

둘째, 이 행렬은 처음에는 그 차이를 눈으로 분별하기 어려울 만큼 아주 서서히 키가 커지지만, 뒤로 갈수록 변화가 빨라지며, 마지막 1분은 어지러울 정도로 키가 쑥쑥 커진다는 점이다. 뒷부분의 직업은 주로 관리직, 전문직이 많으며, 이들의 소득은 높은 급여에 기인한다. 하지만 마지막 순간은 거의 재산소득(부동산, 주식 등)으로 이루어진다.

셋째, 이 행렬의 첫 머리 부분은 그 사회의 극빈층인데 이들은 특별한 사회적 관심과 정책을 필요로 하는 계층이다. 여기에는 마이너스의 소득을 가진 사람부터 근로능력이 없는 장애인, 노인, 그리고 저임금 근로자들이 포함된다.

이와 같은 특징을 갖는 펜의 행렬을 나타낸 것이 위의 그림이다. 여기서 가로축은 0에서부터 60분까지의 시간을 표시하고, 세로축은 소득을 나타낸다. 처음에는 마이너스의 소득에서 시작하여 아주 완만히 소득이 증가하며, 평균은 30분보다 훨씬 뒤에 나타남을 알 수 있다. 그리고 마지막에는 대단히 빠른 속도로 소득이 증가하고 있다.

2. 퍼진 정도의 측정

자료의 중심위치를 아는 것은 중요하지만 그것만으로는 충분치 않다. 가령 6,7,8,9,10과 1,3,8,12,16은 평균과 중위수가 모두 같지만, 분명히 서로 다른 분포이다. 어떻게 다른가? 두 번째 자료의 흩어진 정도가 첫 번째 것보다 더 크다. 자료의 퍼진 정도를 모르면 중심위치만으로는 분포 상태에 대해 부분적으로밖에 알 수가 없고 서로 다른 분포를 비교하기도 힘들다. 퍼진 정도를 측정하는 방법으로 범위, 백분위수, 사분위수, 그리고 분산, 표준편차, 변이계수에 대해 살펴보자. 범위, 백분위수, 사분위수는 특정 위치(순서)에 있는 자료값을 통하여 퍼진 정도를 알아보는 것이다. 가장 큰 수와 작은 수의 차이, 크기순으로 25%, 50%, 75%에 해당하는 수 등을 파악하는 것이다. 분산, 표준편차, 변이계수는 각 자료값들이 평균과 얼마나 차이가 있는가를 측정함으로써 퍼진 정도를 파악하는 것이다. 이는 자료값들이 서로 다른 정도, 즉 변이(variation)을 측정한다고도 한다.

1) 자료값의 위치(순서)에 의한 측정

범위(range)

범위는 자료들 가운데 최소치와 최대치간의 차를 말한다. 〈표 3-1〉은

2014년 현재 서울특별시의 구별 병원 및 병상수를 나타낸 것이다. 병원수와 병상의 수 각각에 대하여 범위를 구해보자.

$$범위(R) = 최댓값 - 최솟값$$

표 3-1 서울시 구별 병원 및 병상 수 (2014)

자치구	병원수	병상수	인구수
서울시	16,386	85,347	10,349,492
종로구	476	3,277	164,291
중구	544	1,580	135,200
용산구	289	992	249,517
성동구	381	1,897	305,969
광진구	528	2,579	376,620
동대문구	589	5,907	375,254
중랑구	473	3,185	422,597
성북구	541	3,364	473,642
강북구	424	2,170	336,981
도봉구	345	2,769	355,256
노원구	684	3,503	582,799
은평구	593	3,635	504,055
서대문구	413	3,706	318,206
마포구	667	619	400,367
양천구	610	2,936	490,276
강서구	688	3,633	595,148
구로구	539	3,761	457,560
금천구	315	1,874	258,462
영등포구	699	5,534	421,351
동작구	550	2,925	418,520
관악구	661	2,386	531,912
서초구	1,184	3,160	451,697
강남구	2,452	7,306	581,256
송파구	1,006	6,511	671,984
강동구	735	6,138	470,572

병원의 수는 용산구가 289로 가장 적으며, 강남구가 2,452로 가장 많다.

따라서 범위는 2,452－289＝2,163이 된다. 한편 병상의 경우는 마포구가 619개로 가장 적으며, 강남구는 7,306개로 가장 많다. 따라서 범위는 7,306－619＝6,687가 된다.

범위는 최솟값과 최댓값 이외에는 아무것도 고려하지 않기 때문에 잃어버리는 정보가 많고, 평균과 마찬가지로 양 극단값의 영향을 많이 받는다.

생각해보기

〈표 3-1〉로부터 어떤 정보를 얻을 수 있는가?

독자들은 〈표 3-1〉을 보고 어떤 생각이 들었는가? 우선 자치구별로 병원 수 격차가 크다는 것, 그리고 부자구인 강남, 서초, 송파에 병원도 몰려 있구나 하는 생각이 들었을 것이다. 또 용산구는 병원수가 매우 적다는 생각이 들었을 것이고, 다른 한편 용산구는 인구도 적으니 인구당병원수로 따지면 그리 적은 편이 아닐 수도 있다는 생각도 들었을 법하다. 그리고 또?

이에 대해서는 이번 장의 마지막에서 상세하게 설명하고 있으니 꼭 풀어보자.

백분위수(percentile)와 사분위수 범위(interquartile range)

백분위수와 사분위수는 순서에 의해 자료의 퍼진 정도를 측정하는 개념이다. 백분위수에는 제1백분위수부터 제99백분위수까지 99개의 백분위수가 있다. 자료를 크기 순서대로 작은 것부터 일렬로 세워놓은 다음 처음 1%에 해당되는 위치에 있는 값이 제1백분위수가 된다. 자료가 작은 것부터 순서대로 1,000개가 배열되어 있다면 10번째 관측치가 바로 제1백분위수이다. 어떤 관측치가 제70백분위수라면, 이는 그 관측치보다 더 작은 값의 자료가 70% 존재하며, 그 값보다 더 큰 자료가 30% 존재한다는 것을 의미한다. 따라서 앞에서 배운 중위수는 제50백분위수에 해당한다. 즉 제50백분위수인 중위수를 중심으로 더 작은 자료가 50%, 더 큰 자료가 50% 존재한다. 백분위수의 성격을 이해하기 위해 [그림 3-4]를 보자.

여러분이 보기에는 제20백분위수와 제10백분위수 간 관측치의 차이와 제80백분위수와 제70백분위수 간 관측치의 차이 중에서 어느 쪽이 더 클 것 같은가?

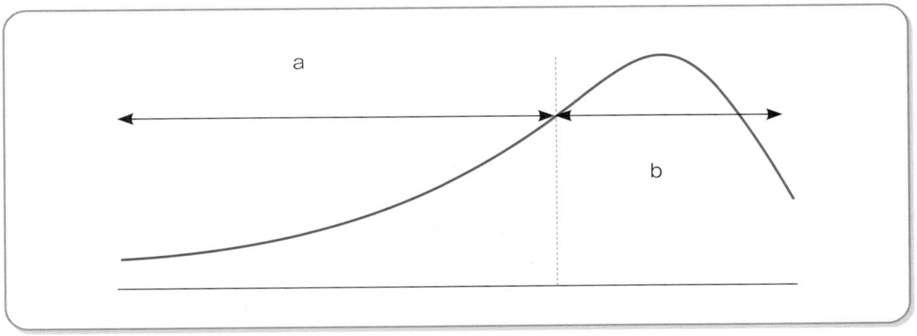

그림 3-4
분포의 모양과 백분위수

백분위수는 순서에 의한 개념이기 때문에 분위수 차이와 실제 관측치간 크기 차이가 비례하지 않는다. 자료의 분포형태를 보면 a영역에서는 자료들이 듬성듬성하게 위치하고, b영역에서는 촘촘히 밀집되어 있음을 알 수 있다. 따라서 b영역에 속하는 자료들끼리는 a영역에 비해 백분위수의 차이가 동일하다면 관측치의 크기 차이는 더 작을 것임을 알 수 있다.

문제를 하나 내겠다. [그림 3-4]에서, 25백분위수, 50백분위수, 75백분위수는 각각 어디쯤 위치할까? 어렵지 않다. 각자 생각해 보자.

백분위수가 전체 자료를 크기 순서에 의해 100개의 구간으로 나눈 것임에 비하여, 사분위수는 4개의 구간으로 나눈 것이다. 처음 25%에 해당하는 위치의 값이 제1사분위수, 50%에 해당하는 위치의 값이 제2사분위수, 75%에 해당하는 위치의 값이 제3사분위수가 된다. 따라서 백분위수 중에서 제25백분위수는 사분위수로는 제1사분위수(Q_1)가 되며, 제50백분위수는 제2사분위수(Q_2), 제75백분위수는 제3사분위수(Q_3)가 된다. 그리고 제3사분위수와 제1사분위수간의 차이를 사분위수 범위(interquartile range)라고 한다.

사분위수범위(IQR) = 제3사분위수 − 제1사분위수

범위가 양 극단값의 영향을 많이 받는 데 비하여 사분위수범위는 양 극단값의 영향을 배제할 수 있다. 사분위수범위는 전체 범위에서 아래 위 25%씩이 제거된 것이므로, 중간 50%의 범위를 보여주는 셈이다.

〈표 3-1〉에서 서울시 구별 병원수의 사분위수와 사분위수 범위를 구해 보자. 전체 구의 숫자가 25개이므로 제2사분위수(중위수)는 13번째 관측치인 550이다. 다음으로 중위수 밑에 있는 12개의 자료에서 다시 중위수를 찾으면 제1사분위수 448.5를 얻을 수 있다. 마지막으로 중위수 위에 있는 12개의 자

료에서 중위수를 찾으면 제3사분위수 686을 얻는다. 따라서 사분위수범위를 계산해보면 $Q_3 - Q_1 = 686 - 448.5 = 237.5$가 된다.

상자그림(box plot)

상자그림은 다섯 숫자 요약(five-number summary)을 그림으로 시각화 한 것이다. 다섯 숫자는 각각 최솟값, 제1,2,3사분위수, 최댓값을 말한다. 상자그림을 통해 자료의 분포 형태와 중앙위치(중위수), 흩어진 정도(범위, 사분위수범위), 자료의 이상치(outlier)를 알 수 있다.

앞에서 구한 서울시 구별 병원수의 사분위수와 최소치 289, 최대치 2,452를 이용하여 상자그림을 그려보자. 먼저 제 1,2,3 사분위수를 차례로 표시한 다음 제1사분위수와 제3사분위수를 연결하여 상자를 그리고 제 2사분위수(중위수)의 위치에 직선을 긋는다. [그림 3-5]를 보면 448.5와 686이 상자로 연결되어 있고, 550의 위치에 직선이 그어져 있음을 확인할 수 있다. 그 다음에는 최소치와 최대치를 표시하고, 각 위치와 상자를 직선으로 연결하면 된다. 상자그림을 통하여 우리는 자료의 범위, 사분위수 범위, 중위수 등을 알 수 있으며, 따라서 개략적인 자료의 분포 형태를 파악할 수 있다.

[그림 3-5]에서 1, 2사분위수 간격보다 2, 3사분위수의 간격이 다소 넓지만 차이가 크지는 않다. 따라서 사분위수 범위 내에서는 자료가 비교적 고르

그림 3-5
서울시 구별 병원수의 상자그림 1

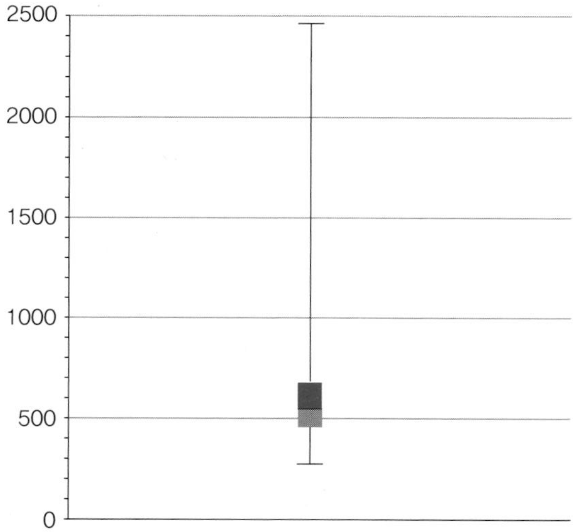

게 분포되어 있음을 알 수 있다. 이에 비하여 최솟값과 제1사분위수의 간격은 좀 더 넓고, 3사분위수와 최댓값의 간격은 훨씬 넓다. 따라서 이 구간에는 중간 50%에 비하여 자료들이 넓게 퍼져 있음을 알 수 있다.

특히 최댓값에서 상자 윗면(제3사분위수)까지의 간격이 굉장히 넓다는 점에 주목하자. 가능성은 두 가지다. 하나는 상위 25% 내에는 하위25%내에서보다 자료값들이 듬성듬성 퍼져있기 때문이다. 혹은 상위 25% 내에는 극단값이 존재하기 때문에 상위 25%의 간격이 커졌을 수도 있다.

상자그림에서 상위 25% 또는 하위25%의 간격이 극단값에 의하여 얼마나 영향을 받았는지 여부를 알 수 있는 방법은 없을까? 물론 있다. 최댓값과 최솟값을 직접 상자에 연결하는 대신에, 어떤 기준을 정해서 그 기준에 해당하는 값들 중에서 최대와 최솟값을 상자에 연결하고, 벗어나는 것은 별도로 표시하면 된다.

예를 들어서 상자의 위와 아래에 연결하는 각 직선 길이를 상자 길이(즉 사분위수범위)의 1.5배 이내로 제한하는 기준을 세워보자. 앞의 구별 병원 수 사례의 경우 1사분위수는 448.5, 3사분위수는 686, 사분위수범위는 237.5이다. 따라서 이 기준에 따르면 상한값은 $686+(237.5\times1.5)=1042.25$가 되며, 하한값은 $448.5-(237.5\times1.5)=92.25$가 된다.

상한값과 하한값을 결정했으면, 이 범위 안에 있는 최솟값과 최댓값의 위

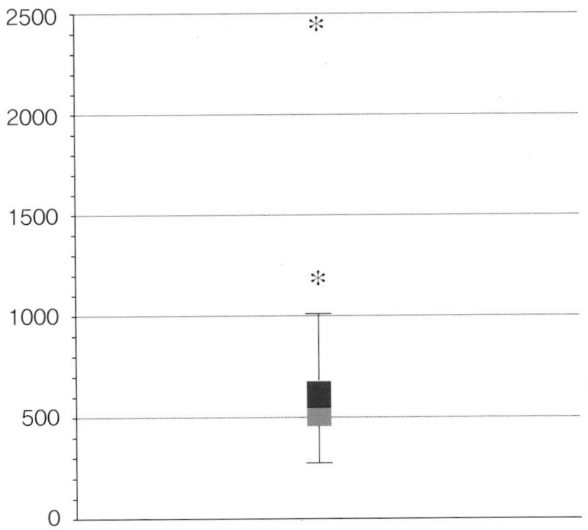

그림 3-6

서울시 구별 병원수의 상자그림 2

치를 표시한 다음에 상자에 직선으로 연결한다. 우리의 예에서 이 범위안의 최솟값은 289, 최댓값은 1,006이다. 그 다음에 이 범위에 포함되지 않는 값을 *로 표시해 준다. *로 표시된 값은 일종의 이상치(outlier)로 볼 수 있는 극단

보기 3-2 분포의 형태와 상자그림

앞에서도 잠깐 언급했듯이 상자그림을 이용하면 자료의 분포형태(히스토그램의 형태)를 어느 정도 짐작할 수 있다. 아래에는 흔히 볼 수 있는 네 가지 분포형태와 그에 상응하는 상자그림이 제시되어 있다. 이를 통하여 각 분포형태에 따라 상자그림의 모습이 어떻게 달라지는가를 보기자.

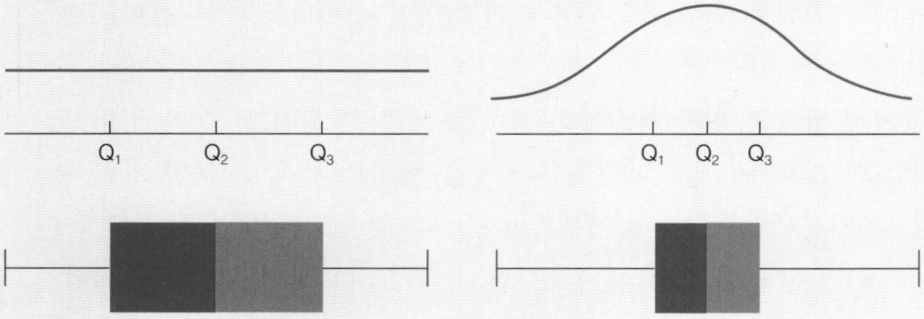

(a) 균등분포　　(b) 종형분포

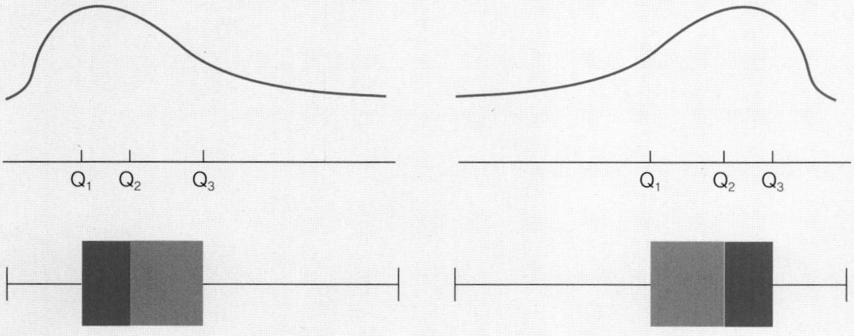

(c) 오른쪽 긴 꼬리 분포　　(d) 왼쪽 긴 꼬리 분포

상자그림을 통하여 자료의 분포형태를 파악하는 것은 자료수가 적을 때보다는 많을 때 유용하다. 자료수가 적을 때는 상자그림을 통하여 분포형태를 짐작하는 것이 그리 믿을만하지 못하다. 자료 수가 적을 때는 상자그림보다는 줄기-잎 그림을 이용하는 것이 분포형태를 파악하는 데 더 유용하다.

적인 값이다. 이렇게 나타낸 것이 [그림 3-6]이다. 구별 병원 수에서 강남구와 서초구는 다른 구보다 훨씬 많은 숫자인 2,452개와 1,184개의 병원이 있기 때문에 이상치로 표시되어 있다.

[그림 3-5]에 비하여 [그림 3-6]에서는 상한값에서 상자윗면(3분위수)까지의 간격이 대폭 줄었다. 따라서 [그림 3-5]에서 상위 25%의 간격이 넓었던 이유는 하나의 극단값(강남구)의 영향 때문이었음을 알 수 있다.

상자그림의 상한값과 하한값을 정하는 기준은 다른 것도 얼마든지 가능하다. 가령 90백분위수와 10백분위수로 상한값과 하한값을 정할 수도 있다. 이 경우는 상 하위 10%에 해당하는 값을 제외하는 셈이 된다. 이 기준을 적용하여 서울시 구별 병원수의 상자그림을 각자 그려 보자.

2) 평균과의 차이에 의한 측정

분산(variance)과 표준편차(standard deviation)

자료를 구성하는 개별값들이 서로 다른 정도는 어떻게 측정할 수 있을까? 하나의 방법은 개별 자료값들과 평균과의 차이가 어느 정도인가를 측정하는 것이다. 개별값들이 서로 유사한 값을 가지면 개별값들은 평균 주위에 몰려 있을 것이고, 개별값들 간에 차이가 크다면 평균으로부터 멀리 떨어져있는 자료들이 많을 것이다.

그렇다면 '개별 자료값들과 평균과의 차이의 정도'는 어떻게 측정할까? 우선은 다음과 같이 개별 자료값들과 평균과의 차이인 '편차(deviation)'를 구해야겠다.

편차 = 개별 자료값 − 평균

다섯 학생의 통계학 시험성적이 각각 90점, 85점, 75점, 95점, 80점이었다고 하자. 각 학생 시험점수의 편차는 얼마인가? 이를 계산하려면 먼저 평균을 구해야 한다.

평균은 $\frac{90+85+75+95+80}{5}=85$이다. 그리고 개별 자료값들의 평균과의 편차는 각각 5, 0, −10, 10, −5이다. 이제 이 다섯 개의 값을 하나의 수치로 전환해서 편차의 수준을 보여주는 방법을 생각해 보자.

일단 생각할 수 있는 것은 이 5개 편차값들의 평균을 구하는 것이다. 하지만 이 경우+−가 상쇄되어 평균은 항상 0이 된다. 이를 방지하려면? 각각의 편차를 제곱해서 부호를 모두+로 전환한 다음 이의 평균을 구하면 어떨까? 이 값(편차제곱의 평균)은 다음과 같다.

$$\text{편차제곱평균: } \frac{5^2+0^2+(-10)^2+10^2+(-5)^2}{5}=50$$

이 값은 편차를 제곱해서 평균한 것이므로 편차들의 평균은 아니다. 편차들의 평균과 비슷하게 만들려면 어떻게 해야 하나? 제곱해서 구했으니, 이번에는 다시 제곱근을 씌우자.

$$\text{편차제곱평균의 제곱근: } \sqrt{\frac{5^2+0^2+(-10)^2+10^2+(-5)^2}{5}}=\sqrt{50}\approx 7.07$$

편차제곱평균은 분산(variance)이라고 하며, 여기에 제곱근을 씌운 것은 표준편차(standard deviation)라고 한다. 표준편차는 이름 그대로 표준적인 편차를 보여주며 자료의 퍼진 정도를 보여주는 수치로서 가장 널리 사용된다. 그뿐이 아니다. 추리통계, 즉 표본을 이용하여 모집단의 특성을 추론할 때도 표준편차는 중요하게 이용된다. 자료의 퍼진 정도를 보여주는 다양한 수치 중에서 다른 것들은 잊더라도 표준편차만은 꼭 기억하자.

표준편차 계산에서 하나 주의할 점이 있다. 모집단의 분산과 표준편차를 구할 때는 방금한 것처럼 자료수로 나누지만, 표본의 분산과 표준편차를 구할 때는 자료수−1로 나누어준다는 점이다.

즉 n개의 자료 X_1, X_2, ..., X_n이 있을 때 표준편차와 분산은 다음과 같이 계산한다.

	표본	모집단
표준편차:	$s=\sqrt{\dfrac{\Sigma(X_i-\overline{X})^2}{n-1}}$	$\sigma=\sqrt{\dfrac{\Sigma(X_i-\mu)^2}{n}}$
분산:	s^2	σ^2

$\overline{X}$는 표본의 평균이다. μ는 모집단의 평균을 나타내며 '뮤'라고 읽는다. σ는 모집단의 표준편차를 의미하며 '시그마'라고 읽는다. 통상 통계학에서는 모집단의 특성을 나타낼 때는 그리스 문자를 사용하며, 표본의 특성을 나타낼 때는 영어 알파벳을 사용한다. 영어의 알파벳은 그리스 문자로부터 나온 것이다. 표본도 모집단으로부터 나온 것이다. 따라서 모집단은 그리스 문자로, 표

본은 알파벳을 사용하는 것이 자연스럽지 않겠는가!

아까 5명 학생의 통계학 점수 예에서 표준편차를 구할 때는 5로 나눴다. 5명의 학생이 모집단이라면 이것이 맞다. 하지만 이 5명의 학생이 표본이고 우리의 관심사가 이 5명의 자료를 이용하여 모집단의 표준편차를 알고자 하는 것이라면 5가 아니라 4로 나눠야 하며, 이때의 표준편차 값은 7.07이 아닌 7.91이 된다.

통계학에서 다루는 자료들은 대부분 표본이다. 그래서 통상 평균과 표준편차라고 하면 표본에 대한 것, 즉 $\overline{X}$와 s를 의미한다. 이에 따라 통계 패키지들도 표준편차를 구할 때는 n이 아니라 $n-1$로 나눠주도록 설정되어 있다.

왜 표본 표준편차는 $n-1$로 나눌까? 이는 n으로 나누는 것보다 $n-1$로 나눠야 σ^2에 보다 가까운 s^2을, 즉 σ에 보다 가까운 s를 얻을 수 있기 때문이다. 그 이유를 설명하기 전에 과연 그런지 다음의 예를 통해 확인해 보자.

예제 3-3

자료값이 {1, 3, 5}인 모집단이 있다. 여기에서 2개를 무작위로 추출하여 표본을 만든다.

1) 모집단 {1, 3, 5}의 σ^2를 계산하라.
2) 2개씩 뽑아서 만든 표본은 {1, 3}, {3, 5}, {1, 5}의 세 개가 가능하다. 이 세 표본의 s^2를 계산하라(이 경우는 '$n-1$'로 나누어야 한다). 그리고 이렇게 구한 세 s^2의 평균값을 구하라.
3) 이번에는 2)를 반복하되, '$n-1$'이 아니라 'n'으로 나누자. 마찬가지로 s^2('n'으로 나누었으니 엄밀히는 s^2은 아니다)을 계산하라.
4) 2)와 3)에서 구한 평균값들 중에서 어느 것이 더 σ^2과 가까운가?

〈예제 3-3〉은 '$n-1$'로 나눠서 구한 표본 표준편차가 'n'으로 나눠서 구한 것보다 모집단의 표준편차인 σ^2에 더 가깝다는 것을 보여준다. 그런데 대체 왜 그럴까?

표본 표준편차를 구할 때 n - 1로 나누는 이유

우리가 표본 특성을 파악하는 것은 이를 통하여 모집단의 특성을 알기 위함이다. 표본 표준편차 s를 구하는 것도 모집단 표준편차 σ를 알기 위함이다.

즉 s는 σ의 추정값에 해당한다. 따라서 표본 표준편차값은 모집단 표준편차값(이는 물론 모른다)에 가까울수록 좋다. 그런데 $\sum(X_i-\overline{X})^2$을 n으로 나누는 것보다 $n-1$로 나누는 것이 모집단 표준편차에 더 가깝다. 왜 그럴까?

σ를 구할 때는 개별 관찰값과 모평균인 μ의 차이를 제곱한다. 하지만 s를 구할 때는 μ값을 모르므로 그 대신 표본평균인 $\overline{X}$와의 차이를 제곱한다. 표본평균 $\overline{X}$는 모평균 μ의 추정값이므로 두 값은 비슷하겠지만 동일하지는 않다.

그런데 $\sum(X_i-\overline{X})^2 \le \sum(X_i-\mu)^2$의 관계가 항상 성립한다. 그 이유는 $\sum(X_i-\bigcirc)^2$ 값을 최소화하는 ○ 값은 $\frac{\sum X_i}{n}(=\overline{X})$이기 때문이다. 미분을 할 줄 아는 독자라면 $\sum(X_i-\bigcirc)^2$의 미분값을 0으로 만드는 ○ 값은 $\frac{\sum X_i}{n}$이 됨을 어렵지 않게 도출할 수 있다. 미분을 하지 않더라도 $\sum(X_i-\overline{X})=0$이며, $\overline{X}$이외에는 어떤 값을 대입해도 $\sum(X_i-k)$의 절댓값은 0보다 크다는 것을 생각하면 어느 정도 납득할 수 있을 것이다.[4]

$\sum(X_i-\overline{X})^2 \le \sum(X_i-\mu)^2$이므로 이들을 똑같이 n으로 나눠서 제곱근을 씌워도 $\sqrt{\frac{\sum(X_i-\overline{X})^2}{n}} \le \sqrt{\frac{\sum(X_i-\mu)^2}{n}}$가 성립한다. 즉 표본 표준편차를 구할 때 n으로 나눠주면 이 값은 모집단 표준편차보다 항상 작은 값을 갖게 된다. 따라서 이를 조정하기 위하여 n대신 $n-1$로 나눠주는 것이다. $n>n-1$ 이므로 $n-1$로 나누면 n으로 나눌 때 보다 표본 표준편차값이 커지게 된다.

당연한 말이지만 n이 커질수록 $n-1$로 나눌 때와 n으로 나눌 때의 차이가 줄어든다. 가령 n이 1,000이고 $\sum(X_i-\overline{X})^2$이 50,000인 경우, n으로 나눠서 표준편차를 구하면 7.071068이지만, $n-1$로 나눠서 표준편차를 구하면 7.074606이어서 소수 셋째자리에서 반올림하면 동일하게 7.07이 된다.

4 혹은 다음과 같이 풀 수도 있다.

$$\begin{aligned}\sum(X_i-\mu)^2 &= \sum(X_i-\overline{X}+\overline{X}-\mu)^2\\ &= \sum[(X_i-\overline{X})^2+2(X_i-\overline{X})(\overline{X}-\mu)+(\overline{X}-u)^2]\\ &= \sum(X_i-\overline{X})^2+2(\overline{X}-\mu)\sum(X_i-\overline{X})+\sum(\overline{X}-u)^2\\ &= \sum(X_i-\overline{X})^2+n(\overline{X}-u)^2\\ &\ge \sum(X_i-\overline{X})^2\end{aligned}$$

생각해보기

• 표준편차가 중요한 이유 맛보기

앞에서 추리통계에서 표준편차가 중요하게 사용된다고 했다. 구체적인 내용은 해당 장에서 배우겠지만 일단 살짝만 그 이유를 생각해 보자.

1장 말미에서 표본과 모집단을 다루면서 표본 규모에 대해 잠깐 얘기했다. '갈라서S' 스마트폰의 충격 강도를 시험할 때는 신품종 한라봉의 당도를 시험할 때보다 더 적은 표본으로 충분하다고 했다. 그 이유는 같은 공장 라인에서 찍어내는 '갈라서S'는 개별 제품들의 품질이 거의 동일하지만 개별 한라봉의 당도는 그렇지 않기 때문이라고 했다.

개별 제품들의 품질이 거의 동일하다는 것은 품질의 표준편차가 작다는 것을 의미한다. 추리통계의 목적은 표본을 이용하여 모집단의 특성을 파악하는 것이다. 따라서 표본 특성값과 모집단 특성값이 유사할수록 좋다. 둘 사이의 차이는 모집단을 구성하는 개별 자료값들의 편차가 작을수록 줄어든다. 즉 표준편차가 작을수록 표본으로부터 모집단 특성을 추론할 때 정확성이 높아진다. 그래서 표준편차가 중요한 것이다.

• 분산도 잘 알아두자

앞에서 표준편차를 강조했지만 분산도 제법 중요해서 잘 알아두는 것이 좋다. (표본)분산은 $\sum(X_i - \overline{X})^2$을 $n-1$로 나눈 것, 즉 편차제곱합의 평균에 해당한다. 이러한 분산의 특성은 세 집단의 이상의 평균 차이를 검정하는 8장의 분산분석에서 중요하게 활용된다.

보기 3-3 평균과 표준편차로부터 개별 관찰값의 위치 짐작하기

200명이 수강하는 기초 통계학 강좌 중간시험 성적은 평균이 60점이고 표준편차가 30점이다. 기말시험 성적도 평균은 동일하게 60점인데 표준편차는 5점이다. 그런데 영훈이의 중간시험의 점수는 80점이고, 기말시험 점수는 75점이다. 영훈이는 중간시험과 기말시험 중에서 어느 시험의 등수가 더 좋을까?

영훈이의 중간시험 점수는 평균보다 20점 높고 기말시험 점수는 15점 높다. 절대점수 대신 상대적으로 따져도 중간시험 점수는 평균보다 33% 높고(=80/60) 기말시험 점수는 25% 높다(=75/60). 그렇다면 중간시험을 더 잘 본 걸까? 그렇지 않다. 표준편차를 고려해야 한다. 영훈이의 중간시험 점수는 평균보다 2/3 표준편차만큼 높은데 비해 기말시험 점수는 평균보다 3 표준편차만큼 높다. 평균보다 3 표준편차만큼 높다는 것은 다른 학생들의 점수에 비해 상대적으로 굉장히 높은 점수라는 것을 의미한다. 따라서 중간시험보다는 기말시험의 등수가 더 좋을 것이라고 판단하는 것이 타당하다. 평균과 표준편차로부터 개별관찰값의 상대적인 위치를 판단하는 것은 5장에서 정규분포를 설명할 때 좀 더 다룬다.

집단 간 퍼진 정도 비교: 변이계수

표준편차는 자료값의 퍼져있는 정도를 측정하는 가장 대표적인 지표이다. 그런데 여러 집단 간의 자료값이 퍼져있는 정도를 비교할 때는 변이계수(C.V.: Coefficient of Variation)라는 것을 사용한다. 변이계수는 표준편차를 평균으로 나눈 값인데, 통상 여기에 100을 곱해서 퍼센트(%)로 나타낸다. 집단 간에 단위가 다르거나 평균값 차이가 크다면, 표준편차만으로는 자료가 퍼져있는 정도를 타당하게 비교하기 어려운데, 이 때 변이계수를 사용한다. 다음 예를 보자.

삼송전자 사원의 월 급여는 평균 600만 원, 표준편차 100만 원이고, 오성전자의 월 급여는 평균 200만 원, 표준편차 80만 원이다. 어느 쪽의 직원 간 월 급여 차이가 더 큰가?

월 급여 표준편차의 절대적 크기는 삼송전자가 더 크다. 그러나 이것만으로 삼송전자의 사원 간 급여 격차가 더 크다고 말하기는 어렵다. 평균 급여액 자체가 워낙 다르기 때문이다. 평균이 600만 원인데 100만 원 정도 격차가 있는 것과 평균이 200만 원 인데 80만 원 정도 격차가 있는 것을 동일하게 취급할 수는 없다. 두 집단의 변이계수를 구하면 삼송전자는 16.7%이고 오성전자는 40.0%다. 변이계수는 평균 대비 표준편차, 즉 평균에 비해 상대적으로 표준편차가 얼마나 큰가를 보여준다 .

3. 기술통계의 중요성 되새겨보기

앞의 〈표 3-1〉에는 서울시 자치구별 병원과 병상 수, 그리고 인구 자료가 제시되어 있다. 독자들은 이 표로부터 어떤 정보들을 알아낼 수 있는가. 수업 시간에 물어보면 평균, 표준편차, 최대값, 최솟값 정도를 얘기한다. 물론 이런 것도 중요한 정보이다. 하지만 원자료를 이리저리 가공하면 그밖에도 다양한 정보를 알 수 있다.

이제 기술통계편을 마무리하면서 〈표 3-1〉을 사례로 기술통계로 현황 파악하기에 대해 잠깐 논의하자. 가령 여러분은 「〈표 3-1〉을 보고 '자치구별 의료기관 접근성' 현황을 논하시오」라는 시험문제를 받는다면 어떻게 답하겠는가?

우선 파악할 수 있는 것들은 이렇다: 서울의 잘 사는 지역, 강남, 서초, 송파가 역시 병원 수도 많구나. 특히 강남구는 엄청나게 많은 걸. 그 다음에 좀 더 세심하게 살펴보면, 중구는 병원 수는 적지만 인구도 적으니, 1인당으로 따지면 오히려 병원수가 많을 것 같은데, 종로구도 비슷하고. 종로구는 1인당 병상수로 따지면 꽤 크겠는데. 또 용산구, 도봉구의 병원수가 적은데, 용산구는 인구수도 적으니 1인당으로 따지면 도봉구의 병원수가 더 적겠구나. 마포구는 병원수보다도 병상수가 더 적네. 반대로 동대문구는 병원에 비해 병상수가 굉장히 많네, 등등.

이처럼 대강 눈으로 파악한 것들을 좀 더 명확히 하려면 〈표 3-1〉의 자료를 가공하여 좀 더 풍부한 통계를 생산하는 것이 좋다. 다음에 제시한 것처럼 말이다. 표의 옆으로는 인구 만인당 병원과 병상수, 그리고 병원당 병상수를 제시했다. 각각 병원수와 병상수를 인구수로 나눈 다음에 일만을 곱한 것, 그리고 병상수를 병원수로 나눈 것이다. 그냥 인구 일인당으로 하면 너무 숫자가 작아서 일만을 곱한 것이다(이걸 만인율이라고 부른다).

또 표의 밑으로는 평균, 표준편차, 변이계수를 제시했다. 평균값을 통해 각 자치구별 통곗값이 평균에 비해 얼마나 차이가 있는지를 파악할 수 있고, 표준편차와 변이계수를 통해 각 지표 값들의 자치구별 차이를 비교할 수 있다. 가령 자치구별 인구 차이보다는 병원수 차이가 더 크고, 병원수 차이보다는 병상수 차이가 더 작다는 것 등을 알 수 있다.

자치구	병원수	병상수	인구수	만인당 병원수	만인당 병상수	병원당 병상수
서울시	16,386	85,347	10,349,492	15.8	82.5	5.2
종로구	476	3,277	164,291	29.0	199.5	6.9
중구	544	1,580	135,200	40.2	116.9	2.9
용산구	289	992	249,517	11.6	39.8	3.4
성동구	381	1,897	305,969	12.5	62.0	5.0

광진구	528	2,579	376,620	14.0	68.5	4.9
동대문구	589	5,907	375,254	15.7	157.4	10.0
중랑구	473	3,185	422,597	11.2	75.4	6.7
성북구	541	3,364	473,642	11.4	71.0	6.2
강북구	424	2,170	336,981	12.6	64.4	5.1
도봉구	345	2,769	355,256	9.7	77.9	8.0
노원구	684	3,503	582,799	11.7	60.1	5.1
은평구	593	3,635	504,055	11.8	72.1	6.1
서대문구	413	3,706	318,206	13.0	116.5	9.0
마포구	667	619	400,367	16.7	15.5	0.9
양천구	610	2,936	490,276	12.4	59.9	4.8
강서구	688	3,633	595,148	11.6	61.0	5.3
구로구	539	3,761	457,560	11.8	82.2	7.0
금천구	315	1,874	258,462	12.2	72.5	5.9
영등포구	699	5,534	421,351	16.6	131.3	7.9
동작구	550	2,925	418,520	13.1	69.9	5.3
관악구	661	2,386	531,912	12.4	44.9	3.6
서초구	1,184	3,160	451,697	26.2	70.0	2.7
강남구	2,452	7,306	581,256	42.2	125.7	3.0
송파구	1,006	6,511	671,984	15.0	96.9	6.5
강동구	735	6,138	470,572	15.6	130.4	8.4
평균	655.4	3,413.9	413,979.7	16.4	85.7	5.6
표준편차	415.5	1,663.9	129,389.1	8.5	39.5	2.1
변이계수	63.4%	48.7%	31.3%	51.8%	46.1%	37.5%

인구당 병원수나 병상수는 그냥 병원수나 병상수를 볼 때와는 다소 다른 모습을 보인다. 인구당 병원수를 예로 들면, 중구와 종로구가 꽤 크다는 것을 알 수 있다. 물론 중구와 종로구의 인구가 적어서 그렇다. 자치구별 인구당 병원수 차이를 보다 명료하게 보려면 다음에 제시한 것처럼 그래프를 그리는 것이 좋다.

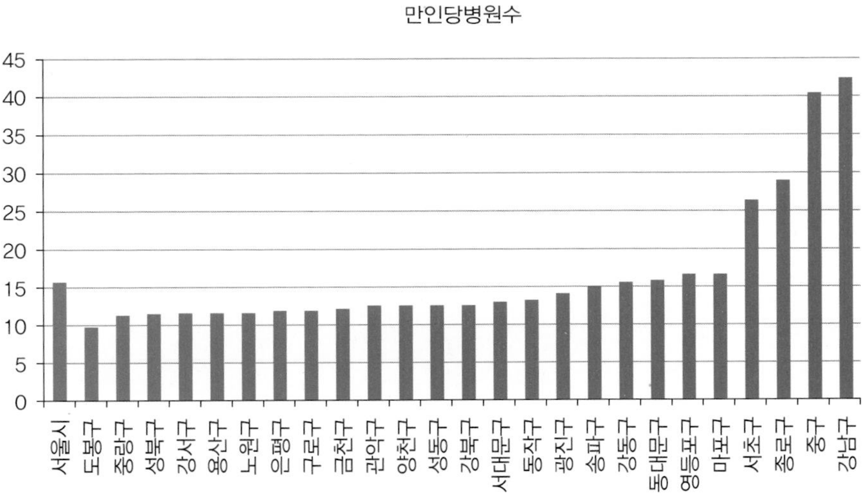

이 그래프를 보니, 강남구, 중구가 특히 많고 여기에 종로구, 서초구 정도까지가 좀 예외적으로 많은 편이며, 나머지 자치구는 도봉구가 꽤 적은 것을 제외하면 대체로 유사함을 알 수 있다. 그럼 왜 이 네 자치구가 인구당 병원수가 예외적으로 많고 특히 강남구와 중구가 많을까? 성형외과 병원이 많아서? 글쎄, 그보다는 이 네 자치구, 그 중에서도 강남구와 중구는 회사와 쇼핑 지역이 많아서 낮 시간의 상주인구가 많은 것이 가장 큰 이유일 것 같다.

한편 인구당 병상수는 종로구가 예외적으로 크다. 왜 그럴까? 왜 종로구에는 다른 곳보다 큰 병원들이 많을까? 바로 서울대병원이 있기 때문이다. 우리나라에서 병상수 많은 병원으로는 서울아산병원(송파구 약 2,700병상), 서울삼성병원(강남구 약 2,000병상) 서울대병원(종로구 약 1,700병상) 등을 꼽을 수 있는데, 종로의 경우 인구는 많지 않은데 서울대병원이 있어서 그렇게 된 것이다. 송파구와 강남구는 각각 아산병원과 삼성병원이 아니었으면 인구당 병상수가 대폭 줄었을 것이다.

서울에 있는 다른 대학병원들도 그런 경향이 있지만, 특히 아산, 삼성, 서울대 병원은 전국구 병원이다. 해당 자치구 주민이라고 해서 접근성이 더 좋은 것은 아니다. 그러니 자치구별 의료기관 접근성을 논할 때 이런 전국구 병원은 따로 얘기하는 것이 더 타당할 수도 있겠다.

일단 이 정도에서 논의를 멈추자. 나머지는 각자 파악해 보자. 내가 얘기하고 싶은 것은, 자료를 통해 어떤 현상을 파악하려면, ① 자료를 가공해서 다양한 통계와 그래프를 만들어 보는 것이 도움이 된다는 것, 그리고 현상을 제대로 이해하려면 ② 그 현상 및 통계와 관련한 배경지식을 먼저 갖춰야 한다는 것이다.

제 3 장 점검

3장을 제대로 배웠다면 다음과 같은 것들을 충분히 해낼 수 있어야 한다.

1. 히스토그램의 모양에 따라 최빈값, 중위수, 평균의 위치가 어떻게 달라지는지 가려내기
2. 평균이 대푯값으로 적당하지 않은 예 들어보기
3. 히스토그램의 모양에 따라 백분위 수 위치가 어떻게 달라지는지 파악하기
4. 다양한 형태의 상자그림에 대응하는 히스토그램 유추하기
5. 분산과 표준편차의 의미 말로 설명하고, 편차로부터 순차적으로 도출하기
6. 표본 표준편차를 구할 때는 $n-1$로 나누는 이유 말로 설명하기
7. 평균과 표준편차로부터 개별 관찰값의 상대적 위치 유추하기
8. 주어진 자료들에 대한 다양한 기술통계 및 그래프 분석 통해 자료특성 파악하기

연습문제 해답과 자료 | "blog.naver.com/statforss"

연습문제 E·X·E·R·C·I·S·E

1. 사장을 포함해서 직원 20명인 벤처캐피탈 회사 '꿈나무'의 지난해 평균 연봉은 2억 원이었다. 이에 비해 대한민국 최대기업인 삼송전자의 평균 연봉은 1억 원이 약간 넘는다. 자신이 받는 연봉이 회사 선택의 유일한 기준인 나영이는 두 군데 모두 합격하였다. 나영이는 어느 회사를 선택해야 할까? 혹은 결정을 위해 어떤 정보들이 더 필요할까?(다양한 답이 가능)

2. 30가구로 구성된 어떤 마을의 가구당 연간 소득의 평균값은 4,550만 원, 중위수는 3,520만 원, 최빈값은 3,400만 원이다. 다음 문장의 옳고 그름을 판별하라. (*주: 최빈값은 구간 간격을 2백만 원으로 하는 도수분포표를 이용하였음) (2005년 입법고시 PSAT)

ㄱ. 평균값이 중위수와 최빈값에 비해 큰 것은 연간 소득이 평균 이상인 가구 수가 평균 이하인 가구 수보다 많다는 의미이다.

ㄴ. 3천 4백만 원 이상의 연간 소득을 올리는 가구는 15가구 이상이다.

ㄷ. 다수의 자료에 비해 아주 작거나 아주 큰 값이 존재하는 자료를 요약할 때 평균값은 치우친 값들에 대해 매우 안정적이다.

3. 사료공장 '여물과 모이'는 새로 개발한 닭 사료 '쑥쑥이'의 효과를 테스트하기 위하여 양계장 닭 중 30마리를 무작위 추출해서 15마리씩 두 집단으로 나누어 한 달 동안 각각 기존 사료와 '쑥쑥이'를 먹인 다음, 두 집단 닭들이 낳은 달걀의 무게를 비교했다. '쑥쑥이' 먹이기 이전과 이후의 두 집단의 달걀 무게 평균과 표준편차를 구하라(즉 4개씩의 평균과 표준편차 필요). 그리고 이 자료들에 근거하여 '쑥쑥이'를 먹이면 더 무거운 달걀을 낳는다고 할 수 있는지 판단하라. 그렇다면 왜 그런지, 아니라면 왜 아닌지 이유를 설명하라.
(이 문제는 가설검정 문제가 아님. 가설검정을 배우기 전에 상식적으로 판단해 보라는 것임. 이후 8장을 배우면 이 문제에 대한 통계적 판단이 가능함).

(단위: g)

쑥쑥이 사료		기존 사료	
이전	이후	이전	이후
63	66	64	58
58	58	62	63
56	60	59	63
60	65	58	61
58	61	58	58
58	60	57	62
61	60	60	59
65	62	67	65
59	65	60	59
57	62	62	58
56	60	62	63
61	65	57	55
64	69	65	63
68	65	62	68
62	65	55	56

4. 다음은 2015년 2/4분기 우리나라 근로자 가구의 소득 10분위별 월평균 소득을 나타낸 것이다. 소득 10분위란 가장 소득이 많은 10%의 사람으로부터 가장 소득이 적은 10%의 사람까지 각기 10%의 사람들로 구성된 소득계층을 의미한다.

근로자의 소득분위별 월평균 소득(2015년 2/4분기)

소득분위	평균소득(원)	조사가구분포(%)
1분위	1,520,371	10
2분위	2,411,944	10
3분위	3,001,814	10
4분위	3,477,968	10
5분위	3,938,639	10
6분위	4,454,943	10
7분위	4,985,509	10
8분위	5,672,522	10
9분위	6,712,060	10
10분위	10,099,977	10

출처: 통계청 가계동향조사

1) 전체 가구의 월평균 소득을 계산하라.
2) 이 표를 이용하여 개략적인 히스토그램을 그려보라.
3) 2)에서 그린 히스토그램 위에서 중위수와 평균은 대략 어디에 위치하는가?
4) 2)의 히스토그램에 근거하여 소득분포의 특징을 설명하라.

5. 수연이는 방금 끝난 사회학 개론(수강인원 15명) 시험에 대해서 친구 민수와 이야기를 나누었다. 수연이는 이번 시험은 너무 어려웠기 때문에 담당교수가 학기 초에 공지한 정규분포를 가정한 평점원칙은 불합리하다고 했다(정규분포는 좌우대칭의 종형 분포임). 민수는 이에 동의하면서 이번 성적의 분포는 한 쪽으로 크게 기울어진 형태일 것이라고 말했다. 담당교수는 일주일 후 시험점수를 공개했는데 그 결과는 다음과 같았다.

〈표〉

학급친구	점수	학급친구	점수	학급친구	점수	학급친구	점수
1	53	5	75	8	84	11	76
2	63	수연	68	9	79	12	52
3	77	6	59	민수	75	13	76
4	68	7	81	10	82		

1) 학급 학생들의 점수에 대한 산술평균, 중위수 및 표준편차를 계산해보자.
2) 담당교수는 다음과 같이 성적을 부여하기로 결정하였다. 즉, 학급 평균(산술평균)으로부터 +1 표준편차와 −1 표준편차의 사이에 있는 학생들은 C학점, 평균으로부터 +1 표준편차 이상에서 +2 표준편차 이하에 속한 학생들은 B학점, 평균으로부터 +2 표준편차 이상에서 속한 학생들은 A학점, 평균으로부터 −1 표준편차와 −2 표준편차 사이에 있는 학생들은 D학점, 그리고 평균으로부터 −2 표준편차 이하에 속하는 학생들은 F학점을 부여하기로 결정하였다. 각 등급의 학점을 받은 학생들은 각각 얼마나 되겠는가? 이러한 성적분포는 한쪽으로 기울어져 있다고 생각하는가? 만일 그렇다고 한다면 어느 쪽으로 기울어져 있을까?
3) 수연이의 생각(정규분포에 근거한 애초의 평점원칙은 불합리)에 동의하는가? 이들 15명 학생들의 성적은 어떻게 매기는 것이 좋겠는가?

6. 아래 자료는 2014년 서울시 자치구별 보육시설 현황을 나타낸 자료이다.

(단위: 개소)

종로구	77	마포구	244
중구	65	양천구	367
용산구	132	강서구	450
성동구	194	구로구	366
광진구	229	금천구	195
동대문구	233	영등포구	265
중랑구	276	동작구	238
성북구	338	관악구	302
강북구	204	서초구	206
도봉구	296	강남구	238
노원구	542	송파구	467
은평구	356	강동구	332
서대문구	175		

1) 서울시 자치구별 보육시설 개수의 평균, 표준편차, 변이계수, 범위, 사분위수를 구하라.
2) 1)에서 구한 결과를 바탕으로 상자그림을 그려보라. 단, 상자의 위, 아래 경계는 상위 25%와 하위 25% 값으로 정한다.
3) 자치구별 보육시설 현황을 일목요연하게 알 수 있는 그래프를 제시하라.
4) 이로부터 알 수 있는 자치구별 보육시설 접근성에 대해 논하라.

7. 다음 그림은 20XX년도 대학수학능력시험 수리영역의 계열별 성적 분포이다. 편의상 최빈값 비율이 가장 높은 것부터 순서대로 1계열, 2계열, 3계열로 명명했다. 가로축이 성적인데 좌에서 우로 갈수록 점수가 높다.

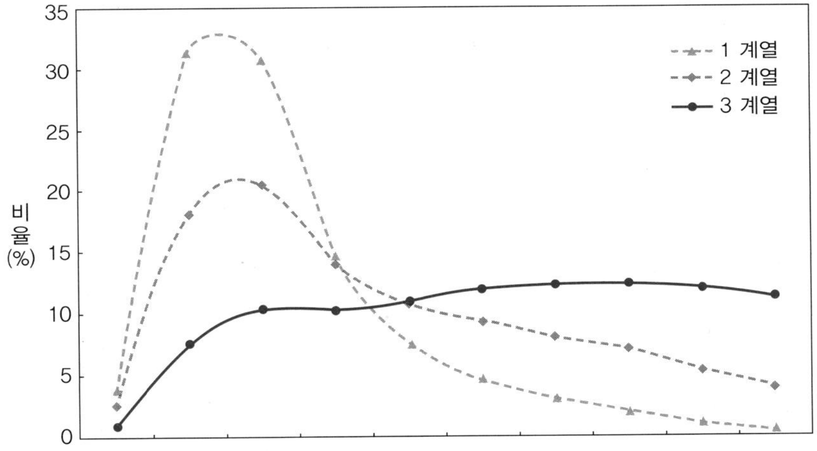

1) 세 계열 중 평균이 가장 높은 계열과 낮은 계열은 무엇인지 추측해보자.
2) 표준편차가 가장 큰 계열과 작은 계열은 무엇인가?
3) 이 그래프로 알 수 있는 세 계열 수험생들의 특징을 설명해보자.

데이터를 활용한 연습문제 E·X·E·R·C·I·S·E

1. household.dat 자료를 이용하여 다음의 분석을 수행하라.

1) 월평균 가구총소득과 총지출액의 기술통계(평균, 표준편차, 중위값, 최댓값, 최솟값)를 산출하라. 이에 의해 가구소득과 지출액의 관계를 설명하라.

2) 월평균 총지출액과 가구총소득의 히스토그램을 그리고, 이에 근거하여 평균, 중위수, 최빈값의 위치가 어떻게 되겠는지 예측하라.

3) job_type 변수를 이용하여 비정규직임금근로자, 정규직임금근로자, 자영업자의 본인근로소득(earnings)의 기술통계(평균, 표준편차, 변이계수, 최댓값, 최솟값)를 산출하고, 이로부터 세 직종의 근로소득 특성을 비교하라.

4) 교육년수는 원래는 최고학위로 되어 있는 것을 초등졸=6, 중졸=9, 고졸=12, 2년제대졸=14, 4년제대졸=16, 대학원석사=18, 대학원박사=22로 바꾼 것이다. 교육수준을 중졸이하, 고졸, 2년제 대졸, 4년제 대졸, 대학원이상의 5가지 카테고리로 재분류하라. 그리고 각 교육수준별 본인근로소득 평균액을 구한 후 막대그래프로 나타내라.

5) 연령별 본인근로소득 평균액을 구한 후, 연령을 X축, 본인근로소득 평균액을 Y축으로 하는 산점도를 그려라.

6) 4)와 5)의 그래프를 근거로 근로소득과 교육수준, 연령의 관계를 설명하라.

PART 3

확률과 분포

제 4 장 확률과 확률분포

제 5 장 두 개의 확률분포

4장과 5장에서는 확률에 대해 배운다. 4장에서는 확률분포의 의미를 배우고, 5장에서는 대표적인 확률분포인 이항분포와 정규분포에 대해서 배운다. 전술했듯이 통계는 기술통계와 추리통계로 구분할 수 있다. 2장과 3장에서는 기술통계, 즉 자료의 특성을 잘 표현하는 방법을 설명했다. 앞으로 배우는 내용은 몇몇을 제외하면 대부분 추리통계에 해당한다.

추리통계는 표본으로부터 모집단 특성을 판단하는 것이다. 표본과 모집단은 다르므로 이러한 판단은 항상 틀릴 가능성이 존재한다. 표본으로 모집단 특성을 판단하면서 그 판단이 틀릴 가능성이 얼마인지를 제시하는 것이 추리 통계의 핵심이다. 가령 여론조사를 보면 "현 정부에 대한 지지율은 신뢰수준 95%에서 52±3.0%입니다."와 같은 발표를 한다. 이는 표본의 지지율은 52%인데 이로부터 모집단(전체국민)의 지지율을 추정하면 49%~55% 사이에 있다는 것이고, 이 판단이 틀릴 확률은 5% 이하라는 뜻이다. 이처럼 판단이 틀릴 확률을 계산하려면 당연히 확률 이론을 알아야 한다. 그리고 표본 특성값을 이용하여 모집단 특성값이 속할 범위를 계산할 때도 확률 이론이 적용된다.

그 때문에 본격적인 추리통계를 배우기 전에 먼저 확률을 공부하는 것이다. 사실 뒤이어 나오는 추리통계를 배우는 데는 5장의 '정규분포'만 제대로 이해해도 된다. 하지만 확률을 알아야 확률분포를 잘 이해하고, 확률분포를 잘 이해해야 정규분포를 제대로 이해할 수 있다. 그러니 정규분포 이전의 내용들에 대해서도 잘 공부하는 것이 좋겠다.

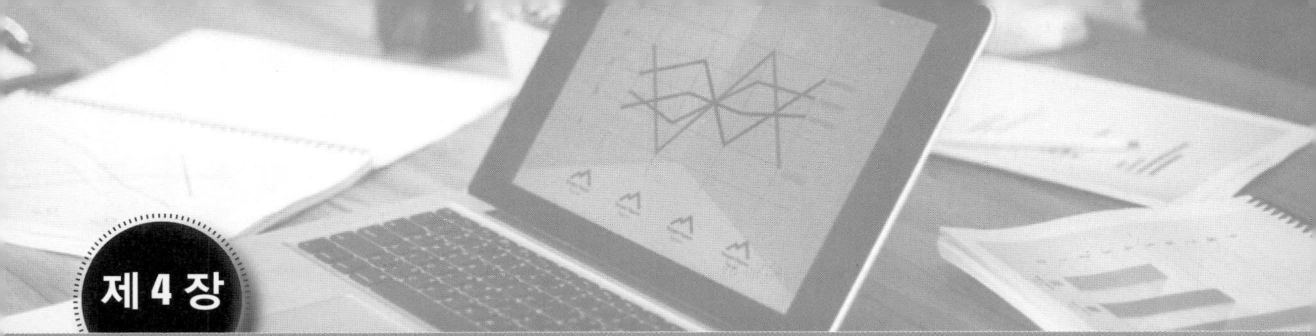

제 4 장

확률과 확률분포

우리의 삶은 불확실성의 연속이다. 미래에 어떤 일이 발생할지 모르는 상황에서 우리는 항상 선택을 한다. 아침에 집을 나설 때, 하늘이 흐리면 우산을 가져갈지 말지를 결정해야 한다. 내일 시험에 벼락치기로 대비해야 할 때, 예상문제를 찍어서 공부할 수밖에 없다. 당신이 증권투자를 한다면, 매일 매일의 증시에 신경을 곤두세우기 마련이다.

확률은 어떤 일이 발생할 가능성을 수치로 표현한 것이다. 따라서 '확률'이라는 용어를 명시적으로 의식하든 말든, 불확실한 상황에서 의사결정을 할 때는 항상 확률 개념을 적용하게 된다.

그렇다면 '확률'이라는 개념을 명시적으로 사용하고, 본격적으로 연구하게 된 것은 언제 어디서부터일까? 한 번 생각해 보라. '어떤 일이 발생할 가능성'을 정확히 알고 싶어 하는 사람들 중의 대표 주자는 도박사이다. 도박에서 돈을 따고 싶어 하는 도박사들에 의하여 확률 개념은 처음 체계적으로 연구되기 시작하였다고 한다.

도박을 위하여 확률 개념이 처음 연구되었듯이, 확률 개념을 이해하려면 도박을 예로 드는 것이 가장 쉽고 빠르다. 도박의 종류는 무수히 많지만, 누구나 이해할 수 있는 기초적인 것은 동전 던지기와 주사위 던지기이다. 따라서 우리도 동전 던지기와 주사위 던지기 사례를 갖고 설명하도록 한다.

1. 확률 개념

1) 확률 용어

확률에 대해 본격적으로 논의하기에 앞서, 우선 확률과 관련된 다음 용어들을 숙지하자.

확률실험(random experiment)

random experiment를 우리말로 직역하면 '무작위 실험'이지만 통상 '확률실험'이라고 번역한다. 무작위는 결과가 우연에 의해 정해지며 미리 알 수 없다는 것을 의미한다. 실험은 어떤 결과를 얻기 위해 무언가를 해 보는 것이다. 따라서 확률실험은 결과가 우연에 의해 정해지는 뭔가를 해 보는 것이다. 동전 던지기를 할 때, 앞면이 나올지 뒷면이 나올지는 미리 알 수 없다. 순전히 우연에 의하여 결정된다. 따라서 동전 던지기는 확률실험이다. 로또의 당첨번호 역시 우연히 결정되므로 로또 당첨번호 뽑기도 확률실험이다.

기본결과(basic outcome)

확률 실험의 발생 가능한 결과를 의미한다. 동전 던지기에서는 앞면과 뒷면이라는 두 개의 기본결과가 존재한다. '로또 당첨번호 뽑기'에는 몇 개의 기본 결과가 존재할까? 로또는 1에서 45 사이의 숫자 중에서 기계가 자동으로 하나의 숫자 공을 뽑는 방식으로 추첨한다. 그러니 로또에서 첫 번째 공을 뽑을 때는 45개의 기본 결과가 존재하게 된다(로또는 모두 6개의 공을 뽑는다. 따라서 전체의 기본결과는 ${}_{45}C_6=8,145,060$이다!).

표본공간(sample space)

기본 결과들을 모두 모아놓은 것이다. 한 번의 동전 던지기에서의 표본공간은 앞면과 뒷면이 된다. 이를 공식적으로 나타낼 때는 집합 기호를 사용하여 {앞면, 뒷면}과 같이 표현한다.

'주사위 던지기'도 특정 눈이 나오는 것은 순전히 우연에 의하여 결정되므로 확률실험이다. 주사위 던지기의 기본결과들은 발생 가능한 눈의 숫자가 되며, 이를 모두 모아 놓으면 표본 공간이 된다. 하나의 주사위를 던지는 경우 표본공간은 {1, 2, 3, 4, 5, 6}으로 표현할 수 있다. 두 개의 주사위를 던지는 경우는 어떨까? $6 \times 6 = 36$개의 기본결과가 발생하며, 표본공간은 다음과 같이 나타낼 수 있다.

$$\begin{Bmatrix} (1,1), & (1,2), & (1,3), & (1,4), & (1,5), & (1,6) \\ (2,1), & (2,2), & (2,3), & (2,4), & (2,5), & (2,6) \\ (3,1), & (3,2), & (3,3), & (3,4), & (3,5), & (3,6) \\ (4,1), & (4,2), & (4,3), & (4,4), & (4,5), & (4,6) \\ (5,1), & (5,2), & (5,3), & (5,4), & (5,5), & (5,6) \\ (6,1), & (6,2), & (6,3), & (6,4), & (6,5), & (6,6) \end{Bmatrix}$$

n개의 기본결과(O_1, O_2, O_3 ⋯ O_n)를 갖는 확률실험에서 특정 기본결과 O_i가 발생할 가능성, 즉 확률은 $P(O_i)$로 표현한다. 동전 던지기에서 앞면 또는 뒷면이 나올 확률은 다음과 같이 표현할 수 있다.

$$P(\text{앞}) = P(\text{뒤}) = 0.5$$

두 개의 주사위를 던지는 확률실험에서 기본결과는 36개이므로 그 중에서 하나의 특정 결과가 발생할 확률은 $\frac{1}{36}$이 된다. 이를 $P(O_i)$의 형태로 표현해 보자. 첫 번째 주사위의 눈은 3, 두 번째 주사위의 눈은 5가 나올 확률은 다음과 같이 나타낼 수 있다.

$$P(3,\ 5) = \frac{1}{36}$$

2) '확률'의 올바른 해석: 매우 많이 반복했을 때의 대략적인 경향치

두 개의 주사위를 던졌을 때 (3, 5)라는 결과가 발생할 확률이 $\frac{1}{36}$이라는 것은 무슨 의미일까? '주사위 두 개 던지기'를 36번 반복해서 실시했을 때 그 중에 한 번은 반드시 (3, 5)라는 결과가 발생한다는 것인가? 물론 아니다. '주사위 두 개 던지기'를 굉장히 많이 실시했을 때, (3, 5)라는 결과가 발생하는 경우는 대략 전체 실행 횟수의 $\frac{1}{36}$ 정도가 된다는 말이다. 가령 3,600회 정도 반복해서 실행했을 때, (3, 5)라는 결과는 대략 100회 내외로 나올 것이라는 말이다.

그런데 간혹 확률의 의미를 오해하는 사람들이 있다. 다음의 예를 보자.

보기 4-1 동전은 기억력이 없다.

상황 : 기초 통계학 수업 시간이다. 선생은 확률 개념을 설명하기 위해 500원짜리로 동전 던지기를 하고 있다. 지금까지 두 번 실행했는데, 두 번 모두 앞면이 나왔다. 이제 세 번째 던지기를 하기 직전이다.

김 교수 : "이번에는 앞면과 뒷면 중에서 어느 쪽이 나올까요?"

자발적으로 답하는 학생이 없다. 김 교수는 잠시 기다리다가 두 번째 줄의 오른 쪽에서 네 번째 앉아 있는 학생 A를 지목한다.

학생 A : (주저하면서) "이번에는 뒷면이 나올 것 같습니다."
김 교수 : (상냥한 미소를 지으면서) "왜 뒷면이 나올 것이라고 생각하나요?"
학생 A : (조금 자신감을 회복한 표정으로) "동전은 앞면과 뒷면이 나올 확률이 0.5로 동일한데, 지금까지 두 번 모두 앞면이 나왔으므로 세 번째에는 뒷면이 나올 것 같습니다."
김 교수 : ('또 걸려 들었군'이라고 생각하는 사악한 미소를 띠면서) "네, 그렇군요. 학생은 동전이 자기 역할을 명심하고 있다고 생각하는군요. 동전이 '나는 앞뒷면이 동등하게 나와야 한다. 그런데 지금까지 두 번 모두 앞면으로 누웠으므로, 이번에는 뒷면으로 누워야겠다'라고 다짐하나 보군요!"
학생 A : ….

꾸며 낸 얘기가 아닌 실제 상황이었다. 동전은 기억력이 없다는 것을 모르는 사람들이 참 많다. 동전 던지기를 예로 들으니까, 별 것 아닌 것 같지만 일상생활에서 이와 유사한 사례는 많이 발생한다. 확률실험이라는 것은 우연에 의하여 결과가 발생한다는 것을 명심하자. 두 번 계속 앞면이 나왔다고 해서 이번에 뒷면이 나올 가능성이 커진다면 이는 '우연'에 의한 것이 전혀 아니다.

하나의 주사위를 던질 때 표본공간은 {1, 2, 3, 4, 5, 6}이며, 특정 결과가 발생할 확률은 $\frac{1}{6}$이다. 그런데 이는 주사위가 균형 있게 잘 만들어져서 6개 면이 나올 확률이 동등한 경우에만 해당된다. 만약 어떤 도박사가 겉보기에는 구분이 안 되지만 3의 눈이 더 잘 나오는 특수 주사위를 만들었다고 하자. 즉 3의 눈이 나올 확률이 $\frac{1}{2}$이고, 나머지 눈은 동등한 확률로 나오도록 만들었다고 하자. 이 주사위에서 1의 눈이 나올 확률은 얼마일까? 3의 눈이 나올 확률이 $\frac{1}{2}$이므로, 나머지 5개의 눈이 나올 확률은 $\frac{1}{2}$이다. 그런데 5개의 눈은 동등한 확률로 나오므로, 1의 눈이 나올 확률은 $\frac{1}{2} \times \frac{1}{5} = \frac{1}{10}$이 된다.

이와 같은 확률 계산이 독자들에게는 너무나 쉬울 것이다. 그런데 이 확률 계산 과정을 잘 생각해 보면, 우리는 의식하지는 않았지만 몇 가지 확률의 특성을 적용하였음을 알 수 있다. 다음과 같은 것들이다.

3) 확률의 범위와 기본결과의 총합

확률의 범위

어떤 일이 발생할 확률은 0과 1 사이의 값을 갖는다. 전혀 발생할 가능성이 없으면 확률은 0이며, 100% 확실하면 1이 된다.

기본결과의 총합

하나의 확률실험에서 개별 결과들이 발생할 확률을 모두 합하면 1이 된다. 동전 던지기에서 앞면이 나올 확률과 뒷면이 나올 확률을 합하면 1이 되고, 주사위 던지기에서 개별 눈이 나올 확률을 모두 합하면 1이 된다는 말이다.

4) 확률의 다양한 정의

확률의 학문적 정의

앞에서 확률을 '어떤 일이 발생할 가능성을 수치로 표현한 것'이라고 했다. 이는 상식적인 정의이다. 하지만 학문적인 정의는 이보다 좀 더 엄밀해야겠다. 확률실험은 결과가 우연에 의해서 정해진다고 했다. 또 확률실험에서 특정결과가 발생할 '확률'이라는 것은 매우 많이 반복했을 때의 평균적인 경향으로 해석해야 한다고 했다. 확률의 학문적 정의는 이런 내용들을 포함한다.

통계학에서는 통상 '상대빈도'(relative frequency)라는 개념을 이용하여 확률을 정의한다. 상대빈도에 의한 정의는 다시 이론적 정의와 경험적 정의로 구분할 수 있다.

확률의 이론적 정의

우리는 동전 던지기에서 앞면이 나올 확률은 $\frac{1}{2}$임을 알고 있다. 동전 던지기를 해 보지 않더라도 앞면이 나올 확률이 $\frac{1}{2}$이라고 예측할 수 있는 것은, 동전 던지기에서 나올 수 있는 결과는 앞면과 뒷면의 2개뿐이며 각각이 발생할 가능성은 동일하기 때문이다. 마찬가지로 주사위 던지기에서 나올 수 있는 결과는 6개이며 개별 결과가 발생할 가능성은 동일함을 알기 때문에, 주사위 던지기에서 특정 눈이 나올 확률은 $\frac{1}{6}$이라고 예측할 수 있다.

이처럼 어떤 확률실험의 기본결과들이 동등한 확률로 발생함을 알고 있다면, 우리는 특정 결과가 나올 확률을 알 수 있다. 이처럼 확률을 계산하는 것이 확률의 이론적 정의이다.

확률의 경험적 정의

주사위 던지기에서 특정 눈이 나올 확률이 $\frac{1}{6}$임을 아는 것은, 각각의 눈이 나올 확률이 동등함을 전제로 하기 때문이다. 그런데 주사위의 눈이 나올 확률이 동일하지 않다면 어떨까? 어떤 도박사가 3의 눈이 더 잘 나오도록 무게 중심을 달리한 주사위를 제작했다고 하자. 3의 눈이 다른 눈보다 더 잘 나온다는 것은 알지만, 구체적으로 얼마나 더 잘 나오는지는 알 수 없다. 그리고 무게 중심이 바뀌었으므로 나머지 눈들도 나올 확률이 서로 달라졌겠지만, 각각의 구체적인 확률은 알 수 없다.

이 경우 각각의 눈이 나올 확률을 어떻게 알 수 있을까? 문제의 주사위를 무척 많이 던져봐서 그 때까지 나온 각 눈의 상대빈도에 의하여 확률을 알아낼 수밖에 없다. 가령 600번 던져봤는데 3의 눈이 180번 나왔다면, 3의 눈이 나올 확률은 $\frac{180}{600}=\frac{3}{10}$이라고 하는 것이다.

주의할 것은 시행 횟수가 적다면 상대빈도에 따라 부여한 확률은 각 경우마다 상당히 달라질 수 있다는 점이다. 가령 동전 던지기를 아침에 10번 했을 때는 앞면이 3번 나왔지만, 저녁에 10번 했을 때는 앞면이 6번 나올 수도 있다. 하지만 시행 횟수를 훨씬 늘리면 각 경우마다 확률이 일치하지는 않겠지만 거의 비슷해질 것이다. 균형 잡힌 동전을 1000번쯤 던진다면, 아침에 하던 저녁에 하던 앞면은 500회 내외로 나올 것이다. 엉뚱하게 300번 이하로 나온다든가, 700번 이상 나오는 경우는 거의 발생하지 않을 것이다.[1]

이처럼 확률실험을 반복해서 실시한 후에, 그 결과를 관측함으로써 확률을 정하는 것이 확률의 경험적 정의이다. 경험적으로 확률을 정의하려면, 무척 많은 횟수를 반복해야 한다는 점을 명심하자.

1 물론 아주 불가능한 것은 아니다. 매우 희귀하지만 그런 경우가 발생할 수도 있다. 그 확률은 얼마나 될까? 5장을 배우면 그 확률을 계산할 수 있다.

확률의 학문적 정의

• 이론적 정의

① 어떤 실험의 기본결과가 모두 M개이며 각각이 발생할 가능성이 동일하고,

② 특정 사건 E로 나타날 수 있는 결과가 m개라면, 사건 E가 발생할 확률 $P(E)=\frac{m}{M}$

• 경험적 정의

E를 어떤 시행에서 나타나는 특정 사건, 이 시행이 반복된 총 횟수를 N, 사건 E가 관찰된 횟수를 n이라 하면, 사건 E가 발생할 확률 $P(E)=\frac{n}{N}$

대수의 법칙(Law of Large Numbers)

확률의 이론적 정의와 경험적 정의의 관계를 설명하는 것으로 '대수의 법칙'이라는 것이 있다. 확률의 경험적 정의는 어떤 확률실험을 반복해서 실행한 후에, 총 실행횟수 중에서 관심 대상인 특정 사건의 발생 빈도(상대빈도)로 정의하는 것이다. 그런데 실행 횟수가 증가함에 따라 이 상대빈도에 의한 확률(경험적 확률)은 이론적인 확률에 가까워지는 경향이 있다. 이를 대수의 법칙이라고 한다. 대수의 법칙은 평균의 법칙이라고도 한다.

주의할 것은 실행 횟수가 증가할수록 이론적인 확률에 가까워지는 경향이 있다는 것이지, 반드시 그렇다는 것은 아니다. 가령 동전 던지기를 2회 실행했을 때 한 번은 앞면, 또 한 번은 뒷면이 나올 수 있다. 이 경우 앞면이 나올 확률을 상대 빈도로 구하면 정확히 $\frac{1}{2}$이다. 하지만 시행 횟수를 더 늘려서 20회를 채운다면 앞면과 뒷면이 각각 정확히 10회씩 나오기를 기대하기는 힘들다. 때로는 앞면이 뒷면보다 더 많이 나올 수도 있고 그 반대도 가능하다. 이런 경우 대수의 법칙은 적용되지 않는 것인가?

'동전 던지기 2회 시행'을 한 번 했을 때 앞뒷면이 각각 1회씩 나올 수 있다. 하지만 '동전 던지기 2회 시행'을 되풀이했을 때도 계속 앞뒷면이 각각 1회씩 나오지는 않을 것이다. 앞면만 2회 나올 수도 있고, 뒷면만 2회 나올 수도 있다. 앞면만 2회 나온다면 상대빈도는 1이 되고 뒷면만 2회 나온다면 상대빈도는 0이 된다. 어느 경우나 이론적인 확률인 $\frac{1}{2}$과는 큰 차이가 있다. 하지만 '동전 던지기 20회 시행'을 몇 번씩 되풀이해도 각각의 상대빈도가 0이나 1처럼 이론적인 확률인 $\frac{1}{2}$과 엉뚱하게 다른 값으로 나오지는 않을 것이다. '동전 던지기 20회 시행'에서 앞면이 나오는 횟수는 대체로 5회에서 15회 사이

에 있을 것이다. 즉 상대빈도는 대부분 $\frac{1}{4}$에서 $\frac{3}{4}$ 사이로 나올 것이다. 20회 시행이 아니라 100회, 500회, 1,000회와 같이 시행횟수가 늘어나면 상대빈도의 가능한 범위는 점점 더 좁혀질 것이다. 대수의 법칙은 바로 이러한 경향을 말하는 것이다.

주관적 정의

지금까지 확률의 이론적 정의와 경험적 정의를 알아 봤다. 그런데 일상생활의 예측이 필요한 일들 중에서 발생할 확률이 동등한 기본결과들로 이루어져 있거나, 무척 많은 횟수를 반복해서 실시한 후 판단할 수 있는 일은 많지 않다. 내일 시험에 지금 내가 읽고 있는 내용이 나올 가능성을 확률의 이론적 정의나 경험적 정의로 판단할 수 있겠는가? 일 년 후 삼성전자 주식가격이 오를 가능성 역시 이런 방식으로는 계산할 수 없다. 각자가 과거 경험이나 최근의 정보, 혹은 본인의 육감 등에 따라 나름대로 예측할 수 있을 뿐이다.

이와 같이 각자가 나름대로 확률을 부여하는 것이 확률의 주관적 정의이다. 주관적 확률은 동일한 사건이라도 사람들마다 추정하는 확률이 다르기 마련이다. 경마가 성립하는 것은 경주마들의 우승 가능성에 대한 사람들의 주관적 확률이 제각각이기 때문이고, 주식으로 돈을 버는 사람과 잃는 사람이 생기는 것도 투자자들마다 주가에 대한 주관적 확률이 다르기 때문이다.

앞에서 다룬 이론적 및 경험적 정의에 의한 확률은 주관적 확률과 구분하기 위하여 객관적 확률이라고도 부른다. 비록 일상에서는 주관적 확률이 많이 쓰이지만, 통계학에서는 객관적 확률만을 다룬다.

5) 확률의 계산

지금까지는 확률실험의 개별 결과에 대한 확률만을 계산했다. 이제부터는 기본결과의 집합에 대한 확률을 계산해 보자. 기본결과들의 집합은 사건(event)이라고 부른다. 예를 들면 두 개의 동전 던지기에서 '앞면과 뒷면이 한 번씩 나오는 경우'라던가 두 개의 주사위 던지기에서 '두 눈의 합이 7인 경우' 같은 것들은 개별 사건이다. 물론 개별 결과도 각각 하나의 사건이 된다. 어떤 사건의 확률은 해당 사건을 구성하는 개별 결과들의 확률을 모두 더하면 된다. 따라서 앞에서 예로 든 두 사건의 확률은 다음 〈표 4-1〉과 같이 구할 수 있다.

표 4-1
동전 던지기 사건과 주사위 두 눈의 합이 7이 되는 사건

사건	내용	포함되는 개별 결과	확률
A	동전 두 개 던져서 앞뒷면 한 번씩 나옴	{(앞, 뒤), (뒤, 앞)}	$P(A)=\frac{2}{4}=\frac{1}{2}$
B	주사위 두 개 던져서 두 눈의 합이 7이 됨	{(1, 6), (2, 5), (3, 4), (4, 3), (5, 2), (6, 1)}	$P(B)=\frac{6}{36}=\frac{1}{6}$

한편 사건과 사건을 결합하여 또 하나의 사건을 만들 수도 있다. 가령 두 개의 주사위 던지기에서 '두 눈의 합이 7인 경우'라는 사건과 '첫 번째 눈이 홀수인 경우'라는 사건을 결합함으로써 '두 눈의 합이 7이 되거나 첫 번째 눈이 홀수인 경우'라는 또 하나의 사건을 생성할 수 있다. 복수의 사건들을 결합하여 또 하나의 사건을 만들 때는 흔히 ∩(and), ∪(or), ~(not)과 같은 기호를 사용한다. 각 기호의 의미는 다음과 같다.

A∩B(A and B)　곱사건: 사건 A와 사건 B가 모두 발생
A∪B(A or B)　합사건: 사건 A 또는 사건 B가 발생
(사건 A와 사건 B 중에서 적어도 하나는 발생)
~A 또는 $\bar{A}$(not A) 여사건: 사건 A를 제외한 모든 경우가 발생

그림 4-1
합사건, 곱사건, 여사건

합사건	곱사건	여사건
A∪B(A or B)	A∩B(A and B)	~(A∪B) (not A and not B)

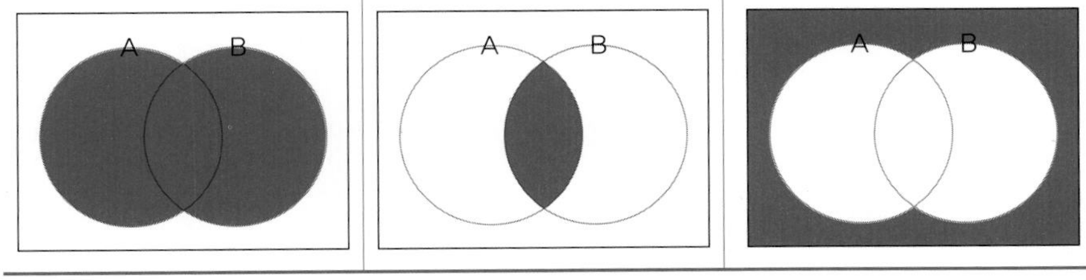

이러한 논리기호로 결합된 새로운 사건의 확률은 어떻게 계산할까? 다음과 같은 '두 개의 주사위 던지기' 사례를 보자. 사건 A를 '두 눈의 합이 7인 경우'라고 하고, 사건 B를 '첫 번째 눈이 홀수인 경우'라고 하자. '두 개의 주사위 던지기'의 기본결과들은 [그림 4-2]와 같다.

그림 4-2

'두 개의 주사위 던지기'의 기본결과들

(1, 1)	(1, 2)	(1, 3)	(1, 4)	(1, 5)	(1, 6)
(2, 1)	(2, 2)	(2, 3)	(2, 4)	(2, 5)	(2, 6)
(3, 1)	(3, 2)	(3, 3)	(3, 4)	(3, 5)	(3, 6)
(4, 1)	(4, 2)	(4, 3)	(4, 4)	(4, 5)	(4, 6)
(5, 1)	(5, 2)	(5, 3)	(5, 4)	(5, 5)	(5, 6)
(6, 1)	(6, 2)	(6, 3)	(6, 4)	(6, 5)	(6, 6)

사건 A에 속하는 기본결과들에는 오른쪽으로 기울어진 사선이 칠해져 있고, 사건 B에 속하는 기본결과들에는 왼쪽으로 기울어진 사선이 칠해져 있다. 기본결과 (1, 6), (3, 4), (5, 2)는 사건 A와 사건 B에 모두 속하기 때문에 오른쪽으로 기울어진 사선과 왼쪽으로 기울어진 사선이 둘 다 칠해져 있다. [그림 4-2]로부터 다음과 같이 논리기호로 결합된 사건의 확률을 계산할 수 있다.

$$P(A \cap B) = \frac{3}{36} = \frac{1}{12}$$

$$P(A \cup B) = \frac{21}{36} = \frac{7}{12}$$

$$P(\bar{A}) = 1 - \frac{6}{36} = \frac{30}{36} = \frac{5}{6}$$

$P(\bar{A})$의 경우는 [그림 4-2]에 직접 표시되어 있지는 않다. 하지만 $P(\bar{A})$는 $P(A)$를 제외한 모든 경우를 의미하므로, 이 확률은 '$1-P(A)$'로 계산할 수 있다. 즉 다음과 같은 관계가 성립한다.

$$P(\bar{A}) = 1 - P(A)$$ 〈수식 4.1〉

한편 우리는 [그림 4-2]로부터 다음과 같은 관계도 유추할 수 있다.

$$P(A \cup B) = P(A) + P(B) - P(A \cap B)$$ 〈수식 4.2〉

만일 $P(A \cup B) = 0$이라면 $P(A \cup B)$는 다음과 같이 된다.

$P(A \cap B) = 0$이면 $P(A \cup B) = P(A) + P(B)$ 〈수식 4.3〉

$P(A \cap B) = 0$이라는 것은 사건 A와 사건 B가 동시에 발생하는 경우는 없다는 것을 의미하는데, 이런 경우 두 사건은 상호 배타적(mutually exclusive)이라고 한다.

6) 조건부 확률

앞에서 복수의 사건이 결합된 새로운 사건의 확률 계산 방법을 알아보았다. 이러한 확률 중에 조금 특이하지만, 널리 활용되는 것으로 조건부 확률(conditional probability)이라는 것이 있다. 이는 어떤 사건이 발생하였다는 조건 하에서 다른 사건이 발생할 확률을 의미한다. 사건 B가 발생하였다는 조건 하에 사건 A가 발생할 조건부 확률은 $P(A|B)$와 같이 표현한다.

주사위를 두 번 던져서 눈의 합이 7보다 작으면 이기는 게임이 있다고 하면, 이 게임에 이길 확률은 얼마일까? 주사위 두 번 던지기의 기본 결과는 36개이다. 그 중에서 두 눈의 합이 7보다 작은 경우를 [그림 4-2]에서 찾으면 모두 15개임을 알 수 있다(오른쪽 위에서 왼쪽 아래로 긋는 대각선의 왼쪽에 위치한 기본결과들이 이에 해당한다). 따라서 이 게임에서 이길 확률은 $\frac{15}{36}$이다. 1만 원을 거는 게임인데, 이기면 1만 원을 더 받고 지면 걸었던 1만 원을 잃는다고 하자. 여러분이라면 이 게임에 참가하겠는가? 대부분의 독자라면 이길 확률이 절반도 안 되므로 하지 않을 것이다.

그런데 두 번 던지기 중 첫 번째 던지기에서 2의 눈이 나왔다고 하자. 그리고 두 번째 던지기를 하기 전에 다시 게임에 참가할 기회가 주어진다고 하자. 이번에는 게임에 참가할 것인가? 이를 판단하기 위해서는 두 번째 던지기까지 마쳤을 때, 게임에서 이길 확률을 계산하는 것이 필요하다.

[그림 4-2]에서 첫 번째 던졌을 때 2의 눈이 나오는 경우는 다음과 같이 모두 6개이다.

$$\{(2, 1) \quad (2, 2) \quad (2, 3) \quad (2, 4) \quad (2, 5) \quad (2, 6)\}$$

두 개의 주사위 던지기 실험의 표본공간은 첫 번째 눈이 2라는 조건이 부가됨에 따라 36개에서 6개의 기본결과로 축소되었다. 이 중에서 두 눈의 합이 7보다 작은 경우는 4개이다. 따라서 이 게임에서 이길 확률은 $\frac{4}{6}$가 된다. 이 정도 확률이라면 게임에 참가해도 괜찮겠다.

이처럼 아무런 조건이 없을 때에 비하여 특정 사건이 발생하였다는 조건이 주어졌을 때, 확률이 변한다는 것이 조건부 확률의 특징이다. 주어진 조건은 추가적인 정보에 해당한다. 이런 의미에서 본다면, 어떤 사건의 확률을 추정할 때 새로운 정보가 주어지면 원래의 추정치가 바뀐다는 것이 조건부 확률의 특징이라고 할 수 있다.

앞에서 사례로 든 조건부 확률의 계산을 좀 더 학문적으로 표현하면 다음과 같이 나타낼 수 있다. 사건 B는 첫 번째 눈이 2인 경우를 의미하며, 사건 A는 두 눈의 합이 7보다 작은 경우를 의미한다.

$$P(A|B) = \frac{4}{6}$$

조건부 확률 $P(A|B)$는 B가 발생했다는 전제 하에서 A가 발생하는 것이므로 B는 A의 표본공간이 된다. 즉 조건부 확률은 B라는 표본공간에서 $A \cap B$라는 사건이 발생할 확률을 구하는 것이 된다. 따라서 다음과 같은 식을 만들 수 있다.

$$P(A|B) = \frac{P(A \cap B)}{P(B)} \qquad \langle\text{수식 } 4.4\rangle$$

이 식을 이용하면 주사위 두 개 던지기 게임 사례의 조건부 확률은 다음과 같이 계산된다.

$$P(A|B) = \frac{P(A \cap B)}{P(B)} = \frac{\frac{4}{36}}{\frac{6}{36}} = \frac{4}{6}$$

한편 〈수식 4.4〉를 $P(A \cap B)$의 관점에서 표현하면 다음과 같이 된다.

$$P(A \cap B) = P(B)P(A|B) \qquad \langle\text{수식 } 4.5\rangle$$

〈수식 4.5〉의 왼쪽 항에서 A와 B의 자리를 바꾸면 오른 쪽 항의 A와 B의 자리도 바뀐다. 그런데 $P(A \cap B) = P(B \cap A)$이다. 따라서 수식 4.5로부터 다음의 관계가 성립함을 알 수 있다.

$$P(B)P(A|B) = P(A)P(B|A) \qquad \langle\text{수식 } 4.6\rangle$$

앞에서 사건 A가 발생할 확률 $P(A)$가, 사건 B가 발생하였다는 조건(혹은 새로운 정보)이 부가됨에 따라 $P(A|B)$로 달라진다는 것이 조건부 확률의 특징이라고 하였다. 그런데 경우에 따라서는 사건 B가 발생하였다는 조건이 추가되어도 사건 A가 발생할 확률은 변하지 않는 경우도 있다. 즉 다음과 같은 관계가 성립하는 경우도 있다.

$$P(A) = P(A|B) \qquad \text{〈수식 4.7〉}$$

〈수식 4.7〉은 사건 A가 발생할 확률은 '사건 B의 발생'이라는 조건이 주어지든 말든 동일함을 의미한다. 한편 〈수식 4.7〉이 성립하면 〈수식 4.6〉에 따라 자동적으로 다음의 〈수식 4.8〉도 성립한다. 이는 〈수식 4.6〉의 $P(A)$ 대신에 $P(A|B)$를 대입해 보면 금방 알 수 있다.

$$P(B) = P(B|A) \qquad \text{〈수식 4.8〉}$$

〈수식 4.7〉과 〈수식 4.8〉이 성립한다는 것은 사건 B의 발생 여부는 사건 A의 발생 확률에 아무런 영향을 끼치지 못하며, 마찬가지로 사건 A의 발생 여부도 사건 B의 발생 확률에 아무런 영향을 미치지 못함을 의미한다. 이런 경우 우리는 사건 A와 사건 B는 서로 독립이라고 말한다.

사건 A와 사건 B가 서로 독립이면 또한 다음의 관계가 성립함을 알 수 있다. 이는 〈수식 4.6〉의 $P(B|A)$ 자리에 〈수식 4.8〉에 의해 $P(B|A)$를 대체한 것이다.

$$P(A \cap B) = P(A)P(B) \qquad \text{〈수식 4.9〉}$$

간혹 사건 A와 사건 B가 서로 독립이면 $P(A \cap B) = 0$이라고 오해하는 학생이 있다. 전혀 아니다. 전술했듯 $P(A \cap B) = 0$은 A와 B가 상호 배타적이라는 것인데, 이는 A가 발생하면 B는 절대 발생하지 않으며, 역으로 B가 발생하면 A는 절대 발생하지 않는다는 것이므로 A와 B는 서로 독립(관계없음)이 아니라 완전히 얽매여 있는 관계다.

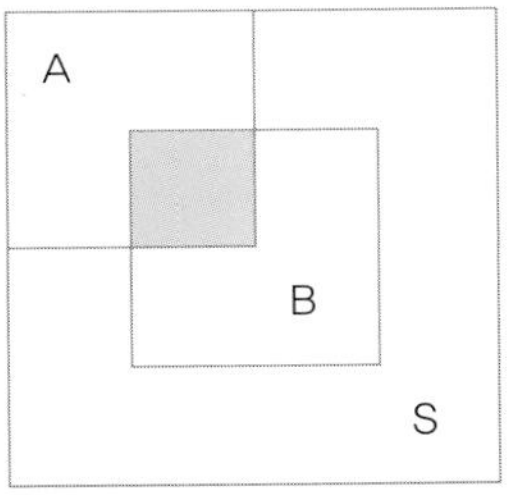

사건 A와 B가 독립인 것을 그림으로 나타내면 다음과 같다. 이 그림은 표본공간 S 안에 존재하는 사건 A와 사건 B의 관계를 나타낸 것이다. 이 그림에서 $\mathrm{P(A)} = \frac{A}{S} = \frac{1}{4}$이고 마찬가지로 $P(A|B) = \frac{(\text{면적})A \cap B}{(\text{면적})B}$

$= \frac{1}{4}$ 이다. 그리고 $P(A \cap B) = \frac{\text{색칠면적}}{S} = \frac{1}{16}$ 이므로 $P(A)P(B) = \frac{1}{4} \times \frac{1}{4} = \frac{1}{16}$ 과 동일함을 알 수 있다.

이제 두 사건이 독립이라는 의미를 이해하기 위하여 다음 문제를 풀어보자.

예제 4-1

'두 개의 주사위 던지기'에서 사건 A는 첫 번째 주사위의 눈이 2인 경우이고 사건 B는 두 눈의 합이 짝수인 경우이다. 사건 A와 B는 서로 독립인가?

'두 개의 주사위 던지기'에서 두 눈의 합이 짝수일 확률은 $\frac{1}{2}$ 이다($P(B) = \frac{18}{36} = \frac{1}{2}$ [그림 4-2] 참조). 첫 번째 눈이 2일 때 두 눈의 합이 짝수일 확률은? 첫 번째 눈이 짝수이므로 두 번째 눈이 짝수이면 합도 짝수이고 홀수이면 합도 홀수이다. 두 번째 눈이 짝수일 확률은 $\frac{1}{2}$ 이므로 첫 번째 눈이 2일 때 두 눈의 합이 짝수일 확률도 $\frac{1}{2}$ 이다($P(B|A) = \frac{3}{6} = \frac{1}{2}$ [그림 4-2] 참조). 따라서 $P(B) = P(B|A)$ 이므로 사건 A와 B는 서로 독립이다.

한편 첫 번째 주사위 눈이 2일 확률은 $P(A) = \frac{6}{36} = \frac{1}{6}$ 이고, $P(A \cap B) = \frac{3}{36} = \frac{1}{12}$ 이다([그림 4-2] 참조). 따라서 $P(A \cap B) = P(A)P(B)$ 임도 확인할 수 있다.

예제 4-2

흡연과 폐암간의 관계를 밝히기 위하여 야산병원은 100명의 환자들을 대상으로 하는 연구를 실시하였다. 각 환자들은 흡연자와 비흡연자, 그리고 폐암을 지닌 환자와 그렇지 않은 환자로 분류하였다. 조사 결과는 다음 〈표〉와 같다. 이 표로부터 흡연이 폐암을 유발하는지 여부를 판단하려고 한다. 어떻게 하면 될까?

흡연여부 \ 암	폐암(A)	폐암 아님($\overline{A}$)	합 계
흡 연(B)	15	25	40
비흡연($\overline{B}$)	5	55	60
합계	20	80	100

전체(100명) 중에 폐암에 걸린 비율과 흡연자 중 폐암에 걸린 비율을 비교하거나 혹은 흡연자 중 폐암에 걸린 비율과 비흡연자 중 폐암에 걸린 비율을 비교하면 되겠다.

$$\text{전체 중 폐암 걸린 비율} = P(A) = \frac{20}{100} = 0.2$$

$$\text{비흡연자 중 폐암 걸린 비율} = P(A|\overline{B}) = \frac{5}{60} = 0.083$$

$$\text{흡연자 중 폐암 걸린 비율} = P(A|B) = \frac{15}{40} = 0.375$$

참고로 $P(A|B)$는 조건부 확률의 관계식을 사용하여 다음과 같이 구할 수도 있다.

$$P(A|B) = \frac{P(A \cap B)}{P(B)} = \frac{0.15}{0.4} = 0.375$$

① $P(A)$와 $P(A|B)$의 비교: $P(A) < P(A|B)$ (0.2 vs. 0.375)

② $P(A|\overline{B})$와 $P(A|B)$의 비교: $P(A|\overline{B}) < P(A|B)$ (0.083 vs. 0.375)

전체와 비교한 ①이나 비흡연자와 비교한 ②나 모두 흡연자 중 폐암 걸린 비율이 더 높다. 따라서 흡연과 폐암 발생 사이에는 어느 정도 +의 관계가 있다고 판단할 수 있다.

이 사례에서는 흡연과 폐암의 관계를 밝히기 위해 흡연자의 폐암 발생률을 전체(흡연자+비흡연자) 혹은 비흡연자의 폐암 발생률과 비교했다. 이런 경우 흡연자를 실험집단, 전체 혹은 비흡연자를 통제집단이라고 한다. 이처럼 실험집단과 통제집단의 결과를 비교함으로써 인과 관계를 추론하는 연구는 널리 이뤄지고 있는데, 이에 대해서는 9장에서 상세하게 논의한다.

생각해보기

이 사례는 조건부 확률의 예를 드는 것이 주목적이라서 실험집단과 통제집단 비교를 통한 인과관계 분석의 기본논리만 제시한 것이다. 실제로 인과분석을 할 때는 이보다 훨씬 정교한 연구 설계가 이뤄져야 한다. 그렇다면 어떤 것들이 더 보강되어야 할까? 아니, 우리 사례만으로 흡연과 폐암 간의 인과관계를 판단한다면 어떤 문제가 있을까?

일단 100명이라는 표본의 결과로 판단한 것이므로, 표본에서 어느 정도 차이가 있어야만 모집단에서도 차이가 있다고 할 수 있는지에 대한 논의가 필요할 수 있는데 이에 대해서는 7장과 8장에서 논의한다.

그리고 100명이 보통사람들로부터 추출된 것이 아니라 야산병원 환자로부터 추출되었기 때문에, '야산병원 환자'의 흡연과 폐암의 관계가 보통사람들과 다르다면 역시 일반화의 문제가 있을 것이다.

보다 근본적으로 실험집단과 통제집단 간에 '흡연' 여부 이외에 폐암에 영향을 미치는 다른 특성들은 동일하다고 할 수 있는가라는 문제가 있다. 가령 흡연자는 전부 성인들인데 비흡연자 집단에는 미성년자가 다수 포함되어 있다고 하자. 그리고 폐암은 연령과 밀접한 관계가 있어서 미성년자의 폐암 발생률은 성인보다 훨씬 낮다고 하자. 이 경우 흡연자와 비흡연자의 폐암 발생률의 차이는 흡연 여부가 아닌 연령 때문일 수도 있다.

지금까지 논의한 확률 계산과 관련된 연산 규칙들을 정리하면 다음과 같다.

더하기 규칙	$P(A \cup B) = P(A) + P(B) - P(A \cap B)$ A와 B가 상호배반인 사건이면, $P(A \cup B) = P(A) + P(B)$
빼기 규칙	$P(A) = 1 - P(\overline{A})$
곱하기 규칙	$P(A \cap B) = P(B)P(A \mid B)$ A와 B가 독립이면, $P(A \cap B) = P(A)P(B)$

7) 베이즈 정리(Bayes' Theorem)

조건부 확률을 이용한 확률 계산에서 가장 유명한 것은 '베이즈 정리'이다. 이게 무엇인지 이해하기 위해 다음의 예를 풀어 보자.

예제 4-3

대부분의 암은 조기에 발견할수록 치료 효과가 크다. 한국대 의대에서는 어떤 암의 보유 여부를 간단하게 테스트할 수 있는 방법을 고안해 냈다. 이 암을 가진 사람이 테스트를 받으면 100번 중 99번은 양성(암이 있다는 반응)으로 나타난다. 그리고 이 암이 없는 사람이 테스트를 받으면 100번 중 95번은 음성(암이 없다는 반응)으로 나타난다. 그런데 통계에 의하면 우리나라 사람은 1,000명당 1명꼴로 이 암에 걸린다고 한다. 어제 영철이가 이 테스트를 받았는데 결과가 양성으로 나타났다면, 영철이가 이 암에 걸렸을 확률은 얼마일까? (어떤 개인이 이 암에 걸릴 확률은 연령이나 생활습관 등에 상관없이 동등하다고, 즉 무작위로 암에 걸린다고 가정하자).

이 문제를 풀기 위하여 다음과 같은 두 개의 사건을 정의하자.

A: 어떤 사람이 암을 보유하고 있음.
B: 어떤 사람이 테스트 결과 양성으로 나타남.

이처럼 사건 A와 B를 정의하면, 문제가 의미하는 것은 $P(A|B)$를 구하는 것이 된다.

한편 문제에서 주어진 정보들로부터 다음과 같은 확률들을 알 수 있다.

$$P(A)=0.001,\ P(B|A)=0.99,\ P(\overline{B}|\overline{A})=0.95$$

$P(A|B)$를 구하기 위하여 우선 다음과 같은 표를 만들어보자. 이 표는 A와 B 그리고 이들의 여사건 간에 가능한 네 가지 교집합 조합(2×2)의 확률을 나타낸 것이다.

	A	$\overline{A}$	합계
B	$P(A\cap B)$	$P(\overline{A}\cap B)$	$P(B)$
$\overline{B}$	$P(A\cap \overline{B})$	$P(\overline{A}\cap \overline{B})$	$P(\overline{B})$
합계	$P(A)$	$P(\overline{A})$	1

표 4-2 사건 A와 사건 B의 가능한 조합

이 표에서 합계를 의미하는 가장 오른 쪽 열과 가장 아래 쪽 행을 잘 이해할 필요가 있다. 합계 행 첫 번째 열의 확률이 $P(A)$인 것은 그 위의 두 사건 $P(A\cap B)+P(A\cap\bar{B})$의 합이 $P(A)$이기 때문이다. 그리고 가장 아래 오른 쪽 구석의 확률이 1인 것은 $P(A)+P(\bar{A})=1$이며 또한 $P(B)+P(\bar{B})=1$이기 때문이다.

이제 이 표에 실제 확률들을 계산해서 넣어 보자.

다음의 확률들은 이미 알고 있는 정보로부터 쉽게 구할 수 있다.

$$P(A\cap B)=P(B|A)P(A)=(0.99)(0.001)=0.00099$$
$$P(\bar{A}\cap B)=P(B|\bar{A})P(\bar{A})=(0.05)(0.999)=0.04995$$

지금까지 우리가 알고 있는 확률들을 대입해 보자.

표 4-2A
각 경우에 대한 확률1

	A	$\bar{A}$	합계
B	0.00099	0.04995	$P(B)$
$\bar{B}$	$P(A\cap\bar{B})$	$P(\bar{A}\cap\bar{B})$	$P(\bar{B})$
합계	0.001	0.999	1

나머지 확률들도 주어진 확률들을 더하거나 뺌으로서 쉽게 구할 수 있다. 모든 칸에 확률을 넣으면 다음의 표와 같이 된다.

표 4-2B
각 경우에 대한 확률2

	A	$\bar{A}$	합계
B	0.00099	0.04995	0.05094
$\bar{B}$	0.00001	0.94905	0.94906
합계	0.001	0.999	1

어떤 사람이 이 테스트를 받았는데 결과가 양성으로 나타났다면, 그 사람이 암을 가졌을 확률은 얼마일까? 이는 $P(A|B)$를 구하라는 말이다. 표를 이용하여 계산해 보자.

$$P(A|B)=\frac{P(A\cap B)}{P(B)}=\frac{0.00099}{0.050094}=0.019435$$

영철이가 테스트 결과 양성 반응이 나왔지만, 그래도 영철이가 실제로 암에 걸렸을 확률은 2% 미만이다! 새로운 암 판단 테스트는 상당히 정확한 것 같지만, 양성 반응이 나온 사람 중에서 2% 미만만이 실제로 암 보유자인 것이다. 따라서 영철이가 절망하기에는 아직 이르다.

문제를 풀어본 소감이 어떤가? 양성 반응인데 암에 걸렸을 확률이 이렇게 낮다는 것을 예상했는지? 대체 실제로 암에 걸렸을 확률이 이처럼 낮은 이유는 뭘까? 대한민국 사람 중 이 암에 걸릴 확률은 0.1%, 1,000명 중 1명이다. 그런데 이 테스트가 암이 없는데 양성 반응을 보일 확률은 5%, 1,000명 중 50명이다. 그러니 실제 암에 걸려서 양성반응이 나왔을 경우보다 암이 없는데도 양성반응 나왔을 확률이 훨씬 높다! 1,000명이 이 검사를 받았을 때 평균적으로 어떤 결과가 나올지 따져보자.

	암 보유자	암 없는 사람	합계
양성 반응	1	50	51
음성 반응	0	949	949
합계	1	999	1000

표 4-3

암 판단 테스트 결과

1,000명이 이 검사를 받으면 평균적으로 51명이 양성판정을 받는다. 하지만 그 중에 실제 암 보유자는 1명에 불과하다. 그렇다면 이 테스트는 하나마나한 것일까? 그렇지는 않다. 이 검사를 받기 전에는 1,000명 중에 누가 암에 걸렸을지 알 수 없다. 하지만 이제는 그 대상이 51명으로 줄어든 것이다. 따라서 이 51명을 대상으로 정밀 검사를 실시하여, 그 중에서 1명을 가려내면 되는 것이다.

이 검사에서 가장 걱정스러운 점은 음성 판정이 나왔는데 실제로는 암에 걸렸을 경우이다. 이 확률은 얼마나 될까? 이 확률은 다음과 같이 계산할 수 있다.

$$P(A|\bar{B}) = \frac{P(A \cap \bar{B})}{P(\bar{B})} = \frac{0.00001}{0.94906} = 0.000010536$$

대략 십만 명에 한 명 정도는 음성판정이 나왔더라도 암에 걸렸을 수 있다. 따라서 자신이 비록 음성 판정을 받았더라도 완벽하게 안심할 수는 없다. 하지만 이 검사를 실시하지 않았다면 자신이 암에 걸렸을 확률이 0.001 정도인 것으로 생각하지만 이제는 그보다 훨씬 예상 확률이 줄었다. 따라서 검사를 받기 전보다는 상당히 안심할 수 있다.

이 문제를 이번에는 나무그림(tree diagram)을 통해서 풀어보자. 나무그림은 논리적인 추론과정을 쉽게 보여준다.

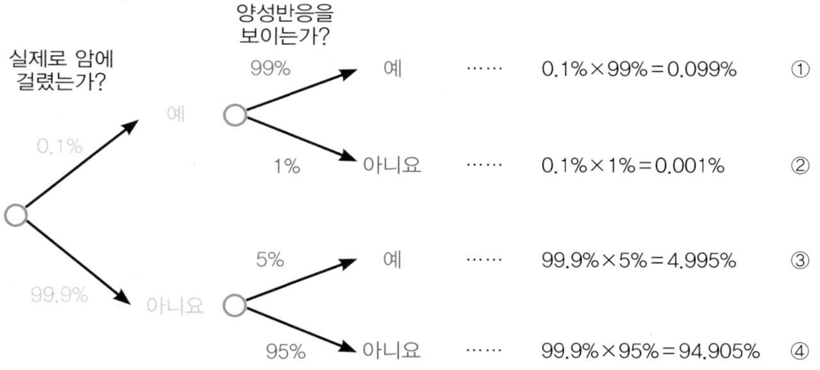

대한민국 사람이라면 이 암에 걸릴 확률은 0.1%, 안 걸릴 확률은 99.9%이다. 다음으로 암에 걸린 경우 양성/음성 반응이 나올 확률과 안 걸린 경우 양성/음성 반응이 나올 확률을 따져보자. 순서대로 99%, 1%, 5%, 95%이다.

테스트에서 양성반응이 나올 확률은 ①+③=5.094%이다. 그리고 실제 암에 걸린 사람이 양성반응이 나올 확률은 ①=0.099%이다. 따라서 양성반응이 나왔는데 실제 암에 걸렸을 확률은 $P(A|B)=\frac{P(A\cap B)}{P(B)}=\frac{①}{①+③}$ $=\frac{0.099}{0.099+4.995}\approx 0.0194$, 즉 1.94%에 불과하다.

지금까지 우리가 수행한 $P(A|B)$의 도출과정을 되짚어 보면, $P(A|B)$는 다음과 같이 나타낼 수 있다. 이를 베이즈 정리라고 부른다.

$$P(A|B)=\frac{P(A)P(B|A)}{P(A)P(B|A)+P(\bar{A})P(B|\bar{A})}$$ 〈수식 4.10〉

왜 이렇게 나왔는지 이해가 되는가. 헷갈리면 베이즈 정리 도출과정을 같이 짚어보자.

$$P(A|B)=\frac{P(A\cap B)}{P(B)}=\frac{P(A\cap B)}{P(A\cap B)+P(\bar{A}\cap B)},$$

($P(A)+P(\bar{A})=P(S)=1$임을 기억하자.)

($P(A\cap B)=P(A)P(B|A)$, $P(\bar{A}\cap B)=P(\bar{A})P(B|\bar{A})$이므로 다음과 같이 나타낼 수 있다)

$=\frac{P(A)P(B|A)}{P(A)P(B|A)+P(\bar{A})P(B|\bar{A})}$, (나무그림에서 $\frac{①}{①+③}$를 의미한다.)

베이즈 정리는 이해할 듯하면서도 헷갈린다. 베이즈 정리를 확실히 이해하는 좋은 방법은 그림을 그려 보는 것이다. 다음의 예제를 보자.

예제 4-4

함께 장사하는 영철, 경철, 진철 얼간이 삼형제는 매일의 수입금을 주사위 던지기를 통해 한 명한테 몰아준다. 수입금을 몰빵 받은 사람은 그 날 밤 신나게 즐기면서 몽땅 써버린다. 주사위 눈 1, 2, 3 중 하나가 나오면 큰 형인 영철이가 수입금을 받으며, 4나 5가 나오면 경철이가 받고, 6이 나오면 막내인 진철이가 받는다(이는 서열과 투자한 자본금 차이의 결과이다).

얼간이 삼형제가 수입금을 쓰는 용도는 딱 두 가지, 클럽 아니면 술집이다. 술을 좋아하는 영철이는 10번 중 8번은 술집에 간다. 두 곳의 선호가 비슷한 경철이는 5:5 비율로 클럽과 술집을 간다. 클럽을 좋아하는 진철이는 10번 중 8번은 클럽에 간다.

어제 밤에 이들 중 한 명이 수입금으로 클럽에 가서 즐겼다. 클럽에 간 사람이 진철이였을 확률을 구하되, 계산 방법을 그림을 그려서 설명하고, 계산식을 제시하라.

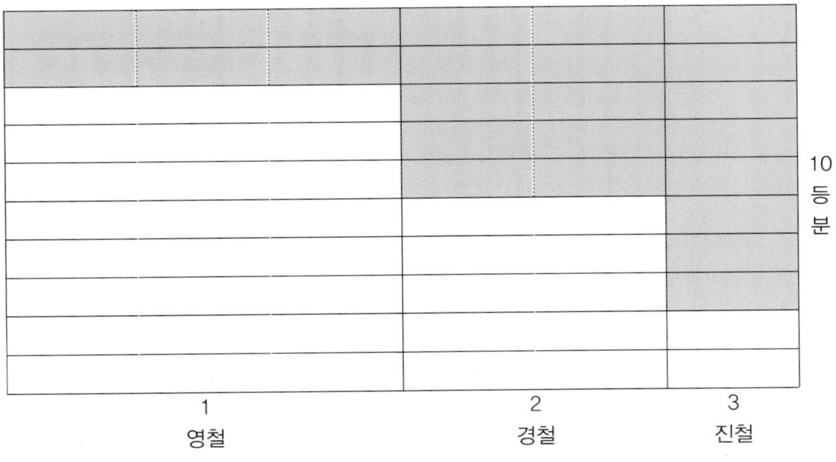

영철, 경철, 진철이 수입금을 받는 사건을 각각 A_1, A_2, A_3으로 나타내면 각 사건이 발생할 확률은 $P(A_1)$, $P(A_2)$, $P(A_3)$이다. 수입금은 셋 중 1명만 받으므로 세 사건은 서로 배타적이며(겹치지 않으며) $P(A_1)+P(A_2)+P(A_3)=1$이 된다. 그리고 클럽에 가는 사건을 B라고 하면, 이의 발생 확률은 $P(B)$가 된다. 이 상황에서 문제는 $P(A_3|\mathrm{B})$를 구하라는 것이다.

우선 $P(A_1):P(A_2):P(A_3)=3:2:1$이므로 전체를 3:2:1의 비율로 나눴다.

다음으로 영철, 경철, 진철이 수입금을 탔을 때, 클럽에 갈 확률 $P(B|A_1)$, $P(B|A_2)$, $P(B|A_3)$은 각각 0.2, 0.5, 0.8이므로 각자의 수입금 받을 확률을 나타내는 면적 A_1, A_2, A_3 내에서 해당 비율만큼씩 푸른색으로 칠했다. 푸른색의 면적은 어젯밤 누군가 클럽에 갔다는 사건(B)이 되며, 전체 면적에서 푸른색이 차지하는 비율이 $P(B)$다.

$$P(A_3|B) = \frac{P(A_3 \cap B)}{P(B)} = \frac{\text{진철이의 푸른 면적}}{\text{전체 푸른 면적}} = \frac{8\text{칸}}{24\text{칸}} = \frac{1}{3}$$

이 된다. 그림 설명은 내가 했으니, 계산식 제시는 각자 해 보자. 이 과정에서 나무그림을 이용해서도 풀어보고, 베이즈 정리를 이용해서도 풀어보자.

예제 4-5

조건부 확률과 관련한 매우 유명한 확률 문제 하나 소개한다.

세 개의 주머니가 있다. 두 주머니에는 돌덩이가, 한 주머니에는 100만 원 상당의 금덩이가 들어있다. 이 중에서 하나를 고르는 내기이다(참가금은 10만 원이다). 겉보기에는 구분이 안 된다. 따라서 내기 참여자는 어느 주머니에 금덩이가 있는지 알 수 없다. 하지만 내기 진행자는 알고 있다.

서진이가 하나를 선택했다. 서진이가 선택하지 않은 나머지 두 주머니 중에 적어도 하나는 돌덩이가 있을 것이다. 그래서 내기 진행자가 남은 두 개 중에서 돌덩이가 들어 있는 것 하나를 골라냈다. 그리고 이 주머니를 풀어서 돌덩이가 들었음을 보여준 후에 치워버렸다.

이제 서진이가 선택한 것을 제외하고 남아있는 것은 한 개다. 그렇다면 서진이가 선택한 주머니에 금덩이가 들어 있을 확률은 얼마인가? 진행자는 서진이에게 원래 선택한 것 대신에 남아있는 주머니로 바꿀 기회를 주겠다고 했다(단 바꾸려면 1만 원을 내야 한다). 서진이는 바꾸는 게 유리할까?

처음에 서진이는 세 개 중에서 무작위로 하나를 골랐으니 서진이가 선택한 주머니에 금덩이가 들었을 확률은 $\frac{1}{3}$이다. 남은 한 개 역시 동일할 테니 $\frac{1}{3}$일 것 같다. 따라서 두 주머니의 확률을 더하면 $\frac{2}{3}$이다. 그런데 둘 중 하나에 금덩이가 들었을 확률은 1이다. 그렇다면 나머지 $\frac{1}{3}$은 어디 갔나?

다시 따져 보자. 둘 중 하나에 금덩이가 들었을 확률은 1인데, 두 주머니 중 어느 하나에 들었을 확률은 동일할 테니, 각 주머니에 금덩이가 들었을 확률은 $\frac{1}{2}$인가? 그렇다면 서진이가 택한 주머니에 금덩이가 들었을 확률은 원래는 $\frac{1}{3}$이었다가 갑자기 $\frac{1}{2}$로 변했나?

정답은 서진이의 원래 선택 주머니가 금덩이일 확률 $\frac{1}{3}$, 남은 한 개 주머니가 금덩이일 확률 $\frac{2}{3}$이다. 왜 그런지 잘 모르겠다고? 그렇다면 문제를 약간 바꿔보자.

이번에는 100개의 주머니가 있고 한 개만 금덩이가 있고 나머지 99개에는 돌덩이가 있다. 진행 방식은 앞에서와 같다. 진행자는 서진이가 택하지 않은 99개 주머니 중에서 돌덩이가 들어있는 98개를 골라서 돌덩이를 보여준 후 치워버렸다. 이제 서진이가 택한 한 개와 택하지 않은 것 중에 남아 있는 것 한 개만 있다. 둘 중 하나에는 틀림없이 금덩이가 있다. 서진이 애초에 택한 한 개에 금덩이가 있을 확률은? 서진이는 주머니를 바꾸는 게 유리한가?

여러분은 이 문제의 정답을 처음부터 맞혔는지? 아니라면 해설을 듣고 나서는 이해가 되었는지? 이 문제는 일종의 조건부 확률 문제이다. 즉 '진행자가 돌덩이가 들어있는 주머니를 치웠다'라는 조건이 주어졌을 때, 애초의 확률 예측이 어떻게 달라지는가를 묻는다. 조건이 주어졌으므로 조건이 없을 때에 비해 예측이 달라져야 할 텐데, 정답은 '변하지 않는다'다. 왜 그럴까? '서진이가 금덩이 주머니를 택했다'를 사건 A, '진행자가 돌덩이 주머니를 치웠다'를 사건 B라고 하자. $P(A)=\frac{1}{3}$이다. 그렇다면 $P(B)$는 얼마인가?

진행자는 어느 주머니에 돌덩이가 있는지 알고 있기 때문에 항상 돌덩이가 들어 있는 주머니를 선택해서 치운다. 즉 $P(B)=1$이며, $P(A)$와는 상관없다. 따라서 $P(A|B)=P(A)=\frac{1}{3}$이다.

만일 진행자도 어느 주머니에 돌덩이가 있는지를 모르며, 우연히 하나를 고른다면 답은 어떻게 달라질까?

이 문제는 원래 '몬티 홀(Monty Hall) 문제'라고 제법 유명한 확률퍼즐이다. 나는 약식으로 설명했지만 원 문제의 풀이를 보면 조건부 확률과 베이즈 정리를 이용해서 선택을 바꿨을 때의 확률이 $\frac{2}{3}$가 된다는 것을 증명하고 있다. 관심있는 독자들은 직접 풀어보고 인터넷을 찾아서 해답과 비교해 보기 바란다.

2. 확률변수와 확률분포

확률을 다루는 4장에서 가장 중요한 개념이 확률변수와 확률분포이다. 이 두 개념만은 잘 이해하도록 하자.

1) 확률변수와 확률분포의 개념

확률변수(random variable)는 확률(무작위)과 변수의 합성어이다. 변수는 결과값이 고정되어 있지 않은 어떤 속성이나 대상을 말한다. 따라서 확률변수는 결과값이 확률적으로, 다시 말해 무작위로 혹은 우연에 의해서 결정되는 변수이다. '두 개의 동전 던지기'에서 '앞면이 나오는 횟수'는 하나의 확률변수이다. 이 확률변수의 개별 결과는 0, 1, 2의 세 가지가 있다. 어떤 것이 나올지는 당연히 우연에 의해서 결정된다. '두 개의 주사위 던지기'에서 '두 눈의 합'도 확률변수이다. 개별 결과는 2부터 12까지의 11개의 숫자이며, 특정 숫자가 나오는 것은 우연에 의해서 결정된다.

당연하겠지만 통계분석의 대상이 되는 변수들은 거의 전부 확률변수이다. 통계분석의 핵심인 모집단 특성에 대한 추정과 검정(뒤에 배운다)은 확률 이론에 근거하여 이뤄진다. 그러니 분석대상이 확률변수여야 확률이론을 적용할 수 있지 않겠는가.

통상 확률변수는 영어 대문자로 표시하고 개별 결과는 해당 문자의 소문자로 표시한다. 확률변수를 나타내는 영문자로는 X를 제일 많이 사용하며, 그 다음으로 Y를 많이 사용한다. 그리고 5장에서 배우는 표준정규분포를 따르는 확률변수는 통상 Z로 표기한다.

확률분포

확률변수 중에는 개별 결과들이 발생할 확률을 사전에 알고 있는 경우도 있고 그렇지 못한 경우도 있다. '동전 두 개 던져 앞면 나오는 횟수'나 '주사위 두 개 던져 나오는 눈의 수'에서는 발생 확률을 알고 있다. 한국대 재학생의 술값 지출액을 조사한다면? 이 경우는 한국대 재학생 2만 명 모두를 조사해 보기 전에는 알 수 없다.

개별 결과의 발생확률을 알고 있는 확률변수는 개별 결과와 해당 발생확률을 연결해서 나타낼 수 있다. '동전 두 개 던져 앞면 나오는 횟수' 확률변수 X의 개별 결과와 발생확률을 표로 정리하면 다음 〈표 4-4〉와 같다. '확률변수 X가 특정결과 x를 가질 확률'은 $\Pr(X=x)$, $P(X=x)$, $p(x)$ 등으로 표시한다.

표 4-4
'앞면 횟수'의 확률분포

x	0	1	2
$p(x)$	$\frac{1}{4}$	$\frac{1}{2}$	$\frac{1}{4}$

확률변수의 개별 결과와 각 결과의 발생확률을 나타낸 것을 확률분포(probability distribution)라고 한다. 〈표 4-4〉는 확률변수 X의 확률분포를 표로 나타낸 것, 즉 확률분포표이다.

'두 개의 주사위던지기' 확률실험에서 '눈의 합' 확률변수 Y의 확률분포표는 다음 〈표 4-5〉와 같다.

y	2	3	4	5	6	7	8	9	10	11	12
$p(y)$	$\frac{1}{36}$	$\frac{2}{36}$	$\frac{3}{36}$	$\frac{4}{36}$	$\frac{5}{36}$	$\frac{6}{36}$	$\frac{5}{36}$	$\frac{4}{36}$	$\frac{3}{36}$	$\frac{2}{36}$	$\frac{1}{36}$

표 4-5
'눈의 합' 의 확률분포

이번에는 확률분포를 그래프로 나타내 보자. '두 개의 동전던지기' 실험에서 '앞면 횟수' 확률변수 X의 확률분포는 [그림 4-3]과 같이 나타낼 수 있다. 이 그래프에서 확률변수 X의 개별 결과 0, 1, 2 위에 세워진 막대의 높이는 각 개별 결과의 발생확률을 나타낸다.

이 그래프에서 개별 결과 위에 세워진 막대의 가로길이는 1이며, 세로 길이는 발생확률과 같다. 이 그래프에서 막대로 이루어진 전체 면적은 1이 되는

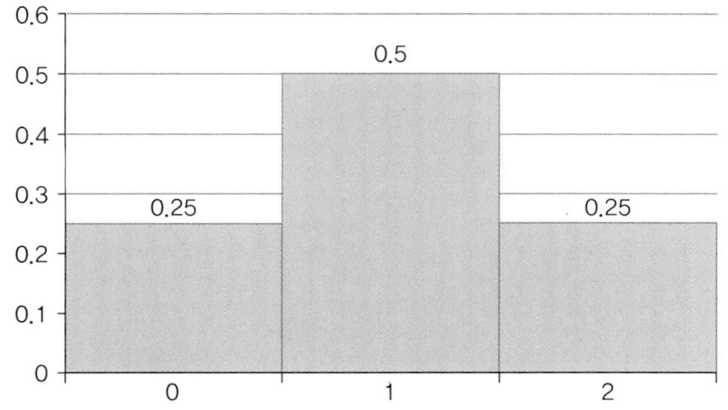

그림 4-3
'두 개의 동전 던지기 실험' 그래프

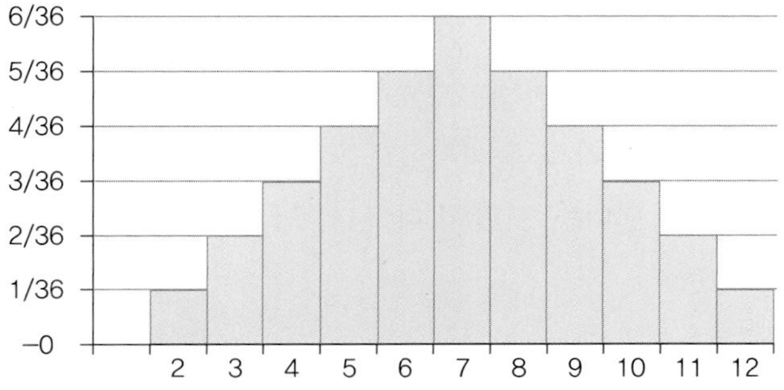

그림 4-4
'두 개의 주사위 던지기' 실험 그래프

데, 이는 개별 결과들이 발생할 확률을 모두 더하면 1이 된다는 것을 의미한다.

다음에는 '두 개의 주사위던지기' 실험에서 '눈의 합' 확률변수 Y의 확률분포를 그래프로 그려보자. [그림 4–4]가 그것이다.

이 그래프에서도 막대로 이루어진 전체면적, 즉 모든 결과들의 발생확률의 합은 1이 됨을 어렵지 않게 알 수 있다.

독자들은 [그림 4–3]과 [그림 4–4]의 모양이 2장에서 다루었던 히스토그램과 유사함을 눈치 챘을 것이다. 그렇다. 이 그림들은 일종의 히스토그램이다.

2장에서 히스토그램은 자료를 일정한 간격으로 구분한 뒤, 각 구간에 속하는 자료의 크기를 나타낸 그래프였다. 예를 들어서 50쪽의 [그림 2–5]는 연령별 실업자 수 자료를 히스토그램으로 나타낸 것이었다. [그림 2–5]에서는 절대빈도 수를 히스토그램으로 나타냈다. 절대빈도 대신 상대빈도로 전환해서 나타내면 [그림 4–5]와 같이 된다. 상대빈도를 구하려면 각 구간의 크기를 전체 크기인 1,000으로 나누어주면 된다.

그림 4–5

연령별 실업자 수 상대빈도 그래프

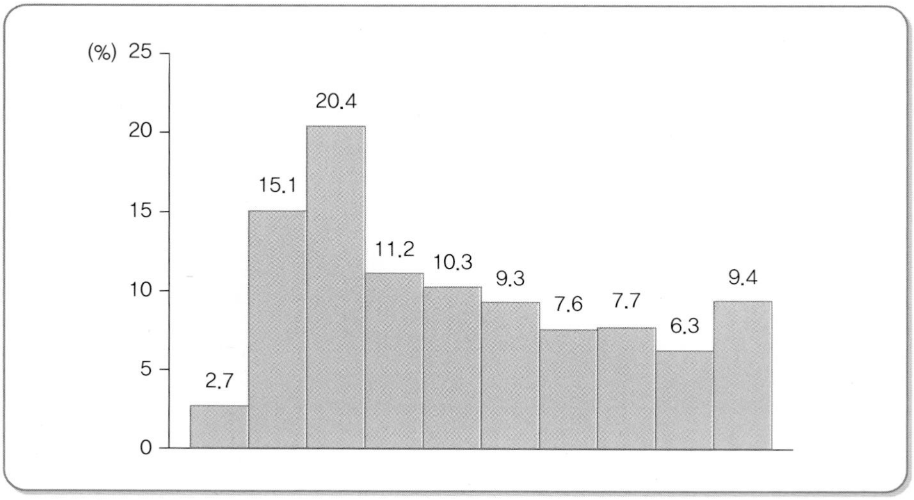

히스토그램의 형태는 절대빈도로 나타내나 상대빈도로 나타내나 동일하다. 다만 이제는 각 구간의 높이가 그 구간에 속하는 자료 수가 아니라, 전체에서의 비율을 나타낸다는 것만이 다르다. 당연하지만 이 비율을 모두 더하면 1(=100%)이 된다.

상대빈도 히스토그램과 확률분포 히스토그램

확률분포를 그래프로 나타내면 히스토그램이 된다. 그런데 확률분포 히스토그램과 [그림 4-5]의 히스토그램은 중요한 차이가 있다. [그림 4-5]는 실제 결과로부터 그린 것인데 비하여, 확률분포 히스토그램은 이론적으로 계산한 확률에 의하여 그린 것이라는 점이다. 편의상 실제 결과로 그린 것을 '상대빈도 히스토그램', 이론적으로 계산한 확률에 의하여 그린 것을 '확률분포 히스토그램'이라고 명명하여 구분하자. 이 둘을 구분하는 것이 왜 중요할까?

확률분포는 모집단 분포

앞에서 상대빈도에 의한 확률 정의를 배웠다. 어떤 실험을 여러 번 반복 실행했을 때 특정 사건의 상대적 빈도에 의하여 해당 사건의 확률을 정의하는 것이다. 그리고 대수의 법칙에 의하여 시행횟수가 커질수록 상대빈도로 계산한 확률은 이론적인 확률에 가까워짐을 알고 있다. 따라서 확률실험을 매우 많이 반복 실행한 후, 그 결과로부터 상대빈도 히스토그램을 그리면, 이는 이론적으로 도출해서 그린 확률분포 히스토그램과 유사해질 것임을 짐작할 수 있다.

예를 들어서 '두 개의 동전던지기' 실험을 1,000번 반복한다고 하자. 이 때 '앞면의 횟수' 확률변수 X의 확률분포와 실제 관찰한 결과의 상대빈도가 어떻게 나타날 것인지 생각해 보자. 가령 〈표 4-6〉처럼 나타날 수 있다.[2]

표 4-6 '두 개의 동전던지기' 실험 시행

x	확률분포	관찰 결과($n=1000$)	
	$p(x)$	n_x(빈도수)	$\frac{n_x}{n}$(상대 빈도)
0	0.25	258	0.258
1	0.5	507	0.507
2	0.25	235	0.235

이 표에서 보듯이 매우 많은 횟수를 반복 실행했을 때, 실제 결과에 의해 도출된 상대빈도는 이론적으로 도출된 확률분포와 매우 유사하다(따라서 두 히스토그램의 모양도 매우 유사하다). 이처럼 실행횟수가 많아질수록(자료가 많아질

2 물론 내가 직접 1,000번을 던져 본 것은 아니고 상상으로 만든 가상의 결과이다.

수록), 상대빈도는 이론적으로 도출된 확률분포와 유사해진다는 면에서 확률분포는 실제 관찰된 상대빈도의 순수 형태 혹은 모델이라고 할 수 있다. 나아가서 이런 면에서 본다면 확률분포는 모집단(population)의 분포에 해당하며, 관찰된 상대빈도는 표본(sample) 분포에 해당한다고 할 수 있다.

우리는 모집단 특성을 나타낼 때는 그리스 문자를 사용함을 알고 있다. 모집단의 평균은 그리스 문자 μ(뮤)로 나타내며, 표준편차는 σ(시그마)를 사용한다. 그리고 이에 대응하는 표본의 평균과 표준편차는 각각 $\bar{x}$와 s를 사용한다.

모집단 분포와 표본 분포

모집단의 분포는 확률분포에, 표본의 분포는 실제 관찰된 상대빈도 분포에 해당한다.

2) 확률변수의 평균과 분산

확률변수의 평균(기댓값)과 표준편차

앞에서 표본평균은 다음과 같이 정의하였다.

$$\bar{x} = \frac{1}{n}\sum_{i=1}^{n} x_i$$

〈표 4-6〉의 '두 개의 동전던지기' 실험 1,000번 반복 실행 결과의 $\bar{x}$를 구해보자. 개별 x_i의 값은 0, 1, 2 중의 하나이다. 우리는 모두 1,000개의 x_i가 있다. 구체적으로 0은 258개, 1은 507개, 2는 235개가 있다. $\bar{x}$를 구하려면 1,000개의 x_i 값을 모두 더한 다음에 1,000으로 나눠주면 된다. 좀 더 간편하게 구하려면 1,000개의 값을 일일이 더하는 대신 다음과 같이 구해도 된다.

$$\bar{x} = \frac{1}{1000}(258\times 0 + 507\times 1 + 235\times 2) \qquad \text{〈식 1〉}$$

이렇게 $\bar{x}$를 구하는 것을 일반적인 형태로, 즉 기호로 나타내 보자. 우선 x는 0, 1, 2, 즉 x_i가 취할 수 있는 값을 나타낸다고 하자. 다음으로 n_x는 258, 507, 235 즉 특정 x의 빈도수를 나타낸다고 하자. 그리고 n은 1,000 즉 표본수(실행 횟수)를 나타낸다고 하자.

그러면 〈식 1〉은 다음과 같이 일반적인 형태로 나타낼 수 있다.

$$s^2 = \frac{1}{n-1}\sum_{i=1}^{n}(x_i - \bar{x})^2$$

표본분산은 '거의' 개별 관찰값과 평균값의 차이 제곱($(x_i - \bar{x})^2$)의 평균을 측정하는 것에 해당한다. '거의'라고 표현한 것은 우변 첫째항의 분모가 n 대신 $n-1$이기 때문이다. 이 식은 앞에서 표본평균에 대하여 했던 것과 마찬가지로 다음과 같이 나타낼 수 있다.

$$s^2 = \sum_{all\ x}(x_i - \bar{x})^2 \frac{n_x}{n-1}$$ 〈수식 4.12〉

앞에서 기술한 표본평균과 확률변수의 평균(혹은 모집단 평균)과의 관계를 유추하면, 확률변수 X의 분산은 다음과 같이 표본분산을 변형하여 나타낼 수 있다.

확률변수 X의 분산

$$\sigma^2 = \sum_{all\ x}(x-\mu)^2 p(x)$$

이는 표본평균 $\bar{x}$ 대신 모평균 μ를 대입하고, 상대빈도 $\frac{n_x}{n-1}$ 대신에 이론적 확률인 $p(x)$를 대입한 것이다.

확률변수 X의 분산을 '모평균과의 차이의 제곱($=(x-\mu)^2$)이라는 새로운 확률변수의 기댓값, 즉 $E[(x-\mu)^2]$으로 해석할 수도 있음을 아울러 기억하자.

이제 '두 개의 동전던지기' 실험에서 앞면이 나오는 횟수인 확률변수 X의 분산을 구해 보자. 이는 다음의 〈표 4-8〉과 같이 계산할 수 있다.

표 4-8
'두 개의 동전던지기' 실험 시행의 분산

x	$p(x)$	$(x-\mu)^2 p(x)$
0	0.25	$(0-1)^2 \times .25 = .25$
1	0.5	$(1-1)^2 \times .5 = 0$
2	0.25	$(2-1)^2 \times .25 = .25$
	$\sigma^2 = .5$	

참고로 $Var(X) = E[(x-\mu)^2]$로부터 다음과 같은 식을 도출할 수 있다.

$$
\begin{aligned}
Var(X) &= E[(x-\mu)^2] \\
&= E(X^2 - 2X\mu + \mu^2) \\
&= E(X^2) - 2\mu E(X) + \mu^2 \\
&= E(X^2) - 2\mu^2 + \mu^2 \\
&= E(X^2) - \mu^2
\end{aligned}
$$

즉 분산은 X^2의 기댓값 $E(X^2)$에서 X 기댓값의 제곱 $[E(X)]^2(=\mu^2)$을 뺀 것과 동일하다.

예제 4-8

지금까지 배운 내용을 복습하는 의미에서 다음 문제를 풀어보자.

사기 도박사인 도희는 특별한 주사위를 사용한다. 겉보기는 일반 주사위와 동일한 이 사기 주사위는 5의 눈이 나올 확률이 0.5이고 나머지 눈이 나올 확률은 모두 동일하게 0.1이다. 이 주사위를 던졌을 때 나오는 눈의 수의 확률분포 표를 제시하고 기댓값과 분산, 표준편차를 구하라.

x	1	2	3	4	5	6
$p(x)$	0.1	0.1	0.1	0.1	0.5	0.1
$xp(x)$	0.1	0.2	0.3	0.4	2.5	0.6
$x^2p(x)$	0.1	0.4	0.9	1.6	12.5	3.6

이 표에서 둘째 줄까지가 확률분포표이고 그 아래는 기댓값과 분산을 구하기 위한 통계들이다.

$$E(X) = \sum xp(x) = 0.1+0.2+0.3+0.4+2.5+0.6 = 4.1$$
$$E(X^2) = \sum x^2p(x) = 0.1+0.4+0.9+1.6+12.5+3.6 = 19.1$$
$$Var(X) = E(X^2) - [E(X)]^2 = 19.1 - 4.1^2 = 2.29$$
$$\sigma = \sqrt{Var(X)} = \sqrt{2.29} = 1.51$$

3) 연속확률변수

지금까지 예로 든 '동전 2개 던지기' 실험의 앞면 횟수나 '주사위 2개 던지기'의 눈의 합과 같은 확률변수들은 취하는 값들이 정해져 있으며, 하나 둘 셀 수 있다. 이러한 확률변수를 이산(discrete)확률변수라고 한다. 한편 확률변수 중에는 일정 구간 내의 어떤 임의의 실수값이라도 취할 수 있는 것으로 가정되는 경우도 있다. 예를 들어서 우리나라 성인남성의 몸무게라는 확률변수 Y를 생각해 보자. 우리나라 성인남성이라면 아무리 가벼워도 30kg 이상이며, 아무리 무거워도 230kg 이하라고 가정하자. 이 경우 확률변수 Y는 이론적으로는 30과 230 사이의 어떤 값이라도 취할 수 있다. 70kg인 사람도 있을 것이고 71kg인 사람도 있을 것이다. 그리고 그 중간인 70.5kg인 사람도 있을 수 있다. 그리고 70kg과 70.5kg의 중간인 70.25kg도 있을 수 있다. 저울 눈금만 정확하다면 70.235946kg 같은 몸무게도 얼마든지 가능하다. 따라서 몸무게는 연속확률변수이다.

연속확률변수의 의미를 다른 측면에서 설명하면, 개별 결과들의 발생확률이 0으로 가정되는 확률변수라고도 할 수 있다. 연속확률변수는 일정 구간 내의 어떤 실수값이라도 취할 수 있다. 이는 곧 특정 값을 취할 확률 자체는 0이나 다름없다는 말이 된다. 잘 이해가 안 되면 다음 예를 보도록 하자.

아래 [그림 4-6]처럼 0에서 1미만까지의 값을 취하는 원반 위에서 회전바늘을 돌리는 것을 생각해 보자.

회전바늘의 머리 부분이 0.25에서 0.5 사이에 놓일 확률, 즉 $Pr(.25 \leq X \leq .5) = .25$가 된다. 그렇다면 이 회전바늘이 0.3에 놓일 확률, 즉 $Pr(X = .3)$은 얼마일까? 이 회전바늘이 멈추는 지점은 눈금만 세밀하게 만든다면 이론적으로는 0부터 1사이의 어떤 값도 취할 수 있다. 그리고 0과 1 사이의 어떤 값이

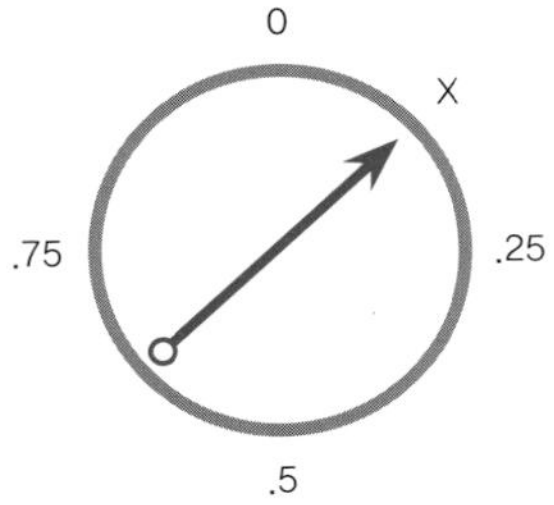

그림 4-6
원반 위 회전바늘

그림 4-7

확률변수 X의 확률분포 히스토그램

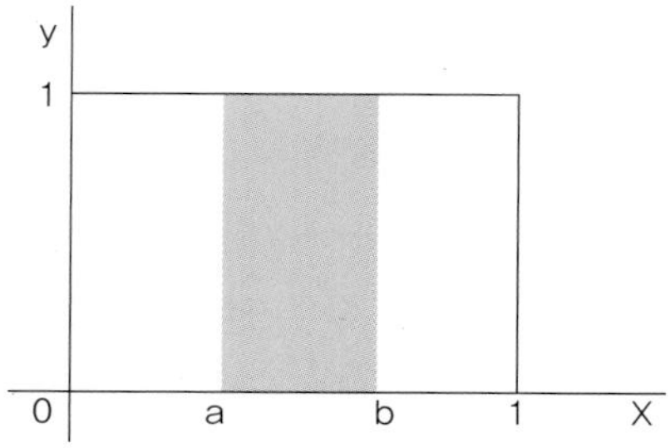

든 발생 확률은 동등하다. 따라서 회전바늘이 특정 값을 가리킬 확률은 거의 0이나 마찬가지가 된다.

이 회전바늘이 가리키는 위치 확률변수 X의 확률분포를 히스토그램으로 나타내면 [그림 4-7]과 같이 된다.

원판 위에는 0부터 1미만까지의 숫자만 존재하므로 확률변수 X의 값이 0보다 작거나, 1 이상일 확률은 당연히 0이다. 원판 위의 어느 위치든 바늘이 멈출 확률은 동등하므로 높이는 0부터 1미만 구간에서 동일하다. 그리고 히스토그램 전체 면적은 1이므로, 높이는 1이다.

바늘이 a와 b 사이에 위치할 확률은 색칠한 면적이 된다. 그런데 높이는 1이므로 면적은 $b-a$와 같다. 바늘이 멈춘 특정 위치, 가령 a의 경우는 면적이 0이므로 확률이 0이다.

이처럼 말로 설명한 것을 기호를 사용해서 나타내면 다음과 같다.

$x<0$이면 $f(x)=0$, $x\geq1$이면 $f(x)=0$, $0\leq x<1$이면 $f(x)=1$

$0\leq a\leq b<1$일 때 $\Pr(a\leq X\leq b)=b-a$,

$\Pr(X=a)=0$

[그림 4-7]은 연속확률변수의 분포 중에서 특이한 경우이다. 일반적인 연속확률변수의 분포 형태, 즉 히스토그램은 아래 [그림 4-8]처럼 나타낼 수 있을 것이다.

이 히스토그램의 형태를 나타내는 곡선이 $y=f(x)$이라는 함수에 의하여 정해진다고 하자. 이 함수를 확률변수 X의 확률밀도함수(probability density function)라고 부른다. 밀도(density)라는 표현을 쓴 이유는 이 함수에 의해 규정되는 면적으로 확률을 나타내기 때문이다. 히스토그램 전체 면적은 1이며,

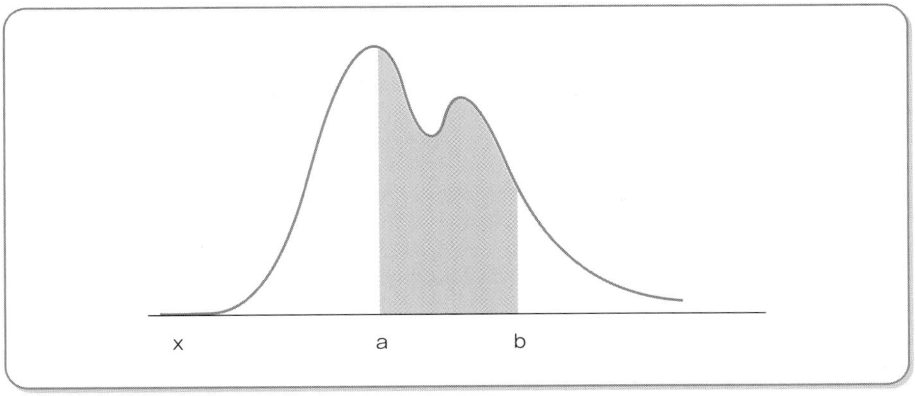

그림 4-8
일반적인 연속확률변수 확률분포 히스토그램

확률변수 X가 a와 b 사이에 위치할 확률은 색칠한 면적이 된다. 이를 적분 기호를 사용하면 다음과 같이 나타낼 수 있다.

$$\Pr(a \leq X \leq b) = \int_a^b f(x)\,dx \qquad \text{〈수식 4.13〉}$$

참고

독자들 중에는 적분기호 $\int$(integral)가 생소한 사람들도 있을 것이다. 하지만 모르는 기호라고 해서 당황할 필요는 없다. 적분기호는 $\sum$와 마찬가지의 의미를 갖는다. 다만 $\sum$는 하나하나 셀 수 있는 이산변수의 더하기에 사용되지만 $\int$는 셀 수 없는 연속변수의 더하기에 사용된다는 차이만 있을 뿐이다. 연속변수이므로 [그림 4-8]에서처럼 일정 범위(가령 a와 b) 내의 변수를 모두 더하는 것은 그 범위의 면적이 되며, $\int_a^b f(x)\,dx$와 같이 표기한다.

이산확률변수가 취하는 값은 셀 수 있으므로 이를 더할 때 $\sum$ 기호를 사용하지만 연속확률변수가 취하는 값은 연속으로 이어져 있으므로 이를 더할 때 적분기호 $\int$을 사용한다는 차이가 있을 뿐, 확률변수로서의 속성은 둘이 동일하다. 〈표 4-9〉는 확률변수의 다양한 속성을 이산확률변수와 연속확률변수로 구분하여 기호로 표시한 것이다.

표 4-9

이산확률변수와 연속확률변수

	이산확률변수	연속확률변수
확률의 속성	$p(x) \ge 0,\ \sum_{all\ x} p(x) = 1$ $\Pr(a \le X \le b) = \sum_{a}^{b} p(x)$	$f(x) \ge 0,\ \int_{-\infty}^{\infty} f(x)\,dx = 1$ $\Pr(a \le X \le b) = \int_{a}^{b} f(x)\,dx$
기댓값(평균): $E(X)(=\mu)$	$\sum_{all\ x} xp(x)$	$\int_{-\infty}^{\infty} xf(x)\,dx$
분산: $Var(X)(=\sigma^2)$	$\sum_{all\ x} (x-\mu)^2 p(x)$	$\int_{-\infty}^{\infty} (x-\mu)^2 f(x)\,dx$

참고

노파심에서 덧붙이면, 〈표 4-9〉에서는 연속확률변수의 범위를 편의상 $(-\infty, \infty)$으로 설정했지만 연속확률변수의 실제 범위가 반드시 무한대일 필요는 없다. 실제는 특정 구간으로 제한된 경우가 훨씬 많다. 대한민국 성인남자의 몸무게는 아무리 가벼워도 30kg 이상이며, 아무리 무거워도 230kg 이하라면, 몸무게 확률변수의 범위는 (30kg, 230kg)이 된다. 물론 이 경우도 $\Pr(X < 30$ 또는 $230 < X) = 0$이므로 몸무게의 범위를 일반화하여 $(-\infty, \infty)$으로 설정한다고 틀린 것은 아니다.

한 가지만 더 추가하자. 이산확률변수가 취할 수 있는 값의 갯수는 유한한 경우가 많다. 하지만 갯수가 유한하다는 것이 이산확률변수가 갖추어야 할 요건은 아니다. 비록 무한이더라도 셀 수 있으면 이산확률변수이다.

4) 확률변수의 변환

확률변수에 상수를 더하거나 곱하면?

작년도 삼송전자 사원들의 평균 연봉은 4,500만 원, 표준편차는 1,000만 원이었다. 그런데 금년도에는 모든 사원들의 연봉을 500만 원씩 동일하게 올린다고 하자. 그렇다면 금년도 연봉의 평균과 표준편차는 얼마일까?

모든 사람이 똑같이 500만 원씩 더 받았으므로 평균도 500만 원이 증가한 5,000만 원이 될 것이다. 이에 비하여 개별 연봉과 평균 연봉이 동일한 금액으로 올랐으므로 평균과의 차이를 보여주는 표준편차에는 변화가 없을 것이다. 따라서 그대로 1,000만 원이 된다.

이번에는 모든 사람의 연봉을 동일한 액수로 올리는 대신에 동일한 비율로, 가령 모두 10%씩 올린다고 하자. 이 경우 금년도 연봉의 평균과 표준편차는 얼마일까?

모두의 연봉이 10% 인상되었으므로 평균도 10% 인상된다. 따라서 4,950만 원이 된다. 그리고 평균과의 거리도 똑같이 10%가 더 멀어졌으므로 표준편차도 10% 증가해서 1,100만 원이 된다.

잘 이해가 안 되면 한 명만 예를 들어보자. 사원 태현이의 작년도 연봉은 5,000만 원으로서 평균과의 차이는 500만 원이었다. 하지만 금년도 연봉은 5,500만 원이고 평균은 4,950만 원이므로, 평균과의 차이는 550만 원으로 10% 증가한다. 이는 모든 사원에 대하여 동일하게 적용되므로 표준편차는 10%가 증가한다.

정리하면 확률변수 X 값이 상수 a만큼 증가하면 평균도 a만큼 증가하지만 표준편차에는 변화가 없다. 반면에 확률변수 X가 일정 비율 변하면(이는 상수 b를 곱하는 것으로 이해할 수 있다), 그만큼 동일한 비율로 평균과 표준편차가 변한다. 이를 좀 더 공식적으로 나타내면 아래 〈수식 4.14〉와 〈4.15〉와 같다.

단위변환된 확률변수의 기대치, 분산, 표준편차

확률변수 X에 상수 b를 곱하고 a를 더해서 $Y=a+bX$와 같은 새로운 확률변수를 만들었을 때, X와 Y의 기대치, 분산, 표준편차 사이에는 다음과 같은 관계가 성립한다.

$$E(Y)=E(a+bX)=a+bE(X) \quad \text{〈수식 4.14〉}$$

$$V(Y)=V(a+bX)=b^2V(X),\ \sigma_Y=b\sigma_X \quad \text{〈수식 4.15〉}$$

위 식에서 σ_X와 σ_Y는 각각 X와 Y의 표준편차를 나타낸다. 그리고 이처럼 $Y=a+bX$와 같이 특정 상수를 더하거나 곱해서 새로운 변수로 만드는 것을 단위변환이라고 한다. '단위변환'이라고 부르는 이유는 다음의 예제를 보면 쉽게 이해할 수 있다.

예제 4-8

우리나라는 온도를 표현할 때 섭씨(C)를 사용하지만 미국에서는 화씨(F)를 사용한다. 섭씨온도와 화씨온도 사이에는 다음과 같은 관계가 있다.

$$F = \frac{9}{5}C + 32.$$

섭씨나 화씨는 모두 온도를 나타내는 척도이며 단지 단위가 다를 뿐이다. 섭씨로 측정한 개개의 특정 온도들은 모두 특정한 화씨온도로 나타낼 수 있다. 가령 섭씨 0도는 화씨로는 32도이며, 섭씨 25도는 화씨로는 77도이다. 섭씨 0도와 화씨 32도, 섭씨 25도와 화씨 77도는 단위만 변환되었을 뿐 특정의 동일한 온도를 측정하고 있는 것이다.

서울의 3월 최고기온 평균(지난 30년 관측 기준)은 섭씨 10.5도, 표준편차는 1.4도라고 하자. 이를 미국에 설명하려면 화씨로 해야 하겠다. 화씨로는 평균과 표준편차가 얼마일까?

이상의 논의를 토대로 확률변수 기대치와 분산의 특성을 정리하면 다음과 같다.

표 4-10
확률변수 기대치와 분산의 특성

	특성	설명
특성 1	$E(kX) = kE(X)$	확률변수에 상수를 곱한 것의 기대치는 그 확률변수의 기대치에 동일한 상수를 곱한 것과 같다.
특성 2	$V(kX) = k^2V(X)$	확률변수에 상수를 곱한 것의 분산은 그 확률변수의 분산에 동일한 상수제곱을 곱한 것과 같다.
특성 3	$E(X \pm Y) = E(X) \pm E(Y)$	두 확률변수의 합(또는 차)의 기대치는 그 확률변수들 각각의 기대치의 합(또는 차)과 같다.
특성 4	X와 Y가 서로 독립이면, $V(X \pm Y) = V(X) + V(Y)$	서로 독립인 확률변수들의 합(또는 차)의 분산은 그들 각 확률변수들의 분산의 합과 같다.

특성 1과 2는 하나의 확률변수에 상수를 더하거나 곱한 것에 대한 것인데 비하여 특성 3과 4는 두 개의 확률변수를 더한 것의 기대치와 분산에 대한 것이다. 특성 3은 조금만 생각해 보면 금방 이해할 수 있다. 특성 4는 직관적으로 와 닿지는 않겠지만 일단 그렇게 믿고 넘어가도록 하자.

한편 특성 3과 4는 n개의 확률변수를 더하거나 빼는 것으로 확장할 수 있는데, 이 경우 다음의 관계가 성립한다. 여기에서는 더하는 경우만 제시했지만 반대로 빼는 경우도 마찬가지로 유추할 수 있을 것이다.

확률변수의 합의 평균과 분산

$$E(\sum_{i=1}^{n} X_i) = \sum_{i=1}^{n} E(X_i)$$ 〈수식 4.16〉

개별 X_i들이 서로 독립일 때,

$$V(\sum_{i=1}^{n} X_i) = \sum_{i=1}^{n} V(X_i)$$ 〈수식 4.17〉

서로 독립인 복수의 확률변수를 더해서 만든 새로운 확률변수의 평균과 분산이 개별 확률변수의 평균과 분산을 더한 것과 같다는 이 공리는 상당히 중요한 쓰임새를 갖는다. 이에 대해서는 나중에 배운다.

제 4 장 점검

4장을 제대로 배웠다면 다음과 같은 것들을 충분히 해낼 수 있어야 한다.

1. 확률이 무엇인지 제대로 설명하기
2. 확률의 정의와 관련하여 대수의 법칙 설명하기
3. 조건부 확률의 개념 설명하가
4. 두 사건이 독립임을 그림으로 그리고 의미 설명하기
5. 베이즈 정리 사례 들고 그림으로 설명하기
6. 왜 확률분포는 모집단 분포라고 할 수 있는지 설명하기
7. 확률변수의 기댓값 의미 이해하기
8. 보험회사가 장사가 되는 이유 대수의 법칙 관점에서 설명하기
9. 확률변수에 상수를 더하거나 곱할 때 기댓값과 분산의 변화 이해하기
10. 서로 독립인 확률변수의 합의 평균과 분산 이해하기

연습문제 해답과 자료 | "blog.naver.com/statforss"

연습문제 E·X·E·R·C·I·S·E

1. 영빈이는 '열정' 대학과 '정열' 대학에 입학원서를 제출했다. 영빈이가 열정 대학에 합격할 확률은 0.7, 정열 대학에 합격할 확률은 0.5, 두 대학 모두 불합격될 확률은 0.2이다. 영빈이가 어느 한 대학에만 합격할 확률은 얼마인가?

2. 멈추면 큰일 나는 전자센서 내부에는 부품 3개가 병렬로 연결되어 있어서 적어도 하나가 작동하면 전자센서는 정상 기능을 한다. 각 부품이 고장 나는 사건은 서로 독립적이고 각 부품이 고장 날 확률이 0.05라면, 이 전자센서가 정상적으로 움직일 확률을 구하라.

3. 한국 대학교 대학원의 종합시험은 그동안 자신이 수강한 교과목 8개 중 5개 교과목을 무작위로 선정하여 과목당 1문제씩 출제한다. 이 대학원의 학생인 수영이는 자신이 수강한 8개의

교과목 중에서 6개만 공부했다. 종합시험 문제가 모두 수영이가 공부한 교과목에서 출제되었을 확률을 얼마일까?

4. 한국 대학교 1학년 학생들이 통상 경영학 과목에서 합격점수를 받을 확률은 2/3이고, 경영학과 통계학 두 과목에 모두 합격점수를 받을 확률은 1/2이다. 학생들 중 무작위로 1명을 선택했더니 보영이가 선택되었다. 보영이가 경영학 과목에 합격했다는 사실을 알고 있다면, 그녀가 통계학 과목에서 합격점수를 받았을 확률은 얼마라고 예측할 수 있을까?

5. 수강 인원 100명의 통계학 강의에서 취득 학점별 남녀 분포는 다음과 같다.

학점	남	여	합계
A	12	11	23
B	29	20	49
C	9	6	15
F	8	5	13
합계	58	42	100

1) 무작위로 한 명을 뽑았을 때, 이 학생이 적어도 B학점 이상을 받은 남학생일 확률을 구해보자.
2) 무작위로 뽑은 학생이 통계학 강의에서 학점을 이수했을(적어도 F학점이 아닐) 확률을 구해보자.

6. 수지는 밤중에 머리가 아파서 불을 켜지 않은 채 서랍에서 상비약을 꺼내 먹었다. 얼마 후 심한 두통 때문에 병원에 갔더니 의사가 약물중독이라고 한다. 그 서랍에는 아스피린이 든 병이 2개, 페니실린이 든 병이 1개 있었다(물론 수지는 아스피린을 먹을 의도였지만 세 병의 모양은 동일하고 어두워서 수지는 구분할 수 없었다). 일반적으로 아스피린을 먹었을 때 그런 증세가 일어날 확률은 5%이고, 페니실린을 먹었을 때 그런 증세가 생길 확률은 80%라고 한다. 그렇다면 수지가 그날 페니실린을 먹었을 확률은 얼마인가?

7. 명구는 왕대박 감자탕 프랜차이즈 점을 계약할까 말까 망설인다. 명구는 지금까지 이 감자탕 프랜차이즈 점을 차렸던 사람들의 실적의 평균을 자신의 예상수익으로 삼으려고 한다. 이들의 실적은 대략 다음과 같다.

기존 프랜차이즈 점주들의 실적		상대빈도
쪽박	매달 적자 400만 원	25%
평박	매달 흑자 300만 원	50%
대박	매달 흑자 500만 원	15%
왕대박	매달 흑자 800만 원	10%

명구의 예상수익(기댓값)은 얼마이며, 이의 표준편차는 얼마일지 계산해보자.

8. 금융투자로 먹고사는 민지는 자신의 자본을 A, B 금융상품에 각각 20%, 80%씩 투자하였다. X, Y를 각각 A, B 상품의 연간 수익률이라 하자. 평균적으로 A의 연간 수익률(μ_X)은 5%, X의 표준편차는 2.9%이다. 그리고 B의 연간 수익률(μ_Y)은 13.2%, Y의 표준편차는 17.6%이다. 두 상품의 수익률은 서로 독립적이다. 민지의 연간 수익률 평균 및 표준편차는 얼마이겠는가?

9. 지난 20년간 수도권 지역의 1월 기온을 조사한 결과, 평균기온은 −2.9℃, 표준편차는 약 0.19로 나타났다. 그렇다면 화씨 온도로 수도권 지역 평균 기온과 표준편차는 얼마인가? (섭씨 온도(℃)와 화씨 온도(℉) 간의 관계는 ℉ = 1.8℃ + 32이다.)

10. 한국대학교에서는 신입생을 대상으로 교양국어와 교양영어 수업 분반을 지정하기 위해 기초 실력 테스트를 실시하였다. 그중 지리학과 신입생 10명의 국어와 영어 성적을 알아본 결과 아래 표와 같았다. 다음 물음에 답하여라.

학생	1	2	3	4	5	6	7	8	9	10
국어	87	73	95	82	79	86	94	60	77	85
영어	82	79	90	93	87	80	88	76	83	89

1) 학생 10명의 국어 성적과 영어 성적 각각의 평균과 분산을 구해보자.

2) 학생들의 국어 성적과 영어 성적을 합산하여 상위 10% 학생에게 상을 주려고 한다. 10명 학생들의 합산 성적의 평균과 분산을 얼마인가?

3) 1)과 2)에서 나온(개별과 합산의) 평균과 분산을 비교해보고, 어떤 관계가 있는지 말해보자.

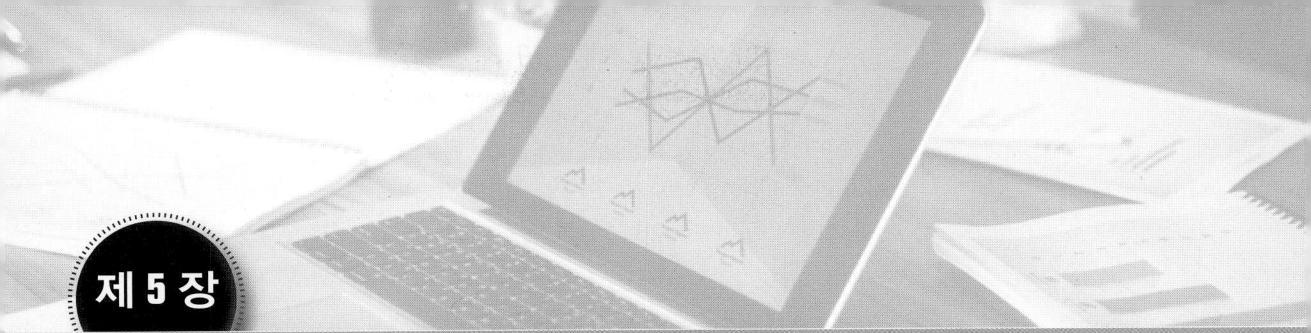

제 5 장

두 개의 확률분포

4장에서는 확률변수의 개념을 설명하면서, 확률변수의 유형은 이산확률변수와 연속확률변수로 구분할 수 있다고 하였다. 이 장에서는 이산확률변수와 연속확률변수 중에서 가장 대표적인 것들의 분포에 대하여 알아본다. 이산확률변수의 대표로서 이항확률변수의 분포를, 연속확률변수의 대표로서 정규확률변수의 분포를 알아본다.

1. 이항분포

가능한 결과가 2개뿐인 확률실험을 생각해 보자. 축구시합에서의 승패, 입사시험의 합격여부, 로또의 당첨여부와 같은 것들이 이에 해당하겠다. 보다 친숙한 예로는 '동전 던지기'도 있다. 그리고 '주사위 던지기'도 관심을 갖는 것이 특정 눈이 나오는가의 여부, 가령 6의 눈 여부 같은 것이라면 가능한 결과가 2개뿐인 확률실험에 해당한다. 이런 확률실험은 일상에서 흔하게 접하게 되는데, 이를 시행하는 것을 베르누이 시행이라고 한다. 베르누이 시행에서는 통상 한 결과를 '성공' 나머지 결과를 '실패'라고 부른다. 가령 동전 던지기에서 앞면이 나오면 '성공', 뒷면이 나오면 '실패'라고 명명할 수 있다.

이항확률변수(binomial random variable)와 이항분포(binomial distribution)

다음과 같은 조건을 지닌 베르누이 시행을 n회 반복한다고 하자.

① 매회의 시행에서 가능한 결과는 '성공'과 '실패'의 두 가지가 있다.
② 성공 확률을 p라고 할 때, p는 매회의 실행에서 동일하다.
③ 개별 시행의 결과는 서로 독립이다. 즉 어떤 한 시행의 결과는 다음 번 시행 결과에 영향을 미치지 않는다.

이와 같은 조건을 충족하는 반복된 베르누이 시행에서 총 성공횟수를 X라고 하자. 이 확률변수 X를 이항확률변수라고 하며, 확률변수 X의 분포를 이항분포라고 한다. 기호로는 $X \sim B(n, p)$로 나타내기도 한다. 이는 이항분포는 시행횟수 n과 성공 확률 p에 의하여 정해짐을 의미한다.

이항확률변수 X의 의미

반복된 베르누이 시행에서 총 성공횟수 X는 다음과 같이 나타낼 수 있다.

$$X = X_1 + X_2 + \cdots + X_n$$

$X_1, X_2, \cdots, X_n$은 각각 첫 번째, 두 번째, n 번째 베르누이 시행의 결과가 성공이면 1, 실패면 0의 값을 갖는 확률변수이다.

동전 던지기를 2회 시행했을 때 앞면이 나오는 횟수(성공횟수)라는 이항확률변수를 생각해 보자. $n=2$이며, $p=0.5$가 된다. 이 경우 시행 결과의 확률분포, 즉 이항분포는 다음 〈표 5-1〉과 같이 된다.

표 5-1
동전 던지기를 두 번 시행했을 때 이항분포

k=성공횟수	0	1	2
$\Pr(X=k)$	0.25	0.5	0.25

이항분포의 확률 계산공식

동전을 두 번 던져서 앞면이 나오는 횟수의 확률 계산은 쉽다. 하지만 횟수가 증가하면 계산이 그리 간단하지 않다. 네 번 던져서 두 번 앞면이 나올 확률은 얼마일까? 즉각 답이 나오지는 않는다. 〈표 5-2〉처럼 하나하나 따져봐야 할 것 같다. 이 표에서 앞면은 H, 뒷면은 T로 표기하였다.

앞면 2회 뒷면 2회 나오는 경우	확 률
HHTT	1/16
HTHT	1/16
HTTH	1/16
THHT	1/16
THTH	1/16
TTHH	1/16

표 5-2 동전 던지기 4회 시행에서 앞면이 두 번 나올 확률

앞면 2회 뒷면 2회 나오는 경우의 수는 모두 6개이고, 각각의 경우가 발생할 확률은 $\frac{1}{16}$이다. 따라서 동전 던지기 4회 시행에서 앞면이 두 번 나올 확률은 $6\times\frac{1}{16}=\frac{3}{8}$이 된다.

이제 이러한 계산 과정을 통해서 이항확률변수의 발생확률 계산공식을 도출해 보자. 앞의 예에서 특정한 결과 가령 '*HTHT*'가 발생할 확률은 어떻게 계산한 것일까? 이는 (앞면확률×뒷면확률×앞면확률×뒷면확률), 즉 $p^2(1-p)^2$에 의하여 계산한 것이다. 시행횟수가 n, 성공확률 p인 베르누이 시행에서 하나의 특정 결과가 k번 성공과 $n-k$번 실패로 발생할 확률은 $p^k(1-p)^{n-k}$이 된다.

다음으로 앞면 2회 뒷면 2회 나오는 경우가 모두 여섯 가지라는 것은 어떻게 계산한 것인가? 이는 동전 4개를 일렬로 늘어놓을 때 2개는 앞면, 2개는 뒷면이 보이도록 늘어놓는 방법은 모두 몇 가지인지를 계산하는 것과 동일하다. 그리고 이는 일단 동전 4개를 모두 뒷면이 보이게 늘어놓은 다음, 이 중에서 2개를 선택해서 앞면이 보이게 뒤집어 놓는 방법이 몇 가지인가를 계산하는 것과 동일하다. 즉 (일렬로 세워 놓은) '4개의 동전 중에서 2개를 선택'(해서 뒤집기) 하는 방법의 개수를 계산하는 것과 동일하다. '4개 중 2개 선택' 방법의 가지 수는 조합을 이용하여, 즉 ${}_4C_2\left(=\frac{4!}{2!2!}=\frac{4\times3\times2\times1}{2\times1\times2\times1}=6\right)$에 의하여 계산

이항공식 – 이항분포의 확률 계산

시행횟수 n, 성공확률 p인 이항분포에서 성공횟수 $X=k$가 발생할 확률은 다음과 같다.

$$\Pr(X=k)={}_nC_k p^k(1-p)^{n-k}$$
$$=\frac{n!}{k!(n-k)!}p^k(1-p)^{n-k}$$

할 수 있다. 이를 이항계수라고 하는데 여기에 각 결과의 발생확률을 곱하면 이항확률변수 X가 k번 성공이라는 값을 취할 확률이 된다.

예제 5-1

주사위를 4회 던져서 1 또는 2의 눈이 3회 나올 확률을 구하여라.

주사위를 던져서 1 또는 2의 눈이 나올 확률 $p=\frac{1}{3}$이고, 그 외의 눈이 나올 확률 $(1-p)=\frac{2}{3}$이다. 그리고 $n=4$, $X=3$이므로,

$$\Pr(X=3)=\frac{4!}{3!(4-3)!}\left(\frac{1}{3}\right)^3\left(\frac{2}{3}\right)^{4-3}=0.099$$

이항분포의 평균과 표준편차

이항분포의 평균, 분산 및 표준편차는 다음과 같다.

$$E(X)=\mu=np$$
$$V(X)=\sigma^2=np(1-p)$$
$$\sigma=\sqrt{np(1-p)}$$

평균이 np라는 것은 직관적으로 당연해 보인다. 성공확률이 p이고 이를 n번 반복할 때 기대할 수 있는 성공횟수는 당연히 $n\times p$일 것이기 때문이다. 동전 던지기를 4번 했을 때 앞면은 평균적으로 2번 나올 것으로 기대된다. 그리고 주사위 던지기를 60회 하면 1의 눈은 평균적으로 10번 나올 것으로 기대된다. 반면 분산이 $np(1-p)$인 것은 직관적으로 와 닿지는 않는다. 이는 다음과 같이 도출할 수 있다.

먼저 1회 베르누이 시행의 분산은 다음과 같이 도출된다.

$$\begin{aligned}V(X)=\sum_{all\ x}(x-\mu)^2p(x)&=(0-p)^2(1-p)+(1-p)^2p\\&=p^2(1-p)+(1-p)^2p\\&=p(1-p)[(1-p)+p]\\&=p(1-p)\end{aligned}$$

베르누이 시행을 n회 반복할 때, 개별 시행은 서로 독립이다. 따라서 'n회

반복하는 베르누이 시행'의 분산은 개별 시행의 분산인 $p(1-p)$에 n을 곱한 것이 된다(4장의 마지막 내용을 기억하자).

예제 5-2

우편으로 하는 설문조사의 응답률은 별로 높지 않다. 어떤 우편 설문조사의 응답률은 0.4라고 한다(실제는 훨씬 낮다). 두 사람에게 설문조사표를 보냈으며, 이들의 응답 여부는 서로 독립적이다.

(1) 이의 이항분포를 구하여라.
(2) 평균과 표준편차를 구하여라.
(3) 이항분포 히스토그램을 그려라.

(1) $n=2$, $p=0.4$, $(1-p)=0.6$이므로 다음과 같은 확률분포를 구할 수 있다.

X	$p(x)$
0	$p(0)=\binom{2}{0}(0.4)^0(0.6)^{2-0}=0.36$
1	$p(1)=\binom{2}{1}(0.4)^1(0.6)^{2-1}=0.48$
2	$p(2)=\binom{2}{2}(0.4)^2(0.6)^{2-2}=0.16$
합 계	1.00

표 5-3 $n=2$, $p=0.4$인 이항분포표

(2) $E(X)=(2)(0.4)=0.8$, $\sigma=\sqrt{(2)(0.4)(0.6)}=0.69$

(3) 이항분포도는 다음 그림과 같다.

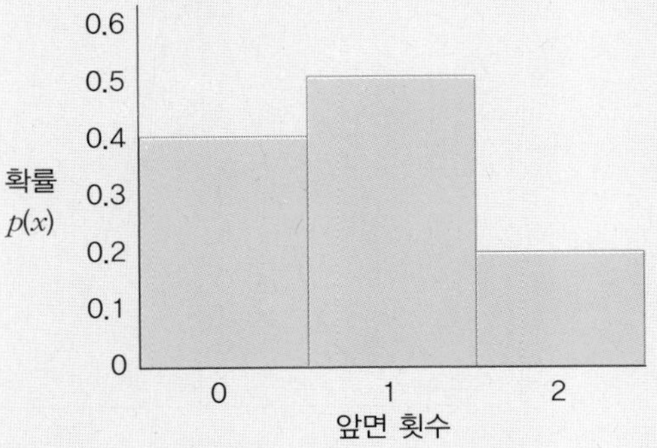

그림 5-1 $n=2$, $p=0.4$일 때 이항분포 히스토그램

2. 정규분포

1) 정규분포의 형태와 중요성

정규분포의 형태

정규분포는 [그림 5-2]처럼 가운데서 가장 높은 봉우리를 이루는 좌우대칭의 종(bell) 모양을 갖고 있다. 좌우대칭이며, 가운데에서 가장 높은 봉우리를 이루므로 평균, 중위수, 최빈치가 동일하게 정 가운데이다. 그리고 평균에서 좌우로 멀어질수록 종 모양을 이루면서 높이가 낮아지지만 무한히 뻗어간다. 즉 아무리 좌우로 멀리 떨어져도 바닥에 가까워지기는 해도 결코 닿지는 않는다. 바닥에 닿는다는 것은 발생확률이 0임을 의미한다.

고등학교 때 정규분포를 배울 때는 막연히 세상의 많은 현상들이 이 분포를 따른다고, 그래서 정규(normal)라는 명칭이 붙었다고 배웠다. 예를 들면 사람들의 키나 IQ 등의 분포는 정규분포 형태를 갖는다고 한다. 자연적으로 발생하는 집단 내 개별 값들의 차이 중 상당수는 정규분포를 따른다.

하지만 우리가 관심을 갖는 사회 현상 중에는 정규분포를 따르지 않는 것들도 제법 있다. 소득 분포를 생각해 보자. 우리나라의 가구소득은 월평균 400만 원이라고 하자. 평균보다 소득이 적은 가구의 분포를 생각해 보자. 소득은 정의 상 0 이상이므로 평균의 왼쪽으로는 0원이 가장 작다. 다음은 평균보다 많이 버는 가구의 분포를 생각해 보자. 한 달에 1억 이상을 버는 가구도, 10억 이상 버는 가구도 존재한다. 따라서 평균의 오른 쪽으로는 무지하게 긴 꼬리를 갖는다. 절대 좌우 대칭이 아니다(3장의 펜의 곡선을 상기하자).

그림 5-2
정규분포의 형태

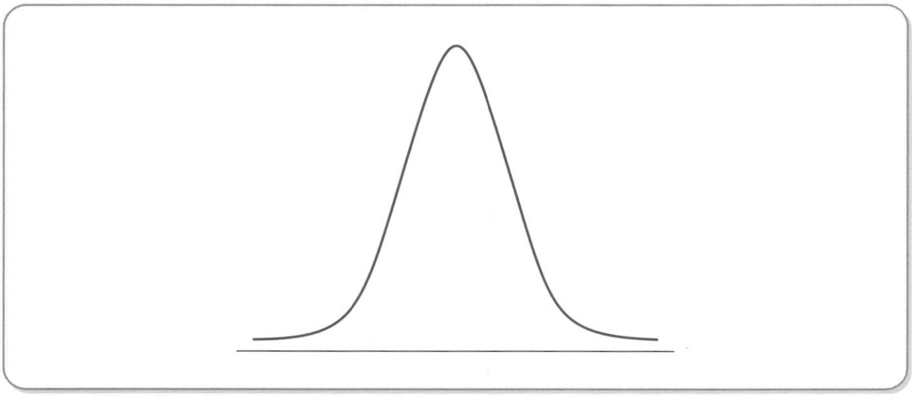

아파트 면적 분포는 어떨까? 각 가정이 보유하고 있는 자동차 대수는? 가구당 휴대폰 개수는? 국가별 인구수는? 글쎄, 이런 변수들이 무슨 분포를 할지는 모르겠지만 별로 정규분포를 할 것 같지는 않다.

무작위 오차의 분포는 정규분포

우리가 관심을 갖는 사회 현상들 중에 정규분포를 따르지 않는 것들이 제법 있다면, 왜 정규분포라는 것이 모든 확률분포 중에서 제일 유명하고, 몇 시간밖에 안 되는 고등학교 통계 수업시간에서도 이 분포는 꼭 배우고 넘어갈까?

어떤 기준을 중심으로 '우연'하게, 즉 '무작위'로 발생하는 작은 오차들의 확률분포는 정규분포를 따르기 때문이다. 무슨 말인가? 예를 들어 철희가 갖고 있는 볼펜의 길이를 반 학생 100명이 각자 자로 재는데, 자의 눈금은 cm까지만 있다. 이 볼펜의 진짜 길이는 12.50342cm이다. 이 볼펜의 길이를 재면 12.3cm, 12.4cm, 12.5cm, 12.6cm 등등 다양하게 나오겠지만, 대부분의 측정값은 12～13cm 사이에 있을 것이다. 좀 더 구체적으로는 참값인 12.50342cm 근처에 밀집될 것이며, 엉뚱하게 11cm라거나 14cm라고 측정값이 나오는 경우는 거의 없을 것이다. 이 볼펜의 측정값들을 그림으로 나타내면 정규분포의 형태를 갖게 된다. 즉 참값인 12.5043cm에 대하여 좌우 대칭이며, 이 참값 근처에 다수의 측정값이 집중되어 있고, 이 값에서 멀어질수록 그런 측정값들이 나올 확률은 감소한다. 즉 100명 학생들 측정값의 분포를 그리면 대략 정규분포 형태를 갖는다.

표본평균의 분포는 정규분포

정규분포가 무작위오차의 분포라는 말에서 어떤 감이 오지 않는가? 눈치 빠른 독자라면 내가 무슨 말을 하려는지 알 수 있을 것이다. 답을 말하면 정규분포가 가장 널리 쓰이는 이유는 표본평균$(\overline{X})$의 분포는 정규분포를 따르기 때문이다. 왜 그럴까?

우리나라 가구의 월평균 소득은 400만 원(즉 모집단의 평균은 400만 원)이라고 하자. 전술하였듯이 소득분포 자체는 정규분포가 아니다. 하지만 무작위로 200가구씩 표본 추출하여 표본평균 구하는 것을 100회 반복 실시하였다고 하자. 이제 100개의 표본평균이 존재하게 된다. 이들은 어떤 값을 가질까? 이 값들의 분포는 어떤 형태일까? 이 값들은 대개가 모집단의 평균인 400만 원

근처에 모여 있을 것이다. 400만 원보다 크거나 작은 값을 가질 가능성은 절반씩일 것이고, 400만 원보다 +나 −로 크게 차이가 날 가능성은 적을 것이다. 가령 표본평균이 200만 원, 600만 원 등의 엉뚱한 값을 가질 경우(즉 표본추출이 우연하게 저소득자 또는 고소득자에 집중되어 이루어지는 경우)는 상당히 희박할 것이다.

정리하면 개별 가구의 소득분포는 우측으로 긴 꼬리를 가지며, 모평균값에 비하여 아주 큰 값이나 작은 값도 얼마든지 가질 수 있다. 하지만 표본평균의 분포는 모평균을 중심으로 좌우대칭이며, 모평균에서 멀어질수록 발생 가능성이 급격히 떨어지는 종 모양의 정규분포를 따르게 된다.

이번에는 주사위 던지기에서 나오는 눈의 평균에 대해서 생각해 보자. 주사위 던지기에서 1부터 6까지의 눈이 나올 확률은 각각 $\frac{1}{6}$로 동일하다. 즉 주사위 던지기에서 나오는 개별 눈의 확률분포는 균등한 분포이다. 하지만 눈의 수 평균에 대한 분포는 그렇지 않다. '주사위를 50번 던져서 나오는 눈의 평균 구하기'라는 실험을 100회 반복한다고 하자. 이 경우 표본 규모가 50인 표본평균이 100개 발생한다. 이 100개의 표본평균들은 어떤 값을 가질까? 이들은 대개 기댓값인 3.5 내외의 값을 지닐 것이다. 3.5보다 크거나 작은 값으로 나올 가능성은 반반일 것이며, 3.5에서 멀어질수록 확률은 줄어들고, 1 또는 6 같은 극단적인 값을 가질 가능성은 거의 없을 것이다. 즉 '주사위 50회 던져서 나오는 눈의 평균값'은 정규분포의 형태를 갖는다.

한 가지 주의할 것은 무작위 오차(의 합)의 분포가 정규분포라는 것은 정확히 정규분포라는 게 아니라 대략 정규분포 형태를 갖는다는 말이다. 주사위 던지기에서 눈의 평균값은 1보다 작을 수 없으며, 6보다 클 수 없다. 표본이 아무리 극단값을 포함하더라도 무작위추출이라면 200 가구 소득의 평균값이 1만 원 이하거나 100억 원 이상과 같은 황당한 값으로 나오지는 않을 것이다. 원래 정규분포는 좌우로 무한대를 가정하지만, 이들은 일정한 범위를 갖는다. 즉 근사적으로 정규분포 형태를 갖는다.

또 하나 주의할 것이 있다. 표본평균이 정규분포를 따른다는 것은 표본규모가 어느 정도 이상일 때 성립한다. 평균소득을 조사하는 데 단 두 가구만 조사한다면, 표본평균의 분포는 정규분포가 아니다. 개별 가구의 분포보다는 심하지 않겠지만, 여전히 오른쪽으로 긴 꼬리를 갖는 분포가 될 것이다. 주사위를 2회 던져서 나온 눈의 평균값을 구하면 이 값도 삼각형 모양이지 정규분포는 아니다(한 번 해 보자). 그럼 어느 정도 이상이어야 정규분포를 따를까? 통상 30은 넘어야 된다고 하며, 규모가 커질수록 정규분포 형태에 가까워진다. 마지막으로 하나만 더. 표본평균의 분포가 모평균을 중심(평균)으로 하는 정규분포 형태를 갖는다는 것은 표본이 모집단으로부터 무작위로 추출되었을 때만 성립한다. 표본이 무작위로 추출되지 않았다면 표본평균과 모집단 평균의 차이는 순전히 '무작위' 추출오차 때문이라고 할 수 없다. 즉 전적으로 '우연'에 의하여 발생한 것이 아니다. 우연 이외에 다른 요인은 정규분포를 따르지 않을 것이다. 가령 200가구를 표본추출 할 때 대한의사협회 회원들 중에서 200가구를 뽑는다면 몇 번을 되풀이해서 200가구씩 뽑는다고 해도 이들의 평균소득은 모평균인 400만 원보다는 훨씬 큰 값을 가질 것이다.

개략적인 중심극한의 정리

지금까지의 설명을 통하여 원래 확률변수의 분포가 어떻든 상관없이, 무작위로 추출되고 규모가 어느 정도 이상인 경우 표본평균의 분포는 정규분포를 한다는 것을 이해할 수 있을 것이다. 이러한 현상을 '중심극한의 정리(Central Limit theorem)'라고 하는데, 이를 일반화해서 기술하면 다음과 같이 표현할 수 있겠다.

개략적인 중심극한의 정리: 서로 독립인 무작위 효과들의 합(또는 평균)은 근사적으로 정규분포를 한다.

자연현상 중의 많은 것들이 정규분포를 하는 것은 이 '개략적인 중심극한의 정리' 때문이다. 수업시간에 한 학생에게 물었더니 고등학교 교과서에 정규분포의 예로서 '한 나무에 달린 나뭇잎의 넓이'가 나온다고 했다. 한 나무에 달린 나뭇잎들은 일정한 크기(평균)를 기준으로 조금씩 크거나 작거나 할 것이다. 햇볕을 받는 상태, 수분과 양분을 섭취할 수 있는 여건의 차이 등 서로 독립적이라고 할 수 있는 다양한 요인의 영향에 따라 개별 나뭇잎의 면적은 조금씩 차이가 있을 것이므로 이는 대략 정규분포를 따를 것이다.

표본평균의 분포 역시 마찬가지이다. 앞에서 설명했듯이 n개씩 무작위로 추출해서 구한 각각의 표본평균들은 모평균 μ를 기준으로 약간씩 크거나 작거나 할 것이다. 이는 n개의 표본에 어떤 자료들이 포함되었는가에 따라 달라지는데, 이는 순전히 우연에 의해서 정해진다. 또한 각각의 표본추출은 서로 독립적으로 이루어진다. 따라서 표본평균의 분포는 정규분포를 한다.

이항분포의 정규분포로의 접근

잠시 앞에서 배운 이항분포 얘기로 되돌아가자. 이항확률변수의 확률 계산은 비록 공식을 사용한다고 해도 n이 커지면 매우 복잡해진다. 가령 $p=0.2$이고, $n=12$인 경우에 $X=2$의 확률을 계산해 보자. 공식을 적용하면 다음과 같이 된다.

$$\Pr(X=2)=\frac{12!}{2!10!}(0.2)^2(0.8)^{10}$$

이 값은 얼마인가? $\frac{12!}{2!10!}$이 66이라는 것은 그래도 쉽게 계산되지만 $(0.2)^2(0.8)^{10}$은 금방 계산되지 않는다. n이 12일 때도 계산이 힘든데, 하물며 n이 100, 500, 1000처럼 엄청나게 커지면 어떻게 계산하겠는가?

다행히(!) 이항분포는 n이 커지면 정규분포에 접근하는 특성이 있다. 즉 시행횟수가 n, 성공확률이 p인 이항분포는 $\mu=np$와 $\sigma^2=np(1-p)$인 정규분포에 접근한다.

이항분포의 정규분포로의 접근:
n이 크면, $X\sim B(n, p) \rightarrow X\sim N(np,\ np(1-p))$

왜 n이 크면 이항분포는 정규분포에 근사해질까? 이는 '개략적인 중심극한의 정리'를 생각하면 쉽게 이해할 수 있다.

이항확률변수 $X=X_1+X_2+\cdots+X_n$이고, 개별 X_i들은 각각 1회의 베르누이 시행의 결과로서 성공이면 1, 실패면 0의 값을 갖는다. 성공확률은 p이지만 각각의 시행에서 성공이냐 실패냐, 즉 1이냐 0이냐는 우연에 의해서 정해지며 각각의 시행은 서로 독립이다. 즉 이항확률변수 X의 값은 [서로 독립인 무작위 효과의 합]에 의하여 결정된다. 따라서 '개략적인 중심극한의 정리'에 따라 n이 커지면 정규분포를 하는 것이다.

글쎄 맞는 것 같기는 한데, 직관적으로 와 닿지 않는다고? 그렇다면 직접 실험해 보면 되겠다.

성공확률이 $p=0.3$인 이항분포가 있다. 시행횟수 n이 각각 1, 5, 10, 20, 50일 때의 이항분포를 그려보면 다음과 같다.

• $n=1$일 때

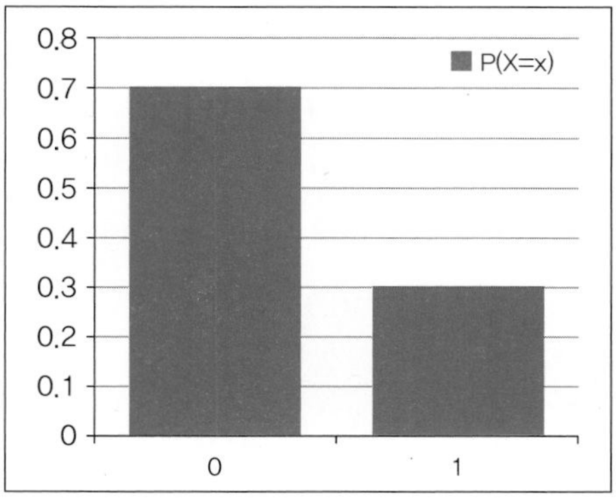

• $n=5$일 때

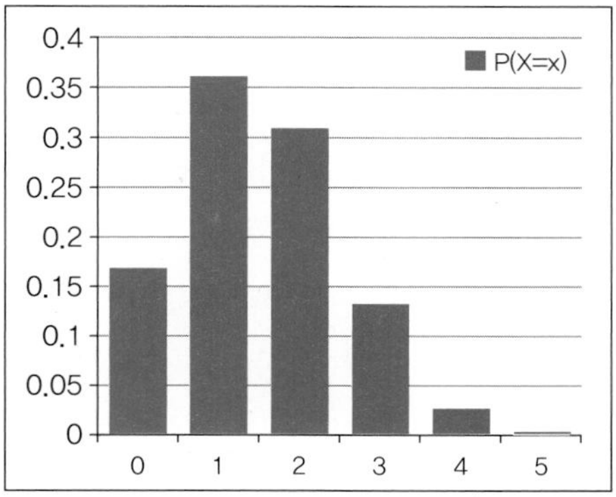

• $n=10$일 때

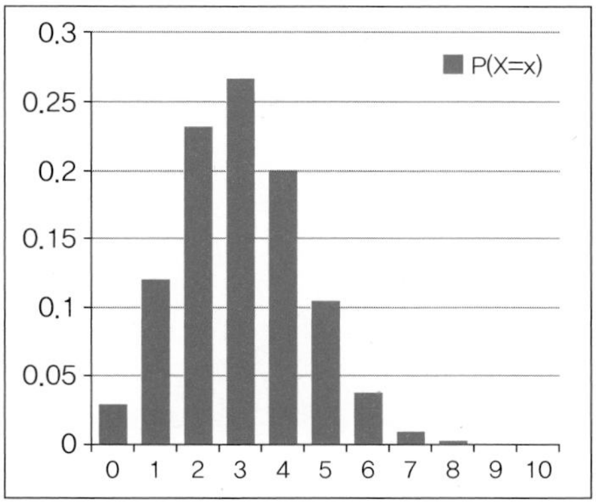

• $n=20$일 때

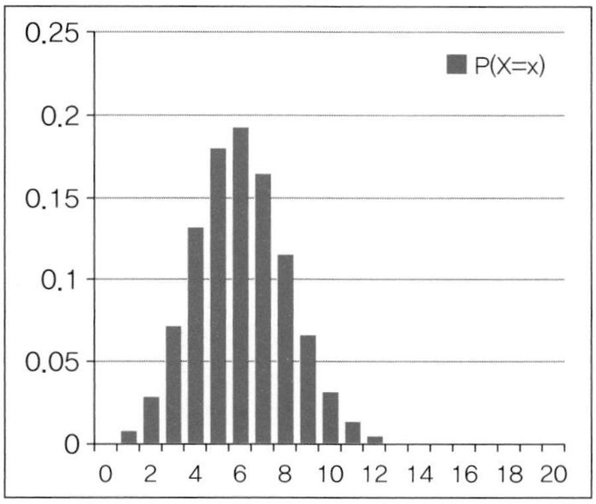

• $n=50$일 때

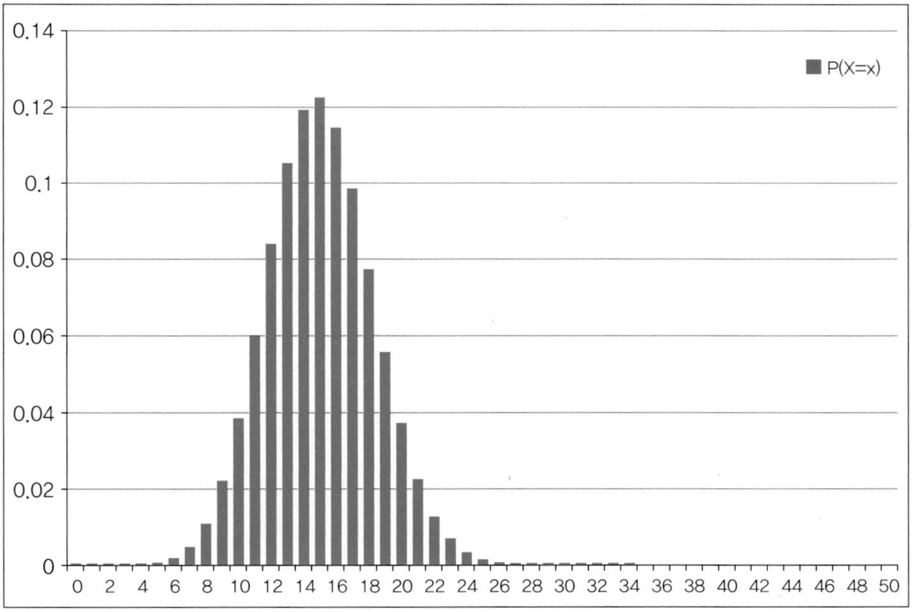

그렇다면 구체적으로 n이 얼마 이상이면 정규분포를 따른다고 할 수 있을까. (이를 판단하는 것은 나중에 배우는 비율에 대한 추정과 검정에서 중요하다). n이 커질수록 점점 정규분포에 가까워지는 것이기 때문에 딱 잘라서 얼마 이상과 미만으로 구분하기는 어렵다. 하지만 통상 $np \geq 5$와 $n(1-p) \geq 5$이 충족될 규모, 그러니까 성공횟수와 실패횟수가 모두 5회 이상은 되어야 한다고 정하고 있다. 학자에 따라서는 더 엄격하게 10 이상이 되어야 한다고 주장하기도 하지만, 이 책에서는 5를 기준으로 하겠다.

참고로, 이항분포는 이산분포지만 정규분포는 연속분포다. 연속분포에서 특정값이 발생할 확률은 0이며, 구간으로 확률을 나타낸다. 그래서 정규분포를 적용해서 이항확률변수의 확률을 계산하려면 성공횟수 X를 범위로 나타내야 한다. 즉 성공횟수 $X \rightarrow [X-0.5,\ X+0.5]$를 나타내는 것으로 변형이 필요하다. 이를 연속성 수정이라고 한다. 하지만 실제로는 아무리 복잡한 계산이라도 컴퓨터가 쉽게 해주기 때문에, 여러분이 연속성 수정을 거쳐 정규분포로 확률을 계산할 경우는 없을 것이다.

정규분포의 확률밀도 함수

정규분포가 왜 중요한 분포인가를 이해했으면, 이제는 정규분포의 형태와 특성에 대하여 좀 더 알아보자. 정규분포는 연속확률변수의 확률분포이다. 정규분포를 따르는 확률변수 X의 확률밀도 함수는 다음과 같다.

$$f(x) = \frac{1}{\sigma\sqrt{2\pi}} e^{-\frac{1}{2}\left(\frac{x-\mu}{\sigma}\right)^2}$$

이 함수식에서 π와 e는 각각 원주율과 지수를 나타내며, 그 값은 대략 3.14159와 2.71828이다. 그리고 μ와 σ는 이 확률분포의 평균과 표준편차이다. 평균과 표준편차를 제외한 나머지 값들은 고정된 상수들이므로 평균 μ와 표준편차 σ만 주어지면 정규분포의 모양은 완전히 정해진다.

정규분포의 표기

어떤 확률변수 X가 평균이 μ이고 표준편차가 σ인 정규분포를 한다는 것을 기호로 표시하면 다음과 같이 나타낸다.

$$X \sim N(\mu,\ \sigma^2)$$

가령 200명이 수강하는 통계학 개론의 시험점수 X의 분포가 평균이 60점, 표준편차가 10점인 정규분포를 한다면 $X \sim N(60, 100)$와 같이 나타낸다.

2) 정규분포의 확률 계산

확률변수가 연속확률변수인 경우 두 확률변수의 값 a와 $b(a<b)$ 사이의 확률, 즉 $\Pr(a \le X \le b)$은 [그림 5-3]처럼 확률밀도함수와 선분 a와 b에 의해 규정되는 색칠한 면적임을 4장에서 배웠다. 이 지식을 이용하여 정규분포를 따르는 확률변수의 확률을 구하는 방법을 배우자.

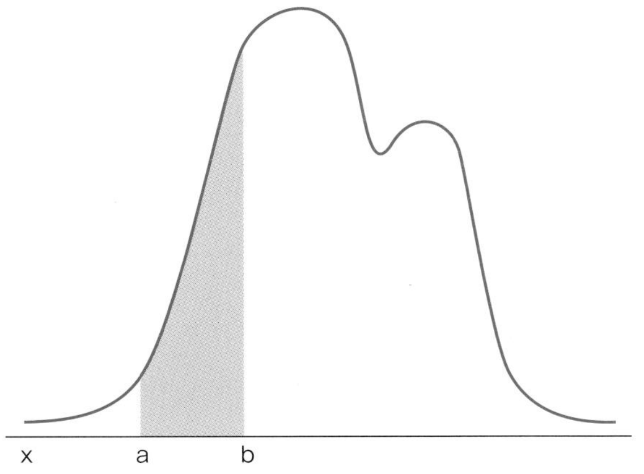

그림 5-3 정규분포의 면적과 발생확률

정규분포의 평균, 표준편차와 발생확률

정규분포는 평균과 표준편차에 의하여 형태가 정해진다고 했다. 정규분포를 따르는 확률변수의 평균 및 표준편차와 발생확률 사이에는 [그림 5-4]와 같은 관계가 성립한다.

무슨 얘기인가? 예를 들면 통계학 개론 시험점수 X의 분포가 $X \sim N(60, 100)$을 따르면, 200명의 수강생들 중 한 명을 무작위추출 했을 때 그 학생의 점수가 평균인 60점에서 ±2표준편차 이내 즉 40~80점 사이일 확률이 95.4%라는 말이다. 정규분포는 좌우 대칭이므로 이는 40점보다 낮거나, 80점보다 높을 확률은 각각 2.3%, 합쳐서 4.6%라는 의미이기도 하다.

위에 제시된 평균으로부터의 거리와 발생 확률의 관계에서 ①, ②, ③은

그림 5-4

정규분포 면적과 평균, 표준편차의 관계

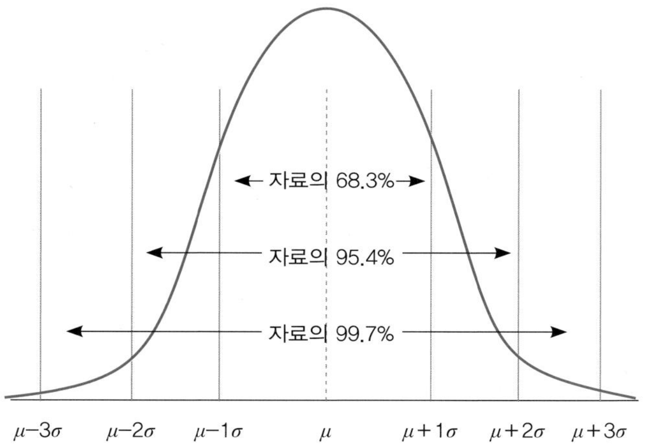

① $\mu \pm \sigma$: 전체 면적의 68.3%
② $\mu \pm 2\sigma$: 전체 면적의 95.4%
②′ $\mu \pm 1.96\sigma$: 전체 면적의 95%
③ $\mu \pm 3\sigma$: 전체 면적의 99.7%
③′ $\mu \pm 2.58\sigma$: 전체 면적의 99%

거리의 수치가 σ, 2σ, 3σ처럼 단순해서 정규분포의 특성을 이해하는 데 좋다(이 ①, ②, ③을 합쳐서 '68-95-99.7의 법칙'이라고 부르기도 한다). 하지만 실제로는 거리가 단순한 것보다는 ②′, ③′처럼 발생확률이 단순한 것이 더 많이 쓰인다. 따라서 굳이 기억하고 싶다면 $\mu \pm 1.96\sigma$ 이내에 존재할 확률이 95%, $\mu \pm 2.58\sigma$ 이내에 존재할 확률이 99%라는 것을 기억하자.

정규분포의 형태와 평균, 표준편차

평균으로부터의 거리와 발생확률의 관계로부터 눈치 빠른 독자라면 어떤 변수가 정규분포를 따른다면, 평균에 비하여 상대적으로 표준편차가 크면 분포형태가 키가 작고 뚱뚱한 모양, 평균에 비하여 상대적으로 표준편차가 작으면 분포형태가 키가 크고 홀쭉한 모양임을 짐작할 수 있을 것이다(아래 그림을 보고도 이해가 안 간다면 평균을 5라고 하고, 표준편차가 2인 경우와 8인 경우에 위의 ①, ②, ③을 충족시키려면 각각 어떤 형태를 갖겠는가 한번 생각해 보라).

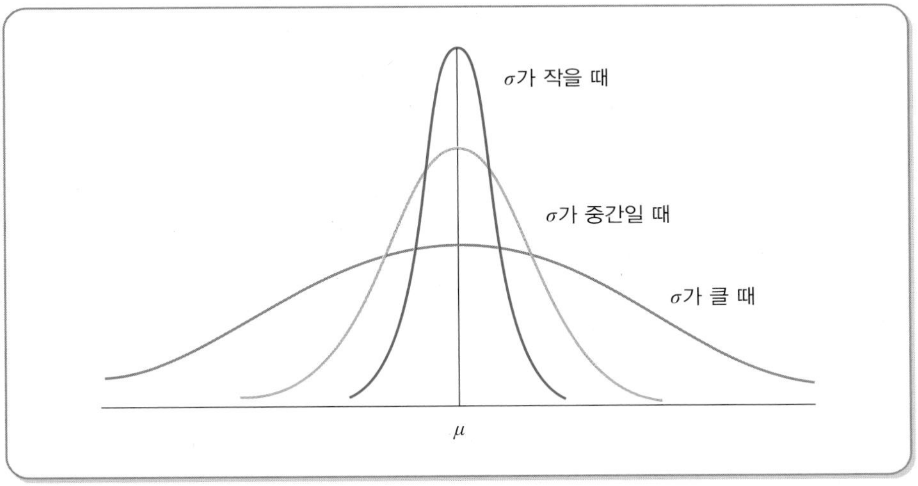

그림 5-5
표준편차의 차이에 따른 정규분포의 형태

3) 표준정규분포

다양한 정규분포 유형 중에서 특별히 평균이 0, 표준편차가 1인 정규분포를 표준정규분포(standard normal distribution)라고 한다. 따라서 어떤 변수 Z가 표준정규분포를 한다는 것을 기호로 표시하면 다음과 같이 된다.

$$Z \sim N(0,\ 1)$$

정규분포의 확률밀도함수는 다음과 같다고 했다.

$$f(x) = \frac{1}{\sigma\sqrt{2\pi}} e^{-\frac{1}{2}\left(\frac{x-\mu}{\sigma}\right)^2}$$

표준정규분포에서는 $\mu=0$, $\sigma=1$이다. 따라서 위의 함수에 이 수치들을 대입하면, 표준정규분포의 확률밀도함수는 다음과 같이 단순해진다.

$$f(z) = \frac{1}{\sqrt{2\pi}} e^{-\frac{z^2}{2}}$$

표준정규분포 상의 각 변수값과 그에 대응하는 확률을 나타낸 표를 표준정규분포표라고 하는데, 거의 모든 통계학 책 말미에 제시하고 있다. 우리 책도 마찬가지다. 한 번 펼쳐 보자. 우리 책의 표는 평균인 0부터 오른 쪽의 어느 한 점까지의 면적, 즉 0과 임의의 양수값 사이의 확률을 제공하고 있다. 가령 $z=1.96$에는 0.475라는 확률이 대응되어 있는데, 이는 정규확률변수 Z가 0부터 1.96 사이의 값을 가질 확률은 47.5%라는 의미다. 이는 곧 1.96보다 큰 값을 가질 확률은 0.025 즉 2.5%라는 의미이기도 하다(정규분포는 평균을 기준으로 좌우대칭으로 각각 0.5의 면적을 지닌다). 그리고 Z가 -1.96부터 1.96 사이의 값을 가질 확률은 95%, 이 범위를 벗어난 값(-1.96보다 작거나 1.96보다 큰 값)을 가질 확률은 5%라는 의미이기도 하다.

(표준)정규분포 상의 값과 그에 대응하는 확률을 보여주는 방식은 다양하다. 다음의 참고에서 예시한 사이트에서는 임의의 두 값 a와 b 사이에 속할 확률을 제공하고 있다.

참고

인터넷에는 정규분포 확률을 계산할 수 있는 다양한 프로그램이 있다. 예를 들어 'normal distribution calculator'를 검색하여, 다음의 페이지에 들어가 보자.

http://onlinestatbook.com/2/calculators/normal_dist.html

평균이 μ, 표준편차가 σ인 정규분포에서 $P(a \leq X \leq b)$를 구하고 싶다고 하자. 아래와 같은 표에 μ(Mean), σ(SD), a와 b(Between left bound and right bound) 값을 기입하면 바로 해당 확률이 나온다.

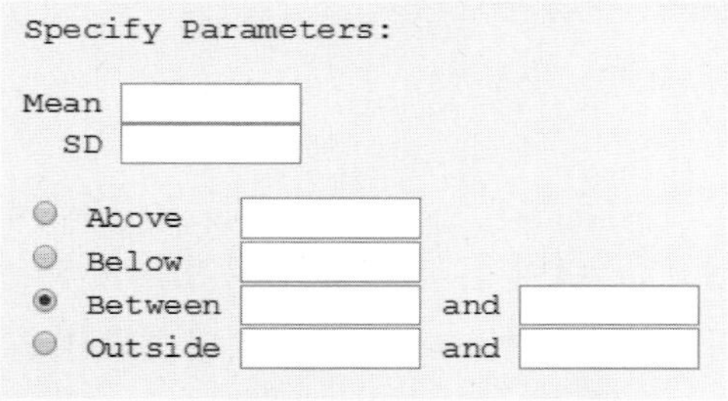

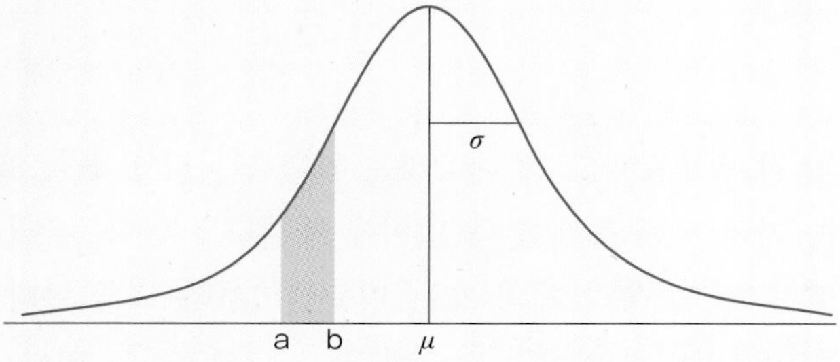

가령 Mean에 60, SD에 10, Between에 45와 75를 넣으면 0.8664라는 값이 나온다.

표준화

확률변수 X에 상수 b를 곱하고 a를 더해서 단위변환한 새로운 확률변수 $Y=a+bX$를 만들었을 때, 다음 관계가 성립함을 4장에서 배웠다.

$$E(Y)=a+bE(X),\ V(Y)=b^2V(X),\ \sigma_Y=b\sigma_X$$

확률변수 X가 평균이 μ이고 표준편차가 σ인 정규분포를 할 때, $Y=X-\mu$라고 놓으면 다음의 관계가 성립한다.

$$E(Y)=E(X)-\mu=\mu-\mu=0,\ V(Y)=V(X)=\sigma^2,\ \sigma_Y=\sigma$$

다음에 $Z=\dfrac{Y}{\sigma}\left(=\dfrac{X-\mu}{\sigma}\right)$라고 놓으면 다음의 관계가 성립한다. 이 Z는 확률변수 X에서 평균 μ를 뺀 후에 표준편차 σ로 나눠준 것임을 기억하자.

$$E(Z)=\frac{E(Y)}{\sigma}=\frac{0}{\sigma}=0,\ V(Z)=\frac{V(Y)}{\sigma^2}=\frac{\sigma^2}{\sigma^2}=1,\ \sigma_Z=1$$

확률변수의 표준화

어떤 확률변수에서 자신의 평균을 빼고 표준편차로 나눠서 단위 변환한 확률변수는 평균이 0이고 표준편차가 1이 된다. 이러한 변환을 표준화라고 한다.

이상에서 알 수 있듯이 확률변수 X가 평균이 μ이고 표준편차가 σ인 정규분포를 따를 때, $Z=\dfrac{X-\mu}{\sigma}$라고 하면 Z는 평균이 0이고 표준편차가 1인 표준정규분포를 따른다. 이를 기호로는 다음과 같이 나타낼 수 있다.

정규분포의 표준화: $X\sim N(\mu,\ \sigma^2)$이면 $Z=\dfrac{X-\mu}{\sigma}\sim N(0,\ 1)$

이러한 특성을 이용하면, 정규분포를 하는 확률변수의 발생확률은 표준정규분포표를 이용하여 쉽게 구할 수 있다. 통계학개론 시험점수 예를 다시 들어보자. 이 시험점수는 $X\sim N(60,\ 100)$의 분포를 갖는다. 만일 75점 이상을 받은 경우 A를 부여한다면, A를 받는 학생의 비율은 얼마나 될까? 다음과 같이 풀 수 있다.

$$P(X\geq 75)=P\left(\frac{X-60}{10}\geq\frac{75-60}{10}\right)$$

$$=P(Z \geq 1.5)=0.0668$$

따라서 전체 학생 중의 6.68%가 A 학점을 받을 것임을 알 수 있다(학점이 짜다고 비난하지 말자. 예시일 뿐이다)

예제 5-3

2015년도 기준, 20세-24세 남성의 평균 신장은 174.2cm, 표준편차는 5.89cm이며 대략 정규분포한다. 키가 170cm인 학생은 하위 몇 %에 해당하겠는가? 또한 상위 10%에 해당되는 키는 얼마겠는가?

먼저, 키가 170cm인 학생의 표준화된 키는 다음과 같다.

$$z=\frac{(170-174.2)}{5.89} \approx -0.71$$

즉, 키 170cm인 학생의 표준화 키는 평균에서 대략 −0.71 표준편차만큼 아래에 있다. 따라서 키 170cm일 때의 누적비율은 표준정규분포에서 $z=-0.71$의 누적비율과 동일하다.

$$P(X \leq 170)=P\left(\frac{X-174.2}{5.89} \leq \frac{170-174.2}{5.89}\right) \approx P(z \leq -0.71) \approx 0.2389$$

따라서 키 170cm인 학생은 대략 하위 23.9%에 해당한다.

한편, 표준정규분포에서 상위 10%에 해당되는 표준화 점수는 아래와 같이 표준정규분포표를 통해 확인할 수 있다.

Z	0.07	0.08	0.09
1.0	0.857690	0.859929	0.862143
1.1	0.879000	0.881000	0.882977
1.2	0.897958	0.899727	0.901475

표준정규분포표에서 누적확률 0.9에 근사한 값은 0.8997이며, 이는 대략 $z=1.28$에 대응하는 값이다. 그러므로 상위 10%에 해당되는 키 x는 다음과 같이 구할 수 있다.

$$z=\frac{x-174.2}{5.89}=1.28$$

$$x=1.28 \times 5.89+174.2 \approx 181.7$$

따라서 상위 10%에 해당되는 키는 약 181.7cm이다.

표준 점수(standard score, Z 점수)의 이해

엄밀히는 통계학 내용이라고 하기는 어렵지만, 밀접하게 관련이 있고 알아두면 도움이 되는 지식이 있어서 소개한다. 이는 변수의 표준화에 대한 것이다.

사회 현상을 파악할 때는 서로 다른 단위를 갖는 통곗값들을 비교하거나, 이들을 합하여 하나의 통곗값으로 만들어야 하는 경우가 종종 발생한다. 예를 들어서 각 도시들이 얼마나 살기 좋은가를 평가한다고 하자. 도시가 살기 좋은 정도를 평가하는 데는 교통이 얼마나 편리한가? 집값이 어느 정도인가? 상하수도가 얼마나 잘 갖추어져 있는가? 근린공원이 얼마나 있는가? 공기가 얼마나 맑은가? 치안이 얼마나 잘 되어 있는가? 등등 많은 것들이 기준이 될 수 있다.

다양한 기준들 중에서 핵심적인 것 10개를 선정하고 이들의 값을 측정하고 합산하여 각 도시의 살기 좋은 정도를 평가한다고 하자. 집값은 25평형 아파트 가격으로 측정하고, 맑은 공기는 ppm으로 표기되는 대기오염수준으로 측정하고, 치안은 인구 1,000명당 연간 범죄건수로 측정했다고 하자. 그렇다면 이처럼 서로 다른 내용을 각각 다른 단위로 측정한 것들을 어떻게 합하여 총점을 구할 수 있을까?

서로 다른 단위를 가진 변수들의 크기를 비교하거나 이들을 더하려면 우선 공통된 단위(척도)로 전환해야 한다. 이를 위한 일반적인 방법은 각 변수 내에서 특정 관찰값의 크기를 그 변수의 모든 관찰값들 중에서의 상대적인 크기로 나타내는 것이다. 각 관찰값의 절대적인 크기는 변수의 단위에 따라 다르지만 상대적인 크기는 단위에 상관없이 공통된 척도를 가질 것이기 때문이다.

무슨 말인가? 상대적인 크기를 나타내는 것 중에서 가장 손쉬운 방법으로는 등수를 매기는 것이 있다. 즉 100개의 도시를 평가한다면 각 지표마다 1등부터 100등까지 순위를 매기고 이들을 종합하여 종합순위를 매기는 것이다. 그런데 등수를 매기는 것은 상당한 정보의 손실을 가져온다. 해당 지표 내에서 각 관찰값들의 절대적 크기 차이에 대한 정보는 활용하지 않기 때문이다. 예를 들어서 5개 도시의 25평 아파트 값이 A: 1억 원, B: 1억1백만 원, C: 1억2백만 원, D: 2억9천9백만 원, E: 3억 원이라고 하자. 이 5개 도시의 아파트 값에 대한 순위를 매기면 A: 1등, B: 2등, C: 3등, D: 4등, E: 5등이 된다(아파트 값이 싼 게 살기 좋은 거라고 가정하자). 그런데 이 도시들의 집값을 보면 A, B, C는 서로 유사하며, D, E도 서로 유사하다. 그리고 (A, B, C)와 (D, E) 사이에는 엄청난 차이가 있다. 하지만 등수로만 나타내면 이러한 차이들이 반영되지 못한다. 정보 손실이 발생한다. 그럼 어떻게 하면 좋을까?

상대적인 크기로 전환하는 방법 중에서 가장 널리 쓰이는 것은 표준점수(Z score)로 나타내는 것이다. 표준점수는 원래의 값에서 평균을 빼 주고 이를 다시 표준편차로 나누어 준 값, 즉 표준화된 값을 말한다.

변수 X에 대한 관찰값들의 평균이 $\overline{X}$, 표준편차가 σ일 때, 특정 관찰값 X_i의 표준점수는 $Z_i = \dfrac{X_i - \overline{X}}{\sigma}$이다. 이 식을 잘 살펴보면, 표준점수란 하나의 관찰값이 평균으로부터 어느 쪽으로 얼마나 멀리 떨어져 있는가를 표준편차를 단위로 나타낸 것임을 알 수 있다. 하나의 관찰값이 평균으로부터 어느 쪽으로 얼마나 멀리 떨어져 있는가는 $X_i - \overline{X}$에 의하여 측정하고, 이를 표준편차 단위로 나타낸다는 것은 표준편차인 σ로 나누어 줌을 의미한다. 이렇게 표준점수로 변환하면 원래의 평균과 표준편차가 어떤 값이든 상관없이 평균은 항상 0이며, 표준편차는 1이 됨은 이미 알고 있다. 어떤 관찰값의 표준점수가 2라는 것은, 이 관찰값은 평균보다 표준편차의 두 배만큼 더 크다는 것을 의미한다.

평균이 0이므로 평균보다 작은 값들은 항상 −, 큰 값들은 +의 값을 갖는다. 또한 표준점수가 2 이상이라면 평균보다 표준편차의 두 배 이상 큰 값이므로 다른 관찰값들에 비하여 특이하게 큰 값이라는 것을, −2 이하라면 평균보다 표준편차의 두 배 이상 작은 값이므로 다른 관찰값들에 비하여 특이하게 작은 값임을 짐작할 수 있다. 표준점수의 범위는 원자료의 분포에 따라 달라지지만, 대부분의 경우 ±3 이내의 값을 갖는다.

한편 표준점수는 중앙 경향(평균)과 퍼진 정도(표준편차)를 동일하게(어떤 분포라도 표준점수로 바꾸면 평균 0, 표준편차 1이 된다!) 맞추는 변환이기 때문에, 서로 다른 단위의 통곗값들 비교 외에, 단위가 같아도 절대적 크기 및 퍼진 정도가 다른 경우 이를 조정하기 위한 목적으로도 사용된다. 무슨 말인가?

'사회학개론' 과목의 학점을 중간고사와 기말고사 성적을 50:50으로 반영하여 매긴다고 하자. 즉 중간고사와 기말고사 모두 100점 만점으로 하고, 이 두 시험의 평균점수에 의하여 학점을 매긴다. 그런데 중간고사는 평균이 50점이고 표준편차는 30점이라고 하자. 중간고사 점수가 너무 낮은 데 충격을 받은 교수가 기말고사를 아주 쉽게 출제해서, 기말고사는 수강생들의 평균이 90점이고 표준편차는 3점이 되었다고 하자. 중간고사는 학생들 간의 점수편차가 큰 데 비하여 기말고사는 거의 편차가 없다. 이 경우 중간고사와 기말고사 점수의 단순평균으로 학점을 매긴다면 학점은 대부분 중간고사 점수에 의하여 좌우될 것이다. 즉 학점에 대한 중간고사와 기말고사의 실제 반영 비율은 중간고사가 훨씬 높게 된다. 그렇다면 중간시험 때의 부진을 만회하기 위하여 열심히 공부하여 기말고사에서 1등을 한 만복이는 너무 불쌍하지 않은가?

물론 이처럼 심하지는 않더라도 중간고사와 기말고사의 실제 반영 비율이 달라지는 경우는 흔히 발생한다. 이럴 경우 어떻게 할까? 그냥 재수려니 하고 넘어갈까? 글쎄, 내 경우는 중간고사와 기말고사의 표준점수를 구하여 이의 평균값을 사용한다. 이처럼 평균과 표준편차의 차이를 조정하기 위하여 표준점수를 사용하는 예는 흔히 볼 수 있다.

주의할 것은 서로 다른 단위를 갖는 값들을 비교할 때나 평균과 표준편차가 크게 다른 값들을 비교할 때, 표준점수만 사용하면 문제가 모두 해결되는 것은 아니라는 점이다. 표준점수도 나름대로의 문제점이 있기 때문에 이를 적용하고 해석할 때는 그 의미를 잘 생각해서 신중하게 해야 한다. 구체적인 설명은 이 책의 목적을 벗어나므로 생략한다. 다만 표준점수의 적용에서 발생하는 문제의 본질은 절댓값이 아닌 상대적인 값을 보여 준다는 데 있다는 점만 힌트로 남긴다(연습문제 7 참조).

제 5 장 점검

5장을 제대로 배웠다면 다음과 같은 것들을 충분히 해낼 수 있어야 한다.

1. 베르누이 시행과 이항분포 설명하기
2. 이항분포의 평균과 분포 설명하기
3. 정규분포의 형태 설명하기
4. 표본평균의 분포는 정규분포를 따르는 이유 설명하기
5. 중심극한의 정리 예를 들어 설명하기
6. n이 크면 이항분포가 정규분포로 접근하는 것 이해하기
7. 정규분포의 면적과 표준편차의 관계에서 68−95−99.7의 법칙이란 말 이해하기
8. 정규분포의 표준화 설명하기
9. 정규분포를 따르는 집단에서 평균과 표준편차 알려졌을 때 특정값의 상대적 위치 추론하기
10. 다양한 평가에서 표준점수를 사용하는 이유 설명하고 사례 들기

연습문제 해답과 자료 | "blog.naver.com/statforss"

연습문제 E·X·E·R·C·I·S·E

1. 동전을 열 번 던진다고 가정하고, 다음 물음에 답해보자(물론 각 시행은 독립이며, 사용하는 동전에서 앞면과 뒷면이 나올 확률은 0.5로 동일하다).

1) 열 번 시행 중에서 앞면이 다섯 번 나올 확률은?
2) 열 번 시행 중에서 앞면이 네 번에서 여섯 번 사이로 나올 확률은?
3) 열 번 시행에서 앞면이 나올 횟수를 가로축으로 하고 기대빈도를 세로축으로 하는 막대그래프를 그려 보아라.
4) 이 이항분포의 평균과 표준편차는 무엇인가?
5) 3)의 방법으로 300회 시행한 막대그래프를 그릴 때, 이 그래프는 어떤 형태를 나타낼지 설명하라.

2. 윷놀이에서 윷가락을 던질 때 나타날 수 있는 결과의 경우의 수는 모두 다섯 가지 도, 개, 걸, 윷, 모이다. 윷가락을 던졌을 때 앞면과 뒷면이 나올 확률이 동일하게 1/2이라고 가정하고 아래 물음에 답해보자.

1) 윷가락을 던질 때, 각 결과가 나올 수 있는 확률을 계산해보자.

2) 윷가락을 1,000번 던졌을 때, 각각의 결과가 나올 수 있는 이산확률분포를 표와 그래프로 제시해보자

3. 주머니 안에 공 20개가 있는데, 그 중에서 흰 공은 6개이고, 나머지는 모두 파란 공이다. 이 주머니로부터 무작위 복원추출(뽑기를 반복할 때, 뽑은 공을 다시 집어넣고 뽑는 것)을 한다.

1) 공 뽑기를 200번했을 때, 흰 공을 뽑을 확률분포의 기댓값을 구해보자.

2) 1)의 확률분포에서 분산과 표준편차를 계산해보자.

4. 한국 대학교 패션디자인과의 패션통계분석 시험에서 70명의 학생들의 기말시험 성적은 평균 60, 분산이 225인 정규분포를 따르는 것으로 나타났다.

1) 기말시험에서 90점 이상 받은 학생들에게 A^+를 줄 때, 몇 명까지 A^+를 받을 수 있는가?

2) 수강생인 재희가 기말시험에서 72점을 받았다면 재희는 상위 몇 퍼센트에 해당한다고 볼 수 있을까?

5. 한국 대학교 신입생 4,000명의 평균 신장을 조사한 결과, 남성이 174.5cm, 여성이 160.5cm였고, 표준편차는 남성이 6.2cm, 여성이 4.9cm였다. 신장 분포는 정규분포를 따른다고 가정하고 다음 물음에 답하라.

1) 한국 대학에 입학한 남학생의 키가 165cm 이하일 확률은 얼마인가?

2) 한국 대학에 입학한 여학생의 키가 155cm～165cm 사이에 있을 확률은 얼마인가?

6. 다음은 20××년도 수능 인문계 제2외국어 선택과목의 평균과 표준편차이다.

		독일어	프랑스어	스페인어	중국어
원점수	평균	20	22	23	21
	표준편차	9	10	10	9

과목 간 난이도 차이를 고려하여 최종 성적표에는 원점수 대신 상대점수(T점수)를 반영한다. 상대점수는 원점수를 표준점수로 바꾼 다음 '50+표준점수*10'으로 산출한다.

1) 프랑스어 선택 학생과 중국어 선택 학생의 원점수는 동일하게 18점이다. 어느 학생의 상대점수가 더 높다고 생각하는가?

2) 중국어로 상위 30%에 해당하는 성적을 얻은 학생의 원점수와 독일어로 같은 순위를 얻은 학생의 원점수는 어느 쪽이 더 높을까? (두 시험의 성적은 정규분포를 따른다.)

7. 대학수능시험에서 제2외국어는 서로 다른 외국어 점수간의 조정을 위해 T점수(=50+10*표준점수)를 적용한다. 그런데 이는 다른 제2외국어 과목을 선택한 학생들 간에 불공평을 낳는다는 원성이 자자했다. 특히 아랍어와 다른 제2외국어 간에 문제가 되었다. 이에 따라 2021학년도 수능부터는 제2외국어를 절대평가로 전환할 계획이라고 한다.

1) 제2외국어 시험에 T점수를 적용하는 논리는 무엇인가?

2) 왜 T점수를 적용하니 선택과목들 간에 불공평이 발생한다고 하는가?

데이터를 활용한 **연습문제** E·X·E·R·C·I·S·E

1. 'http://stats.oecd.org/'에는 OECD 국가들을 대상으로 다양한 통계를 제공하고 있다. 그 중에서 'Social Protection and Well-being' 항목을 보면 'Better Life Index'라는 세부항목이 있다. 가장 최근 연도를 열어보자. 그럼 housing, income, jobs 등 11개의 지표가 있을 것이다. 11개 지표들은 다시 1–3개의 세부지표들로 구성되어 있으며, 세부지표들의 측정단위는 다양하다. 엑셀(Excel)로 자료를 다운 받아 다음 작업을 수행하라.

1) 세부지표와 지표를 종합하여 하나의 'Better Life Index' 점수를 산출하라.
2) 각 국가의 'Better Life Index' 점수를 일목요연하게 비교하는 그래프를 제시하라.
3) 각 국가별 점수의 분포는 정규분포를 따른다고 할 수 있는지 판단해 보라.

2. household.dat 자료를 이용하여, 다음의 분석을 실시하라.

1) 본인근로소득의 평균과 표준편차를 구하라. 본인근로소득이 정규분포를 따른다고 가정하고 평균과 표준편차를 이용하여 상하위 5%, 상하위 25%, 중위수에 해당하는 소득액을 구하라.
2) 실제 자료를 이용하여 상하위 5%, 상하위 25%, 중위수에 해당하는 소득액을 구하라.
3) 1)과 2)의 비교를 통해서 알 수 있는 근로소득 분포의 특성을 설명하라.

PART 4

추리통계의 기초

통계학은 기술통계학(descriptive statistics)과 추리통계학(inferential statistics)으로 구분할 수 있다고 했다. 기술(記述)과 추리(推理)의 뜻을 사전에서 찾아보자. 기술은 "대상이나 과정의 내용과 특징을 있는 그대로 열거하거나 기록하여 서술함." 추리는 "아는 것을 바탕으로 알지 못하는 것을 미루어 짐작함"으로 되어 있다. 사전 뜻 그대로다. 2장과 3장에서 다룬 '자료의 요약'이 기술통계학에 해당한다. 추리통계학은 아는 것인 표본 특성을 바탕으로 모르는 것인 모집단 특성을 짐작하는 방법에 대한 것이다. 추리 과정에서 '통계적' 방법을 사용하므로 통계적 추론이라고도 한다.

비록 기술통계학과 추리통계학으로 구분하지만, 통상 통계학이라면 추리통계학을 지칭하고 통계학 수업에서도 대부분의 시간을 추리통계학 배우는 데 할애한다. 자료를 잘 요약해서 기술하는 것은 중요하나 다양한 기법이 필요하지는 않다. 이에 비해 표본 특성으로부터 모집단 특성을 추론하는 데는 다양한 기법이 존재하고 제대로 하려면 확률 이론을 비롯해서 많은 것을 알아야하기 때문이다. 고등학교 통계수업 내용 중에 어떤 것이 기억나는가? 확률이론, 그리고 표본평균으로부터 모평균이 속할 구간을 추정하는 것 정도일 것이다.

표본으로 모집단을 추론하는 데는 확률이론이 필요하다. 그래서 4장과 5장에서 확률 이론을 배웠다. 이제부터는 확률 이론을 기반으로 추리통계를 배울 차례다. 추리통계는 추정과 검정으로 구분된다. 추정은 표본특성으로부터 모집단특성을 짐작하는 것이다. 검정은 모집단특성에 대한 가설을 세우고, 표본특성에 근거하여 가설의 옳고 그름을 판단하는 것이다.

표본특성 중 대표적인 것이 표본평균과 표본비율이다. 그래서 6장에서는 표본평균과 표본비율로부터 모평균과 모비율을 추정하는 것을 배운다. 검정을 위한 가설 중 가장 단순한 것은 모평균이 특정값보다 크다, 작다와 같은 형태이다. 이런 형태의 가설 검정에 대해서 배우는 것이 7장의 내용이다.

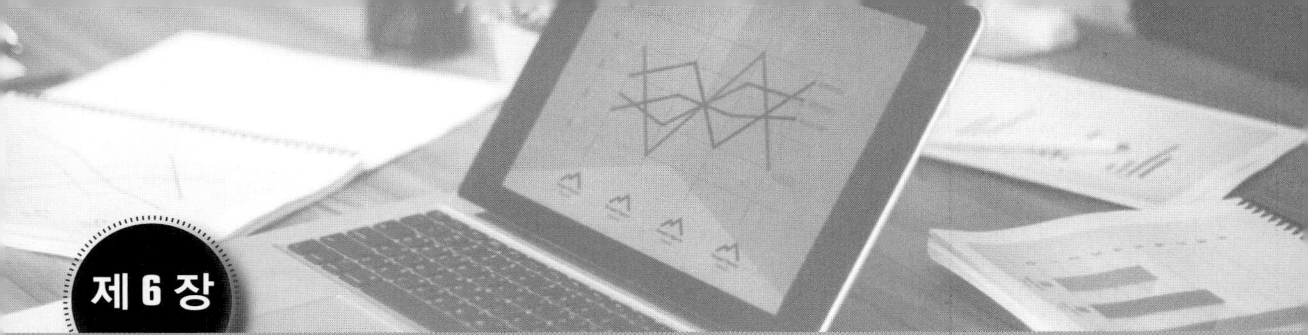

제 6 장

표본분포와 신뢰구간 추정

1. 평균의 표본분포

보기 6-1

제주의 삼다도 대학 농업연구소에서 새로 개발한 한라봉 '달고나'는 기존 한라봉보다 당도가 높다는 것이 인정되어 제주도 한라봉 농가 전역에 보급되었다. 이제 달고나 출하 시기가 되었다. 농업연구소에서는 이 달고나의 당도가 궁금하다. 그래서 n개의 달고나를 무작위로 추출해서 당도 x_1, x_2, $\cdots$, x_n을 측정하였다(참고로 과일의 당도는 '브릭스'라는 단위로 측정하는데 기존 한라봉의 당도는 15브릭스 정도라고 한다).

표본추출해서 측정한 개별 달고나의 당도 X_i는 무작위 시행의 숫자적 결과, 즉 확률변수이다. μ와 σ^2를 각각 달고나 모집단 당도의 평균과 분산이라고 하자. 그러면 4장의 확률변수 편에서 배웠듯이 다음이 성립한다. 아래 첨자 i는 개별 값이라는 의미를 강조하기 위해 붙였다.

$$E(X_i)=\mu,\ V(X_i)=\sigma^2,\ \sigma_{Xi}=\sigma$$

1) 표본평균의 기댓값과 분산

n개의 달고나를 추출해서 측정한 당도의 평균, 즉 표본평균은 다음과 같다.

$$\overline{X}=\frac{X_1+X_2+\cdots+X_n}{n}=\frac{\sum X_i}{n}$$

'n개의 표본추출' 행위를 여러 번 반복해서 하면 복수의 $\overline{X}$들이 구해진다.

가령 50번 반복하면 50개의 $\overline{X}$들이 있을 것이다. 우리는 표본평균 $\overline{X}$의 분포는 n이 제법 크면 정규분포를 따른다는 것을 이미 알고 있다. 그렇다면 $\overline{X}$ 분포의 평균(기댓값)과 분산은 무엇일까? 이는 개별 X_i들의 평균과 분산으로부터 계산할 수 있다. 하지만 그 전에 상식적인 수준에서 짐작해 보자.

표본평균 분포의 평균, 즉 기댓값 $E(\overline{X})$는 $\mu_{\overline{X}}$로 표기하고 분산 $V(\overline{X})$는 $\sigma_{\overline{X}}^2$로, 표준편차는 $\sigma_{\overline{X}}$로 표기한다. 그렇다면 $\mu_{\overline{X}}$는 모집단 평균 μ와 어떤 관계에 있을까? 개별 X_i의 기댓값 $E(X_i)$는 모집단의 평균 μ와 동일하다. 그렇다면 X_i들의 평균인 $\overline{X}$의 기댓값 $E(\overline{X})$ 역시 모집단 평균 μ와 동일해야 할 것 같다(직관적으로 이해가 안 되면 다음 쪽의 계산을 참조하면 되겠다).

이에 비하여 $\overline{X}$의 표준편차 $\sigma_{\overline{X}}$는 모집단의 표준편차 σ에 비하여 작을 것 같다. 왜 그럴까? 표본평균 $\overline{X}$는 개별 X_i보다는 μ에 더 가깝기 마련이다. 개개인의 소득보다는 1,000명을 추출하여 평균한 소득이 우리나라 사람들(모집단)의 평균소득에 더 가까울 것이다(물론 개별 X_i값 중에는 $\overline{X}$보다 μ에 더 가까운 것도 있을 수 있다. 그러나 이는 예외적인 경우이다). 표준편차는 개별 관측값과 평균과의 차이를 보여주는 척도이다. 따라서 개별 $\overline{X}_i$들이 개별 X_i보다 $\mu(=\mu_{\overline{X}})$에 더 가깝다는 것은 곧 $\overline{X}$의 표준편차 $\sigma_{\overline{X}}$가 X_i의 표준편차 σ보다 더 작다는 것을 뜻한다. $\sigma_{\overline{X}}$가 σ보다 작다면 얼마나 더 작을까?

일단 $\sigma_{\overline{X}}$의 크기는 표본 규모 n과 관련이 있을 것 같다. 2개를 뽑아서 만든 표본평균보다는 10개를, 10개를 뽑아서 만든 표본평균보다는 100개를, 100개를 뽑아서 만든 표본평균보다는 1,000개를 뽑아서 만든 표본평균이 모평균과 더 가까울 것이기 때문이다(이를 '대수의 법칙'이라고 함을 기억하자). 즉 n이 증가할수록 $\sigma_{\overline{X}}$는 줄어든다. 얼마나 줄어들까? n의 증가 속도와 $\sigma_{\overline{X}}$의 감소 속도가 동일하지는 않다. n의 증가율보다 $\sigma_{\overline{X}}$의 감소율이 작다. 구체적으로 말하면 $\sigma_{\overline{X}}$의 크기는 $\sqrt{n}$에 반비례한다.

지금까지의 논의를 정리하면 표본평균 $\overline{X}$의 평균과 분산은 다음과 같다.

$$E(\overline{X})=\mu,\ V(\overline{X})=\sigma_{\overline{X}}^2=\frac{\sigma^2}{n},\ \sigma_{\overline{X}}=\frac{\sigma}{\sqrt{n}}$$

표본평균 $\overline{X}$의 평균과 분산은 개별 X_i의 평균과 분산으로부터 다음과 같이 수학적으로 도출할 수도 있다.

참고 **표본평균의 기댓값과 분산 도출하기**

표본합 $S=X_1+X_2+\cdots+X_n$라고 정의하면 S의 기댓값은 다음과 같다.

$$E(S)=E(X_1+\cdots+X_n)=E(X_1)+\cdots+E(X_n)$$
$$=\mu+\cdots+\mu=n\mu$$

그리고 표본합 S의 분산과 표준편차는 다음과 같다(5장 말미에서 논의한 대로 서로 독립인 확률변수들의 합의 분산은 개별 확률변수들의 분산의 합과 같음을 기억하자).

$$Var(S)=Var(X_1+\cdots+X_n)=Var(X_1)+\cdots+Var(X_n)$$
$$=\sigma^2+\cdots+\sigma^2=n\sigma^2 \text{(표본합 } S\text{를 구성하는 } X_i\text{들은 서로 독립이다.)}$$
$$\sigma_s=\sqrt{n}\sigma$$

$E(S)=n\mu$이고, $V(S)=n\sigma^2$인데 $\overline{X}=\dfrac{S}{n}$이므로, $E(\overline{X})=\mu$이고 $V(\overline{X})=\dfrac{\sigma^2}{n}$, $\sigma_{\overline{X}}=\dfrac{\sigma}{\sqrt{n}}$이 된다.

$\overline{X}$ 관점에서의 중심극한정리

전술하였듯이 우리는 표본규모 n이 큰 경우(통상 30 이상) 표본평균 $\overline{X}$의 분포는 모집단 분포에 상관없이 정규분포를 따르며, 이를 중심극한정리라고 한다는 것을 알고 있다. 여기에 이번 절에서 알게 된 $\overline{X}$ 분포의 평균과 표준편차 지식을 결합해서 중심극한정리를 좀 더 공식적으로 정의해 보자.

표본평균 관점에서 중심극한정리

모집단이 어떤 분포를 하든 관계없이, 무작위로 추출된 표본의 평균 $\overline{X}$의 분포는 표본 규모 n이 증가함에 따라 평균 $\mu_{\overline{X}}=\mu$, 표준편차 $\sigma_{\overline{X}}=\dfrac{\sigma}{\sqrt{n}}$인 정규분포에 접근해 간다.

※ 만약 모집단 자체가 정규분포를 따르면 표본규모 n에 상관없이 $\overline{X}$의 분포는 정규분포이다.

2) 표본평균의 표준편차는 무엇을 의미하는가?

표본오차

표본평균은 모평균에 대한 추정치이다. 그래서 모평균과 똑같지는 않다. 모평균과 표본평균의 차이를 표본오차라고 정의하자. 이를 식으로 나타내면 다음과 같다.

$$\varepsilon_j = \overline{X}_j - \mu$$

(아래 첨자 j는 표본마다 다른 표본평균값과 표본오차가 나온다는 의미로 붙였음.)

표본이 무작위로 추출되었다면 표본오차 역시 무작위오차(random error)이다. 무작위오차는 확률오차라고도 한다. $\overline{X}_j = \mu + \varepsilon_j$이고 μ는 고정된 상수이므로, $\overline{X}_j$가 정규분포 한다는 것은 곧 표본오차 ε_j가 정규분포 한다는 말이 된다.

표준오차는 표본오차 크기의 측정값이다

$E(\overline{X}) = \mu$다. 따라서 $E(\varepsilon) = E(\overline{X} - \mu) = \mu - \mu = 0$이다. 즉 ε_j의 기댓값 혹은 평균은 0이다. 물론 개별 ε_j값은 0이 아니다. 0을 중심으로 +와 −로 정규분포를 따르며 무작위로 위치한다. $\overline{X}_i$와 μ의 거리, 즉 ε_j의 크기는 평균적으로 얼마일까? 개별값과 평균(중심값)과의 차이는 표준편차로 측정한다. 따라서 $\overline{X}_i$와 μ의 차이는 다음과 같이 $\overline{X}$의 표준편차로 측정한다.

$$\sqrt{\frac{\sum(\overline{X}_j - \mu)^2}{n}} = \sqrt{\frac{\sum\varepsilon_j^2}{n}} = \sigma_{\overline{X}}$$

표본평균의 표준편차 $\sigma_{\overline{X}}$는 대략 표본오차 ε_j의 평균적인 크기(절댓값)를 측정한 것이라고 할 수 있다. 이처럼 표본평균의 표준편차가 오차의 평균적인 크기를 보여준다는 의미에서 표준오차(standard error)라고 부르며 SE로 표기한다. 즉 $\sigma_{\overline{X}}$를 $SE(\overline{X})$라고도 표기한다. '표준오차는 표본오차의 크기를 보여준다'는 것을 달리 표현하면, '표준오차는 표본의 추정값과 기댓값의 차이를 나타내는 통계량이다'가 된다.

참고 **통곗값과 통계량 구분하기**

통계량은 변수, 통곗값은 통계량에 특정 값이 부여된 것이다.

표준편차와 표준오차 구분하기

표준편차는 영어로 standard deviation이고 표준오차는 standard error다. 둘 다 '차이'를 나타내지만 뉘앙스는 확연히 다르다. 편차는 다르다는 의미를, 오차는 틀리다는 의미를 갖는다. X_1부터 X_{1000}까지 1,000개의 자료가 있다. 이를 모집단으로 가정하자. 모집단이므로 평균은 μ다. 개별 자료값들이 평균과 얼마나 차이 나는가를 측정한 것이 표준편차인 σ다. 개별 자료값이 평균과 다른 것은 너무 당연하다. 이를 틀렸다고 할 수는 없다. 그래서 이를 편차라고는 불러도 오차라고는 하지 않는다. 이 중에서 100개를 무작위 추출해서 표본평균 $\overline{X}$를 구했다. $\overline{X}$ 역시 μ와는 다르다. 그래서 $\overline{X}$의 표준편차 $\sigma_{\overline{X}}$를 구할 수 있다. 그런데 표본평균 $\overline{X}$를 구하는 목적은 모평균 μ를 알기 위함이다. 즉 $\overline{X}$는 μ의 추정값이다. 그러니 μ에 가까울수록 $\overline{X}$는 자신의 목적을 잘 달성하는 것이다. 이런 의미에서 $\overline{X}$와 μ의 차이는 '오차'에 해당하며, 그래서 표준편차이면서 동시에 표준오차라고도 부르는 것이다.

이처럼 표본으로 모집단을 추정한 경우, 추정값의 표준편차는 표준오차이다. 추정값에는 $\overline{X}$만 있는 것이 아니다. 예를 들면 11장의 회귀분석에서 나오지만, 회귀직선의 추정계수 $\hat{\beta}$도 모집단 회귀계수 β의 추정값이다. 이때도 $\hat{\beta}$의 표준편차 $\sigma_{\hat{\beta}}$는 동시에 $\hat{\beta}$의 표준오차 $SE(\hat{\beta})$이다.

표본오차 ε_j의 분포: 중심극한정리에 의해서 $\overline{X}_j \sim N\left(\mu,\ \frac{\sigma^2}{n}\right)$이다.

$\varepsilon_j = \overline{X}_j - \mu$이므로 $\varepsilon_j \sim N\left(0,\ \frac{\sigma^2}{n}\right)$이다.

다시 말하지만, 실제로는 하나의 표본 집단만 있겠지만 어떤 표본이 뽑히느냐에 따라 서로 다른 $\overline{X}$가 가능하다는 의미에서 아래첨자 j를 붙였다.

표본오차 크기를 결정하는 요인은?

전술했듯 표본평균 $\overline{X}$를 구하는 이유는 모집단 평균 μ를 추정하기 위한 것이다. 따라서 $\overline{X}$ 값이 μ에 가까울수록 바람직하다. 즉 표본오차 $\varepsilon(=\overline{X}-\mu)$가 작을수록 좋다. 특정 표본의 ε값은 알 수 없다. 하지만 표본오차의 크기는 표준오차 $SE(\overline{X}) = \sigma_{\overline{X}}$로 측정할 수 있다.

$\sigma_{\overline{X}} = \frac{\sigma}{\sqrt{n}}$이다. 즉 σ에 비례하며 $\sqrt{n}$에 반비례한다. 따라서 표본규모 n이 클수록, 그리고 모표준편차 σ가 작을수록 $\sigma_{\overline{X}}$는 작아진다. 표준오차의 크기

는 $\sqrt{n}$에 반비례하므로, 표본 수를 4배로 늘리면 표준오차는 절반으로 줄어든다. 그리고 표본 수를 16배로 늘리면 표준오차는 $\frac{1}{4}$로 줄어든다.

모집단의 표준편차 σ가 작다는 말은 개별 X_i와 μ의 차이가 작다는 말이다. 모집단이 {99, 100, 101, 100, 99, 99, 101, 101}일 경우에 두 개를 뽑아서 평균값을 측정한다면 어떤 것을 뽑든 모집단 평균인 100과 큰 차이가 없다. 하지만 모집단이 {49, 30, 171, 10, 190, 39, 180, 131}일 때 두 개를 뽑아서 평균값을 측정한다면 모집단 평균인 100과 큰 차이가 발생한다(앞집단의 표준편차는 1보다 작고 뒷집단의 표준편차는 70이 넘는다).

표본오차 크기의 결정요인

표준오차 $\sigma_{\bar{X}}$는 σ에 비례하며 $\sqrt{n}$에 반비례한다. 따라서,

- 표본규모 n이 커질수록 표본오차는 $\sqrt{n}$에 반비례하여 감소하는 경향이 있다.
- 모집단 표준편차 σ가 작을수록 표본오차도 비례적으로 작아지는 경향이 있다.

표준오차는 표본오차의 크기를 측정하는 척도일 뿐, 특정 표본의 표본오차 자체는 아니다. 이런 의미에서 표본오차 ε_i와 σ 및 $\sqrt{n}$의 관계에 대해서는 '경향'이라는 표현을 사용한 것이다.

표준오차의 크기는 모집단 규모와는 별 상관없다

표본조사에서 표본 규모를 얼마나 할 것인가는 어느 정도의 표준오차를 용인할 것인가에 달려 있다. 그런데 표본 규모 결정과 관련하여 사람들이 흔히 오해하는 게 있다. 이는 모집단 크기와 표본 규모의 관계이다. 다음 사례를 보자.

예제 6-1

우리나라에서는 여론조사를 할 때 보통 1,000명을 조사한다. 그렇다면 우리보다 인구가 훨씬 많은 중국의 경우 여론조사에서 우리와 동일한 정도의 표준오차를 허용한다면, 몇 명을 조사해야 할까? 중국의 인구는 우리나라의 25배이며, 인구 규모 차이 외에 다른 조건은 두 나라에서 동일하다고 가정하자.

얼핏 생각하면 우리나라보다 표본 규모가 훨씬 커야할 것 같다. 25배 아니면 5배($=\sqrt{25}$)는 되어야 할 것 같다. 그러나 정답은 동일하게 1,000명을 조사한다는 것이다. $\sigma_{\bar{X}}=\frac{\sigma}{\sqrt{n}}$에서 알 수 있듯이 표준오차의 크기를 결정하는 것은 모표준편차 σ와 표본규모 n이다. 모집단 규모는 관련이 없다. 공식은 분명히 그렇지만 상식적으로 납득이 안 된다면, 이 예는 어떤가? 대통령 선거의 모집단에 비하여 개별 국회의원 선거의 모집단은 1/100도 안 된다. 대통령 선거 예측을 위해 1,000명을 조사한다면, 국회의원 선거 예측은 10명만 조사해도 될까? 전 국민 여론조사에서 1,000명을 조사한다면, 내가 거주하는 서울의 안암동(전체 인구는 우리나라 인구의 1/1000도 안 된다) 주민 여론조사를 위해서는 1명만 조사하면 될까?

표준오차와 모집단 규모

- 모집단 규모는 표준오차의 크기에 영향을 미치지 않는다.
- 따라서 표본 규모를 결정할 때, 모집단 규모는 고려되지 않는다.

표준오차의 크기와 모집단 규모: 소규모 모집단의 경우

여기까지 설명해도 뭔가 찜찜한 독자가 있는지? 아직도 모집단 규모는 표준오차 크기에 영향을 미치지 않으며 따라서 표본 규모를 결정할 때 모집단 규모는 고려할 필요가 없다는 게 잘 이해되지 않는가? 사실 찜찜할 만한 이유가 있다. 지금까지의 설명은 모집단이 표본에 비하여 굉장히 큰 경우에 해당하며 모집단이 소규모일 때는 얘기가 달라지기 때문이다. 표본 규모에 비하여 모집단 규모가 그다지 크지 않을 때는 모집단 규모도 표준오차 크기에 영향을 미친다. 앞에서 표준오차와 모집단 표준편차의 관계를 $\sigma_{\bar{X}}=\frac{\sigma}{\sqrt{n}}$라고 했다. 하지만 이는 정확한 것은 아니다. 정확히 나타내면 다음과 같다.

$$\sigma_{\bar{X}}=\sqrt{\frac{N-n}{N-1}}\frac{\sigma}{\sqrt{n}} \qquad \text{〈수식 6.1〉}$$

이 식을 보면 표준오차의 크기 결정에 모집단 규모 N도 영향을 준다. 가령 표본규모 n이 101이라고 하자. 모집단이 1,001명이라면 $\sqrt{\frac{N-n}{N-1}}=\sqrt{0.9}$이다. 하지만 모집단이 201명이면 $\sqrt{0.5}$가 된다. 즉 표본 규모는 동일해도, 모집단이 5배로 늘어나니 표본오차는 34%($\because \sqrt{\frac{0.9}{0.5}}=1.34$) 정도 증가했다. 따라서 동일한 표준오차를 유지하려면 모집단이 더 클 때 표본수가 더 많아야 한다.

$\sqrt{\frac{N-n}{N-1}}$를 유한조정계수(finite correction factor)라고 한다. 이 값은 모집단과 표본 규모의 차이($N-n$)가 커질수록 1에 가까워진다. 모집단이 무한이면 $\sqrt{\frac{N-n}{N-1}}$는 1이 된다. 따라서 무한모집단이면 〈수식 6.1〉은 다음과 같이 단순화된다.

$$\sigma_{\overline{X}} = \frac{\sigma}{\sqrt{n}} \qquad \text{〈수식 6.2〉}$$

실제 조사에서는 대부분 표본 규모보다 모집단 규모가 훨씬 크다. 따라서 유한조정계수 $\sqrt{\frac{N-n}{N-1}}$를 1로 간주하고 〈수식 6.2〉를 사용하는 것이다. 통상 표본의 크기가 모집단 크기의 5% 이하일 때는 〈수식 6.2〉가 성립하는 것으로 가정한다.

표본평균의 표준화

중심극한정리에 의하여 $\overline{X}$는 모집단 분포에 관계없이 표본 수가 증가하면 평균이 $\mu_{\overline{X}}$이고, 표준편차가 $\sigma_{\overline{X}}$인 정규분포에 접근해 간다. 이 정리에 의하여 우리는 모집단의 분포에 상관없이, 정규분포를 이용하여 모집단 평균에 대한 추정과 가설검정을 할 수 있다.

5장에서 확률변수 X가 평균 μ, 표준편차 σ인 정규분포를 할 때, $Z = \frac{X-\mu}{\sigma}$라고 하면 Z는 평균이 0이고 표준편차가 1인 표준정규분포를 한다는 것을 배웠다. 이를 표본평균 $\overline{X}$에 적용하면 다음과 된다.

$$Z = \frac{\overline{X}-\mu_{\overline{X}}}{\sigma_{\overline{X}}} = \frac{\overline{X}-\mu}{\frac{\sigma}{\sqrt{n}}} \qquad \text{〈수식 6.3〉}$$

이렇게 표본평균 $\overline{X}$를 Z로 표준화한 다음에는 표준정규분포를 이용하여 추정과 검정을 할 수 있다.

3) 표본비율의 표본분포

지금까지의 설명은 표본평균 $\overline{X}$에 대한 것이었다. 이번에는 표본비율의 분포 특성에 대하여 살펴보자. 표본비율은 비율로 표시되는 모집단의 특성을 알기 위해 조사하는 통계량이다. 가령 스마트폰 '갈라서S'의 불량률을 알기 위해 표본을 뽑아서 조사하는 것이다. 속성이 비율이라는 것 외에는 표본평균을 조사하는 것과 다를 바가 없다.

삼송전자 천안 공장에서 대량생산되는 스마트폰 갈라서S 중 일부에는 불량품이 섞여 있다. 따라서 이 공장에서 생산되는 개별 갈라서S 제품은 성공(정상)확률이 p, 실패(불량)확률이 $1-p$인 베르누이 시행의 결과라고 할 수 있다.

삼송전자 입장에서는 당연히 이 베르누이 시행의 성공확률 p에 관심을 가질 수밖에 없다. p는 어떻게 알 수 있을까? 할 수 있는 방법은 무작위로 n개의 갈라서S를 검사하고 그 중에서 정상 제품의 갯수 X를 파악하는 것, $\frac{X}{n}$을 계산하는 것이다. 이를 $\hat{p}$이라고 칭하자. 즉 $\hat{p}=\frac{X}{n}$이다. 이때 실제 성공확률인 p를 모비율이라 하고, 표본으로부터 구한 $\hat{p}$은 표본비율이라고 한다.

질문 하나. 우리 예에서 표본비율 $\hat{p}$은 모비율 p와 얼마나 가까울까? 100개를 검사했더니 정상품이 92개였다면 $\hat{p}$은 0.92가 된다. 하지만 모비율 p를 모르므로 이 0.92가 얼마나 실제의 확률 p에 근사한지는 알 수 없다. 이 질문에는 답할 수 없다.

질문을 바꿔보자. 100개씩 검사하는 것을 여러 번 반복한 뒤에 각 경우마다 $\hat{p}$을 측정하면, 이 $\hat{p}$은 모비율 p를 중심으로 어떤 분포를 할까?

성공횟수(정상품 개수) X는 시행횟수(표본규모) n, 성공확률 p인 이항확률변수이다. 즉 $X \sim B(n, p)$이다. X가 확률변수이므로 표본비율 $\hat{p}=\frac{X}{n}$ 역시 확률변수이다. 5장의 이항분포 편에서 배운 X에 대한 지식을 응용하면 $\hat{p}$에 대해 다음과 같은 사실들을 유추할 수 있다(왜 그런지는 다음의 '생각해보기'에 제시되어 있다).

> $\hat{p}$의 평균: $E(\hat{p})=p$
>
> $\hat{p}$의 표준편차: $\sigma_{\hat{p}}=\sqrt{\frac{p(1-p)}{n}}$
>
> n이 크면($n\hat{p} \geq 5$와 $n(1-\hat{p}) \geq 5$이면) $\hat{p}$는 근사적으로 정규분포를 따른다.
> (참고: $n\hat{p} \geq 5$와 $n(1-\hat{p}) \geq 5$라는 것은 성공횟수 X와 실패횟수 $n-X$가 모두 5회 이상이라는 의미다)

$\hat{p}$의 표준편차 공식을 보면 표본비율의 표준편차 역시 표본평균과 마찬가지로 표본규모의 제곱근에 반비례한다는 것을 알 수 있다. 한편 표본평균의

표준편차 크기는 모집단 표준편차인 σ에 정비례했는데, 표본비율 표준편차는 $\sqrt{p(1-p)}$에 정비례함을 알 수 있다. 사실 $\sqrt{p(1-p)}$은 모비율의 표준편차에 해당한다(이는 성공확률이 p인 베르누이 시행의 표준편차임을 기억하자).

$\hat{p}$은 평균이 p인 정규분포를 하므로 대략 측정값의 68%는 p로부터 1 표준편차 범위 내에 위치하며, 측정값의 95%는 대략 p로부터 2 표준편차 범위 내에 위치한다(정규분포의 68-95-99.7 법칙을 기억하자).

스마트폰 '갈라서S' 사례에서 (실제로는 관찰할 수 없지만) 모비율 $p=0.9$라고 하자. 이 경우 표준편차는 다음과 같다.

$$\sigma_{\hat{p}}=\sqrt{\frac{(0.9)(0.1)}{100}}=0.03$$

따라서 대략 측정값의 68%와 측정값의 95%는 각각 다음 구간 내에 있을 것으로 예상할 수 있다.

$$68\%=P(0.87\leq\hat{p}\leq0.93),\ 95\%=P(0.84\leq\hat{p}\leq0.96)$$

참고

우리는 5장에서 이항확률변수 X의 기댓값 $E(X)=np$이고, 분산은 $np(1-p)$임을 알고 있다. 그런데 $\hat{p}=\frac{X}{n}$이므로 다음이 성립한다.

$$E(\hat{p})=E\left(\frac{X}{n}\right)=\frac{1}{n}E(X)=\frac{1}{n}(np)=p$$

즉 표본비율 $\hat{p}$ 분포의 평균(기댓값)은 모집단 비율 p이 된다.
분산과 표준편차 역시 $\hat{p}=\frac{X}{n}$라는 관계를 이용하여 다음과 같이 구할 수 있다.

$$V(\hat{p})=V\left(\frac{X}{n}\right)=V\left[\left(\frac{1}{n}\right)X\right]=\left(\frac{1}{n}\right)^2V(X)=\frac{np(1-p)}{n^2}=\frac{p(1-p)}{n}$$

$$\sigma_{\hat{p}}=\sqrt{\frac{p(1-p)}{n}}$$

이항확률변수 X는 n이 크면($n\hat{p}\geq5$와 $n(1-\hat{p})\geq5$이면) 근사적으로 정규분포를 하므로, $\hat{p}=\frac{X}{n}$ 역시 n이 크면 근사적으로 정규분포를 한다.

소규모 모집단에 대한 유한계수의 적용

표본평균의 경우와 마찬가지로, 표본비율의 표준편차 역시 모집단이 유한한 경우에는 유한조정계수를 덧붙여야 정확한 공식이 된다. 즉 모집단이 유한한 경우 표본비율 분포의 표준편차는 다음과 같이 된다.

$$\sigma_{\hat{p}}=\sqrt{\frac{N-n}{N-1}}\sqrt{\frac{p(1-p)}{n}}$$

표본평균의 경우와 동일하게, 실제 조사에서는 대체로 모집단 규모가 표본 규모에 비하여 훨씬 크기 때문에, 유한조정계수 $\sqrt{\frac{N-n}{N-1}}$는 1로 간주하고 $\sigma_{\hat{p}}=\sqrt{\frac{p(1-p)}{n}}$를 사용한다.

표본비율의 표준화

표본평균의 경우와 마찬가지로 표본비율도 표준화한 다음, 표준정규분포를 이용하여 추정과 가설검정을 할 수 있는데, 표본비율 $\hat{p}$의 표준점수 Z는 아래 〈수식 6.4〉와 같이 계산할 수 있다.

$$Z=\frac{\hat{p}-\mu_{\hat{p}}}{\sigma_{\hat{p}}}=\frac{\hat{p}-p}{\sqrt{\frac{p(1-p)}{n}}} \qquad \text{〈수식 6.4〉}$$

예제 6-2

지난 번 국회의원 선거에서 A후보는 투표자 200,000명 가운데 120,000명의 지지표를 얻었다고 한다. 따라서 모집단 성공률 $p=0.6$이다. 투표 당일에 투표자 중 100명을 무작위 표본추출하여 조사하였다면, 표본비율 $\hat{p}$이 50%를 넘었을 확률은 얼마가 되는가?

표본 규모에 비하여 모집단 규모가 충분히 크므로, 다음과 같이 표준편차를 구할 수 있다.

$$\sigma_{\hat{p}}=\sqrt{\frac{p(1-p)}{n}}=\sqrt{\frac{0.6(1-0.6)}{100}}=0.049$$

$$P(\hat{p}\geq 0.5)=P\left(\frac{\hat{p}-p}{\sigma_{\hat{p}}}\geq\frac{0.5-0.6}{0.049}\right)=P(Z\geq -2.04)=0.98$$

참고 **모비율을 p, 표본비율을 $\hat{p}$으로 표기하는 이유**

비율을 나타내는 데 p를 사용하는 이유는 물론 비율이 영어로 비율, 즉 proportion의 첫 글자이기 때문이다. 그런데 앞에서 모집단의 특성을 나타낼 때는 그리스 문자로, 표본 집단의 특성을 나타낼 때는 영어 알파벳(로마 문자)으로 나타낸다고 했다. 그런데 왜 모비율을 영어 알파벳인 p로 나타낼까? p에 대응하는 그리스 문자는 π다. π는 그리스 문자로 나타내는 수학기호 중에서 가장 널리 알려진 것, 바로 원주율을 의미한다. 그러니 모비율을 π로 나타내면 너무 헷갈린다. 그래서 모비율을 p로 나태내고 대신 표본비율을 $\hat{p}$으로 나타내는 것이다. 통계학에서 ^(모자를 씌운 것 같다는 의미에서 hat(햇)이라고 읽는다)을 씌우면, ^이 없는 미지의 값(모집단의 값)에 대한 추정값이라는 의미로 사용된다. 뒤에 나오는 회귀분석에서도 미지의 모집단 회귀계수는 β와 같이 나타내고 표본을 이용한 추정값은 $\hat{\beta}$와 같이 나타낸다.

2. 신뢰구간 추정하기

여기까지 이해했으면, 이제부터는 통계적 추정의 논리, 즉 "유권자 1,000명을 조사한 결과 A후보에 대한 지지율은 54%인 것으로 나타났으며, 이의 오차한계는 95% 신뢰수준(confidence level)에서 ±3.1%포인트이다"라고 하는 게 구체적으로 무슨 의미이고, 어떻게 계산하는 것인지에 대하여 설명해도 되겠다.

우선 의미부터 파악하자. 이 말을 친절하게 풀어서 얘기하면 대강 이런 뜻이다.

「유권자 1,000명을 조사한 결과 A후보에 대한 지지율은 54%로 나타났다. 하지만 이는 표본조사 결과이므로 실제 모집단의 지지율은 이 조사결과와는 다를 수 있다. 이를 감안하면 실제 지지율은 54±3.1%(즉 50.9~57.1%) 사이에 있을 것으로 예측된다. 물론 이 예측도 틀릴 수 있다. 하지만 이게 틀릴 확률은 5% 이하일 것이다.」

신뢰구간 계산방법

이 정도 설명이면 95% 신뢰수준에서 ±3.1%포인트의 오차한계라는 것의 의미는 이해가 되었을 것이다. 그럼 이를 어떻게 계산하는지 알아보자. 앞서 설명한 중심극한정리에 따르면 유권자 1,000명에 대한 조사에서 얻어진 표본

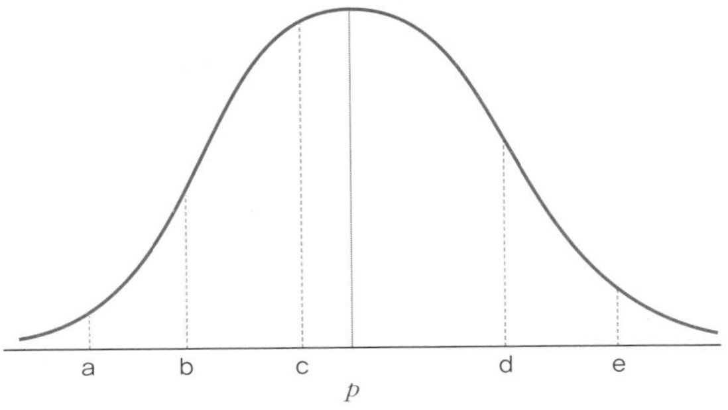

그림 6-1
가상적인 $\hat{p}$의 분포

비율인 54%는 평균이 모비율인 p, 표준편차가 $\sqrt{\frac{p(1-p)}{1000}}$인 정규분포를 한다. 즉 표본비율 $\hat{p}=54\%$는 [그림 6-1]과 같은 정규분포에서 도출된 어느 한 값에 해당한다. 만일 $\hat{p}$이 c점에 해당한다면 모비율 p는 54%에 가까울 것이다. 반면에 $\hat{p}$이 d점에 해당한다면 모비율 p는 54%보다 제법 작을 것이며, a점에 해당한다면 p는 54%보다 상당히 클 것이다.

물론 우리는 $\hat{p}$값만 알 뿐이며 p값은 모른다. 따라서 평균이 p인 정규분포 상의 어느 점에서 $\hat{p}$이 도출된 것인지는 알 수 없다. 하지만 $\hat{p}$이 이 정규분포 상의 특정 구간에 위치할 확률은 계산할 수 있다. 가령 $\hat{p}$이 p의 좌우로 $1.96\sigma_{\hat{p}}$ 이내에 위치할 확률은 95%이며, 그 보다 바깥에 위치할 확률은 왼쪽과 오른쪽 각각 2.5%이다. 이를 식으로 나타내면 다음과 같이 된다.

$$P(p-1.96\sigma_{\hat{p}} \le \hat{p} \le p+1.96\sigma_{\hat{p}})=0.95$$ 〈수식 6.5〉

이는 표본비율 $\hat{p}$의 관점에서 나타낸 것인데, 이를 모비율 p의 관점에서 정리하면 다음과 같이 된다(직접 해보자. 어렵지 않다).

$$P(\hat{p}-1.96\sigma_{\hat{p}} \le p \le \hat{p}+1.96\sigma_{\hat{p}})=0.95$$ 〈수식 6.6〉

즉 모비율 p가 $\hat{p}\pm1.96\sigma_{\hat{p}}$ 이내에 위치할 확률은 95%라고 할 수 있다. 이때 $\hat{p}\pm1.96\sigma_{\hat{p}}$을 모비율 p의 95% 신뢰구간이라고 한다. 그리고 이는 「모비율 p의 추정값은 $\hat{p}$이며, 이의 오차한계는 95% 신뢰수준에서 $\pm1.96\sigma_{\hat{p}}$이다」라는 것과 동일한 의미이다. 이처럼 신뢰구간을 추정하는 것을 '구간 추정'이라고 부르기도 한다.

오차한계는 절댓값

'오차한계는 95% 신뢰수준에서 $\pm 1.96\sigma_{\hat{p}}$'이라는 표현에서 주의할 게 있다. 원칙적으로 오차한계는 절댓값 개념이다. 즉 $1.96\sigma_{\hat{p}}$가 오차한계다. 그런데 모수는 추정값에 오차한계만큼 더하거나 뺀 신뢰구간을 갖는다. 그래서 이를 강조하는 의미에서 아예 ±를 덧붙여서 오차한계라고 표현하기도 한다.

신뢰구간 의미의 엄밀한 해석

'모비율 p의 95% 신뢰구간은 $\hat{p} \pm 1.96\sigma_{\hat{p}}$이다'라는 것이 '모비율 p가 $\hat{p} \pm 1.96\sigma_{\hat{p}}$ 이내에 위치할 확률은 95%이다'라는 의미라고 했다. 하지만 이는 대충한 해석이며, 다소 오해의 소지가 있으므로 이 의미를 좀 더 따져보도록 한다.

$\hat{p}$은 특정 표본에서 계산된다. 따라서 표본이 달라지면 이 값이 바뀌며 자연히 신뢰구간도 변한다. 병헌이가 뽑은 1,000명의 표본은 골고루 잘 뽑혀서 [그림 6-1]의 c점처럼 모비율에 근사한 표본비율 $\hat{p}$을 얻을 수도 있다. 반면에 승헌이가 뽑은 1,000명의 표본은 우연히 평균보다 작은 값들에 치우쳐 뽑혀서 a점처럼 모비율보다 꽤 작은 표본비율 $\hat{p}$을 얻을 수도 있다.

내가 가진 표본으로 계산한 $\hat{p}$이 모비율 p로부터 얼마나 떨어져 있는지는 알 수 없다. 즉 내가 추정한 신뢰구간 $\hat{p} \pm 1.96\sigma_{\hat{p}}$ 내에 진짜로 모비율 p가 포함되어 있는지 여부는 알 수 없다. 하지만 확률이론에 따라서, '표본을 추출해서 $\hat{p}$을 얻는 행위'를 매우 많이 반복하면, 대략 100번에 95번꼴로 $\hat{p} \pm 1.96\sigma_{\hat{p}}$ 신뢰구간은 모비율 p를 포함할 것으로 기대할 수 있다.

이처럼 「'표본추출 → $\hat{p}$ 얻기 → 신뢰구간추정'을 매우 많이 반복하면, 추정된 신뢰구간 중에서 95%는 모비율 p를 포함하고, 나머지 5%는 포함하지 않을 것이다」라는 것이 '모비율 p의 95% 신뢰구간은 $\hat{p} \pm 1.96\sigma_{\hat{p}}$이다'라는 것의 엄밀한 해석이다.

글쎄, 엄밀한 해석이나 대충한 해석이나 별 차이를 모르겠다고? 차이를 못 느껴도 별 상관은 없다. 그냥 그런 게 있나 보다하고 넘어가면 된다. 다만, 미지의 수치인 모비율 p는 고정되어 있고, 변하는 것은 우리가 알고 있는 표본비율 $\hat{p}$이라는 것은 기억하도록 하자.

신뢰구간 추정: 평균의 경우

앞에서 모비율에 대한 신뢰구간 추정의 의미와 방법에 대하여 논의하였다.

이와 같은 모비율에 대한 논의는 당연히 모평균에 대해서도 유추 적용할 수 있다. [그림 6-1]에서 p와 $\hat{p}$을 μ와 $\overline{X}$로 바꿔 놓고 그대로 논의를 진행하면 된다. 그러면 다음과 같이 모평균에 대한 95% 신뢰구간을 도출할 수 있다.

$$P(\mu - 1.96\sigma_{\overline{X}} \le \overline{X} \le \mu + 1.96\sigma_{\overline{X}}) = 0.95$$
$$\rightarrow P(\overline{X} - 1.96\sigma_{\overline{X}} \le \mu \le \overline{X} + 1.96\sigma_{\overline{X}}) = 0.95$$

만약 99% 신뢰구간이면 어떻게 될까?

$$P(\mu - 2.58\sigma_{\overline{X}} \le \overline{X} \le \mu + 2.58\sigma_{\overline{X}}) = 0.99$$
$$\rightarrow P(\overline{X} - 2.58\sigma_{\overline{X}} \le \mu \le \overline{X} + 2.58\sigma_{\overline{X}}) = 0.99$$

표본평균의 표준편차 $\sigma_{\overline{X}}$ 값 구하기

$\overline{X}$의 표준편차 $\sigma_{\overline{X}} = \dfrac{\sigma}{\sqrt{n}}$이다. 우리는 σ를 모르므로 표본 표준편차 s로 추정한다. 마찬가지로 $\sigma_{\overline{X}}$는 $\dfrac{s}{\sqrt{n}}$로 추정한다. $\sigma_{\overline{X}}$의 추정값은 $s_{\overline{X}}$ 혹은 $\hat{\sigma}_{\overline{X}}$으로 표기한다.

표본비율의 표준편차 $\sigma_{\hat{p}}$ 값 구하기

〈수식 6.6〉을 A후보 지지율 사례에 적용하면 다음과 같다.

$$P(0.54 - 1.96\sigma_{\hat{p}} \le p \le 0.54 + 1.96\sigma_{\hat{p}}) = 0.95$$

이제 표본 표준편차 $\sigma_{\hat{p}}$의 값만 알면 모비율 p의 95% 신뢰구간 혹은 (95% 신뢰수준에서의) 오차한계를 구할 수 있다.

우리는 $\sigma_{\hat{p}} = \sqrt{\dfrac{p(1-p)}{n}}$임을 알고 있다. 그런데 $n = 1,000$이라는 것은 알지만 p의 값은 모른다. 어떻게 해야 할까? 한 가지 방법은 p 대신 $\hat{p}$ 값을 대입해서 표준편차를 계산하는 것이다. 물론 p와 $\hat{p}$은 같지 않다. 하지만 n이 제법 클 때는, p와 $\hat{p}$의 차이는 크지 않을 것이므로 $p(1-p)$과 $\hat{p}(1-\hat{p})$의 차이도 크지 않을 것이다. 따라서 $\hat{p}$값을 대신 사용해도 큰 문제는 없다.

또 하나의 방법은 $p = 0.5$라고 가정하고 계산하는 것이다. 왜? $p = 0.5$이면 $p(1-p) = 0.25$가 되는데, 이는 $p(1-p)$이 가질 수 있는 최댓값이다.[1] 따라서

1 이해가 안 가는 독자는 0과 1 사이의 어떤 값이라도 p에 대입하여 $p(1-p)$를 계산해 보라. 절대 0.25보다 큰 값은 나올 수 없다. 혹시 미분을 할 줄 안다면 p로 미분해서 최댓값을 구

$p=0.5$를 대입하여 계산한 표준편차 및 오차한계는 실제의 p값을 이용하여 계산한 표준편차 및 오차한계보다 크거나 같게 된다.

$$p(1-p) \le 0.25 \rightarrow \sigma_{\hat{p}}\left(=\sqrt{\frac{p(1-p)}{n}}\right) \le \sqrt{\frac{0.25}{n}}$$

$$\rightarrow 1.96\sigma_{\hat{p}} \le 1.96\sqrt{\frac{0.25}{n}}$$

그래서 어떻다는 건가? 우리가 95% 신뢰수준에서 오차한계가 m 이하라고 주장하는 것이 참이라면, 오차한계를 그보다 넓혀서 $m+k(k\ge 0)$ 이하라고 주장하는 것은 항상 참이다. 따라서 $p=0.5$를 사용하여 신뢰구간 혹은 오차한계를 계산함으로써, 모비율이 속할 범위에 대한 판단을 한다면 실제의 p값을 사용하였을 때보다 틀릴 가능성이 작거나 같다. 즉 $p=0.5$를 사용하는 것은 좀 더 엄격한 추정 방법에 해당한다.

p 대신 $\hat{p}=0.54$를 사용하여 표준편차를 계산하면 0.01576이 되며, 0.5를 대입하여 표준편차를 계산하면 0.01581이 된다. 두 값은 거의 동일하므로, 둘 중의 어느 값을 사용하든 소수 넷째자리에서 반올림 하면, 오차한계는 ±0.031(또는 ±3.1%)이 된다. 그리고 신뢰구간은 0.509~0.571이 된다.

신뢰수준, 오차한계, 표본규모의 관계

지금까지의 설명으로 "95% 신뢰수준에서 ±3.1%포인트의 오차한계"라는 것이 무슨 의미이고, 어떻게 도출하는가를 대강은 이해했을 것으로 믿는다. 만일 99% 신뢰수준이면 어떻게 될까? 99% 신뢰수준이면, [그림 5-4]에서 알 수 있듯이 오차한계는 $\pm 2.58\sigma_{\hat{p}}$이 되므로 우리의 예에서는 ±4.1%포인트가 된다. 신뢰수준이 높아진다는 것은 곧 신뢰구간 내에 모비율이 포함될 가능성이 높아진다는 것을 의미하며, 이를 위해서는 신뢰구간을 좀 더 넓게 잡아야 함은 당연하다. 한편 표본 수 n이 증가하면 $\hat{p}$의 표준편차인 $\sigma_{\hat{p}}$ 값이 감소하므로 그만큼 오차한계는 감소함도 알 수 있다.

신뢰수준, 표본 수, 오차한계 간의 관계

- 신뢰수준을 높이면 오차한계가 증가하며, 따라서 신뢰구간도 넓어진다.
- 표본수가 증가하면 오차한계가 감소하며, 따라서 신뢰구간도 좁혀진다.

해 봐도 된다.

특정 오차한계 유지에 필요한 표본 규모 구하기

앞서 표본규모 n과 신뢰수준이 주어졌을 때, 평균(또는 비율)의 오차한계를 구했다. 예를 들어 표본규모가 1,000일 때 지지율에 대한 오차한계는 ±3.1%포인트라는 식으로 말이다. 그런데 실제 조사에서는 '정확도(즉 오차한계)를 얼마 이하로 유지하려면 몇 명을 조사 해야하나'를 결정해야 하는 경우가 많다. 즉 신뢰수준과 오차한계가 주어졌을 때, 필요한 표본규모 n을 구해야 할 때도 많다.

오차한계를 E로 나타내자. 그럼 오차한계는 다음과 같이 된다.

$$\text{평균: } E = Z_{\alpha/2}\frac{\sigma}{\sqrt{n}}, \text{ 비율: } E = Z_{\alpha/2}\sqrt{\frac{p(1-p)}{n}} \text{ 또는 } Z_{\alpha/2}\sqrt{\frac{0.25}{n}}$$

따라서 특정 신뢰수준에 상응하는 $Z_{\alpha/2}$(예를 들어 95% 신뢰수준이면 $Z_{\alpha/2}=1.96$)와 오차한계 E가 주어졌을 때, 필요한 표본규모 n은 다음과 같이 구할 수 있다.

$$\text{평균: } n = \left(\frac{Z_{\alpha/2}\sigma}{E}\right)^2, \text{ 비율: } n = p(1-p)\left(\frac{Z_{\alpha/2}}{E}\right)^2$$

여기까지는 쉽다. 그 다음이 문제다. 우리는 모집단 특성인 σ와 p를 모른다. 그래서 대신 표본 특성인 s와 $\hat{p}$를 사용한다. 그런데 표본이 있어야 s와 $\hat{p}$을 구할 것 아니겠는가. 따라서 (표본을 얻기 이전에) 표본 규모를 얼마로 할지 정하는 데는 이 공식을 사용할 수 없다. 그럼 어떻게 하나? 비율인 경우에는 대안이 있다. $p(1-p)$ 대신에 0.25를 대입하면 된다. 전술했듯 $p(1-p)$가 취할 수 있는 최대값은 0.25이기 때문이다. 하지만 평균인 경우에는 원칙적으로 대안이 없다. 하지만 변칙은 있다. 즉 과거 경험 등을 통해서 σ에 대한 대강의 값을 알 수 있다면 그 값을 사용하는 것이다. 물론 변칙이고 그렇게 구한 n 역시 대강의 규모일 뿐이므로, 이를 감안해서 실제 표본 규모를 정해야 한다. 한편 p에 대해서도 대강의 값을 알 수 있다면, 0.25 대신 그 값을 사용할 수도 있다. 가령 과거 경험상 p가 아무리 커도 0.3을 넘지 않을 것으로 예상된다면, $p(1-p)=0.3\times0.7=0.21$을 사용할 수 있다(이러면 0.25일 때보다 필요한 표본 규모가 작아진다). 물론 이렇게 구한 표본 규모 역시 대강의 규모라는 것을 주지해야 한다.

이런 방식으로 구한 n은 소숫점을 지닐 수 있는데, 이 경우는 당연히 반올림해서 자연수 값을 사용해야 한다.

가설검정의 논리 맛보기

앞에서는 표본비율과 오차한계로부터 A후보의 실제 지지율이 속할 범위를 계산하였다. 그런데 이런 정보가 주어지면 A후보가 선거에서 승리할 것인지, 다른 말로 하면 득표율이 과반수를 넘길 것인지(이 예에서 후보가 둘뿐이며, 무효표는 없다고 가정하자) 여부도 판단할 수 있다. 이런 판단을 하는 것을 가설검정이라고 한다. 본격적인 가설검정은 다음 장에서 설명하기로 하고, 여기서는 가설검정의 논리를 조금 맛만 보자.

A후보의 실제 지지율 p에 대한 95% 신뢰구간은 54±3.1%, 즉 50.9~57.1%로서 이 구간의 최솟값은 50%를 넘는다. 따라서 우리는 실제 지지율 p는 95% 신뢰수준에서 50%는 넘을 것이라고 판단할 수 있다. 즉 실제 선거에서 A후보가 승리할 것으로 판단할 수 있으며, 이 판단이 틀릴 가능성은 5%이하라고 할 수 있다. 이걸 'A후보가 승리할 것이라는 판단은 5% 유의수준에서 통계적으로 유의미하다'라고 말하기도 한다.

신뢰수준을 99%로 높이면 어떻게 될까? 99% 신뢰구간은 54±4.1%, 즉 49.9~58.1%이므로 최솟값은 50%보다 작다. 따라서 예측이 틀릴 가능성을 1% 이하가 되게 하려면, A후보가 승리할 것이라고 판단할 수 없다. 하지만 그렇다고 해서 A후보가 질 것이라는 것은 전혀 아니다. 여전히 A후보가 승리할 가능성이 더 높다. 다만 오판 가능성 1% 이하의 조건을 충족하려면, A후보가 승리한다고 장담할 수 없다는 얘기다.

즉 표본값(54%)과 판단의 기준값(50%)의 차이(4%)가 오차한계(±4.1%) 내에 존재하면 가부의 판단을 내리기가 곤란하다. 이걸 'A후보가 승리할 것이라는 판단은 1% 유의수준에서 통계적으로 유의미하지 않다'라고 말하기도 한다.

이처럼 모집단 값이 포함될 범위(신뢰구간)를 구하는 것, 즉 추정과 모집단 값에 대한 판단, 즉 검정은 밀접히 관련되어 있으며, 동일한 논리에 의하여 추론이 이루어진다. 그런데 통상 사회과학 연구에서는 신뢰구간을 추정하는 것보다는 가설을 검정하는 것을 훨씬 더 많이 한다. 따라서 가설 검정에 대해서는 별도의 장을 마련하여 좀 더 상세하게 설명한다.

예제 6-3

이 문제는 2004년도 외무고시 PSAT 문제인데, 신뢰수준, 오차한계, 추정과 검정 등 지금까지의 설명을 이해했는지를 파악하는 데 아주 좋은 문제이다. 한 번 풀어보자.

선거를 앞두고 어떤 선거구의 유권자 중 500명을 무작위로 뽑아 지지후보를 조사한 결과 A후보의 지지율은 52.5%, B후보의 지지율은 47.5%로 나타났다. 다음 중 가장 적절한 것은?

> 여론조사기관에서 일반적으로 사용하는 오차한계의 공식을 여기에 적용하면 다음과 같다.
>
> 오차한계(%) = ±Z값 × $\sqrt{2,500/\text{표본수}}$
>
> Z값 = 1.96(95% 신뢰수준일 때)
>
> Z값 = 2.58(99% 신뢰수준일 때)
>
> $\sqrt{5}=2.24$, $\sqrt{2.5}=1.58$

① 이 여론조사의 경우 99% 신뢰수준에서 오차한계는 ±4.39% 이다.

② 두 후보의 지지율 차이가 99% 신뢰수준에서 오차한계를 벗어나므로 A후보의 승리가 예상된다.

③ 표본수가 여론조사에서 흔히 사용되는 1,000명에 크게 못 미치기 때문에 이 조사결과는 믿을 수 없다.

④ A후보에 대한 지지율은 95% 신뢰수준에서 오차한계를 고려하면 50% 이하가 될 수 없다.

⑤ 표본수를 2,500명으로 조사하였을 때에도 동일한 지지율을 얻었다면 95% 신뢰수준에서 A후보가 과반수 이상의 지지를 확보했다고 말할 수 있다.

문제를 풀기 전에 일단 상자 안에 제시된 오차한계 공식인 「오차한계(%) = ±Z값 × $\sqrt{\frac{2500}{\text{표본수}}}$」을 이해하자. 이 오차한계 공식은 앞에서 설명한 것과 다소 모양이 다른 것 같지만, 실제로는 동일하다. 앞에서 95% 신뢰수준에서 오차한계는 다음과 같이 나타냈다.

$$\text{오차한계} = \pm 1.96\sigma_{\hat{p}} = \pm 1.96\sqrt{\frac{p(1-p)}{n}}$$

이 공식을 상자 안의 공식처럼 백분율(%)로 나타내기 위해 100을 곱하자. 그리고 $\hat{p}$ 값을 모르므로, 표준편차를 계산하기 위하여 $p=0.5$를 대입하자. 그러면 아래와 같이 된다.

$$\text{오차한계}(\%) = \pm 1.96\sqrt{\frac{p(1-p)}{n}} = \pm 1.96 \times 100\sqrt{\frac{0.25}{n}} = \pm 1.96 \times \sqrt{\frac{2500}{n}}$$

따라서 상자 안에 제시된 오차한계 공식은 앞에서 다룬 공식과 동일한 것임을 알 수 있다.

그럼 이제 답을 찾도록 하자.

$\sqrt{\frac{2500}{500}}=\sqrt{5}=2.24$이므로 99% 신뢰수준에서 오차한계는 $\pm 2.58 \times 2.24 = \pm 5.78$이다. 그리고 95% 신뢰수준에서 오차한계는 $\pm 1.96 \times 2.24 = \pm 4.39$이다. 따라서 ①은 틀렸다.

A후보의 지지율은 B후보의 지지율보다 5%포인트 높지만 이는 99% 신뢰수준의 오차한계 이내에 있으므로 ②도 틀렸다. 그런데 ②가 틀렸다는 것과 별도로 '두 후보의 지지율 차이가 오차한계를 벗어나면 A후보의 승리가 예상된다.'는 게 무슨 의미인가를 생각해 보자. 이 문제는 두 후보만 존재하고 무효표는 없는 경우에 해당한다. 따라서 A후보가 B후보에 앞선다는 것은 A후보의 득표율이 50%를 넘는다는 것과 동일하다. 99% 신뢰수준의 오차한계는 ±5.78이므로 표본에서의 A후보의 득표율이 (50+5.78)%보다 크면, 모집단의 A후보 득표율은 99% 신뢰수준에서 50%를 넘을 것이라고 예상할 수 있다. 그런데 두 후보 득표율의 합은 100이므로, 표본에서 A후보 득표율이 (50+5.78)%보다 크려면 표본에서 B후보 득표율은 (50−5.78)%보다 작아야 한다. 따라서 A후보와 B후보의 득표율 차이가 2×5.78(즉 ±5.78)을 벗어나면, 99% 신뢰수준에서 A후보가 승리할 것으로 예상할 수 있는 것이다.

여론조사에서는 흔히 1,000명을 조사하지만 500명을 조사해서 안 될 것은 없다. 다만 표본수가 줄어들면 그만큼 오차한계가 커질 뿐이다. 따라서 ③도 틀렸다.

A후보 지지율의 95% 신뢰구간은 52.5±4.39%이므로 48.11~56.89%이다. 따라서 ④도 틀렸다. 표본수가 2,500이면 $\sqrt{\frac{2500}{n}}=1$이므로 95% 신뢰수준의 오차한계는 ±1.96이다. 따라서 신뢰구간은 52.5±1.96%이므로 ⑤는 맞는 말이다.

소규모 표본의 신뢰구간 추정

표본평균을 이용하여 모평균의 신뢰구간을 추정할 수 있는 것은 중심극한정리에 의해 표본평균이 정규분포를 하기 때문이다. 그런데 중심극한정리를 적용하려면 표본 규모가 30 이상이어야 한다. 그렇다면 표본 규모가 30보다 작을 때는 어떻게 해야 할까?

한편 우리는 모표준편차를 모른다. 그래서 표준편차를 구할 때 σ 대신 s를 사용한다. 표본 규모가 상당히 커서 σ와 s의 차이가 작으면 이렇게 대체 사용해도 별 문제는 없다. 하지만 표본 규모가 중심극한정리를 충족할 만큼은 되지만, 그다지 크지 않을 때는 대체 사용으로 인한 오차도 염려해야 한다.

본장에서는 표본 규모가 작은 경우, 그리고 σ 대신 s를 사용함에 따른 문제에 대해서는 다루지 않았다. 이 문제들은 신뢰구간 추정뿐만 아니라 가설검정에서도 동일하게 발생한다. 그래서 가설검정을 논의하는 7장과 8장에서 이 문제를 다룬다. 이번 장은 '표본분포'의 의미 설명에 좀 더 집중하기 위해 그렇게 구성했다. 다만 미리 힌트를 주면 정규분포 대신 t 분포라는 것을 이용하면 된다.

소규모 표본이나 표본 표준편차를 사용함에 따른 문제는 비율의 추정과 검정에서도 발생하는데 이에 대한 논의도 8장에서 다룬다.

3. 통계조사에서의 오차

우리가 자료로부터 구한 통곗값(표본의 특성값)과 실제로 알고자 하는 미지의 모수값(모집단의 특성값)과의 차이를 오차라고 한다. 그런데 이 오차는 발생 원인에 따라 표본(추출)오차와 비표본(추출)오차로 구분할 수 있다. 표본(추출)오차(sampling error)는 전체가 아닌 일부만을 조사하기 때문에, 즉 모집단 대신 표본을 조사하기 때문에 발생하는 오차이다.

표본오차는 다시 무작위 표본오차와 편의(bias)의 두 유형으로 구분할 수 있다. 무슨 말인가? 앞에서 표본추출 방법을 무작위추출과 비무작위추출로 구분하였다. 그리고 비무작위추출은 한 쪽으로 치우쳐서 추출이 이루어지기 쉽기 때문에 편의(bias)가 발생할 수 있다고 하였다. 즉 편의는 표본추출이 한 쪽으로 치우쳐 이루어짐으로써 생기는 오차로서, 이는 무작위추출이라면 발생하지 않았을 오차이다. 이러한 편의와 구분하기 위해서 무작위추출인 경우 발생하는 표본오차를 특히 무작위 표본오차라고 부르기도 한다.

표본오차는 모집단을 조사했다면 발생하지 않았을 오차이다. 이에 비하여 비표본오차는 모집단 전체를 조사(이를 전수조사라고 한다)하더라도 발생했을 오차이다. 예를 들어서 응답자가 설문지에 번호를 잘못 체크하거나, 응답한 설문지 결과를 연구자가 컴퓨터 파일로 옮길 때 번호를 잘못 기입하는 것처럼 자료처리 과정에서 오류가 발생하는 경우 등이 이에 해당한다. 또한 비록 전수조사이지만 조사대상이 응답하지 않아서 발생하는 오차(무응답 오차)도 비표본오차에 해당한다고 볼 수 있다. 그리고 앞에서 논의한 측정오차도 비표본오차에 해당한다고 할 수 있다.

이상에서 논의한 다양한 오차들의 관계를 정리하면 아래와 같이 나타낼 수 있다.

모수 − 통곗값 = 오차

= 표본오차 + 비표본오차

= 무작위오차 + 편의 + 비표본오차

앞에서 통계적 추론은 통곗값으로부터 모수를 추정하는 것이라고 하였으며, 이러한 판단이 틀릴 가능성을 수치로 제시해 주기 때문에 객관적 혹은 과학적이라고 하였다. 가령 어떤 정책에 대한 지지율 조사결과, "이 정책의 지지율은 57%로 나타났으며, 오차한계는 95% 신뢰수준에서 ±2.5%포인트이다"라고 발표하는 것과 같은 것이다. 이는 대략 '모집단(국민전체)의 지지율은 54.5~59.5% 사이에 있는 것으로 판단되며, 이러한 판단이 틀릴 확률은 5% 이하이다'라는 뜻이다.

그런데 이러한 해석에서 주의할 것은, 오차한계는 무작위 표본오차만이 존재한다고 가정하고 계산된다는 점이다. 다시 말하면 편의나 비표본오차는 없다고 가정하고 계산한 것이다. 그러나 앞에서 논의했듯이, 실제의 통계조사에서는 편의나 비표본오차가 흔히 발생한다. 따라서 오직 무작위 표본오차만이 존재한다는 가정 하에서 계산된 오차한계는 실제로는 통곗값이 모수와 얼마나 차이가 있는가를 제대로 보여주지 못하는 경우가 많다.

그렇다면 어떻게 해야 하나? 글쎄, 우선은 표본을 추출하고 측정을 할 때, 편의나 측정오차가 발생하지 않도록 주의해야 하겠지. 그래도 발생하면? 뾰족한 수는 없다. 다만, 통계분석 결과를 해석할 때 이러한 한계가 있음을 인식해서 조심스럽게 해석하는 습관을 갖는다면 조금은 잘못된 판단을 줄일 수 있지 않을까?

모평균 표본평균의 차이 ($\mu - \overline{X}$) 분해하기

일단 비표본오차는 없다고 가정하면, 모평균과 표본평균의 차이인 오차는 다음과 같이 분해할 수 있다.

$$\mu - \overline{X} = \underbrace{(\mu - E(\overline{X}))}_{\text{편의(bias)}\ a} + \underbrace{(E(\overline{X}) - \overline{X})}_{\text{무작위오차}\ b}$$ 〈수식 6.6〉

표본이 모집단으로부터 무작위추출 되었다면 편의(bias)는 0이 된다. 즉 $E(\overline{X}) = \mu$, 표본평균의 기댓값은 모평균과 같다. 그리고 표본평균과 표본평균 기댓값의 차이는 표본평균의 표준편차로 측정할 수 있다. 따라서 〈수식 6.6〉의 a=0이며, b의 크기는 $\sigma_{\overline{X}}=\dfrac{\sigma}{\sqrt{n}}$에 의하여 추정한다. 그러나 무작위된 것이 아니라면, 즉 편의추출되었다면 $E(\overline{X})\neq\mu$, 표본평균의 기댓값은 모평균과 다르다.

대통령 선거 결과를 예측하기 위하여 사전에 유권자 1,000명을 표본추출하여 후보 지지도를 조사한다고 하자. 이 경우 이 조사가 타당하려면 전국에서 1,000명이 무작위 추출되어야 한다. 이때 각 지역별 인구규모를 감안한 층화추출을 적용할 수 있다. 만일 특정지역(영남 또는 호남)에서만 1,000명을 모두 추출하여 조사한다면 이 결과는 전 국민이 대상이 되는 대통령 선거 결과 예측에는 사용될 수 없다. 이는 표본이 모집단인 전 국민으로부터 확률추출(무작위추출)된 것이 아니라 모집단의 일부에 편의(bias)되어 추출되었기 때문이다. 설사 1,000명이 아니라 10,000명 또는 100,000명을 추출하였다고 해도 그 결과는 전 국민이 대상이 되는 대통령 선거 결과 예측에 사용할 수 없음은 자명하다. 표본이 특정 지역에 편의되어 추출된 경우에 표본 수가 증가하면 해당 지역의 지지도 예측의 정확도는 증가하지만 이것과 전 국민에 대한 지지도 예측의 정확도는 별개의 문제이다. 즉 표본이 편의된 경우에는 표본 수가 증가된다고 해도 편의의 정도가 감소하는 것은 아니다.

편의(bias)와 무작위오차의 관계를 과녁 맞추기에 비유하면 다음 그림과 같이 나타낼 수 있다. 편의는 체계적으로 과녁에서 벗어난 것이며, 무작위오차는 말 그대로 사방팔방으로 벗어나는 것을 의미한다. 편의(bias)와 무작위오차는 표본추출오차뿐만 아니라 1장서 논의한 측정오차에서도 동일하게 나타난다.

편의(bias)와 무작위오차의 관계

(a)
편의 문제없음, 무작위 오차 큼

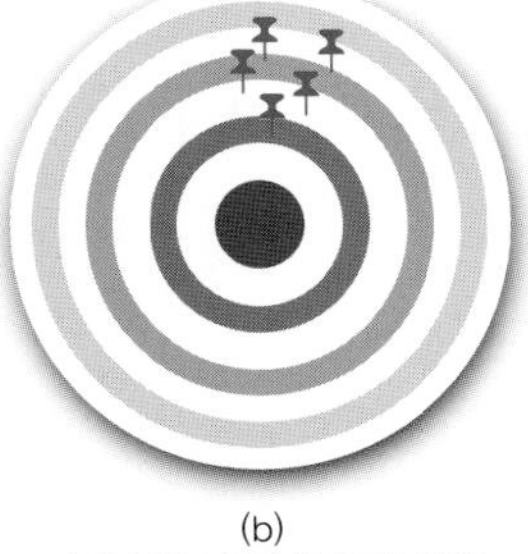

(b)
편의 심함, 무작위 오차 작음

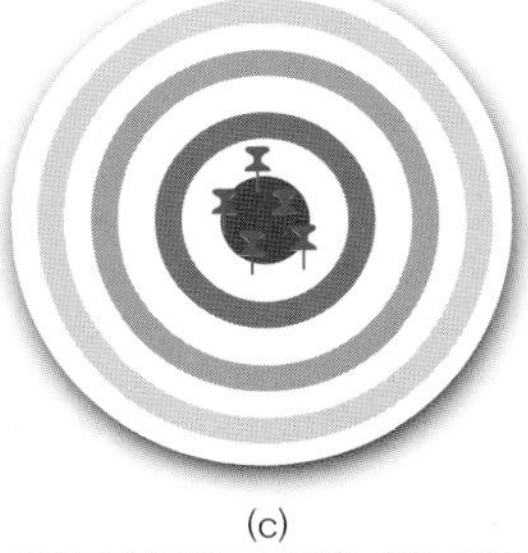

(c)
편의 문제없음, 무작위 오차 작음

생각해보기

전술했듯 대통령 선거 결과 예측이 타당하려면 전국 유권자 중에서 무작위 추출되어야 한다(지역별 지지도의 차이가 크다면 그 중에서도 층화추출을 적용하는 것이 좋다). 그런데 1,000명을 표본 추출한다고 할 때 모집단은 무엇일까? 당연히 유권자다. 그런데 어떤 유권자일까? 모든 유권자 중에서 무작위 추출하는 것이 최선일까? 아니다. 선거 당일 실제 투표에 '참여할' 유권자이다. 투표할지 말지의 의사결정이 유권자 특성과 상관없이 무작위로 이뤄진다면 그냥 유권자 전체에서 무작위 추출해도 된다. 그러나 연령에 따라서 투표율이 다르다는 것이 알려져 있으면 이를 감안해서 층화추출하는 것이 더 대표성을 높이는 방법이 된다. 가령 노년 계층의 투표율이 젊은 계층의 1.5배라면, 실제 연령별 유권자수가 아니라 연령별 투표율에 따른 유권자수를 기준으로 표본 추출해야 한다. 이러한 연령별 투표율 차이를 고려하지 않으면, 비록 유권자 전체 기준으로는 무작위 추출되었더라도 실제 투표자 기준으로는 편의(bias)추출된 셈이 된다.

4. 이번 장을 마치며: 신뢰구간 추정은 얼마나 많이 쓰일까?

표본은 모집단의 일부라서 표본 결과는 모집단 결과와는 다르다. 그래서 표본 결과로부터 모집단에 대한 판단을 하려면 표본 결과에 ±a를 해서 모집단 결과가 속할 범위를 추정해야 한다. 이게 이번 장에서 우리가 배운 것이고, 추리통계의 가장 기본이다.

하지만 실제 표본 결과를 활용할 때는 대부분 ±a를 무시한다. 가령 언론에서는 '올해의 가구 평균소득은 450만 원인데, 이는 작년보다 8만 원 증가한 것이다'라는 식으로 보도한다. 이때의 가구 평균소득 450만 원은 물론 표본 결과다(통계청에서 조사한다). 그래서 원칙적으로는 450±a만 원이라고, 또 작년보다 8±b만 원 늘었다고 발표해야 한다. 하지만 그냥 표본 결과를 모집단의 결과인양 발표한다. 언론(혹은 정부)만 그런 것이 아니다. 학자들의 연구에서도 그렇게 한다. 한국의 불평등 수준이 국제적으로는 어느 정도일까를 분석하기 위해서는 OECD 국가들의 가구소득 지니계수를 비교한다. 각국의 지니계수는 당연히 표본에서 얻은 것이다. 따라서 표본 지니계수가 '0.358'로 나왔다면 이를 발표할 때는 '0.358±c'와 같이 해야 맞다. 하지만 이렇게 발표하는 국가는 없다. 그리고 학자들이 각국의 지니계수를 비교할 때도 그냥 표본 지니계수 자체를 비교한다. 그렇게 하고 나서는 한국의 소득불평등도는 OECD 국가들 중에서 몇 번째라는 식으로 논문에 쓴다. 신뢰구간을 고려해서 비교하면 순위가 바뀔 수도 있다는 것은 전혀 신경 쓰지 않는다!

표본과 모집단의 관계를 몰라서 그러는 것은 아니다. 편의상(!) 그렇게 한다. 사실 일일이 신뢰구간을 추정해서 발표하고, 신뢰구간을 고려해서 비교를 하면 불편하다. 1장에서 척도를 설명하면서 서열척도로 측정한 것(예. 매우찬성, 찬성, 보통, 반대, 매우 반대 등)은 원칙상 평균을 낼 수 없지만 편의상 그렇게 한다고 했다. 표본결과의 활용도 유사하다. 표본 결과를 이용하여 모집단 특성을 말할 때는 신뢰구간을 추정해서 해야 하나 그냥 표본 결과 자체를 모집단결과인 것처럼 활용한다.

물론 이를 구분해야 할 필요가 있을 때는 그렇게 한다. 예를 들면 선거를 앞두고 후보자들의 지지율을 비교하는 경우가 그렇다. 지지율 비교는 매우 민감한 사항이므로 표본조사 결과를 발표할 때는 오차한계를 언급한다.

하지만 이처럼 민감한 경우가 아니라면 대개는 표본 결과를 그냥 모집단 결과인 것처럼 활용한다. 당연히 통계학에 익숙하지 않은 일반인들은 모집단 결과인 것으로 이해한다. 그렇다면 통계학을 배운 학자들은? 크게 다르지 않다. 물론 조금만 따져 봐도 표본 결과이고 모집단 결과로 해석하려면 오차한계를 고려해야 한다는 것을 안다. 하지만 관례적으로 표본 결과만 사용하다보니 모집단 결과가 아니라는 것을 잊어버리는 경우가 많다.

이쯤이면 내가 하고 싶은 말이 뭔지 짐작할 것이다. 비록 편의상, 그리고 관례적으로 표본 결과를 모집단 결과인 것처럼 사용하지만 본질은 표본에서 얻은 것임을 기억하자는 것이다. 그로인한 한계를 인지하고 활용 시 주의하자는 것이다.

제 6 장 점검

6장을 제대로 배웠다면 다음과 같은 것들을 충분히 해낼 수 있어야 한다.

1. 모평균이 μ, 모분산이 σ^2일 때 표본평균의 기댓값과 분산 제시하고 왜 그런지 설명하기
2. 표준오차 의미 설명하기
3. 표본평균의 표준편차가 표준오차인 이유 설명하기
4. 표본오차 크기 결정하는 요인 설명하기
5. 표본비율의 기댓값과 분산 제시하고 왜 그런지 설명하기
6. 표본평균과 표본비율 표준화하기
7. 표본평균과 표본비율의 신뢰구간 추정을 사례를 들어 설명하기
8. 여론조사에서 오차한계(%)=Z값$\pm\sqrt{\dfrac{2500}{\text{표본수}}}$을 사용하는 이유 설명하기
9. 신뢰수준과 오차한계의 관계 설명하기
10. 특정 오차한계 유지에 필요한 표본규모 구하기
11. $\mu-\overline{X}$를 편의(bias)와 무작위오차로 분해하고 의미 설명하기

연습문제 해답과 자료 | "blog.naver.com/statforss"

연습문제 E·X·E·R·C·I·S·E

1. 다음은 한국대학교 교양영어 수강생 중 30명을 무작위 추출하여 조사한 기말시험 성적결과이다(모집단은 1학년생 전체인 4,000명이다). 모평균에 대한 95% 신뢰수준의 신뢰구간을 구하라.

74	63	95	80	92	92
94	73	77	67	70	100
72	61	66	73	73	87
67	70	66	80	87	83
66	96	66	84	60	72

2. 시중의 자판기 커피 한 잔은 약 130㎖ 정도이다. 한국 대학교 자판기업자는 대학생들을 위해서 특별히 양을 150㎖로 맞춰서 제공하고 있다고 홍보했다(그렇다고 묽지도 않다!). 한국 대학교 학생회는 과연 그런지 알기 위해 교내 곳곳의 자판기에서 36잔을 무작위로 뽑아 조사한 결과, 평균은 145㎖, 표준편차는 9㎖인 것으로 나타났다. 한국 대학교 자판기 커피 한 잔의 평균 무게에 대한 95% 신뢰구간을 구하라. 그리고 이를 근거로 자판기업자의 홍보의 진위를 따져 보라.

3. 현도 자동차가 새로 출시한 하이브리드 자동차 '소만타'의 연비(1리터 당 평균 주행거리)는 동급 최강으로 알려져 있다. 소비자보호원에서 10대를 무작위 추출하여 연비를 조사한 결과는 다음과 같다. 단, 자동차 연비는 정규분포를 따른다. 그리고 모집단이 정규분포하면 표본규모가 작아도 표본평균은 정규분포를 한다.

23	17	21	19	20.7	21.2	17.5	19.5	21.5	20.4

1) 이번 장에서 배운 대로 정규분포를 적용해서 '소만타' 연비의 신뢰구간을 95% 신뢰수준에서 추정하라.
2) (7장을 배우고 나서 풀 것) t 분포를 적용해서 95% 신뢰수준의 신뢰구간을 구하고, 1)의 결과와 비교하라.

4. 현도자동차 협력업체인 현도모터스가 생산하는 엔진부품은 불량률이 높기로 악명 높다. 현도모터스 사장 영철이는 오명을 씻기 위해 6시그마 운동을 실시하려 한다. 그 전에 일단 현재의 불량률을 파악하려고 250개의 표본을 무작위 추출하여 조사한 결과 이 중에서 9개가 불량품이었다. 불량률의 신뢰구간을 90% 신뢰수준에서 다음의 두 방법으로 추정하고 결과를 비교해 보자.
① $\hat{p}$ 구해서 추정, ② $p(1-p)=0.25$로 놓고 추정

5. KBC 방송국은 설날특집으로 방영한 '남훈아 쇼'의 광주와 대구 시청률을 조사했더니 다음과 같이 나왔다. 표본은 무작위 추출되었다.

지역	조사대상 수	조사대상 중 시청자 수
광주	500	50
대구	400	70

1) 두 지역 시청률 각각에 대한 95% 신뢰구간을 구해보자.

2) 1)에 근거하여 두 지역의 시청률은 다르다고 할 수 있는지 판단해 보라(지금까지 배운 지식으로는 하나의 정답을 산출할 수 없음. 나름의 대답에 대한 근거를 생각해 보는 문제임).

데이터를 활용한 연습문제 E·X·E·R·C·I·S·E

1. household.dat 자료를 이용하여 다음의 분석을 수행하라.

1) 가구소득에 대한 90%, 95%, 99% 신뢰수준별 신뢰구간을 구하라.

2) 1)의 결과를 보면 90%→95%→99%로 신뢰수준이 높아짐에 따라 신뢰구간은 더 벌어진다. 그런데 90%→95%로 5%P 높아지면서 벌어진 간격보다 95%→99%로 4%P 높아지면서 벌어진 간격이 더 크다. 왜 그런지 설명하라.

3) 원자료의 표본 수는 1,000개이다. 이 중에서 1/4, 즉 250개만 무작위로 추출하여 가구소득에 대한 95% 신뢰수준에서의 신뢰구간을 구하라. 이렇게 구한 신뢰구간의 폭은 1,000개일 때 구한 95% 신뢰수준의 신뢰구간 폭에 비해 대략 얼마나 작은가? 그 이유는 무엇인가?

2. 250개의 표본규모를 계속 유지한 채 다음의 분석을 해 보자.

1) 임금근로자 중 남성과 여성의 정규직 비율에 대한 95%와 99% 신뢰수준의 신뢰구간을 각각 구하여라. 즉 총 4개의 신뢰구간을 구해야 한다.
(참고: 임금근로자 중 비정규직은 직종(job_type) 변수의 값이 1이며, 정규직은 2이다. 그리고 자영업자는 3이다. 따라서 3의 값을 갖는 자료는 배제하고 분석을 해야 한다).

2) 1)의 결과를 보고 95% 신뢰수준에서 남성과 여성의 정규직 비율이 다르다고 할 수 있겠는지 판단하라. 또 99% 신뢰수준에서 남성과 여성의 정규직 비율이 다르다고 할 수 있겠는지 판단하라.

3. income.dat 자료를 이용하여 분석을 수행하고 물음에 답하라.

1) 회사원, 공무원, 자영업자의 월 근로소득에 대한 95% 신뢰수준의 신뢰구간을 추정하라.

2) 신뢰구간의 폭(±오차한계)은 어느 집단이 가장 짧고 어느 집단이 가장 긴가? 왜 이런 현상이 발생했을까?

제 7 장

가설검정1: 평균검정

1. 가설검정의 기본 개념

보기 7-1 동전 맞추기 게임

두 개의 동전이 있다. 하나는 앞·뒷면 나올 확률이 반반인 보통 동전이다. 또 하나는 겉보기에는 보통 동전과 다를 바 없지만 실제로는 무조건 앞면만 나오도록 특수 제작된 동전이다. 게임 진행자가 이 중에 하나를 선택해서 동전 던지기를 한다. 이 게임은 진행자가 선택한 동전이 보통 동전인지, 아니면 앞면만 나오게 특수 제작된 동전인지 알아맞히는 것이다. 게임 참가비는 5만 원이다. 맞히면 5만 원+α의 돈을 받고 틀리면 참가비를 잃는다.

진행자는 동전 던지기를 반복한다(진행자는 공정하게 던진다!). 참가자는 그 결과를 보고 판단이 섰을 때, 멈추라고 하고 대답하면 된다. 대답하기 전까지의 던지기 횟수가 적을수록 α는 크다. 즉 반복 횟수가 많아질수록 α는 줄어든다.

1회 던졌는데 앞면이 나왔다: 그만 멈추고 대답하겠는가?
2회 던졌는데 또 앞면이 나왔다: 그만 멈추고 대답하겠는가?
3회 던졌는데 또 앞면이 나왔다: 그만 멈추고 대답하겠는가?
4회 던졌는데 또 앞면이 나왔다: 그만 멈추고 대답하겠는가?
5회 던졌는데 또 앞면이 나왔다: 그만 멈추고 대답하겠는가?
6회 던졌는데 또 앞면이 나왔다: 그만 멈추고 대답하겠는가?
…

학생들에게 맞히라고 해 보면 1회에서 멈추고 대답하는 학생은 아직까지 없었다. 2회 던졌는데 두 번 모두 앞면이 나왔다면, 여기서 멈추고 대답하는 학생이 간혹 있다. 5회 연속 앞면이 나오면 멈추고 대답하는 학생은 꽤 많았다. 6회까지 했는데도 대답하지 않고 계속 기다리는 학생에게, 몇 회 연속 앞면이 나오면 맞히겠냐고 했더니 50회 연속으로 앞면이 나오면 멈추고 대답하겠다고 한다. 본인이라면 몇 번까지 연속 앞면이 나왔을 때 멈추고 맞히겠는가?

5회 연속 앞면이 나오면 멈추고 대답한다고 하자. 뭐라고 답할까? 당연히 앞면만 나오게 만들어진 특수 동전이라고 할 것이다. 왜 이런 판단을 했을까? 왜 그 판단을 5회 연속 앞면이 나온 것을 확인하고 나서야 했을까? 이 판단에 이르기까지의 과정을 따져 보면 아마 이럴 것이다.

「동전은 둘 중의 하나다. 보통 동전 아니면 앞면만 나오는 특수 동전. 그런데 이 동전이 보통 동전이라면 5회 연속 앞면만 나올 수 있을까? 이 확률을 계산해 보자. $\left(\frac{1}{2}\right)^5 = \frac{1}{32} = 0.031$이다. 이 동전이 보통 동전임에도 불구하고, 우연히 5회 연속 앞면만 나올 확률은 3% 정도 밖에 안 된다. 보통 동전인데 5회 연속 앞면만 나오기는 어렵다. 그렇다면 이 동전은 본래 앞면만 나오게 만들어진 특수 동전일 가능성이 높다」

이처럼 체계적이지는 않더라도 대충 비슷한 생각으로 특수 동전이라고 판단했을 것이다. 그런데 이러한 판단 과정에 가설검정의 핵심이 모두 담겨있다. 이를 좀 더 음미해 보자.

가설검정은 귀류법

고등학교 수학시간에 $\sqrt{2}$가 무리수임을 증명했던 것이 기억나는가? 이런 방식이었다. 일단 $\sqrt{2}$를 유리수라고 가정한다. 그리고 $\sqrt{2}$가 유리수라고 가정하면 모순에 도달한다는 것을 보임으로써 $\sqrt{2}$는 유리수가 아님을 증명한다. 모든 수는 유리수 아니면 무리수이므로, $\sqrt{2}$는 무리수임이 증명된 것이다.

이처럼 어떤 명제가 참임을 직접 증명하는 대신, 그 부정명제를 참이라고 전제한 후 논증하여 전제가 모순에 귀결함을 밝힘으로써 원명제가 참임을 증명하는 방식을 귀류법이라고 한다. 통계학의 가설검정은 바로 이 귀류법의 방식을 택한다. 다만 수학에서는 모순, 즉 발생확률이 0일 때 부정명제를 거부하지만, 통계학에서는 발생확률이 매우 낮을 때 부정명제를 거부한다. 발생확률이 낮지만 0은 아니므로 통계학의 가설검정은 항상 틀릴 가능성을 갖고 있다.

동전 맞추기 사례의 판단 과정도 바로 이 귀류법에 의한 것이다. 즉「이 동전이 보통 동전이라면 5회 연속 앞면이 나올 확률은 3%정도로 매우 낮다. 따라서 이 동전이 보통 동전임에도 불구하고 5회 연속 앞면이 나왔다기보다는 원래부터 앞면만 나오게 설계된 특수 동전이라고 보는 것이 더 타당하다」라고 판단한 것이다.

귀무가설과 대립가설

귀류법에 의해 참임을 증명하는 명제를 대립가설(alternative hypothesis)이라고 한다. 그리고 모순임(발생확률이 매우 낮음)을 보여서 거부하는 명제를 귀무가설(null hypothesis)이라고 한다.

대립가설은 연구자가 내심 참임을 보이고 싶은, 지지하는 가설이므로 이를 연구가설(research hypothesis)이라고도 부른다. 귀무가설은 대립가설과 반대되는 내용을 서술한 가설이다. 귀무가설을 거부함으로써 대립가설을 택하게 되므로, 귀무가설과 대립가설은 서로 여집합 관계에 있다. 즉 '대립가설＝not 귀무가설'이다. 보통 귀무가설은 H_0로 표기하고, 대립가설은 H_1으로 표기한다.

귀무가설은 우리가 관측한 내용이 우연에 의해 발생한 것이라는 입장을 취한다. 반대로 대립가설은 우연이 아니며, 그럴만한 이유가 있어서 발생했다고 본다. 위의 동전 맞추기 게임에서 귀무가설 H_0은 '이 동전은 보통 동전이다'가 되며, 대립가설 H_1은 '이 동전은 보통 동전이 아니다. 즉 특수 동전이다'가 된다. H_0이 참이라면, 우리가 관측한 5회 연속 앞면은 '우연히' 발생한 것이다. H_1이 참이라면, 원래 앞면만 나오게 특수 제작된 동전이라서 5회 연속 앞면이 나온 것이다.

귀무가설과 대립가설을 설정한 뒤, 이에 대한 검정 절차는 다음과 같다.

- 귀무가설 H_0이 맞다고 하자.
- 이 경우 우리가 관측한 사실이 우연히 발생할 확률은 얼마인가?
- 이 확률이 매우 낮은가? 그렇다면 우연히 발생했다고 보기는 어렵다.
- 따라서 귀무가설은 아니다. 대립가설이 맞을 것이다.

귀무가설이 아니라고 거부하는 것을 귀무가설을 기각한다고 표현한다.

가설검정 규칙: 유의수준과 P 값의 비교

가설검정은 귀무가설이 맞다고 가정할 때 관측한 사실이 발생할 확률을 계산하여 이 확률이 낮으면 귀무가설을 기각하고 대립가설을 채택하는 것이다.

그런데 얼마나 낮아야 귀무가설을 기각할까?

동전 맞추기 게임에서 4회 연속 앞면이 나올 확률은 0.063$\left(=\frac{1}{16}\right)$이고, 5회 연속 앞면이 나올 확률은 0.031$\left(=\frac{1}{32}\right)$이다. 4회까지는 가만히 있다가 5회 연속 앞면이 나온 것을 확인하고서야 특수 동전이라고 판단한다면, 귀무가설 기각의 기준이 되는 발생 확률을 0.031에서 0.063 사이로 정하고 있는 셈이다.

관측한 사실이 우연에 의해 발생할 확률이 '얼마' 이하이면 귀무가설을 기각하겠다고 판단할 때, 그 '얼마'를 유의수준(significance level)이라고 하며, 보통 α로 표기한다. 10회 연속 앞면이 나와도 판단을 내리지 않는다면, 이는 유의수준 α를 0.00098$\left(=\frac{1}{1024}\right)$보다도 더 낮게 설정하고 있는 셈이다.

'유의수준은 얼마로 설정해야 한다'는 규칙은 없다. 이를 정하는 것은 연구자의 몫이다. 유의수준을 높게 설정하면 귀무가설을 더 쉽게 기각하겠지만 그만큼 신빙성이 낮아진다. 통상 0.05를 사용하며, 0.01을 사용하기도 한다.

동전 맞추기 게임에서 유의수준을 0.05로 정했다고 하자. 이 경우 5회 연속 앞면이 나오면 '이 동전은 보통 동전'이라는 귀무가설을 기각한다. 보통 동전인데 5회 연속 앞면이 나올 확률은 0.031로서 유의수준 0.05보다 작기 때문이다.

이처럼 유의수준과 비교하여 '귀무가설이 사실이라고 해도 우리가 관측한 현상이 우연히 발생할 확률'을 P 값(P value)라고 한다.[1] 유의수준 α와 P 값에 의해 가설 검정하는 규칙을 나타내면 다음과 같다.

가설검정 규칙

P 값$\leq\alpha$: 귀무가설 H_0 기각

P 값$>\alpha$: 귀무가설 H_0 기각 못함

'P 값$\leq\alpha$'이어서 귀무가설을 기각하였다. 그런데 귀무가설이 사실이어도 P 값만큼의 확률로 우리가 관측한 현상은 발생할 수 있다. 즉 P 값은 귀무가설을 기각한다면, 그 판단이 오류일 확률을 보여 준다.

1 보다 정확히 표현하면 우리가 관측한 현상 혹은 그보다 더 극단적인 것이 발생할 확률을 의미한다. 이에 대해서는 뒤에서 다시 설명한다.

P 값의 정확한 해석

앞서 신뢰구간의 의미에 대해, '95% 신뢰수준'을 모비율이 신뢰구간 내에 있을 확률이 95%이고 밖에 있을 확률은 5%라고 하는 것은 정확하지 않다고 했다. 정확한 의미는 「'표본추출 → $\hat{p}$ 얻기 → 신뢰구간 추정'을 매우 많이 반복하면, 추정된 신뢰구간 중에서 95%는 모비율 p를 포함하고, 나머지 5%는 포함하지 않을 것이다」라고 했다. 마찬가지로 'p 값이 0.03'이라는 것이, '대립가설이 참일 확률이 97%이고 귀무가설이 참일 확률이 3%'라는 의미는 아니다. 다만 귀무가설이 참이라고 해도 '우리가 관측한 현상 혹은 그보다 더 극단적인 케이스가 대략 100번 중 3번은 발생할 수 있다는 것'을 의미한다. 역시 둘의 차이를 잘 모르겠다고? 글쎄, 그렇다면 가설검정은 특정 가설이 참 혹은 거짓일 확률을 보여주는 것은 아니라는 것만 기억하자.

'귀무가설 기각 못함'의 의미

가설검정은 관측한 현상을 보고 귀무가설의 기각 여부를 판단하는 것이다. 즉 가설검정에서는 ① 귀무가설 기각함, ② 귀무가설 기각 못함 중 하나를 선택한다. 이때 주의할 것이 있다. '귀무가설 기각함'을 선택하는 것은 대립가설을 받아들임을 의미한다. 그러나 '귀무가설 기각 못함'을 선택하는 것이 귀무가설을 받아들인다는 의미는 전혀 아니다. 동전 맞추기 게임에서 게임규칙을 다음과 같이 조금 바꿔보자.

> 게임 진행자는 동전을 두 번 던지고 멈춘다.
> 게임 참여자는 그 결과를 보고 게임 참여여부를 결정한다.
> 즉 3만 원을 내고 특수 동전 여부를 맞히든지, 아예 참가하지 않을 것인지 선택한다.

게임 진행자가 두 번 던졌더니 모두 앞면이 나왔다. 본인이라면 어떤 결정을 내리겠는가?

수업시간에 학생들에게 물어보면 대부분 참여하지 않겠다고 한다. 그 이유는 두 번 던져서 모두 앞면이 나왔다는 것만 갖고는 보통 동전인지 특수 동전인지 여부를 자신 있게 대답하기 어렵기 때문이다. 이 동전이 보통 동전이라고 해도(귀무가설이 맞는다고 해도), 두 번 모두 앞면이 나올 확률(P 값)은 25%이다. 우연히 발생할 수 있는 개연성이 꽤 된다. 따라서 이 동전은 보통 동전이 아니라고, 특수 동전이라고 단정하기는 어렵다. 즉 귀무가설을 기각하지 못한다. 하지만 그렇다고 해서 귀무가설을 받아들이는 것, 즉 보통 동전이라고 판단하는 것은 결코 아니다. '보통 동전이냐 특수 동전이냐' 중에서 무조건 하나를 선택해야 한다면 특수 동전이라고 판단하는 것이 좀 더 합리적일 것이다. 다만 현재까지 드러난 증거(두 번 던져서 모두 앞면)만으로는 보통 동전이 아니라고 자신 있게 말할 수 없다는 것뿐이다.

이 사례에서 알 수 있듯이 가설검정은 귀무가설 H_0과 대립가설 H_1 둘 중에서 하나를 선택하는 것이 아니다. 귀무가설 H_0에 대하여 기각하냐, 못하냐를 판단하는 것이다. 귀무가설 H_0을 기각한다는 것은 대립가설 H_1을 선택함을 의미한다. 그러나 귀무가설 H_0을 기각하지 못한다는 것은, H_0을 선택하는 것이 아니다. 다만 주어진 정보만으로는 H_1이 맞는지 여부를 판단할 수 없다는 것을 의미한다.

'귀무가설을 기각하지 못한다'의 의미

귀무가설을 기각하지 못한다는 것이 귀무가설을 받아들이고 대립가설을 기각한다는 것은 전혀 아니다. 다만 주어진 정보만으로는 귀무가설을 기각하기에 불충분하다는 것을 의미한다. 즉 귀무가설과 대립가설 중 어느 것도 자신 있게 선택하지 못하는 상태이다.

'귀무가설 기각 못함'의 의미를 분명하게 이해하는 것은 매우 중요하다. 실증연구에서 연구자들이 흔하게 범하는 오류가 '귀무가설 기각 못함'을 귀무가설을 받아들이는 것으로 해석하는 것이다. 즉 대립가설이 틀린 것으로 나타났다고 해석하는 것이다. 통계적 가설검정에서는 대립가설이 틀렸다는 것은 절대 증명할 수 없다. 다만 귀무가설이 틀렸음을 증명하든가 하지 못하든가만 있을 뿐이다.

물론 통계분석을 해 놓고서, 결론을 어느 것이 맞는지 알 수 없다고 하는 것이 허탈하기는 하다. 연구자가 규명하고자 하는 연구가설(대립가설)이 맞든 틀리든 가부간에 결정하고 싶은 마음은 이해한다. 그렇다고 할 수 없는 것을 할 수 있다고 할 수는 없다. 할 수 없는 것은 할 수 없다. 이 책의 독자들은 제발 '귀무가설 기각 못함'의 의미를 왜곡하는 잘못을 범하지 않을 것을 부탁한다.

귀무가설 '기각'과 '기각 못함'의 공식적 표현

귀무가설 기각은 대립가설 채택을 의미한다고 했다. 그리고 귀무가설 기각 못함은 귀무가설과 대립가설 중 어느 것도 채택 못함을 의미한다고 했다. 그런데 '대립가설 채택'은 그대로 표현해도 괜찮겠지만, '귀무가설과 대립가설 중 어느 것도 채택 못함'은 그대로 표현하기가 어째 좀 어색하다. 학술논문에서 두 경우를 설명할 때는 통상 다음과 같은 표현을 사용한다.

귀무가설 '기각'과 '기각 못함'의 공식적 표현

- 귀무가설 기각: 대립가설은 유의수준 α에서 통계적으로 유의미하다.
- 귀무가설 기각 못함: 대립가설은 유의수준 α에서 통계적으로 유의미하지 않다.

'통계적 유의미'라는 말을 잘 기억하기 바란다. 이의 의미에 대해서는 뒤에서 다시 논하게 된다.

'귀무'가설의 재음미

귀무가설은 영어로는 'null hypothesis'이다. null은 '無'란 뜻이므로 이를 귀무(歸無)라고 번역한 것이다. 歸無는 '무'로 돌아간다는 뜻이니 정확히는 nullify를 번역한 것에 해당하겠다. 그러니 귀무가설의 귀무는 無(제로) 가설 혹은 무효화하는 가설이라는 뜻으로 해석할 수 있다.

연구자가 가설검정에서 바라는 것은 귀무가설을 기각해서 대립가설이 맞음을 보이는 것이다. 즉 귀무가설은 틀렸다고, 무효라고 선언하고 싶은 가설이다. 이런 면에서 본다면 '귀무'는 무효화한다고 풀이하는 것이 나름 의미 있는 해석이 된다.

앞에서 귀무가설은 우리가 관측한 내용이 우연에 의해 발생했다고 보는 반면, 대립가설은 그럴만한 이유가 있어서 발생했다는 입장을 취한다고 했다. 귀무가설은 그럴만한 이유 없이 우연히 발생한 것이라는 면에서 이유가 '無'인 가설이라고 해석할 수 있다.

뒤에서 다시 나오지만 귀무가설은 대부분 차이가 '없다'는 형태를, 대립가설은 차이가 '있다'는 형태를 띤다. 새 품종 한라봉의 당도 조사(2장의 사례이다) 목적은 새 품종이 기존 품종보다 더 당도가 높은가를 알아보기 위함이다(기존 품종과 당도가 마찬가지면 굳이 새 품종을 개발한 가치가 없을 것이다). 즉 대립가설은 '새 품종이 기존 품종보다 당도가 높다'가 되며, 귀무가설은 '새 품종과 기존 품종은 당도 차이가 없다'는 것이 된다.[2] 공무원의 근속연수와 직무만족도의 관계를 규명하는 연구에서는 근속연수와 직무만족도는 서로 관계가 있다는 것을, 즉 근속연수에 따라 직무만족도에 차이가 있다는 것을 보이고 싶어 한다(애초부터 아무 관계가 없다고 여겨지면 그런 연구를 왜 하겠는가?). 따라서 대립가설은 관계가 '있다' 혹은 차이가 '있다' 이며, 귀무가설은 관계가 '없다' 혹은 차이가 '없다'는 것이 된다.

이처럼 귀무가설은 차이가 '無'라는 의미를 갖기 때문에 귀무(null) 가설이라 불린다(라고 나는 해석한다!).

1종 오류와 2종 오류의 개념

가설검정에서는 ① 귀무가설 기각함, ② 귀무가설 기각 못함 중 하나를 선택한다. 그런데 통계적 판단은 오류 가능성을 갖고 있다. '귀무가설 기각'을 택했는데 실제는 귀무가설이 맞을 수 있다. '귀무가설 기각 못함'을 택했는데 실제는 귀무가설이 틀렸을 수 있다. 물론 두 번째 경우는 기각하지 못한 것뿐이며, 받아들인 것은 아니므로 첫 번째와는 다소 성격이 다르다. 그러나 귀무가설을 기각했어야 했는데 못했다는 의미에서는 오류라고 할 수 있다.

'귀무가설 기각'을 택했는데 실제는 귀무가설이 맞는 경우를 1종 오류(type 1 error)라고 한다. '귀무가설 기각 못함'을 택했는데 실제는 대립가설이 사실인 경우를 2종 오류(type 2 error)라고 한다.

어떤 통계학 책에서는 유의수준 α를 1종 오류의 발생확률이라고 설명한다. 하지만 이는 정확한 표현은 아니다. 앞서 귀무가설을 기각했을 때 그 판단이 잘못일 확률을 P 값이라고 했다. 즉 P 값은 관찰결과로부터 계산한 1종 오류의 발생 확률을 의미한다. 그리고 유의수준이 α일 때 'P 값$\leq\alpha$'이면 귀무가설을 기각한다고 했다. 즉 유의수준을 α로 설정한다는 것은 가설검정의 기준으로서 1종 오류 발생확률을 α 이하로 제한한다는 것을 의미한다. 따라서 α는 정확히 말하면 1종 오류의 '발생 확률'이 아니라 '허용 한계'다.

2 정확히 말하면 귀무가설은 기존 품종과 당도가 같거나 낮다지만 '같다'만 있어도 낮다가 포함된 것으로 간주한다. 이에 대해서는 뒤에서 다시 설명한다.

표 7-1
1종 오류와 2종 오류

실제상황 / 검정결과	귀무가설 맞음	귀무가설 틀림
귀무가설 기각 못함	옳은 결정	2종 오류 발생
귀무가설 기각	1종 오류 발생	옳은 결정

검정력

대립가설은 연구자가 지지하는 연구가설이다. 연구자는 대립가설은 사실이며 가설검정을 통해 그 사실이 입증되길, 즉 귀무가설을 기각하길 바란다. 이런 의미에서 대립가설이 사실일 때 귀무가설을 기각하고 대립가설을 채택할 확률을 검정력이라고 한다. 즉 〈표 7-1〉의 오른 쪽 하단의 '옳은 결정'을 내릴 확률이 검정력인데, 이는 '1-(2종 오류 범할 확률)'과 같다.

1종 오류와 2종 오류의 상충 관계

P 값은 귀무가설을 기각했을 때, 그 판단이 틀릴 확률이다. 우리는 P 값이 정해진 유의수준보다 작아야만 귀무가설을 기각한다. 그러니 유의수준을 작게 설정할수록 1종 오류를 범할 가능성은 줄어든다. 하지만 유의수준을 작게 설정하면, 반대로 귀무가설이 틀린데 기각하지 못할 가능성, 즉 2종 오류의 발생 가능성은 커진다. 즉 1종 오류와 2종 오류의 발생 확률은 반비례 관계에 있다. 또한 '검정력=1-(2종 오류 발생 확률)'이므로 2종 오류가 커지면 검정력은 낮아진다. 이에 따라 1종 오류의 발생 확률을 낮추면 검정력도 낮아진다.

한 가지 주의할 게 있다. 우리는 1종 오류를 범할 확률, 즉 P 값을 구한 다음 이를 보고 귀무가설 기각 여부를 결정한다. 하지만 2종 오류를 범할 확률은 구할 수 없다. 따라서 검정력도 실제 크기를 계산할 수는 없다. 다만 1종 오류가 줄거나 늘면 2종 오류는 반대로 늘거나 줄고 그에 따라 검정력도 작아지거나 커진다는 것만 유추할 수 있을 뿐이다.

동전 맞추기 게임에서 유의수준을 0.001로 설정했을 경우와 0.05로 설정했을 경우를 비교해 보자. 어떤 경우에 귀무가설(보통 동전)을 기각할 수 있는가? 반대로 어떤 경우에 귀무가설을 기각할 수 없는가? 이런 판단들이 틀릴 가능성은 유의수준에 따라 어떻게 달라지겠는가? 조금만 생각해 보면 어렵지 않게 답을 알 수 있다. 스스로 해보자.

검정통계량(test statistic)

검정통계량은 말 그대로 가설을 '검정'하기 위해 사용되는 표본 '통계량'이다. 동전 맞추기 게임에서 5회 연속 앞면이 나왔을 때 동전 던지기를 멈추고 특수 동전이라고 판단하였다면, '5회 연속 앞면'이 검정통계량이다. 귀무가설이 맞는다고 할 때, 이러한 검정통계량의 발생확률(P 값)을 계산하고, 이것이 유의수준 α 이하이면 귀무가설을 기각한다. 동전 맞추기 게임에서는 'n회 연속 앞면' 확률을 쉽게 계산할 수 있었다. 그러나 이는 설명을 위해 꾸민 사례다.

가설검정은 평균이나 비율 같은 모집단 특성에 대한 판단이다. 당연히 평균에 대한 판단에는 표본평균이, 비율에 대한 판단에는 표본비율이 사용된다. 중심극한정리에 의하여 표본평균과 표본비율은 정규분포를 하며, 이들의 표준화 값은 표준정규분포를 한다는 것을 알고 있다. 그래서 평균이나 비율에 대한 가설검정일 경우는 표본평균이나 표본비율의 표준화 값이 검정통계량이 된다. 그리고 표준정규분포를 이용하여 P 값을 구한다. 그래서 평균이나 비율에 대한 가설검정의 검정통계량은 다음과 같이 된다. 물론 표본값은 평균 검정에서는 표본평균, 비율 검정에서는 표본비율이다.

$$\text{검정통계량} = \frac{\text{표본값} - (\text{귀무가설이 맞을 때의})\ \text{기댓값}}{\text{표본값의 표준오차}}$$

어떤 값을 표준화할 때는 평균을 빼준 다음 표준편차로 나눠준다. 그런데 표본평균이나 표본비율의 경우 평균은 기댓값이고 표준편차는 표준오차이다. 그래서 표본평균이나 표본비율을 표준화해서 검정통계량으로 사용한다는 것을 분명히 하려는 의미에서, 기댓값과 표준오차로 대치했다. 이 검정통계량을 풀어쓰면, ($\bar{X}$와 같은) 표본값과 (귀무가설이 맞는다고 할 때의) 기댓값의 차이를 표준편차 단위로 나타낸 것이다.

검정통계량 형태의 의미 따져보기

검정통계량의 분자는 '표본값－기댓값'이고 분모는 표본값의 '표준편차(표준오차)'다. 따라서 귀무가설을 기각할 확률은 표본값과 기댓값의 차이가 클수록, 그리고 표준편차가 작을수록 증가한다. 기댓값은 귀무가설이 맞는다는 전제하에 계산한 값이다. 그러니 표본으로부터 얻은 값이 기댓값과 차이가 크면 클수록 귀무가설이 틀리다고 생각하는 것은 지극히 합리적인 추론이다.

그렇다면 표준편차 크기는 무슨 상관일까? 전술했듯, $\overline{X}$와 같은 표본값의 표준편차는 곧 표준오차다. 표준오차는 '표본값과 실제 기댓값의 차이'를 측정하는 지표다. 따라서 귀무가설이 맞는다고 해도 표준오차 정도의 차이는 발생할 수 있다. 다시 말해서 검정통계량의 분자는 귀무가설이 맞다고 해도 분모 크기 정도의 오차는 가질 수 있다. 따라서 분자가 분모에 비해 상대적으로 크면 클수록(절댓값 기준), 귀무가설이 틀렸을 가능성은 높아진다.

다시 말해서 검정통계량은 (표본값－귀무가설이 맞을 때의 기댓값)이 (표본값－실제 기댓값)에 비해 얼마나 큰가를 보여주는 셈이다. 실제 기댓값과의 차이에 비해 귀무가설이 맞는다고 할 때의 기댓값과의 차이가 크면 클수록 귀무가설은 틀리다고 할 수 있다.

2. 가설검정의 절차

지금까지 동전 맞추기 게임 사례를 통하여 가설검정의 핵심 내용을 설명했다. 이것들만 이해하면 가설검정에서 중요한 것은 다 배웠다. 추정이든 검정이든 통계적 추론의 계산 자체는 자료만 대입하면 컴퓨터가 알아서 해 준다. 중요한 것은 컴퓨터가 산출한 결과가 무엇을 의미하는가를 제대로 이해하는 것이다. 그러니 앞서의 설명을 잘 이해하고 분명히 기억하자.

동전 맞추기 게임은 가설검정에 대한 이해를 돕기 위해 지나치게 단순화된 사례다. 이제부터는 좀 더 사실적인 사례를 통하여, 실제로 가설검정 하는 방법을 익히도록 하자.

가설검정의 4단계 절차

앞서 논의한 가설검정의 논리를 따라 가설검정 절차를 다음과 같이 4단계로 만들 수 있다.

1단계: 가설 세우기
2단계: 검정통계량 만들기
3단계: P 값 계산하기
4단계: 판단하기

이제 다음 사례에 가설검정 절차를 각 단계별로 적용해 보도록 하자.

예제 7-1

요즘 공무원들은 과거보다 승진 소요기간이 길어졌다는 불만을 갖고 있다. 이러한 인식이 사실인가 알아보기 위하여 행정자치부에서는 최근 3년간 7급에서 6급으로 승진한 공무원 중에서 100명을 무작위 추출하여 승진 소요기간을 조사하였더니 5.2년이었다. 한편 그 이전 5년간 7급에서 6급으로 승진한 모든 공무원의 승진소요기간 평균은 4.6년이고 표준편차는 3년이었다고 한다. 최근 3년간의 승진 소요기간이 그 이전 5년에 비하여 정말 길어졌을까?

1) 1단계: 가설 세우기

대립가설은 연구자가 알고 싶은 것 혹은 지지하는 가설이다. 그리고 귀무가설은 대립가설의 반대로서, 귀무가설을 기각함으로써 대립가설이 맞음을 증명한다. 따라서 가설을 세울 때는 먼저 대립가설을 세우고, 그에 반대되는 가설로 귀무가설을 설정하는 게 편리하다. 이 사례에서 연구자는 최근 승진 소요기간이 과거보다 길어졌다는 공무원들의 인식이 사실을 반영하는가를 알고자 한다. 구체적으로는 최근 3년간 승진 소요기간이 그 이전 5년에 비하여 정말 길어졌는가 이다. 따라서 대립가설 H_1은 '최근 3년간 승진소요기간은 그 이전 5년간의 승진소요기간(4.6년)보다 길다'가 된다. 귀무가설은 'not 대립가설'이다. 따라서 대립가설과 귀무가설은 다음과 같이 된다.

H_1: 최근승진기간 $>$ 4.6년
H_0: 최근승진기간 $\leq$ 4.6년

귀무가설의 형태

이 사례에서 귀무가설은 '최근승진기간 $\leq$ 4.6년'이다. 그런데 이 귀무가설에서 부등호 '$<$' 을 제외하고 다음과 같이 설정해도 가설검정의 효과는 동일하다.

H_0: 최근승진기간 $=$ 4.6년

왜 '$\leq$'로 설정하거나 '$=$'로 설정하거나 동일할까? 우리는 귀무가설을 기각함으로써 대립가설이 맞음을 보인다. 그런데 1종 오류를 범할 확률, 즉 귀무가설이 맞는데도 기각하고 대립가설을 채택할 확률은 다음 두 경우 중 언제 더 클까?

① 모집단의 최근 승진기간이 오히려 과거보다도 짧은 3년
② 모집단의 최근 승진기간이 과거와 마찬가지인 4.6년

①과 ②는 모두 귀무가설 H_0: 최근승진기간 ≤ 4.6년에 해당한다. ①은 최근 승진기간<4.6년에 해당하고 ②는 최근 승진기간=4.6년에 해당한다. 우리의 관찰값 $\overline{X}$는 5.2년이다. $\overline{X}=5.2$로 나올 확률은 ①과 ② 중에서 어느 경우가 더 높겠는가. 물론 ②다. 실제 승진기간이 3년인데 우연히 표본조사에서 5.2년이 나올 가능성보다는, 실제 승진기간이 4.6년인데 우연히 5.2년이 나올 가능성이 높다. 이 논리를 연장하면 실제 승진기간이 (등호에 해당하는) 4.6년일 때 1종 오류를 범할 확률이 가장 크다는 것을 알 수 있다. 따라서 귀무가설이 '≤'처럼 등호와 부등호를 모두 포함하는 경우, 이에 대한 기각 여부의 결정에는 부등호는 문제가 안 되며 등호가 기준이 된다.

귀무가설은 대립가설의 반대이므로 대립가설이 '>' 이면 귀무가설은 '≤'가 되고, 대립가설이 '<'이면 귀무가설은 '≥'가 된다. 그러나 어느 경우든 대립가설만 명확히 세우면, 귀무가설은 '='으로만 설정해도 상관없다.

단측검정과 양측검정

대립가설을 '모평균은 특정값보다 크다($\mu>\mu_0$)' 또는 '모평균은 특정값보다 작다($\mu<\mu_0$)'와 같이 설정하는 것을 단측검정이라고 한다.[3] 그리고 대립가설을 '모평균은 특정값과 다르다($\mu\neq\mu_0$)'와 같이 설정하는 것을 양측검정이라고 한다.

대립가설이 $\mu>\mu_0$인 경우는 관찰값인 $\overline{X}$가 특정값 μ_0보다 일정기준 이상 크면 귀무가설을 기각한다. 반대로 대립가설이 $\mu<\mu_0$인 경우는 $\overline{X}$가 μ_0보다 일정기준 이상 작으면 귀무가설을 기각한다. 이처럼 $\overline{X}$가 μ_0에 비하여 한쪽 방향으로 얼마나 떨어져 있는가에 의하여 귀무가설의 기각 여부가 결정되므로 단측검정이라고 한다. 이에 비하여 대립가설이 $\mu\neq\mu_0$인 경우는 $\overline{X}$가 μ_0보다 일정기

3 μ_0는 귀무가설(H_0)이 맞는다고 할 때의 모평균이라는 의미다.

그림 7-1

양측검정과 단측검정에서 유의수준과 기각영역

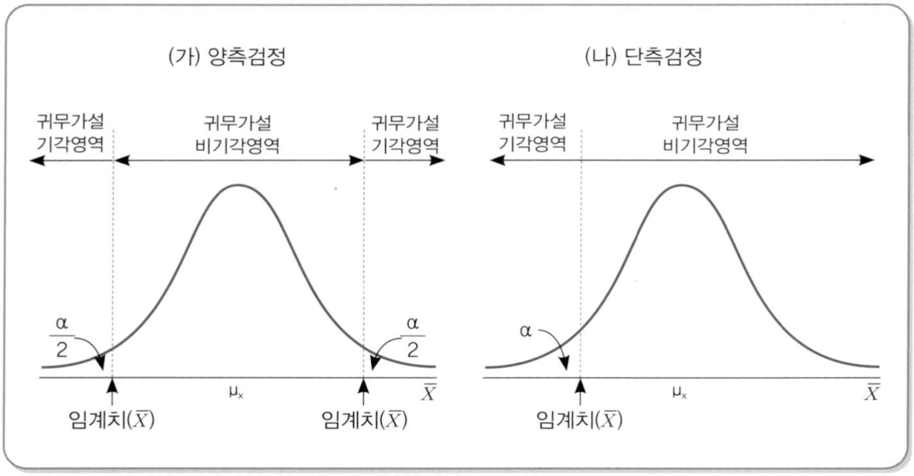

준 이상 크거나 작으면 귀무가설을 기각한다. 즉 $\overline{X}$가 μ_0에 비하여 좌우로 얼마나 떨어져 있는가에 의하여 귀무가설의 기각 여부가 결정된다. 따라서 양측검정이라고 한다.

각각의 경우 귀무가설을 기각할 수 있는 영역은 [그림 7-1]과 같다.

임계치(critical value)는 유의수준이 α일 때, 귀무가설의 기각여부를 결정하는 기준값을 말한다. 그림에서 보듯이 검정통계량이 임계치보다 바깥쪽에 위치해야만 귀무가설을 기각할 수 있다. 그러므로 임계치는 주어진 유의수준에서 귀무가설을 기각하기 위한 검정통계량의 최솟값(절댓값 기준)이기도 하다.

유의수준을 0.05라고 할 때 단측검정은 한 쪽으로만 0.05의 기각영역을 설정한다. 이에 비하여 양측검정에서는 양 쪽으로 0.025씩 기각영역이 분할된다. 따라서 특정값 μ_0로부터의 거리는 양측검정일 때가 더 멀다. 이는 동일한 유의수준이면 단측검정일 때보다 양측검정일 때의 검정통계량의 절댓값이 더 커야함을 의미한다. 따라서 양측검정에서 귀무가설이 기각되면 단측검정에서는 당연히 귀무가설이 기각된다.

이번에는 $\overline{X}$가 아니라 검정통계량을 기준으로 기각영역을 보자. 검정통계량을 기준으로 한다는 것은 표준정규분포를 적용한다는 의미다. 유의수준 0.05일 때 임계치를 보면 절댓값으로 양측검정에서는 1.96, 단측검정에서는 1.645가 된다.

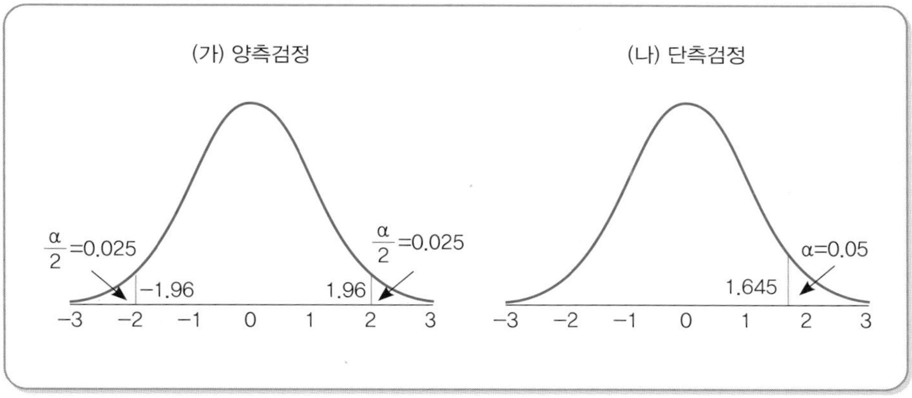

그림 7-2
유의수준 95%일 때 양측검정과 단측검정 기각 영역 (검정통계량 기준)

단측검정과 양측검정 중 어떤 것을 적용해야 하나

가설검정을 할 때 논리적으로 따지면 가설이 어떻게 설정되어 있는가에 따라 양측검정과 단측검정 중에 선택해야 한다. 즉 귀무가설이 두 집단의 평균에 차이가 없다는 형태면 양측검정을 하고, 한 집단의 평균이 다른 한 집단의 평균보다 크다(혹은 작다)는 형태라면 단측검정을 하는 게 맞다.

따지고 보면 사회과학의 가설검정은 단측검정 형태가 더 많을 것이다. 통상 두 집단의 평균이 다르다고 할 때는 암묵적으로 어느 한 집단이 다른 집단보다 크다(혹은 작다)는 판단을 깔고 있기 마련이다. 〈예제 7-1〉에서는 최근 승진기간이 과거보다 길다는 판단을 하고 있다. 성차별로 인해 남녀의 임금 수준이 다르다는 것을 입증하고 싶어 하는 사회학자가 있다. 이 경우도 물론 남성의 임금 수준이 여성의 임금 수준보다 높기 때문에 남녀의 임금 수준이 다르다고 생각할 것이다.

그런데 Stata나 SPSS 등 통계 패키지에서는 가설검정을 할 때 기본으로 양측검정을 하도록 설정되어 있다. 그리고 대부분 자신의 가설이 단측검정에 해당하더라도 그냥 기본 설정대로 양측검정을 한다. 왜 그럴까? 전술했듯 양측검정에서 귀무가설이 기각되면, 당연히 단측검정에서도 기각되기 때문이다. 그래서 본인 가설이 단측검정 형태라도 전혀 문제가 되지 않는다.

문제가 되는 것은 양측검정에서는 기각되지 않지만 단측검정에서는 기각되는 경우이다. 가령 검정통계량이 1.8로 나왔다고 하자. 이 경우 [그림 7-2]에서 알 수 있듯 유의수준이 0.05일 때 양측검정의 임계치는 1.96이지만 단측검정의 임계치는 1.645이다. 따라서 양측검정으로는 기각되지 않지만 단측검정에서는 기각된다. 가끔 이럴 때가 있다. 어떻게 해야 할까? 대부분 이럴 경우에는 단측검정을 적용해서 귀무가설을 기각한다(통계 패키지의 설정만 단측검정으로 바꾸면 된다). 원래 가설이 단측검정 형태라면 이렇게 해도 하등 문제될 게 없다. 다만 이 경우에는 양측검정으로는 유의미하지 않아서 단측검정을 적용했다는 것을 밝히는 게 좋겠다.

2) 2단계: 검정통계량 만들기

표본평균 $\overline{X}=5.2$이며, 귀무가설이 맞는다는 가정 하의 최근 승진기간의 기댓값은 $E(\overline{X})=\mu_0=4.6$이다. 그리고 표준편차 $\sigma_{\overline{X}}=\frac{\sigma_X}{\sqrt{n}}=\frac{3}{\sqrt{100}}=0.3$이다. 따라서 검정통계량은 다음과 같다.

$$\frac{\overline{X}-\mu_0}{\sigma_{\overline{X}}}=\frac{5.2-4.6}{0.3}=2$$

3) 3단계: P 값 계산하기

검정통계량이 2일 때 P 값을 계산하면 $P(Z\geq 2)=0.0228$이다. 즉 귀무가설이 참일 때, 검정통계량이 2 또는 그 이상의 값을 가질 확률은 2.3% 정도이다.

4) 4단계: 판단하기

유의수준 $\alpha=0.05$로 설정하였다면, P 값 0.0228은 α보다 작다. 따라서 귀무가설을 기각하고 대립가설을 채택한다. 만일 유의수준 $\alpha=0.01$로 설정하였다면 0.0228은 α보다 크기 때문에 귀무가설을 기각하지 못한다. 독자들은 어떤 유의수준을 설정하겠는가? 일반적인 기준은 0.05 또는 0.01이다.

5) 가설검정 기본개념들의 의미

P 값의 재음미

앞의 승진소요기간 사례에서 P 값은 $P(\overline{X}\geq 5.2\mid H_0)=(Z\geq 2)=0.0228$이었다. 이는 귀무가설이 맞는다는 전제 하에 표본의 평균 승진기간이 5.2년 이상일 확률이다. 헷갈리지 말자. 우리가 구하는 것은 귀무가설이 맞을 때, 관찰된 통곗값이 나올 확률이 아니다. 그와 같거나 그보다 큰 값(절댓값 기준)이 나올 확률이다(정규분포는 연속확률분포이므로 특정값이 나올 확률은 0임을 기억하자). 이 확률이 너무 낮으면 귀무가설을 기각하는 것이다.

귀무가설이 틀리다면 표본의 평균 승진기간은 5.2년뿐만 아니라 그 이상의 어느 값이나 나올 수 있다. 표본의 평균 승진기간이 길면 길수록 우리는 귀무가설이 틀리다는 것을 자신할 수 있다. 가령 표본의 평균 승진기간이 6년으로 나왔다면 5.2년으로 나왔을 때보다 우리는 좀 더 자신 있게 모집단의 승진기간은 4.6년보다 길 것으로 판단할 수 있다(당연히 5.2년일 때보다 6년일 때의 P 값이 작다).

우리는 'P 값 $\leq \alpha$'이면 가설을 기각한다. 즉 P 값이 미리 설정한 유의수준 이하이면 귀무가설을 기각한다. 따라서 P 값은 귀무가설을 기각할 수 있는 최소 유의수준을 의미한다. 또한 P 값은 관찰된 표본으로부터 구한 것이다. 이런 의미에서 P 값을 관찰된 유의수준(observed significance level)이라고 한다.

앞서 귀무가설 기각을 위한 유의수준은 흔히 0.05 또는 0.01로 정한다고 했지만, 거의 대부분 0.05로 설정한다. 다만 유의수준 0.01에서도 귀무가설이 기각되면, 그만큼 내 가설이 맞는다고 강하게 주장할 수 있으므로 0.01에서도 기각 가능함을 추가해서 나타낼 뿐이다. 그래서 0.05에서 기각되지만 0.01에서는 안 될 경우 해당 통겟값 옆에 *를, 0.01에서 기각될 경우는 **을 표시하기도 한다.

이처럼 별하나(*) 또는 별둘(**)로 표기하는 것은 오래된 관행이다. 컴퓨터 통계 패키지를 사용하는 것이 일반화되기 이전 시절에는 0.05나 0.01처럼 특정 유의수준에 대응하는 Z값은 계산하지만, 임의의 Z값에 대응하는 P 값을 일일이 계산하기는 힘들었다. 그래서 해당 검정 통겟값과 특정 유의수준에 대응하는 Z값을 비교하여 기각 여부를 결정하고 별하나, 별둘로 어느 유의수준에서 기각되는 지를 나타냈던 것이다. 그러나 이제는 컴퓨터 통계 패키지를 사용함에 따라 자동적으로 P 값이 계산된다. 그렇다면 굳이 별하나, 별둘로 표시하느니 직접 해당 통겟값 옆에 P 값을 제시하면 귀무가설을 기각할 수 있는 최소 유의수준을 알 수 있다. 그래서 요즘은 당연히 P 값을 제시한다. 하지만 예부터의 관행대로 P 값을 제시하면서 동시에 별하나, 별둘로 표시하는 경우도 종종 볼 수 있다. 나는 별 표시가 올드 스타일로 느껴져서 그냥 P 값만 제시한다.

1종 오류와 2종 오류의 재음미

앞에서 설명하였듯이 가설검정에는 두 가지 오류가 발생한다. '귀무가설 기각'을 택했는데 실제는 귀무가설이 맞는 경우 1종 오류가 발생하며, '귀무 가설 기각 못함'을 택했는데 실제는 대립가설이 사실인 경우 2종 오류가 발생한다.

이러한 1종 오류와 2종 오류는 통계학의 가설검정에서뿐만 아니라 모든 종류의 의사결정에서 발생할 수 있다. 1종 오류와 2종 오류를 설명할 때, 가장 흔히 드는 예는 재판에서의 의사 결정이다. 다음의 예를 보자.

용구는 살인 혐의로 기소되었다. 살인 의심이 드는 몇 가지 증거가 있기는 하지만 확정적인 것은 없는 상황에서 재판장은 용구의 살인 여부를 판단해야 한다. 용구가 살인을 했다면 그에게는 무기징역이 선고되며, 아니라면 무죄방면 된다. 재판장의 판결은 다음과 같이 상반되는 두 가지 가설 중에서 하나를 선택하는 것으로 생각할 수 있다.

가설1: 용구는 살인을 하지 않았다. 가설2: 용구는 살인을 했다.

재판장의 의사결정(판결)이 잘못될 수 있는 오류에는 두 가지가 있다. 하나는 용구가 실제로는 살인을 하지 않았는데 살인자로 판단해서 무기징역을 선고하는 것이며, 다른 하나는 용구가 실제는 살인자인데 아닌 것으로 판단해서 무죄 방면하는 것이다. 이를 가설 선택의 측면에서 본다면 첫 번째 것은 가설1이 참인데 가설2를 선택한 경우이며, 두 번째 것은 가설2가 참인데 가설1을 선택한 경우이다. 첫 번째는 1종 오류, 두 번째는 2종 오류에 해당한다(왜 그런지는 뒤에 설명).

1종 오류와 2종 오류 중에서 어느 것이 더 문제가 될까? 물론 1종 오류가 더 큰 문제이다. 살인자를 무죄 방면하는 2종 오류도 문제이기는 하지만, 멀쩡한 사람을 살인자로 몰아서 평생 교도소에서 살게 하는 1종 오류가 발생하면 이는 정말 큰 문제가 된다.

모든 의사결정 상황을 단순화하면 이처럼 서로 상반되는 두 가지 대안 중에 하나를 택하는 것이다. 따라서 1종 오류와 2종 오류가 발생할 수 있다. 가능하면 두 유형의 오류를 모두 줄이는 것이 좋겠지만, 어느 수준에 도달하면 더 이상 둘 모두를 줄일 수 없게 된다.[4] 이때는 하나를 줄이면 하나가 증가하는 trade-off 상황에 직면한다.

4 통계학의 가설검정에서는 표본 수를 늘리면 두 오류 모두 감소한다. 이는 재판의 경우라면 추가적인 증거를 확보하는 것에 해당한다.

재판의 예에서, 멀쩡한 사람을 살인자로 오인하는 1종 오류를 줄이려면, 정말 명명백백한 증거가 있을 때만 살인자로 판단하고 그 외에는 모두 무죄 방면하면 된다. 하지만 이는 곧 2종 오류의 증가를 의미한다. 따라서 둘 중에 어떤 오류가 더욱 피해야 할 중요한 오류인가를 판단해서, 오류로 인한 피해 크기가 최소화되도록 의사결정의 기준을 정해야 한다.

재판에서는 무죄인 사람을 유죄로 판정하는 오류가 유죄인 사람을 무죄로 판정하는 오류보다 훨씬 더 중대한 잘못이므로, 2종 오류의 발생 가능성이 증가하더라도 될 수 있는 한 1종 오류를 줄이도록 해야 한다. 그래서 소위 '무죄 추정의 원칙'이라는 것이 존재해서, 명백한 증거가 있어야만 범인으로 단정하도록 하고 있다.

그런데 일반적인 의사결정에서 두 개의 대안이 있을 때, 어느 대안을 선택하면 1종 오류를 범할 수 있고, 어느 대안을 선택하면 2종 오류를 범할 수 있을까?

여기에는 일정한 원칙이 있다. 위 가설1, 가설2를 통계학의 가설검정처럼 귀무가설과 대립가설로 표시해 보자. 어느 것이 귀무가설이고 어느 것이 대립가설일까? 가설1이 귀무가설이고, 가설2가 대립가설이다. 재판의 목적은 범죄혐의가 있는 사람에 대하여 정말 범인인가를 가리는 데 있다(바꿔 말하면, 아무런 범죄혐의가 없는 멀쩡한 사람을 데려다가 정말 범인이 아닌가를 가리지는 않는다). 즉 재판의 목적은 '피고가 범인이다'는 가설이 사실인가를 알려는 데 있다. 사실인가를 알려는 가설이므로 가설2가 대립가설이 되고, 그 반대 가설인 가설1이 귀무가설이 되는 것이다.

과거 수입산 낙지머리에서 인체에 유해한 중금속이 발견되었다고 해서 낙지집 매상이 뚝 떨어진 적이 있었다. 이제 수입산 낙지머리에 인체에 유해한 중금속이 있는지 여부를 판단한다고 하자. 이 의사결정은 '유해물질 있다', '유해물질 없다'라는 두 가설 중에서 하나를 선택하는 것에 해당한다. 어느 것이 귀무가설이고 어느 것이 대립가설일까? 이 조사는 낙지머리에 유해물질이 존재할지 모른다는 의심에서 시작했다. 따라서 '유해물질 있다'가 대립가설이 되며, '유해물질 없다'가 귀무가설이 된다.

귀무가설과 대립가설이 정해지면, 1종 오류와 2종 오류는 기계적으로 정해진다. 대립가설을 선택했는데 귀무가설이 참인 경우는 1종 오류이며, 귀무가설을 선택했는데 대립가설이 참인 경우가 2종 오류이다.

재판의 예에서는 1종 오류의 발생이 2종 오류의 발생보다 훨씬 더 중요한 문제여서, 2종 오류가 증가하더라도 1종 오류의 발생을 최소화하는 것이 필요했다. 하지만 이는 항상 그런 것이 아니며, 의사결정의 내용에 따라 달라진다. 예를 들어서 재난 경보 시스템에 대하여 생각해 보자.

나의 미국 유학 시절, 대학원 건물에는 화재경보기가 설치되어 있었다. 내가 재학 중 그 건물에서 화재가 발생한 적은 없었다. 하지만 화재경보기는 매 학기마다 한 두 번은 울렸다. 이때마다 사람들은 건물 밖으로 대피를 했다가, 화재가 아닌 것으로 알려지면 다시 건물로 들어와 하던 일을 계속했다. 편의상 화재경보기가 경비원의 판단에 따라 울리는 것이라고 하자. 건물 안에 화재 위험 징후가 나타났을 때, 경비원은 두 가지 대안 중 하나를 택해야 한다.

대안1: 화재경보를 발동한다.　　대안2: 화재경보를 발동하지 않는다.

대안1을 선택했는데, 실제로 화재가 발생했다면 이는 옳은 선택이라고 할 수 있으며, 대안2를 선택했는데 화재가 발생하지 않았다면 이 역시 옳은 선택이라고 할 수 있다. 역으로 대안1을 선택했는데 화재가 발생하지 않았다면 1종 오류를 범한 셈이며, 대안2를 선택했는데 화재가 발생했다면 2종 오류를 범한 셈이 된다.

이 경우 1종 오류와 2종 오류 중에서 어느 것이 더 큰 문제일까? 물론 2종 오류가 훨씬 더 큰 문제이다. 화재가 발생하지 않았는데 경보가 울렸을 때는 사람들이 잠시 대피했다가 다시 들어오는 수고만 하면 된다. 하지만 화재가 발생했는데 경보가 울리지 않는다면, 이는 인명과 재산에 큰 피해를 가져올 수 있다. 이에 따라 약간의 화재 위험 징후만 있어도 화재경보가 울리도록 조치를 했으며, 그래서 나는 매 학기마다 한 두 번은 대피를 해야 했다![5]

그나저나 아까의 낙지머리 조사 사례에서는 1종 오류와 2종 오류 중에서 어느 것이 더 중요할까? 이 판단에 따라 정부의 대응 자세도 달라진다. 한 번 생각해 보자.

5　사실 그 중에는 화재담당부서에서 훈련으로 실시한 경우가 많겠지만 일단 이는 논외로 하자.

쉬어가기

의사결정이 원칙대로만 이뤄지는 것은 아니다.

눈치 챈 독자도 있겠지만 앞의 재판 사례에서 피고인 용구는 영화 〈7번방의 선물〉의 주인공인 '딸 바보' 용구(류승룡 분)에서 따온 것이다. 이 영화에서 용구는 여아를 유괴 살해했다는 혐의로 기소된다. 판사가 범할 수 있는 오류는 두 가지다. 사실은 살인을 안 했는데 했다고 판결하면 1종 오류를 범하는 것이고 실제 살인을 했는데 안 했다고 판결하면 2종 오류를 범한다. 물론 1종 오류가 훨씬 더 큰 문제다. 하지만 판사는 1종 오류를 범했고 그래서 용구는 억울하게 사형을 당했다.

이번에는 영화 〈해운대〉의 한 장면이다. 쓰나미가 닥칠 위험이 있다는 지질학자의 경고를 들은 재난방재청장은 경보를 발령할지 결정해야 한다. 경보를 내렸는데 아무 일이 없다면 1종 오류를 범한 것이 된다. 경보를 발령하지 않았는데 실제 쓰나미가 밀려오면 2종 오류를 범한 것이 된다. 어느 것이 더 큰 문제일까. 물론 2종 오류다. 하지만 재난방재청장은 2종 오류를 범했다. 그리고 엄청난 피해가 발생했다.

영화에서 분명히 알 수 있듯이 판사와 재난방재청장이 원칙대로 했음에도 불구하고 오류를 범한 게 아니었다. 영화니까 일부러 얘기를 만들려고 그렇게 한 것일까? 실제에서도 왕왕 발생한다.

여기서 잠깐 재난방재청장을 변호해 보자(판사는 별로 변호의 여지가 없어 보인다). 판단을 하기 전에 재난방재청장은 1종 오류와 2종 오류를 모두 따져봤을 것 같다. 만일 경보를 내렸는데 아무 일도 없으면 1종 오류를 범하게 된다. 그러면 어떻게 될까? 해운대 피서객과 상인들에게 모두 대피 명령을 내렸는데 날씨만 화창하다면? 상인들은 피해 보상하라고 데모를 했을 것이고 피서객 역시 당신 때문에 망친 휴가를 어떻게 할 거냐고 거세게 항의했을 것이다. 위에서는 왜 쓸데없이 일을 만들었냐고 질책할 것이고, 이 사람은 한직으로 물러나야 했을 것이다. 그렇다면, 과거 경험상 쓰나미가 드물다는 것을 알고 있는 재난방재청장 입장에서는 경보 내리기가 주저되지 않았겠는가?

3. t 검정

지금까지 가설검정을 설명하면서 표본통계량의 (귀무가설이 맞는다는 전제 하에 구한) 표준점수인 검정통계량을 계산했다. 여기에 표준정규분포를 적용하여 P 값을 구한 후, 이것이 일정한 유의수준(0.05 또는 0.01 등)보다 작으면 귀무가설을 기각한다고 했다.

이처럼 표준정규분포표를 적용하여 가설검정을 하는 것을 Z 검정이라고 한다. 수차례 강조했지만 Z 검정이 가능한 이유는 중심극한 정리 덕분이다. 즉 표본규모가 제법 클 경우 모집단이 어떤 분포를 하든, 표본평균 또는 표본비율의 분포는 정규분포를 따르기 때문이다.

실제로는 σ^2을 모른다.

Z 검정 검정통계량의 분모는 관찰값(통계량)의 표준편차이다. 가령 모평균에 대한 검정이면 관찰값이 표본평균이므로 분모는 $\sigma_{\bar{X}}$가 된다. $\sigma_{\bar{X}}$를 구하려면 모분산 σ^2을 알아야 한다. 앞의 공무원 승진기간 사례에서는 모분산 σ^2이 주어졌다. 그러나 이는 비현실적이다. 모평균도 모르는데 어떻게 모분산을 알겠는가.

그래서 실제 분석에서는 모분산 σ^2 대신 표본분산 s^2을 사용한다. $\sigma^2 \neq s^2$이다. 따라서 σ^2 대신 s^2을 사용하면 검정통계량 계산에 오차가 발생하고, 그러면 검정에도 오차가 발생한다. 어떡해야 하나?

표본규모가 커질수록 σ^2을 좀 더 정밀하게 추정할 수 있다. 그래서 표본규모가 커질수록 오차는 감소한다. 중심극한 정리가 성립할 정도의 표본규모, 즉 $n \geq 30$정도면 오차는 큰 문제가 안 된다고 여긴다.

표본규모가 작으면 t 검정을 적용해야 한다

표본규모가 30 미만으로 작다면 중심극한정리가 적용되지 않는다. 따라서 이 경우는 모집단 자체가 정규분포를 따라야만 표본평균도 정규분포를 따른다. 그래서 표본규모가 작을 때는 모집단이 정규분포를 따라야만 가설검정을 할 수 있다.

모집단이 정규분포를 따른다고 해도 표본규모가 작으면 σ^2과 s^2의 차이가 제법 된다. 그래서 이를 무시하고 Z 검정을 적용하는 데는 무리가 있다. 표본규모가 작을 때 s^2을 사용해서 구한 검정통계량에 대한 검정에는 정규분포 대신 t 분포를 사용하는 것이 더 적절하다. t 분포를 적용하여 가설검정을 하므로 t 검정이라고 한다.

t 검정은 영국의 통계학자인 고셋(Gossett)이 고안했다. 고셋은 맥주회사(거품이 부드럽기로 유명한 기네스를 생산하는 회사이다)에 근무하면서 통계학 연구를 했다. 그는 회사 측에서 이를 싫어할 것이라고 생각해, 'Student'라는 가명으로 논문을 발표했다. 그래서 지금도 Student t 검정이라고 불린다.

t 분포는 표준정규분포와 비슷하게 생겼지만 표준정규분포에 비해 키가 작고 꼬리 부분이 더 두껍다. 왜 그럴까? s^2을 사용해서 계산한 검정통계량은 σ^2을 사용한 검정통계량에 오차가 덧붙여진다. 이를 감안하면 같은 유의수준에 대응하는 임계치는 s^2을 사용했을 때가 σ^2을 사용했을 때보다 커야 한다. 혹은 동일한 검정통계량에 대응하는 P 값(이는 관찰된 유의수준을 의미함을 기억하자)이 더 커야 한다. 그러려면 표준정규분포에 비하여 양쪽 꼬리부분이 더 두꺼워져야 한다.

예를 들어 평균에 대한 양측검정 기준으로 유의수준 0.05에 대응하는 임계치(양쪽 꼬리 면적 0.025에 대응하는 값)는 표준정규분포에서는 1.96이다. 하지만 표본규모가 16인 t 분포에서는 2.13이 된다.

t 분포는 표본 수에 따라 모양이 변한다. 변하는 모양을 보면, 표본 수가 증가할수록 양쪽 꼬리는 점점 가늘어지고 중심의 키가 커져서 표준정규분포로 수렴한다. 왜 그럴까? 중심극한정리와 마찬가지 이치다. 표본 수가 증가할수록 s^2은 σ^2에 근사해지기 때문에, t 분포 역시 정규분포에 근사해지는 것이다.

t 분포의 모양과 자유도

t 분포는 표본 수에 따라 모양이 결정된다고 했는데, 정확하게 말하면 t 분포의 형태는 표본 수에서 검정하려는 모수의 개수만큼 차감한 수치에 의해 결정된다. 이 수치를 t 분포의 자유도(df: degree of freedom)라고 한다. 평균에 대한 검정에서는 검정하려는 모수가 μ 하나이므로 자유도는 표본 수에서 1을

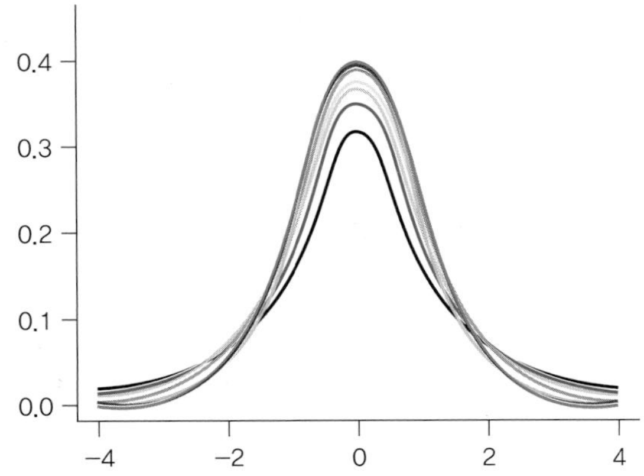

그림 7−3 자유도 변화에 따른 t 분포의 형태변화

뺀 $n-1$이 된다.

[그림 7-3]은 t 분포의 자유도가 1, 2, 3, 5, 10, 30으로 증가함에 따라 정규분포에 수렴해 가는 모습을 보여준다. 가장 바깥쪽의 곡선이 정규분포이고 가장 안쪽의 곡선이 자유도가 1일 때의 t 분포이다.

일반적으로는 표본 수에 상관없이 t 검정을 사용한다

앞서 표본 수가 30 이상이면 Z 검정을 적용한다고 했다. 그리고 표본 수가 작고 모집단이 정규분포를 따르면 t 검정을 적용한다고 했다. 이처럼 두 검정의 적용 요건을 비교하면 Z 검정이 t 검정보다 훨씬 많이 쓰일 것 같다. 실제 가설검정에서는 대체로 표본 수는 30보다 훨씬 크기 때문이다. 그런데 통계 패키지는 검정통계량으로 Z 값 대신 t 값을 제공한다. 즉 Z 검정이 아니라 t 검정을 한다. 왜 그럴까?

앞서의 설명을 잘 이해하자. 실제 가설검정에서 우리는 모집단 특성을 모른다. 알면 왜 가설검정을 하겠는가. 그래서 검정통계량을 구할 때 σ^2 대신 s^2을 사용한다. 이처럼 s^2을 사용할 경우 표본평균은 t 분포를 한다. 다만 표본 수가 커질수록 t 분포는 Z 분포에 수렴하며, 그래서 t 검정 결과와 Z 검정 결과에 큰 차이가 없을 뿐이다.[6]

표본 수가 작은 경우에는 t 검정만 가능하며 표본 수가 큰 경우 두 검정 결과가 유사하다. 그렇다면 디폴트는 t 검정으로 하는 것이 낫다. 게다가 표본규모가 크다고 해도 엄밀히 따지면 t 검정이 Z 검정에 비해 다만 얼마라도 더 정확하다. 그렇다면 더욱더 t 검정을 사용하는 것이 낫다. 그래서 실제 모평균에 대한 검정을 할 때는 거의 t 검정을 한다.

결론적으로 σ^2 대신 s^2을 사용할 때는 표본 규모에 상관없이 t 검정을 적용한다고 정리하면 된다. 따라서 표본을 이용한 분석에서는 무조건 t 검정을 적용하는 것으로 기억하면 된다.

신뢰구간 추정에서도 통상 t 분포를 적용한다

평균에 대한 가설 검정에서 σ^2 대신 s^2을 사용할 때는 표본 규모에 상관없

6 사실 t 검정과 Z 검정의 검정통계량 혹은 P 값이 거의 동일하려면 표본규모가 꽤 커야한다. 예를 들어 각 분포의 오른쪽 끝 0.025에 해당하는 Z 값은 1.96이다. 하지만 자유도(df)=30일 때 t 값은 2.042이며, df=100일 때도 1.984이다. df가 4,000은 훌쩍 넘어야 비로소 1.96이 된다.

이 t 검정을 적용한다고 정리했다. 그렇다면 구간추정은? 마찬가지다. 신뢰구간 추정에서도 실제로는 σ^2을 모르므로 s^2을 사용한다. 그러면 Z 분포 대신 t 분포를 사용하는 것이 더 정확하다. 즉 신뢰구간 추정의 경우도 다음과 같이 정리하면 된다.

모평균 μ의 $100(1-\alpha)\%$ 신뢰구간: $\overline{X} \pm t_{\frac{\alpha}{2}} \frac{s}{\sqrt{n}}$

단, 표본규모가 작은 경우($n<30$)는 모집단이 정규분포를 따라야 한다.

신뢰수준 95%라는 것은 모평균이 신뢰구간을 벗어나는 경우가 5% 이하라는 말인데, 이는 곧 유의수준 α가 5%(0.05)라는 말과 같다. 즉 '신뢰수준 $=100(1-\alpha)\%$'이다.

참고로 같은 유의수준일 때 t 검정의 임계치(critical value)는 Z 검정의 임계치보다 크기 때문에 t 검정에서 유의미하면 Z 검정에서는 무조건 유의미하다는 것, 그리고 같은 신뢰수준이면 신뢰구간은 t 분포를 적용할 때가 Z 분포를 적용할 때보다 더 벌어진다는 것을 기억하자. 이는 t 분포를 적용하는 것이 Z 분포를 적용하는 것보다 추정이든 검정이든 좀 더 엄격하다는 것을 의미한다.

제 7 장 점검

7장을 제대로 배웠다면 다음과 같은 것들을 충분히 해낼 수 있어야 한다.

1. 가설검정 사례를 들고 가설검정의 대강의 방법 말로만 설명하기
2. 가설검정의 결과, 즉 귀무가설 기각함과 하지 못함의 의미 설명하기
3. 'P 값은 관찰된 유의수준이다'의 의미 설명하기
4. 1종 오류와 2종 오류 의미 설명하기
5. 검정통계량이 왜 $\frac{\text{표본값}-\text{(귀무가설이 맞을 때의)기댓값}}{\text{표본값의 표준오차}}$ 형태를 갖는지 말로 설명하기
6. 모평균에 대한 가설검정 사례 들고 검정절차와 결과 제시하기
7. 가설 자체는 단측검정 형태라도 통상 양측검정을 하는 이유 설명하기
8. 다양한 의사결정에서 1종 오류가 2종 오류보다 더 중요한 경우와 그 반대의 경우 예를 들어 설명하기
9. 가설검정의 결과 제시할 때 통계 패키지들이 Z 값 대신 t 값 제시하는 이유 설명하기

연습문제 해답과 자료 | "blog.naver.com/statforss"

연습문제 E·X·E·R·C·I·S·E

1. 다음의 각 경우에 귀무가설과 대립가설을 설정하라.

1) 철수는 현수에게 전치5주의 상해를 입힌 혐의로 입건됐다. 철수는 자기가 때린 것은 맞지만 현수가 먼저 공격했기 때문에 정당방위 차원에서 싸운 것이라고 주장한다. 현수는 거짓말이라면서 자기는 가만히 있는데 철수가 느닷없이 때렸다고 주장한다. 정당방위 여부는 기소 여부 및 내용에 매우 중요하다. 기소 여부 및 내용을 결정해야 하는 검사는 어떤 귀무가설과 대립가설을 세우겠는가?

2) 기초생활보장급여를 수급하려면 소득이 기준소득 미만이어야 한다. 그래서 복지담당 공무원은 신청자에 대해 수급 여부(즉 신청자의 소득이 기준소득 미만인지 여부)를 판단해야 한다. 복지담당 공무원은 신청자의 수급 여부를 판단하기 위해 각각 어떤 귀무가설과 대립가설을 세우겠는가?

3) 벤처투자회사인 대박나무는 신입사원으로 투자의 귀재를 채용하려고 한다. 이때 한 지원자와 면접을 진행하는 면접관은 어떤 귀무가설과 대립가설을 세우겠는가?

4) 만기가 된 정기예금 3천만 원을 수령한 영철이는 이 돈을 주식에 투자할지 말지 고민 중이다. 그는 주식투자로 5% 이상의 수익률을 올릴 수 있다면 기꺼이 투자할 작정이다. 영철이가 세울 귀무가설과 대립가설은 각각 무엇인가?

5) 무당인 척척 보살은 자신의 부적이 사고를 예방할 수 있다고 주장한다. 이 부적을 살지 말지 고민하는 신도 영희 입장이라면 어떤 귀무가설과 대립가설을 세우겠는가?

2. 생명보험회사 '무병장수'는 자사 보험설계사들의 수입이 업계 최고라면서 작년도 1인당 평균 수입은 8천만 원이라고 홍보했다. 그러자 경쟁 보험회사들은 이는 과장된 것이며 절대 그렇게 높을 수 없다면서 공정거래위에 진상조사를 요청했다. 이에 공정거래위는 '무병장수'의 보험설계사 1만 명 중 무작위로 100명을 추출하여 조사하였더니 연평균 수입은 7천 1백만 원, 표준편차는 5천만 원이었다.

1) 무병장수 보험설계사들의 작년도 연평균 수입에 대한 신뢰수준 95% 신뢰구간을 구하라. 이를 근거로 무병장수 회사 측의 '보험설계사 1인당 평균수입 8천만 원' 주장의 타당성을 판단해 보라.

2) 이번에는 '무병장수 보험설계사 1인당 평균수입 8천만 원이다'라는 주장을 5% 유의수준하의 가설검정으로 판단해 보라.

3) 엄밀히 따지면 경쟁보험 회사들의 반박은 무병장수 보험설계사들의 작년도 연평균 수입은 8천만 원보다 작다는 것이다. 이 주장을 5% 유의수준의 가설검정으로 판단해 보라.

4) 공정거래위는 5% 유의수준 가설검정에 의해 판단하기로 정했다. (2)와 (3)의 결과를 볼 때, 공정거래위는 어떤 판단을 하겠는가

(Hint 공정거래위 진상조사의 핵심은 실제 평균수입이 8천만 원보다 작은가에 있다).

3. 1등품 사과의 당도 기준은 14브릭스 이상이다. '레알꿀맛' 과수원 주인은 자기 과수원 사과의 당도는 14브릭스가 넘는 고당도라고 주장한다.

청과물 가게 '신선과일' 주인 형철이는 정말 평균당도가 14브릭스보다 높다면 이 과수원 사과를 받아서 팔려고 한다. 그래서 이 과수원 사과 중 무작위로 20개를 구입해서 당도를 측정했더니 다음과 같이 나왔다(돈이 아까워서 20개만 검사했다). 이 과수원 사과의 당도는 정규

분포를 따른다고 한다.

당도(brix)	
15.9	18.4
13.7	15.9
9.7	17.6
13.7	15.4
16.9	15.2
14.2	15.7
11.6	15.9
13.7	19.8
12.7	18.9
11.3	14.3

1) '레알꿀맛' 과수원 사과의 평균당도에 대한 95% 신뢰구간을 구하라.
2) 이 과수원 사과의 평균당도는 14브릭스가 아니라고 할 수 있는가? 유의수준 5%로 검정하라.
3) 형철이는 이 과수원 사과를 구매하는 것이 타당할까? 1종 오류 범할 확률 5% 이하로 판단하라.

데이터를 활용한 **연습문제** E·X·E·R·C·I·S·E

1. income.dat 자료를 활용하여, 다음의 분석을 실시하라.

1) 월소득(earnings)에 대한 95% 신뢰구간을 구하라
2) 1)에서 구한 하한값을 $earnings_L$로 명명하자. 평균 월소득은 $earnings_L$과 ① 다르다고 할 수 있는지, ② 크다고 할 수 있는지를 검정한다면 P 값이 얼마가 될지 예측해 보라. 그 이후에 실제 분석을 실시하고 예측이 맞았는지 확인하라.

2. (계속 income.dat 자료를 사용하여) 직업유형(job_type 1=회사원 2=공무원 3=자영업)별로 소득을 비교하려고 한다. 단, 연령을 한창 씩씩하게 일 할 나이, 즉 30세보다 높고 50세보다 낮은 집단으로 제한해서 비교하려고 한다.

1) 직업유형에 따른 월소득 평균을 구하라.

2) 각 집단별로 월소득이 372만 원보다 크다고 할 수 있는지를 유의수준 5%로 P 값을 구해서 검정하라.

3) 1)에서 구한 월소득 평균의 순위는 자영업>회사원>공무원이었을 것이다. 따라서 월소득 평균과 372만 원의 격차 역시 자영업>회사원>공무원 순일 것이다. 다른 조건이 같다면 이 격차가 클수록 P 값은 유의미하다. 그런데 P 값의 유의미성 정도(즉 P 값의 작은 순서)는 정확히 반대(공무원>회사원>자영업)로 나타났다. 왜 이런 현상이 발생했는지 설명하라.

제 8 장

가설검정2: 비율과 차이 검정

1. 모비율의 검정

모비율 신뢰구간 추정과의 비교

7장에서는 모평균에 대한 가설검정을 다뤘다. 모평균과 모비율의 신뢰구간 추정 논리·절차가 마찬가지이듯, 검정의 논리와 절차도 유사하다. 앞서 모평균 검정을 배웠으므로, 모비율 검정은 사례 하나만 풀어 보면 쉽게 이해할 수 있다. 일단 6장의 신뢰구간 추정에서 다룬 사례를 다시 보자.

예제 8-1

선거 1주일 전 유권자 1,000명을 무작위 추출하여 조사한 결과 A후보에 대한 지지율은 54%인 것으로 나타났다.

1) A후보 지지율에 대한 90% 신뢰구간을 구하고, 그 결과로부터 A후보에 대한 지지율은 과반수라고 할 수 있는지 판단하라.

6장의 기억을 되살려 신뢰구간을 구하면 다음과 같다.

$$P:(0.54-1.645\sigma_{\hat{p}} \le p \le 0.54+1.645\sigma_{\hat{p}})=0.90,\ \sigma_{\hat{p}}=\sqrt{\frac{p(1-p)}{n}}$$

$p(1-p)$에 대해 0.25를 적용할 수도 있고, 혹은 $\hat{p}(1-\hat{p})=0.54\times 0.46=0.2484$를 적용할 수도 있다. 어느 경우든 소수 넷째자리에서 반올림하면 오차한계 $\pm 1.645\sigma_{\hat{p}}=\pm 0.026$이 나온

다. 따라서 90% 신뢰구간은 51.4~56.6%가 된다. 신뢰구간의 하한 값이 50%가 넘으므로 과반수라고 할 수 있다.

2) A후보 지지율이 절반을 넘는지 5% 유의수준에서 검정하라.

알고 싶은 것은 A후보 지지율이 과반수인가이므로 귀무가설과 대립가설은 이렇게 된다. $H_0 : p=0.5$, $H_1 : p>0.5$. 귀무가설에는 부등호(<)가 포함되든 생략되든 마찬가지임은 이미 설명했다. 검정통계량은 다음과 같다.

$$\frac{\text{표본비율}-(\text{귀무가설이 맞을 때의})\text{기댓값}}{\text{표본비율의 표준오차}}=\frac{0.54-0.5}{\sqrt{\frac{p^0(1-p^0)}{1000}}}$$

검정통계량 계산에서 주의할 점은 표준오차 계산에 사용되는 p^0의 값이 무엇이냐다. 신뢰구간 추정에서는 표본비율인 $\hat{p}$을 사용했다. 그러나 가설검정에서는 다르다. 귀무가설이 맞다고 할 때의 기댓값을 사용한다. 이 기댓값이 사례에서는 0.5다. 0.5를 적용하면 검정통계량의 값은 2.53이 된다. 단측검정의 5% 유의수준에 해당하는 임계치는 1.645다(90% 신뢰구간추정에 적용되는 $z_{0.05}$값과 동일하다는 점을 상기하자). 그리고 2.53에 대응하는 P 값은 0.006이다. 당연히 유의미하다. 따라서 A후보 지지율은 과반수라고 할 수 있다. 참고로, 여기서는 가설의 형태상 단측검정을 했지만, 양측검정이라고 해도 P 값은 0.011로 유의미하다.

이제 1)과 2)를 비교해 보자. 신뢰구간을 추정해서 판단하나, 검정통계량 혹은 P 값을 구해서 가설검정을 하나 결과는 동일하다. 그런데 결과는 동일하게 나왔지만 두 경우에 모집단 표준편차($\sqrt{p(1-p)}$) 대신 사용한 값은 서로 다르다. 신뢰구간 추정에서는 표본비율인 $\hat{p}$을 사용했다. 하지만 가설검정에서는 귀무가설에 의해 주어진 값(통상 p^0로 표기)을 사용했다. $\hat{p}\neq p^0$이다. 따라서 두 방법에 의한 결과는 (드물지만) 다르게 나올 수 있다. 그렇다면 어떻게 해야 할까?

결론은 이렇다. 신뢰구간 추정에는 6장에서 논의한대로 $\hat{p}$을 사용한다. 그리고 가설검정의 판단은 p^0을 적용한 검정통계량 혹은 P 값을 구해서 한다. 가설검정의 원칙은 귀무가설이 맞는다고 했을 때 표본으로부터 얻은 검정통계량 값(혹은 그보다 극단값)이 나올 확률을 구해서 판단하는 것이다. 그런데 귀무가설이 맞는다면 $p=p^0$이므로, 기댓값과 표준오차를 구할 때 p^0을 사용하는 것이다.

물론 신뢰구간 추정에 $\hat{p}$을 사용하면 그만큼 오차가 발생한다. 하지만 추정과 검정은 원래 근사값을 사용하는 것이므로 얼마간의 부정확성은 본질적으로 존재하기 마련이라고 생각하자. 모비율 신뢰구간 추정의 부정확성에 대해 본장 말미의 부록에서 논의하고 있으니 참고하기 바란다.

비율 검정은 t 검정을 하지 않는다.

비율은 구간추정과 가설검정에 적용하는 통계량이 다르다는 것($\hat{p}$ vs. p^0)도 비율 검정과 평균 검정의 차이점이다. 그런데 더 중요한 차이는, 비율 검정은 평균 검정과는 달리 t 검정을 하지 않고 표준정규분포를 적용한 Z 검정을 한다는 점이다. 평균 검정에서에서는 귀무가설이 맞는다고 했을 때의 모 표준편차 σ^0값을 모르므로 표본 표준편차인 s를 사용한다. 그런데 $\sigma^0 \neq s$이므로 그로 인한 오차를 감안해서 Z 검정 대신 t 검정을 적용한다. 하지만 비율 검정에서는 가설이 맞는다고 했을 때의 모 표준편차 $\sqrt{p(1-p)} = \sqrt{p^0(1-p^0)}$인데 $\sqrt{p^0(1-p^0)}$를 그대로 사용하니 오차가 발생하지 않는다.

표본규모가 작을 때의 비율검정

5장에서 '이항분포의 정규분포로의 접근'을 설명하면서 $n\hat{p} \geq 5$와 $n(1-\hat{p}) \geq 5$이면 이항확률변수 X는 정규분포를 따른다고 했다. 이 특성 덕에 표준정규분포를 적용해서 구간추정과 가설검정을 했다. 그런데 $n\hat{p} \geq 5$와 $n(1-\hat{p}) \geq 5$이 지켜지지 않는 경우는 어떻게 하나?

평균의 추정과 검정에서는 표본규모가 작을 경우 모집단이 정규분포를 따른다는 조건하에 t 검정을 했고, 구간추정도 t 분포를 적용해서 했다. 그러나 비율은 다르다. 표본규모가 작아서 $n\hat{p} \geq 5$와 $n(1-\hat{p}) \geq 5$이 충족되지 못하면 우리가 배운 방법으로는 추정과 가설검정을 못한다.

비율은 이항분포를 따르는 확률변수 X를 자료의 개수로 나눈 것이다. X는 0(실패) 또는 1(성공)의 값을 갖는 자료 중에서 1의 값을 갖는 자료들의 개수이다. 모비율은 모집단 N 중에서 성공횟수$\left(p = \frac{X}{N}\right)$를 나타낸다. 모집단 자체는 0과 1의 값으로 구성되어 있을 뿐이며 따라서 정규분포 한다는 조건이 무의미하다.

그렇다면 $n\hat{p} \geq 5$와 $n(1-\hat{p}) \geq 5$이 충족되지 않을 때는 어떤 방법으로 추정과 검정을 할까? 비율의 분포인 이항분포를 이용하면 된다. 정규분포를 이용할 때보다 계산이 복잡하지만 못할 것은 없다. 사실 표본 규모가 큰 경우에도 정규분포는 '근사값'을 사용하는 것이므로 이항분포를 직접 적용해서 하면 더 정확하기는 하다. 비록 기초통계학에서 다룰 내용은 아니라 설명은 생략하지만, 어떻게 하는지 대강 짐작할 수 있을 것이다. 정규분포 대신 이항분포를 적용한다는 것만 다를 뿐 기본논리는 동일하다.

참고로 이번 장의 논의와는 상관없지만 〈예제 8-1〉에 대해 다음과 같은 질문을 이어보자.

3) 2)의 결과에 대하여 A후보가 1주일 뒤 투표에서 과반수를 획득할 것이라고 할 수 있겠는가?

이 문제는 가설검정 지식을 묻는 게 아니다. 통계 이전의 상식을 묻는 것이다. 가설검정 결과가 보여주는 것은 1주일 전의 지지율이 과반수라고 할 수 있다는 것뿐이다. 이것하고 실제 투표에서도 과반수라는 것은 다른 문제다. 유권자들은 1주일 사이에 마음을 바꿀 수 있다. 또한 유권자 중에서는 무작위추출되었더라도 실제 투표자 기준으로는 무작위추출된 것이 아닐 수 있다. 유권자 중 투표하는 사람은 무작위가 아닐 것이기 때문이다. 이런 것들은 6장 말미에서 논의한 각종 오차 중에서 비표본오차(바뀐 마음)와 편의(유권자와 투표자의 차이)에 해당한다.

2. 두 모집단의 평균 차이에 대한 검정

사회과학 연구에서는 종종 대상을 둘로 나누고 두 집단 간의 평균 차이를 비교한다. 예를 들면 나는 남성/여성, 대졸자/고졸자, 장애인/비장애인 간의 임금 격차에 대한 연구를 수행한 적이 있다. 사실 단일 집단의 평균에 대한 검정보다는 두 집단의 평균 차이 검정이 더 흔하다. 이는 자연과학 분야에서도 마찬가지다. 가령 제약회사가 신약을 개발하면 이에 대한 효과를 알기 위하여 신약을 투여한 집단과 그렇지 않은 집단을 구분하고, 이 두 집단의 차이를 비교한다.

'두 집단 간 평균 차이'가 연구 관심이라면, 당연히 '두 집단의 평균에 차이가 없다'가 귀무가설이 되며, 이를 기각함으로써 차이가 있다는 것을 입증한다. 어떤 절차를 거칠까? 단일 집단의 차이 검정을 유추하면 쉽게 알 수 있다.

일단 두 집단에서 각각 표본을 추출하여 표본평균을 구한다. 이 표본평균들을 비교하여, 이 차이가 일정한 기준보다 크면 귀무가설을 기각하고 두 모집단의 평균은 서로 다르다고 판단한다. 혹은 대립가설의 형태에 따라 한 집단의 평균이 다른 집단의 평균보다 크다/작다라고 판단한다.

결국 두 집단 평균 차이의 검정 논리는 앞서 배운 단일 집단 평균에 대한 검정 논리와 동일하다. 자, 이 정도의 사전지식을 갖고서 구체적인 절차를 알아보자.

가설 설정

두 모집단의 평균을 각각 μ_1과 μ_2로 나타내면 귀무가설은 두 집단 평균이 같다는 것이며, 대립가설은 가설의 내용에 따라 서로 다르다 혹은 한 쪽이 다른 쪽보다 크다/작다가 된다. 두 집단 평균이 같다는 것은 $\mu_1=\mu_2$ 혹은 $\mu_1-\mu_2=0$으로 나타낼 수 있는데, 통상 $\mu_1-\mu_2=0$을 사용한다. 즉 귀무가설과 대립가설은 다음과 같이 된다.

H_0 : $\mu_1-\mu_2=0$
H_1 : ① $\mu_1-\mu_2\neq 0$(양측검정), ② $\mu_1-\mu_2>0$(우측검정),
③ $\mu_1-\mu_2<0$(좌측검정)

검정통계량

이 경우도 검정통계량은 앞서의 검정들과 동일한 형태를 갖는다.

$$\text{검정통계량}=\frac{\text{표본값}-(\text{귀무가설이 맞을 때의})\text{기댓값}}{\text{표본값의 표준오차}}$$

평균 차이 검정에서 표본값은 $\overline{X}_1-\overline{X}_2$이다. 귀무가설이 맞다면 $\mu_1-\mu_2=0$이므로 기댓값은 0이다. 두 확률변수 X와 Y가 독립일 때 $V(X\pm Y)=V(X)+V(Y)$이다. 따라서 표준오차는 $\sigma_{\overline{X}_1-\overline{X}_2}=\sqrt{V(\overline{X}_1)+V(\overline{X}_2)}=\sqrt{\frac{\sigma_1^2}{n_1}+\frac{\sigma_2^2}{n_2}}$가 된다. 그래서 검정통계량은 다음과 같다.

$$\text{검정통계량: } Z=\frac{(\overline{X}_1-\overline{X}_2)-(\mu_1-\mu_2)}{\sigma_{(\overline{X}_1-\overline{X}_2)}}=\frac{(\overline{X}_1-\overline{X}_2)}{\sqrt{\frac{\sigma_1^2}{n_1}+\frac{\sigma_2^2}{n_2}}}$$

두 집단이 서로 독립이고 표본규모가 제법 크면($n_1 \geq 30$, $n_2 \geq 30$), $(\overline{X}_1 - \overline{X}_2)$의 분포는 정규분포를 따른다. 두 집단 평균 차이 검정의 검정통계량은 $(\overline{X}_1 - \overline{X}_2)$을 표준점수로 바꾼 것이다. 따라서 검정통계량은 표준정규분포를 따른다. 검정통계량을 계산할 때 우리는 모분산 σ_1^2과 σ_2^2의 값은 모른다. 실제 아는 것은 표본분산인 s_1^2과 s_2^2이다. 앞의 단일모집단 평균 검정과 마찬가지로, 표본규모가 제법 크면 s_1^2과 s_2^2로 대체해서 사용해도 정규분포를 따른다고 볼 수 있다. 따라서 Z 검정도 가능하기는 하다. 그런데 단일표본 평균차이 검정과 마찬가지로 Z 검정보다는 t 검정이 조금 더 정확하다. 그래서 실제 분석에서는 t 검정을 적용한다. t 검정을 적용할 때의 검정 통계량은 다음과 같이 된다.

$$t = \frac{(\overline{X}_1 - \overline{X}_2)}{\sqrt{\dfrac{s_1^2}{n_1} + \dfrac{s_2^2}{n_2}}} \quad \text{〈수식 8.1〉}$$

자유도에 주의할 것

두 집단 차이 검정에서 단일 집단 검정과 달리 주의해야 할 것은 검정통계량에 적용할 분포의 자유도이다. 자유도는 두 유형이 있다. 하나는 단순한 것이고 또 하나는 복잡한 것이다.

단순한 방법은 $n_1 - 1$과 $n_2 - 1$ 중에서 더 작은 값을 사용하는 것이다. 가령 표본규모가 한 집단은 100이고 다른 집단은 150이라면 99가 이 검정통계량의 자유도가 된다.

복잡한 방법은 다음과 같이 자유도를 정한다.

$$\text{자유도} = \frac{[s_1^2/n_1 + s_2^2/n_2]^2}{\dfrac{(s_1^2/n_1)^2}{n_1 - 1} + \dfrac{(s_2^2/n_2)^2}{n_2 - 1}} \text{의 소수점 이하 반올림한 정수값} \quad \text{〈수식 8.2〉}$$

이처럼 복잡한 자유도를 쓴 경우를 Welch의 t 검정이라고 부른다. 단순한 방법보다는 복잡한 방법이 더 정확하다. 특히 두 집단의 표본수와 분산에 차이가 많으면 더욱 그렇다. 그래서 나는 Welch의 t 검정을 더 선호한다. 이 방법을 사용한다고 해서 복잡한 자유도 계산을 걱정할 필요는 없다. 실전에서는 컴퓨터 패키지를 사용하므로 직접 계산할 일은 없다.

표본규모가 작을 때

표본규모가 작을 때도 단일표본 평균차이 검정과 마찬가지다. 즉 $n_1 \geq 30$ 및 $n_2 \geq 30$이 충족되지 않더라도 두 모집단이 정규분포를 따르면 〈수식 8.1〉의 검정 통계량을 구해서 t 검정을 적용할 수 있다. 단, 이 경우 자유도는 〈수식 8.2〉를 적용할 것을 더욱 강하게 권한다. 표본규모가 작으면 오차가 좀 더 커질 수 있기 때문이다.

두 모집단의 분산이 동일할 때

지금까지 다룬 두 모집단 평균 차이 검정은 두 모집단의 분산이 다르다는 전제 하에 수행된 것이다. 그런데 만일 두 모집단의 분산이 동일하다면, 즉 $\sigma_1^2 = \sigma_2^2 = \sigma^2$이라면 이보다 좀 더 효율적인 검정 방법이 가능하다. 이때는 두 집단의 분산을 각각 추정하지 않고 두 집단의 정보를 모두 이용하여 하나의 분산만 추정하기 때문이다.

두 집단의 공통 모분산 σ^2에 대한 추정치를 s_p^2(p는 *pooled*의 약자이다)라고 하자. 이 값은 어떻게 구할까? 각각의 표본분산인 s_1^2과 s_2^2의 가중평균을 사용하면 된다. 이는 다음과 같이 구할 수 있다(가중치로 n_1과 n_2 대신에 n_1-1과 n_2-1을 사용함에 유의하자).

$$s_p^2 = \frac{(n_1-1)s_1^2 + (n_2-1)s_2^2}{n_1+n_2-2}$$

s_p^2을 적용하면 〈수식 8.1〉의 검정통계량은 다음과 같이 바뀐다.

$$t = \frac{(\overline{X}_1 - \overline{X}_2)}{\sqrt{\frac{s_p^2}{n_1} + \frac{s_p^2}{n_2}}} = \frac{(\overline{X}_1 - \overline{X}_2)}{s_p\sqrt{\frac{1}{n_1} + \frac{1}{n_2}}}$$

이 검정통계량은 자유도가 (n_1+n_2-2)인 t 분포를 따른다. 두 집단 분산이 다름을 가정했을 때의 자유도는 n_1-1과 n_2-1 중에서 더 작은 값(쉬운 방법 기준)이었다. 따라서 공통 분산을 가정하면 자유도가 두 배 이상 늘어남을 알 수 있다. 자유도가 커진다는 것은 같은 유의수준에서 대립가설을 기각할 가능성이 더 커진다는 것, 그리고 같은 신뢰수준에서 신뢰구간의 간격이 좁혀진다는 것을 의미한다. 그래서 공통 모분산을 추정해서 검정하는 것은 각각의 모분산을 따로 추정해서 검정할 때보다 (특히 표본규모가 작을 때) 효과적이다.

문제는 현실적으로 두 모집단의 분산이 동일한지 알기 어렵다는 데 있다. 물론 이 책에서 다루지는 않지만 두 모집단 분산의 동일성을 검정하는 방법이 있기는 하다. 그런데 이 방법은 두 모집단이 정규분포 할 때는 타당하지만, 아니라면 적용하기 어렵다. 그런데 사회현상 중에는 모집단이 정규분포 하는 경우가 많지도 않고, 또 정규분포 여부를 판단하기도 어렵다.

현실적으로 두 모집단 분산의 동일성을 알기 어려우므로 표본 규모가 크면 그냥 두 모집단 분산이 다르다고 가정하고 검정하는 편이 안전하다. 그리고 표본 규모가 작을 때는 어차피 정규분포 가정이 충족되어야 하므로 모분산의 동일성 검정을 거친 후 그 결과에 따라 적용하면 된다. 하지만 표본 규모가 작을 때 모집단의 정규분포 여부를 판단하는 것은 더욱 어렵다. 어쨌든 사회과학 분야 연구에서는 표본 규모가 작은 경우가 그렇게 많지는 않으니 그나마 다행이라고 할 수 있다.

두 집단의 비율 차이 검정

이번에는 두 집단의 모비율 차이 검정을 하자. 이 역시 단일 모집단 비율 검정과 논리 · 절차는 마찬가지다. 비율 검정이기 때문에 각 표본 집단에서 성공과 실패 횟수가 5회 이상이어야 정규분포를 따른다고 할 수 있으며, 그 경우 Z 검정을 적용한다.

비율 차이 검정에서는 한 가지 주의할 것이 있다. 비율 차이 검정의 귀무가설은 두 집단의 모비율 p_1과 p_2가 같다는 것, 즉 $p_1-p_2=0$이 된다. 두 집단의 모비율 차이가 0이라는 것은 곧 두 모집단은 공통 모비율 p를 갖는다는 말이다. 따라서 기댓값은 $p-p=0$이며, 표준편차는 $\sqrt{p(1-p)\left(\frac{1}{n_1}+\frac{1}{n_2}\right)}$가 된다 (비율 검정에서는 귀무가설이 맞다는 전제 하의 p 추정값을 사용함을 기억하자). 결국 두 집단 비율 차이 검정에서는 두 집단이 공통 모분산을 갖는 경우만 존재하는 셈이다.

물론 공통 모비율 p는 모르므로 추정치 $\hat{p}$을 사용한다. $\hat{p}$은 개별 표본비율인 $\hat{p}_1$과 $\hat{p}_2$의 가중평균, $\frac{n_1\hat{p}_1+n_2\hat{p}_2}{n_1+n_2}\left(=\frac{X_1+X_2}{n_1+n_2}\right)$으로 구한다. 따라서 검정통계량 Z는 다음과 같이 된다.

$$Z=\frac{\hat{p}_1-\hat{p}_2}{\sqrt{\hat{p}(1-\hat{p})\left(\frac{1}{n_1}+\frac{1}{n_2}\right)}}$$ (단, $\hat{p}$은 $\hat{p}_1$과 $\hat{p}_2$의 가중평균)

예제 8-2

프로야구 시즌이 한창이다. A회사는 더 빠른 투구를 보고 싶은 야구팬의 염원을 담아 공기 저항을 덜 받는 야구공을 개발했다. 개발된 야구공과 기존 야구공의 구속을 측정하기 위해 당일 같은 생산 라인에서 생산된 기존 야구공 50개와 새로 개발된 야구공 50개를 3일 동안 습도 50%, 온도 23도에 보관한 이후 동일한 기계, 동일한 실내 장소에서 구속 테스트를 해보았다. 다음은 테스트 결과이다.

기존 야구공: 평균 시속 147km/h, 표준편차 9km/h
개발 야구공: 평균 시속 153km/h, 표준편차 6km/h

과연 다음 시즌 개발된 야구공을 활용해 빠른 구속을 우리 눈으로 확인할 수 있게 될 것인가? 즉, 개발된 야구공의 속도가 기존 야구공보다 빠른가? 가설을 세우고 유의수준 0.05에서 검정하라.

원래는 새로 개발한 야구공이 기존 야구공보다 더 빠른가를 알아보기 위한 것이므로 단측검정을 적용하는 게 맞다. 하지만 양측검정에서 유의미하면 단측검정에서는 당연히 유의미하니 이번에는 양측검정으로 풀어보자(원칙대로 하고픈 사람은 단측검정으로 풀어도 좋다).

H_0 : 개발된 야구공 속도는 기존 야구공 속도와 차이가 없다.
H_1: 개발된 야구공 속도는 기존 야구공 속도와 차이가 있다.

$$\text{검정통계량 } t=\frac{(153-147)}{\sqrt{\frac{9^2}{50}+\frac{6^2}{50}}}=3.922$$

자유도 49일 때, 양측검정 유의수준 5% 임계치 $t_{.025}(49)=2.01$이므로 귀무가설을 기각한다(P 값은 0.0003). 다음 시즌엔 기가 막힌 공의 속도를 확인할 수 있을 것이다!

예제 8-3

별 다방은 기존의 커피 제조과정을 혁신하여 새로운 커피를 생산하기 시작했다. 이에 새롭게 생산하기 시작한 커피에 대한 만족도를 조사하여 다음과 같은 결과를 얻었다.

	남성	여성	계
만족	63	92	155
불만족	32	23	55
계	95	115	210

1. 기존의 별 다방 커피에 대한 모집단 만족도는 0.75(75%) 수준이다. 그런데 이 조사에 의하면 새로운 커피의 만족도는 약 0.738(73.8%) 수준이다. 5% 유의수준에서 새로운 커피에 대한 만족도가 떨어졌다고 할 수 있는가?

이번 사례는 척 봐도 양측검정은 유의미하지 않을 것 같다. 질문이 단측검정 형태를 띠고 있으니 단측검정으로 해 보자.

$H_0 : p = 0.75 \quad vs \quad H_1 : p < 0.75$

$$Z = \frac{\hat{p} - p_0}{\sqrt{\frac{p_0(1-p_0)}{n}}} = \frac{\frac{155}{210} - 0.75}{\sqrt{\frac{0.75 \times 0.25}{210}}} = -0.398$$

5% 단측검정에 대한 임계치(±1.645)보다 검정통계량의 절댓값이 작으므로 귀무가설을 기각할 수 없다. 따라서 주어진 정보만으로는 새로운 커피에 대한 만족도가 떨어졌다고 할 수는 없다.

2. 5% 유의수준에서 새로운 커피에 대한 만족도가 남성과 여성 사이에 차이가 있다고 할 수 있는가? 이번에는 질문이 양측검정 성격을 지니고 있으니 양측 검정을 하자.

$H_0 : p_m = p_w \quad vs \quad H_1 : p_m \neq p_w$(남성만족도 비율$= p_m$, 여성만족도 비율$= p_w$)

$$Z = \frac{\widehat{p_m} - \widehat{p_w}}{\sqrt{\hat{p}(1-\hat{p})\left(\frac{1}{n_m} + \frac{1}{n_w}\right)}} = \frac{\frac{63}{95} - \frac{92}{115}}{\sqrt{\frac{155}{210} \times \left(1 - \frac{155}{210}\right) \times \left(\frac{1}{95} + \frac{1}{115}\right)}} = -2.245$$

($\hat{p}$은 $\widehat{p_m}$과 $\widehat{p_w}$의 가중평균)

5% 양측검정에 대한 임계치 ±1.96보다 검정통계량의 절댓값이 크므로 귀무가설을 기각

할 수 있다(P 값은 0.0248). 따라서 새로운 커피에 대한 만족도는 남성과 여성이 다르다고 할 수 있다.

3. 두 집단의 차이에 대한 신뢰구간 추정

6장에서 단일 집단의 모평균과 모비율에 대한 신뢰구간 추정을 배웠다. 그리고 이번 장에서는 두 집단의 모평균과 모비율 차이에 대한 검정을 배웠다. 이 둘의 논리와 절차를 따져보면 두 집단의 모평균과 모비율 차이에 대한 신뢰구간 추정 방법도 어렵지 않게 알 수 있다. 따로 설명하지 않더라도 독자들 스스로 두 모평균 차이($\mu_1 - \mu_2$)와 모비율 차이($p_1 - p_2$)에 대한 신뢰구간을 구할 수 있을 것이다. 비록 다음에 각 경우의 신뢰구간을 제시하고는 있지만, 이를 보기 전에 스스로 구해 볼 것을 권한다.

두 모평균 차이에 대한 신뢰구간은 다음과 같다.

$\mu_1 - \mu_2$의 100(1−α)% 신뢰구간

① 두 모집단 분산이 다른 경우: $(\overline{X}_1 - \overline{X}_2) \pm t_{\frac{\alpha}{2}} \sqrt{\frac{s_1^2}{n_1} + \frac{s_2^2}{n_2}}$,

② 두 모집단 분산이 같은 경우: $(\overline{X}_1 - \overline{X}_2) \pm t_{\frac{\alpha}{2}} s_p \sqrt{\frac{1}{n_1} + \frac{1}{n_2}}$, s_p^2는 s_1^2과 s_2^2의 가중평균

①에서의 자유도는 $n_1 - 1$과 $n_2 - 1$ 중에서 더 작은 값, 혹은 식(2)인 Welch의 t 검정의 자유도. ②에서의 자유도는 $n_1 + n_2 - 2$.

①, ② 모두 두 표본 집단은 독립이며, 모두 규모 30 이상이거나(아니라면) 두 모집단이 정규분포를 해야 함.

다음은 두 모비율 차이에 대한 신뢰구간이다. 앞서 단일 집단 비율 검정을 설명하면서 표준오차를 구할 때, 가설검정에서는 귀무가설이 맞다는 전제 하의 모비율인 p^0을 사용하지만, 신뢰구간 추정에서는 표본비율인 $\hat{p}$을 사용한다고 했다. 두 집단 비율 차이인 경우는 검정과 구간추정 모두 표본비율을 사용

한다. 하지만 사용하는 표본비율이 서로 다르다.

두 집단의 모비율 차이 검정에서는 귀무가설이 $p_1-p_2=0$이므로 두 모집단은 공통 모비율 p를 갖는다. 그래서 공통 모비율의 추정값을 사용한다. 그러나 신뢰구간 추정에서는 각 표본 집단의 표본비율인 $\hat{p}_1$과 $\hat{p}_2$을 사용한다. 그래서 신뢰구간은 다음과 같이 된다.

p_1-p_2의 100(1−α)% 신뢰구간

$$(\hat{p}_1-\hat{p}_2) \pm Z_{\frac{\alpha}{2}}\sqrt{\frac{\hat{p}_1(1-\hat{p}_1)}{n_1}+\frac{\hat{p}_2(1-\hat{p}_2)}{n_2}}$$

두 표본 집단은 독립이며, 두 집단 모두 성공과 실패 횟수가 5회 이상 존재해야 함.

예제 8-4

여론조사 기관인 갈렙은 주기적으로 1,000명을 무작위 추출하여 대통령 국정 지지율을 조사한다. 지난달의 지지율은 70%였는데 이번 달의 지지율은 74%다.

1) 지난달에 비해 이번 달의 지지율이 달라졌는지 유의수준 5%로 판단하라.
2) 이번 달과 지난달의 지지율 격차에 대한 95% 신뢰구간을 추정하라.

$\hat{p}_1=0.74$, $\hat{p}_2=0.70$, 그리고 공통모비율 추정치 $\hat{p}=0.72$다.

$\sqrt{(0.72\times0.28)\left(\frac{1}{1000}+\frac{1}{1000}\right)}=0.2008$이고 $\sqrt{\frac{(0.74\times0.26)}{1000}+\frac{(0.7\times0.3)}{1000}}=0.2006$이다.

공통모비율 추정치를 사용할 때와 각각의 추정치를 사용할 때, 표준오차 추정값이 살짝 달라짐에 유의하자.

1) 지지율 격차에 대한 검정통계량은 다음과 같다.

$$Z=\frac{0.74-0.70}{\sqrt{(0.72\times0.28)\left(\frac{1}{1000}+\frac{1}{1000}\right)}}=\frac{0.04}{0.02008}=1.992$$

양측검정 유의수준 5%의 임계치는 1.96이다. 검정통계량이 임계치보다 크므로 귀무가설을 기각한다. 지난달과 이번 달의 지지율은 다르다고 할 수 있다.

2) 95% 신뢰수준에서 지지율 격차에 대한 신뢰구간은 다음과 같다.

$0.04 \pm 1.96 \times \sqrt{\frac{(0.74 \times 0.26)}{1000} + \frac{(0.7 \times 0.3)}{1000}} = 0.04 \pm 0.039$, $0.001 \sim 0.079$이다.

예제 8-5

다음은 6장의 〈예제 6-3〉 문제에서 표본만 500명 대신 1,000명으로 바꾼 문제다.

선거를 앞두고 어떤 선거구의 유권자 중 1,000명을 무작위로 뽑아 지지후보를 조사한 결과 A후보의 지지율은 52.5%, B후보의 지지율은 47.5%로 나타났다. 후보는 둘만 존재하며, 유권자는 둘 중의 한 명을 찍는다. A후보가 승리할 것인지 유의수준 5%로 판단하라(이 때의 지지율이 그대로 투표까지 이어진다고 가정).

A후보가 승리할 것인지는 두 가지 방법으로 검정이 가능하다. 하나는 A후보의 지지율은 과반수라고 할 수 있는가를 검정하는 것이다. 또 하나는 A후보 지지율이 B후보 지지율보다 높다고 할 수 있는지를 검정하는 것이다. 지금까지 배운 것을 토대로 두 검정을 모두 해 보자.

1) A후보의 지지율은 과반수라고 할 수 있는지 검정

귀무가설과 대립가설은 $H_0 : p=0.5$, $H_1 : p>0.5$이다. A후보의 지지율 $\hat{p}=0.525$이므로 검정통계량은 다음과 같다.

$$Z=\frac{0.525-0.5}{\sqrt{\frac{0.5\times 0.5}{1000}}}=1.581$$

유의수준 5%, 단측검정의 임계치는 1.645이므로 귀무가설을 기각할 수 없다.

2) A후보 지지율이 B후보 지지율보다 높다고 할 수 있는지 검정

귀무가설과 대립가설은 $H_0 : p_1-p_2=0$, $H_1 : p_1-p_2>0$이다. A후보 지지율 $\hat{p}_1=0.525$, B후보 지지율 $\hat{p}_2=0.475$, 두 후보 지지율 가중평균 $\hat{p}=0.5$이므로 검정통계량은 다음과 같다.

$$Z=\frac{0.525-0.475}{\sqrt{(0.5\times 0.5)\left(\frac{1}{1000}+\frac{1}{1000}\right)}}=2.236$$

유의수준 5% 단측검정의 임계치는 1.645이므로 귀무가설을 기각할 수 있다.

1)에서는 귀무가설을 기각하지 못했는데 2)에서는 기각했다. 왜 이런 결과가 나왔을까? 둘 중 하나는 맞고 하나는 틀렸다. 어떤 방법이 맞을까? 답부터 말하면 1)이 맞고 2)가 틀렸다. 2)의 방법은 뭐가 틀렸을까?

두 모집단 차이 검정에서는 두 표본 집단이 독립적으로 구성되어야 한다. 하지만 이 사례는 그렇지 않다. 사실은 하나의 표본 집단일 뿐이다. 두 후보 중 한 후보를 선택하는 것이므로 A후보 지지하는 사람의 비율을 $\hat{p}_1$이라고 하면 B후보 지지하는 사람의 비율은 $1-\hat{p}_1$이다. 즉 이 사례는 두 모집단 차이 검정이 아니라, 단일집단 비율 검정에 해당한다.

2)의 방법이 타당하려면, 각각 1,000명씩 무작위추출해서 한 집단에서는 A후보 지지율을 조사하고 다른 한 집단에서는 B후보 지지율을 조사해서 두 집단의 차이 검정을 적용해야 한다. 그런데 'B후보 지지율=1−A후보 지지율'이다. 따라서 이는 2,000명을 무작위추출해서 A후보 지지율을 조사한 다음 A후보 지지율이 과반수인가를 검정하는 것과 동일하다. 즉 A 후보 지지율을 조사한 1,000명 집단에서 A후보 지지율이 52.5%로 나오고, B후보 지지율을 조사한 또 다른 1,000명 집단에서 B후보 지지율이 47.5%로 나왔다면, 이는 2,000명 조사에서 A후보 지지율이 52.5%로 나온 것과 동일하다.

2,000명 조사에서 A후보 지지율이 52.5%로 나왔다면 과반수 여부에 대한 검정통계량은 다음과 같다.

$$Z=\frac{0.525-0.5}{\sqrt{\frac{0.5\times0.5}{2000}}}=2.236$$

따라서 2)의 방법으로 구한 검정통계량과 일치함을 알 수 있다(왜 그런지는 두 검정통계량의 형태를 비교해보면 알 수 있다).

4. 대응표본 차이 검정

앞서 다룬 A, B 두 후보 지지율 사례에서 보듯이 두 집단의 차이 검정에서는 각 표본이 독립적으로 추출되었다는 것이 필수 조건이다. 이 사례는 억지로 두 집단 차이 검정에 꿰어 맞춘 것이고 실제는 그냥 한 집단에 대한 지지율 과반수 검정 사례에 해당한다.

그런데 실제로 두 집단 차이를 검정하는데 독립성 가정이 지켜지지 않아서 문제가 되는 경우가 발생한다. 대표적인 것이 두 개의 대응표본에 대한 차이 검정이다. 다음 사례를 보자.

예제 8-6

K 제약회사는 일부러 음식 섭취를 줄이거나 특별히 운동을 하지 않더라도 주 1회 3개월만 복용하면 살이 빠지는(게다가 요요 현상도 없는!) 신약 '날씬이'를 개발했다. 이 약의 효과성을 검증하기 위해 20−30대 여성 16명을 선발하여 날씬이 약을 3개월간 복용시켰다. 그리고 날씬이 복용 전후의 몸무게를 측정했다. 그 결과는 〈표 8−1〉과 같다. 날씬이가 몸무게 감소에 효과가 있는지 유의수준 5%에서 검정하라. 20−30대 여성의 몸무게는 정규분포를 따른다.

우선 앞서 배운 두 집단 차이 검정을 적용해 보자. 대립가설은 복용 후 몸무게가 복용 전에 비해 감소했다는 것, 즉 $\mu_a - \mu_b < 0$이 된다.

$\overline{X}_a - \overline{X}_b = -1.26$, $\sqrt{\dfrac{11.84^2}{16} + \dfrac{10.98^2}{16}} = 4.03$이므로 검정통계량은 $\dfrac{-1.26}{4.03} = -0.312$다. 이 정도 값이면 굳이 계산해 보지 않더라도 귀무가설을 기각할 수 없다. 5% 유의수준 단측검정에서 자유도 30(=16+16−2)인 t 값은 −1.697이다.

그런데 이렇게 계산하는 것이 맞을까? 왠지 이상하다. 전술했듯 두 집단 차이 검정에서는 두 표본 집단이 서로 독립이어야 한다. 즉 한 집단의 표본추출이 다른 집단의 표본추출에 영향을 미치지 않아야 한다. 그런데 이 경우는 동일인에 대해서 복용 전후를 비교하는 것이다. 그래서 한 표본 집단에 속하는 사람은 다른 표본 집단에도 속한다. 둘은 전혀 독립적이지 않다. 완전히 의존적이다.

그럼 어떻게 해야 할까? 이 경우는 자료별로 복용 전후의 몸무게 변화($a-b$)를 구한 다음, 이 값으로 단일집단 t 검정을 하면 된다. 이 경우 대립가설은 살이 빠졌다는 것, $\mu_{a-b} < 0$이다. 검정통계량 계산을 위한 자료는 〈표 8−1〉의 마지막 열에 제시되어 있다.

$\overline{X}_{a-b} = -1.26$, $\sqrt{\dfrac{1.91^2}{16}} = 0.48$이므로 검정통계량은 $\dfrac{-1.26}{0.48} = -2.625$다. 5% 유의수준 단측검정에서 자유도 15(=16−1)인 t 값은 −1.753이다. 따라서 귀무가설을 기각한다. (참고로 P 값을 구하면 0.009가 나온다).

두 방법의 의미는 어떻게 다를까? 그리고 왜 두 집단의 평균 차이 검정에서는 전혀 유의미하지 않은데, 전후 차이를 구해서 검정했을 때는 이토록 유의미할까?

표 8-1
'날씬이' 복용 전후의 몸무게

대상 번호	복용 전(b)	복용 후(a)	차이(a-b)
1	44.4	45.4	1.0
2	42.3	42.1	-0.2
3	56	53	-3.0
4	67.9	68.9	1.0
5	79.4	75	-4.4
6	60.3	58.6	-1.7
7	64	60.9	-3.1
8	40.6	39.6	-1.0
9	44.1	44.9	0.8
10	52.8	49.9	-2.9
11	63	60.3	-2.7
12	52.1	54.3	2.2
13	74.5	71.8	-2.7
14	51	51.3	0.3
15	44.8	43.5	-1.3
16	47.7	45.2	-2.5
평균	$\overline{X}_b = 55.31$	$\overline{X}_a = 54.04$	$\overline{X}_{a-b} = -1.26$
표준편차	11.84	10.98	1.91

독립인 두 표본 집단으로 평균 차이를 검정하려면 이런 식으로 해야 한다. '날씬이'를 복용하지 않은 20-30대 여성 중에서 16명을 무작위로 추출해서 한 표본 집단을 구성하고, 또 '날씬이'를 3개월간 복용한 20-30대 여성 중에서 16명을 무작위로 추출해서 다른 표본 집단을 구성한다. 그리고 이 두 집단의 평균몸무게 차이(복용 집단의 평균몸무게가 비복용 집단의 평균몸무게보다 낮은가)를 검정한다.

이 경우 설사 복용집단의 평균몸무게가 비복용집단의 평균몸무게에 비해 가볍다고 해도 이를 두고 '날씬이'의 효과라고 하기는 주저된다. 두 집단은 전혀 다른 사람들이기 때문에 설사 '날씬이'의 효과가 전혀 없더라도 두 집단의 평균몸무게는 차이가 있을 것이다. 순전히 우연에 의해서 복용집단에 상대적으로 몸무게가 가벼운 사람들이 추출되었을 수도 있다(표본 규모가 16 밖에 안 된다는 것을 감안하자). 혹은 날씬이를 복용한 사람들은 평소 몸매에 신경 쓰는 사람들, 그래서 상대적으로 날씬하지만 더 날씬해지려는 사람들일 수도 있다(즉 이 사람들은 날씬이를 복용하지 않았더라도 몸무게가 더 가벼울 것이다). 이처럼 전혀 다른 사람들끼리의 몸무게를 비교할 때는 '날씬이' 외에도 두 집단의 몸무게 차이를 가져올 수 있는 요인(교란요인이라 부르자)이 워낙 많다.

동일인에 대한 복용 전후의 몸무게 비교는 다르다. 동일인이므로 '날씬이' 복용 외에는 복용 후 특별히 몸무게가 더 가벼워질 요인을 생각하기 어렵다. 물론 3개월의 시차가 있으므로 몸무게가 완전히 똑같지는 않을 것이다. 하지만 서로 다른 사람들로 이뤄진 두 집단의 비교에 비해서는 교란요인의 개입 여지가 훨씬 적다. 그래서 '날씬이' 효과를 훨씬 효과적으로 검정할 수 있다.

두 방법의 검정통계량을 비교하면 표준편차의 차이 때문에 검정통계량이 크게 다르다는 것을 알 수 있다. 각 집단의 표준편차 s_a와 s_b는 전후 차이에 대한 표준편차 s_{a-b}에 비해 훨씬 크다. 게다가 두 집단 차이검정 검정통계량의 분모를 구성하는 표준오차는 s_a와 s_b를 더하기까지 한다$\left(\sqrt{\frac{s_a^2+s_b^2}{n}}\right)$. 그러니 전후 차이 검정통계량의 분모인 표준오차 $\sqrt{\frac{s_{a-b}^2}{n}}$에 비해 더욱 더 클 수밖에 없다. 표준오차가 크다는 것은 그만큼 우연에 의해서 차이가 날 가능성이 커진다는 것을 의미한다. 가설검정은 표본에서의 차이가 우연 때문이 아니라는 것을 입증하는 것이다. 그래서 검정통계량의 크기는 표준오차에 반비례하며, 따라서 전후 차이 검정통계량의 절댓값이 훨씬 커진다.

이처럼 개별 자료에 대해 차이를 구한 후, 그 차이에 대해 단일집단 검정을 수행하는 것을 대응표본 t 검정(paired samples t test)이라고 부른다. 대응표본 t 검정은 우리 사례처럼 어떤 처리(투약, 훈련 등)의 효과를 처리 전후 비교를 통해 파악하는 연구에서 흔히 사용된다. 의약학 등 자연과학 분야에서 많이 사용하며 사회과학 분야에서는 교육학이나 심리학 분야에서 이런 연구를 흔히 한다.

엄밀히 따지면 〈예제 8-6〉의 방법은 '날씬이'라는 신약효과를 파악하기 위해 적절한 연구는 아니다. 비록 대응표본 t 검정을 사용한 것은 적절하지만 그것만으로는 부족하다. 복용 전후의 몸무게 감소가 순전히 '날씬이' 때문이라고 하기는 어렵기 때문이다. 무엇이 부족하고 어떻게 해야 보다 타당한 방법인지에 대해서는 9장에서 설명한다. 그리고 이번 장의 연습문제 2번에서도 조금 다룬다.

7-8장에서 배운 가설 검정은 어디에 얼마나 쓰일까?

7장과 8장에서는 평균 자체 차이에 대한 가설검정을 배웠다.[1] 표본에서 구한 평균 $\overline{X}$를 이용하여 모집단 평균 μ_0가 특정값보다 큰지 작은지, 혹은 두 표본의 평균 $\overline{X}_1$, $\overline{X}_2$를 이용하여 두 모집단의 평균에 차이가 있는지($\mu_1-\mu_2\neq 0$)를 검정했다.

이런 가설검정은 실제 분석에서 얼마나 어떻게 사용될까? $\mu_0>k$나 $\mu_1-\mu_2\neq 0$ 등과 같은 모집단 평균에 대한 검정은 연습문제로는 유용하지만 실제에서는 별로 쓰이지 않는다. 예를 들어보자. 영철이는 정규직과 비정규직 임금 격차 문제에 관심이 있다. 그래서 정규직과 비정규직 임금 수준을 조사하고, 비정규직 임금은 정규직 임금의 몇 %인가를 따진다. 정규직 임금이 300만 원, 비정규직 임금이 200만 원이라면 비정규직 임금은 정규직 임금의 66.7%(2/3) 정도라고 판단한다. 하지만 비정규직 임금이 정규직 임금보다 낮은가에 대한 t 검정을 하지는 않는다. 이 정도 차이라면 굳이 t 검정을 해보지 않아도 모집단에서도 비정규직 임금이 정규직 임금보다 낮다는 것은 자명하다.

그렇다면 비정규직 임금이 정규직 임금에 비해 얼마나 작은가에 대한 t 검정을 하면 어떨까? 가령 '비정규직 임금은 정규직 임금보다 80만 원 이상 작다'와 같은 검정말이다. 표본에서는 100만 원 작게 나왔지만 모집단에서라면 80만 원보다 작을 수도 아닐 수도 있다. 이런 t 검정은 간단하다. 귀무가설을 $\mu_1-\mu_2>80$로 세우고 앞서 배운 대로 검정하면 된다. 하지만 이럴 바에는 아예 $\mu_1-\mu_2$에 대한 신뢰구간을 구하는 것이 낫다. 그럼 얼마나 작은지 최솟값과 최댓값을 알 수 있기 때문이다.

하지만 $\mu_1-\mu_2$의 신뢰구간 구하기도 실제는 잘 하지 않는다. 그냥 $\overline{X}_1$과 $\overline{X}_2$ 자체가 μ_1과 μ_2인 것처럼 사용한다. 그 이유는 앞장에서 이미 설명했다(마지막의 '신뢰구간 추정은 얼마나 쓰일까' 참조).

거듭 말하지만 사회과학에서 통계학은 주로 두 가지 목적으로 사용된다. 하나는 현상 자체를 측정·파악하는 것이고 또 하나는 현상의 인과관계를 파악하는 것이다. 표본평균 $\overline{X}_0$로서 모평균 μ_0를 파악하는 것이 전자의 목적이다. 여기에는 t 검정이 별로 쓰이지 않음은 이미 설명했다. 그렇다면 인과관계 파악을 위해서는 어떨까? 여기에는 쓰인다.

1　이하에서는 평균 검정에 대해 논의하지만 비율 검정도 마찬가지다. 단 비율 검정에는 t 검정이 아니라 Z 검정을 사용한다는 것만 다르다.

비정규직과 정규직 임금수준이 얼마나 다른가를 조사하는 것은 그냥 현상 자체를 파악하는 것이다. 하지만 두 집단의 임금수준이 다른 이유가 '정규직 여부'에 기인한 것이라고 한다면 이는 인과관계를 규명하는 것이다. 그런데 '정규직 여부'에 의해 두 집단의 임금수준이 다른가를 규명할 때 t 검정이 쓰인다.

인과관계를 규명하는 방식은 실험설계에 의한 연구인가 비실험설계에 의한 연구인가에 따라 다소 다르다. 실험설계 연구에서는 집단 간 차이만으로 인과관계를 규명할 수 있다. 그래서 연구대상 집단이 둘 일 때는 t 검정이 쓰인다(앞서 배운 대응표본 검정은 실험설계 연구의 한 과정이다. 이에 대해서는 다음 장에서 논의). 그리고 연구대상 집단이 셋 이상일 때는 분산분석이라는 것이 쓰인다.

비실험설계 연구의 인과관계 규명은 훨씬 복잡하다. 집단 간 차이만으로는 알 수 없다. '교란요인'이라는 것이 존재하기 때문이다. 그래서 인과관계를 규명하려면 교란요인을 통제해야 하는데, 이를 위해서는 회귀분석이라는 기법이 가장 널리 쓰인다. 그리고 회귀분석 기법에 의해 인과관계를 규명할 때 역시 t 검정이 쓰인다.

실험설계 연구와 비실험설계 연구에서 인과관계 추론 방식이 어떻게 다른지, 실험설계 연구에서는 집단 간 차이 검정이 어떻게 인과관계 규명에 활용되는지, 또 회귀분석에서는 어떻게 인과관계 규명을 위해 검정이 활용되는지. 이런 것들이 다음 장부터 배울 내용들이다. 사실 4장부터 지금까지 배운 내용들은 다음 장부터 배울 기법들을 위한 사전 지식 쌓기라고 할 수 있다. 그러니 호기심과 기대를 품고 다음 장부터 착실히 배워보자.

제 8 장 점검

8장을 제대로 배웠다면 다음과 같은 것들을 충분히 해낼 수 있어야 한다.

1. 단일집단 모비율에 대한 가설검정 사례 들고 검정절차와 결과 제시하기
2. 모비율 검정의 검정통계량을 구성하는 표준오차와 신뢰구간 추정에 적용하는 표준오차의 차이 설명하기
3. 두 모집단 평균 차이 검정 사례 들고 검정절차와 결과 제시하기
4. 두 모집단 비율 차이 검정 사례 들고 검정절차와 결과 제시하기
5. 대응표본 차이검정 사례 들고 검정절차와 결과 제시하기
6. 대응표본 차이검정이 독립 추출된 두 표본을 이용한 차이 검정에 비해 훨씬 유의미한 이유 설명하기

연습문제 해답과 자료 | "blog.naver.com/statforss"

연습문제 E·X·E·R·C·I·S·E

1. (7장 연습문제를 이어간다) 1등품 사과의 당도 기준은 14 브릭스 이상인데, '레알꿀맛' 과수원 주인은 자기 과수원 사과의 당도는 14 브릭스 이상이라고 주장한다. 사과유통 업체인 '사과사랑'은 14 브릭스 미만 비율이 5% 이하이면 '레알꿀맛' 과수원 사과를 대량 구매하려고 한다. 이 과수원 사과 중 100개를 무작위 추출해서 당도를 검사했더니 14 브릭스 미만이 9개 나왔다. '사과사랑'은 '레알꿀맛' 과수원 사과를 구매하는 것이 타당할까? 유의수준 5%로 검정하라.

2. 건전지 업계의 쌍두마차인 '도깨비'와 '허깨비'는 서로 자기 제품 수명이 더 길다고 광고를 했다. 이에 소비자보호원은 두 회사 건전지 20개씩을 무작위 구입해서 장난감 자동차를 작동시켜 평균수명을 측정했다. 실험결과는 다음과 같다.

건전지	평균수명(시간)	표준편차(시간)
도깨비	107	8
허깨비	112	9

1) 허깨비 제품과 도깨비 제품의 평균수명 차이에 대한 90% 신뢰구간을 구하라.
2) 두 회사 제품의 평균수명은 다르다고 할 수 있는지 유의수준 5%로 검정하라.
3) 어느 회사 제품이 더 평균수명이 길다고 할 수 있는지 유의수준 5%로 검정하라.

3. 비록 법으로 최저임금을 정하고 있지만 근로자 5인 이하 영세사업장에서는 이를 위반하는 경우가 많다. 정부에서 3월에 5인 이하 영세사업장 근로자 중 500명을 무작위 추출하여 임금 수준을 조사하였더니 60명이 최저임금에 미달했다. 이에 정부는 4월부터 8월까지 최저임금 준수를 위한 집중단속을 실시했다. 이후 10월에 다시 5인 이하 영세사업장 근로자 중 400명을 무작위 추출하여 조사했더니 32명이 최저임금에 미달했다.

1) 집중단속 이전과 이후의 최저임금 위반율 차이에 대한 95% 신뢰구간을 구하라.
2) 10월의 최저임금 위반율이 3월에 비해 낮아졌다고 할 수 있는지 유의수준 5%로 검정하라.
3) 정부는 집중단속을 펼치면서 최저임금 위반율을 2%포인트 이상 낮추는 것을 목표로 세웠다. 정부가 목표를 달성했다고 할 수 있는지 유의수준 5%로 검정하라.

4. 스포츠과학 센터 '슈퍼맨'은 운동선수들의 지구력을 높이는 6개월짜리 훈련 프로그램을 개발했다. 이 프로그램의 효과성을 입증하기 위해 전국 고교운동선수협회 등록선수들 중에 16명을 무작위 추출해서 이 프로그램을 진행했다. 프로그램 진행 이전과 이후의 오래달리기 기록 측정 결과는 다음 표와 같다. 운동선수들의 오래달리기 기록은 정규분포를 따른다. 이 프로그램이 운동선수들의 오래달리기 기록 향상에 도움이 되는가를 다음과 같은 두 방법에 의해 검정하라. 유의수준은 0.05를 적용한다.

선수	훈련 전(Before) 소요 시간(초)	훈련 이후(After) 소요 시간(초)
A	1,072	1,046
B	1,014	986
C	1,025	1,028
D	981	962
E	1,007	974
F	1,047	992
G	1,066	1,022

H	1,034	1,022
I	980	974
J	1,013	996
K	1,027	1,022
L	1,036	1,028
M	1,071	1,034
N	979	980
O	1,011	992
P	1,036	1,028

1) 훈련 전 16명의 평균시간($\overline{X}_B$)과 훈련 후 16명의 평균시간($\overline{X}_A$)을 구한 다음, 이를 이용하여 $\mu_A < \mu_B$(혹은 $\mu_A - \mu_B < 0$)라고 할 수 있는가에 대한 가설을 검정하라.
2) 16명에 대해 훈련 전후의 단축된 시간을 측정하여 이의 평균($\overline{X}_{A-B}$)을 구한 다음, 이를 이용하여 $\mu_{A-B} < 0$이라고 할 수 있는가에 대한 가설을 검정하라.
3) 1)과 2)의 결과는 왜 다른가? 사례의 경우는 둘 중에서 2)의 방법이 더 타당하다고 알려져 있다. 왜 그럴까?
4) 1)에 비해 2)가 더 타당하다고는 하지만 2)의 방법 역시 훈련의 효과를 판단하는 데는 부족하다. 무엇이 문제일까?
(Hint 고교 운동선수들이라면 이 프로그램이 아니었어도 기량강화로 인해 시간 단축이 가능하지 않았을까?)
5) 그렇다면 이 특별 프로그램의 효과성을 입증하기 위한 타당한 연구설계 방법을 제시하라(Hint 잘 모르겠으면 9장 앞부분 배운 뒤에 다시 풀 것).

5. 3장 연습문제 3번에서 '쑥쑥이'가 기존 사료에 비해 더 무거운 달걀을 생산한다고 할 수 있는지 판단하라. 검정에 필요한 가정, 유의수준 등은 스스로 설정하라.

데이터를 활용한 **연습문제** E·X·E·R·C·I·S·E

1. household.dat 자료를 활용하여, 자영업자 가구와 임금근로자 가구에 대한 다음의 분석을 실시하라.
   1) 두 집단의 월 평균소득 차이에 대한 95% 신뢰구간을 구하라.
   2) 두 집단의 월 평균소득은 다르다고 할 수 있는지 유의수준 5%로 검정하라.
   3) 정규직 임금근로자 가구와 자영업자 가구의 월 평균소득은 다르다고 할 수 있는지 유의수준 5%로 검정하라.

2. 같은 자료를 활용하여 남성과 여성의 4년제 대학졸업 이상의 학력자 비율이 다르다고 할 수 있는지를 다음과 같이 분석하라. 이를 위해서는 교육년수 자료를 이용하여 교육년수 16년 이상=1, 아니면=0의 값을 갖는 변수를 새로 만들어야 한다. 변수명은 '4년제대졸이상'처럼 명명하면 되겠다.
   1) 연령을 50세 미만으로 제한하라. 그 다음 연령대를 20대(29세 이하), 30대(30-39세), 40대(40-49세)로 구분하고 각 연령대별로 4년제 대학졸업이상 학력자 비율의 남녀간 격차에 대한 90% 신뢰구간을 구하라(즉 세 번의 신뢰구간 추정을 해야 함).
   2) 각 연령대별로 4년제 대학졸업이상 학력자 비율은 남성과 여성 중 어느 쪽이 더 높은지 유의수준 5%와 10%로 각각 검정하라.
   3) 20대에서는 여성 4년제 대졸이상 학력자 비율이 남성보다 높다고 할 수 있는데 비해 (유의수준 10% 기준), 30-40대에서는 그렇지 않다. 왜 이런 현상이 발생했는지 그 이유를 설명해 보라(통계학 문제는 아니며 정답도 없다. 기계적인 해석 이외에 왜 그럴까를 고민해 보라는 의미로 낸 것이다).

부록 모비율 신뢰구간 추정의 부정확성

사실 모비율의 신뢰구간추정에 사용된 $\pm z_{\frac{\alpha}{2}}\sqrt{\frac{\hat{p}(1-\hat{p})}{n}}$은 기초통계학 수준에서 사용하는 것으로서, 실제로는 다소 부정확하다. 이보다 좀 더 정확한 신뢰구간을 추정하려면 다음과 같은 방식을 사용하는 게 더 낫다.

① adjusted Wald 신뢰구간: 이는 성공횟수 X에 2를 더하고 표본수 n에 4를 더해서 $\hat{p}$과 $(1-\hat{p})$을 구해서 사용한다. 가령 $X=12$, $n=20$이라면 $\hat{p}$은 0.6이 아니라 0.583이 된다. 그리고 $(1-\hat{p})$은 0.4가 아니라 0.417이 된다.

② Wilson score 신뢰구간: 이는 상당히 복잡하다. 다음과 같이 구한다.

$$\frac{\hat{p}+\frac{z_{\alpha/2}^2}{2n}\pm z_{\alpha/2}\sqrt{\frac{\hat{p}(1-\hat{p})+\frac{z_{\alpha/2}^2}{4n}}{n}}}{1+\frac{z_{\alpha/2}^2}{n}}$$

이 방법은 $\hat{p}$과 0.5의 가중평균을 사용하는 것에 해당한다. n이 그리 크지 않고 $\hat{p}$이 0이나 1에 아주 가까울 경우 이 방법을 사용할 것을 권한다. $\hat{p}(1-\hat{p})$ 값은 $\hat{p}=0.5$일 때 가장 큰 0.25가 되며, 0.5에서 멀어질수록 작아진다. $\hat{p}=0.9$라면 0.09가 된다. 거의 1/3로 줄었다. 제곱근을 씌우면 60%로 줄어든다. 즉 $\hat{p}=0.5$를 사용할 때보다 $\hat{p}=0.9$일 때 오차한계가 60%로 감소한다.

비율은 n이 커질수록 이항분포가 정규분포에 근사해 간다는 성질을 이용한 것이다. n이 그리 크지 않으면(성공횟수와 실패횟수가 5보다 많이 크지 않으면), 정규분포를 적용할 때 오차가 제법 된다. 또 $\hat{p}$의 오차도 커진다. 이러한 사정들을 감안해서 $\hat{p}$과 0.5의 가중평균을 사용하는 것이다.

PART 5

인과관계의 탐색

사회과학 분야에서 통계학을 쓰는 이유는 주로 두 가지 목적에서다. 하나는 미지의 현상 자체를 알기 위함이고 또 하나는 현상간의 인과관계를 알기 위함이다. 임금불평등에 대한 연구를 할 때는 우선 임금 불평등 수준을 파악하고, 그 다음에 임금불평등이 왜 발생했는가를 분석한다. 전자는 현상 자체의 파악이고 후자는 인과관계의 조사이다.

현상 자체의 파악에는 앞서 다룬 올바른 측정과 대표성 있는 표본추출이 무엇보다 중요하다. 또한 표본 결과는 모집단 결과와는 다르므로 표본 결과로부터 모집단 결과를 추정하는 것도 필요하며, 모집단 결과에 대한 검정도 필요하다. 8장까지는 이런 것들에 대해서 배웠다. 이제부터는 인과관계 추론에 대해서 배울 차례다. 이를 위해서는 사회현상에 대한 인과관계를 파악한다는 것이 무엇인지에 대한 얘기부터 해야 한다. 9장에서 다루는 내용이다. 엄밀히 따지면 9장의 내용은 통계학이기보다는 조사방법론에 해당한다. 기법보다는 논리를 설명한다. 하지만 인과관계의 논리를 확실히 이해해야 통계기법을 적용하여 인과관계를 규명할 때 오류를 피할 수 있다. 그러니 9장의 내용을 충실히 공부하기 바란다.

8장 말미에서 짧게 얘기했지만 인과관계를 파악하는 방법은 실험설계에 의한 연구인가 아니면 비실험설계에 의한 연구인가에 따라 달라진다. 실험설계라는 것은 과학자가 실험실에서 실험할 때 대상의 선정, 약물투입, 배양 등 실험의 제반 과정을 설계하고 통제하듯이 연구과정을 구성할 수 있으면 실험설계, 그렇지 못하면 비실험설계에 의한 연구이다. 실험설계 연구에서는 실험집단과 통제집단의 차이만으로 인과관계를 규명할 수 있다(무슨 말인지 9장에서 설명한다).

두 집단 간 차이를 검정하는 것이 8장에서 배운 검정이다. 그리고 세 집단 이상의 차이를 검정하는 것이 분산분석인데, 10장에서 다룬다. 집단 간 차이 검정은 각 집단의 평균 비교 이외에 빈도 분포 비교를 통해서도 할 수 있다. 가령 특정 상품에 대한 선호도를 5점 척도(아주 좋음, 좋음, 보통, 싫음, 아주 싫음)로 물었다고 하자. 남녀 간 선호도 차이를 분석하려면 5점 척도 평균값을 비교해도 가능하지만, 각 카테고리별 빈도분포를 비교함으로써도 가능하다. 빈도 분포비교를 통한 차이 검정이 χ^2 검정인데 역시 10장에서 다룬다.

비실험설계 연구에서 인과관계를 규명할 때 가장 중요한 것은 원인과 결과 변수 사이에 교란요인으로 작용할 수 있는 제3의 변수들의 영향을 통제하는 것이다. 이를 위한 대표적인 기법이 회귀분석인데 11장과 12장에서 다룬다.

제 9 장

인과관계와 교차분석

1. 사회과학에서 인과관계의 의의

다시 말하지만 사회과학(자연과학도 마찬가지다)에서 통계분석을 사용하는 목적은 대체로 다음의 두 가지이다. 하나는 미지의 모집단 특성 자체를 알고자 하는 것이다. 가령 1인당 GDP는 얼마인지, 1분기 실업률은 얼마인지, 우리나라의 정보화 수준은 다른 나라에 비하여 높은지 낮은지 등을 파악하는 것이 이에 해당한다. 다른 하나는 특성들 간의 인과관계, 즉 어떤 특성이 다른 특성에 미치는 영향력을 규명하려는 것이다. 가령 술을 많이 마시면 기억력이 감퇴되는가(술과 기억력), 나이가 들수록 정치적 성향이 보수화되는가(연령과 정치성향) 등을 규명하는 것이 이에 해당한다. 첫 번째 목적은 중요하다. 하지만 통상 사회과학에서 학자들이 통계분석을 이용한 실증연구를 한다고 하면 두 번째 목적인 인과관계를 규명하기 위한 경우가 많다.

예를 들어 나는 사람들 간의 임금 격차에 영향을 미치는 요인이 무엇인가를 규명하는 데 관심이 많다. 이 주제는 조금만 변형하면 우리 사회에서 학력 차이에 기인한 임금 격차는 어느 정도인가? 학력에 따른 임금 격차는 지난 20년간 더 증가했는가? 우리 사회에 존재하는 성차별로 인하여 여성은 남성보다 어느 정도 임금에서 불이익을 받는가? 노조의 유무가 임금에 어떤 영향을 미치는가? 공무원과 민간기업 종사자의 임금 격차는 어느 정도인가?와 같은 다양한 연구 주제가 된다.

교육학 분야라면 학생들의 학업 성취도에 영향을 미치는 요인이 무엇인가를 규명하는 것에 관심을 가질 수 있을 것이다. 이 주제는 다시 지능의 차이가 학업 성취도에 미치는 효과는 어느 정도인가? 과외 공부 여부가 대입 수능 점수에 미치는 영향은 어느 정도인가? 부모의 교육수준이 학업 성취도에 미치는 효과는 어느 정도인가? 평준화 여부가 학업 성취도에 미치는 효과는 무엇인가? 학교장의 리더십이 학업 성취도에 미치는 효과는 어느 정도인가 등과 같은 다양한 연구과제로 표현될 수 있다.

또 조직학 분야에서는 조직성과의 영향요인은 무엇인가에 관심을 가질 수 있을 것이며 이 주제는 상관과 부하의 신뢰가 조직성과에 미치는 효과, 조직에 대한 만족도가 조직성과에 미치는 효과, 조직구조의 차이가 조직성과에 미치는 효과 등과 같은 다양한 연구주제들로 나타낼 수 있다. 독자들이 각자의 전공 분야에서 실증분석에 의한 학위논문이나 학술지 발표 논문들을 훑어보면 대부분이 인과관계를 규명하는 논문임을 알 수 있을 것이다.

참, 독자 중에는 개인들 간의 임금 격차에 영향을 미치는 요인들의 규명이라는 주제 중에서 마지막으로 열거한 '공무원과 민간기업 종사자의 임금 격차 조사'에 대해서 "이게 왜 인과관계를 규명하는 것인가, 단지 공무원의 임금수준은 어느 정도이며, 민간기업의 임금수준은 어느 정도인가를 파악하는 것이 아닌가?"라는 의문을 갖는 사람이 있을지도 모르겠다. 그러나 이 주제도 인과관계 규명에 해당한다. 공무원과 민간기업 종사자의 임금 격차가 어느 정도인가에 관심을 갖는 이유가 단지 두 집단의 평균 임금 차이가 얼마인가를 밝히려는 데 있는 것은 아니기 때문이다. 이는 동일한 능력과 조건을 갖추고 유사한 업무에 종사하는데 단지 한 사람은 공공부문, 다른 사람은 민간부문에 근무한다는 차이로 인하여 발생하는 임금 격차가 어느 정도인가를 규명하려는 것이기 때문이다. 즉 같은 대학을 졸업하고 거의 동일한 능력과 조건을 갖추었다고 생각되는 두 친구가 한 명은 공무원이 되고 또 한 명은 민간 기업에 취직했다고 했을 때, 공공과 민간부문이라는 '직장 차이'가 원인이 되어 발생한 두 사람의 '임금 격차'라는 결과를 규명하려는 것이기 때문이다.

왜 단순히 두 집단의 평균 임금만을 파악하는 것으로는 불충분할까? 두 집단 평균 임금의 차이에는 공공과 민간이라는 직장 차이 이외에 다른 다양한 요인이 작용하기 때문이다. 가령 공무원은 주로 고졸자로 충원되는 데 민간은 주로 대졸자로 충원된다고 하자. 이 경우 두 집단의 임금 격차에는 공공과 민간이라는 차이 이외에 학력 차이의 영향이 반영되어 있다. 따라서 두 집단의 임금 격차 중에서 학력 차이에 기인한 임금 격차를 제외해야만 공공과 민간부문이라는 차이가 원인이 되어 발생한 결과로서의 임금 격차를 알 수 있다.

따라서 공무원과 민간기업 종사자의 임금 격차를 규명하는 것은 단순히 두 집단의 평균 임금이 얼마나 차이가 있는가를 알고자 하는 것이 아니라, 공공과 민간이라는 차이가 임금 차이에 미치는 영향을 규명하는 것, 즉 인과관계를 분석하는 것이다. 얼핏 보기에는 인과관계를 규명하는 것과 관계없는 것처럼 보이는 연구 주제들도 실상은 인과관계를 분석하고 있는 것들이 많다.

사회과학에서 인과관계를 파악하는 것은 자연과학에서보다 어렵다. 자연과학에서는 실험을 할 수 있지만 사회과학에서는 대부분 실험이 불가능하기 때문이다. 게다가 사회과학의 인과관계는 다양한 요인들이 복잡하게 얽혀 있는 경우가 많다. 따라서 정말 신중하게 분석하고 조심스레 결과를 해석하지 않으면 인과관계를 잘못 판단하기 쉽다(솔직히 말하면 사회과학 학술지에 실린 인과관계 규명 실증연구 중에는 올바른 것보다 틀린 것이 훨씬 더 많다). 인과관계를 잘못 판단해서 기업이나 정부가 잘못된 정책을 세우고 실행하는 경우도 드물지 않다.

사회과학 실증연구에서 인과관계의 중요성은, 영어식으로 표현하면, 아무리 강조해도 지나치지 않다. 이런 이유 때문에 이 책에서는 이번 장 전체를 인과관계 추론의 기본 논리를 이해하는 데 할애하고 있다. 엄밀히 말하면 이번 장의 내용은 통계학이기 보다는 조사방법론에 해당한다. 그러나 인과관계 추론의 논리를 제대로 이해하지 못하면 아무리 그럴싸한 통계기법을 사용해서 분석한다고 해도 잘못된 결과를 얻고 엉터리로 해석하기 십상이다.

다소 길게 설명하는 감이 있지만, 차근차근 읽어보기 바란다. 통계기법을 적용해서 실제 분석을 할 때는 물론이고, 나중에 직장에서 혹은 일상에서 다양한 판단을 해야 할 때도 도움이 된다.

2. 인과관계 추론에 적합한 연구: 실험연구

사회과학이 아닌 자연과학의 주제들, 그 중에서도 실험이 가능한 경우는 인과관계 추론이 비교적 쉽다. 어떤 생화학자가 살 빼는 데 탁월한 효과가 있는 신약 '날씬이'를 개발한 후, 이 약의 효과를 검증한다고 하자. 즉, '날씬이의 복용'이라는 원인이 '살이 빠진다'라는 결과를 가져오는가, 그렇다면 그 크기는 어느 정도인가라는 인과관계를 추론한다고 하자. 일단 실험용 쥐를 대상으로 한다고 하자. 어떻게 할까?

기본적인 방법은 이렇다. 실험용 쥐가 40마리 있다면, 이들을 20마리씩 두 집단으로 구분한다. 이 두 집단 중의 한 집단에는 '날씬이'를 투약하고, 다른 한 집단에는 투약하지 않는다. 그리고 일정기간이 지난 후 두 집단의 몸무게 변화 차이로 '날씬이'의 효과를 추정한다. 이 경우 약을 투여한 집단을 실험집단, 투여하지 않은 집단을 통제집단 또는 비교집단이라고 한다.

이 방법을 좀 더 자세히 알아보자. 이 방법의 첫 번째 단계이면서 가장 중요한 것은 두 집단으로 구분할 때, 무작위 배정을 해야 한다는 것이다. 즉 각 집단에 배정될 가능성은 동등하며, 단지 우연에 의하여 어느 한 집단에 배정되어야 한다는 것이다. 40마리 쥐에게 1번부터 40번까지 번호를 매긴 다음, 추첨으로 집단을 정하는 것도 한 방법이 될 수 있다. 또는 나이, 몸무게, 성별 등이 비슷한 쥐를 두 마리씩 짝을 지은 후, 두 마리 중에 하나는 앞면, 또 하나는 뒷면이라는 라벨을 붙인 다음, 동전 던지기를 해서 두 마리 쥐를 각각 다른 집단에 배정할 수도 있다. 첫 번째 방법은 완전무작위설계(completely randomized design)라고 하고, 두 번째 방법은 무작위블록설계(randomized block design) 또는 짝짓기설계(matched pair design)라고 부르기도 한다.[1]

무작위 배정이 왜 중요할까? 그리고 첫 번째와 두 번째 방법의 차이는 무엇일까? 친구들끼리 축구시합 할 때(농구 시합도 상관없다!) 편 가르는 방식을 생각해 보면 쉽게 이해가 된다. 10명이 5명씩 두 편을 가른다고 할 때, 10명이 다 함께 손바닥을 내밀어 손등이 위를 향한 5명과 손바닥이 위를 향한 5명끼리 각각 같은 편이 되는 방법을 써 본 적이 있을 것이다. 이렇게 하면 누가 누구와 한 편이 될지 알 수 없으며, 우연에 의하여 편이 정해진다. 이렇게 우연에 의하여 편을 정하는 것이 공평하다고, 즉 두 편의 실력이 엇비슷해진다고 생각하기 때문에 이 방법을 사용하였을 것이다. 그런데 이 방법 말고 또 흔히 사용했던 방법이 있다. 서로 실력이 비슷하다고 생각하는 사람끼리 둘씩 짝을 지은 다음에 가위바위보를 해서 「이긴」, 「진」 이라는 두 편으로 가르는 방법이다. 나는 이 방법을 더 많이 사용했다. 그 이유는 첫 번째 방법은 우연에 의하여 편이 정해지기는 하는데, 반드시 두 편의 실력이 비슷해진다는 보장이 없

1 보다 엄격하게는 무작위블록설계(randomized block design)와 짝짓기설계(matched pair design)는 다소 다른 방법이다. 둘의 차이를 알고 싶은 독자는 일반적인 조사방법론 책을 참고하면 되겠다.

기 때문이다. 이에 비하여 두 번째 방법은 일단 실력이 비슷한 사람들을 다른 편으로 갈라놓기 때문에 두 편의 실력이 대체로 비슷해진다. 그리고 자기가 어느 편이 되는가는 역시 우연에 의하여 정해진다.

축구시합을 할 때, 우연에 의하여 편이 정해지도록 하는 이유는 그렇지 않다면 잘하는 애들끼리 짜고서 한 편이 되려고 할 수도 있기 때문이다. 또는 고의는 아니라도 어쨌든 어느 한 편이 잘 하는 친구들로만 구성되면 그런 시합은 하나마나 결과가 뻔해서 재미가 없기 때문이다. 마찬가지로 신약 '날씬이'의 효과 추정에서 무작위 배정이 중요한 것은, 그렇지 않고 연구자가 집단을 배정할 경우 연구자는 결과가 잘 나오도록 집단 배정을 할 수도 있기 때문이다. 뚱뚱할수록 신약 효과가 더 크게 나타난다면 살찐 쥐들을 실험집단에 더 많이 배정할 수도 있을 것이다. 설사 연구자가 고의로 그런 것이 아니라도, 이렇게 배정된다면 연구의 타당성이 약화된다.

첫 번째 방법과 두 번째 방법의 차이는 첫 번째 방법은 비록 무작위로 배정한다고 해도 우연에 의해서 어느 한 쪽이 유리하게 배정될 수도 있는 반면에, 두 번째 방법은 그럴 가능성이 상대적으로 낮다는 점이다. 몸무게 차이에 따라 신약 효과가 다르게 나타난다고 하자. 첫 번째 방법에 의해서는 순전히 우연에 의하여 한 집단은 상대적으로 뚱뚱한 쥐들이, 다른 집단은 상대적으로 날씬한 쥐들만 배정될 수도 있다. 이 경우 어느 쪽이 실험집단(신약 투여한 집단)이 되더라도, 실험집단과 통제집단의 몸무게 변화 차이가 신약의 효과를 올바르게 보여 준다고 하기는 어렵다. 이에 비하여 두 번째 방법에 의해서는 두 집단의 몸무게 분포가 유사할 것이므로 몸무게 차이로 인한 효과는 배제할 수 있다.

그렇다고 첫 번째 방법, 즉 완전무작위 배정이 잘못된 방식이라는 것은 아니다. 두 집단에 배정되는 쥐의 수가 충분히 많다면, 완전무작위 배정을 했는데도 두 집단의 몸무게가 우연에 의해 크게 차이가 날 가능성은 적다. 가령 10마리의 쥐를 5마리씩 두 집단으로 배정하는 경우는 살찐 쥐들이 어느 한 집단에 우연히 몰려 있을 수 있다. 하지만 100마리의 쥐를 50마리씩 두 집단으로 배정하는 경우에, 어느 한 집단에만 살찐 쥐들이 몰려있기는 어려울 것이다(물론 대수의 법칙 때문이다). 그리고 유사한 특성끼리 짝짓기를 한다는 것이 실제로는 상당히 어렵다. 따라서 실제 연구에서는 첫 번째 방법도 흔히 사용된다.

두 집단, 즉 실험집단과 통제집단의 배정이 끝나면, 두 집단에 속한 쥐들의 몸무게를 측정한 후, 실험집단에만 신약 '날씬이'를 투여한다. 그리고 실험집단에만 '날씬이'를 투여하고 통제집단은 투여하지 않았다는 것 이외에 쥐의 몸무게에 영향을 줄 수 있는 다른 조건들, 가령 먹이, 운동, 취침 등은 두 집단에게 동일하게 적용한다. 그 다음에 약효가 날 수 있는 일정 기간이 지난 후 각 집단에 속한 쥐들의 몸무게를 다시 측정한다. 이때 '날씬이'를 투여한 실험집단의 쥐들은 몸무게가 빠졌는데 투여하지 않은 통제집단의 쥐들은 몸무게가 그대로라고 하자. 그러면 실험집단의 몸무게가 빠진 것은 '날씬이'의 효과라고 간주해도 별 무리가 없다. 즉 〈표 9-1〉에서 실험집단의 투약 이후와 이전의 몸무게 변화인 O_2-O_1 을 a라 하고, 같은 기간의 통제집단의 몸무게 변화인 O_4-O_3를 b라고 하면, a-b만큼의 몸무게 변화를 '날씬이'의 효과로 간주할 수 있다.

표 9-1
'날씬이'의 효과측정

	사전 몸무게	신약투여	사후 몸무게
실험집단	O_1	X	O_2
통제집단	O_3		O_4

이러한 추론이 가능한 것은 실험집단과 통제집단의 '날씬이' 투여 이전의 조건이 동일하며, '날씬이' 투여 이후에도 이 약의 투여 여부 이외에 몸무게에 변화를 줄 수 있는 다른 조건들은 두 집단 사이에 동일하게 유지하였기 때문이다. 날씬이 투여 여부를 제외한 다른 모든 조건이 일정하므로 두 집단의 몸무게 차이는 '날씬이' 때문이라고 할 수 있는 것이다.

물론 이러한 '날씬이'의 효과에 대한 인과적 추론은 실험용 쥐를 대상으로 한 것이며, 같은 효과가 사람에 대해서도 나타날 것이라고 단정할 수는 없다. 이를 위해서는 사람을 대상으로 다시 실험을 해야 할 것이다. 사람에 대한 실험은 실험용 쥐에 대한 실험보다 훨씬 어렵겠지만 이에 대해서는 고민하지 말자. 이거야 신약 개발하는 사람들이 알아서 하겠지.

어쨌든 이처럼 무작위배정으로 실험집단과 통제집단을 구성할 수 있고, 실험집단에만 특정한 처리(이게 원인이다)를 하고, 결과에 영향을 줄 수 있는 다른 조건들은 두 집단 사이에 유사하게 유지할 수 있다면 인과관계를 추론하는 것이 쉽다. 이때는 두 집단의 차이만으로도 인과관계를 파악할 수 있기 때문이다. 이와 같은 연구방법(두 집단에 무작위배정, 처리효과 이외의 영향요인 통제)을 실험설계에 의한 연구라고 한다.

불행히도 대부분의 사회과학 연구에서는 이러한 실험설계가 불가능하다. 대체로 사회 현상은 실험집단과 통제집단을 무작위로 배정하는 것이 불가능하며, 실험집단에만 특정한 조치를 취하고 그 밖의 조건은 동등하게 유지한다는 것도 현실성이 희박하기 때문이다.

고용노동부에서 실업자 또는 저소득층을 대상으로 하는 직업훈련 프로그램을 운영하고 있는데, 이의 효과를 측정하려 한다. 이 프로그램은 실업자 또는 저소득취업자라면 누구라도 신청해서 참여할 수 있으며 무료 또는 아주 실비로 운영되고 있다. 이 효과를 어떻게 측정할까? 이 프로그램에 참여한 실업자 또는 저소득취업자들 중에서 일부를 선발하여 실험집단을 구성하고, 이 프로그램에 참여하지 않은 다른 실업자 또는 저소득취업자 중에서 일부를 선발하여 통제집단을 구성할 수 있다. 그리고 살 빼는 약 '날씬이'의 효과를 추정한 것과 같은 절차로 두 집단의 프로그램 참여 전후의 취업률 또는 소득 변화의 차이를 직업훈련의 효과로 간주할 수 있다. 이 과정을 '날씬이' 효과추정과 마찬가지로 표로 나타내면 아래와 같다.

	사전취업률 (또는 소득)	프로그램실시	사후취업률 (또는 소득)
프로그램참여집단(실험집단)	O_1	X	O_2
비참여집단(통제집단)	O_3		O_4

표 9-2 직업훈련 프로그램의 효과 측정

위의 그림에서 O_i를 취업률 또는 소득이라고 하면 직업훈련 프로그램으로 인한 취업률이나 소득의 변화는 실험집단의 프로그램 참여 이후와 이전의 차이인 O_2-O_1에서 통제집단의 동 기간의 차이인 O_4-O_3를 차감한 $\{(O_2-O_1)-(O_4-O_3)\}$가 된다. 가령 소득을 대상으로 한 경우에 $O_2=200$만 원 $O_1=120$만 원, $O_4=140$만 원 $O_3=110$만 원이라면, 50만 원을 직업훈련에 의한 소득증대 효과로 간주하는 것이다.

여러분이 보기에 이러한 추론이 그럴 듯해 보이는가? 얼핏 보기에는 앞에서 다룬 날씬이 효과 추정과 동일한 구조를 가지고 있으므로 타당해 보인다.

하지만 좀 더 꼼꼼히 따져 보면 문제가 있음을 알 수 있다. 뭐가 문제일까? 실험집단의 이후이전 변화에서 통제집단의 이후이전 변화를 차감한 것을 직업훈련의 효과로 간주한다는 것은 다른 말로 하면 실험집단이 프로그램에 참여하지 않았을 경우의 취업률 또는 소득의 변화는 통제집단의 변화와 동일하다고 간주함을 의미한다. 그런데 과연 그럴까? 실험집단이 프로그램에 참여하지 않았다면 이전이후 기간 동안 통제집단과 동일한 변화를 보였을까?

나는 회의적이다. 비록 실험·통제집단을 구성하고, 두 집단의 사전사후 변화 차이를 측정한다는 외형상의 틀은 동일하지만 기본적으로 실험·통제집단의 구성에서 무작위배정이 이루어지지 않았기 때문이다.

여기서의 실험·통제집단은 자발적인 훈련참여 여부로 결정되었다. 그런데 왜 같은 실업자(또는 저소득자)면서 누구는 직업훈련에 참가하고 누구는 참가하지 않았을까? 직업훈련의 참가가 그토록 취업이나 소득증대에 큰 효과를 가져 온다면 왜 모든 실업자(또는 저소득자)가 직업훈련에 참여하지는 않을까? 아마도 취업(또는 소득증대)에 대한 필요성 혹은 열망이 상대적으로 더 강한 사람들(또는 좀 더 부지런한 사람들)이 프로그램에 참여하였을 것 같다. 즉 실험집단과 통제집단 사이에는 필요성이나 열망(즉 성취동기) 또는 근면함에서 차이가 있지 않을까? 그런데 이러한 성취동기나 근면함의 차이는 직업훈련에 참여하지 않더라도 그 자체로서 취업이나 소득에 차이를 가져올 수 있으며, 직업훈련에 참여할 경우 효과성에 차이를 가져올 수 있다. 즉 실험집단에 속한 사람들이 설사 직업훈련에 참여 하지 않았다고 해도 그들은 통제집단보다는 성취동기가 강한(또는 부지런한) 사람들이므로 동일한 기간 동안 취업이나 소득증대가 더 컸을 수 있다. 반대로 통제집단에 속한 사람들을 설사 강제로 직업훈련에 참여시킨다고 해도 그들의 취업률이나 소득증대는 통제집단에 비하여 작을 수 있다.

이런 내 추론이 쫀쫀해 보일지 모르지만 실제로 이런 일은 흔하게 발생한다. 이는 실험집단과 통제집단의 결과(취업이나 소득)에 영향을 미치는 다른 특성들이 동질적이 아니기 때문에 발생한다. 두 집단을 동질적으로 만들려면 강제로 배정해야 하는데 사회정책 문제는 대부분 그렇게 하기 힘들다.

이에 덧붙여서 두 집단의 사전사후 기간 동안 처리효과(직업훈련 참여) 이외에 결과 차이를 가져올 수 있는 다른 영향요인의 효과는 통제하지 않았다는 것도 문제가 될 수 있다. 이 문제를 따질 때는 조금 유의할 게 있다. 직업훈련 전후 기간 사이에 취업이나 소득에 영향을 줄 수 있는 요인은 다양하다. 이 요인들이 실험집단과 통제집단 사이에 무작위로 영향을 미친다면 별로 문제가 안 된다. 문제가 되는 것은 두 집단 사이에 체계적으로 다른 영향을 미칠 때다. 이 영향이 무작위인가 아니면 집단 사이에 체계적으로 다른가는 대부분 두 집단이 무작위로 배정되었는지 여부에 달려 있다. 가령 직업훈련 참여집단은 서울 지역 거주자로 구성하고, 비참여집단은 전북 지역 거주자로 구성하였는데, 두 지역의 경기 상황이 다르다고 하자. 지역의 경기 상황은 결과에 영향을 줄 수 있는 다른 영향요인에 해당할 것이며, 이 차이는 직업 훈련 여부에 관계없이 두 집단의 취업률이나 소득액 변화에 영향을 미칠 수 있다. 이런 효과가 생기는 것은 결국 두 집단의 무작위 배정이 안 되었기 때문이다. 정리하면, 사회과학의 인과관계 추론에서는 무작위 배정이 안 되었다는 것이 타당한 인과관계 추론을 어렵게 하는 핵심 사유다.

이 직업훈련의 효과 사례는 실험집단과 통제집단을 구성하고, 사전사후 측정을 할 수 있는 경우이다. 하지만 사실은 사회과학에서 인과관계를 파악하려고 할 때는 이처럼 할 수 있는 경우는 드물다. 대부분의 경우 사전 측정이 불가능하며, 많은 경우는 실험·통제집단을 구성하는 것도 어렵다. 이런 경우 올바른 인과관계를 파악하는 것이 더더욱 어려움은 물론이다.

생각해보기

사교육(과외)이 학업성취도에 미치는 효과를 측정한다고 하자. 이를 위한 연구 설계(실험집단과 통제집단의 구성, 사전 사후 측정 등)를 어떻게 할 수 있을까? 이때 예상되는 어려움은 무엇일까?

보기 9-1

다음은 2004년도 외무고시 PSAT 문제이다. 앞에서의 논의를 바탕으로 다음 문제를 풀어 보자.

통계적으로 불완전한 다음의 논증을 보완하여 논증의 설득력을 높이고자 한다. 이때 고려해야 할 지적 사항으로 가장 부적절한 것은?

급발진이 보고된 차량 중 100대를 조사해 본 결과 1998년 이후에 생산된 차량이 70%를 차지하고 있는 것으로 드러났다. 최근에 생산된 차량의 경우 급발진 가능성이 높은 것으로 판단된다.

① 표본의 크기가 적절하지 않을 수 있다.
② '최근에 생산된 차량'의 개념이 모호하다.
③ 표본의 추출 방법이 적절하지 않을 수 있다.
④ 1998년 이전에 생산된 차량의 급발진 보고를 조사하지 않았다.
⑤ 이제까지 운행된 전체 차량의 생산 연도별 분포에 대한 자료가 빠져 있다.

이 문제는 생산년도의 차이(1998년 전후)가 급발진사고에 미치는 영향을 파악하는 방법에 대한 것이다. 답은 물론 ④번이다. ④번 지문이 워낙 생뚱맞아서 틀렸다는 것을 쉽게 알 수 있다. 하지만 여기서 그치지 말고 다른 지문의 내용도 검토해 보자. 100대를 조사한 게 충분한가의 여부는 본질적으로 생산년도에 따른 차이가 얼마나 심한가에 달려 있다. 1998년 전후의 사고율 차이가 워낙 심하다면 100대만을 조사해도 충분할 수 있으며, 사고율 차이가 작다면 100대만으로는 불충분할 수 있을 것이다. 따라서 ①은 틀린 것은 아니다. ②의 경우 '최근 생산'이라는 것이 언제 생산된 것을 지칭하는지 모호한 것은 맞다. 가령 '최근'이 2003년도 이후를 지칭한다면, 제시문의 추론이 엉뚱해진다. ③의 경우 제시문에서는 100대를 어떻게 선정한 것인지 즉 표본추출방법이 설명되어 있지 않은데, 표본추출이 적절하지 않다면 추론의 타당성이 떨어지는 것은 물론이다. 가령 급발진 보고가 차종별로 구분 정리되어 있는데, 그 중의 특정 차종에서 100대를 선정하였으며, 그 차종은 1997년부터 생산되기 시작한 것이라면, 그 100대 중에는 1998년 이후 생산된 것이 더 많을 게 당연할 것이다.

①, ②, ③의 주장이 모두 제시문 추론의 타당성을 높이기 위하여 필요한 것이기는 하지만, 가장 중요한 것은 ⑤다. 급발진 보고된 차량 중의 생산년도별 분포만을 보고서, 최근(1998년 이후로 가정하자) 생산된 차의 급발진 가능성이 더 높다는 판단을 할 수는 없다. 무슨 말인지 얼른 이해가 안 된다면 이 상황을 다음과 같이 교차표로 구성해 보자. 교차표의 의미, 활용에 대해서는 다

음 절에서 다루고 있지만 일단 먼저 만들어 보자.

	급발진차량	전체운행차량[2]
1998년 이전	30%	㉠
1998년 이후	70%	㉡
조사차량대수	100대	-

표 9-3
생산시기와 급발진발생 간의 교차표

만일 ㉠이 10%라고 하자(따라서 ㉡은 90%가 된다). 전체운행차량 중에서 1998년 이전 차량비중이 10%인데 비하여, 급발진차량 중에서 1998년 이전 차량 비중이 30%라면 이는 1998년 이전 차량 중 급발진 발생 비율이 1998년 이후 차량 중 급발진 발생 비율보다 훨씬 높다는 것을 의미하며, 이는 제시문의 주장과는 정반대가 된다. 반면에 ㉠이 50%라면, 제시문의 주장이 타당하다고 할 수 있다.[3] 즉 전체운행차량이라는 비교대상에 대한 정보가 없이 급발진차량만 조사해서는 제시문의 주장과 같은 판단은 당연히 할 수 없다.[4]

3. 인과관계 성립을 위한 세 가지 조건

앞에서 실험설계에 의한 인과관계 추론에 대하여 설명하면서, 사회현상에 대한 인과관계 추론은 매우 어렵다고 하였다. 이 논의를 좀 더 연장해서 어떤 경우에 인과관계 추론이 타당하다고 할 수 있는가에 대하여 알아보자.[5]

---

2 다음 절에서 설명하지만 전체운행차량 대신 급발진이 발생하지 않은 차량을 조사하는 것이 교차표 분석의 논리에 더 적합하기는 하다. 하지만 전체운행차량을 조사하더라도 조금만 유의하면 결과는 동일하다(전체운행차량은 급발진과 비급발진 차량을 모두 합한 것인데 급발진차량에 대한 정보는 이미 있으므로, 이들로부터 비급발진차량에 대한 정보를 얻을 수 있다). 그리고 전체운행차량 중에서 급발진차량은 극히 일부일 것이므로 사실상 전체나 비급발진차량이나 큰 차이는 없을 것이다.

3 물론 이 경우도 엄격히 하면 교란요인의 통제 여부 등 따질 것이 많다. 이런 문제들에 대해서는 뒤에서 상세하게 다룬다.

4 여기서는 급발진차량이 실험집단, 전체운행차량이 비교집단인 셈이지만 이는 인과관계 추론을 위한 통상적인 실험·비교대상 선정 방식과는 다름에 유의하자. '생산년도의 차이'라는 원인이 '급발진'이라는 결과에 미치는 영향을 파악하려는 경우, 일반적인 방식은 각 연도별로 일정 규모의 표본을 추출한 다음 각 연도별 집단의 급발진 사고율을 비교하는 것이다. 즉 원인에 따라 실험·비교 집단을 구성하고 이 집단들의 결과 차이를 비교하는 것이다. 하지만 어떤 방식을 취하든 논리적인 타당성만 갖춘다면 상관은 없다.

5 이 부분의 논의는 '남궁근(2017) 행정조사방법론 202~209쪽' 내용을 참조하였다.

일반적으로 어떤 변수들 사이에 인과관계가 성립한다고 하려면 다음과 같은 세 가지 조건이 충족되어야 한다(이는 J. S. Mill이라는 사람이 주장했다고 한다).

〈조건 1〉 원인은 결과보다 앞서야 한다. (시간적 선행성의 원칙)

〈조건 2〉 원인이 변하면 결과도 변해야 한다. (공동 변화의 원칙)

〈조건 3〉 결과는 원인에 의해서만 설명되어야 하고, 다른 요인에 의한 설명 가능성은 배제되어야 한다. 또는 다른 요인의 영향이 모두 제거되어도 추정된 원인과 결과의 관계가 유지되어야 한다.(허위적 관계 배제의 원칙)

〈조건 1〉인 원인이 결과보다 선행되어야 한다는 것은 당연한 말이 되겠다. 앞서의 예를 보면, 원인으로서 '날씬이'라는 약을 투약한 후 결과로서 몸무게 변화가 발생하는 것이며, 원인으로서 '직업훈련'을 받은 후 결과로서 취업률이나 소득의 증가가 발생하는 것이다.

〈조건 2〉인 원인이 변하면 결과도 변해야 한다는 것도 당연한 말이다. 그게 바로 원인과 결과의 정의 아니겠는가. '날씬이'라는 약을 투여하면, 몸무게 변화가 발생해야 하며, '직업훈련'을 받으면 취업률이나 소득변화가 발생해야 한다. '날씬이'를 투약해도 몸무게 변화가 없다면, '날씬이' 투약과 체중 사이에 인과관계는 없다고 할 수 있을 것이며, '직업훈련'을 받아도 취업률이나 소득에 변화가 없다면 '직업훈련'과 취업(또는 소득) 사이에는 인과관계가 없다고 할 수 있을 것이다. 단, 한 가지 주의할 게 있다. 이는 공동변화가 모든 경우에 빠짐없이 일어나야 한다는 것은 아니고, 그런 경향이 존재한다는 정도를 의미한다는 점이다. 즉 '날씬이'를 투약했을 때 20마리 모두의 몸무게가 감소하지 않더라도, 혹은 '직업훈련' 참가자의 100%가 취업 또는 소득증가를 경험하지 않더라도 다수(혹은 일부)에서 이런 변화가 발생했다면 공동변화가 존재한다고 할 수 있다.

〈조건 3〉인 허위적 관계 배제 원칙의 성립 여부는 사회현상의 인과관계 추론에서 핵심이 된다. 이는 시간적 선행성과 공동 변화 여부는 비교적 판단이 용이한 편이지만, 허위적 관계의 배제 원칙이 성립하는가는 쉽게 알기 어렵기 때문이다.

'직업훈련'의 효과 추정에서 〈조건 3〉이 충족되려면 직업훈련 참가자의 (비참가자와 비교한) 상대적인 취업 또는 소득의 증가가 순전히 '직업훈련' 때문이라고 할 수 있어야 한다. 하지만 앞서 논의했듯 성취동기, 근면성, 기타 이유들로 인하여 이 차이가 전적으로 '직업훈련'에 기인한 것이라고 하기는 어렵다. 즉 결과인 취업 또는 소득의 증가를 가져온 원인으로서 '직업훈련' 이외의 다른 변수의 설명 가능성이 배제되지 않으므로 〈조건 3〉은 충족되지 않는다. 이처럼 사회 현상에서는 두 변수 X와 Y 사이의 인과관계를 파악하려고 할 때, 이에 영향을 미치는 제3의 변수 Z가 존재하는 경우가 대부분이며, 이 때문에 제3조건 충족이 어렵다. 이러한 제3의 변수 중에서 대표적인 것이 허위변수와 교란변수이다.

허위변수(spurious variable)는 X와 Y 두 변수 모두에 영향을 미치며, 이들 간의 공동변화를 모두 설명하는 변수를 의미한다. 즉 X와 Y 사이에는 실제로는 인과관계가 없으나 있는 것처럼 보이게 하는 변수를 말한다. 교란변수(confounding variable)는 X와 Y 두 변수 모두에 영향을 미치나, X와 Y 사이에도 인과관계가 존재하는 경우를 의미한다. 따라서 교란변수의 존재는 X와 Y 사이의 인과관계의 크기를 실제보다 크거나 작은 것으로 보이게 한다. 앞서 예로 든 직업훈련의 효과추정에서 성취동기(또는 근면성)는 교란변수에 해당할 것이다. 직업훈련의 효과는 존재하겠지만 참가자와 비참가자 사이의 성취동기나 근면성의 차이는 직업훈련의 효과를 실제보다 과대추정하게 할 것이기 때문이다. 만일 직업훈련 자체는 전혀 효과가 없고, 전적으로 성취동기나 근면성 등의 차이로 인하여 참가자와 비참가자 사이에 취업률이나 소득격차가 발생한 것이라면 이때는 성취동기나 근면성은 허위변수의 역할을 한 셈이다. 종종 허위변수와 교란변수는 구분이 애매하며, 실제로는 서로 혼용하여 사용된다. 어쨌든 두 변수의 의미를 그림으로 나타내면 [그림 9-1]과 같다.

그렇다면 앞서 예로 든 '날씬이'의 효과 추정에서는 제3조건이 충족되었다고 할 수 있을까? 답부터 말하면 그렇다. 왜 그럴까? 이 연구에서는 먼저 무작위 배정을 통하여 두 집단의 동질성을 확보한 후, 실험집단에만 '처리'를 하였다. 그 다음에 결과인 몸무게에 영향을 줄 수 있는 다른 요인들은 두 집단이 동일하게 유지하였다. 이에 따라 다른 요인들의 영향으로 인한 몸무게 변화는 실험집단과 통제집단에 동일하게 나타났을 것이다. 따라서 두 집단의 몸무게 차이는 '날씬이' 투약 때문이라고 할 수 있는 것이다.

그림 9-1
허위변수와
교란변수

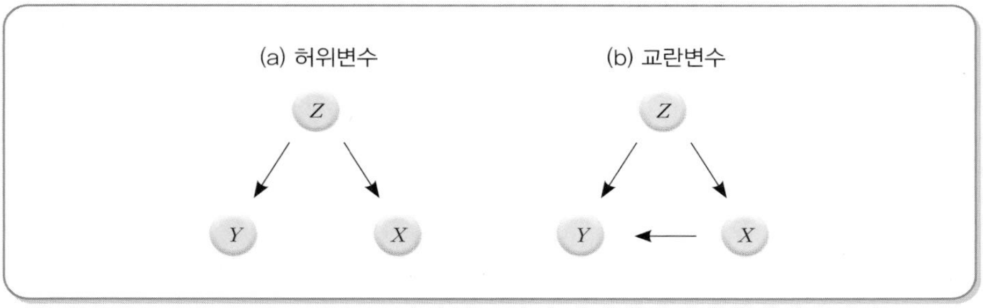

이처럼 실험설계라는 것은 인과관계 성립을 위한 세 가지 조건을 충족하는 연구설계라는 의미이기도 하다. 실험설계에서는 어떻게 이들 조건이 충족되나? 아까의 과정을 다시 한 번 생각해 보자. 우선 실험집단에 원인인 '처리'를 한 후, 결과의 변화를 보기 때문에 시간적 선행성이 충족된다. 그리고 실험집단과 통제집단의 차이가 발생한다는 것은 '처리' 여부(원인의 변화)에 따라 결과의 변화가 발생한 것이므로 공동변화 조건이 충족된다. 또한 무작위배정으로 두 집단의 동질성을 확보하고 '처리' 이외의 다른 조건은 두 집단에 동일하게 유지함으로써, 두 집단의 차이는 순전히 '처리'의 효과 때문이라고, 즉 제3 조건이 충족된다고 할 수 있는 것이다. 이러한 과정을 그림으로 나타내면 [그림 9-2]와 같다.

그림 9-2
실험설계[6]

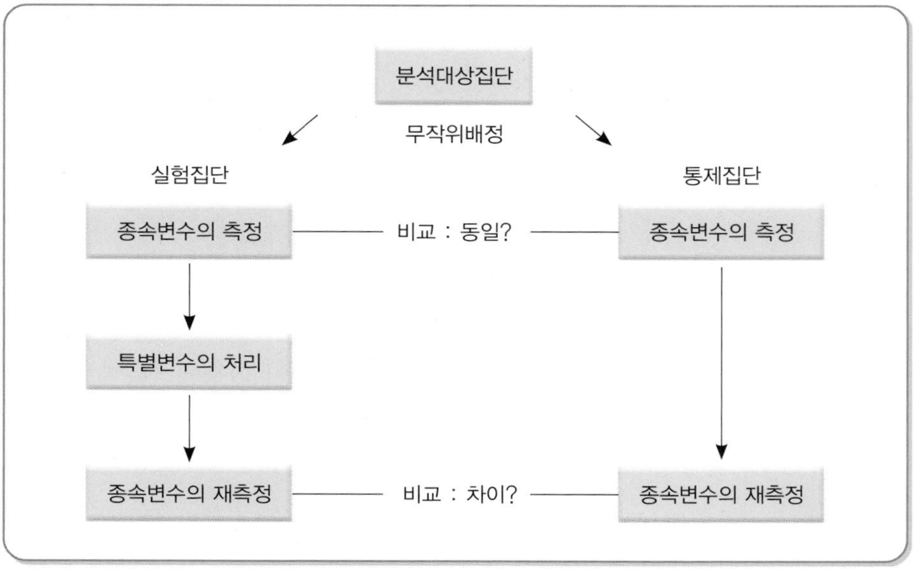

6 Allen Rubin & Earl Babbi(2014). Research methods for Social Work, 8the edition, p. 281, '남궁근(2017) 행정조사방법론 246쪽'에서 수정 재인용하였다.

원인을 낳는 변수(즉 처리가 이루어지는 변수)를 독립변수라고 하고, 결과가 발생하는 변수를 종속변수라고 한다. 원인 행위가 독립적으로 이루어지면 그에 종속되어 결과가 발생한다는 의미에서 각각 독립변수, 종속변수라고 부르는 것이다. 위의 그림에서는 실험집단의 사후-사전 차이에서 통제집단의 사후-사전 차이를 차감한 것이 결과가 되겠다.

거듭 말하지만 사회현상은 대부분 실험설계에 의한 연구가 불가능하다. 가령 사교육의 학업증진 효과를 추정하기 위해 학생들을 무작위로 배정해서, 한 집단에만 사교육을 받게 하고 다른 집단은 받지 못하게 강제 할 수 있겠는가? 실험설계에 의한 연구가 불가능하므로 인과관계 성립을 위한 제3조건은 충족되기 힘들고, 따라서 올바른 인과관계의 추론이 어렵다.

보기 9-2

K시의 소방서장은 관할서의 소방차대수를 늘리고 싶어 한다. 그는 시청 예산 담당자를 효과적으로 설득하기 위하여 부하직원인 L계장에게 최근 5년간 관할 지역에서 발생한 화재에 대하여 매 화재 때마다 출동한 소방차대수와 화재피해액 간의 관계를 조사해 보라고 하였다. 아마도 소방차가 많이 출동할수록 화재진압이 잘 되어서 화재피해액이 감소함을 보이고 싶었으리라.

이에 L 계장은 그 동안 발생한 화재 100여건에 대하여 출동한 소방차대수를 X 좌표로, 화재피해액을 Y 좌표로 하여 아래와 같은 산점도를 작성하였다.

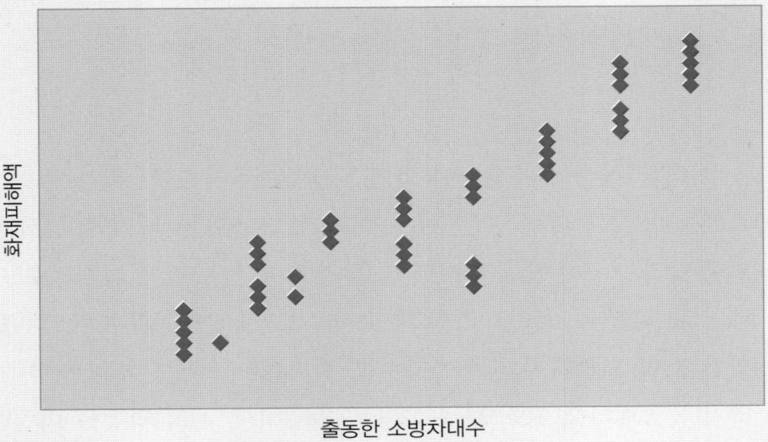

여러분이 보기에는 결과가 어떠한가? 보다시피 출동한 소방차대수와 화재 피해액 사이에는 우상향하는 관계, 즉 출동한 소방차가 많을수록 화재피해액도 크다는 관계가 발견되었다!

왜 이런 현상이 나타났을까? 화재피해를 줄이려면 소방차가 적게 출동해야 할까? 이런 현상이 나타난 것은 물론 '화재규모'라는 변수의 영향 때문이다. 즉 대형화재일수록 소방차는 많이 출동하며, 대형화재일수록 피해도 크기 때문이다. 만일 '화재규모'의 영향을 통제한다면, 가령 동일한 규모의 화재사건끼리 비교한다면, 출동한 소방차대수와 화재피해액 사이에는 부(−)의 관계가 존재할 것이다. 혹은 적어도 정(+)의 관계가 나타나지는 않을 것이다. 다른 예를 들어 보자. 미국 도시 중에 덴버라는 도시와 워싱턴 D.C.라는 도시가 있는데, 두 도시의 인구는 비슷하다. 그런데 워싱턴의 경찰관 수는 덴버의 3배이며, 살인사건 발생률은 8배이다. 이게 무엇을 의미할까? 경찰관이 많을수록 살인사건이 많이 발생한다?[7]

이 예들이 좀 황당한가? 그렇다면 좀 더 그럴듯한 예를 보자.

보기 9-3

사회학과 대학원생인 삼순이의 석사학위논문 주제는 가정폭력이 자녀들 비행에 미치는 영향 연구이다. 삼순이는 가정폭력이 자녀들 비행에 +의 영향을 미친다는 주장을 하고 싶어 한다. 그녀는 1970년부터 2010년까지 매년의 가정폭력 (신고)건수와 청소년 비행건수 자료를 찾아서 각 연도의 가정폭력 건수를 X좌표, 청소년 비행건수를 Y좌표로 하는 점을 찍어본 결과 가정폭력 건수가 증가할수록 비행건수도 증가하는 경향이 뚜렷함을 발견하였다. 삼순이는 이를 가정폭력은 자녀들 비행에 +의 영향을 미친다는 주장의 근거로 제시하려고 한다.

이러한 삼순이의 분석이 과연 타당할까? 틀렸다. 뭐가 틀린 것인지 잘 모르겠는가? 그렇다면 이런 예는 어떤가? 1955년부터 1990년까지 우리나라의 교회 숫자는 꾸준히 증가하였다. 하지만 같은 기간에 범죄건수도 꾸준히 증가하였다. 따라서 각 연도의 교회 숫자를 X좌표, 범죄건수를 Y좌표로 하는 점을 찍어 보면 교회숫자가 증가할수록 범죄건수도 증가하는 경향을 볼 수 있다. 하지만 그렇다고 교회의 증가가 범죄 증가에 +의 영향을 미친다고 할 수 있겠는가? 물론 말도 안 되는 얘기다. 이 예는 얼토당토않으므로, 잘못된 것임

7 괴짜 경제학(2005)에서 인용했다.

을 금방 알 수 있다. 가정폭력과 비행건수의 관계도 분석논리는 마찬가지다. 다만 이 경우는 가정폭력이 자녀들 비행에 영향을 준다는 결론이 그럴듯하므로 분석도 맞는 것처럼 생각될 뿐이다. 하지만 비록 가정폭력이 자녀들 비행에 영향을 준다는 것 자체는 설령 사실이라도 이를 입증하기 위한 삼순이의 방법은 명백히 잘못된 것이다.

통상의 실증분석에서는 이러한 오류를 흔히 범한다. 하지만 결론이 상식과 부합한다고 해서, 그러한 결론이 도출된 과정 자체도 맞는 것은 아니다.

참고로 한마디 덧붙이면, 이처럼 시계열 자료에 의하여 인과관계를 파악할 때는 상당히 조심해야 한다. 많은 사회경제 현상은 시간의 흐름에 따라 일정하게 증가 혹은 감소하는 경향이 있기 때문에, 두 개의 시계열자료는 서로 간에 강한 상관관계를 보이는 경우가 많다. 그렇다고 해서 이 둘 사이에 어떤 인과관계가 있다고는 할 수 없다.

보기 9-4

다음은 2005년도 행시·외시 PSAT 언어논리 영역 기출문제이다. 역시 본 장의 논의와 관련이 있으니 함께 살펴보도록 하자.

다음 글에 제시된 원인 진단에 대한 평가로 적절하지 않은 것은?

> 근래에 와서 청소년의 교내외 폭력이 점점 더 증가하고 있으며, 갈수록 다양하고 잔인한 형태를 띠고 있다. 장차 우리 사회를 짊어지고 나갈 청소년에게서 나타나는 이런 폭력의 증가와 심화는 우리 사회의 미래에 어두운 그림자를 드리우는 심각한 문제가 아닐 수 없다. 따라서 이러한 폭력의 원인을 제대로 진단하여 해결책을 모색하는 일은 더 이상 미룰 수 없는 시급한 사회적 과제이다. 이와 관련하여 우리는 최근 TV 드라마와 영화에 폭력물이 난무하고 있다는 사실을 학교 내외의 폭력 증가의 원인으로 지적하지 않을 수 없다.

① 학교 내외의 청소년 폭력과 대중 영상 매체의 폭력적 내용 사이에 아무런 인과 관계가 없을 가능성도 검토해 봐야 한다.

② 기성세대가 암암리에 가지고 있는 폭력적 성향이 청소년 폭력과 대중 영상 매체에서의 폭력적 내용, 양자에 공통적으로 영향을 미쳤을 가능성도 검토해 봐야 한다.

③ 위 글의 결론과는 반대로 청소년을 비롯한 우리 사회 전반에서의 폭력적 성향이 대중 영상 매체에서 폭력적 내용을 증가시키는 데 영향을 주었을 가능성도 검토해 봐야 한다.

④ 위 글에서의 진단은 청소년 폭력 증가와 영상 매체의 폭력적 내용 증가 사이의 인과 관계를 설정하기 위해 다양한 인과적 상황을 고려하지 않고 있으므로 적절한 원인 진단이라 보기 힘들다.
⑤ 청소년 폭력 증가의 원인이 최근의 영상 매체의 폭력성 증가에 있다는 것을 입증하기 위해 교내외 청소년 폭력이 증가하고 있다는 구체적이고 충분한 통계 자료를 확보할 수 있다면 적절한 원인 진단으로 보아야 한다.

'TV 드라마와 영화의 폭력물'을 X, '청소년 폭력'을 Y라고 하면 제시문은 X의 증가라는 원인이 Y 증가라는 결과를 가져왔다고 주장하고 있다. 그런데 실제로 드러난 현상은 X와 Y가 둘 다 증가하고 있다는 것으로 앞에서 설명한 인과관계 성립을 위한 세 가지 조건 중에서 '공동변화의 원칙'만 충족되고 있는 셈이다. 따라서 X→Y의 인과관계가 성립하려면 그 밖에 '시간적 선행성의 원칙'과 '허위적 관계의 배제 원칙'도 충족되어야 한다.

①과 ②는 X와 Y의 공동변화가 허위적 관계일 가능성을 검토해 봐야 한다는 것이다. 굳이 둘의 차이를 구분한다면 ①은 앞에서 설명한 교회숫자 증가와 범죄건수 증가의 관계처럼 아무런 관련이 없는 두 현상이 시간의 흐름에 따라 증가하는 경향이 있을 가능성을 검토해야 한다는 뉘앙스가 좀 더 강하고 ②는 X와 Y 사이에 '기성세대의 폭력적 성향'이라는 허위변수가 개입하였을 가능성을 검토해 봐야 한다는 것이다. ③은 둘 사이의 공동변화가 X→Y 때문이 아니라 Y→X 때문에 발생했을 가능성을 검토해 봐야 한다는 것이다. 그리고 ④는 ①, ②, ③의 가능성 및 교란변수의 존재 가능성 등을 두루 검토해 봐야 한다는 것이다.

따라서 ①-④는 모두 타당한 지적인 반면에 ⑤는 Y가 증가한다는 구체적인 증거만 있으면 인과관계가 성립한다는 것으로서 인과관계 성립 조건과는 별 상관이 없는, 생뚱맞은 지적이다.

보기 9-5

이번에는 조금 다른, 그리고 다소 헷갈리는 사례를 들어 보자. 내키지 않는 독자는 건너뛰어도 무방하다. 삼순이와 같은 과에 다니는 금순이는 '복지지출의 결정요인 분석'이란 연구를 한다. 금순이는 선후진국을 포함한 50여 개국의 2010년도의 1인당 GDP와 정부 예산에서 복지 지출의 비중 자료를 구하여 복지비 비중을 y로, 1인당 GDP를 x로 하여 그래프 위에 점을 찍은 결과, 1인당 GDP가 높을수록 복지비의 비중이 높아지는 경향이 뚜렷함을 발견하였다. 이로부터 금순이는 "한 나라의 경제가 성장할수록 복지 지출도 늘어난다." 라고 결론을 내렸다. 이러한 금순이의 분석은 과연 타당할까?

이런 분석은 흔히들 하고 있다. 하지만 많은 허점을 갖고 있다. 이에 대한 가상의 예로서 아래 그림을 보자. 그림은 A, B, C 세 나라에 대하여 10여 년 동안의 1인당 GDP규모와 예산에서의 복지비 비중을 보여주고 있다.

1인당 GDP규모와 예산에서의 복지비 비중 사이의 가상적 관계

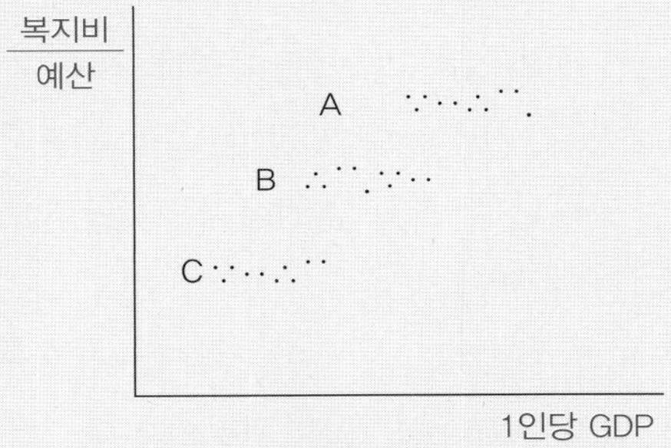

이 그림을 보면, 각 나라 내에서는 1인당 GDP규모가 증가한다고 해서 복지비 비중이 증가하는 경향을 발견할 수 없다. 하지만 특정 연도에 대한 세 나라의 자료를 보면 1인당 GDP규모와 복지예산 비중 간에 뚜렷한 +의 관계를 발견할 수 있다. 특정연도에 각 나라들 사이에서 나타나는 관계가 한 나라 내에서 시간이 지남에 따라 동일하게 나타난다고는 할 수 없다. 하지만 흔히 이러한 분석을 한다.

생각해보기

정부 발표에 의하면 (어느 해인지는 잊어버렸다) 농어촌 인구 10만명 당 1년간 사망자수는 998명인데 비하여 도시지역은 407명으로 농어촌 지역의 사망률이 도시지역에 비하여 약 2.5배 높다고 한다. 장수하기 위해서는 농어촌보다 도시지역에 사는 것이 더 유리하다고 할 수 있겠는가?

4. 허위적 관계 배제 원칙(조건3)이 충족되지 않는 사례들

조사방법론 교과서들을 보면 실험설계에 의한 연구가 아닌 경우 제3조건이 충족되지 않는 경우의 사례로서 흔히 성숙요인, 역사요인, 회귀요인, 선발요인, 상실요인 등을 들고 있다. 이런 게 뭔지 알아 두면 올바른 인과관계를 판단할 때 유용하므로, 간략히 설명하도록 한다.

1) 성숙요인과 역사요인

성숙(maturation)요인과 역사(history)요인은 비교(통제)집단이 없이 대상집단, 즉 실험집단만 존재할 경우에 발생하는 문제점들의 예이다.

성숙요인은 시간의 경과 때문에 발생하는 대상 집단의 특성 변화를 말한다. 가령 달리기에 관심이 많은 중학교 체육교사가 1년 동안 학생들에게 달리기만 시키고 이의 효과를 측정한다고 하자. 이를 위하여 3월 초에 학생들의 100m 달리기 시간을 측정하고, 이듬해 3월 초에 다시 측정해서, 이의 변화를 달리기 훈련의 효과로 간주한다고 하자. 중학생들은 한창 성장기에 해당하므로 1년의 시차가 있다면 특별히 훈련을 하지 않아도 달리기 속도가 빨라질 것이다. 따라서 1년간의 달리기 속도 변화가 전적으로 훈련의 효과라고 하기는 어려울 것이다. 다른 예를 보자. 양로원에 들어 온 노인들에게 사회복지 전문요원이 3년간에 걸쳐 전문서비스를 제공하였다. 그런데도 이들의 건강 상태는 양로원에 들어오기 이전인 3년 전에 비하여 오히려 더 나빠졌다고 하자. 그렇다면 전문서비스의 제공이 오히려 건강에 부정적인 영향을 미쳤다는 말인가? 물론 아니다. 다만 노인들의 건강상태가 세월이 지나면서 더 나빠졌을 뿐이다.

역사요인은 조사기간 중에 관심을 갖는 요인(원인) 이외에 다른 요인이 대상 집단의 변화(결과)에 영향을 미치는 것을 의미한다. 가령 1년 동안 이루어진 직업훈련의 효과를 훈련 참여 직전과 훈련 마친 뒤 1년 뒤의 참여자의 취업률 또는 소득변화(즉 2년의 시차 존재)로 측정한다고 하자. 그런데 직업훈련의 참여할 당시는 불황기였는데, 2년 후에는 경기가 좋아졌다고 하자. 이 경우 참여자의 참여 이전과 이후의 취업률 또는 소득변화에는 '직업훈련'의 효과 이외에 경기변동도 영향을 미쳤을 것이다.

성숙요인이나 역사요인은 너무나 당연해서 설마 인과관계를 추론할 때 이런 오류를 범할까라고 생각하는 독자들이 있는가? 그렇다면 다음의 신문기사를 보자.

안전띠 의무화 후 사망 23% 줄어 (OO일보. 2001. 11. 8)

안전띠 착용이 생활화되면서 올해 교통사고 사망자가 작년에 비해 23.1%나 감소한 것으로 나타났다. 경찰청은 지난 6일 현재 올해 교통사고 사망자가 6,653명으로 작년, 같은 기간의 8,654명보다 무려 2001명(23.1%)이나 줄어든 것으로 잠정 집계됐다고 8일 밝혔다. 경찰은 지난 3월 안전띠 단속 시작 후 착용률이 90% 이상을 유지하고 있다고 말했다. 미국안전협회(NSC)는 지난 98년 안전띠 착용률이 90%를 넘으면 교통사고 사망자 수가 40%나 감소한다는 연구결과를 발표했었다.

경찰은 이 추세라면 연말까지 교통사고 사망자는 지난해(1만236명)보다 2,236명이 줄어든 8,000명 선이 될 것이며, 교통사고 사망에 따른 사회적 비용 7,600억원(사망자 1인당 3억4000만 원 추산)이 절약될 것이라고 전망했다.

이 기사는 '안전띠 착용 의무화' 정책으로 인하여 교통사고 사망자수가 23.1% 감소한 것으로 추정하고 있다. 글쎄, 안전띠를 착용하면 안 하는 것보다 교통사고 사망자 수가 감소하기는 할 것이다. 하지만 작년과 올해의 교통사고 사망자 수의 차이를 전적으로 안전띠 착용의 효과라고 주장하는 것은 좀 이상하지 않을까? (내가 보기에는 안전띠 착용 여부 단속하느라 곳곳에 교통순경을 배치한 탓에 사람들이 천천히 차를 몰아서 그런 것 같다).

그리고 이건 딴 얘기지만, 기사에서 이 추세라면 연말까지의 사망자수가 작년보다 2,236명이 줄어들 것이라고 예측하고 있는 것도 놀랍지 않은가? 2,200여명도 아니고 끝자리까지 정확하게 2,236명이 줄어들 것으로 예측하고 있다! 상식이 통하는 분석을 하자. 그나저나 미국에서는 안전띠 착용률이 90%를 넘으면 교통사고 사망자 수가 40% 감소한다는 것을 어떻게 규명했을까? 독자들이 만약 안전띠 착용이 교통사고 사망 감소에 미친 효과를 분석한다면 어떻게 할지 한번 생각해 보는 것도 좋겠다.

2) 회귀요인

성숙요인과 역사요인은 실험집단만 존재하고 통제집단이 없기 때문에 생기는 문제이다. 이에 비하여, 회귀요인, 선발요인, 상실요인은 통제집단이 존재하더라도 통제집단과 실험집단이 동질성을 갖는다고 할 수 없기 때문에 발생하는 왜곡 현상이다.

먼저 회귀요인이 뭔지 알아보자. 50명 정원의 어느 중학교 학급에서 IQ test를 한 후, 하위 25명에 대하여 머리가 좋아지는 훈련을 6개월간 시켰다고 하자(글쎄, 어떻게 하는 것인지는 모르겠지만 그런 게 있다고 하자). 6개월 후에 다시 IQ test를 했더니 훈련을 받지 않은 상위 25명의 IQ 점수는 처음 측정했을 때보다 평균 5점이 감소한 반면에, 훈련을 한 하위 25명의 IQ 점수는 처음 측정했을 때보다 평균 5점이 증가하였다고 하자. 이 경우 훈련을 받은 집단은 실험집단인 셈이고 훈련을 받지 않은 집단은 통제집단인 셈이다. 따라서 실험집단과 통제 집단의 훈련 전후 IQ 점수 변화의 차이인 5−(−5)=10점이 머리 좋아지는 훈련의 효과라고 할 수 있을까? 그렇다기에는 뭔가 찜찜하지 않은가? 몇 가지 이유가 있지만 그 중의 하나가 회귀요인의 존재이다. IQ test는 그날의 컨디션에 따라 ±10점 정도는 차이가 날 수 있다고 한다(나도 들은 말이니까 정말로 그런지를 너무 따지지는 말자). 즉 진짜(?) IQ는 100 정도인 사람도 IQ 검사를 하면 그 날 컨디션에 따라서 110이나 90 정도로 나올 수 있다는 말이다.

따라서 만일 한 학급 학생들의 실제 IQ가 모두 동일하게 100이라고 해도 그날의 컨디션에 따라 90부터 110까지 다양하게 측정점수가 나올 수 있을 것이다. 물론 첫 번째 test에서 상위 25등에 든 학생들의 진짜 IQ는 하위 25등에 포함된 학생들의 진짜 IQ에 비하여 평균적으로는 더 높을 것이다. 하지만 상대적으로 상위 25등까지에는 그날 컨디션이 좋아서 평소 실력보다 더 높게 나온 학생이 더 많을 것이며, 하위 25등까지에는 그날 컨디션이 나빠서 평소 실력보다 더 낮게 나온 학생이 더 많을 것이다. 즉 실험집단인 상위집단에는 평소 실력보다 높게 나온 학생이 더 많이 포함되어 있으며, 통제집단인 하위집단에는 평소 실력보다 낮게 나온 학생이 더 많이 포함되어 있을 것이다. 이 두 집단에 대하여 6개월 후에 다시 측정하면 어떻게 될까? 처음 측정에서 평소보다 높은 점수가 나온 학생이 또다시 평소보다 높은 점수가 나올까? 처음 측정에서 평소보다 낮은 점수가 나온 학생이 여전히 평소보다 낮은 점수가 나올까? 그렇지는 않을 것이다. 어느 집단이 진짜 실력보다 평균적으로 더 높게 나올지 아니면 낮게 나올지는 우연에 의해서 정해진다. 대체로 실험집단인 하위집단은 처음 측정 때보다 IQ 점수가 높게 나오는 경향이 있을 것이고, 통제집단인 상위집단은 처음 측정 때보다 IQ 점수가 낮게 나오는 경향이 있을 것이다. 따라서 IQ를 높이는 특훈을 받지 않더라도 하위집단의 점수변화에서 상위집단의 점수변화를 뺀 것은 양의 값으로 나올 것이다. 즉 실험집단과 통제집단의 훈련 전후 IQ 점수 변화의 차이인 10점에는 훈련의 효과 이외에 이러한 회귀요인의 영향이 포함되어 있을 것이다. 참고로 회귀(regression)라는 말은 평소 상태로 되돌아간다는 뜻에서 붙인 말이다.

보기 9-6

프로 스포츠계에는 2년차 징크스라는게 있다. 이는 그 해의 신인들 중에서 제일 잘해서 신인왕이 된 사람은 다음 해에는 이전 해보다 잘 못한다는 징크스이다.

그런데 이 2년차 징크스도 회귀요인으로 설명할 수 있다. 즉 대부분의 경우 신인왕 후보가 될 만한 신인, 즉 비슷하게 우수한 기량을 갖춘 신인들은 여러 명 있기 마련이다. 이 후보들 중에는 첫 해에 자신의 실력보다 더 잘한 사람, 자신의 실력 정도로 한 사람, 실력보다 못한 사람들이 있을 것이다. 이 중에서 그 해에 자기 실력보다 특별히 잘 한 사람이 신인왕이 될 것이다. 하지만 이러한 행운이 다음 해에도 반복되지는 않을 것이다. 따라서 신인왕을 탄 선수는 다음 해에는 첫 해보다 성적이 나쁠 가능성이 높으며, 나머지 선수들 중 누군가는 신인왕보다 더 성적이 좋을 가능성이 많을 것이다(물론 다른 선수들에 비하여 엄청나게 기량이 뛰어난 경우는 예외다^^;).

회귀요인의 작용은 일상생활에서도 흔히 볼 수 있다. 별로 점잖은 얘기는 아니지만, 고스톱 판에서는 첫 끗발이 개 끗발이라는 말이 있다. 처음에 딴 사람은 나중에는 잃게 된다는 말이다. 그런데 이것도 회귀요인으로 설명이 가능하다. 왜 그럴까?

처음 몇 판 운 좋게 패가 잘 들어와서 따더라도, 계속해서 패가 잘 들어오지는 않을 것이다. 참고로 고스톱 초보자들에게 충고 한마디. 흔히 고스톱은 운7기3이라고 해서, 초보자도 딸 수 있다고 한다. 그런데 이는 고수들이 초짜들 돈을 따려고 유혹하는 말이다. 과연 운7기3인지도 의심스럽지만 맞다고 하자. 운이라는 것은 무작위이므로, 초반에는 어느 한 사람에게 좋은 패가 연속으로 들어 올 수도 있다. 하지만 판이 길어지면 결국에는 누구에게나 비슷한 비율로 좋은 패와 나쁜 패가 들어올 것이다. 즉 운7에 의한 승부는 판이 길어지면 참가자 모두가 비슷해진다. 그렇다면 결국 남는 것은 기3에 의한 승부인데, 기3은 사람마다 다르므로 결국에는 고수가 따게 되고, 하수는 잃기 마련이다. 이런 현상을 횟수가 증가할수록 평균에 수렴한다는 의미에서 평균의 법칙이라고도 한다(또한 대수의 법칙이기도 함을 기억하자).

3) 선택요인

선택(selection)요인은 '직업훈련'의 사례에서처럼 실험집단이 자원자로 구성됨에 따라, 실험집단과 통제집단이 동질성을 갖지 못해서 발생하는 왜곡현상이다. '직업훈련' 사례에서 실험집단은 통제집단에 비하여 성취동기나 근면성이 높은 사람들로 구성되었을 가능성이 많은데, 이 경우 직업훈련의 효과를 실제보다 과대 추정할 수 있다고 하였다. 그리고 그 이유는 성취동기나 근면성이 등의 차이로 인하여 직업훈련이 없더라도 실험집단의 취업률과 소득은 통제집단에 비하여 더 높을 수 있으며, 혹은 동일한 직업훈련을 통제집단이 받더라도 그 효과는 실험집단에 비하여 작을 수 있기 때문이라고 하였다. 이에 대해서는 이미 충분히 이해했으리라고 생각하지만 조금만 더 논의를 이어가자.

실험집단과 통제집단이 모두 '직업훈련'에 참가한다고 해도 실험집단의 효과가 통제집단보다 더 크게 나타나는 이유를 좀 더 생각해 보자. 앞에서는 성취동기나 근면성 등의 차이를 예로 들었다. 물론 이도 맞다. 하지만 '적성'의 차이라는 가능성도 한번 생각해 보자.

직업, 진학, 훈련 등 거의 대부분의 의사결정은 자발적으로 이루어진다. 이 경우 가령 A를 선택할 것이냐 말 것이냐라는 의사결정에서 A를 선택한 사람들은, 선택하지 않은 사람들에 비하여 선택으로 인한 편익이 더 큰 사람들일 개연성이 높다. 왜 같은 실업자나 저소득자인데 누구는 직업훈련을 신청하고 누구는 신청하지 않았을까? 성취동기나 근면성의 차이도 가능하지만, 이런 것이 동일한 사람들 중에서도 직업훈련을 통한 취업과 소득증대의 가능성이 더 높은 사람들이 신청했을 것 같다. 가령 직업훈련의 내용이 컴퓨터 프로그래밍이라고 하자. 그리고 우성이와 남진이는 둘 다 실업자인데, 우성이는 생래적으로 기계 만지는 것을 싫어하지만, 요리에 재능이 있고, 남진이는 요리는 형편없지만 기계 만지는 것을 좋아한다고 하자. 비록 돈을 벌고 싶은 욕구는 둘 다 마찬가지라도, 남진이는 직업훈련에 참여하지만 우성이는 참여하기를 꺼릴 것이다. 만일 우성이에게 억지로 컴퓨터 프로그래밍 교육을 받게 하더라도, 남진이 보다는 취업 또는 소득 증대 효과가 떨어질 것이다. 반면에 직업훈련의 내용이 요리라면, 우성이는 직업훈련에 참여하지만 남진이는 꺼릴 것이며, 남진이가 참여한다고 해도 그 효과는 우성이보다 떨어질 것이다.

가끔 대학교수들은 엄청난 고소득을 올리고 있는 기업 CEO나 경영 컨설턴트인 대학 동기생들을 보면서 '내가 공부하지 않고 저 친구들처럼 일찍 취업했다면 나도 지금쯤 저만큼 돈을 벌고 있겠지' 하면서 한숨을 쉬고는 한다. 하지만 대부분은 착각이다. 왜 같은 동기생인데 누구는 생활이 팍팍한 교수가 되었고 누구는 고소득의 경영인 또는 컨설턴트가 되었겠는가? 강제로 시킨 것도 아닌데. 내가 보기에는 대학 시절부터 유능하고 이재에 밝은 친구들일수록 졸업하자마자 사회에 진출하는 경향이 있고, 공부 이외에는 그다지 사회생활에 소질이 없는 친구들일수록 계속 공부해서 교수가 되는 경향이 있다. 즉 교수와 기업인의 직업 선택에는 선택요인이 작용하고 있다. 따라서 교수가 안 되었다면 잘 나가는 기업인 또는 경영 컨설턴트가 되었을 거라는 것은 대단한 착각이다.

다시 말하지만, 선택요인이 존재하는 이유는 실험집단과 통제집단에 무작위 배정이 이루어지지 않았기 때문이다. 하지만 정책문제를 포함한 대부분의 사회현상에 대한 연구는 무작위 배정이 불가능하다. 따라서 사회현상에 대한 연구는 많은 경우 선택요인의 문제를 안고 있으며, 이에 따라 올바른 인과관계의 추론이 어렵다.

선택요인은 인과관계 규명을 위해 실증분석을 하는 사회과학자들을 가장 괴롭히는 특성이다. 헤크먼(Heckman)이라는 계량경제학자는 선택요인 처리법에 대한 연구로 노벨 경제학상까지 받았다. 그런데 그의 결론 역시 실험연구가 아닌 한 선택요인을 완벽하게 해결하는 방법은 없다는 것이었다.

보기 9-7

우리사회에서 대학 학벌의 문제는 상당히 심각하다고 한다. 개인의 능력이 아니라 어느 대학을 나왔느냐에 따라서 지위와 소득에 큰 차이가 발생하며, 이러한 차별을 해소하는 것이 공정한 사회를 만드는 데 매우 중요하다고 한다. 나도 이러한 의견에 전적으로 동의한다.

그런데 이번에는 논의의 방향을 조금 달리해서 순전히 '실증분석'이라는 측면에서 이 주제를 생각해 보자. 즉 학벌에 의한 차별 규모를 실증적으로 규명하려면 어떻게 해야 할까? 가령 가, 나, 다 세 대학이 세칭 일류대학이라고 하자. 그러면 가, 나, 다 대학 졸업생과 다른 대학 졸업생 중에서 각각 500명씩을 뽑아서 두 집단의 소득을 비교할 수 있을 것이다. 이때 성별과 연령에 따라 소득 수준이 다를 것이므로, 성별과 연령분포는 두 집단에 유사하도록 하자. 이 두 집단의 소득 차이가 순전히 학벌에 따른 차별이라고 할 수 있을까? 그렇다고 하려면, 두 집단이 서로 다른 대학을 나왔다는 것 외에는 소득에 영향을 미치는 나머지 조건들은 동등하다고 할 수 있어야 한다. 과연 그럴까?

학벌에 의한 차별 규모를 정말 올바르게 추정하려면, 고등학교 졸업생 중에서 일정 규모씩을 무작위로 뽑아서 가, 나, 다 대학 및 그 밖의 대학에 강제로 입학시켜야 한다. 즉 대학의 선택이 개인의 선택이 아니라 무작위로 이루어져야만, 다른 조건의 영향은 배제한 상태에서, 단지 어느 대학 출신이냐가 지위나 소득에 미치는 영향을 올바르게 파악할 수 있다. 하지만 이런 게 가능하겠는가?

4) 상실요인

상실요인은 관찰 대상이 중간에 상실됨으로써 생기는 왜곡현상이다. '직업훈련'의 효과 측정에서 선택요인의 영향을 없애기 위하여 실업자 중에서 무작위로 1,000명을 뽑아서 직업훈련 프로그램에 참여하게 하였다고 하자. 이 과정은 1년짜리인데, 중도에 포기한 사람들이 많아서 끝까지 이 과정을 마친 사람은 300명이었다고 하자. 이 300명의 취업률을 프로그램에 참여하지 않은 실업자들의 취업률과 비교에서 그 차이를 '직업훈련'의 효과라고 할 수 있을까? 최초의 1,000명은 무작위로 선정한 것이므로 선택요인은 존재하지 않을 것이다. 하지만 이 중에서 끝까지 남은 300명은 중도에 탈락한 700명과는 다른 특성을 가진 사람들일 것이다. 가령 중도 탈락자에 비하여 끝까지 남은 300명의 성취동기나 근면성이 더 높을 수도 있다. 즉 끝까지 남은 300명과 프로그램 비참여자를 비교하면, 선택요인과 마찬가지의 영향이 발생한다.

생각해보기

한국선거연구회에서는 국회의원 선거 일주일 뒤부터 약 보름 동안 투표에 참가한 사람들 중에서 1,000명을 무작위로 추출하여 유권자 개인의 특성과 여야 선호도의 관계에 대한 분석을 한 결과 다음과 같은 특징을 발견하였다(여야 하나씩만 존재하는 양당체제 가정. 무효표는 없고 조사에 사실대로 응답했다고 가정. 1,000명 중 여당 후보를 선택한 사람은 550명임).

나이	여당 선택
20-34	30%
35-49	50%
50 이상	70%

이 결과에 대하여 야당 총재 A씨는 젊은 사람들이 투표에 기권만 하지 않았어도 야당의 득표율이 더 높았을 것이라고 했다. 그는 전체 유권자의 연령비율이 20-34세 40%, 35-49세는 40%, 50세 이상은 20%라는 사실을 근거로 하여 유권자 모두가 투표했다면 야당이 54%정도의 지지를 얻었을 것이라고 했다. 과연 이러한 주장이 타당할까? 각자 생각해보자.

5. 교차분석

앞에서는 정책문제를 비롯한 사회현상의 연구에서 올바른 인과관계 추론이 어렵다는 얘기를 했다. 하지만 어렵다고 해서 그냥 두 손 놓고 있을 수만은 없지 않겠는가? 본질적인 한계를 인정하면서도, 그런 제약 내에서 가능하면 올바른 인과관계를 추론하도록 노력해야 하지 않겠는가?

실험설계에 의한 연구가 어려운 사회현상 연구에서 인과관계 추론을 위한 다양한 분석이 이루어지고 있다. 이 책에서 다루는 추리 통계 기법인 평균 차이 검정, 분산분석, 카이제곱검정, 회귀분석들도 대부분 인과관계 추론을 위해 사용된다. 왜 그런지를 이해하려면 일단 기술통계에 대한 교차분석의 논리를 이해하는 것이 쉽다.

교차분석은 교차표(cross table)를 만들어서 각 셀의 크기를 비교함으로써 변수간의 관계를 분석하는 것이다. 예를 들면 소득수준에 따라서 지지정당이 달라지는지에 관심이 있다면 소득수준에 따라 집단을 분류하고(가령 상, 중, 하), 각 집단별로 선호정당(가령 여당, 제1야당)을 다시 구분해서 3×2의 교차표를 만든 다음 각 셀의 크기를 비교하는 것이다. 이때 소득수준이 높은 집단에서 여당지지율이 더 높고, 소득수준이 낮은 집단에서 야당지지율이 더 높다면, 소득수준에 따라서 지지정당이 달라진다고 판단하는 것이다.

무척이나 간단하다. 하지만 1절의 인과관계 추론에 대하여 착실히 공부한 독자라면 뭔가 찜찜할 것이다. '그렇게 쉽게 인과관계를 판단해도 되는 건가? 단순히 소득과 정당지지율만 비교하는 것으로는, 인과관계 성립을 위한 제3조건인 허위적 관계의 배제 원칙이 충족되었다고 하기 어렵지 않겠는가?' 뭐, 이런 의문을 가질 것이다. 맞다. 이렇게 간단하게 인과관계를 판단할 수는 없다. 방금 설명한 것은 교차분석의 개요만을 말한 것이다. 실제로 교차분석을 통하여 인과관계를 판단할 때는 훨씬 더 신중해야 하며, 좀 더 추가적인 분석이 이루어진다.

그럼, 이제부터 교차분석이 어떻게 이루어지며, 이를 통하여 어떻게 인과관계를 추론하는 가에 대하여 본격적으로 배워보기로 하자.[8]

1) 교차표의 작성[9]

소득계층에 따른 지지정당 차이 분석 사례를 꾸며 보자. 첫 단계는 표본을 추출하여 필요한 자료를 얻는 것이 되겠다. 이를 위하여 18세 이상 대한민국 사람들 중에서 500명을 무작위로 추출하였다. 다음으로 이 500명에 대하여 소득수준, 지지정당, 기타 인적특성(교육수준, 연령, 성별, 출신지역 등등) 등을 조사하였다.

우리의 관심사항은 개인의 소득수준이 정당선호에 미치는 영향이다. 즉 소득수준이라는 원인과 정당선호라는 결과 간의 인과관계를 파악하는 것이 연구목적이다. 따라서 소득수준은 원인변수, 정당선호는 결과변수에 해당한다. 전술했듯 결과는 원인에 의해 정해지므로 원인변수를 독립변수, 결과변수를 종속변수라고도 부른다.

'지지정당' 파악을 위해서는 A정당에 대한 지지 여부(예, 아니요)를 물었다. 그리고 소득수준은 상, 중, 하 세 계층으로 구분하였다. 이제 소득수준별 A정당 지지도를 보자. 이는 〈표 9-4〉로 제시하였다. 꼭 그래야 할 이유는 없지만, 교차표 작성에서는 통상 독립변수(원인)에 해당하는 것을 가로 범주로, 종속변수(결과)에 해당하는 것을 세로 범주로 한다.

(단위 : 명)

표 9-4
소득수준과 정당지지 간의 교차표

소득수준 / A정당지지	상	중	하	총 인원
예	90	156	66	312
아니요	36	90	62	188
총 인원	126	246	128	500

8 교차분석의 설명은 '노화준(1989), 행정계량분석, 법문사'를 참고하였다.

9 교차표(cross table)를 영어로는 contingency table이라고도 한다. Pearson이라는 통계학자가 처음 그런 명칭을 사용했다는데, 표를 이용하여 두 변수의 관계를 파악한다는 면에서 그렇게 붙인 것 같다.

〈표 9-4〉에는 소득수준별 A정당지지 여부의 빈도가 제시되어 있다. 그런데 이 표만 봐서는 둘의 관계를 언뜻 알기 어렵다. 물론 중간계층에서 A정당지지 빈도가 제일 많다. 하지만 소득수준별 인원도 중간계층이 제일 많다. 따라서 절대빈도 차이만으로는 소득수준에 따른 A정당 선호도 차이를 한 눈에 파악하기 어렵다. 그럼 어떻게 해야 할까? 절대빈도보다는 상대빈도(%)로 나타내면 파악이 쉽다. 〈표 9-5〉는 〈표 9-4〉의 정보를 상대빈도로 바꾼 것이다. '예'와 '아니요'를 더하면 100%이므로 '예'만 제시해도 무방하지만 〈표 9-4〉와 대응시키기 위해 '예'와 '아니요' 비율을 모두 제시했다.

표 9-5 백분비 분포로 나타낸 소득계층과 정당지지 간의 교차표

(　)는 절대빈도

소득수준 / 정당지지	상	중	하	총 인원
예	71.4%	63.4%	51.6%	62.4%
아니요	28.6%	36.6%	48.4%	37.6%
총 인원	100.0%(126)	100.0%(246)	100.0%(128)	100.0%(500)

〈표 9-5〉의 소득수준별 A정당지지율을 보면, 소득이 높은 계층일수록 A정당지지율이 더 높다는 것을 쉽게 알 수 있다. 즉 소득과 A정당지지 사이에는 정(+)의 관계가 있다고 할 수 있다. 그런데 이 대목에서 세심한 독자는 이런 의문을 가질 것이다. '이건 표본에 대한 것이다. 이를 보고 모집단에서도 차이가 있다고 하려면 검정을 해봐야 하는 것 아닌가'. 물론 그렇다. 사실 규모 500명 표본에서 이 정도 차이면 모집단에서도 당연히 차이가 있을 것이다(실증분석 경험이 쌓이면 척 봐도 안다). 하지만 공식적인 판단을 하려면 검정을 하는 것이 맞다. 이 경우 귀무가설은 소득수준에 따라 정당지지도에 차이가 없다가 될 것이다.

차이 검정을 위한 집단이 둘이면 7장에서 배운 두 집단 차이 검정(t 검정)을 적용하면 된다. 하지만 이 사례에서는 소득수준별 집단이 상·중·하 셋이다. 따라서 다른 검정 방법을 적용했다. 이 사례에 적합한 검정 방법이 이어지는 10장에서 다루는 분산분석과 카이제곱 검정이다. 두 방법 모두 적용 가능하다. 구체적인 검정은 10장에서 다루기로 하고, 여기서는 일단 모집단에서도 다른 것으로 나타났다고 가정하고 논의를 이어가자.

자, 〈표 9-5〉 혹은 〈표 9-4〉에 제시된 소득계층별 정당지지율은 서로 뚜렷이 다르며, 소득수준이 높은 계층에서 A정당지지율이 높다고 할 수 있다.

여기까지의 해석에는 별 문제가 없다. 하지만 이제부터가 문제다. 이러한 결과에 대하여 소득수준이 정당선호에 영향을 미친다고 할 수 있을까? 소득수준에 따라 지지정당에 차이가 있다는 것은 맞는 것 같다. 하지만 이에 대하여 소득수준이 원인이 되어 지지정당 차이라는 결과를 가져왔다고, 즉 인과관계가 성립한다고 할 수 있을까? 소득수준에 따라 지지정당에 차이가 있다는 것은 앞에서 설명한 인과관계 성립을 위한 세 가지 조건 중에서 시간적 선행성과 공동변화 조건을 충족하는 것이라고 할 수 있다.[10] 하지만 허위적 관계 배제 조건은 어떨까?

소득과 지지정당의 인과관계에 영향을 미치는 제3의 변수가 있다면, 그 변수의 영향을 통제해야만 소득과 지지정당간의 인과관계를 올바르게 파악할 수 있다. 이러한 제3의 변수에는 어떤 것이 있을까? 그리고 이의 영향을 교차분석으로 어떻게 파악할 수 있을까? 가령 교육수준이 소득수준과 지지정당 간의 관계에 영향을 미치는 제3의 변수, 즉 교란변수라고 하자. 교육수준을 포함한다면 이제 교차표에 의하여 분석해야 하는 변수는 소득수준, 교육수준, 지지정당의 세 변수가 된다.

보기 9-8

종속변수가 수치자료인 경우에는, 위와 같이 몇 개의 범주로 나누어서 교차분류를 할 수도 있지만, 평균을 사용해서 독립변수의 영향을 알아볼 수도 있다. 즉 독립변수의 범주가 달라짐에 따라 그 범주에 속한 자료들의 종속변수 평균값에 차이가 난다면 두 변수 사이에는 어떤 관계가 있다고 할 수 있다.

아래 그림은 홍콩대에서 지난 2004년 4~5월 두 달 동안 66개 초등학교 4학년생 4,300명을 상대로 외국어 독해 능력 시험을 치른 결과를 나타낸 것이다. 집에 책이 몇 권 있는가에 따라 종속변수인 시험 점수가 전체 평균과 평균적으로 몇 점이나 차이 나는지를 조사하였다. 참고로 홍콩에서 쓰이는 말은 사투리인 광둥화(廣東話)로서, 중국 표준말인 푸퉁화(普通話)와는 큰 차이가 있기 때문에 중국어도 외국어로 취급된다.

10 물론 소득수준에 따라 지지정당에 차이가 있다는 것 자체는 공동변화의 조건만 충족하는 것이며, 시간적 선행성 조건을 충족하는 것은 아니다. 하지만 상식적으로 생각하면 소득수준이 지지정당의 차이보다 시간적으로 앞선다고 할 것이다. 즉 두 변수 사이에 인과관계가 성립한다면 소득수준이 원인이고 정당선호가 결과라고 생각하지, 그 반대라고 생각하지는 않을 것이다.

학생가정의 장서량과 외국어 독해 점수 간의 관계

장서량(권)	영어	중국어
0~10	−22	−15
11~25	−1	−2
26~100	+29	+5
101~200	+66	+15
200 이상	+77	+20

※ +, −는 평균 점수(영어 381점, 중국어 532점)와 차이나는 점수이며 신문·잡지·교과서는 포함하지 않았음

중앙일보, 2004년 9월 8일

이 그림을 보면 한눈에 장서량과 외국어 독해 점수 간에 강한 양(+)의 상관관계가 있음을 알 수 있다. 즉 집에 책이 많을수록 외국어 독해 점수가 높아지는 경향이 있는 것이다.

그리고 여기에는 제시하지 않았지만, 과외여부와 외국어 독해 점수와의 관계도 보았는데 과외를 받는 학생(전체의 44%)은 중국어에선 48%, 영어에서는 39%만이 합격점을 넘은 반면에, 오히려 과외를 받지 않는 학생의 시험 합격률(중국어 57%, 영어의 45%)이 더 높았다고 한다. 이런 결과에 따라 연구진들은 "초등학생의 외국어 독해 능력을 키우려면 과외를 시키기보다 스스로 책을 골라 읽게 하라."라는 조언을 하였다. 여러분이 보기에는 위의 자료만 갖고 이런 결론, '집에 책이 많을수록 외국어 독해 점수가 높아진다'가 타당하다고 생각되는가?

그렇지 않은 경우를 얼마든지 생각해 볼 수 있다. 가령 인과관계가 반대로 작용했을 수도 있다. 즉 독해실력이 좋은 아이들이 그렇지 않은 아이들보다 책 읽기를 더 좋아하기 때문에 부모에게 더 많은 책을 구입하도록 졸랐을 수도 있다. 또한, 부모의 교육수준이 허위변수로 작용했을 수도 있다. 즉 부모의 교육수준이 높을수록 집에 많은 책이 있으며, 부모의 교육수준이 높을수록 자녀의 독해능력이 더 높기 때문에, 장서량과 외국어 독해 능력 사이에는 직접적인 관계가 없지만, 마치 뚜렷한 양(+)의 관계가 있는 것처럼 나타났을 수도 있다.[11]

장서량과 외국어 독해 능력 사이에 역의 인과관계가 존재하거나, 부모의 교육수준에 의한 허위관계가 존재하는 경우는 집에 장서량을 늘리거나, 혹은 아이들에게 책을 많이 사 준다고 해서 외국어 독해능력이 향상되지는 않을 것이다.

다시 강조하지만 변수간의 인과관계를 추론할 때는, 항상 인과관계 추론을 위한 세 조건이 충족되었는가, 그 중에서도 특히 허위적 관계 배제의 조건이 충족되었는가를 주의 깊게 살펴야 함을 명심하자.

---

11 이 경우 부모의 교육수준을 통제해 준다면, 장서량이 많든 적든 상관없이 외국어 독해 점수는 일정하게 나타날 것이다.

2) 세 방향 교차분류 자료의 분석

세 변수를 고려한 교차표의 작성과 해석도 두 변수의 경우와 크게 다를 것은 없다. 교차표의 한 쪽 범주(보통 세로 범주)에는 종속변수의 가능한 결과들이 들어가고, 다른 쪽 범주에는 두 개의 독립변수가 들어가는데, 첫 번째 독립변수의 각 범주들마다 두 번째 독립변수의 가능한 결과들이 들어가도록 하면 된다.

앞에서의 논의대로 소득수준과 지지정당간의 관계에 교육수준이라는 제3의 변수를 추가 하자. 교육수준은 논의의 편의를 위하여 고졸이하와 대졸이상의 두 범주로만 구별하도록 하자. 그러면 소득수준, 교육수준, 지지정당을 모두 고려한 교차표는 〈표 9-6〉과 같이 나타낼 수 있다.

표 9-6

소득수준, 교육수준, 정당지지 간의 교차표 1

소득수준 / 정당지지	상		중		하	
	고졸	대졸	고졸	대졸	고졸	대졸
예	37.5%㉠	83.0%㉡	38.4%㉢	80.3%㉣	37.2%㉤	81.0%㉥
아니요	62.5%	17.0%	61.6%	19.7%	62.8%	19.0%
총 인원	100% (32)	100% (94)	100% (99)	100% (147)	100% (86)	100% (42)

〈표 9-6〉의 각 셀이 무엇을 의미하는지 간략히 살펴보자. 예를 들어서 ㉡은 학력이 대졸 이상이면서 상위소득계층에 속하는 사람들 중에서 A정당을 지지하는 비율을 나타낸다. 마찬가지로 ㉤은 학력이 고졸 이하면서 하위소득계층에 속하는 사람들 가운데 A정당을 지지하는 비율을 나타낸다.

이제 〈표 9-6〉의 정보를 이용하여 소득수준이 정당지지에 미치는 영향을 판단하자. 앞에서 소득수준과 정당지지의 관계에서 학력은 교란변수의 역할을 한다고 하였다.[12] 따라서 소득수준과 정당지지 간의 인과관계를 올바르게 파악하려면, 학력의 영향을 배제해야 한다. 학력의 영향을 어떻게 배제하나? 같은 학력수준 내에서 소득수준이 달라짐에 따라 정당지지 성향이 바뀌는가를 보면 된다. 즉 같은 고졸 이하 학력인 ㉠, ㉢, ㉤끼리 비교하고, 같은 대졸 이상 학력인 ㉡, ㉣, ㉥끼리 비교하면 된다.

12 학력이 교란변수의 역할을 한다는 것은 학력이 소득수준에도 영향을 미치며, 정당지지 여부에도 영향을 미친다는 것을 의미한다.

같은 학력수준 내에서 비교하면, 소득수준이 달라져도 정당지지 성향은 유사함을 알 수 있다. 즉 고졸 이하인 경우에는 소득수준에 상관없이 A정당지지율이 대략 38% 정도로 유사하며, 대졸 이상인 경우에는 소득수준에 상관없이 81% 내외로 별 차이가 없다.

따라서 우리는 소득수준은 정당지지 성향에 뚜렷한 영향을 미치지 않는다고 판단할 수 있다. 그리고 소득수준에 따라 정당지지 성향에 차이가 있는 것은 단지 학력에 따라 소득수준에 차이가 있는데, 학력에 따라 정당지지 성향도 달라지기 때문임을 알 수 있다.

〈표 9-6〉의 예에서는 교육수준을 통제하는 경우 소득수준과 정당지지 성향 사이에는 별 관계가 없는 것으로 나타났다. 즉 소득수준과 정당지지 성향 간에는 관계가 없지만 교육수준의 영향으로 인하여 관계가 있는 것처럼 보였던 것이다. 이처럼 실제로는 관계가 없음에도 제3의 변수의 영향으로 둘 만을 보았을 때는 관계가 있는 것처럼 보이는 경우를 허위적 관계(spurious relation)라고 한다는 것은 앞에서 이미 설명했다.

이처럼 제3의 변수의 영향을 통제했을 때 두 변수 사이의 인과관계가 거의 없는 것으로 나타나는 경우도 있지만, 인과관계는 존재하지만 그 강도가 달라지는 경우도 있다. 예를 들어서 〈표 9-7〉을 보자.

표 9-7
소득수준, 교육수준, 정당지지간의 교차표 2

정당지지 \ 소득수준	상		중		하	
	고졸	대졸	고졸	대졸	고졸	대졸
예	61.1%㉠	75.6%㉡	51.4%㉢	73.0%㉣	45.3%㉤	64.3%㉥
아니요	45.9%	21.3%	52.4%	25.2%	57.0%	31.0%
총 인원	100% (36)	100% (90)	100% (1039	100% (137)	100% (86)	100% (42)

〈표 9-7〉에서는 고졸이하인 ㉠, ㉢, ㉤끼리 비교하고, 대졸이상인 ㉡, ㉣, ㉥끼리 비교하더라도 소득수준에 따라 정당지지 성향에 차이가 있음을 알 수 있다. 다만, 그 정도가 교육수준을 통제하기 전보다 작아졌다. 즉 교육수준을 고려하지 않은 〈표 9-5〉에서는 상, 중, 하의 소득계층별 A정당지지율이 71.4%, 63.4%, 51.6%였지만, 교육수준을 통제한 후에는 상, 중, 하의 소득계층별 A정당지지율이 61.1%, 51.4%, 45.3%(고졸이하) 및 75.6%, 73.0%, 64.3%(대졸이상)로서 소득계층 간 격차가 상당히 줄어들었다. 따라서 이 경우

는 교육수준이 소득수준과 정당선호 사이에 교란변수로 작용하여, 소득수준이 정당선호에 미치는 영향을 실제보다 크게 보이도록 한 셈이다.

보기 9-9

〈표 9-5〉와 〈표 9-7〉을 통하여 소득수준이 정당지지에 미치는 영향을 분석할 때 교육수준이 교란요인으로 작용함을 보았다. 즉 교육수준을 고려하지 않고 소득계층에 따른 정당지지율 차이만을 봤을 때는 소득계층에 따른 차이가 상당히 컸으나, 교육수준의 차이를 통제한 후에는 격차가 줄어들었다.

이번에는 교육수준이 정당지지에 미치는 영향을 분석하는 경우를 생각해 보자. 이를 위해서 우선 〈표 9-7〉의 동일한 소득계층 내에서 교육수준의 차이에 따른 정당지지율 차이를 보자. 대졸-고졸 간 정당지지율 격차는 소득이 '상', '중', '하'일 때 각각 14.5%포인트, 21.6%포인트, 19.0%포인트였다. 이번에는 〈표 9-7〉의 통계에 대하여 학력수준과 정당지지율 차이간의 교차표를 만들어 보자. 이는 다음과 같다.

교육수준과 정당지지 간의 교차표

	고졸이하	대졸이상
예	50.6%	72.5%
아니요	49.4%	27.5%
총인원	231	269

소득을 통제하지 않았을 경우 대졸-고졸 간 정당지지율 격차는 21.9%포인트로서, 소득을 통제했을 때(약 18.4%포인트) 에 비해 증가했다.

그렇다면 교육수준 차이(고졸이하 vs. 대졸이상)에 따른 정당지지율 차이는 뭐라고 해야 할까? 지금까지의 논의대로라면 당연히 소득수준 차이를 통제한 뒤인 18.4%포인트라고 해야 할 것이다. 물론 틀린 말은 아니다. 하지만 한 번 곰곰이 따져 보자. 소득과 정당지지간의 관계에서 교육수준이 교란요인으로 작용한다는 것은 교육수준이 정당지지에도 영향을 미치고, 소득에도 영향을 미침을 뜻한다. 즉 소득, 교육, 정당지지간의 관계를 그림으로 나타내면 다음과 같다.

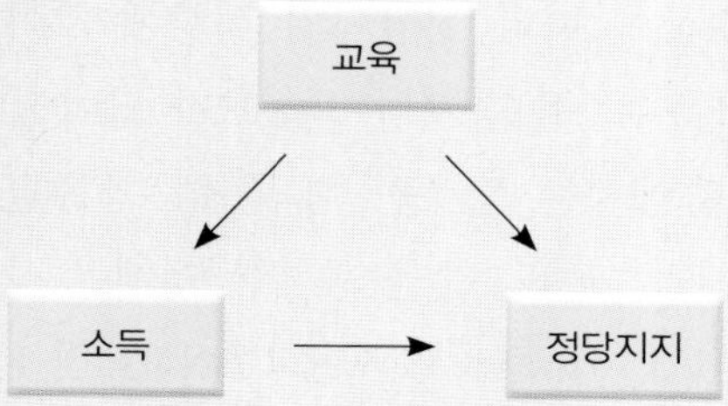

교육이 정당지지에 미치는 영향은 두 가지 경로가 있음을 알 수 있다. 하나는 소득과 상관없이 직접 미치는 효과이며, 하나는 교육이 소득에 영향을 주고, 소득이 다시 정당지지에 영향을 주는 효과이다. 흔히 전자를 직접효과, 후자를 간접효과라고 한다. 그리고 후자의 경우 소득은 교육이 소득에 미치는 영향에서 매개변수의 역할을 했다고 한다.

앞에서 소득수준 차이를 통제한 뒤의 격차인 18.4%포인트는 직접효과를 보여준다. 그리고 소득수준을 고려하지 않은 격차인 22.5%포인트는 직접효과+간접효과(이를 총효과라고 한다)를 보여 준다. 이는 소득을 통하던, 통하지 않던 상관없이 좌우간 교육수준 차이에 따른 정당지지의 차이를 보여주기 때문이다.

따라서 교육이 정당지지에 미치는 영향은 총효과에 관심이 있는가, 아니면 직접효과에 관심이 있는가, 혹은 간접효과에 관심이 있는가에 따라 정답이 달라진다.

이처럼 변수간의 인과관계를 분석할 때 직접효과와 간접효과를 구분하고, 관심을 갖는 원인변수가 어떤 변수들을 경유하여 결과변수에 영향을 미치는가, 즉 영향을 미치는 경로를 분석하는 것을 경로분석이라고 한다.

지금까지의 설명에서 알 수 있듯이 교차분석은 변수간의 인과관계를 파악하려고 할 때 손쉽게 적용할 수 있는 방법이다. 특히 두 변수간의 인과관계에 영향을 미치는 제3의 변수가 존재할 때, 이의 영향을 통제하면서 두 변수간의 관계를 파악할 수 있다는 장점이 있다. 그런데 이 대목에서 우리의 사려 깊은 독자는 다음과 같은 의문이 들 것이다. '교란변수가 하나만 존재할 때는 손쉽게 통제할 수 있지만 교란변수가 둘, 셋 등으로 많아지면 어떻게 하나?' 교란변수가 둘, 셋 등으로 많아질 때도 앞에서의 교차분석 방법을 확장하면 교란변수의 통제가 가능하기는 하다. 하지만 이 경우 교차표가 매우 복잡해질 것이며, 일목요연하게 파악하기가 어렵다.

따라서 실제의 인과관계 분석에서 통제해야 할 교란변수가 많은 경우 교차분석보다는 다중회귀분석 기법을 사용하는 것이 보다 편리하며, 더 적절하다. 이 기법에서 교란변수를 통제하는 방식은 교차분석보다는 직관적이지 않지만, 기본원리는 마찬가지이다. 다중회귀분석에서 교란분석을 통제하는 것에 대해서는 12장에서 살짝 맛볼 수 있다.

전술하였듯 사회현상의 인과관계는 매우 복잡하게 얽혀 있기 때문에 인과관계 추론에서 제3의 변수는 거의 모든 경우에 존재하며, 그것도 한 두 개가 아니다.[13] 우리의 소득수준과 정당선호 간의 인과관계에서도 교육수준만을 교

13 교란변수가 몇 개나 존재하는지조차 알기 어려운 경우도 흔하다.

란변수로 간주하고 통제하였지만, 그 밖에 연령, 성별, 직업, 출신지역 등도 교란변수의 역할을 할 수 있을 것이다. 따라서 교차분석을 통하여 올바른 인과관계를 추론할 수 있는 경우가 그리 많지는 않다.

그럼에도 불구하고, 교차분석은 단순하며 직관적이라는 장점 때문에 학술연구가 아닌 일반사회에서 변수간의 인과관계를 파악할 때 흔히 사용된다.[14] 교차분석이 널리 사용되는 만큼, 이를 이용한 인과관계 추론에서 주의할 점을 명확히 인식하는 것은 매우 중요하다. 본서에서 교차분석을 지금껏 장황하게 설명한 주목적도, 인과관계 추론을 위한 교차분석 방법을 익히라는 것보다는, 이 방법 적용 시 주의점을 명확히 이해하여 잘못된 추론을 하지 말라는 데 있다.

보기 9-10

우리는 중요한 변수들이 통제되지 않은 상태에서 인과관계를 추론하는 경우를 신문지상에서 어렵지 않게 접할 수 있다. 다음은 2003년도 모 일자 모 일간지 기사이다. 일단 기사를 읽고, 문제점을 함께 생각해 보자.

[여교수 고용목표제] 일부에서 "남교수 역차별" 논란

교육인적자원부가 대학에서 여교수를 일정 비율로 채용하는 고용목표제 도입을 추진, 논란을 빚고 있다. 여성들의 대학교수 취업문은 크게 넓어지겠지만 대학교수 자리를 기다리는 남성들의 숫자가 월등히 많은 상황이어서 이 제도가 자칫 남성에 대한 역차별이 될 우려가 있다는 지적이다.

교육인적자원부 관계자는 31일 여성 박사 학위 취득자가 크게 늘고 있는데도 실제 교수 취업은 남자의 절반에 그쳐 대학사회가 아직 여성인력 활용에 뒤처져 있다며 관련법을 개정해 다른 정부부처와 같이 국공립대의 경우 일정 비율을 여교수로 충원하도록 할 방침이라고 말했다. 이 관계자는 현재 전임강사 이상의 여교수 비율이 국립대 9% 공립대 8%로, 사립대 16%의 절반 수준에 불과해 성차별이 이뤄지고 있다며 이런 상황이 유엔개발기구(UNDP)의 국제적 지표인 남녀권한지수(사회 각 부문에서 남녀평등을 나타내는 지표)에도 영향을 미치게 되는 만큼 적극적 대처가 필요하다고 말했다."

14 학술연구에서도 본격적인 분석에 앞서 기초분석으로서 종종 사용된다.

이 기사를 읽으면서 우리의 주제(교차분석을 통한 인과관계 추론)와 관련하여 좀 이상한 내용이 눈에 띄지 않는가? 필자가 이 기사를 읽었을 때, 황당하게 생각한 것은 국공립대의 여교수 비율이 사립대의 절반 수준에 불과해 성차별이 이루어지고 있다는 교육부 관계자의 발언이다. 이 발언은 국공립대가 사립대에 비하여 여교수 채용을 기피하며, 그 결과로 국공립대의 여교수 비율이 사립대의 절반수준이라는 의미를 담고 있다. 과연 그럴까? 물론 국공립대의 여교수 비율이 사립대의 절반수준이라는 점은 사실이다. 그런데 이의 원인이 정말 국공립대가 사립대에 비하여 여교수 채용을 기피했기 때문일까?

글쎄, 필자는 회의적이다. 이는 국공립대가 사립대에 비하여 여교수 채용을 기피하지 않더라도 사립대의 여교수비율이 더 높을 수 있는 이유는 얼마든지 있기 때문이다. 예를 들면 여자대학들은 모두가 사립대학인데, 여자대학은 남녀공학 대학에 비하여 여교수의 수가 월등하게 많다. 따라서 여자대학의 존재로 인하여 사립대학의 여교수 비율은 국공립대에 비하여 더 높을 수 있다. 그 밖에도 개설학과의 특성 차이 등 다양한 이유가 있을 수 있다.[15] 국공립대가 사립대에 비하여 여교수 채용을 기피한다는 주장을 하려면, 최소한 남녀공학 대학끼리, 그리고 동일 학과끼리 비교한 뒤에 해야 할 것이다.

국공립 대학의 여교수채용을 늘리는 것은 필요하다.[16] 하지만, 국공립대학의 여교수채용을 늘리겠다는 정책판단의 근거가 국공립대학이 사립대학에 비하여 성차별이 이루어지고 있기 때문이며, 따라서 정책목표가 사립대학의 여교수비율인 16%까지 높이는 것이라면 이는 좀 곤란하지 않을까?

여담이지만 이런 말을 한 교육부 공무원은 정말 국공립대학이 사립대학에 비하여 교수채용에서 성차별이 존재한다고 믿었을까? 아니면, 아니라는 것을 알면서도 정책의 필요성을 강조하려고 일부러 그런 해석을 한 것일까? 전자라면 능력에 문제가, 후자라면 도덕성에 문제가 있을 것 같은데….

3) 교차분석의 사례들

이제부터는 교차분석을 통한 인과관계 추론에서 오류를 범하지 않기 위하여 몇 가지 사례를 다루어보도록 하자.

교란변수 통제 후 두 변수간의 관계가 강화되는 경우

지금까지의 예에서는 두 변수간의 인과관계에 영향을 미치는 제3의 변수

15 분야별로 보면 대체로 예능계에 여자교수 비율이 높다. 그런데 예능계 학과는 국공립 대학보다는 사립대학에 월등하게 많다.

16 물론 국공립대학뿐만 아니라 사립대학의 여교수비율도 늘릴 필요가 있다.

의 영향을 통제 한 뒤에, 두 변수간의 인과관계가 사라지거나, 약화되었다. 그런데 때로는 제3의 변수의 영향을 통제한 뒤에 두 변수간의 인과관계가 명확해 지는 경우도 있다. 다음의 가상사례를 보자.

TV 광고는 '15초의 묘미'라고 할 만큼 매우 짧은 시간만을 사용할 수 있기 때문에, 소비자의 구매심리를 자극할 수 있는 제품의 가장 큰 강점을 강조하는 것이 효과적이다. GD자동차에서는 새로 출시한 고급 세단 Q의 홍보 전략으로 제품의 외관 즉 디자인과 스타일을 강조하려고 한다. 이것이 제품구매를 늘리는 좋은 전략인지를 확인하기 위해 실시한 설문조사의 결과가 다음과 같았다.

표 9-8
외관 선호와 구매 의사의 관계

		외관선호	
		마음에 든다(○)	마음에 들지 않는다(×)
구매의사	yes	8%	4%
	no	81%	93%
	기타	11%	3%
합 계		100%(342)	100%(180)

표 9-9
외관 선호 및 소득과 구매의사의 관계

		소득			
		LOW		HIGH	
		외관선호		외관선호	
		○	×	○	×
구매의사	yes	3%	2%	60%	20%
	no	85%	95%	35%	75%
	기타	12%	3%	5%	5%
합 계		100%(312)	100%(160)	100%(30)	100%(20)

〈표 9-8〉을 보면, 외관선호 여부와 구매의사는 큰 관계가 없어서 외관을 강조한 홍보 전략은 별로 좋은 전략 같아 보이지 않는다. 그러나 소득을 통제한 결과인 〈표 9-9〉를 보면 생각이 바뀌게 된다. 소득이 낮은 계층에서는 여전히 외관 선호와 구매의사가 뚜렷한 연관이 있다고 보기 힘들지만, 소득이 높은 계층에서는 외관 선호 여부에 따라 구매의사에 큰 차이가 나기 때문이다. 한편, 같은 외관선호의 범주 안에서 소득수준에 따른 구매의사의 차이는

매우 크게 나타난다.

이로 볼 때 소득수준이 구매의사에 매우 큰 영향을 미치며, 소득이 높은 계층에 한해서는 외관선호에 따라 구매의사가 달라진다고 할 수 있다. 〈표 9-8〉은 설문대상에 상대적으로 저소득층이 많이 포함되었기 때문에 나타난 결과인 것이다. Q의 주고객층이 고소득층이라고 했을 때 GD자동차의 전략은 효과적일 것으로 판단된다.

참고로 이와 같이 두 변수간의 인과관계를 강화시키거나 약화시키는 제3의 변수를 조절변수(moderating variable)이라고 부르기도 한다. 우리의 예에서는 소득을 고려하지 않았을 때에 비하여, 소득에 따라 분리했을 때 저소득층에 대해서는 외관의 영향이 약화된 반면에, 고소득층에 대해서는 외관의 영향이 강화되었다고 해석할 수 있다. 그리고 소득의 고저에 따라 외관의 영향이 달라진다는 면에서 소득과 외관의 영향 사이에는 교호작용(interaction effect)이 존재한다고 말하기도 한다.

두 변수의 관계가 새로운 변수를 도입했을 때 반대로 나타나는 경우

이번에는 제3의 변수의 영향을 통제했을 때 두 변수간의 인과관계의 부호가 바뀌는 경우를 보자. 이를 위하여 공무원과 민간기업 종사자의 급여수준을 비교하는 다음의 예를 보자.

일반적으로 공무원의 보수는 민간기업 종사자에 비하여 낮은 것으로 알려져 있다. 실제로 공무원의 보수는 어느 정도이며, 민간기업 종사자와 비교하면 격차가 얼마나 될까? 2016년의 경우 공무원의 평균연간보수는 5,950만 원이며, 비교대상 민간기업 종사자의 평균연간보수는 5,667만 원이다. 즉 공무원의 보수가 민간기업 종사자에 비하여 5% 정도 더 높다. 그렇다면 공무원의 보수가 민간기업 종사자보다 더 낮다는 것은 잘못 알려진 정보이고, 사실은 민간기업 종사자보다 공무원 보수가 더 높은 것일까?

이런 판단을 내리기 전에 〈표 9-10〉을 보자. 〈표 9-10〉에는 연령대별로 구분한 공무원 및 민간기업 종사자의 평균보수가 제시되어 있다. 이는 물론 가상사례이지만 실제와 근사하게 설계한 것이다.

(단위: 만 원, 명, 세)

표 9-10 2016년도 공무원과 민간근로자 종사자의 평균 보수

	민간근로자		공무원		격차
	연봉평균	근로자수	연봉평균	공무원수	공무원/민간
전체	5,667	100	5,950	100	1.05
30세	4,283	60	3,683	15	0.86
40세	7,744	40	6,350	85	0.82
평균연령	34		38.5		

민간근로자: 종업원 100인 이상 기업의 사무·전문직 종사자[17]

공무원: 행정, 경찰, 소방, 교육직 공무원

〈표 9-10〉을 보면 전체 연봉평균은 공무원이 더 높지만, 연령을 통제한 결과는 반대임을 알 수 있다. 동일 연령대에서는 민간기업 종사자가 더 높은 임금을 받음에도 불구하고 공무원이 민간기업 종사자에 비해 고연령층이 더 많기 때문에(연령이 더 많다는 것은 그만큼 경력이 더 많음을 의미한다.), 전체를 비교하면 공무원의 보수가 더 많은 것처럼 나온 것이다. 이러한 경우 연령을 통제변수로 도입하지 않는다면 우리는 사실과는 정반대의 결론을 내리게 된다.

이와 같이 두 변수만을 고려했을 때 나타났던 결과가 제3의 변수를 통제했을 때 정반대로 나타나는 경우를 심슨의 역설(Simpson's paradox)이라고 한다. 심슨의 역설은 재미있으면서, 중요하기도 하다.[18] 따라서 다음의 예를 통하여 이에 대하여 좀 더 알아보자.

보기 9-11 심슨의 역설

심슨의 역설(Simpson's paradox)이란, 전체집단 자료를 이용한 분석 결과와 하위집단 내 자료를 이용한 분석 결과가 상반되게 나타나는 경우를 말한다. 심슨의 역설에 대한 대표적인 사례는 1973

17 민간기업을 종업원규모 100인 이상의 기업으로 제한하는 것은 정부에서 공무원의 급여수준을 민간과 비교할 때 사용하는 기준이다. 종업원이 2-3명 정도인 영세사업장종사자의 급여와 공무원 급여를 비교할 수는 없지 않겠는가!

18 단지 효과의 크기를 줄이는 정도라면 정책적 판단에서 큰 문제가 안 될 수 있다. 하지만, 사실을 반대로 인식하게 한다면 이는 큰 문제가 될 수 있을 것이다.

년도 미국 버클리 대학교(UC, Berkeley) 대학원의 남학생과 여학생의 합격률에 대한 것이다.[19]

표 9-11

1973년 버클리 대학원의 남녀별 입학자료

	합격	불합격	합계
남학생	1400 (52%)	1291 (48%)	2691 (100%)
여학생	772 (42%)	1063 (58%)	1835 (100%)
전체	2172 (48%)	2354 (52%)	4526 (100%)

〈표 9-11〉을 보면 남학생의 합격률은 52%인데 비하여, 여학생의 합격률은 42%로서 남학생의 합격률이 여학생에 비하여 10%포인트 더 높다. 이 결과에 대하여 여성운동단체들은 버클리 대학원이 학생 선발에서 남녀 차별을 한다고 맹렬하게 비난하였다(참고: 미국 대학원은 수험생의 학부성적, 추천서, GRE(대학원수능시험) 점수 등을 종합적으로 고려하여 주관적으로 학생을 선발한다. 요즘은 우리나라도 대학원은 이렇게 선발하는 추세이다).

이러한 비난에 대하여 버클리 대학원에서는 〈표 9-12〉와 같은 분야별로 세분된 남녀 합격률 자료를 제시하였다. 〈표 9-12〉에서 각 분야별로 남녀별 합격률을 비교하면, 4개 분야에서 여학생의 합격률이 더 높으며, 2개 분야에서는 남학생의 합격률이 더 높음을 알 수 있다. 더 나아가서 여학생의 합격률이 높은 분야에서는 남녀 합격률 격차가 상당히 큰 데 비하여, 남학생의 합격률이 더 높은 분야는 그 차이가 아주 작게 나타나고 있다. 따라서 이 자료에 따르면, 만일 학생 선발에 성차별이 존재한다면, 불이익을 받는 쪽은 여학생이 아닌 남학생이라고 해야 할 것이다.

표 9-12

버클리 대학원의 남녀별 · 분야별 입학자료

	합격	불합격	합계
남학생	1400 (52%)	1291 (48%)	2691 (100%)
분야 A	512 (61%)	313 (39%)	825 (100%)
B	353 (63%)	207 (37%)	560 (100%)
C	120 (37%)	205 (63%)	325 (100%)
D	138 (33%)	279 (67%)	417 (100%)
E	53 (28%)	138 (72%)	191 (100%)
F	224 (60%)	149 (40%)	373 (100%)

19 이 사례는 허명회, 통계적 개념·방법·응용(2001)에 제시된 사례를 인용한 것이다. 이 사례의 원래 출처는 다음과 같다. P.J. Bickel, E.A. Hammel and J.W. O'Connell (1975). "Sex Bias in Graduate Admissions: Data From Berkeley" Science. Vol. 187: 398-404.

여학생	772 (42%)	1063 (58%)	1835 (100%)
분야 A	89 (82%)	19 (18%)	108 (100%)
B	17 (68%)	8 (32%)	25 (100%)
C	202 (34%)	391 (66%)	593 (100%)
D	131 (35%)	244 (65%)	375 (100%)
E	94 (24%)	299 (76%)	393 (100%)
F	239 (70%)	102 (30%)	341 (100%)
전체	2172 (48%)	2354 (52%)	4526 (100%)

그렇다면 분야별로는 대체로 여학생의 합격률이 더 높은데도 불구하고, 왜 전체를 비교하면 남학생의 합격률이 더 높은 것으로 나타났을까? 〈표 9-12〉에서 남학생이 가장 많이 지원한 분야는 A와 B이다. 그런데 이 두 분야에 여학생은 가장 적게 지원하였다. 그런데 공교롭게도 이 두 분야의 합격률은 다른 분야에 비하여 매우 높고 합격자 수도 많다(이공계였다). 그리고 여학생이 남학생보다 많이 지원한 C와 E는 합격률이 낮았다(인문계였다).

합격률이 높은 분야에 남학생이 상대적으로 더 많이 지원하였기 때문에(따라서 합격률이 낮은 분야에 여학생이 상대적으로 더 많이 지원하였기 때문에), 전체로 보면 남학생의 합격률이 여학생에 비하여 더 높게 나타난 것이다.

보기 9-12 심슨의 역설과 내용 파악의 중요성

심슨의 역설에 대한 사례를 하나만 더 보자. 이것 역시 실제 사례다.[20] 신장결석 치료법에는 두 가지가 있다. 치료법1과 치료법2의 성공률은 다음 표와 같다. 전체에 대한 성공률은 치료법2가 더 높다. 그런데 전체를 작은 결석인 경우와 큰 결석인 경우로 구분해서 각각의 경우 두 치료법의 성공률을 비교하면 치료법1이 더 높다(괄호안의 비는 처리 횟수 대비 성공 횟수를 나타낸다).

표 9-13 신장결석 치료법에 따른 성공률 비교

	치료법1	치료법2
작은 결석	93%(81/87)	87% (234/270)
큰 결석	73% (192/263)	69% (55/80)
전체	78% (273/350)	83% (289/350)

왜 이런 현상이 발생했을까? 작은 결석이 큰 결석보다 성공률이 높다. 그런데 의사들은 작은 결석의 경우는 치료법2를 더 많이 사용했고 큰 결석의 경우는 치료법1을 더 많이 사용했다. 그래서 심슨의 역설이 발생한 것이다(치료법1은 일반적인 치료법이고 치료법2는 흉터가 적게 남는 치료법이라고 한다).

이 사례를 앞서 말한 인과관계에서 교란변수의 존재로 설명하면 결석의 크기가 치료법 선택(X)과 성공률(Y) 사이에 교란변수(Z)로 작용한 것이다(그렇다면 버클리 대학원 사례를 인과관계 그림으로 설명하면 어떻게 될까?).

심슨의 역설은 알고 보면 자명하다. 하지만 알기 전에는 어떨까? 버클리 사례에서 여성운동단체는 전공별로 구분해서 따져볼 생각을 하지는 못했을 것이다(알면서 일부러 모른 체 했을 것 같지는 않다). 신장결석 성공률을 비교할 때 그냥 전체 성공률을 비교하는 게 더 일반적일 것 같다.

그래서 실증분석에서는 인과관계의 의미를 제대로 이해하는 것, 자신의 연구대상의 내용을 충분히 잘 아는 것이 매우 중요하다.

20 wikipedia(https://en.wikipedia.org/wiki/Simpson%27s_paradox)에서 인용한 것인데, 원래 사례의 출처는 다음과 같다. Charig, Webb, Payne, Wickham(1986). "Comparison of treatment of renal calculi by open surgery, percutaneous nephrolithotomy, and extracorporeal shockwave lithotripsy". British Medical Journal March. Vol. 292: 879–882.

6. 올바른 인과관계 추론의 중요성과 어려움

본장에서는 지금까지 인과관계 추론이라는 것이 어떤 의미를 갖는가, 타당한 인과관계 추론을 위해서는 어떤 조건들이 지켜져야 하는가, 교차표를 통하여 인과관계를 어떻게 해석할 수 있는가, 이때 주의점은 무엇인가에 대하여 공부하였다.

본장을 읽은 독자들의 소감은 어떤가? 거듭 강조하지만, 사회과학에서 실증연구의 핵심은 사회현상을 구성하는 변수간의 인과관계를 파악하는 데 있다. 하지만 이를 올바르게 파악한다는 것은 참으로 어렵다.

물론 다중회귀분석을 비롯해서 경로분석, 공변량구조분석 등 인과관계 파악을 위한 다양한, 그리고 복잡한 기법들이 개발되어 있다. 독자들 중의 일부는 이런 기법들을 알고 있거나 혹은 나중에 배울 기회가 있을 것이다. 하지만 어떤 분석기법을 사용한다고 해도, 대부분의 경우 실험설계에 의한 연구가 불가능하다는 사회현상의 특성상, 인과관계를 올바르게 파악하는 것은 매우 어려운 작업이며 상당히 조심스럽게 해석해야 한다.

본장에서 강조하는 것은 이 점을 잘 이해하자는 것이다. 왜 사회현상의 인과관계 추론이 어려운가를 이해하고, 표나 그래프로 제시된 다양한 통계들로부터 변수간의 인과관계를 파악하고자 할 때 어떤 점들에 주의해야 하는가를 알고 있자는 것이다.

아무쪼록 본장의 공부가, 독자 여러분이 주어진 자료로부터 인과관계를 판단할 때 오류를 줄이는 데 도움이 되길 바란다.

제 9 장 점검

8장을 제대로 배웠다면 다음과 같은 것들을 충분히 해낼 수 있어야 한다.

1. 실험설계에 의한 연구에서는 차이 검정만으로 인과관계를 추론할 수 있는 이유 설명하기
2. 사회현상의 연구에서는 인과관계 추론이 어려운 이유 설명하기
3. 교란변수 혹은 허위변수가 존재할 때 인과관계 추론이 왜곡되는 사례 들어 설명하기
4. 인과관계 추론 왜곡하는 성숙요인과 역사요인 사례 들어 설명하기
5. 인과관계 추론 왜곡하는 선발요인과 상실요인 사례 들어 설명하기
6. 교차분석을 통해 교란변수 통제하는 방법 사례 들어 설명하기
7. 심슨의 역설 사례 들어 설명하기

연습문제 해답과 자료 | "blog.naver.com/statforss"

연습문제 E·X·E·R·C·I·S·E

1. 다음의 각 사례를 검정하기 위한 적절한 연구 설계를 제시하라. 모든 연구 설계는 현실적으로 가능해야 한다. 그리고 각 연구 설계의 한계 혹은 주의점을 논의하라.

1) K 제약회사는 자사의 신제품 '똑똑이'가 수험생들의 이해력을 증진시켜 시험성적을 올려준다고 주장한다. 똑똑이의 효과를 검증하자.

2) 임신 중인 엄마의 태교는 신생아의 성격과 두뇌 형성에 중요하다는 주장이 있는가 하면, 헛소리라는 주장도 있다. 태교의 효과를 검증하자.

3) 영어 조기교육(취학 전 아동에 대한 영어교육)은 이후의 영어능력 향상에 큰 +의 영향을 미친다는 주장이 있는가 하면, 영어 조기교육은 낭비일 뿐이며 오히려 모국어(한국어) 교육을 충실히 하는 것이 이후의 영어능력 향상에 더 도움이 된다는 주장도 있다. 어느 쪽 주장이 맞는지 검증하자.

4) 최저임금 인상이 고용을 감소시킨다는 주장이 있는가 하면 고용에 거의 영향이 없거나 오히려 고용을 늘릴 수 있다는 주장도 있다. 최저임금 인상이 고용에 미치는 효과를 검증하자.

2. 정규와 상희의 대화에서 두 사람이 각각 상정하고 있는 인과관계는 무엇이지 설명하고, 어떤 문제점이 있는지 논하라.

> 정규: 상희야, 이번에 그 이야기 들었어? 맨날 1학년 때 놀기 바빠서 학점 관리 하나도 안 하던 경철 선배 있잖아, 그 선배가 이번에 전역하고는 4.5를 받았대! 역시 사람이 군대를 갔다 오면 공부를 잘하게 된다니깐? 경철 선배뿐만 아니라 주변에 군대 다녀온 선배들은 하나같이 평점이 오르더라고.
>
> 상희: 정말? 맞아 너 말에 일리가 있는 것 같아. 그리고 지난번에 우리 학교 도서관에서 낸 통계를 봤는데, 도서관에서 책을 빌린 권수가 많은 학생일수록 평점평균이 높더라. 나도 이제 도서관에서 책을 많이 빌려야겠어.

데이터를 활용한 **연습문제** E·X·E·R·C·I·S·E

'household.dat' 자료를 이용하여 다음의 분석을 하자.

1. 연령대별로 삶의 만족도에 차이가 있는지 알고 싶다. 이를 위해 다음과 같은 두 유형의 교차표 분석을 실시하라. 우리 자료에서 삶의 만족도(Sat)는 1부터 9까지의 서열척도(높을수록 만족도 높음)로 측정했으며 연령(age)은 21세부터 70세까지 분포한다.

   1) 연령대별 삶의 만족도 구간별 분포 비교

   2) 연령대별 삶의 만족도 평균점수 비교

   Hint 1)을 위해서는 연령대 3개 구간(청년층: 21–35세, 중년층: 36–55세, 장·노년층: 55–70세), 삶의 만족도 3개 구간(하: 1–3점, 중: 4–6점, 상: 7–9점)으로 재구성하여 분석하면 된다. 그리고 2)를 위해서는 3개 연령대 구간별 9점척도 삶의 만족도 평균점수를 비교하면 된다).

   1)과 2)의 분석결과, 연령대에 따라 삶의 만족도는 다르다고 할 수 있을까?

   (가설검정이 아니라 기술통계만 보고 대강의 판단을 하라는 것임)

2. 연령 이외에 교육수준에 따라서도 삶의 만족도에 차이가 있는지 궁금하다. 이를 파악하려면 연령과 교육수준에 따른 삶의 만족도 평균점수를 비교하려고 한다.

1) 이를 위해 1의 분석과 마찬가지로 연령대는 3개 구간으로 나누고, 교육년수(schyear)도 3개 구간(하:고졸이하 중:전문대 & 4년제대졸, 상:대학원 졸)으로 나눠서 삶의 만족도 평균점수를 비교하는 교차표를 작성하라.

2) 교육수준을 통제했을 때 연령대별로 삶의 만족도가 다르다고 할 수 있겠는가? 1의 1)에서와 어떻게 달라졌는가? (역시 가설검정이 아니라 기술통계만 보고 대강의 판단을 하라는 것임)

제10장

분산분석과 χ^2 검정

1. 분산분석

1) 분산분석의 의미

8장에서는 두 모집단의 평균 차이를 검정하였다. 그런데 경우에 따라서는 세 집단 이상에서 평균 차이를 검정하는 것도 필요하다. 예를 들면 공무원들의 직무만족도가 부처별로 차이가 있는지 알아보고자 하는 경우, 기획재정부, 보건복지부, 환경부 등 여러 부처 간 만족도의 평균을 비교해야 한다. 하지만 여러 집단의 평균을 비교하기 위하여 t 검정을 이용할 경우 ${}_nC_2$번의 검정을 해야 한다. 또 여러 쌍을 t 검정했을 때 그 중 몇 쌍은 두 집단 간에 의미 있는 차이가 있지만 몇 쌍은 두 집단 간에 의미 있는 차이가 없는 것으로 나타날 때 전체 집단에 대해 명확한 결론을 내리기가 어렵다.

여러 집단 간의 평균 차이를 검정하는 데는 분산분석(analysis of variance)이라는 통계기법을 사용한다. 분산분석은 영어 이름을 줄여서 ANOVA라고도 한다.

분산분석의 귀무가설과 대립가설은?

세 집단의 평균 차이를 검정한다고 하자. 세 집단의 평균을 각각 μ_1, μ_2, μ_3라고 했을 때 귀무가설은 다음과 같이 된다.

$$H_0 : \mu_1 = \mu_2 = \mu_3$$

그렇다면 대립가설은 무엇일까? 대립가설은 귀무가설의 반대이므로, 얼핏 생각하면 다음과 같이 될 것 같다.

① $H_1 : \mu_1 \neq \mu_2 \neq \mu_3$

아니다, 틀렸다. 대립가설은 다음과 같다.

② $H_1 : \mu_1 \neq \mu_2$ 또는 $\mu_2 \neq \mu_3$ 또는 $\mu_3 \neq \mu_1$

①과 ②의 차이는 무엇인가? ①은 세 집단의 평균이 모두 다르다는 것을 의미한다. 그러나 ②는 세 집단 중에서 적어도 두 집단의 평균은 다르다는 것을 의미한다. 귀무가설이 세 집단의 평균이 모두 같다는 것이니까, 귀무가설이 아닌 것, 즉 대립가설은 세 집단의 평균이 모두 동일하지는 않다, 적어도 두 집단의 평균은 다르다가 된다.

2) 분산분석의 논리

두 개의 상황

〈상황 1〉 평균이 동일한 세 개의 집단이 있다. 세 집단에서 각각 n개씩 무작위로 뽑아서 세 개의 표본 집단을 만들었다.

〈상황 2〉 평균이 다른 세 개의 집단이 있다. 세 집단에서 각각 n개씩 무작위로 뽑아서 세 개의 표본 집단을 만들었다.

자, 이제 여러분 앞에 세 개의 표본 집단이 놓여 있다. 이 세 표본 집단이 〈상황 1〉에서 나온 것인지 〈상황 2〉에서 나온 것인지 판정해야 한다. 어떻게 할 것인가? 판정에 어떤 정보들을 이용해야 할까?

당연히 세 표본 집단(a, b, c라고 하자)의 평균을 비교할 것이다. 그래서 세 집단 간 평균의 차이가 크면 〈상황 2〉라고, 차이가 적다면 〈상황 1〉이라고 판단할 것이다.

그런데 차이가 어느 정도 이상이어야 〈상황 2〉라고 판단하나? 〈상황 1〉이라고 해서 $\overline{X}_a$, $\overline{X}_b$, $\overline{X}_c$의 평균이 모두 동일하지는 않다. 약간씩은 다르다. 〈상황 1〉일 때 $\overline{X}_a$, $\overline{X}_b$, $\overline{X}_c$의 차이에 영향을 미치는 것들은 무엇인가? 첫째는 표본규모 n이다. 표본규모가 클수록 표본평균들의 차이는 작을 것이다. 둘째는 각 집단 내에서 개별 표본 X_i들의 차이이다. 즉 각 집단 내 표준편차가 작을수록 $\overline{X}$는 모평균인 μ에 근사해지며, 그에 따라 $\overline{X}_a$, $\overline{X}_b$, $\overline{X}_c$의 차이도 작아진다.

정리하면 '어떤 경우에 〈상황 2〉라고 판단하겠는가'에 대해서는 이렇게 답하면 되겠다.

'세 집단의 평균 차이, 규모 n, 각 집단 내 표준편차를 고려하여 결정하는데, 그 원칙은 이렇다. ①세 집단의 평균 차이가 클수록, ②각 집단 내 표준편차가 작을수록, ③각 집단의 표본 규모가 클수록, 〈상황 2〉라고 판단할 가능성은 커진다(다음의 그래프를 통한 비교를 보면 명확하다).

눈치 챘겠지만 분산분석의 가설검정에서 〈상황 1〉은 귀무가설, 〈상황 2〉는 대립가설이다. 따라서 〈상황 2〉라고 판단할 가능성이 커진다는 말은 곧 귀무가설을 기각할 가능성 혹은 대립가설을 채택할 가능성이 커진다 말과 동일하다.

그래프를 통한 비교

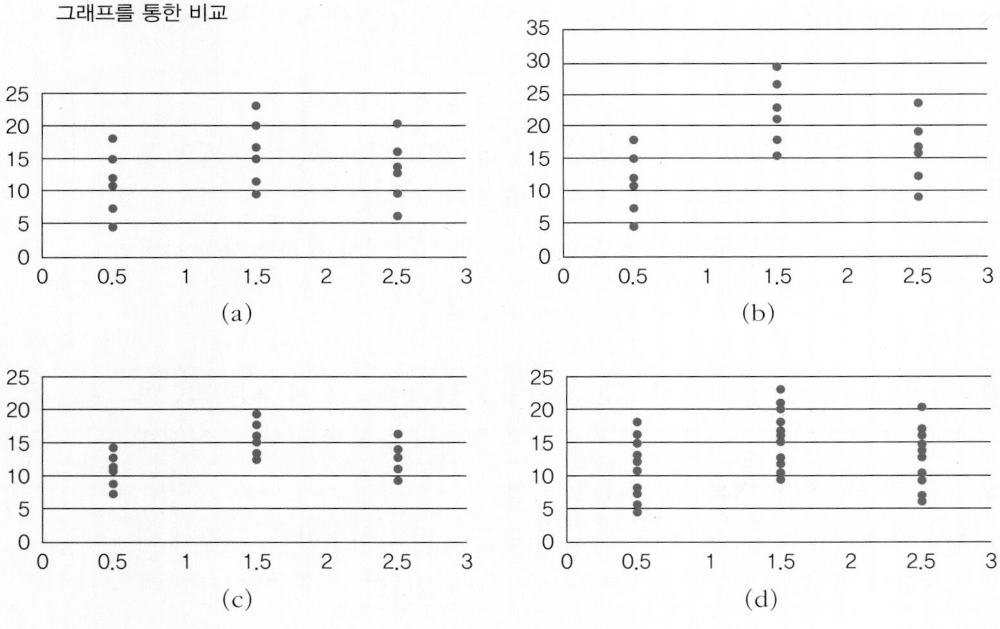

(a)에 비해 (b)는 집단 간 평균 차이가 더 크며, (c)는 집단 내 차이(표준편차)가 더 작다. 그리고 (d)는 표본 수가 더 많다. 딱 봐도 (a)에 비해서는 (b), (c), (d)에서 세 집단의 평균이 다르다고 할 수 있을 것 같다.

①의 '집단 간 차이', ②의 '집단 내 차이' ③의 '표본 수', 이 세 조건을 모두 담은 검정통계량을 만들어 보자. 대강 다음과 같은 형태가 된다. '집단 간 차

이'와 '표본 수(n)'는 클수록 귀무가설 기각 가능성이 커지니 분자로 놓고, '집단 내 차이'는 작을수록 귀무가설 기각 가능성이 커지니 분모로 놓자.

$$\frac{\text{집단 간 차이}}{\text{집단 내 차이}} \quad (M\text{이라고 부르자})$$

앞서 다룬 두 집단 평균 차이 검정을 상기하자. 이의 검정통계량은 다음과 같다. 논의의 단순화를 위해 두 집단의 표준편차와 표본수가 동일한 경우를 제시했다.

$$t=\frac{(\overline{X}_A-\overline{X}_B)}{s_p\sqrt{\frac{1}{n}+\frac{1}{n}}}=\frac{(\overline{X}_A-\overline{X}_B)}{s_p\sqrt{\frac{2}{n}}}=\frac{\sqrt{\frac{n}{2}}(\overline{X}_A-\overline{X}_B)}{s_p} \qquad \langle\text{수식 10.1}\rangle$$

〈수식 10.1〉을 제곱하면 다음과 같이 된다.

$$t^2=\frac{n\frac{(\overline{X}_A-\overline{X}_B)^2}{2}}{s_p^2} \qquad \langle\text{수식 10.2}\rangle$$

어떤 수의 절댓값이 클수록 제곱한 값도 커진다. 따라서 〈수식 10.1〉의 절댓값이 클수록 귀무가설을 기각할 가능성이 커진다는 것은 이를 제곱한 〈수식 10.2〉가 커질수록 귀무가설을 기각할 가능성이 커진다는 것과 동일하다. 〈수식 10.2〉가 바로 분산분석에서의 검정통계량이다. 곧 나오지만 분산분석의 검정통계량은 F 분포라는 것을 따른다. 그래서 분산분석을 F 검정이라고도 한다. 집단이 둘일 경우 t 검정통계량을 제곱하면 F 검정통계량이 된다.

〈수식 10.2〉를 M과 비교해 보자. 분자의 n은 각 집단의 표본 수이며 $\frac{(\overline{X}_A-\overline{X}_B)^2}{2}$은 집단 간 평균 차이를 제곱해서 2로 나눈 것이다. 그리고 분모인 s_p^2은 두 집단의 공통 모분산 σ^2의 추정치로서 집단 내 차이를 보여준다. 그래서 〈수식 10.2〉는 ① 집단 간 평균 차이가 클수록, ② 집단 내 표준편차가 작을수록, ③ 각 집단의 표본 규모가 클수록 귀무가설을 기각할 가능성이 커진다는 것을 보여준다. 이는 세 집단 이상의 평균 차이를 검정할 때도 동일하게 적용된다.

이제 〈수식 10.2〉를 집단이 셋 이상인 경우로 확장해 보자. 가령 세 집단 A, B, C 로부터 각각 n개의 표본을 추출했다고 하자. 이로부터 세 집단의 평균에 차이가 있는지 여부를 검정하려면 어떻게 할까? 귀무가설과 대립가설이 다음과 같을 때, 이의 검정통계량은 무엇이 될까?

H_0 : $\mu_A = \mu_B = \mu_C$

H_1 : 세 집단 평균이 모두 동일하지는 않음($\mu_A \neq \mu_B$ or $\mu_B \neq \mu_C$ or $\mu_C \neq \mu_A$)

우선 세 집단 A, B, C 의 표본평균 차이(집단 간 차이)를 구해야 한다. 집단이 둘이면 집단 간 표본평균 차이는 $\overline{X}_1 - \overline{X}_2$와 같이 구하면 된다. 셋 이상이라면? 두 집단씩 짝을 지어 비교하는 것은 좋은 방법이 못된다. 집단 수가 많아질수록 둘씩 짝 짓는 조합 수가 크게 증가하기 때문이다. 이때는 모든 집단을 망라한 전체 표본의 평균을 구하고 개별 집단의 표본평균과 이 전체평균의 차이를 구하면 된다. 개별집단의 표본평균을 $\overline{X}_A$, $\overline{X}_B$, $\overline{X}_C$, 그리고 집단 전체의 표본평균을 $\overline{X}_T$라고 하자.[1] 각 집단의 표본평균과 $\overline{X}_T$의 차이는 다음 식으로 측정할 수 있다.

$$SS_b = n_A(\overline{X}_A - \overline{X}_T)^2 + n_B(\overline{X}_B - \overline{X}_T)^2 + n_C(\overline{X}_C - \overline{X}_T)^2 \qquad \text{〈수식 10.3〉}$$

SS는 제곱합(sum of squares)의 약자이다. 아래첨자 b는 between의 약자로서 '집단 간' 차이의 제곱합임을 나타내기 위해 붙인 것이다.

〈수식 10.3〉을 〈수식 10.2〉의 분자와 비교해 보자. 〈수식 10.3〉의 값은 〈수식 10.2〉의 분자와 마찬가지로 집단평균과 전체평균의 차이인 $(\overline{X}_i - \overline{X}_T)$가 클수록, 그리고 각 집단의 표본규모 n_i가 증가할수록 커져서 세 집단 평균이 동일하다는 귀무가설을 기각할 가능성은 높아진다.

'집단평균과 전체평균 차이'와 '표본규모' 이외에 〈수식 10.3〉의 값에 영향을 미치는 요인이 하나 더 있다. 바로 집단의 개수다. 집단 수가 증가하면 그만큼 더해지는 차이제곱의 수가 증가해서 〈수식 10.3〉의 값은 커진다. 그런데 단지 비교집단 수가 증가한다고 해서 귀무가설을 기각할 가능성이 높아진다는 것은 불합리해 보인다. 이와 같은 집단 수 요인을 통제하기 위하여 〈수식

1 $\overline{X}_T$는 다음과 같이 세 표본평균의 가중평균이 된다. 마지막 항($\frac{\sum^{n_T} X}{N}$)은 세 표본 집단을 모두 합한 다음 이의 평균을 구한 것이다. $\overline{X}_T = \frac{n_A\overline{X}_A + n_B\overline{X}_B + n_C\overline{X}_C}{n_A + n_B + n_C} = \frac{\sum X}{N}$ 단, $N = n_A + n_B + n_C$

10.3〉을 다음과 같이 '집단수−1'로 나눠주자.

$$MS_b = \frac{SS_b}{k-1} \quad (k = \text{집단의 수})$$ 〈수식 10.4〉

MS는 제곱평균(mean square)의 약자다. 집단 간 차이 제곱을 더한 후 다시 집단 수로 나눴기 때문에 정확히는 '차이제곱의 평균'이다.

MS_b는 〈수식 10.2〉의 분자에 해당한다. 이제는 분모(s_p^2)에 해당하는 것을 구할 차례다. 분모는 세 표본집단의 공통분산이다. 다음과 같이 구할 수 있다.

$$MS_w = \frac{\sum^{n_A}(X_A - \overline{X}_A)^2 + \sum^{n_B}(X_B - \overline{X}_B)^2 + \sum^{n_C}(X_C - \overline{X}_C)^2}{N-k} = \frac{SS_w}{N-k}$$ 〈수식 10.5〉

각 집단별로 개별 자료값과 표본평균의 차이 제곱합을 구해서 모두 더한 것($=SS_w$)을 '전체표본 수−집단 수($N-k$)'로 나눈 것이다. 아래 첨자 w는 within의 약자이다. '집단 내' 차이 제곱합임을 나타내기 위해 붙인 것이다.

이제 분자에 해당하는 〈수식 10.4〉와 분모에 해당하는 〈수식 10.5〉를 결합해서 집단 간 평균차이 검정을 위한 검정통계량을 완성하자. 당연히 이 값이 클수록 귀무가설의 기각 가능성도 증가한다.

검정통계량: $\frac{MS_b}{MS_w}$ 〈수식 10.6〉

〈수식 10.6〉의 분자와 분모의 의미를 되새겨 보자. 분자 MS_b는 각 집단의 표본평균과 전체평균의 차이, 즉 '집단 간' 차이를 측정한 것이다. 분모 MS_w는 각 집단 내에서 개별 자료값과 집단 표본평균의 차이, 즉 '집단 내' 차이를 측정한 것이다. 다른 말로 하면 분자 MS_b는 집단 간 분산(between-group variance)을 나타내며, 분모 MS_w는 집단 내 분산(within-group variance)을 나타낸다(차이 제곱합을 자유도로 나눈 것이 분산임을 기억하자). 따라서 이 검정통계량은 표본집단 간 분산이 표본집단 내 분산에 비하여 클수록 '모집단 간 평균 차이는 없다'는 귀무가설의 기각 가능성이 높아짐을 나타낸다.

연령대에 따라 공무원의 직무만족도가 다른가를 알고 싶다. 이를 위해 공무원 표본을 연령대에 따라 3개 집단으로 나누고 $\frac{MS_b}{MS_w}$를 구했다. 만일 연령대에 따른 직무만족도 차이가 존재하지 않는다면 3개 표본집단의 직무만족도 평균은 유사할 것이므로 MS_b는 작은 값을 갖는다. 반대로 연령대에 따라 직무

만족도 차이가 크다면 3개 표본집단 간 직무만족도 평균 차이는 클 것이므로 MS_b는 큰 값을 갖는다. 즉 MS_b의 변량(variation)은 '연령대'라는 요인에 의하여 발생한다. 한편 MS_w는 각각의 연령대 집단 내에서 개별 공무원들의 직무만족도 차이를 보여준다. 동일 연령대 내에서의 차이기 때문에 이 차이는 '연령대' 요인과는 상관없이 발생한다.

정리하면 MS_b는 연령대라는 요인에 의하여 설명되는 분산인데 비하여 MS_w는 연령대 요인으로는 설명되지 않는 분산이다. 이런 의미에서 MS_b를 '설명된 분산', MS_w를 '설명 안 된 분산'이라고도 한다.

참고 자유도(degree of freedom)의 의미

'자유도'는 제곱합(sum of squares)을 계산할 때 항상 등장하는 개념이다. 이때 자유도는 '제곱합을 계산하기 위하여 필요한 제곱항들의 최소 개수'라고 정의할 수 있다. 무슨 말인지 예를 들어 보자. 제곱합을 이용한 통계량 중에서 대표적인 것은 표본분산 s^2이다. n개의 관찰값으로 이루어진 표본의 s^2은 관찰값들의 편차제곱합($=\sum_{i=1}^{n}(X_i-\overline{X})^2$)을 구한 후 이를 '표본수$-1$'로 나눈 것이다.

5개 관찰값으로 구성된 표본에서 표본분산 s^2을 계산한다고 하자. 이를 위해서는 우선 개별 관찰값의 $(X_i-\overline{X})$을 구한 후 제곱해서 더해야 한다. 그런데 5개 관찰값의 $(X_i-\overline{X})$를 모두 더하면 0이 된다. 따라서 4개 관찰값의 $(X_i-\overline{X})$를 알면 나머지 1개 관찰값의 $(X_i-\overline{X})$는 자연히 알 수 있다. 가령 4개 관찰값의 $(X_i-\overline{X})$가 3, 2, −2, 1 이라면 나머지 1개 관찰값의 $(X_i-\overline{X})$는 −4가 된다. 따라서 5개의 $(X_i-\overline{X})$를 구한 후 이들을 제곱해서 모두 더하면 34(=9+4+4+1+16)가 된다. 5개 제곱항을 더해서 34라는 제곱합을 얻었지만 4개의 제곱항만 알아도 이를 계산할 수 있다. 즉 편차제곱합을 구하기 위한 자유도는 $n-1$이 된다. 편차제곱합을 자유도인 $n-1$로 나눈 것이 표본분산 s^2이므로 s^2의 자유도 역시 $n-1$이 된다.

분산분석에서 $MS_b=\frac{SS_b}{k-1}$, $MS_w=\frac{SS_w}{N-k}$로 구한 것도 SS_b의 계산에 필요한 자유도가 $k-1$이며, SS_w의 계산에 필요한 자유도가 $N-k$이기 때문이다.

지금까지 배운 지식으로부터 우리는 집단 간 평균 차이 검정에 대해 다음과 같이 말할 수 있다.

귀무가설 H_0: 집단 간 평균에 차이가 없다(각 집단 평균은 모두 동일하다).
대립가설 H_1: 집단 간 평균에 차이가 있다(각 집단 평균이 모두 동일하지는 않다).

① 각 집단 간 평균 차이가 클수록 귀무가설을 기각할 가능성은 커진다.

② 각 집단 내 표준편차가 작을수록 귀무가설을 기각할 가능성은 커진다.

③ 집단 규모가 클수록 귀무가설을 기각할 가능성은 커진다.

분산분석의 검정통계량인 $\frac{MS_b}{MS_w}$에서 분자인 집단 간 분산(MS_b)은 집단 평균값들 간 차이를 분산으로 나타낸 것이다. 그리고 분모인 집단 내 분산(MS_w)은 대략 개별 집단 표본분산의 평균 정도에 해당한다. 즉 MS_b는 ①, ③을, MS_w는 ②를 보여준다.

또 다른 설명: 총분산의 분해

앞에서 MS_b를 '설명된 분산', MS_w를 '설명 안 된 분산'이라고 했다. 분산분석의 검정통계량 $\frac{MS_b}{MS_w}$은 설명된 분산이 설명 안 된 분산에 비해 클수록 가설 기각 가능성이 높아진다는 것을 보여준다. 이 말의 의미를 보다 구체적으로 따져보자.

n개의 관찰값으로 이루어진 k개 집단의 표본이 있다. 이 표본의 개별 관찰값은 X_i, 각 집단의 평균은 $\overline{X}_i$, 전체표본의 평균은 $\overline{X}_T$이다. X_{ij}는 i번째 집단의 j번째 관찰값이라는 의미이다. 개별 관찰값 X_{ij}와 전체평균 $\overline{X}_T$의 편차는 다음과 같이 재구성할 수 있다.

$$(X_{ij}-\overline{X}_T)=(X_{ij}-\overline{X}_i)+(\overline{X}_i-\overline{X}_T) \qquad \text{〈수식 10.7〉}$$

우변은 좌변에서 집단평균 $\overline{X}_i$를 뺐다가 다시 더한 것이다. 즉 '개별 관찰값과 전체평균의 차이'를 '개별 관찰값과 집단평균의 차이' 및 '집단평균과 전체평균의 차이'로 분해한 것이다. 이 식의 의미를 이해하기 위해 연령대에 따른 공무원의 직무만족도 차이 사례를 좀 더 깊이 따져보자.

우선 연령대에 따라 집단A(35세 이하), 집단B(36–45세), 집단C(46세 이상)로 구분하자. 개별집단 평균과 전체 평균의 차이 $(\overline{X}_i-\overline{X}_T)$는 왜 발생했을까? 대립가설이 맞다면 연령대가 달라서 발생한 것이다. 연령대로 구분한 세 집단의 $\overline{X}_i$가 서로 다르므로 이들의 평균인 $\overline{X}_T$와 개별 $\overline{X}_i$도 다른 것이다(물론 정확히 따지면 그 밖의 요인도 있겠지만 여하튼 우리의 관심은 연령대 차이이다). 즉 이는 연령대로 설명되는 차이이다.

각 집단 내, 즉 동일 연령대 내에서 개별 관찰값과 집단평균의 차이 $(X_{ij}-$

$\overline{X}_i$)는 왜 발생했을까? 다양한 요인이 있을 것이다. 분명한 것은 동일 연령대 내에서의 차이이므로 '연령대의 차이' 이외의 요인 때문에 발생하였다는 점이다. 즉 연령대로는 설명되지 않는 차이이다.

이처럼 연령대에 따른 직무만족도 차이를 분석하는 경우, 개별 공무원의 만족도와 전체 평균만족도의 차이 ($X_{ij}-\overline{X}_T$)는 연령대로 '설명되지 않는 차이'와 연령대로 '설명되는 차이'로 분해할 수 있다.

$(X_{ij}-\overline{X}_T)$	$=$	$(X_{ij}-\overline{X}_i)$	$+$	$(\overline{X}_i-\overline{X}_T)$
개별관찰값-전체평균	=	집단 내 차이 (설명 안 된 차이)	+	집단 간 차이 (설명 된 차이)

집단 간 차이가 없다(연령대별 차이가 없다)는 귀무가설을 기각해서 집단 간 차이가 있다(연령대별 차이가 있다)는 대립가설을 채택하려면 어떤 방법을 사용해야 할까?

'집단 내 차이'에 비하여 '집단 간 차이'가 클수록 귀무가설을 기각할 가능성은 높아질 것이다. 따라서 검정통계량은 다음과 같은 형태를 가진다.

$$\text{검정통계량의 형태: } \frac{\text{집단 간 차이}}{\text{집단 내 차이}} = \frac{\text{설명 된 차이}}{\text{설명 안된 차이}}$$

〈수식 10.7〉은 개별 관찰값에 대한 것이다. 검정통계량은 모든 관찰값에 대한 평균적인 값을 사용한다. 즉 모든 관찰값에 대한 평균적인 '집단 간 차이'와 '집단 내 차이'를 구해야 한다. 전술했듯 분산분석에서는 집단 간과 집단 내의 '평균적인 차이'를 분산으로 측정한다. 즉 검정통계량$=\dfrac{\text{집단 간 분산}}{\text{집단 내 분산}}$이 된다.

이제 〈수식 10.7〉로부터 어떻게 '집단 내 분산'과 '집단 내 분산'을 구하는지 살펴보자. 우선 〈수식 10.7〉에 대해 모든 관찰값의 편차제곱합을 구한다.

$$\sum(X_{ij}-\overline{X}_T)^2=\sum(X_{ij}-\overline{X}_i)^2+\sum(\overline{X}_i-\overline{X}_T)^2+2\sum(X_{ij}-\overline{X}_i)(\overline{X}_i-\overline{X}_T)$$

우변 마지막항의 $\sum(X_{ij}-\overline{X}_i)(\overline{X}_i-\overline{X}_T)$의 값은 0이 된다(못 미더우면 직접 계산해 보라. 별로 어렵지는 않다). 따라서 다음과 같은 식을 얻게 된다.

$$\sum(X_{ij}-\overline{X}_T)^2=\sum(X_{ij}-\overline{X}_i)^2+\sum(\overline{X}_i-\overline{X}_T)^2 \qquad \text{〈수식 10.8〉}$$

〈수식 10.8〉에서 좌변인 $\sum(X_{ij}-\overline{X}_T)^2$는 총제곱합(*TSS*: total sum of squares)

이라고 한다. 우변의 $\sum(\overline{X}_i - \overline{X}_T)^2$는 처리제곱합($SS_T$: treatment sum of squares)이라고 하는데, 앞서 설명한 SS_b와 동일하다. 그리고 $\sum(X_{ij} - \overline{X}_i)^2$는 오차제곱합($SS_E$: error sum of squares)이라고 하는데, 앞서 설명한 SS_w와 동일하다.

이런 편차제곱합을 변량(variation)이라 하며, 이를 자유도로 나눠 준 것이 분산이다. 앞서 봤듯 SS_T의 자유도는 '집단 수−1' 즉 $k-1$ 이고 SS_E의 자유도는 '전체표본 수−집단 수' 즉 $N-k$이다. $\frac{SS_T}{k-1} = MS_T$, $\frac{SS_E}{N-k}$를 MS_E 로 놓으면 분산분석의 검정통계량은 다음과 같이 된다.

$$\text{검정통계량: } \frac{\text{집단 간 분산}}{\text{집단 내 분산}} = \frac{MS_T}{MS_E}$$

한편 〈수식 10.8〉의 좌변인 TSS의 자유도는 SS_T와 SS_E의 자유도를 더한 $N-1$이다. 따라서 $\frac{TSS}{N-1}$ ($= TMS$로 놓자)도 분산이다. TMS는 전체표본에서 개별 관찰값의 분산이므로 총분산이라고 할 수 있다. 그리고 MS_T는 총분산 중에서 처리효과에 의하여 설명된 분산이며, MS_E는 처리효과에 의하여 설명되지 않는 분산 또는 오차분산이다.

따라서 분산분석은 총분산을 (처리효과에 의해) 설명된 분산과 (나머지 오차분산인) 설명안 된 분산으로 구분한 후, $\frac{\text{설명된 분산}}{\text{설명 안된 분산}}$의 크기에 의해 검정하는 것이다. 이 값이 크면 클수록 당연히 처리효과가 존재한다고 할 수 있으므로, 귀무가설을 기각한다.

지금까지의 설명에 따라 개별 관찰값과 전체평균의 편차 $(X_{ij} - \overline{X}_T)$를 분해하고, 이로부터 분산분석의 검정통계량을 도출할 때까지 사용된 통계량들을 요약하면 다음과 같다.

표 10−1 분산분석을 위한 통계량들

	전체		집단 간		집단 내
편차	$(X_{ij} - \overline{X}_T)$	=	$(\overline{X}_i - \overline{X}_T)$	+	$(X_{ij} - \overline{X}_i)$
편차제곱합	$\sum(X_{ij} - \overline{X}_T)^2$ TSS	=	$\sum(\overline{X}_i - \overline{X}_T)^2$ SS_T	+	$\sum(X_{ij} - \overline{X}_i)^2$ SS_E
분산($= \frac{\text{편차제곱합}}{\text{자유도}}$)	TMS 총분산		MS_T 설명된 분산 (처리효과)		MS_E 설명 안된 분산 (오차)
검정통계량	$\frac{MS_T}{MS_E} = \frac{\text{집단 간 분산}}{\text{집단 내 분산}} = \frac{\text{설명된 분산}}{\text{설명 안된 분산}}$				

※ $SS_T = SS_b$, $SS_E = SS_w$, $MS_T = MS_b$, $MS_E = MS_w$

컴퓨터 통계 패키지를 이용하여 분산분석을 하고 나면 〈표 10-2〉와 같은 형태의 '분산분석표'가 제공된다.

검정통계량 $\frac{MS_b}{MS_w}$을 F로 나타낸 것은, 분산분석의 검정통계량은 F 분포를 따르기 때문이다. 따라서 분산분석의 검정은 F 분포를 적용해서 이뤄진다.

표 10-2
분산분석표

	편차제곱합 (SS)	자유도 (df)	분산 $(MS=\frac{SS}{d.f})$	검정통계량
집단 간(between) [처리(Treatment)]	SS_b	$k-1$	MS_b	$F=\frac{MS_b}{MS_w}$
집단 내(within) [오차(Error)]	SS_w	$N-k$	MS_w	
전체	TSS	$N-1$	TMS	

F 분포를 이용한 가설 검정

F 분포의 개발에는 피셔(Fisher)라는 통계학자가 가장 크게 기여했기 때문에 그의 이름 첫 글자를 따서 F 분포라고 부른다. 이는 연속형 분포로서 0에서 ∞의 값을 지니며, 분자와 분모의 자유도(df: degree of freedom)에 따라 형태가 결정된다. 따라서 특정 F 분포를 나타낼 때는 $df=(\delta_1, \delta_2)$와 같이 분자와 분모의 자유도로 표시한다. δ_1은 분자, δ_2는 분모의 자유도이다. [그림 10-1]에는 서로 다른 자유도를 갖는 F 분포의 형태가 제시되어 있다.

그림 10-1
서로 다른 자유도를 갖는 F 분포의 형태

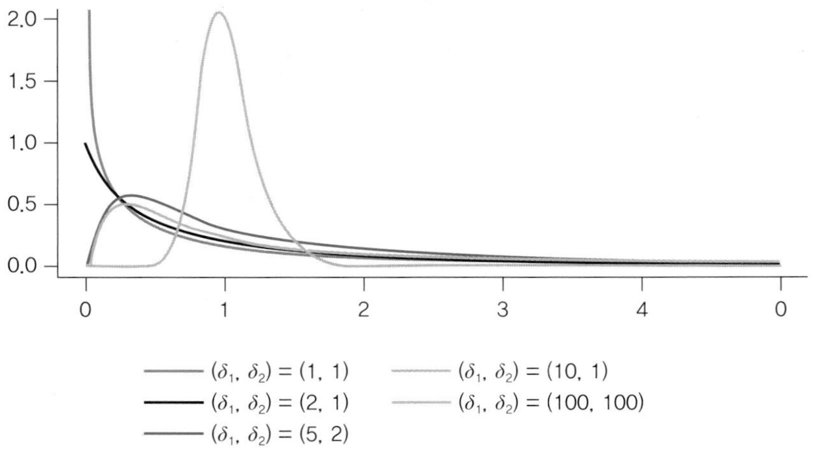

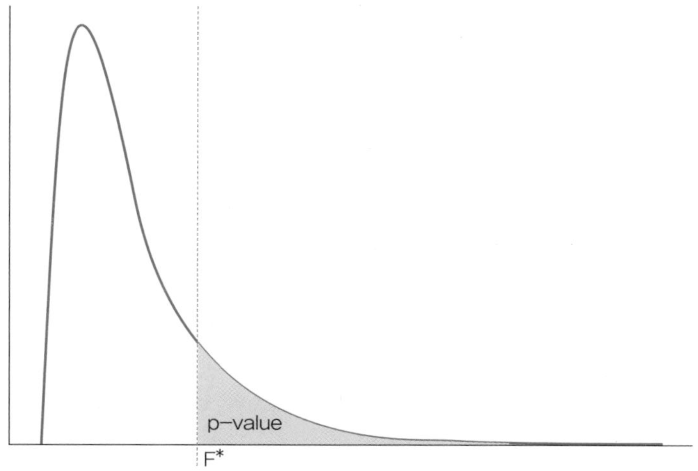

특정 검정통계량 F^* 에 대응하는 P 값(유의확률)은 이 그림의 색칠한 면적이 된다. 이는 귀무가설이 맞다고 했을 때 검정통계량이 F^* 또는 그보다 큰 값으로 나올 확률을 의미한다. 물론 P 값이 미리 정해진 유의수준 α 이하이면 귀무가설을 기각한다.

예제 10-1

성남시 성과평가 담당자인 순영은 민원업무 부서들의 성과평가를 위해 민원을 담당하는 세 부서의 민원업무처리 건수가 부서별로 다른가를 분석하려고 한다. 다음 표는 각 부서에서 다섯 명씩을 추출하여 지난 한 해 동안의 민원처리 건수를 조사한 뒤 그 결과를 요약한 것이다.

표 10-3 세 부서에서 추출된 공무원의 민원처리 건수

부서번호	부서 i 로 추출된 표본	$\bar{X}_i$	$\bar{X}$(전체평균)
$i=1$	77 83 79 80 76	79	82
2	85 84 88 91 82	86	
3	84 80 81 81 79	81	

〈표 10-3〉의 정보를 이용하여 세 부서의 담당자 일인당 평균 민원처리 건수가 다르다고 할 수 있는지 검정해 보자. 검정통계량 작성에 필요한 통계들은 다음과 같다.

	편차제곱합 (SS)	자유도 (df)	분산 ($MS=\frac{SS}{df}$)	검정통계량
집단 간(between)	$\sum(\overline{X}_i-\overline{X}_T)^2$	$k-1=2$	MS_b	$F=\frac{MS_b}{MS_w}$
집단 내(within)	$\sum(X_{ij}-\overline{X}_i)^2$	$N-k=12$	MS_w	

각 통계량의 값을 구하면 다음과 같다.

$$SS_b=\sum(\overline{X}_i-\overline{X}_T)^2=5\times\{(79-82)^2+(86-82)^2+(81-82)^2\}$$
$$=5\times26=130$$
$$SS_w=\sum(X_{ij}-\overline{X}_i)^2=\sum(X_{1j}-79)^2+\sum(X_{2j}-86)^2+\sum(X_{3j}-81)^2$$
$$=30+50+14=94$$
$$MS_b=\frac{130}{2}=65,\ MS_w=\frac{94}{12}=7.83,$$
$$\text{검정통계량 } F=\frac{MS_b}{MS_w}=\frac{65}{7.83}=8.30$$

분자와 분모의 자유도가 (2, 12)일 때, 유의수준 $\alpha=0.05$에 상응하는 F 값은 3.89다. 검정통계량은 8.30으로 3.89보다 크므로 귀무가설은 기각된다. 따라서 세 부서별 평균민원처리건수는 다르다고 할 수 있다.

이번에는 P 값을 계산해 보자. 인터넷을 검색하면 다양한 분포마다 P 값을 계산해 주는 무료 계산기 사이트를 발견할 수 있다. Free Statistics Calculators(www.danielsoper.com/statcalc)도 그 중 하나다. 이를 이용해서 자유도 (2, 12), $F=8.30$일 때의 P 값을 구하면 0.0055이다.

이런 계산기를 이용하는 대신 일반적인 기초통계학 교재 말미에 제시되어 있는 F 분포표를 이용해도 대강은 알 수 있다. F 분포표를 보면 $F_{0.010}=6.93$이고 $F_{0.001}=13.0$이다. 따라서 우리 사례의 P 값은 0.001보다는 크고 0.01보다는 작다는 것을 알 수 있다.

분산분석의 기본가정

지금까지 설명한 분산분석 혹은 F 검정을 하려면 충족되어야 할 가정이 있다. 다음과 같은 것들이다.

① 개별 표본은 무작위 추출되었다.

② 비교 집단 표본들은 서로 독립적으로 추출되었다.

③ 모집단은 정규분포를 따른다.

④ 각 집단의 분산은 동일하다.

①과 ②는 F 검정뿐만 아니라 두 집단 차이를 검정하는 t 검정에서도 동일하게 요구된다. 표본으로 모집단 특성을 추론하는 것이 타당하려면 가정 ①은 기본이다. 가정 ②는 한 집단의 표본추출은 다른 집단의 표본추출과 상관없이 이뤄진다는 것을 말한다. 이에 대해서는 8장의 두 집단 차이의 t 검정 부분에서 설명했다. 동일인에 대한 전후 비교 같은 경우가 아니라도 두 표본 집단이 독립이지 않는 경우는 다양하게 존재한다. 가령 '남녀 간 정치성향 차이'를 조사할 때 500쌍의 부부를 무작위 추출해서, 500명의 남편을 남성 집단, 500명의 부인을 여성 집단으로 설정하고 두 집단의 차이를 검정한다고 하자(동성혼 부부는 없다고 가정). 이 경우 두 집단의 표본은 독립적으로 추출된 것이 아니다.

t 검정도 표본 규모가 작을 때는 모집단이 정규분포 한다는 가정이 필요하다. 표본 규모가 클 때는 중심극한정리에 의해 $\overline{X}$가 정규분포를 하므로 이 가정이 없어도 된다(물론 이때도 모집단이 정규분포에 가까울수록 더 정확한 검정이 가능하며, 모집단이 정규분포와 아주 다르다면 표본 규모도 30보다 상당히 커야 한다). 그런데 F 검정을 적용하려면 모집단 자체가 정규분포를 해야 한다. 이게 가정 ③이다.

가정 ③과 각 집단의 분산이 동일해야 한다는 가정 ④는 아주 엄격하게 요구되는 것은 아니다. 실제 분석에서는 모집단이 정규분포와 현격하게 다르거나 집단 간 분산 차이가 너무 크면 곤란하다는 정도로 이해하는 것이 더 적절하다(표본 규모가 클수록 이 가정은 점차 완화된다).

앞서의 예제는 각 집단의 표본수가 5개밖에 안 된다. 표본수가 작으면 모집단 정규분포 가정은 좀 더 강하게 필요하다. 또한 무작위 추출되었는지, 각 집단의 분산은 동일한지도 따져봐야 한다. 하지만 순전히 F 검정의 이해를 돕기 위한 예제이므로 이런 것들은 생략했다(연습문제도 마찬가지다). 그러나 원칙은 이런 가정이 필요하다는 것은 기억하는 게 좋겠다.

어느 집단이 다른가 알아보기

분산분석(F 검정)을 통하여 세 개 이상 집단의 평균이 모두 동일하지는 않다는 것을 알았다. 이어지는 의문은 그렇다면 이들 중에서 어느 집단의 평균이 나머지와 다른 가이다. 가령 A, B, C 세 집단 평균에 대한 분산분석 결과가 유의미했다면, 이는 $A \neq B$ 때문에 발생한 걸까, 아니면 $B \neq C$ 혹은 $C \neq A$라서 발생한 것일까? 이를 알려면 두 집단씩 짝을 지어서 평균 차이 검정을 하면 된다. 즉 $A=B$, $B=C$, $C=A$ 라는 세 개의 귀무가설을 검정하면 된다. 이처럼 분산분석에서 유의미한 차이가 있음이 알려진 뒤에, 구체적으로 어느 집단의 평균이 다른가를 검정하는 것을 사후 분석(*post hoc analysis*)라고 한다.

두 집단씩 짝지어 평균 차이를 검정하는 것이니 t 검정을 사용하면 될 것 같다. 맞긴 한데, t 검정을 그대로 적용하지는 않는다. 유의수준을 조정해서 적용한다. 왜 그럴까? 가령 A, B, C, D, E 5개 집단에 대해 분산분석을 실시했더니 귀무가설을 기각하는 결과가 나왔다고 하자. 이 결과에 대해 구체적으로 어느 집단의 평균이 다른가를 알기 위해 둘씩 짝지어 t 검정을 실시한다면 모두 ${}_5C_2=10$번의 검정을 해야 한다. 유의수준은 0.05로 설정했는데 10번 중 4번은 귀무가설을 기각했다고 하자. 즉 A만 나머지 네 집단과 평균이 다른 것으로($A \neq B$ & $A \neq C$ & $A \neq D$ & $A \neq E$ 인 것으로) 나타났다고 하자. 이를 두고 "A, B, C, D, E의 5개 집단 중에서 A는 유의수준 0.05에서 나머지 네 집단과 평균이 다른 것으로 나타났다"라고 말할 수 있을까? 유의수준은 귀무가설을 기각한 것이, 즉 평균이 다르다고 판단한 것이 틀릴 확률을 의미한다(엄밀히는 틀릴 확률의 최대 '허용한계'지만 편의상 그냥 틀릴 확률이라고 하자).

t 검정에 의한 4개의 귀무가설 기각은 각각 독립적으로 이루어졌다. 그러므로 개별 경우에는 틀릴 확률이 0.05라고 할 수 있다. 하지만 이들을 모두 모아서 내린 결론이 틀릴 확률은 0.05가 아니다. 이보다 크다. 얼마일까? 이 확률은 4개의 판단 중 하나라도 틀릴 확률이 된다. 개별 판단이 맞을 확률이 $1-0.05=0.95$이니 4개의 판단이 모두 맞을 확률은 $(0.95)^4=0.815$가 된다. 따라서 4개의 판단 중 하나라도 틀릴 확률은 $1-0.815=0.185$이다. 0.05보다 훨씬 늘어났다.

"A는 나머지 네 집단과 평균이 다르다"라는 판단을 유의수준 0.05에서 하려면 어떻게 해야 할까? 직관적으로 개별 t 검정의 유의수준은 0.05보다 훨씬 작아져야 함을 알 수 있다. 구체적인 방법은 모집단 분산에 대한 가정, 유의수준 조정을 좀 더 엄격하게 할지 느슨하게 할지 등에 따라 다양하다. 몇몇 예를 들면 Scheffé 검정법, Tukey 검정법, Duncan 검정법 등이 있다.

3) 일요인 분산분석과 이요인 분산분석

분산분석은 집단 간 차이를 가져오는 요인의 개수에 따라 일요인 분산분석(one-way ANOVA), 이요인 분산분석(two-way ANOVA) 등으로 구분한다.

앞서의 사례인 공무원 직무만족도의 연령대(예. 35세 이하, 36-45세, 46세 이상)별 차이 분석을 상기하자. 이 사례는 '연령대'라는 하나의 기준에 의하여 대상 집단이 구분되므로 이는 일요인 분산분석이다. 이번에는 직무만족도가 연령대 및 성별에 따라 다른가를 분석한다고 하자. 이 경우는 연령대와 성별이라는 두 요인에 의하여 대상 집단이 구분되므로(모두 6개의 집단이 구분될 것이다) 이요인 분산분석이다.[2]

일요인 분산분석에서 집단 간 평균 차이가 발생하는 이유는 하나다. 공무원을 연령대에 따라 구분한 후 집단 간 직무만족도 차이를 비교했을 때, 집단 간 평균 차이는 서로 '연령대'가 다르기 때문에 발생한 것이다. 이에 비하여 이요인 분산분석에서 집단 내 평균 차이가 발생하는 원인은 세 가지로 구분할 수 있다. 두 가지는 물론 기준이 되는 각각의 요인에 의한 것이다. 공무원을 연령대와 성별에 따라 6개 집단으로 구분할 경우, 6개 집단의 직무 만족도 차이는 연령대가 달라서 생길 수도 있고, 성별이 달라서 생길 수도 있다. 그런데 여기에 하나의 원인이 추가된다. 바로 연령대와 성별의 '교호작용 효과(interaction effect)'이다.

교호작용

교호작용이란 한 변수의 영향이 다른 변수의 값에 따라 달라지는 것을 의미한다. 가령 남성의 경우는 연령이 높아질수록 직무만족도가 증가하지만, 여성의 경우는 반대로 연령이 높아질수록 직무만족도가 감소한다고 하자. 이는 연령이 직무만족도에 미치는 효과가 성별에 따라 다르다는 것을 의미하는데, 이 때 연령과 성별 간에는 교호작용이 존재한다고 한다.

이처럼 이요인 분산분석에서는 교호작용이 존재하기 때문에 단순히 일요인 분산분석을 두 번 하는 것과는 성격이 다르다.[3] 그러나 집단 간 차이가 있

---

2 이를 확장하면 집단 구분 기준이 셋이면 삼요인, 넷이면 사요인 분산분석이라고 불러도 된다. 그러나 구분 기준이 셋 이상인 분산분석은 잘 쓰이지 않는다.

3 또한 다른 요인의 효과를 통제한 상태에서 해당 요인에 의한 차이를 보는 것이라는 점에서도 단순히 일요인 분석을 두 번하는 것과는 다르다. 자세한 설명은 이 책의 범위를 벗어나므로 생략하지만, 이와 관련하여 9장의 교차표 분석이나 12장의 설명을 참고할 수 있다.

는가를 검정하는 논리 자체는 일요인 분석분석과 다를 바 없다. 이요인 분산분석을 제대로 이해하는 것은 기초통계학의 수준을 다소 상회한다(그렇다고 어렵지는 않다). 기초통계학 교재인 이 책에서는 일요인 분산분석만을 다뤘다. 하지만 실제 분산분석을 적용한 연구를 하려면 이요인 분산분석까지는 배워야 한다.

분산분석 정리

- 분산분석, 즉 ANOVA는 셋 이상 집단 간의 평균을 비교한다.
- 요인(factor)은 집단 간 평균 차이를 가져오는 원인 변수이다.
- 요인의 갯수에 따라 일요인(one-way) 분산분석, 이요인(two-way) 분산분석 등으로 부른다.
- MS_b는 집단 간 변량을 측정하며, MS_w는 집단 내 변량을 측정한다.
- 집단 간 변량이 집단 내 변량에 비하여 얼마나 큰가, 즉 $F=\frac{MS_b}{MS_w}$에 의해 검정한다. F 값이 클수록 집단 간 평균이 다르다고 판단할 수 있다.
- 귀무가설의 기각, 즉 집단 간 평균이 동일하지 않다고 판단한 뒤에는 구체적으로 어느 집단의 평균이 다른가를 두 집단 씩 비교함으로써 알 수 있다. 이를 사후검정이라고 하는데, Scheffe 검정, Tukey 검정, Duncan 검정 등 다양한 방법이 존재한다.

2. χ^2 검정

1) 교차표 분석 결과의 검정

9장에서는 다음과 같은 상·중·하 소득수준에 따른 정당지지도 교차표를 작성했다.

표 10-4 소득수준과 정당지지 간의 교차표

(단위 : 명, %)

소득수준 / A정당지지	상	중	하	총 인원
예	90(71.4)	156(63.4)	66(51.6)	312(62.4)
아니요	36(28.6)	90(36.6)	62(48.4)	188(37.6)
총 인원	126(100.0)	246(100.0)	128(100.0)	500(100.0)

9장에서는 교육수준이 교란요인으로 작용하는 경우도 제시하였지만, 일단

그건 논외로 하고 이 표에 대해서만 따져보자. 이 교차표를 보면 소득수준에 따라 A정당지지율이 제법 다르다는 것을 알 수 있다. 그런데 이는 표본에 대한 것이다. 이 결과를 두고 모집단에서도 차이가 있다고 할 수 있는지 검정해야 한다. 어떻게 할까? 세 집단의 지지율 차이에 대한 검정이므로 앞서 배운 분산분석을 적용하면 된다. 분산분석 결과는 다음 표에 제시되어 있다. A정당을 지지하면 1, 안 하면 0으로 코딩해서 소득수준별 평균 지지율을 구한 후, 차이 검정을 했다.

표 10-5 소득수준별 정당지지율 차이에 대한 분산분석 결과

Source	SS	df	MS	F 값	Prob > F
소득수준	2.556	2	1.278	5.53	0.0042
오차	114.756	497	0.231		
전체	117.312	499	0.235		

P 값이 0.0042니 1% 유의수준에서도 유의미하다. 따라서 상·중·하 소득수준에 따라 A정당지지율에 차이가 있다고 할 수 있다. 그런데 독자 중에는 평균이 아니라 비율에 대해서도 분산분석을 할 수 있느냐며 의아한 분도 있을 것 같다. 비율은 곧 평균이다(조금만 생각해 보면 이해할 수 있다). 따라서 분산분석을 적용할 수 있을 것도 같다. 하지만 비율을 구하는 원자료는 0과 1로 이뤄진 이항분포라서 정규분포는 아니다. 분산분석은 F 분포를 이용하는데 그러려면 모집단이 정규분포여야(혹은 정규분포와 유사해야) 한다. 따라서 비율 차이에 대해 분산분석은 원칙을 따지면 아니다. 물론 n이 제법 크면, 그리고 비율 $\hat{p}$이 너무 크거나 작지 않으면($n\hat{p} \geq 5$, $n(1-\hat{p}) \geq 5$이면) 두 집단 비율 차이에 대해 Z 검정을 한 것처럼 분산분석을 적용해도 크게 무리는 없다. 그래도 원칙은 아니다. 그렇다면 원칙대로 하려면 어떻게 해야 할까?

원칙은 교차표의 빈도 분포 자체를 이용해서 검정하는 것이다. 즉 〈표 10-4〉의 상·중·하 각 소득수준별 '예'와 '아니요' 빈도 분포를 보고, 이 정도면 모집단에서도 각 소득수준별 정당지지 여부에 대한 빈도 분포가 다르다고 할 수 있는가에 대한 가설검정을 하는 것이다. 이처럼 교차표의 각 셀의 빈도 분포를 비교해서 가설검정을 하는 것이 바로 카이제곱(χ^2) 검정이다. χ는 영어의 X에 대응하는 그리스 문자이다. 영어로는 'chi'라고 쓰고 카이라고 읽는다(크리스마스를 X-mas 라고 하는 것도 X가 chi를 나타내기 때문이다).

〈표 10-4〉에서는 종속변수격인 정당지지도가 예, 아니요로 표시되었기 때문에 (비록 원칙은 아니어도) 비율 차이에 대한 분산분석을 할 수는 있었다. 그러나 만일 정당지지도가 지지한다, 그저 그렇다, 반대한다와 같이 3점 척도로 측정되었다면 어떨까? 3, 2, 1의 점수를 주고 이 평균값을 이용할 수도 있지만 이는 작위적이다(1장의 서열변수 논의 참조).

더구나 교차표 분석에서는 종속변수가 명목척도로 측정되는 경우도 흔하다. 가령 소득계층에 따라 선호하는 음악 장르에 차이가 있는지를 조사한다면? 종속변수가 세 집단 이상의 명목척도로 측정되었다면 분산분석은 적용할 수 없다. 뿐만 아니라 종속변수가 서열변수인 경우도 원칙적으로는 적용할 수 없다. 이런 경우에는 교차표 각 셀의 빈도 분포 비교를 통한 가설검정, 즉 카이제곱(χ^2) 검정을 해야 한다.

2) χ^2 검정의 방법

t 검정(혹은 Z 검정)이든, F 검정이든, χ^2 검정이든 검정에 사용되는 통계량, 그리고 그 통계량이 따르는 분포의 형태가 다소 다를 뿐, 기본논리와 절차는 마찬가지다. 핵심은 귀무가설이 맞다고 했을 때, 우리가 관찰한 (혹은 얻은) 값이 나올 확률을 계산해서 이게 우연히 나왔다고 보기엔 너무 작으면 귀무가설을 기각하고 대립가설을 채택하는 것이다. 이제 χ^2 검정에서 이 논리가 적용되는 구체적인 방법과 내용을 사례를 통하여 알아보자.

예제 10-2

배달앱 업체 저기요는 연령층에 따라 주문 음식 유형에 차이가 있는가를 알고 싶다. 그래서 청년층 138명, 중년층 168명, 장년층 218명을 무작위 추출하였다. 그리고 3대 배달음식인 피자, 치킨, 짜장면에 대해 가장 많이 시켜먹는 음식이 무엇인가를 조사하였다. 그 결과는 〈표 10-6〉과 같다. 연령층에 따라 가장 많이 주문하는 음식 유형에 차이가 있다고 할 수 있을까?

	장년층	중년층	청년층	합
짜장면	126	60	40	226
치킨	72	92	70	234
피자	20	16	28	64
합	218	168	138	524

표 10-6
배달 음식 유형 조사결과

귀무가설과 대립가설 설정하기

귀무가설과 대립가설은 다음과 같은 형태가 된다.

귀무가설: 연령층에 따라 가장 많이 시켜먹는 음식 유형 분포에 차이가 없다

대립가설: 연령층에 따라 가장 많이 시켜먹는 음식 유형 분포에 차이가 있다

검정통계량 계산하기

다시 말하지만 가설검정은 귀무가설이 맞을 때 우리가 관찰한 결과가 우연히 발생할 확률을 구해서, 그 확률이 매우 낮으면 귀무가설을 기각하고 대립가설을 받아들이는 것이다.

관찰 결과가 우연히 발생할 확률을 구하려면 관찰 결과(표본값)를 특정 분포를 따르는 통계량으로 전환해야 한다. 이 통계량이 바로 검정통계량이다.

Z 검정에서는 표준정규분포를 이용한다. 그래서 표본값을 $\frac{\text{표본값}-\text{기댓값}}{\text{표준편차}}$와 같이 표준화해서 검정통계량으로 삼았다. 물론 이때의 기댓값은 귀무가설이 맞는다는 전제 하에 구한 것이다. 이 검정통계량은 표준정규분포를 따르므로 평균이 0이고 평균에서 좌우로 멀어질수록 발생확률이 낮아진다. 따라서 검정통계량의 절댓값이 클수록 귀무가설을 기각할 가능성은 높아진다.

χ^2 검정에서는 관찰 결과가 우연히 발생할 확률을 구하기 위해 이름대로 χ^2 분포를 적용한다. 따라서 표본값을 χ^2 분포를 따르는 통계량으로 전환해야 한다. 그러려면 우선 기댓값을 구해야 한다. χ^2 검정의 표본값은 교차표의 각 셀에 제시된 실제 빈도이다. 그렇다면 이에 상응하는 기댓값은? 귀무가설이 맞

는다면 기대되는 각 셀의 빈도이다. 이걸 기대빈도라고 부르자. 검정통계량은 '실제의 관찰빈도와 기대빈도의 차이'를 이용해서 만든다. 이 정도의 배경지식을 머리에 담고 본격적으로 사례를 다뤄보자.

먼저 〈표 10-6〉의 각 셀의 실제 관찰빈도에 상응하는 기대빈도를 구해 보자. 앞으로 관찰빈도는 f_0, 기대빈도는 f_e로 표기하기로 한다.

귀무가설은 연령층에 따라 최빈(가장 빈번한) 주문음식 유형 분포에 차이가 없다는 것이다. 그렇다면 연령과 최빈 주문음식 간에 관계가 없을 때 기대되는 각 셀의 빈도는? 이를 구하기 위해 각 셀을 행과 열에 따라 C_{ij}의 형태로 나타내자.

	장년층	중년층	청년층	합
짜장면	C_{11}	C_{12}	C_{13}	226
치킨	C_{21}	C_{22}	C_{23}	234
피자	C_{31}	C_{32}	C_{33}	64
합	218	168	138	524

C_{11}의 기대빈도는 얼마일까? 전체인원 524명 중 짜장면은 226명이므로, 짜장면 주문자 비율은 0.431($=\frac{226}{524}$)이다. 한편 전체인원 중에 장년층은 218명이다. 그러니 연령층에 따라 최빈 주문음식 유형에 차이가 없다면 전체인원 중의 짜장면 비율과 장년층 중의 짜장면 비율이 같아야 한다(물론 중년층과 청년층 중의 짜장면 비율도 동일해야 한다). 장년층 중의 짜장면 비율이 0.431이라는 것은 장년층 218명 중에서 94.02명이 짜장면을 가장 많이 주문한다는 의미다. 따라서 C_{11}의 기대빈도는 94.02명($=218\times\frac{226}{524}$)이다. 같은 방식으로 나머지 셀들의 기대빈도도 구해 보자. C_{12}의 기대빈도는 $168\times\frac{226}{524}=72.46$이 된다. C_{21}의 기대빈도는 $218\times\frac{234}{524}=97.35$이며, C_{22}의 기대빈도는 $168\times\frac{234}{524}=75.02$가 된다. 한편 C_{13}의 기대빈도는 $138\times\frac{226}{524}$에 의해서 구할 수도 있지만, 226−(94.02+72.46)과 같이 구할 수도 있다. 즉 짜장면 주문자 전체인 226명에서 장년층과 중년층 짜장면 주문자 기대빈도의 합을 차감하여 구할 수도 있다. 마찬가지로 C_{23}에 대한 기대빈도도 치킨 주문자 전체인 234명에서 장년층과 중년층 기대빈도의 합을 차감하여 구할 수도 있다. 그리고 장년층 중 피자 주문자의 기대빈도인 C_{31}은 장년층 218명 중에서 짜장면과 치킨 주문자의 기대빈도 합을 차감하여 구할 수 있다.

이렇게 구한 각 셀의 기대빈도를 실제빈도와 함께 나타낸 것이 〈표 10-7〉이다. 기대빈도는 ( )안에 제시되어 있다.

표 10-7
배달음식의 실제빈도와 기대빈도

	장년층	중년층	청년층	합
짜장면	126(94.02)	60(72.46)	40(59.52)	226
치킨	72(97.35)	92(75.02)	70(61.63)	234
피자	20(26.63)	16(20.52)	28(16.85)	64
합	218	168	138	524

귀무가설이 맞는다면, 즉 연령층에 따라 최빈 주문음식 분포에 차이가 없다면 각 셀의 실제 관찰빈도와 기대빈도의 차이 (f_0-f_e)는 '우연'에 의해 발생한 것이다. 따라서 각 셀의 (f_0-f_e)를 모두 모아서 하나의 통계량(즉 검정통계량)으로 나타내고 이 값의 발생확률을 계산해서 우연에 의해 발생했다고 보기에 너무 작으면 귀무가설을 기각한다.

각 셀의 관찰빈도와 기대빈도의 차이 값들을 모아서 하나의 값으로 나타내는 방법으로 우선 생각할 수 있는 것은, 모두 더하는 것이다. 그런데 기대빈도의 총합과 관찰빈도의 총합은 같다. 그래서 각 셀의 (f_0-f_e) 값을 모두 더하면 0이 된다. 이를 피하려면? 늘 하던 대로 (f_0-f_e)을 제곱해서 더하면 된다.

여기서 잠깐, (f_0-f_e) 값에 대해 한 번 더 생각해 보자. 귀무가설이 맞을 때 (f_0-f_e)가 0이 아닌 값을 갖는 것은 우연 때문이다. 그런데 귀무가설이 맞는다고 해도, 이 값을 결정하는 데 우연 이외에 또 영향을 미치는 것이 있다. 바로 기대빈도의 크기다. f_0와 f_e가 각각 110, 100인 경우(a)와 15, 10인 경우(b)를 비교해 보자. a와 b의 (f_0-f_e)는 10과 5다. 그럼 a와 b 중 어떤 것이 더 관찰빈도와 기대빈도의 격차가 심한가? 확실히 절대격차는 a가 크다. 하지만 상대격차는? a에서 f_0는 f_e보다 10%가 더 크다. 그러나 b에서는 f_0가 f_e보다 50% 더 크다. 귀무가설이 맞는데도 우연히 관찰빈도가 발생할 확률은 a보다는 b에서 더 낮을 것 같다.

우연 이외에 기대빈도의 절대적 크기가 영향을 미친다면 이를 제거해 줘야 한다. 그래야만 '우연' 때문에 관찰 결과가 발생할 확률을 구할 수 있기 때문이다. 기대빈도의 절대적 크기의 영향을 제거하려면 기대빈도로 나눠 준 $\frac{(f_0-f_e)}{f_e}$를 사용하면 된다. 이 값은 f_0가 f_e에 비해 몇 배 더 큰지, 즉 상대적 격차를 보여주기 때문이다.

어떤 독자는 이 대목에서 고개를 갸우뚱할 수 있다. 앞서 배운 '대수의 법칙' 때문이다. 동전 던지기를 2회 했을 때 앞면의 기댓값은 1회이다. 하지만 실제로는 앞면이 전혀 안 나오거나(0회) 모두 앞면만 나올 수(2회)도 있다. 앞면이 2회 나왔으면 상대격차는 100%다. 하지만 200회 했을 때는 대부분 100회보다 약간 크거나 작은 어떤 값으로 나올 것이다. 이 경우 상대격차가 100%가 되려면 200회 모두 앞면이 나와야 하는데 이럴 가능성은 0에 가깝다.

정리하면 n이 증가할수록 $\overline{X}$가 μ에 가까워지듯이, (귀무가설이 맞는다면) 빈도가 늘어날수록 관찰빈도와 기대빈도의 상대적 격차는 줄어든다. 얼마나 줄어들까? 표본오차가 $\sqrt{n}$에 반비례하듯 관찰빈도와 기대빈도의 상대적 격차(귀무가설이 맞는다면 이것도 일종의 표본오차이다)는 $\sqrt{f_e}$에 반비례한다. 이러한 기대빈도 규모의 대수의 법칙 영향까지 감안하면, $\frac{(f_0-f_e)}{f_e}$가 아니라 $\frac{(f_0-f_e)}{\sqrt{f_e}}$를 기준으로 해야 기대빈도의 절대적 크기의 영향이 사라진다. 각 셀마다 구한 $\frac{(f_0-f_e)}{\sqrt{f_e}}$를 제곱해서 더한 값, 즉 $\sum\frac{(f_0-f_e)^2}{f_e}$가 χ^2 검정의 검정통계량이다.[4]

표 10-8
χ^2 값의 계산

셀	f_0	f_e	f_0-f_e	$(f_0-f_e)^2$	$\frac{(f_0-f_e)^2}{f_e}$
C_{11}	126	90.42	35.58	1265.94	14.00
C_{12}	60	72.46	−12.46	155.25	2.14
C_{13}	40	59.52	−19.52	381.03	6.40
C_{21}	72	97.35	−25.35	642.62	6.60
C_{22}	92	75.02	16.98	288.32	3.84
C_{23}	70	61.63	8.37	70.06	1.14
C_{31}	20	26.63	−6.63	43.96	1.65
C_{32}	16	20.52	−4.52	20.43	1.00
C_{33}	28	16.85	11.15	124.32	7.38
$\sum$	524	524			44.15

4 원래 χ^2 분포는 표준정규분포를 따르며 서로 독립인 확률변수 Z_i들의 제곱합($\chi^2=\sum z^2$)의 분포이다. 이때 더해지는 개수 n이 자유도이다. 비록 증명은 생략하지만, $\frac{(f_o-f_e)^2}{f_e}$는 (이항분포를 따르며, n이 커지면 정규분포에 근사하는) 성공횟수 $X(=n\hat{p})$의 표준화값 $\left(\frac{\text{성공횟수}-\text{성공횟수의 기댓값}}{\text{표준편차}}\right)$의 제곱에 해당한다.

$$\chi^2 \text{ 검정의 검정통계량 :} \chi^2 = \sum \frac{(f_0 - f_e)^2}{f_e} = \sum \frac{(\text{관찰빈도} - \text{기대빈도})^2}{\text{기대빈도}}$$

지금까지의 논의에 따라 〈표 10-7〉 사례의 검정통계량을 구해 보자. 그 절차가 〈표 10-8〉에 요약되어 있다. 〈표 10-8〉에서 계산된 우리 사례의 검정통계량 $\chi^2 = 44.15$이다.

다음은 χ^2 분포를 적용하여 이 검정통계량에 대응하는 P 값을 구할 차례다. 이를 위해서는 χ^2 분포에 대해서 알아야 한다.

χ^2 분포와 P 값 구하기

χ^2 분포는 오른쪽으로 늘어진 꼬리를 갖는 연속형 분포인데, t 분포와 마찬가지로 자유도에 따라 형태가 변화한다. 검정통계량이 제곱합인 데서 알 수 있듯이 항상 0 이상의 값을 취한다.

[그림 10-2]는 여러 가지 자유도에 상응하는 χ^2 분포를 보여주고 있다. L자 모양이 자유도가 1일 때의 모습이며, 서서히 올라가다가 내려가는 가장 낮은 언덕 모양이 자유도가 5일 때의 모습이다. 자유도가 커질수록 형태가 정규분포에 가까워진다.

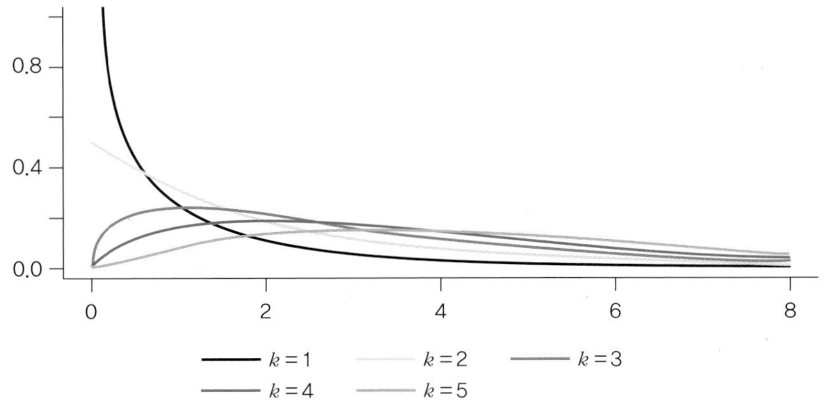

그림 10-2 다양한 자유도의 χ^2분포

〈표 10-9〉는 자유도가 1부터 10인 경우, χ^2 값과 그에 대응하는 확률(오른쪽 꼬리 면적)을 보여주고 있다.

표 10-9

χ^2 분포표

자유도 (df)	χ^2 값										
1	0.004	0.02	0.06	0.15	0.46	1.07	1.64	2.71	3.84	6.64	10.83
2	0.10	0.21	0.45	0.71	1.39	2.41	3.22	4.60	5.99	9.21	13.84
3	0.35	0.58	1.01	1.42	2.37	3.66	4.64	6.25	7.82	11.34	16.27
4	0.71	1.06	1.65	2.20	3.36	4.88	5.99	7.78	9.49	13.28	18.47
5	1.14	1.61	2.34	3.00	4.35	6.06	7.29	9.24	11.07	15.09	20.52
6	1.63	2.20	3.07	3.83	5.35	7.23	8.56	10.64	12.59	16.81	22.46
7	2.17	2.83	3.82	4.67	6.35	8.38	9.80	12.02	14.07	18.48	24.32
8	2.73	3.49	4.59	5.53	7.34	9.52	11.03	13.36	15.51	20.09	26.12
9	3.32	4.17	5.38	6.39	8.34	10.66	12.24	14.68	16.92	21.67	27.88
10	3.94	4.86	6.18	7.27	9.34	11.78	13.44	15.99	18.31	23.21	29.59
P 값	0.95	0.90	0.80	0.70	0.50	0.30	0.20	0.10	0.05	0.01	0.001

예를 들어 자유도가 4일 때 P 값 0.10에 상응하는 χ^2 값은 7.78이고, 0.05에 상응하는 χ^2값은 9.49이다. 이게 무엇을 의미하는지는 [그림 10-3]을 보면 쉽게 이해할 것이다.

그림 10-3

자유도가 4일 때 χ^2 분포

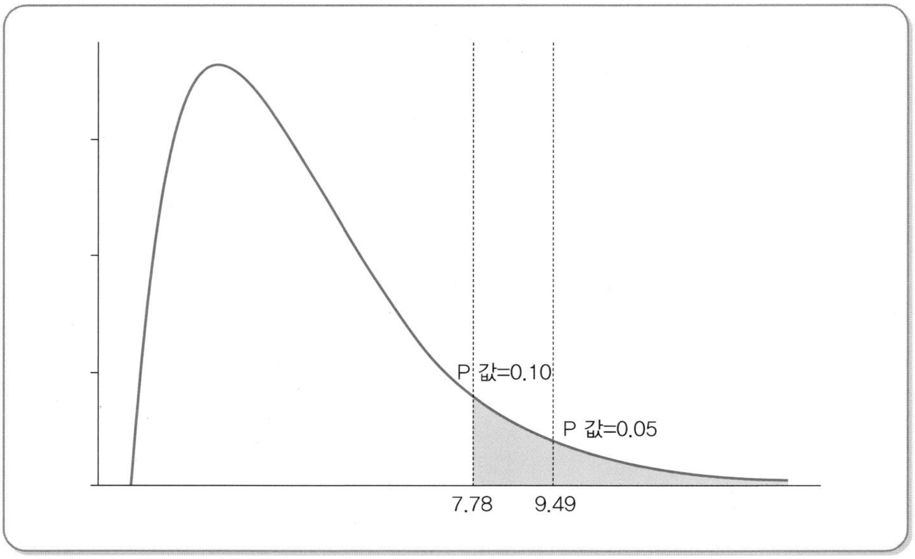

χ^2 검정에서 자유도는 교차표의 행의 수를 m, 열의 수를 n이라고 했을 때 $(m-1)(n-1)$ 이 된다. 왜 그럴까? 앞서 자유도는 '제곱합을 계산하기 위하

여 필요한 제곱항들의 최소 개수'라고 한 것을 상기하면서 다시 〈표 10-7〉 사례를 다시 보자. 여기서는 3×3=9개의 기대빈도를 구해야 한다. 그런데 각 행과 열에서 2개씩의 셀, 총 4개 셀의 기대빈도는 전체표본 수와 각 주문음식 분포의 비율에 의해서 구해야 하지만, 나머지 5개의 기대빈도는 각 열 및 행의 합은 기대빈도와 관찰빈도에서 동일하다는 점을 이용하여 구할 수 있다. 즉 제곱합인 $\sum\frac{(f_0-f_e)^2}{f_e}$ 계산을 위해 필요한 최소 제곱항의 개수는 (3-1)(3-1)=4이며, 나머지는 행 또는 열의 합에서 이 값들을 빼줌으로써 구할 수 있다.

우리 사례에서 $\chi^2=44.15$이다. 그런데 〈표 10-9〉를 보면 자유도가 4일 때, $\chi^2_{0.001}=18.5$이다. 따라서 $\chi^2=44.15$에 대응하는 p 값은 적어도 0.001보다 작다는 것을 알 수 있다. 따라서 귀무가설은 기각되며, 우리는 연령층 따라 가장 많이 주문하는 음식에 차이가 있다고 결론지을 수 있다.

혹은 전술했듯 인터넷의 계산기 사이트를 이용해서 P 값을 계산할 수도 있다. 분산분석에서와 마찬가지로 Free Statistics Calculators(www.danielsoper.com/statcalc)를 사용해서 구해보자. 이를 이용해서 자유도 4, $\chi^2=44.15$의 P 값을 구하면 0.00000001이 나온다.

3) 독립성 검정과 적합도 검정

〈예제 10-2〉는 연령대에 따라 선호하는 배달음식에 차이가 있는가에 대한 검정이었다. 이러한 검정을 χ^2 검정 중에서도 특히 독립성 검정이라고 부른다. '연령대'와 '선호 배달음식'이라는 두 변수 간에 관계가 있는지 여부를 판단하는 것이어서 그런 이름이 붙었다. 이번에는 다소 다른 목적으로 사용되는 χ^2 검정 사례를 보자.

예제 10-3 멘델의 유전 법칙

현대 유전학의 기원은 19세기 중반 멘델의 완두콩 실험으로 거슬러 올라간다. 수도회 수사였던 멘델은 7년 간 수많은 완두콩의 교배 실험 끝에 1866년 유전 법칙을 발표했다. 그의 실험 결과 중 하나를 소개한다.

색은 노랑(Y), 형태는 둥글(R) 형질만 지닌 완두콩과 색은 초록(g), 형태는 쭈글(w) 형질만 지닌 완두콩을 교배하자. 색은 노랑이 우성이고 형태는 둥글이 우성이다. 이 2세대 완두콩들의 형질은 (YgRw) 이므로 우성인 노랑/둥글만 나타난다. 이 완두콩들을 다시 교배하면 어떻게 될까? (YgRw)×(YgRw)를 하면 YYRR부터 ggww까지 16개의 조합이 생긴다. 이 중 YYRR은 노랑/둥글로 나타날 것이다. 하나 이상의 Y와 ww를 지닌 것은 노랑/쭈글, gg와 하나 이상의 R을 지닌 것은 초록/둥글, ggww는 초록/쭈글로 나타날 것이다. 그리고 이 비율은 9:3:3:1이 된다. 이는 이론적 예측이다. 멘델의 유전 법칙이 맞는다면 실제 교배 결과도 이와 유사하게 나올 것이다.

멘델은 모두 556개의 완두콩을 얻었는데 각 유형별 개수는 다음과 같았다.

노랑/둥글	노랑/쭈글	초록/쭈글	초록/쭈글	총계
315	108	101	32	556

각 유형별 빈도가 315:108:101:32이니, 9:3:3:1과 일치하지는 않지만 대충 비슷한 것 같다. 그럼 이 결과는 멘델의 유전 법칙을 입증한 걸까? 이에 대한 χ^2 검정을 해 보자. 이 검정의 귀무가설은 네 유형의 비율은 9:3:3:1이라는 것이다. 따라서 네 유형의 기대빈도는 556개의 완두콩을 9:3:3:1의 비율로 분리하면 된다. 그렇다면 검정통계량은 다음과 같이 도출할 수 있다.

표 10-10 멘델 유전법칙에 대한 χ^2검정 절차

셀	f_0	f_e	$\frac{(f_0-f_e)^2}{f_e}$
노랑/둥글	315	$556\times\frac{9}{16}=312.75$	0.016
노랑/쭈글	108	$556\times\frac{3}{16}=104.25$	0.135
초록/쭈글	101	$556\times\frac{3}{16}=104.25$	0.101
초록/쭈글	32	$556\times\frac{1}{16}=34.75$	0.218
$\sum$	556	556	0.470

총합은 556개라는 것을 알고 있으므로 네 개의 셀 중에서 세 개 셀의 빈도만 알면 나머지 한 셀의 빈도는 자동적으로 구해진다. 따라서 자유도는 4−1=3이고 $\chi^2=0.470$이다. 이에 대응하는 P 값은 0.925다. 이걸 어떻게 해석해야 할까?

통상적인 유의수준인 0.05에 비해 P 값이 터무니없이 크다. 따라서 당연히 귀무가설을 기각할 수 없다. 즉 네 유형의 출현 비율이 9:3:3:1이라는 것을 부정할 수 없다. 하지만 그렇다고 '9:3:3:1이다' 라고 증명한 것도 아니다. 귀무

가설을 기각하지 못함이 귀무가설을 받아들이는 것이 아님을 명심하자.

그렇다면 멘델의 유전 법칙은 증명되지 않은 것일까? 다시 말하지만 통계 검정으로는 9:3:3:1이 맞는다는 것을 증명하지는 못하다. 다만 상식으로 판단할 문제다. 이런 식이다. 멘델의 유전 법칙 이외에 3세대 완두콩의 각 유형이 9:3:3:1과 유사하게 나왔다는 것을 설명할 수 있는 다른 근거가 있는가? 아니라면 결국 멘델의 유전 법칙이 맞는다고 하는 것이 상식적인 판단이다. 물론 이런 실험을 거듭해 봐서 여전히 9:3:3:1과 유사하게 나오는 지를 체크해 보는 것은 필요하겠다.

어쨌든 이 사례처럼 미리 정해놓은 비율대로 실제 결과가 도출되는지 여부를 검정하는 것을 적합도 검정(Goodness of Fit test)이라고 한다.

예제 10-4 9장의 교차표 검정

이번에는 앞서 논의한 〈표 10-4〉의 상·중·하 소득수준에 따른 정당지지도 교차표에 대한 χ^2 검정을 해 보자. 이 표를 다시 제시하면 다음과 같다. 귀무가설은 상·중·하 소득수준에 따른 정당지지도에 차이가 없다가 된다. 일일이 계산해서 검정하는 대신 원자료를 이용하여 통계 패키지로 검정하자. 실제 분석에서는 통계 패키지를 사용할 테니까.

자유도는 2, $\chi^2=10.893$로 나오며, 이에 대응하는 P 값은 0.004이다. 따라서 귀무가설은 기각된다. 앞서 실시한 분산분석의 P 값이 0.0042였으니 두 검정의 P 값이 거의 동일함을 알 수 있다(다시 말하지만 이 사례는 원칙적으로는 F 검정이 아닌 χ^2 검정이 타당하다).

A정당지지 \ 소득수준	상	중	하	총 인원
예	90	156	66	312
아니요	36	90	62	188
총 인원	126	246	128	500

지금까지 χ^2 검정의 논리를 설명했다. 이제 χ^2 검정을 실제 적용할 때 주의할 점 한 가지만 언급하고 마무리하자. χ^2 검정을 적용하려면 각 셀의 기대빈도는 일정 수 이상이어야 한다. 보통 5 이상일 것을 요구한다.[5] 물론 모든 셀

5 앞의 각주에서 언급했듯이 χ^2 분포는 표준정규분포를 따르는 확률변수들의 제곱합의 분포

의 기대빈도가 5 이상이면 좋겠지만 그렇지 않은 경우도 흔히 발생한다. 그래서 일반적으로는 5 미만인 셀의 개수가 20% 이하이면 수용한다. 하지만 적어도 모든 셀의 기대빈도는 1 이상은 되어야 한다.

두 집단 평균 차이 검정과 분산분석 그리고 두 집단 비율 차이 검정과 χ^2 검정

집단 간 평균 차이 검정에서 두 집단이면 t 검정을 적용하고 세 집단 이상이면 분산분석(F 검정)을 적용한다고 했다. 그리고 두 집단의 경우 F 검정통계량을 제곱하면 t 검정통계량이 된다고 했다. 마찬가지 논리가 집단 간 비율 차이 검정에서 Z 검정과 χ^2 검정에 적용된다. 두 집단 간 비율 차이 검정에는 Z 검정을 적용한다. 세 집단 이상일 때는 χ^2 검정을 적용하면 된다. 〈예제 10-4〉에서 귀무가설은 세 집단의 A정당지지 여부 분포는 동일하다는 것이다. 그런데 이는 곧 세 집단의 A정당지지율이 동일하다($p_{상}=p_{중}=p_{하}$)는 것과 같다. 물론 두 집단의 비율 차이도 χ^2 검정을 할 수 있다. 이 경우 Z 검정통계량을 제곱하면 χ^2 검정통계량이 된다. 그래서 이 경우는 Z 검정과 χ^2 검정의 P 값이 동일하다. 비율은 예/아니요의 두 카테고리 밖에 없으므로 세 집단 이상의 비율차이 검정에서의 자유도는 집단 수$-$1이 된다($df=$(집단수$-$1)(2$-$1)).

예제 10-5　두 집단 간 비율 차이 검정: Z 검정과 χ^2 검정의 비교

남녀 대학생 사이에 해외여행 경험 정도에 차이가 있는지 알고 싶다. 남녀 대학생 각각 50명씩을 무작위추출해서 해외여행 경험 여부를 조사한 결과는 다음과 같다.

	여학생	남학생
경험 있음	30	20
경험 없음	20	30

1) 남녀 대학생의 해외여행 경험 여부 분포가 다른지 유의수준 5%로 χ^2 검정을 하라.
2) 남녀 대학생의 해외여행 경험자 비율이 다른지 유의수준 5%로 Z 검정을 하라.
3) 2)의 검정통계량 Z를 제곱한 값과 1)의 χ^2 검정통계량 값을 비교하라. 또 1)과 2)의 P값도 비교하라.

이다. 각 셀의 빈도는 일종의 성공횟수(혹은 실패횟수)로 이항분포를 따른다. 그리고 이항분포의 정규근사는 통상 $np \geq 5$와 $n(1-p) \geq 5$가 충족되어야 한다.

χ^2 검정부터 하자. 통계 패키지로 구할 수도 있지만 직접 계산해 보자. 쉽게 계산할 수 있도록 수치를 만들었다. 남녀 간 해외여행 경험자 비율에 차이가 없으면 경험자 비율은 0.5다. 마찬가지로 비경험자 비율도 0.5이다. 또 남학생과 여학생은 동일하게 50명이므로 모든 기대 빈도는 25가 된다. 또 4개 셀의 $\frac{(f_0-f_e)^2}{f_e}$값은 동일하게 1이다. 따라서 검정통계량 $\chi^2=1+1+1+1=4$이다. 자유도 $(2-1)(2-1)=1$일 때 $\chi^2=4$의 P 값은 0.046이다. 따라서 남녀의 해외여행 경험율은 다르다고 할 수 있다.

다음은 Z 검정. 여학생 경험자비율 $\hat{p}_w=0.6$, 남학생 경험자비율 $\hat{p}_m=0.4$, 귀무가설이 맞을 때 공통모비율 $\hat{p}=0.5$, 두 집단의 표본규모 $n_w=n_m=50$이다. 따라서 검정통계량 Z의 값은 다음과 같다.

$$Z=\frac{\hat{p}_w-\hat{p}_m}{\sqrt{\hat{p}(1-\hat{p})\left(\frac{1}{n_w}+\frac{1}{n_m}\right)}}=\frac{0.6-0.4}{\sqrt{0.5\times0.5\times\frac{2}{50}}}=2$$

그리고 양측검정에서 $Z=2$에 대응하는 P 값은 0.046이다.

따라서 $Z^2=\chi^2=4$로 동일하며, 두 검정의 P 값도 동일함을 알 수 있다.

분산분석과 χ^2 검정은 어디에 얼마나 쓰일까?

앞서 분산분석(F 검정)과 χ^2 검정은 두 집단 평균과 비율 차이 검정인 t 검정과 Z 검정을 확장한 것에 해당한다고 했다. 물론 분산분석과 χ^2 검정의 쓰임새는 그보다 훨씬 다양하다. 하지만 이 책에서 다루는 수준에서는 대체로 그렇다.

8장 말미에서 두 집단 평균과 비율 차이 검정의 용도를 설명했다. 그때 실험설계 연구에서 인과관계를 규명할 때 두 집단 차이 검정이 사용된다고 했다. 세 집단 이상의 차이 검정도 마찬가지다. 실험설계 연구에서 인과관계를 규명할 때 사용된다.

사회과학 분야에서 실험설계 연구가 흔하지는 않지만 심리학, 교육학, 마케팅 등에서 사람들의 인지나 반응을 테스트할 때 활용된다. 대개는 9장에서 설명했듯 실험집단과 통제집단이 있고 실험집단에 '처리'를 하고, 그 효과를 통제집단과의 차이를 통해서 규명한다.

물론 본 장의 사례들처럼(그리고 뒤의 연습문제들처럼) 비실험설계에 의한 연구에도 적용할 수는 있다. 하지만 비실험설계 연구에서는 교란요인의 존재 때문에 단순한 차이 검정은 그다지 많이 사용되지 않는다. 거듭 강조하지만 사회현상의 인과관계는 복잡해서 평균이나 비율 차이(혹은 빈도 분포의 차이)만으로 인과관계를 판단하는 데는 한계가 있다.

사회과학 분야의 학술논문을 보면 비실험설계 연구지만 교차표를 제시하고 그에 대한 χ^2 검정 결과를 제시하는 경우도 제법 있다. 하지만 이때의 χ^2 검정은 본격적인 분석(11장부터 배울 회귀분석 등)에 앞서서 행하는 예비 분석인 경우가 대부분이다. 그 자체가 논문의 주된 분석으로 사용되는 경우는 드물다.

교차표에 대한 χ^2 검정은 독립성 검정이다. 그런데 χ^2 검정에는 표본 분포가 특정 분포를 따르는지에 대한 검정, 즉 적합도 검정도 있다. 적합도 검정도 사회과학 분야 연구에서 쓰이지만 흔하지는 않다. 사회과학 연구 중에는 표본의 분포가 중요한 경우는 그리 많지 않기 때문이다. 어쨌든 적합도 검정은 교차표에 대한 독립성 검정보다는 좀 더 복잡한 분석에 활용되는데, 역시 그 자체가 주된 분석인 경우는 드물다.

전술했듯 분산분석은 비실험설계 연구보다는 실험설계 연구에 적합하다. 그런데 사회과학 분야에서는 실험설계 연구라도 이 책에서 다룬 일요인 분산분석이 주된 분석으로 사용되는 경우는 많지 않다. 특정 결과를 초래하는 (관심 대상) 원인은 복수이며 서로 연관되어 있는 경우가 대부분이기 때문이다. 그래서 요인이 둘 이상인 다요인 분산분석이 더 많이 활용된다. 때로는 원인뿐만 아니라 결과 변수도 복수인 경우가 있는데 이때는 다변량(multivariate) 분산분석이라는 것이 활용되기도 한다.

독자들이 실증논문을 읽을 때 접할 수 있는 분산분석(F 검정)의 가장 흔한 예는 다음 장부터 배우는 회귀분석을 실시했을 때, 결과의 일부로서 활용되는 경우이다. 이 역시 주된 분석이 아니라 부수적인 것인데 이에 대해서는 12장에서 설명하고 있다.

제10장 점검

10장을 제대로 배웠다면 다음과 같은 것들을 충분히 해낼 수 있어야 한다.

1. 분산분석의 검정통계량은 '$\frac{\text{집단 간 차이}}{\text{집단 내 차이}}$를 나타낸다'의 의미와 이유 설명하기
2. 분산분석의 검정통계량은 '$\frac{\text{설명된 차이}}{\text{설명 안된 차이}}$를 나타낸다'의 의미와 이유 설명하기
3. 분산분석 사례 들어 검정절차와 결과 제시하기
4. 분산분석으로 귀무가설 기각한 이유, 구체적으로 어느 집단이 다른 집단과 다른가를 파악할 때 두 집단씩 t 검정을 하면 잘못된 판단이 되는 이유 설명하기
5. χ^2 검정의 검정통계량의 형태 $\sum\frac{(\text{관찰빈도}-\text{기대빈도})^2}{\text{기대빈도}}$로부터 χ^2 검정의 논리 설명하기
6. χ^2 검정 사례 들어 검정절차와 결과 제시하기

연습문제 해답과 자료 | "blog.naver.com/statforss"

연습문제 E·X·E·R·C·I·S·E

1. 초등 교과서 전문출판사인 '영재,' '천재,' '수재'는 서로 자기네 수학 교과서가 아이들의 수리능력을 키우는 데 탁월하다고 주장한다. 교육평가원은 어느 교과서가 가장 효과적인지 알고 싶다. 이를 알기 위하여 전국의 초등학교 중에서 수차례에 걸친 집락추출을 통해 한 초등학교를 선택하였다. 그리고 4학년 학생 중에서 무작위로 36명을 추출하여 12명씩 세 집단을 구성하고 각기 다른 교과서로 한 학기 동안 배우게 했다. 동일한 선생님이 가르쳤으며 아이들은 사교육을 받지 않았다. 다음 표에는 세 교과서로 배운 학생들의 한 학기 이후 수리능력 테스트 점수가 제시되어 있다. 표의 맨 아래 두 행은 각 집단의 평균과 표준편차이다.

한 학기 수업 이후 테스트 점수		
영재	천재	수재
48	71	82
93	55	66

76	64	56
78	64	77
75	65	61
77	90	93
85	86	72
90	61	81
64	76	68
69	74	56
75	65	58
69	84	77
74.9	71.3	70.6
12.0	10.9	11.8

교과서에 따라 아이들의 수리능력 점수에 차이가 있는지 유의수준 5%에서 검정하라. 엑셀에서 직접 계산해도 좋고 통계 패키지를 이용해도 좋다. 어느 경우든 다음의 논의가 포함되어야 한다. ① 가설설정, ② 검정통계량과 P 값 제시, ③결과 해석.

2. 1번 문제에서는 한 학기 수업 이후의 점수만 제공되어 있지만, 실제는 수업 이전의 수리능력 테스트 점수도 있다. 따라서 우리는 동일학생에 대한 수업 이전과 이후의 점수 변화도 구할 수 있다. 다음 표에 이 정보들이 제시되어 있다. 학생들의 순서는 1번의 표와 동일하다. 표의 아래 두 행도 앞서와 마찬가지로 평균과 표준편차이다.

한 학기 수업 이전 테스트 점수			이후와 이전의 점수 차이		
영재	천재	수재	영재	천재	수재
41	67	80	7	4	2
87	54	66	6	1	0
72	62	53	4	2	3
66	61	75	12	3	2
66	61	60	9	4	1
65	88	91	12	2	2
78	83	69	7	3	3
83	59	79	7	2	2

56	75	66	8	1	2
60	71	54	9	3	2
69	64	55	6	1	3
62	82	76	7	2	1
67.1	68.9	68.7	7.8	2.3	1.9
12.4	10.9	11.9	2.4	1.1	0.9

동일 학생에 대한 이전과 이후 점수가 존재하므로 8장에서 논의한 대응표본 검정과 마찬가지다. 따라서 이후와 이전의 점수 차이가 세 집단에서 다른지를 보는 것이 교과서 효과를 파악하는데 더 효과적일 것 같다. 이에 대한 검정을 유의수준 5%에서 실행하라. 그리고 1번에서와 결과가 달라진 이유도 설명하라.

3. 다음은 분산분석 결과표이다. ①, ②, ③, ④, ⑤, ⑥의 값을 채워라. 또한 P 값을 제시하고 어떤 판단을 해야 할지도 설명하라.

	편차제곱합 (SS)	자유도 (df)	분산 (MS)	검정통계량
집단 간(between) [처리(Treatment)]	①	2	20	⑥
집단 내(within) [오차(Error)]	150	②	③	
전체	④	32	⑤	

4. 다음은 무작위표본으로 뽑힌 100개 회사의 지난 6월 중 처음 2주간의 주식가격 변동을 나타낸 것이다. 주식가격 변동은 통계적으로 볼 때 상호 독립적인지 여부를 유의수준 5%에서 검정하라. 검정에는 다음 논의를 포함해야 한다. ① 가설설정, ② 계산을 위한 〈표 10-8〉과 같은 표 작성, ③ 검정결과 제시하고 판단

첫 주의 가격변동 \ 둘째 주의 가격변동	상 승	불 변	하 락
상 승	10	12	8
불 변	15	20	5
하 락	15	8	7

5. 수입 자동차 '벤치' 청담 대리점 사장인 수영이는 벤치 Z클래스 고객들이 주문하는 옵션 유형이 연령대에 따라 다른지 알고 싶다. 지난 6개월 간 연령대에 따른 옵션 유형별 주문 빈도는 다음 표와 같다. 연령대에 따라 벤치 Z클래스 고객들의 주문 옵션 유형이 다르다고 할 수 있는가?(청담 대리점 고객은 전체 고객 중 무작위 추출된 것으로 볼 수 있다)

연 령	외관 꾸미기	내부 안락함 제고	안전성 향상	총합
2-30대	20	10	10	40
40대	20	20	20	60
50대 이상	10	15	25	50
합 계	50	45	55	150

6. 국내 중매 시장은 4개 회사가 분할하고 있다. 4개사의 3년 전 결혼성사 건수 분포는 다음 표에 제시되어 있다(전수 결과는 3년 뒤에 나오기 때문에 3년 전 지표가 가장 최신이다). 올 상반기에도 4개 회사는 치열한 경쟁을 했으며, 4개사는 서로 자기네 결혼성사 건수가 최대라고 주장한다. 이에 전국 혼수 협회에서는 상반기에 중매 회사를 통해 결혼한 커플 중에서 무작위로 200명을 추출하여 어느 회사를 통했는지 조사했다. 이 결과도 다음 표에 제시되어 있다.

	설우	기연	다오	노발	총 합
3년 전 점유율	25%	30%	25%	20%	100%
올상반기 건수	45	50	55	50	200

4개 회사의 금년 상반기 결혼성사 점유율은 3년 전과 달라졌다고 할 수 있겠는가? 유의수준 5%로 검정하라.

7. 너희은행에서는 사람들의 금융지식을 평가하기 위해 10개 문항으로 이뤄진 테스트를 고안했다. 6개 이상 맞히면 합격, 5개 이하로 맞히면 불합격으로 규정했다. 그리고 임금근로자와 자영업자 중에서 각각 50명씩을 무작위추출 하여 테스트했다. 다음은 그 결과이다.
직업유형에 따라 합격자와 불합격자 분포가 다른지 유의수준 5%에서 검정하라. 통계 패키지를 사용해서 할 수도 있지만 가급적 엑셀 등을 이용해서 직접 계산해 보길 권한다.

	임금근로자	자영업자
합격	70	50
불합격	30	50

1) 두 집단의 합격/불합격 분포가 다른지에 대한 χ^2 검정을 실시하라.
2) 두 집단의 합격자 비율 차이에 대한 Z 검정을 하라.
3) 2)의 검정통계량 Z를 제곱한 값과 1)의 χ^2 검정통계량 값을 비교하라. 또 1)과 2)의 P 값도 비교하라.

데이터를 활용한 **연습문제** E·X·E·R·C·I·S·E

1. 9장에서는 household.dat 자료를 이용하여 연령대, 교육수준과 삶의 만족도의 관계를 교차표로 분석하였다. 이제 9장에서 작성한 교차표에 대한 검정을 해 보자.
   1) 연령대별 삶의 만족도 구간별 분포 교차표에 대한 χ^2 검정을 실시하고 결과를 논하라.
   2) 연령대별 삶의 만족도 평균점수 교차표에 대한 분산분석을 실시하고 결과를 논하라.
   3) 1)과 2)의 분석결과, 연령대에 따라 삶의 만족도는 다르다고 할 수 있을까?

2. 연령대 3개 구간과 교육 수준 3개구간, 총 3×3=9개 셀의 삶의 만족도 평균점수를 담은 교차표에 대한 분산분석을 실시한다.
   1) 9개 셀 전체에 대한 분산분석을 실시하고 검정결과의 의미를 설명하라.
   2) 교육수준을 통제했을 때 연령대별로 삶의 만족도가 다른지 알고 싶다. 이를 위해 3개 교육수준별로 연령대별 삶의 만족도 비교 분산분석을 실시하라(즉 세 번의 F 검정을 실시함).
   3) 교육수준을 통제한 결과는 이를 통제하지 않은 1의 2)의 결과와 어떻게 달라졌는가?

3. income.dat 자료를 이용하여 직종(job_type 1=회사원 2=공무원 3=자영업)에 따른 소득(mincome) 차이를 비교하려고 한다. 다음에 대해 유의수준 5%로 검정하라.

1) 세 집단의 월소득 차이에 대한 F 검정을 실시하라.

2) 월소득을 적당한 구간으로 나눈 후 세 집단×소득구간에 대한 교차표(빈도분포)를 작성한 후 χ^2 검정을 실시하라. 소득구간은 자유롭게 설정하되 3개 이상 5개 이하로 정하길 권한다.

3) 연령을 55세 이하로 제한한 후에 1)과 2)의 분석을 되풀이 하라.

4) 1)과 3)의 F 검정 결과에 근거하여 세 집단의 소득비교에 대해 논하라.

4. 역시 income.dat 자료를 이용하여 남성과 여성 사이에 근로유형(임금근로자 vs. 자영업자)의 차이가 존재하는지를 분석하려고 한다. 다음에 대해 유의수준 5%로 검정하라.

1) 두 집단의 근로유형(임금근로자/자영업자, self_emp 변수 활용) 분포가 다른지에 대한 χ^2 검정을 실시하라.

2) 두 집단의 임금근로자 비율 차이에 대한 Z 검정을 하라.

3) 2)의 검정통계량 Z를 제곱한 값과 1)의 χ^2 검정통계량 값을 비교하라. 또 1)과 2)의 P 값도 비교하라.

PART 6

회귀분석

제11장 회귀분석의 이해

제12장 다중회귀분석

사회 현상의 인과관계 파악에 가장 널리 쓰이는 분석기법이 회귀분석(regression analysis)이다. 회귀분석은 결과에 해당하는 변수를 왼쪽, 원인에 해당하는 변수를 오른쪽에 놓은 등식을 만들고(이를 회귀모형식이라고 한다), 이 식의 계수값을 추정하여 인과관계를 파악한다.

가령 Y라는 결과를 발생하는데 X_1과 X_2라는 두 개의 원인이 작용한다면 다음과 같은 회귀모형 식을 만든다.

$$Y=\alpha+\beta_1X_1+\beta_2X_2$$

그리고 Y, X_1, X_2 세 변수 자료값을 이용하여 α, β_1, β_2의 값을 추정하는 것이 회귀분석이다.

회귀분석 자체는 간단하다. 종속변수와 독립변수를 정하고, 위와 같은 형태의 모형식을 만들고 컴퓨터 통계 패키지로 돌리면(!) 끝난다. 하지만 그렇다고 해서 인과관계가 올바르게 파악된 것은 아니다. 9장에서 논의했듯 사회현상의 인과관계는 복잡하게 얽혀있다. 어떤 통계기법을 사용하든 제대로 파악하는 것은 쉽지 않다.

대부분의 기초통계학 교재는 회귀분석을 간략하게 다룬다. 이 기법을 적용해서 실제 분석을 하는 것은 '기초'를 뛰어넘는 것이라고 생각하기 때문이다. 본서도 기초통계학 교재라서 회귀분석을 깊게 다루지는 않는다. 하지만 다른 기초통계학 교재들에 비해서는 길게 다룬다. 전술했듯 사회과학 분야의 실증연구들은 많은 경우 인과관계 규명을 위해 통계학을 활용하며, 이때 쓰는 기법은 회귀분석이 압도적이기 때문이다.

아무리 기초라지만 그래도 한권을 배우고 나면 실증연구를 어떻게 하는지 대강은 알아야 할 것이 아니겠는가. 이런 문제의식에 따라, 본서는 두 개 장에 걸쳐 회귀분석을 설명한다.

11장에서는 원인변수(X)가 하나뿐인 단순회귀모형을 예로 들어 회귀분석의 기본개념을 설명한다. 물론 사회현상의 인과관계가 하나의 원인만으로 이뤄 질리는 없다. 단지 설명의 편의를 위한 것뿐이다. 실제 분석에서는 원인변수가 두 개 이상인 다중회귀모형을 사용한다. 그래서 12장에서는 다중회귀모형을 예로 들어 실제 분석에 회귀모형을 적용할 때의 장점과 한계, 주의점에 대해 설명한다.

11장과 12장에서 다루는 회귀분석 내용은 본서를 다른 교재들과 차별화하게 만드는 가장 두드러진 특징이다. 제법 자부심을 갖고 내용을 채웠다. 12장까지 공부하고 나면, 사회과학 실증분석에 대한 일정수준의 '감'을 갖게 될 것이다. 그러니 다소 어려운 내용이 나오더라도(12장 후반부가 좀 그렇다) 충실히 공부하길 바란다.

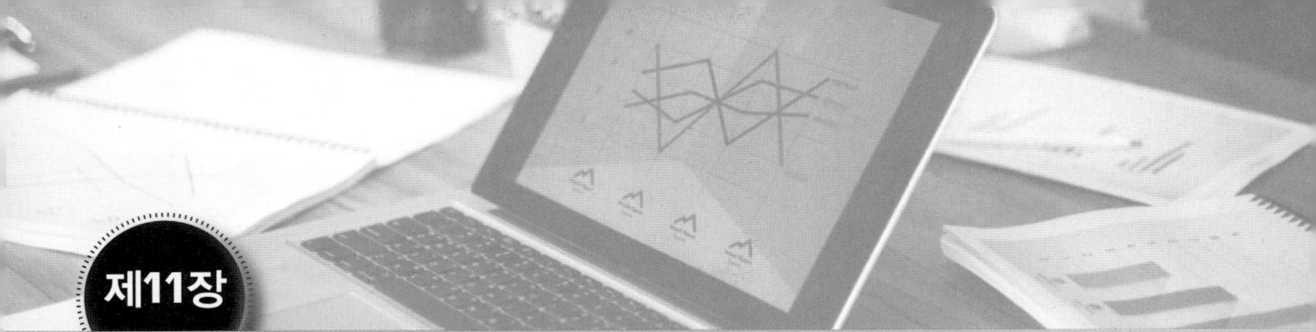

제11장

회귀분석의 이해

이번 장에서는 회귀분석의 기초를 배운다. 앞서 t 검정이나 분산분석 등 차이 검정의 목적도 결국은 인과관계를 규명하기 위한 것이라고 했다. 회귀분석은 본격적으로 인과관계를 규명하기 위한 목적으로 고안된 통계분석 기법이다.

회귀분석에서는 원인에 해당하는 변수를 X로 놓고 결과에 해당하는 변수를 Y로 놓는다. 그리고 X가 변할 때 Y가 변하는지, 그렇다면 X가 한 단위 변할 때 Y는 얼마나 변하는지, Y의 총 변동 중에서 X 때문에 생기는 변동은 얼마나 되는지를 따진다.

후술하지만 이러한 인과관계 판단을 위해 우리가 실제 관찰하는 것은 X와 Y가 공동으로 변화하는지 여부일 뿐이다. X와 Y가 공동으로 변화하면, 그 이유가 X의 변동이 원인이 되어서 Y의 변동이 생겼다고 간주하는 것이다.[1]

따라서 회귀분석을 하려면 우선 X와 Y의 공동 변화를 어떻게 파악하고 측정하는지를 알아야 한다. 통계학에서는 두 변수가 공동 변화하는 것을 두 변수 간에 상관관계가 존재한다고 한다. 그리고 이를 측정하는 통계량이 상관계수이다.

1 앞서 t 검정이나 분산분석에서는 집단 간 평균에 차이가 있는가를 검정했다. 예를 들어 공무원의 연령대별로 직무만족도에 차이가 있는가를 검정했다. 이 경우 연령대를 X, 직무만족도를 Y라고 하면 연령대의 차이는 X값이 변하는 것에 해당하고 직무만족도의 차이는 Y값이 변하는 것에 해당한다. 그래서 연령대에 따라 직무만족도가 다르다는 것은 X와 Y가 공동 변화한다는 것을 의미한다. 그리고 이러한 공동변화의 이유가 X의 변화라는 원인에 이해 Y의 차이라는 결과를 가져왔다고 해석하면 인과관계를 분석하는 것이 된다. 이러한 집단 간 평균 차이 검정은 물론 회귀분석에서도 가능하다. 그리고 회귀분석을 이용하면 인과관계의 해석이 좀 더 용이하다. 이에 대해서는 12장의 '가변수' 논의를 참조하면 되겠다.

1. 상관관계

두 변수의 공동변화는 두 가지로 구분할 수 있다. 하나는 한 변수 값이 증가할 때 다른 변수 값도 증가하는 것이다. 이때 두 변수 간에는 양(+)의 상관관계가 존재한다고 한다. 또 하나는 한 변수 값이 증가할 때 다른 변수 값이 감소하는 것이다. 이때는 두 변수 간에 음(−)의 상관관계가 존재한다고 한다. 상관관계를 분석한다는 것은 두 변수 간에 같은 방향이건 반대 방향이건 이와 같은 공동변화 관계가 얼마나 밀접한가를 따지는 것이다.

1) 상관계수(Correlation Coefficient)의 의미[2]

두 변수 간의 관계가 얼마나 밀접한가를 알아보는 상식적인 방법은 산점도를 그려보는 것이다. 한 변수를 X, 다른 변수를 Y로 놓고 개별 자료의 위치 (x, y)를 그래프에 점으로 찍어 보는 것이다.

[그림 11−1]에는 세 개의 산점도가 제시되어 있다. (a)와 (b)를 보면 두 변수 X와 Y 사이에 +의 상관관계가 있음을 알 수 있다. 하지만 누가 보더라도 (a)보다는 (b)에서 두 변수간의 상관관계가 훨씬 더 분명하다. 한편 (c)의 경우는 X와 Y 사이의 상관관계 존재 여부가 불분명하다. 내가 보기에는 상관관계가 없는 것 같다. 하지만 다른 사람이 보면 약하지만 +의 관계가 있다고 할 수도 있을 것 같다.

두 변수 간의 상관관계가 존재한다고 해도, 그 정도는 각 경우마다 다르다. 그리고 그 정도가 아주 약하다면 상관관계가 존재하는지 여부도 불확실

그림 11−1
산점도와 상관관계

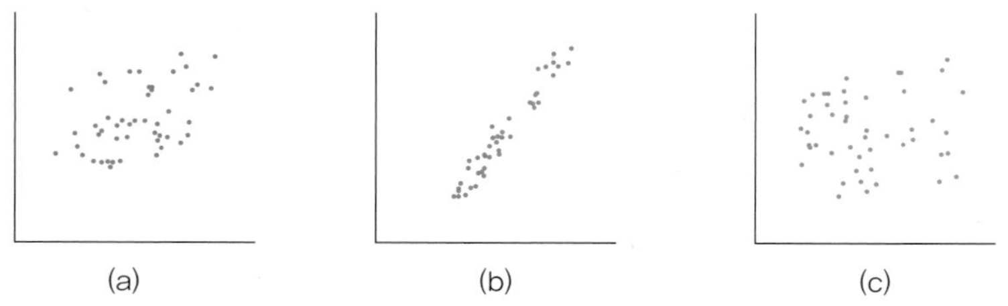

2 이하에서 설명하는 상관계수는 정확히 말하면 선형(linear) 상관계수를 의미하는 Pearson 상관계수이다. 상관계수는 그밖에도 다양한데(예. Spearman의 순위상관계수 등), Pearson 상관계수가 가장 대표적이라서 그냥 상관계수라고 하면 이를 지칭한다.

하다. 따라서 변수간의 상관관계를 분석할 때는, 상관관계의 강도(strength)가 어느 정도인가에 관심을 갖게 된다.

상관관계의 강도는 상관계수(correlation coefficient)라는 것으로 측정한다. 상관계수는 보통 r이라는 기호로 나타내며 -1에서$+1$사이의 값을 갖는다($-1 \leq r \leq +1$). 상관계수의 부호는 상관관계의 방향을 나타낸다. 즉 +부호는 +의 상관관계가 존재함을, −부호는 −의 상관관계가 존재함을 의미한다. 상관계수의 절댓값은 상관관계의 강도를 의미한다. 두 변수 X, Y 사이에 아무런 상관관계가 없이 산점도 상에 점들이 흩어져 있으면 0의 값을 지니며, 점들이 모두 일직선 상에 놓이면 방향에 따라 +1 또는 −1의 값을 갖는다.

[그림 11-2]는 다양한 상관계수 값과 그에 상응하는 두 변수의 산점도가 제시되어 있다. 이를 보면 상관계수의 크기가 보여주는 두 변수 간 직선관계의 밀접한 정도에 대해 어느 정도 감을 잡을 수 있을 것이다.

상관계수의 해석에서 주의할 것은 상관계수는 두 변수 간에 직선 관계가 얼마나 강한가만을 보여 준다는 점이다. [그림 11-3]을 보면 X가 증가함에 따라 Y는 포물선의 궤적을 그리고 있다. 즉 두 변수 X, Y 사이에는 아주 밀접한 관계가 있다. 하지만 X와 Y의 상관계수를 구하면 0이 나온다. 이는 두 변수 사이의 관계가 일직선이 아니기 때문이다(15를 기준으로 왼쪽 자료만으로 구하면 +0.965, 오른쪽 자료만으로 구하면 −0.965가 나온다. 하지만 전체로 하면 0이 나온다). 즉 상관계수라는 것은 두 변수 사이의 일직선의 정비례 관계가 얼마

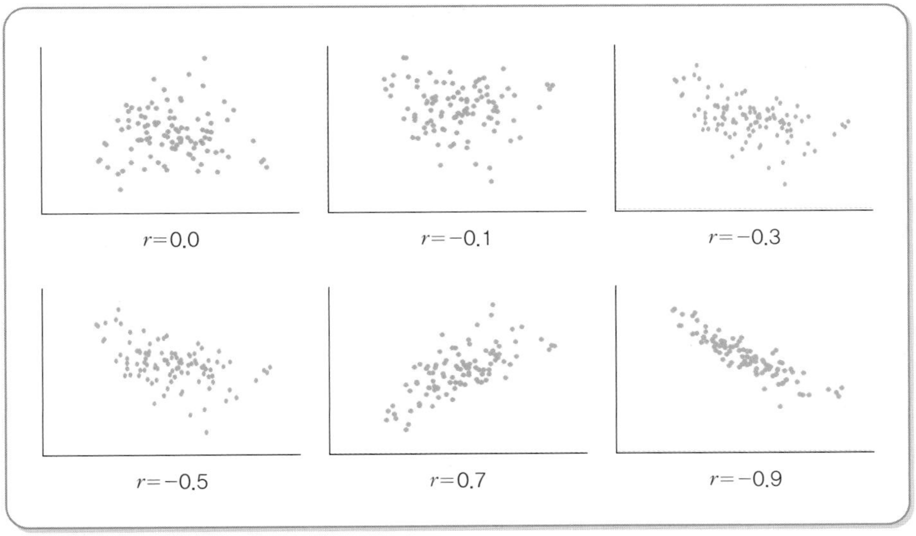

그림 11-2
상관계수 크기별 산점도

그림 11-3

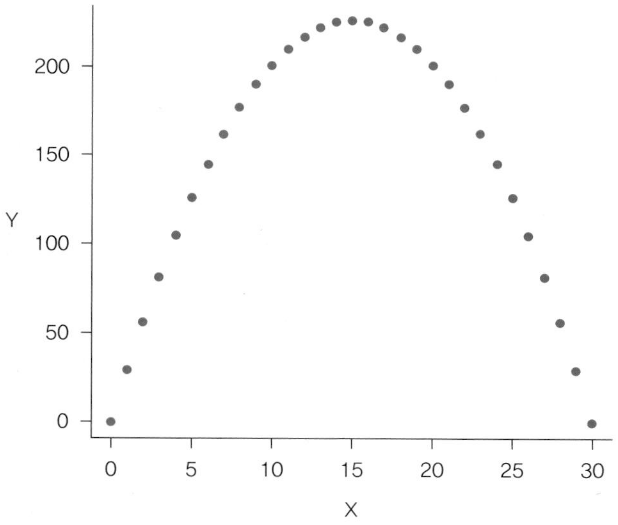

X와 Y의 관계가 밀접하지만 상관계수는 0인 경우

나 존재하는가를 측정하는 지표이다.

복잡한 세상사에서 두 변수간의 관계가 어찌 일직선만 있겠는가? 실제로는 일직선이 아닌 관계도 많다. 하지만 상관계수라는 것은 일직선의 관계가 얼마나 강한가만을 측정할 뿐이며, 상관관계의 강도는 상관계수로 판단한다. 따라서 일반적으로 두 변수 간의 상관관계를 분석한다는 것은 두 변수 간의 일직선 관계 분석을 의미한다는 것을 염두에 두자.

마지막으로 노파심에서 하나만 덧붙인다. 상관계수 절댓값의 크기는 산점도의 기울기가 0만 아니라면, 기울기와는 관계가 없으며, 얼마나 점들이 직선 형태를 갖추고 있는가에 의해 정해진다. 다음의 그림에서 (a)와 (b)를 비교하면, (a)의 기울기가 더 가파르다. 하지만 상관관계의 강도는 (b)가 더 높으며, 이에 따라 상관계수 값도 (b)가 더 크다.

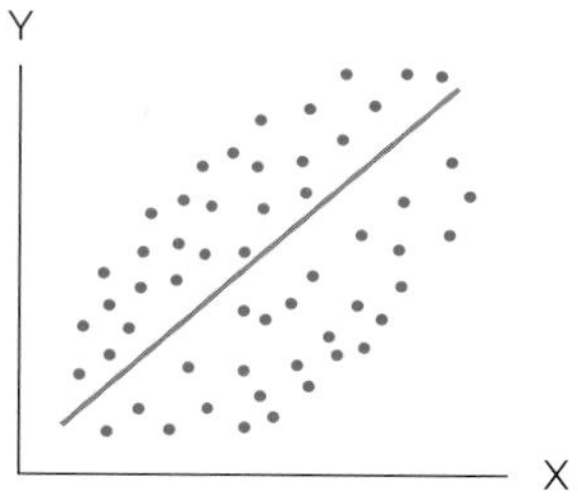

(a)

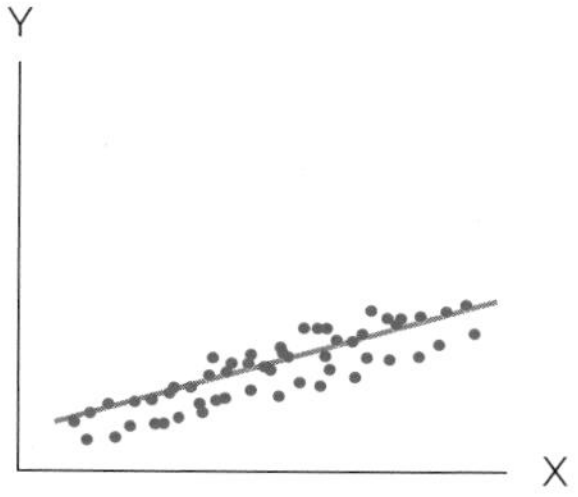

(b)

2) 상관계수 구하기

[그림 11-4]는 50개 가구의 소득과 식비지출액 산점도다. 이를 보면 소득(X)과 식비(Y) 사이에는 양의 상관관계가 존재할 것 같다. 상관계수는 얼마일까? 상관계수를 구하는 공식을 보기 전에 개략적인 방법을 설명한다. [그림 11-4]에는 평균 소득($\overline{X}$)과 평균 식비($\overline{Y}$)를 관통하는 수평선과 수직선이 그려져 있다. 이 두 직선에 의해 그래프는 네 개의 면으로 나누어진다. 소득과 식비의 평균값을 기준으로 1사분면에는 둘 다 평균보다 큰 경우, 3사분면은 둘 다 평균보다 작은 경우가 위치한다. 그리고 2사분면은 식비는 평균보다 크고 소득은 평균보다 작은 경우, 4사분면은 소득은 평균보다 크고 식비는 평균보다 작은 경우가 위치한다.

이 그림을 보고 소득과 소비지출의 관계가 +냐 −냐 물으면 누구나 +라고 대답할 것이다. 왜 그런가? 50개 가구들이 차지하고 있는 네 사분면의 위치 때문인데, 이는 두 가지로 구분해 볼 수 있다. 우선 1, 3사분면에 위치한 가구들이 2, 4사분면에 위치한 가구들보다 더 많다. 평균을 기준으로 소득이 크면 식비도 크고, 소득이 작으면 식비도 작은 가구들, 즉 둘의 관계가 +인 가구들이 둘의 관계가 −인 가구들보다 더 많다. 다음으로 ($\overline{X}$, $\overline{Y}$)를 기준으로 1, 3사분면에 위치한 점들은 +대각선으로 좀 더 길쭉하게 퍼진 반면에 2, 4사분면에 위치한 점들은 −대각선으로 덜 벌어져있다. 이처럼 각 사분면의 점들이 ($\overline{X}$, $\overline{Y}$)를 기준으로 각각 대각선 방향으로 얼마나 멀리 있는가도 +와 −

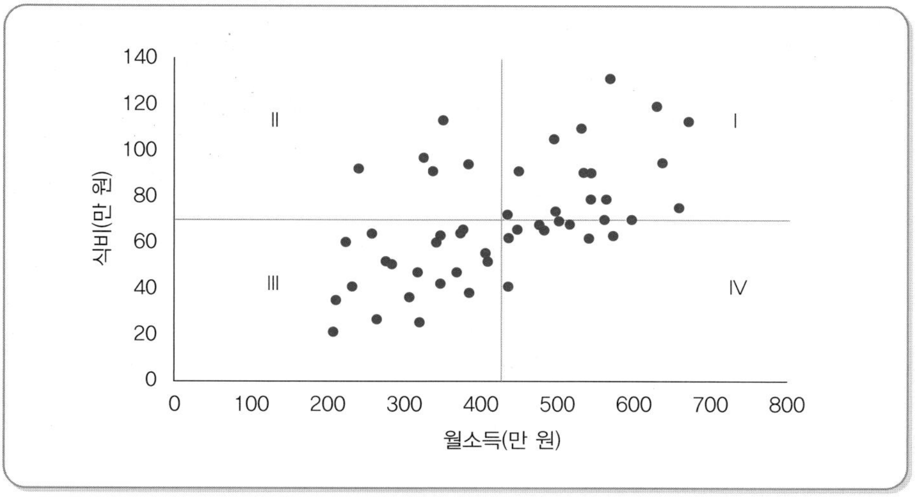

그림 11-4
소득과 식비지출액 산점도

그림 11-5

(X, Y)의 위치와 상관관계

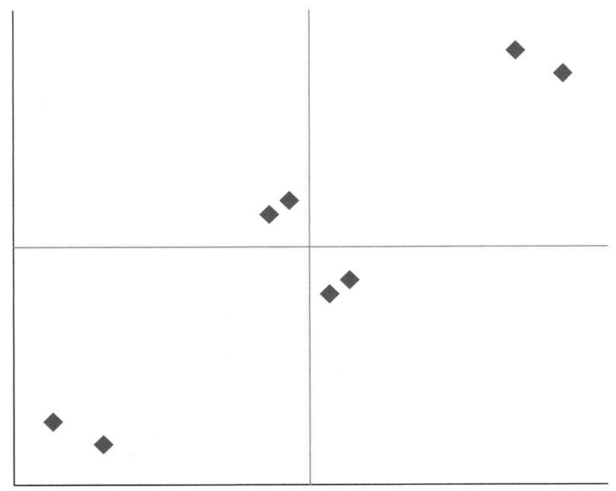

판단의 기준이 된다.

가령 [그림 11-5]를 보면 8개의 점이 네 개의 사분면 위에 각각 2개씩 위치한다. 그러나 1, 3 사분면 점들은 $(\overline{X}, \overline{Y})$를 기준으로 대각선으로 멀리 떨어져 있는 반면에, 2, 4 사분면 점들은 가까이 위치한다. 이러한 위치 차이로 인해 누가 봐도 +의 관계가 있다고 판단하는 것이다.

정리하면 상관계수 값은 각 점의 위치가 $(\overline{X}, \overline{Y})$를 기준으로 구분한 네 면 중 어디에 있는가, 그리고 $(\overline{X}, \overline{Y})$로부터 대각선 방향으로 얼마나 떨어져 있는가에 의해 정해진다.

이러한 기준을 적용한 구체적인 계산 방법은 이렇다. 우선 각 점 (X_i, Y_i)으로부터 $(\overline{X}, \overline{Y})$ 값을 뺀 것, 즉 편차인 $(X_i-\overline{X})$과$(Y_i-\overline{Y})$을 구한다. 그리고 두 편차를 곱한 후에, 다음과 같이 이들의 평균을 구한다.

$$\frac{\sum(X_i-\overline{X})(Y_i-\overline{Y})}{n}$$

두 편차의 곱 $(X_i-\overline{X})(Y_i-\overline{Y})$은 1,3사분면에 위치하면 +이고, 2,4사분면에 위치하면 −이다. 따라서 직관적으로 두 편차 곱의 평균이 +면 양의 상관관계, −면 음의 상관관계가 존재한다는 것을 알 수 있다. 맞다. 그런데 이 값은 $(X_i-\overline{X})$과 $(Y_i-\overline{Y})$의 절대적인 크기의 영향을 받는다. 절대적인 크기의 영향을 배제하려면 어떻게 하나? 원자료값을 표준점수로 바꿔서 구하면 된다. 표준점수는 원자료값을 선형전환하는 것이므로 형태는 그대로 유지되며 단위만 바뀐다. 그리고 원자료값이 무엇이든 평균은 0, 분산은 1이 된다. 즉 [그림 11-3]은 다음과 같이 바뀐다.

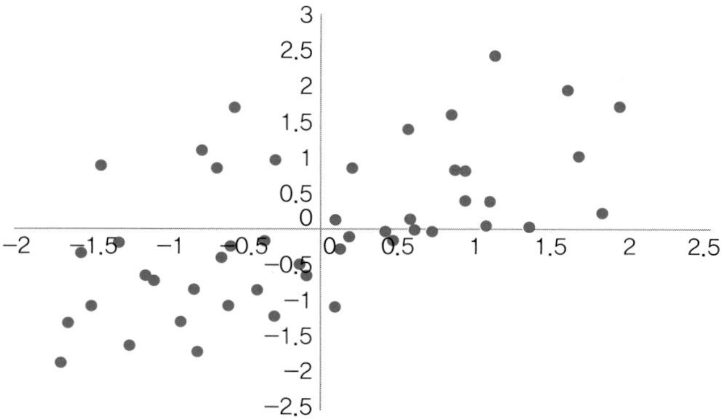

이 표준점수값에 대해 앞서 말한 편차끼리의 곱의 평균을 구한 것이 바로 상관계수다. 표준점수의 평균은 0이므로 편차는 그냥 표준점수 자체가 된다. 그리고 자료를 모집단으로 취급하는지 아니면 표본으로 취급하는지에 따라 (표준점수를 구하는데 사용하는) 표준편차가 다르므로 그에 따라 분모도 n 또는 $n-1$로 달라지지만 결과는 동일하다.[3]

$$\text{모집단: } \frac{\sum Z_X Z_Y}{n} = \frac{\sum \frac{(X_i-\overline{X})}{\sigma_X}\frac{(Y_i-\overline{Y})}{\sigma_Y}}{n} = \frac{\sum (X_i-\overline{X})(Y_i-\overline{Y})}{n\sigma_X\sigma_Y}.$$

$$\text{표본: } \frac{\sum Z_X Z_Y}{n-1} = \frac{\sum \frac{(X_i-\overline{X})}{s_X}\frac{(Y_i-\overline{Y})}{s_Y}}{n-1} = \frac{\sum (X_i-\overline{X})(Y_i-\overline{Y})}{(n-1)s_X s_Y}.$$

3) 상관관계와 인과관계

9장에서 기술한 인과관계 성립의 세 조건을 상기하자. 두 변수 간에 상관관계가 존재한다는 것은 인과관계 성립을 위한 세 조건 중에서 '공동변화의 원칙'이 충족된다는 것만을 의미한다. 따라서 두 변수 간에 상관관계가 존재한다는 것이, 인과관계가 존재함을 의미하지는 않는다. 이에 대해서는 앞에서

---

3 모집단으로 취급하면 표준편차 σ를 구할 때 $\sqrt{n}$으로 나눠주지만 표본으로 취급하면 표준편차 s를 구할 때 $\sqrt{n-1}$로 나눠준다. 이와 일치시키기 위해 모집단으로 취급하면 n으로 나눠주고 표본으로 취급하면 $n-1$로 나눠준다. 당연히 두 경우에 계산된 값은 동일하다.

누누이 강조했기 때문에 더 설명하지 않아도 충분하리라고 믿는다.

그렇다면 두 변수 간에 상관관계가 존재할 때, 인과관계도 존재한다고 하려면 어떻게 해야 할까? 물론 나머지 두 조건(시간적 선행성의 원칙, 허위적 관계 배제의 원칙)이 충족됨을 보이면 된다. 시간적 선행성의 원칙은 두 변수 간에 인과관계가 존재한다고 할 때, 어느 것이 원인이고 어느 것이 결과인가를 판단하는 것이다. 물론 시간적으로 앞서는 것이 원인이다. 많은 경우 이는 굳이 입증하지 않더라도 상식적으로 판단할 수 있다.[4] 그래서 상관관계의 존재로부터 인과관계의 존재를 주장하려면, 허위적 관계 배제 원칙의 충족이 관건이 된다. 하지만 이게 쉽지 않다는 것도 이미 충분히 강조한 바 있다.

예제 11-1 대학교 학점의 결정요인은?

한국대학교 교수학습개발원의 정 팀장은 학생들의 효과적인 학습 관리를 위해서 학생들의 도서관 이용 실적에 따라 성적이 어떻게 변하는지를 조사하였다. 한 학기 동안 1권 이상 20권 이하로 빌린 학생 중 20명을 무작위 선정하여 도서 대출 권수와 그들의 평점평균을 조사한 결과는 〈표 11-1〉과 같다.

표 11-1 도서관 이용 실적과 성적

도서 대출 건수(권)	평점평균(점)
10	3.25
7	3.00
12	3.70
10	3.50
8	3.30
16	4.10
4	2.70
9	2.90
14	3.60
15	3.80

4 물론 이러한 판단이 헷갈리는 경우도 존재할 수 있다. 가령, 조직이론에서는 직무만족과 업무성과 사이에 인과관계가 존재하는 것은 맞지만 어느 것이 원인이고 어느 것이 결과인가에 대해서는 논란이 있었다. 직무만족이 높으면 업무성과가 향상될까 아니면, 업무성과가 좋으면 직무만족도가 높아질까?

20	4.30
9	3.30
3	2.40
1	2.20
11	3.35
11	3.70
1	1.90
18	4.40
6	2.50
13	3.85

이를 산점도로 나타내면 [그림 11-6]과 같다.

[그림 11-6]을 보면 도서관에서 책을 많이 빌리는 학생일수록 성적이 좋다는 것이 명확하게 나타난다. 두 변수의 상관관계를 구하면 0.96이다.

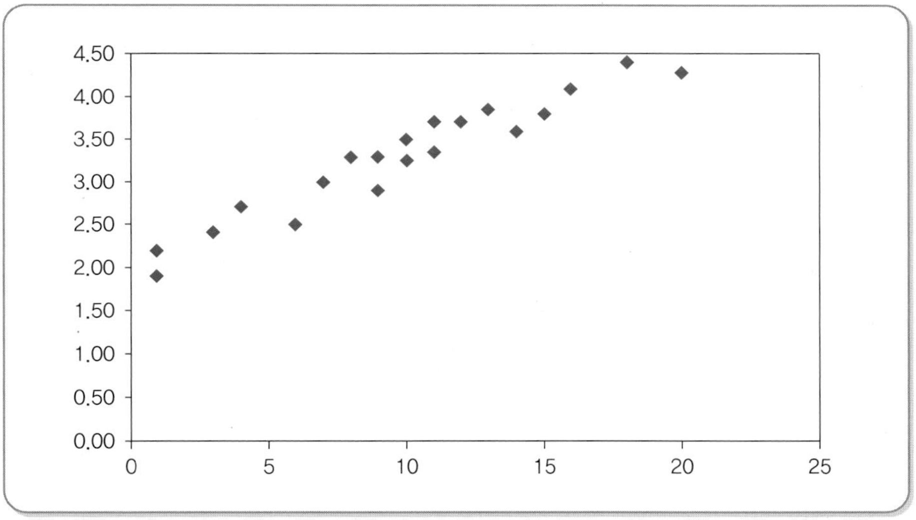

그림 11-6 도서 대출 권수와 성적의 산점도(1)

[그림 11-6]은 가장 많이 빌린 경우를 20권으로 제한했다. 실제는 20권 넘게 빌린 학생들도 제법 된다. 그런데 이들은 대부분 만화책, 판타지 소설 등을 빌린 학생들인데 이들은 성적에는 그다지 관심이 없다(어디까지나 가정이다). 이들을 포함해서 산점도를 그렸더니 [그림 11-7]과 같이 나왔다.

[그림 11-7]에서 두 변수 사이의 관계 역시 [그림 11-6]만큼이나 뚜렷해 보인다. 하지만 두 변수의 상관계수는 0.47이다. 대폭 감소했다. 물론 상관계

그림 11-7

도서 대출 권수와 성적의 산점도(2)

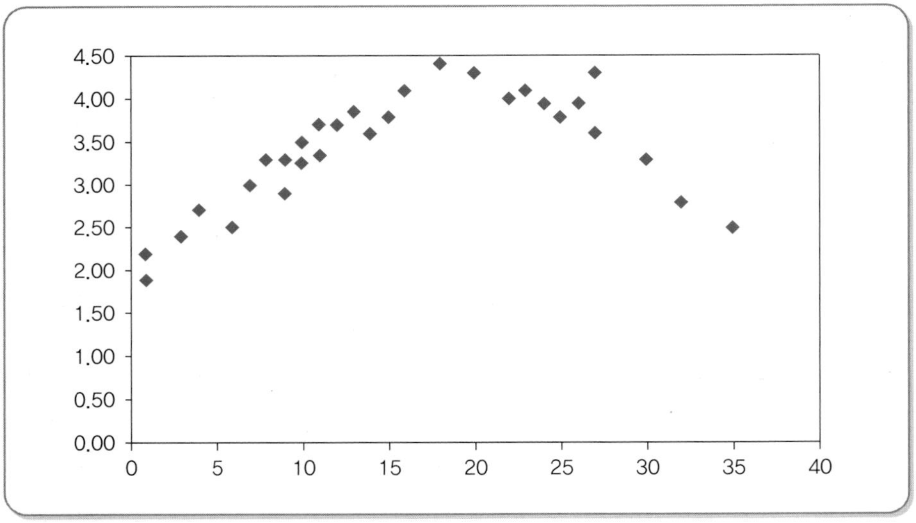

수는 두 변수가 얼마나 직선 관계에 있는가를 보여줄 뿐이기 때문이다.

정 팀장은 처음 20명의 학생들을 조사하면서 흥미로운 사실을 발견했다. 도서관에서 책을 많이 빌리는 학생일수록 대체적으로 커피를 많이 마셔서, 결과적으로는 어떤 학생의 커피 소비량과 평점평균 사이에 상관관계가 높다는 점이다. 이러한 결과는 [그림 11-8]에 나와 있다.

[그림 11-8]에서 커피 소비량과 성적의 상관계수는 0.92다. 그렇다면 더 많은 커피 소비가 성적 향상의 원인이라고 말할 수 있을까?

그림 11-8

커피 소비량과 성적의 산점도

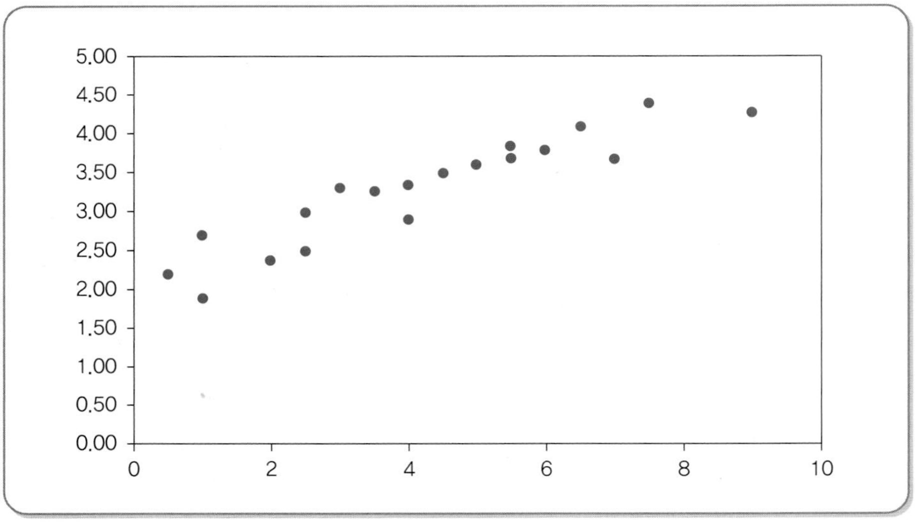

(4) 상관관계 깊이 따져보기

다음 산점도의 자료들에 대한 상관계수를 구하면 모두 0.7이다.[5] 그러나 산점도로 알 수 있듯이 각 자료의 분포는 판이하다. 하나하나 따져 보자.

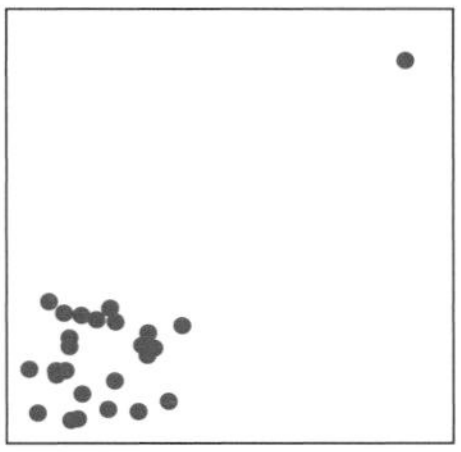

(a)

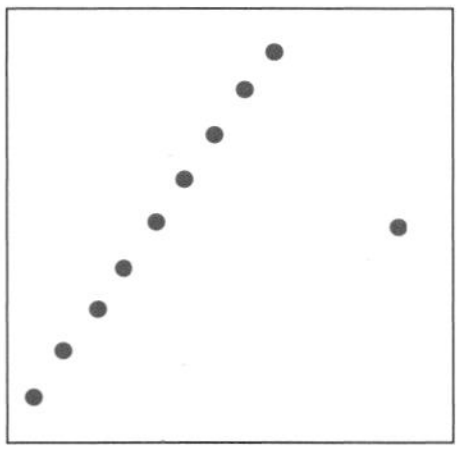

(b)

(a)와 (b)는 모두 이상치가 존재하는 경우다. 하지만 이상치가 두 변수 간의 상관관계에 미치는 영향은 판이하다. a의 경우는 다른 자료값들과 동떨어져있는 이상치 하나만 제거하고 나머지들에 대한 상관계수를 구하면 거의 0으로 나온다. 뭉쳐있는 자료값들과 뚝 떨어져져서 홀로 오른쪽 위에 위치한 이상치 때문에 두 변수 간에 제법 긴밀한 상관관계가 있는 것으로 나타난 것이다. b의 경우는 반대다. 다른 자료값들과 동떨어져있는 이상치를 제거하고 상관계수를 구하면 거의 1이 나온다. 두 변수 간에 거의 완벽한 정비례 관계가 있지만 이상치 하나 때문에 상관계수가 0.7 정도로 낮아진 것이다.

이 두 경우에 연구자는 어떤 판단을 해야 할까? 이상치를 제거하는 것이 타당할까 그대로 두는 것이 타당할까? 우선 할 일은 이상치가 왜 발생했는가를 파악하는 것이다. 코딩 에러(1.2를 12로 표시하는 등)일 수도 있고 우연히 실제 존재하는 극단치가 포함되었을 수도 있다. 코딩 에러라면 당연히 수정하면 되고, 실제 존재하는 극단치라면 연구 목적에 비춰 극단치의 포함 여부를 판단해야 한다.

어쨌든 여기서 강조하려는 것은 이상치의 처리 문제가 아니라, 이상치의 존재가 두 변수간의 연관성을 왜곡해서 보여줄 수 있다는 점이다. 이상치는 자료수가 많지 않을 경우 특히 문제가 된다. a와 b는 실제 분석에서 종종 발생하는데, b보다는 a 같은 경우가 더 흔하며 더 문제가 된다. b는 두 변수 간의 연관성을 약화시키는 데 그치지만 a는 연관성이 없는 데도 제법 존재하는 것

---

5 여기에 제시한 상관관계 그림은 Tufts 대학교 Gerard E. Dallal 교수의 홈페이지(http://www.jerrydallal.com/LHSP/corr.htm)에서 인용한 것이다.

으로 나타내기 때문이다. 상관계수 공식에서 분자는 $\sum(X_i-\overline{X})(Y_i-\overline{Y})$이다. 그래서 상관계수는 평균점($\overline{X}$, $\overline{Y}$)에서 멀리 떨어진 점일수록 더 큰 영향을 미친다.

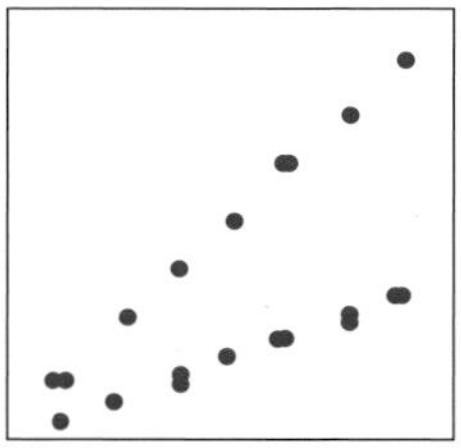

(c)

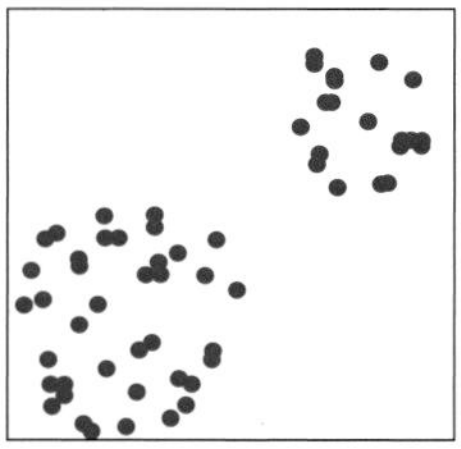

(d)

(c)와 (d)는 딱 보면 상이한 특성을 지닌 두 개의 하위 집단으로 구성되어 있음을 알 수 있다. 그런데 개별 하위 집단 내에서 두 변수 X와 Y의 관계는 (c)와 (d)가 다르다. (c)는 두 집단 모두 X와 Y의 연관성이 직선 형태로 매우 높지만 기울기가 서로 다르다. 이에 해당하는 예로는 남성과 여성 집단의 경력과 임금의 관계 같은 것을 들 수 있다. 남성과 여성 모두 경력이 길수록 임금 수준도 높다. 그런데 성차별 등의 이유로 경력 상승에 따른 임금 증가 수준(기울기)은 남성이 더 가파르다. 이런 경우는 뒤에 다루는 회귀분석에서 더 문제가 되는데, 두 집단을 분리해서 각 집단 내에서 변수 간의 관계를 파악하고 서로 비교해야 한다는 것이 정답이다.

(d)는 개별 하위 집단 내의 상관관계는 0에 가깝다. 하지만 한 집단은 1사분면, 다른 집단은 3사분면에 놓인 바람에 전체로는 꽤 높은 정(+)의 관계가 있는 것처럼 나타났다. 이는 뒤에 나오는 〈보기 11-2〉의 [그림 1]의 경우인데, 선진국과 후진국처럼 특성이 상이한 집단들을 전체로 뭉뚱그려 분석할 때 종종 발생한다.

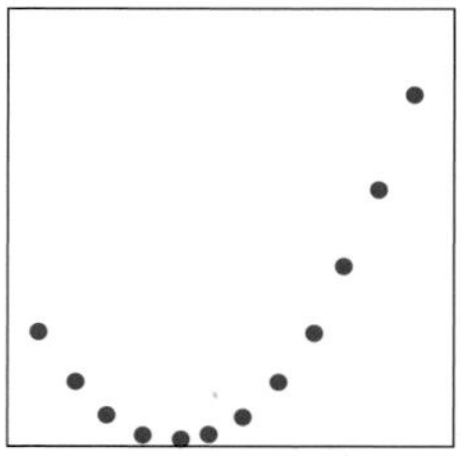

(f)

(f)는 X와 Y가 밀접하게 관련되어 있지만 일직선이 아닌 경우이다. 전체로

보면 X와 Y 사이에 양(+)의 상관관계가 있는 것은 맞다. 그러나 X의 구간별로 보면 다르다. X가 일정 값에 도달할 때까지는 −관계이지만 그 이상이 되면 +관계로 역전된다. 이 경우도 뒤에 다루는 회귀분석에서 좀 더 문제가 된다. 회귀분석에서는 X와 Y 사이의 상관관계 존재 여부뿐만 아니라 기울기에도 관심을 갖는다. 당연히 (f)의 경우 X와 Y의 관계를 직선으로 가정하고 기울기를 구하면 사실을 왜곡하게 된다. 이런 경우는 X와 Y의 관계를 곡선(2차함수)으로 놓고 기울기를 구해야 한다.

(a)~(f)의 사례를 통해 내가 말하고 싶은 것은 '실증분석은 그리 만만한 게 아니라는 것이다.' 9장의 인과관계 설명에서도 한 얘기지만 너무 중요하기에 되풀이한다. 단지 자료가 있고, 가설 세워서 검정하는 것으로 끝나는 것이 아니다. 자료가 나타내는 사회 현상의 내용을 숙지해야 한다. 그리고 자료의 특성을 다양한 기술통계와 그래프 분석을 통해 훤히 꿰고 있어야 한다(자료 수가 적을 때는 산점도 등 그래프를 그려보는 것이 자료 특성 파악에 유용하다. 하지만 자료 수가 많으면 그래프만으로는 어렵고 다양한 기술통계 분석이 더해져야 한다). 이처럼 자료의 내용과 특성을 충분히 이해한 다음에 분석에 들어가야 한다. 그래야 분석의 오류를 줄일 수 있다(어떻게 해도 오류가 전혀 없는 완벽한 분석은 안 되겠지만 치명적인 오류는 피할 수 있다).

상관관계 분석은 변수들 간의 인과관계를 파악하기 위한 기초 작업이다. 일단 변수 간에 관계가 있어야, 그러한 관계가 왜 발생했는지, 또 관계의 구체적인 형태는 무엇인지 파악할 것이기 때문이다. 이러한 변수 간 관계의 발생 원인 및 형태 파악에 가장 널리 쓰이는 분석 기법이 회귀분석이다.

2. 회귀분석의 기초

1) 회귀직선과 회귀식의 개념

개인의 학력(X=교육년수)과 보수(Y=월급여) 사이에는 [그림 11-9]와 같은 +의 상관관계가 존재한다고 하자.

학력 6은 초등학교 졸업, 9는 중학교 졸업, 12는 고등학교 졸업, 14와 16은 전문대학과 4년제 대학교 졸업을 나타내고 18은 대학원 석사 졸업을 나타낸다. 동일한 학력이라도 보수 수준에는 차이가 있다. 가령 동일한 고졸 학력

그림 11-9
학력과 보수 간의 산점도

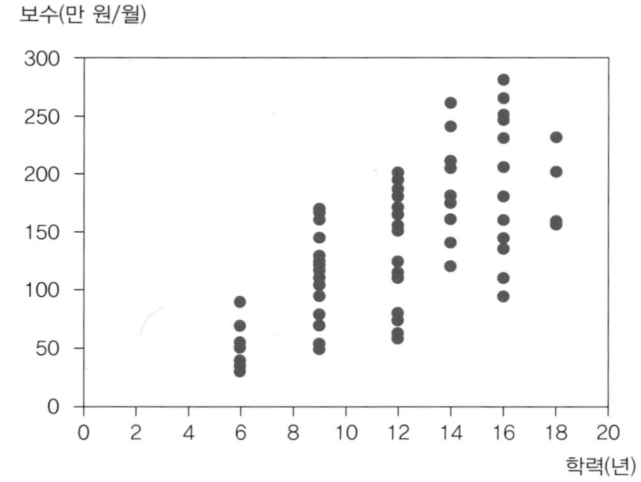

자 간의 보수는 50만 원에서 200만 원 이상까지 분포한다. 학력이 낮은 사람이 높은 사람보다 보수가 더 높은 경우도 존재한다. 하지만 평균적으로는 학력이 높을수록 보수도 높은 관계 즉 +의 상관관계가 존재한다.

학력과 보수 사이에 +의 상관관계가 존재하는 이유는 물론 학력이 원인변수로서 결과변수인 보수에 영향을 미쳤기 때문일 것이다. 그렇다면 평균적으로 학력이 높아지면 보수는 얼마나 커진다고 할 수 있을까? 이를 파악하기 위해 학력과 보수의 산점도 상에 두 변수 간의 관계를 가장 잘 보여 주는 직선을 그려 보자.

이 직선을 '회귀직선'이라고 한다. 회귀직선을 식으로 나타내면 다음과 같은 형태를 가질 것이다.

$$Y=\alpha+\beta X$$

이 식이 회귀식이다. 회귀식은 X로 나타내는 원인변수(독립변수)를 우변, Y로 나타내는 결과변수(종속변수)를 좌변에 놓고, 원인변수와 결과변수의 함수 관계를 표현한 것이다. α는 절편(상수항), β는 기울기다. 둘 중에 중요한 것은 β다. β는 X가 한 단위 증가할 때 Y가 얼마나 변하는가를 보여 준다.

[그림 11-10]의 직선을 이런 함수식으로 나타낼 때 기울기 $\beta=10$만 원이라 하자. 이는 학력수준이 1년 증가할 때 평균적으로 보수가 10만 원 상승한다는 것을 의미한다. 만일 $\beta=0$이면 어떤 의미인가? 이 경우엔 X값이 어떤 값

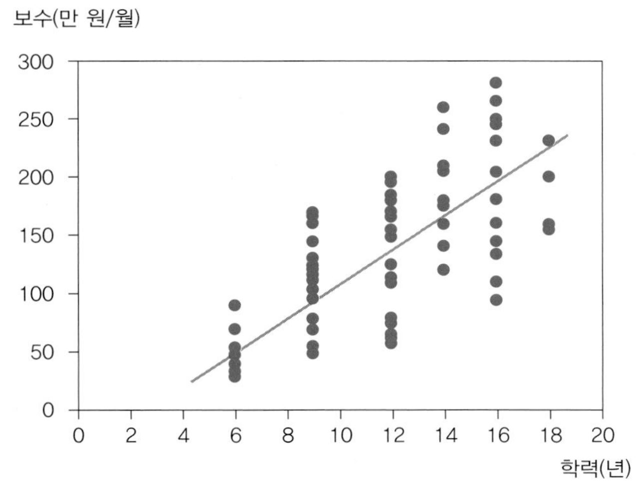

그림 11-10
학력과 보수간 산점도와 회귀직선

을 갖더라도, Y값에는 변화가 없다. 따라서 X는 Y에 아무런 영향을 미치지 않는다는 의미가 된다.

한 문장으로 정리하면, 회귀분석이란 X와 Y 관측값들로부터 α와 β 값을 추정하는 것을 의미한다.

2) 회귀직선에 대한 의문들

앞에서 회귀분석의 개요를 살펴봤다. 개요라서 많은 부분을 건너뛰었다. 그래서 실제 회귀분석에 대해 다양한 의문이 든다. 예를 들면 다음 같은 것들이다.

첫째, 회귀직선이 대강 산점도 상의 가운데를 관통한다는 것은 이해한다. 그런데 이 직선을 어떻게 찾아내는가? 어림짐작으로 가운데를 통과하는 직선을 그릴 수는 없다. 당연히 일정한 공식에 의해서 찾아야한다. 그 공식은 무엇인가.

둘째, 두 변수간의 관계가 어느 정도로 밀접해야 X와 Y 간에 관계가 있다고 할 수 있는가? 아래의 [그림 A]와 [그림 B]의 회귀직선을 비교하자. 둘 다 X와 Y 산점도의 가운데를 관통하는 직선으로 기울기와 절편은 동일하다. 하지만 그렇다고 해서 X와 Y 간에 관계가 두 경우에 동일하다고 할 수는 없다. [그림 A]에서는 X와 Y 간에 밀접한 +의 관계가 있다고 하겠지만 [그림 B]는 아니다. X와 Y 사이에 별 관계가 없는 것 같다. 많이 봐줘야 아주 약한 +관계가 있다고 하겠다. 비록 동일한 회귀직선을 얻었지만 X와 Y의 관계는 [그림 A]와 [그림 B]가 다르다. 회귀분석에서는 이러한 차이를 어떻게 구분할까.

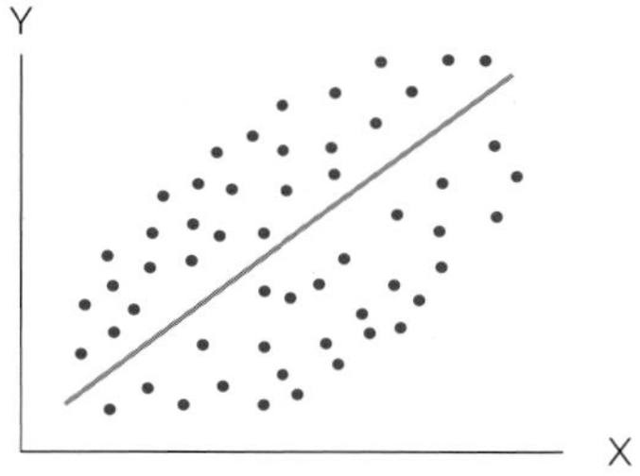

그림 A

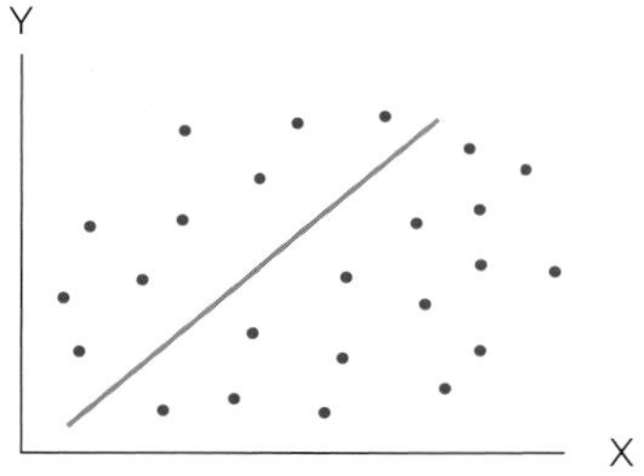

그림 B

셋째, 회귀직선으로 X와 Y 간의 인과관계를 어떻게 판단하는가? [그림 11-10]은 학력과 보수 간에 +의 상관관계가 있음을 보여준다. 그리고 두 변수 간에 인과관계가 존재한다면 당연히 학력이 원인이고 보수가 결과다. 여기까지는 좋다. 그런데 이 회귀직선이 학력과 보수 간의 인과관계를 제대로 보여준다고 할 수 있을까? 이 회귀직선의 기울기가 $\beta=10$만 원으로 나왔다면, 정말 학력이 1년 더 높으면 보수는 평균적으로 10만 원 더 많이 받는다고 할 수 있을까? 9장에서 인과관계가 존재하려면 다음의 세 조건이 충족되어야한다고 했다.

〈조건 1〉 원인은 결과보다 시간적으로 앞서야 한다. (시간적 선행성의 원칙)

〈조건 2〉 원인과 결과는 공동으로 변화해야 한다. (공동 변화의 원칙)

〈조건 3〉 결과는 원인변수에 의해서만 설명되어져야 하고, 다른 변수에 의한 설명 가능성은 배제되어야 한다. (허위적 관계 배제의 원칙)

학력과 보수 관계 예에서 〈조건 1〉과 〈조건 2〉는 충족된다고 할 수 있다. 그렇다면 〈조건 3〉은? 쉽게 판단이 서지는 않는다. 한번 따져 보자. 어떤 경우에 충족되지 않을까? 가령 연령과 학력 수준 간에 +의 관계가 있어서 연령이 높을수록 학력 수준도 높다고 해 보자. 그리고 연령이 높아지면 보수도 증가한다고 해 보자. 이 경우 학력과 보수 사이에 직접적인 인과관계가 없어도 학력과 보수 간에는 +의 상관관계가 존재하게 된다.

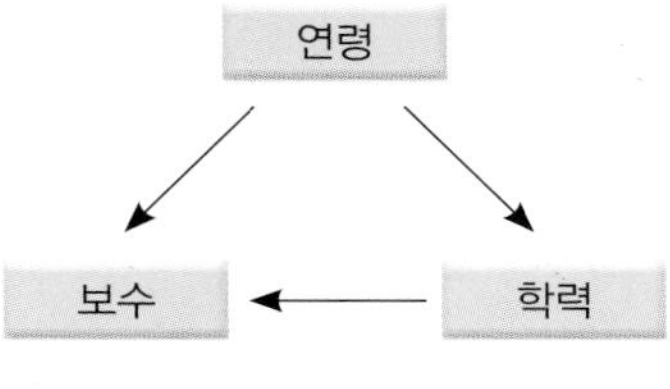

이번에는 연령이 높을수록 보수가 높아진다는 가정은 그대로 유지한 채, 연령과 학력 수준의 가정만 반대로, 즉 둘 사이에 −관계가 있어서 연령이 낮을수록 학력 수준이 높다고 해 보자. 그럼 [그림 11−10]의 기울기는 학력과 보수의 실제 인과관계를 보여줄까? 아니다. 이 경우는 실제보다 작게 나타난 것이 된다(왜 그런지는 각자 따져 보라).

이 예에서 알 수 있듯이 회귀분석의 사례가 〈조건 3〉을 충족하지 못하면, 회귀직선의 기울기는 X와 Y 간의 인과관계를 제대로 보여주지 못한다. 그렇다면 어떻게 하나.

이 세 가지 의문에 답하는 것이 회귀분석의 핵심이 된다. 이에 대해서는 본격적으로 회귀분석을 설명하는 다음 절에서 다뤄진다. 이번 절을 마치기 전에 몇 가지 문제를 풀어보자. 공직적성시험(PSAT)에서 나왔던 문제들이다. 이 문제들을 풀어 봄으로써, 회귀분석과 인과관계에 대하여 보다 잘 이해할 수 있을 것이다.

보기 11−1

다음은 10개 국가들(A−J)의 GDP 대비 노령연금급여액의 비중과 노령연금급여 지급 후 측정된 노령인구의 빈곤율 사이의 관계를 나타낸 〈그림〉이다. 회귀식으로 추정해 본 결과 GDP 대비 노령연금급여액은 노령인구의 빈곤율에 통계적으로 유의미한 영향을 주는 것으로 나타났다. 제시된 〈그림〉을 바탕으로 〈보기〉 중 옳은 것만으로 연결된 것은? (2005년 입법고시 PSAT)

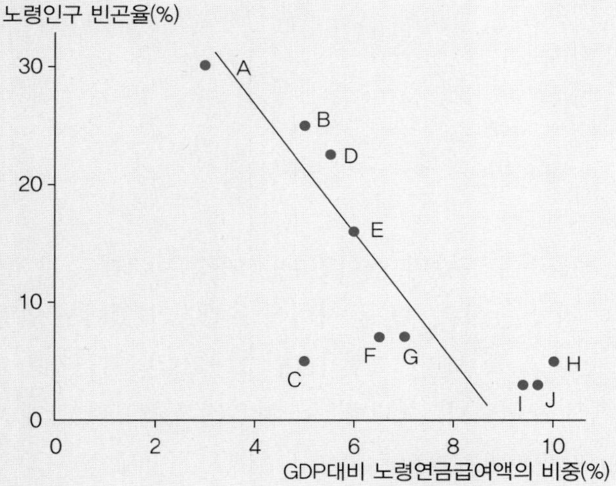

| 보기 |

가. 다른 조건이 동일하다면 C국가는 B국가에 비해 노령인구의 빈곤율을 낮추는 데 더 효과적인 노령연금정책을 가지고 있다.

나. GDP대비 노령연금급여액의 비중이 낮을수록 노령인구의 빈곤율은 높다.

다. 다른 조건이 동일하다면 H국가는 C국가에 비해 노령인구의 빈곤율을 낮추는 데 더 효과적인 노령연금정책을 가지고 있다.

① 가　　② 가, 나　　③ 가, 다
④ 나, 다　　⑤ 가, 나, 다

일단 문제를 이해하도록 하자. 여기서는 'GDP대비 노령연금급여액' 수준이 '노령인구 빈곤율' 크기에 영향을 준다는 가정 하에 'GDP대비 노령연금급여액'을 독립변수인 X, '노령인구 빈곤율'을 종속변수인 Y로 하는 회귀식 $Y=\alpha+\beta X$를 설정하고, 10개 국가의 자료를 이용하여 추정한 후, 그 결과를 그림으로 나타낸 것이다. 그림을 보면 β의 추정값은 −로 나와서 'GDP대비 노령연금급여액'이 많은 국가일수록 '노령인구 빈곤율'이 낮은 관계가 있음을 알 수 있다.

한편 보기의 '가'와 '나' 에서 '다른 조건이 동일하다'는 전제가 나오는데 이의 의미에 대하여 잠깐 짚고 넘어 가자. '다른 조건이 동일하다'는 것을 영어로는 'other things being equal,' 라틴어로는 'ceteris paribus'라고 하는데 경제학 등에서 흔히 가정되는 조건이다. 이 조건을 보다 길게 기술하면 '관심 갖는 독립변수 이외에 종속변수에 영향을 미치는 다른 변수들의 효과는 각 국가 간에 동일하다'라는 말로서, 이는 관심 갖는 변수의 순효과만을 파악하기 위한 것이다. 무슨 말인가? 가령 B국가와 C국가의 1인당 GDP는 동일한데 고령화율은 B국가가 C국가의 4배라고 하자. 그림에서 B국가와 C국가의 GDP 대비 노령연금액 비중은 동일하다. 노령연금액 비중은 동일한데 B국가의 노인 비중이 C국가의 4배라는 것은 B국가의 노인 1인당 연금지급액은 C국가의 1/4 수준이라는 것을 의미한다. 연금지급액이 그렇게 다르니 B국가의 노인 빈곤율이 C국가보다 훨씬 높은 것은 어찌 보면 당연하다. 즉 다른 조건이 동일하지 않다면 C국가는 B국가에 비해 노인 빈곤율을 낮추는 데 더 효과적인 노령연금정책을 가지고 있다고 할 수 없다. 또 다른 경우로서 연금수준이 높은 국가는 그만큼 복지에 대한 관심이 높은 국가여서 공적부조 등 빈곤 감소를 위한 다른 정책들도 높은 수준으로 실행하고 있다고 하자. 이 경우 노령연금 수준 자체는 노인 빈곤율과 별 관련이 없더라도, 노령연금수준과 노인빈곤율 간에는 −관계가 나타날 수 있다.

이처럼 '다른 조건이 동일하다'는 가정을 통해 노령빈곤율에 영향을 미치는 다른 정책들의 효과는 국가 간에 동일하다고 해야만 〈그림〉처럼 노령연금수준과 노인빈곤율 간에 −관계가 나타난 것이 전적으로 노령연금수준이 노인빈곤율에 미친 영향 때문이라고 해석할 수 있는 것이다. 즉 '다른 조건이 동일하다'고 가정하는 것은 9장에서 설명한 허위적 관계 배제의 원칙(다른 변수에 의한 설명 가능성은 배제되어야 한다)이 충족됨을 가정하는 것과 동일하다.[6]

여기까지 이해했으면 이제 문제를 풀어 보자. 보기에서 '가'는 맞다. '다른 조건이 동일하다' 고 했으므로 〈그림〉의 관계는 노령연금정책이 노령빈곤율에 미치는 영향을 보여 준다. C국가와 B국가의 노령연금정책 수준은 거의 유사하다. 하지만 노령빈곤율은 C국가가 훨씬 낮다. 따라서 C국가의 노령연금정책이 빈곤율을 낮추는 데 더 효과적이라고 할 수 있다.

'나'도 맞다. 물론 개별적으로는 예외가 있지만, 전체적인 경향은 노령연금

6 되풀이하지만, 사회현상의 인과관계 분석에서 허위적 관계 배제의 원칙이 완벽하게 충족되는 경우는 많지 않다. 따라서 '다른 조건이 동일하다'는 가정은 그다지 현실성 있는 가정은 아니다.

급여액 비중이 낮을수록 노령 빈곤율은 높다.

'다'는 틀렸다. C국가와 H국가의 노령 빈곤율은 거의 유사하다. 하지만 노령연금급여 수준은 C국가가 훨씬 낮다. 즉 C국가는 H국가보다 훨씬 낮은 수준의 노령연금지출만으로도 H국가와 동등한 수준의 노령 빈곤율을 유지하고 있다. 따라서 C국가의 노령연금정책이 빈곤율을 낮추는 데 더 효과적이다.[7] 따라서 정답은 ②가 되겠다.

보기 11-2

이 문제도 2005년 입법고시 PSAT 기출문제인데 〈보기 11-1〉과 유사해 보이지만 조금 다른 함의가 있다. 그리고 사실 좀 논란의 소지도 있다. 왜 그런지 한번 풀어 보자.

다음 3개 〈그림〉은 개인주의, 권위주의 및 대인 간 신뢰와 국가투명성 간의 관계를 나타낸 것이다. 이 〈그림〉에서 각 점들은 각 나라들을 의미하며, 그 중 몇몇 나라들에만 이름을 적어 넣은 것이다. 이 〈그림〉에 대한 설명으로 가장 옳지 않은 것은?

[그림 1] 개인주의와 국가투명성

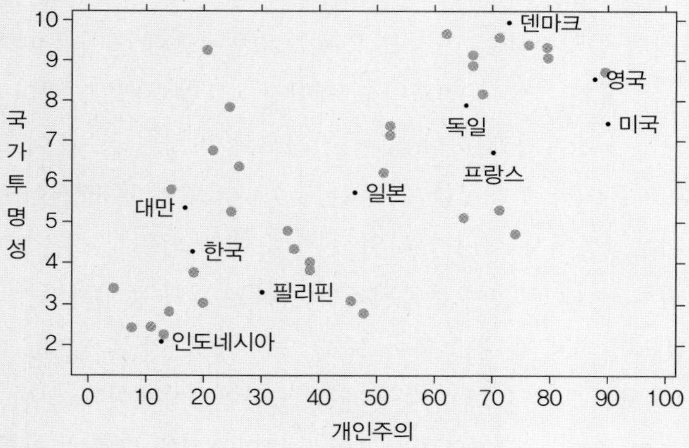

7 물론 '다른 조건이 동일하다'는 전제는 '가'의 경우와 마찬가지다.

[그림 2] 권위주의와 국가투명성

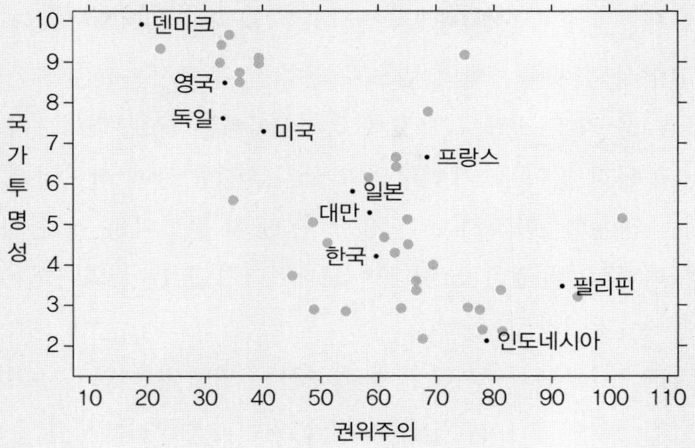

[그림 3] 대인 간 신뢰와 국가투명성

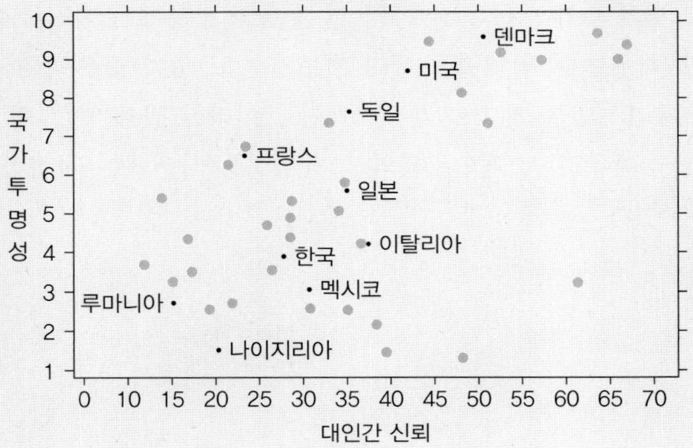

① 일본을 기준으로 볼 때, 국가투명성과 개인주의가 높은 나라들과 낮은 나라들을 분리하여 따로 분석해도 국가투명성과 개인주의 간의 상관관계가 높게 나올 가능성이 크다.

② 개인주의가 증가할수록 권위주의가 감소할 가능성이 크다.

③ 높은 대인 간 신뢰가 높은 국가투명성의 원인이라고 말할 수는 없다.

④ 개인주의 성향이 높은 나라가 국가투명성이 더 높은 경향이 있다.

⑤ 일본을 기준으로 볼 때, 대인 간 신뢰와 국가투명성이 높은 나라들보다 낮은 나라들의 산포가 더 크다.

①-⑤까지 제시된 선택지들을 검토해 보자.

먼저 ①번. [그림 1]을 보면 전체적으로는 개인주의와 국가투명성 간에는 +의 상관관계가 있는 것처럼 보인다. 하지만 일본을 지나는 수직선과 수평선을 그어서 전체를 4개의 면으로 분할한 후 1사분면(오른쪽 위)과 3사분면(왼쪽 아래)을 각각 별개로 보도록 하자. 이때는 1사분면과 3사분면 모두 각 국가들이 흩어져 있어서, 개인주의와 국가투명성 간에 상관관계가 있는 것처럼 보이지는 않는다. 따라서 ①은 틀렸다. ①이 틀렸다는 건 쉽게 알 수 있지만, 그보다 더 중요한 것은 그렇다면 도대체 [그림 1]이 의미하는 것은 무엇인가를 이해하는 것이다.

각각 1사분면과 3사분면에 위치한 국가들의 이름을 보면, 대체로 1사분면은 선진국들이고 3사분면은 후진국(또는 중진국)들일 것 같다. 이 경우 [그림 1]은 선진국들은 개인주의와 국가투명성이 높고, 후진국(또는 중진국)들은 개인주의와 국가투명성 낮다는 것을 보여주는 것으로 해석할 수 있다. 이는 아래 그림처럼 개인주의와 국가투명성 간의 관계에서 선진국 여부가 9장에서 논의한 '허위변수'의 역할을 했기 때문일 수도 있다(물론 다른 경우도 가능하다. 어떤 경우가 가능할 지 각자 생각해 보자). 이러한 관계가 [그림 1]과 같은 현상이 나타난 이유라면, 개인주의와 국가투명성 사이에는 직접적인 관계는 없음을 알 수 있다.

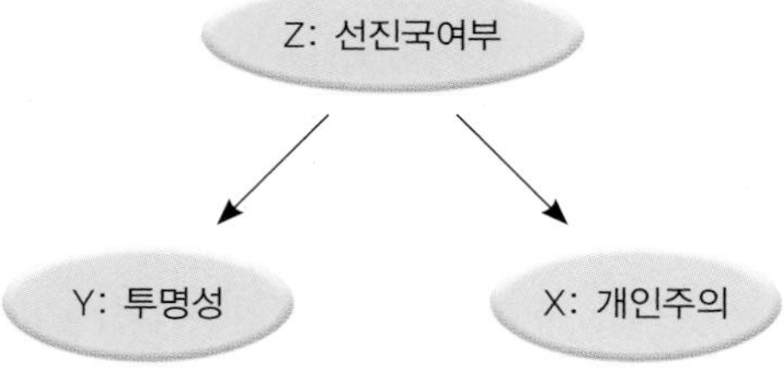

글쎄, 선진국 여부, 국가투명성, 개인주의라는 세 변수 간의 실제 관계가 어떤 것인지에 대해서는 좀 더 고민해 봐야 할 것 같다. 하지만 개인주의가 (선진국 여부에 상관없이) 국가투명성에 직접 영향을 미친다면, 최소한 선진국들 내에서도 개인주의의 차이에 따라 국가투명성에 차이가 있어야 하고, 후진국 내에서도 개인주의의 차이에 따라 국가투명성에 차이가 있어야 한다(다른 말로 하면 '선진국 여부'라는 변수의 영향을 통제한 뒤에도 개인주의와 국가투명성 사이에 인과관계가 존재해야 한다).

다음은 ②번. 「개인주의가 증가할수록 권위주의가 감소할 가능성이 크다」라고 주장하고 있는데 맞는 말인가? 일단 선진국 여부라는 제3의 변수의 영향을 고려하지 않는다면, [그림 1]은 대체로 개인주의와 국가투명성 간에 +의 상관관계가 존재하는 것으로 해석할 수 있다. 그리고 [그림 2]는 권위주의와 국가투명성 간에 −의 상관관계가 존재하는 것으로 해석할 수 있다. 그렇다면 개인주의가 증가할수록 권위주의가 감소할 가능성이 크다는 것은 맞는 주장일까? 9장에서 배운 내용을 상기하자. 이 주장이 맞으려면, 엄격하게 따지자면, 두 가지 조건이 충족되어야 한다. 첫째는 개인주의와 권위주의 간에는 −의 상관관계가 존재해야 하며, 둘째는 −관계가 존재하는 이유가 '개인주의'가 독립변수로서 '권위주의'라는 종속변수에 영향을 미치기 때문이어야 한다.

개인주의와 권위주의 간에는 −의 상관관계가 존재한다고 할 수 있을까? 꼭 그렇지는 않다. 개인주의와 국가투명성 간에 +상관관계가, 권위주의와 국가투명성 간에 −상관관계가 존재한다고 해서, 반드시 개인주의와 권위주의 사이에 −상관관계가 존재한다고 할 수는 없다. 왜 그런가? 예를 들어서 머리가 좋은 학생은 그렇지 않은 학생보다 공부를 잘 하는 경향이 있을 것이며, 착실한 학생은 그렇지 않은 학생보다 공부를 잘하는 경향이 있을 것이다. 즉 머리와 성적 간에는 +관계가, 성실성과 성적 간에도 +관계가 존재하지만 그렇다고 해서 머리와 성실성 간에 +의 관계가 존재한다고 할 수 있겠는가? 아래 그림과 같이 머리와 성실성은 (상호간에 별 관련성이 없는) 독립변수들로서 각각 성적에 영향을 미칠 것이다. 따라서 머리와 성실성 사이에 어떤 관계가 존재할 이유는 없다. 물론 개인주의와 권위주의 사이에는 −의 관계가 있을 것 같기는 하다. 하지만 주의할 것은 이는 이론 또는 상식 등으로부터 판단한 것이지, [그림 1]과 [그림 2]만으로 도출될 수 있는 판단은 아니라는 점이다.

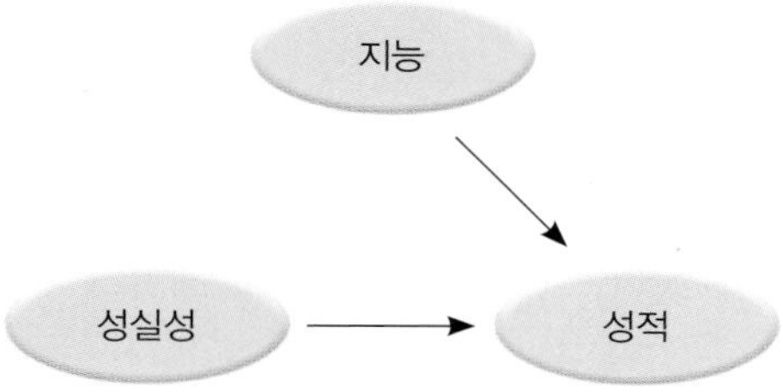

하지만 건전한 상식(!)에 의해서, [그림 1]과 [그림 2]는 개인주의와 권위주의 간에 −의 상관관계가 존재함을 보여주는 것으로 해석하다면, 이러한 관

계가 '개인주의'가 독립변수로서 '권위주의'라는 종속변수에 영향을 미치기 때문이라고 할 수 있을까? 이거야 말로 정말 이론과 상식으로 판단해야 한다. 이는 상관관계의 존재로부터 인과관계의 존재를 주장하려는 것이기 때문이다. 개인주의가 증가하면 권위주의가 감소할까? 글쎄…, 상식적으로 생각하면 개인주의가 증가하면 권위주의가 감소할 것 같기는 하다.

이상의 논의를 정리하면, 「개인주의가 증가할수록 권위주의가 감소할 가능성이 크다」는 ②번의 주장은 옳은 것일까 아닐까? 이 주장 자체는 옳을 것 같기는 하다. 하지만 이러한 판단의 근거는 [그림 1]과 [그림 2]에 의해서만 도출될 수 없으며, 거기에다 이론이나 상식적인 판단이 더해져야만 내릴 수 있다.

그렇다면 ②번은 옳다는 건가 틀렸다는 건가? 이 문제를 누가 출제했는지 모르겠지만 상당히 영리하다. 일단 ②번의 주장은 개인주의가 증가할수록 권위주의가 '감소한다'가 아니라 '감소할 가능성이 크다'로 되어 있다. 만일 '감소한다'로 되어 있으면 볼 것 없이 ②번은 틀렸다. 하지만 '감소할 가능성이 크다'는 것은 감소하지 않는 경우도 포함하고 있기 때문에 틀렸다고 하기는 어렵다. 그리고 문제에서는 가장 옳지 않은 것을 고르라고 했다. 즉 ②번이 완전히 옳다고 하기는 어렵지만 ①번은 ②번에 비해서 좀 더 명확하게 틀렸다. 따라서 '가장' 옳지 않은 것을 고르라면 ②번보다는 ①번이 정답이 되겠다. 참으로 교묘하지 않은가!

이미 답은 나왔지만 남은 선택지도 한번 검토해 보자. ③번을 보자. 「높은 대인 간 신뢰가 높은 국가투명성의 원인이라고 말할 수는 없다」. 이것도 만일 '높은 대인 간 신뢰는 높은 국가투명성의 원인이 아니다'라고 했으면 볼 것 없이 틀렸다. 또는 '원인이다'라고 했어도 틀렸다. 하지만 '원인이라고 말할 수는 없다'라는 것은 원인일수도 아닐 수도 있다는 애매한 말이니 나도 ③번이 '틀렸다고 말할 수는 없다.'

사실은 말의 유희 때문이 아니라, ③번의 의미는 내가 입이 아프도록 설명했던 것, 즉 '상관관계의 존재가 반드시 인과관계의 존재를 의미하는 것은 아니다'라는 것을 다르게 표현한 것이므로 맞는 말이다. 덧붙여서 상식적으로 생각하더라도 신뢰와 국가투명성 간에 +관계가 있을 것 같기는 하지만, 투명성 높은 것이 꼭 신뢰가 높기 때문이라고 하기는 어려울 것이다.

④번과 ⑤번은 그림을 보면 맞는 말이라는 것을 쉽게 알 수 있을 것이다.

3. 회귀분석의 방법

1) 회귀모형의 기본구조

이론을 설명할 때는 그 자체를 직접 풀이하는 것보다 사례를 들면 좀 더 이해하기 쉬운 법이다. 그러니 우리도 사례를 통해 회귀분석 이론을 알아보자. 사용할 사례는 상관관계 설명 때 예로 들었던 식비지출과 소득과의 관계이다.

가구의 식비지출액은 소득에 따라 어떻게 변할까? 상식적으로 생각하면 소득이 증가할수록 식비지출액도 커지는 경향이 있을 것이다. 즉 소득 차이라는 원인에 의하여 식비지출액 차이라는 결과가 발생할 것이다. 이러한 인과관계를 수학적으로 표현하면 '식비지출액은 소득의 함수이다'가 된다. 식비지출액을 Y, 소득을 X라 하면 식으로는 $Y=f(X)$와 같이 나타낼 수 있다. $f(\ )$는 함수 관계를 나타내는 기호이다. 식비지출액이 소득의 함수라는 것은 식비지출액은 소득에 의하여 결정된다는 뜻이다. 소득이 식비지출액을 결정한다는 의미에서 소득을 독립변수, 식비지출액을 종속변수라고 부른다.

회귀분석의 첫 단계는 X와 Y의 관계를 나타내는 $f(\ )$를 결정하는 것이다. 함수 형태를 결정하려면 우선 자료를 살펴보는 것이 좋다. 이를 위한 자료는 〈표 11-2〉에 제시되어 있다. 50개 가구의 1년간 소득과 식비지출액 가상 자료이다. 이 50개 가구는 대한민국 도시 가구 중에서 무작위로 추출된 것이라 가정하자.

표 11-2 가계식비지출 관련 변수

식비(만 원)	월소득(만 원)	가족수	맞벌이
21	205	2	0
35	211	5	0
60	222	2	1
41	230	2	0
92	239	4	1
64	255	5	0
27	262	2	0
52	275	2	1
50	283	2	1
36	304	5	0
47	316	2	1

25	319	3	0
97	323	4	1
91	335	5	1
59	339	2	1
42	345	2	0
63	346	2	1
113	349	6	1
47	367	2	1
64	372	4	1
65	375	6	0
38	383	3	0
94	384	2	1
56	405	2	1
52	409	4	0
72	434	2	1
41	434	2	0
62	436	3	1
66	445	2	1
91	448	3	0
68	476	6	0
65	482	3	1
105	494	3	0
73	497	5	0
69	500	2	1
68	515	5	0
110	530	6	1
90	533	3	1
62	540	2	1
79	542	4	1
90	542	3	1
70	560	5	0
79	563	4	0
131	567	3	1
63	571	2	0
70	596	2	1
119	627	5	0
95	636	3	1
75	656	2	1
113	670	4	0

이 50개 가구의 소득과 식비지출액 조합을 그래프에 나타낸 것이 [그림 11-11]이다. 이를 보면 대체로 소득이 많은 가구는 식비지출액도 많은 경향이 있음을 알 수 있다. 물론 둘 간의 관계에서는 소득이 원인 변수, 식비지출액이 결과 변수일 것이다.

[그림 11-11]에 제시된 소득과 식비지출의 관계를 보여주는 함수식은 어떤 형태가 적합할까? 이 둘 사이의 관계가 어떤 함수 형태를 갖는다는 것이 미리 알려져 있다면 그 형태를 취하면 된다. 하지만 그런 경우는 흔하지 않다. 따라서 연구자 스스로 둘 사이의 관계에 대한 적합한 형태를 가정해야 한다. 그렇다면 어떤 형태가 적절할까? 먼저 결정할 것은 소득과 식비지출의 함수관계가 직선 형태를 갖는 것으로 가정할 것인가, 아니면 다른 형태(예. 곡선)를 갖는 것으로 가정할 것인가이다.

일반적으로 회귀분석에서는 직선 형태를 가정한다. 독립변수와 종속변수의 함수형태를 직선으로 가정하는 회귀분석을 선형회귀분석이라고 한다. 변수 간 관계를 직선으로 가정하면 형태가 단순하여 추정이 쉽고 결과 해석도 용이하다. 그래서 선형회귀분석은 가장 널리 사용되는 회귀분석기법이다. 일반적으로 회귀분석이라고 하면 선형회귀분석을 지칭한다.

독자들 중에는 '사회현상에는 독립변수와 종속변수의 관계가 직선이 아닌 경우도 많지 않을까? 그렇다면 선형회귀분석은 적용될 수 있는 영역이 매우 제한적이지 않을까?' 라고 생각하는 신중한 사람도 있을 것이다. 맞다. 그런데

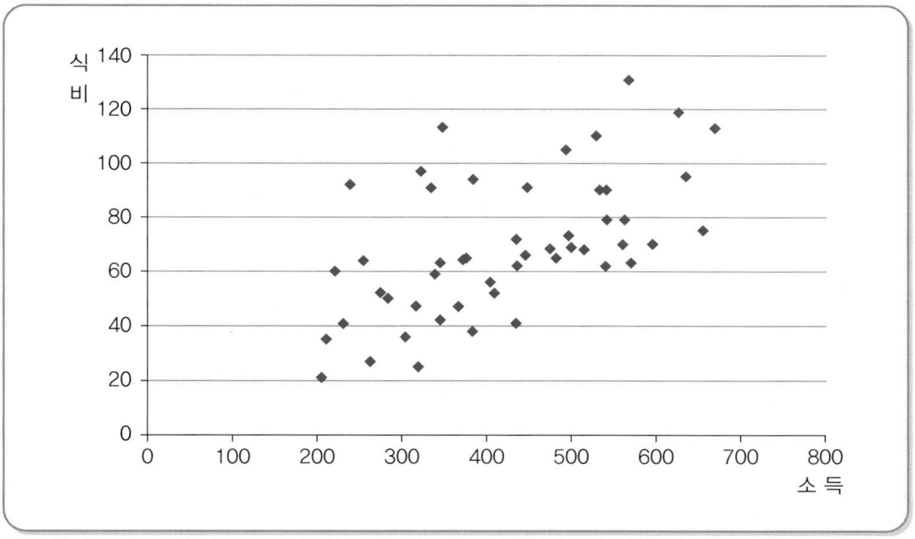

그림 11-11
소득과 식비지출액 간의 산점도

원래의 독립변수와 종속변수의 관계는 선형이 아니지만 변수 형태를 전환(예로는 로그를 취하거나 제곱을 취하는 것이 있다)하면 형태 전환된 변수 간에는 선형관계가 성립하는 경우도 많아서 실제로 선형회귀분석의 적용 영역은 꽤 넓다. 그러나 신중한 독자의 염려처럼 실제로는 선형관계가 아닌데도 선형으로 가정하여 분석하는 경우도 제법 많기 때문에 상당한 주의가 필요하다.

소득과 식비지출과의 함수관계를 직선 형태로 가정하면 〈수식 11.1〉과 같이 나타낼 수 있다.

$$Y = \alpha + \beta X \quad \text{〈수식 11.1〉}$$

α는 절편(상수항), β는 기울기로서 소득과 식비지출액과의 관계를 나타내주는 특정한 숫자이다. 미지의 값이며 우리가 표본 자료를 갖고 추정해야 할 모집단의 특성이다. 이제 할 일은 표본, 즉 〈표 11-2〉의 자료로부터 α와 β 값을 알아내는 것이다.

α와 β 값 중에서 중요한 것은 β 값이다. X와 Y 간의 관계는 β 값에 의해 판단하기 때문이다. 둘 간의 인과관계, 더 정확히는 상관관계의 존재 여부는 이 값이 0인가 여부를 판단함으로써 가능하다. 이 값이 0이면 독립변수인 소득 X가 어떤 값을 취하든 종속변수인 식비지출액 Y는 α로 고정된 채 변하지 않는다. 따라서 둘 사이에는 아무런 관계가 없는 것이 된다.

〈수식 11.1〉이 X와 Y 사이의 인과관계를 제대로 보여준다면(즉 허위관계 배제의 원칙이 충족된다면), β 값은 X가 1 단위 증가할 때 Y는 얼마나 변하는가를 보여 준다 예를 들어 β 값이 0.1이라 하자. 이 경우 소득이 100만 원 증가하면 식비지출액은 10만 원 증가함을 알 수 있다.

α 값은 어떤 의미를 가질까? α는 독립변수가 0일 때 종속변수의 값이다. 독립변수를 X축, 종속변수를 Y축으로 하는 그래프 상에 〈수식 11.1〉의 직선을 표시하면 α는 직선이 Y축과 만나는 점이 된다. 그래서 α를 절편이라고도 부르고 상수항이라고도 부른다.

독립변수가 0일 때의 종속변수 값이라는 것이 어떤 의미를 지닐까? 기계적으로 해석하면 우리 사례의 경우 소득이 0인 가구의 식비 지출액을 보여준다. 그럴 수도 있다. 소득이 없어도 먹기는 해야 할 테니까. 그런데 주의할 것이 있다. 이는 실제로 소득이 0인 가구들의 자료로부터 추정된 것이 아니라는 점이다. 우리 사례에서 가구소득의 최솟값은 205만 원이며, 0인 가구는 없다.

따라서 소득이 0인 가구의 식비지출액이라는 것은 허구의 개념이며 별 의미가 없다.[8]

[그림 11-11]에서 X와 Y의 관계를 가장 잘 나타내주는 직선을 그린다면, 내가 보기에는 그 직선의 절편, 즉 α는 0에 가깝거나 어쩌면 −의 값을 가질 것 같다. 그럼 이게 무슨 의미인가? 소득이 0인 가구는 식비지출을 −로 한다? 도대체 말이 안 된다. 회귀분석에서 상수항 α는 그냥 기울기인 β를 구하다 보니까 곁다리로 도출되는 값일 뿐이다. 절편 α가 그 자체로는 의미가 없지만 하나의 모형에서 둘 이상의 회귀직선이 도출될 때 각 절편의 차이는 중요한 의미를 갖는다. 이는 뒤에서 설명한다.

2) 회귀직선의 추정

(1) 모회귀직선과 추정회귀직선

β와 α 값을 추정할 때 먼저 확실히 해야 할 것이 있다. β와 α의 참값은 결코 알 수 없다는 점이다. β와 α는 모집단에서 독립변수인 소득과 종속변수인 식비지출액의 관계를 보여 주는 값들이다. 즉 모집단의 특성값이다(이를 모수라고 한다). 당연한 말이지만 우리는 모집단의 특성값은 알 수 없으며, 단지 주어진 표본의 특성값으로부터 모집단의 특성값을 추정할 수 있을 뿐이다. 그러므로 β와 α 값을 알아낸다는 것은 이들의 참값을 알아낸다는 것이 아니라 표본자료의 분석을 통하여 이 값들을 추정한다는 것뿐이다. 이와 같이 표본자료로부터 추정한 값을 모집단의 특성값과 구별하기 위하여 b, a처럼 영문자로 표기하거나 혹은 $\hat{\beta}$, $\hat{\alpha}$과 같이 ^(hat) 표시를 붙인다. ^은 추정값임을 나타내는 표시다. 나는 둘 중에서 ^을 붙이는 것을 더 선호한다.

(2) 회귀직선을 추정하는 논리

β와 α의 추정값인 $\hat{\beta}$과 $\hat{\alpha}$는 어떻게 구하나. 이를 구한다는 것은 주어진 표본으로부터 X와 Y 간의 관계를 가장 잘 보여주는 직선을 결정하는 것이다. 다른 말로 표현하면 X와 Y 간의 관계를 가장 잘 나타내주는 기울기와 절편을 찾는 것이다. 이 직선의 절편이 $\hat{\alpha}$, 기울기가 $\hat{\beta}$, 즉 $Y=\hat{\alpha}+\hat{\beta}X$가 된다. 표본자료

8 만일 실제로 소득이 0인 가구가 다수 존재한다면, 절편은 소득이 0인 가구들의 평균적인 식비지출이라는 실질적 의미를 가질 수 있다. 그러나 이 경우도 절편 자체보다는 기울기의 의미가 훨씬 중요하다. 다양한 소득구간에서 특별히 소득이 0인 경우만 관심을 가질 이유는 별로 없다.

로부터 도출한 회귀직선$Y=\hat{\alpha}+\hat{\beta}X$과 모집단의 회귀직선 $Y=\alpha+\beta X$를 구분하기 위하여 $Y=\alpha+\beta X$를 모회귀직선, $Y=\hat{\alpha}+\hat{\beta}X$를 표본회귀직선이라 부르기도 한다. 마찬가지로 β와 α를 모회귀계수, $\hat{\beta}$와 $\hat{\alpha}$를 표본회귀계수라 부르기도 한다. 다시 말하지만, 모회귀직선은 당연히 알 수 없다. 표본자료로부터 표본회귀직선을 구할 수 있을 뿐이다. 즉 표본회귀직선은 모회귀직선의 추정값(혹은 추정선)이다.

어떤 직선이 [그림 11-11]의 자료들과 가장 잘 부합하는 직선일까? 한 번 연필과 자를 갖고 [그림 11-11]에다가 직접 직선을 그어 보자. 50개의 점들을 관통하면서, 이 점들로부터 소득과 식비지출의 관계를 가장 잘 나타내줄 수 있는 직선 말이다. 철수와 영희가 각각 그은 직선이 [그림 11-12]와 같다고 하자.

철수가 그은 것이 직선 1이고 영희가 그은 것이 직선 2라고 하자. 두 직선 중 어느 것이 좀 더 자료들과 부합할까? 즉 어느 것이 소득과 식비지출의 관계를 더 잘 보여줄까? 누구한테 물어보더라도 직선 1이 소득과 식비지출의 관계를 더 잘 보여 준다고 대답할 것이다.

직선 1이 직선 2보다 소득과 식비지출의 관계를 더 잘 나타낸다고 판단한 이유는 각 점들과 직선 사이의 거리가 대체로 직선 2보다는 직선 1에서 더 가깝기 때문이다. 주어진 자료들과 가장 잘 부합하는 직선(즉 주어진 자료로부터 독립변수와 종속변수의 관계를 가장 잘 보여주는 직선)은 각 점과의 평균적인 차이

그림 11-12

식비와 소비지출 간의 관계를 요약하는 두 개의 직선

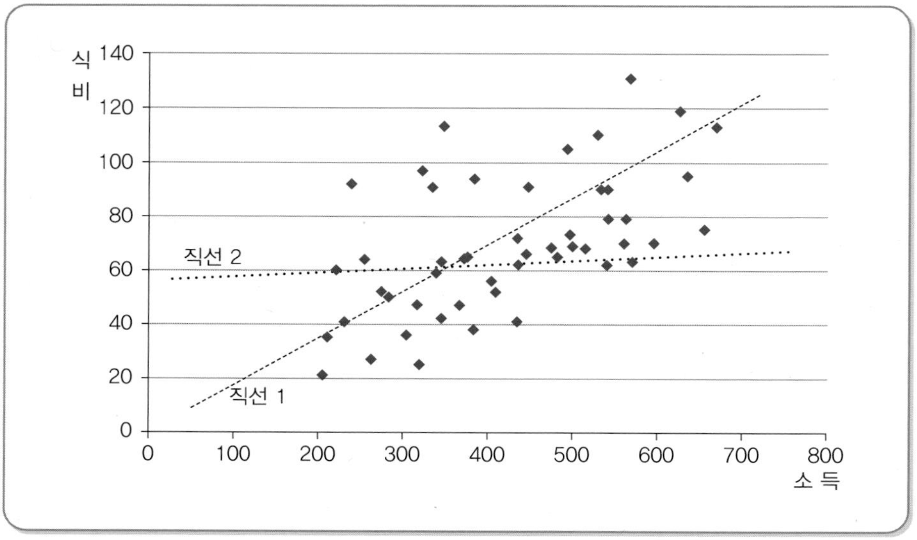

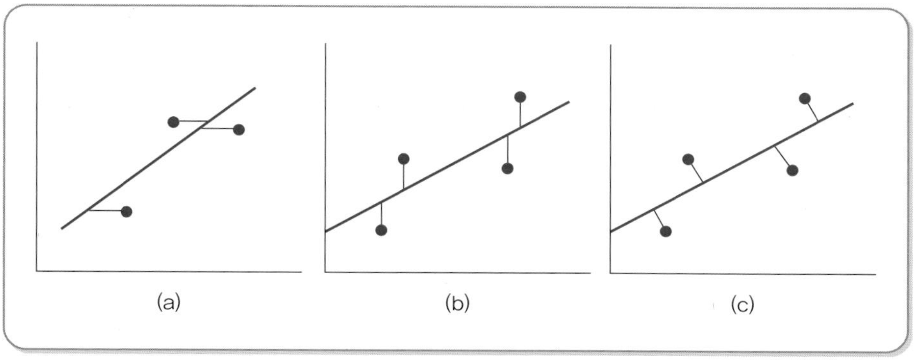

그림 11-13
가능한 회귀직선의 추정 방법

를 최소화하는 직선이라고 할 수 있다.

개별 점들과 직선과의 차이는 몇 가지 방법으로 구할 수 있다. [그림 11-13]에서 보듯 각 점들과 수평적인 차이, 각 점들과 수직적인 차이, 각 점들과 직선이 직각을 이룰 때의 차이가 가능하다. 회귀직선을 추정할 때는 이 중에서 수직 차이, (b)를 사용한다. 그 이유는 식비지출액 Y가 소득 X에 의하여 결정되는 것으로 가정하기 때문이다. 즉 회귀직선이란, 일단 소득이 먼저 있고 각각의 소득 수준에서 기대되는 식비지출액이 얼마인지를 나타내 주는 직선이기 때문이다.

특정 소득 X_i에서 실제 식비지출액이 Y_i 라면, 회귀직선에 의해 추정된 식비지출액은 $\hat{Y}_i$로 나타낼 수 있다. 실제값과 추정값과의 차이 즉 $(Y_i - \hat{Y}_i)$는 일종의 오차인데, 회귀분석에서는 이를 잔차(residual)라고 부르며 e_i로 표기한다(왜 오차가 아니라 잔차라고 부르는지는 뒤에서 설명한다). 따라서 회귀직선을 추정한다는 것은 잔차 $e_i = (Y_i - \hat{Y}_i)$들을 최소화하는 직선을 찾는 것이 된다.

회귀직선 위에 있는 자료들의 잔차값은 +, 아래 있는 자료들의 잔차값은 −다. 그러니 개별 잔차들을 그냥 더한 값을 최소화하는 의미가 없다(회귀직선을 자료들보다 높이 그릴수록 − 잔차가 늘어서 합은 작아진다). 따라서 개별 잔차의 절댓값을 합하거나 개별 잔차를 제곱해서 합해야 한다. 분산(표준편차)을 구할 때 그랬듯이 회귀직선을 구할 때도 제곱합을 사용한다.[9] 즉 회귀직

9 절댓값의 합 대신 제곱합을 최소화하는 직선을 찾는 것은 나름 통계이론에 근거한 것이다. 하지만 이에 대한 설명은 다소 어렵기 때문에 여기서는 생략한다. 대신에 좀 더 직관적인 설명을 하자면, 오차 절댓값의 합을 최소화하는 직선은 여러 개가 존재할 수 있다는 것도 한 이유가 된다(그런 경우를 한 번 생각해 보라). 어쨌든 제곱을 하면 원래의 오차의 크기가 증폭된다. 그래서 제곱합을 최소화한다는 것은 오차가 큰 관측지에 대하여 큰 가중치를 주고, 오차가 작은 관측치에 대해 작은 가중치를 주고서 최소화하는 셈이 된다. 어떤 면에

선을 추정하는 것은 〈수식 11.2〉를 최소화하는 직선을 구하는 것, 다시 말해서 〈수식 11.2〉를 최소화하는 직선의 기울기($\hat{\beta}$)와 절편($\hat{\alpha}$)을 추정하는 것이다. 잔차의 제곱합을 최소화하는 직선을 찾는다는 의미에서 최소제곱법(Least Squares Method)이라고 한다.

$$\sum e_i^2 = \sum (Y_i - \hat{Y}_i)^2 \qquad \text{〈수식 11.2〉}$$

최소제곱법(Least Squares Method)으로 구하기

추정된 회귀직선의 기울기와 절편은 $\hat{\beta}$과 $\hat{\alpha}$이다. 따라서 $\hat{Y}_i = \hat{\alpha} + \hat{\beta} X_i$ 로 나타낼 수 있다. 〈수식 11.2〉에서 $\hat{Y}_i$를 $\hat{\alpha} + \hat{\beta} X_i$로 대체하면 잔차 제곱합은 〈수식 11.3〉처럼 된다.

$$\sum_{i=1}^{n} (Y_i - \hat{\alpha} - \hat{\beta} X_i)^2 \qquad \text{〈수식 11.3〉}$$

미분을 사용하면 〈수식 11.3〉을 최소화하는 $\hat{\beta}$과 $\hat{\alpha}$를 구할 수 있으며, 이 $\hat{\beta}$과 $\hat{\alpha}$이 β와 α의 최소제곱 추정값이다. 이를 구하는 구체적인 방법은 부록에 제시했다.

〈표 11-2〉의 자료에서 〈수식 11.3〉을 최소화하는 $\hat{\beta}$과 $\hat{\alpha}$을 구하면 $\hat{\beta} = 0.115$, $\hat{\alpha} = 20.578$이 된다. 즉 회귀직선은 〈수식 11.4〉와 같이 되며, 이를 그림으로 나타내면 [그림 11-14]와 같다.

$$\hat{Y} = 20.578 + 0.115X \qquad \text{〈수식 11.4〉}$$

최소제곱법으로 추정하는 것을 통상은 OLS(Ordinary Least Squares)라고 부른다. 즉 최소제곱 앞에 Ordinary라는 말을 덧붙인다. 비록 Ordinary라는 단어를 덧붙였지만 우리말로는 그냥 최소제곱법이라고 부르는데, 그보다는 그냥 영어 약칭인 OLS 라는 용어를 더 많이 사용한다.

이제 〈수식 11.4〉로 추정된 회귀직선, 즉 OLS 회귀직선의 의미를 따져 보자.

서는 작은 오차와 큰 오차를 동시에 줄일 수 없다면, 큰 오차를 줄이는 데 좀 더 비중을 둔다는 것은 나름대로 타당성이 있다고도 할 수 있다. 하지만 이 때문에 기울기 추정값이 이상치(outlier)의 영향을 많이 받는다는 문제가 있다(부록2 논의 참조)

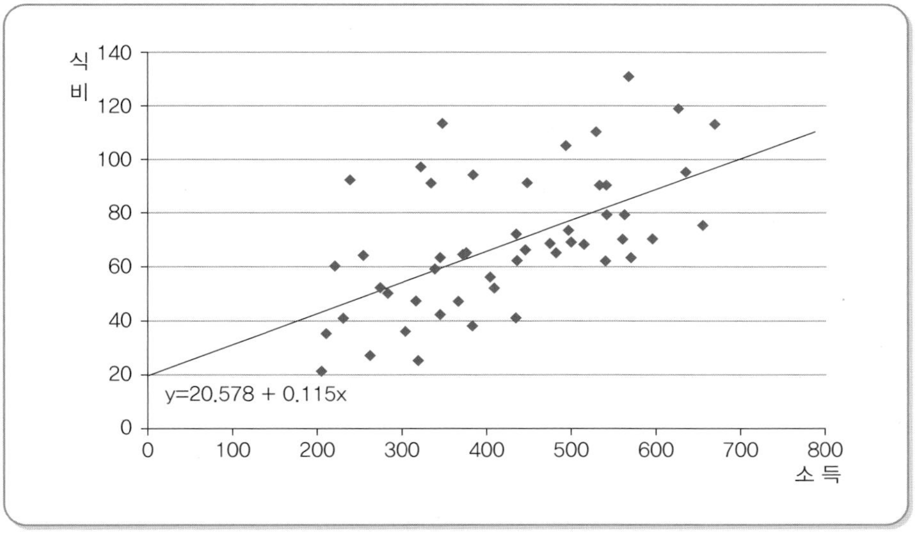

그림 11-14
추정된 회귀직선

(3) 추정회귀직선의 의미

회귀직선에 의한 예측값($\hat{Y}$)의 의미: 개별 Y_i와 $\hat{Y}$는 당연히 다르다.

회귀직선은 특정 X에서 기대되는 Y 값을 나타낸다. 즉 모회귀직선은 특정 X 값에 대한 $E(Y)$를 나타내고 이의 추정값이 $\hat{Y}$이다. $\hat{Y}=20.578+0.115X$는, 가령 월 소득 X가 500만 원일 때의 식비지출액 기댓값은 78($=20.578+0.115\times500$)만 원으로 추정된다는 말이다. 다른 말로 하면 "주어진 자료들로부터 추정하면, 월소득이 500만 원인 가구들은 평균 78만 원 정도 식비 지출을 한다."는 얘기다. 통상 $\hat{Y}$을 특정 X 값에 상응하는 실제 Y 값의 예측값이라고 간주한다. 하지만 정확히는 실제값 Y가 아니라 기댓값 $E(Y)$을 추정(예측)한 것이다. 기댓값은 평균적인 경향을 보여주는 것이므로 개별 Y 값과는 다른 게 정상이다. 게다가 $\hat{Y}$은 주어진 표본으로부터 기댓값을 추정한 것이므로, 표본이 달라지면 추정결과도 달라진다.

자료 범위를 벗어난 예측값은?

$\hat{Y}=20.578+0.115X$를 이용해서 우리는 대강 월소득이 500만 원인 가구들은 평균적으로 78만 원 정도 식비 지출을 한다고 판단할 수 있다. 그렇다면 월소득이 1억 원인 가구의 평균 식비지출액은 얼마나 될까? 추정 회귀선을 구하는 데 쓰인 자료들의 소득 범위는 200만 원에서 700만 원 사이이다. 이 범위 내에 있거나, 이를 약간 벗어난 정도라면 추정 회귀선을 이용해서 평균 식비

지출액을 짐작할 수 있다. 하지만 이를 크게 벗어난 경우는 무리다. 가령 〈수식 11.4〉에 기계적으로 적용하면 월소득이 10억 원인 가구(분명히 존재한다)의 식비지출액 예측값은 1억 1,520만 원이다. 매일 특급 호텔에서 식사해도 그만큼은 안 나오겠다. 상식적으로 생각하면 당연한 얘기다.

기울기 $\hat{\beta}$의 의미: 다른 대상간의 차이 vs. 동일 대상의 변화

나는 기울기 $\hat{\beta}=0.115$의 의미를 "가구소득이 1만 원 더 많으면 식비지출액은 (평균적으로) 1,150원 더 많다(①)"는 것으로 풀이한다. 그런데 통상은 "가구소득이 1만 원 증가하면 식비지출액은 1,150원 증가한다(②)"로 풀이한다. 둘의 차이를 짐작하겠는가? ①은 소득이 다른 가구들의 비교이다. 즉 소득이 300만 원인 가구와 소득이 400만 원인 가구의 식비지출액을 비교하면 400만 원인 가구의 식비지출액이 11.5만 원 더 많다는 얘기다. 이에 비해 ②는 한 가구내의 소득의 증감에 따른 식비지출액 변화라는 뉘앙스를 지닌다. 즉 시경이네 금년 소득이 작년보다 100만 원 더 늘었다면 식비지출은 11.5만 원 늘었을 거라는 얘기다. 둘의 의미는 좀 다르다.

우리 자료는 특정 시점에서 서로 다른 가구들을 비교한 것이다. 따라서 ①의 해석은 가능하지만, 엄격히 따지면 ②의 해석은 할 수 없다. 하지만 관행적으로 ②와 같은 해석을 한다. 그 때의 문제점은 무엇인지, 또 그렇다면 어떤 경우에 ②의 해석을 할 수 있는지 등은 이 책의 범위를 넘으므로 생략한다. 다만 관행적으로 하고 있는 기계적인 기울기 해석은 조심할 필요가 있다는 것은 명심하자.

참고 **②의 해석과 패널자료**

어떤 경우에 ②의 해석을 할 수 있는가에 대해 궁금한 독자를 위해서 간략하게 언급하자. ②는 특정 가구 내에서 소득이 한 단위 늘었을 때 식비지출액은 얼마나 증가하는가에 대한 답이다. 이를 규명하려면 특정 가구에 대해 서로 다른 소득 시점 자료가 있어야 한다. 가령 특정 가구에 대해 10년 치 자료가 있다면 10년간의 소득 변화와 식비지출액 변화를 파악할 수 있다. 물론 한 가구만 갖고는 대표성이 없다. 그러니 이런 자료를 많은 가구에 대해 모아야 한다. 가령 100 가구에 대한 10년 치 자료를 모은다면, 이런 변화를 지닌 100개의 자료가 있는 셈이다. 그러니 이를 종합하면 제법 대표성 있는 판단이 가능하다. 이처럼 복수의 가구에 대해 수년간 모은 자료를 패널(panel) 자료라고 하는데, 실제로 가구나 개인별 특성 연구에 매우 많이 쓰인다.

'직선'의 의미

〈수식 11.4〉는 회귀'직선'을 추정한 것이다. 즉 소득 X와 식비지출액 Y의 관계가 직선임을 가정하고 추정한 것이다. 둘 사이의 관계가 직선이라는 것은 X가 변할 때 Y가 변하는 크기(기울기)는 X 값에 상관없이 동일하다는 얘기다. 소득이 200만 원에서 250만 원으로 50만 원 증가할 때 늘어나는 식비지출액과 500만 원에서 550만 원으로 50만 원 증가할 때 늘어나는 식비지출액은 동일하다는 얘기다. 독자들은 소득에서 식비지출이 차지하는 비중을 나타내는 엥겔지수라는 말을 기억할 것이다. 우리는 소득이 높을수록 엥겔지수가 낮아진다고 배웠다. 이게 맞다면 소득이 높을수록 늘어나는 식비지출액은 감소해야 한다. 즉 소득과 식비지출액의 관계는 직선이 아니라, 소득이 높아질수록 기울기가 완만해지는 곡선 형태를 지녀야 한다.

전술했듯 복잡한 사회현상의 인과관계가 어찌 직선 형태로만 존재하겠는가. 직선이 아닌 경우가 훨씬 더 많을 것이다. 다만 편의상 직선을 가정할 뿐이다. 이걸 잘못되었다고 할 수는 없다. 다만 실제는 직선이 아닐 수도 있다는 것을 유념하고, 기울기 $\hat{\beta}$에 너무 절대적인 의미는 부여하지 말자.

인과관계냐 상관관계냐

어떤 통계분석도 인과관계를 증명하지는 못한다. 다만 귀무가설을 기각함으로써 상관관계가 존재함을 증명할 뿐이다.[10] 익히 알고 있겠지만 너무 중요해서 다시 강조한다.

우리는 +의 $\hat{\beta}$을 얻었다. 이걸 두고 가구소득 X가 증가하면 식비지출 Y도 증가함을 보여주는 것이라고 했다. 하등 이상할 게 없다. 그런데 만일 식비지출을 X로, 가구소득을 Y로 서로 바꿔놓고 $Y=\alpha+\beta X$를 추정하면 어떻게 될까? 이 경우 산점도는 [그림 11-11]에서 X와 Y를 바꿔놓은 모양이 되며, 역시 +

10 좀 더 복잡한 통계분석에서는 일정한 조건하에서 인과관계 존재를 증명하는 경우도 있다. 하지만 이것도 일정한 조건이 충족된다는 가정 하에서 그럴 뿐이지, 엄밀히 따지면 인과관계를 증명하는 것은 아니다.

의 $\hat{\beta}$ 값을 얻게 된다. 하지만 이걸 두고 식비지출 X가 증가하면 가구지출 Y가 증가한다고 해석할 수 있을까? 글쎄, 어떤 사람은 "봐라, 잘 먹으면(식비지출을 많이 하면), 심신이 건강해져서 일을 더 잘하게 되고 소득이 증가함이 증명되었다"라고 주장할는지도 모르겠다.

다시 강조한다. 회귀계수값(기울기)이 보여 주는 것은 본질적으로 인과관계가 아니라 상관관계일 뿐이다. 독립변수와 종속변수가 공동 변화한다는 것만 보여줄 뿐이며, 다만 그 이유가 독립변수가 종속변수에 영향을 미쳤기 때문이라고 간주할 따름이다.

얼마나 밀접해야 하나?

[그림 11-15]의 산점도 A, B, C를 보자. 이전과 마찬가지로 가로축은 소득, 세로축은 식비지출액을 나타낸다. A를 보고 소득과 식비지출액 간에 어떤 관계가 있다고 말하기는 힘들다. 하지만 B라면 소득과 식비지출액 간에 인과관계(엄밀하게는 상관관계)가 있다고 할 수 있을 것 같다. 그리고 C라면 확신을 갖고 말할 수 있다. 그런데 이 세 산점도의 $Y=\hat{\alpha}+\hat{\beta}X$를 구하면, $Y=66.5+0.140X$로 세 경우 모두 동일하다.

기울기는 셋 모두 동일한데 왜 소득과 식비지출액의 관계에 대한 판단이 달라지는가? A보다는 B, B보다는 C에서 각 점들과 (X와 Y의 관계를 보여주는) 회귀직선 $Y=66.5+0.140X$의 차이가 더 작기 때문이다(사실 B는 A의 각 점들과 회귀직선 간 수직거리를 절반으로 줄인 것이고, C는 B를 또 절반으로 줄인 것이다).

두 변수 X와 Y 사이에 별 관계가 없더라도 $Y=\hat{\alpha}+\hat{\beta}X$를 구하면 $\hat{\beta}$은 거의 모든 경우 0이 아닌 어떤 값으로 나온다. $\hat{\beta}=0$이려면 회귀직선이 완벽한 수평으로 추정되어야 하는데 이런 경우는 인위적으로 만든 자료가 아니면 나올 수

그림 11-15
추정된 회귀직선

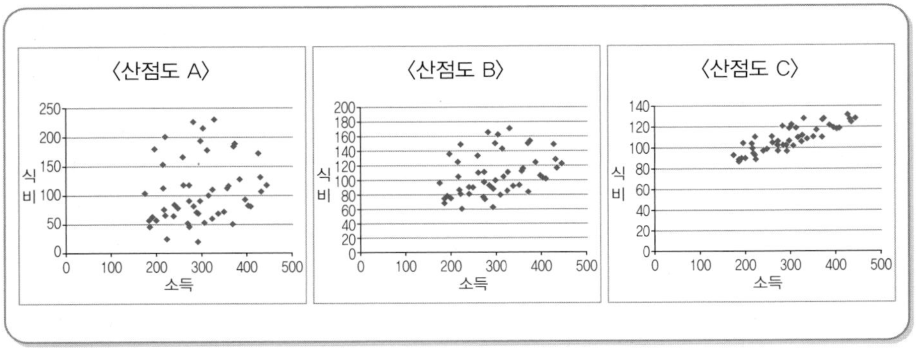

없다. 그래서 회귀직선을 추정했을 때 $\hat{\beta}$가 0이 아니라고 해서 X와 Y 사이에 인과관계(혹은 상관관계)가 있다고 할 수는 없다. 다른 말로 하면 표본의 추정 회귀계수 $\hat{\beta}$가 0이 아니라고 해서 모집단의 회귀계수 β도 0이 아니라고는 할 수 없다.

그럼 어느 경우에 모집단의 회귀계수 β는 0이 아니라고, 즉 X와 Y 사이에 인과관계(혹은 상관관계)가 있다고 할 수 있겠는가? 산점도 A, B, C에서 보듯이 각 점들과 추정 회귀직선의 수직거리가 가까울수록 β는 0이 아니라고 할 수 있다는 것을 알겠는데 구체적인 기준은 무엇인가?

이런 판단을 하는 것이 바로 $\beta=0$에 대한 가설검정을 하는 것이다. 이의 논리는 표본평균 $\overline{X}$로 모평균 μ가 특정값과 다른가를 검정하는 것, 즉 $\mu=0$인 귀무가설을 검정하는 것과 마찬가지다.

3) 회귀계수의 검정

(1) 모회귀직선과 추정된 회귀직선, 오차와 잔차

$\beta=0$의 가설검정을 설명하기 전에, 우선 모회귀직선과 표본에서 추정된 회귀직선의 구별을 명확히 하자. 〈수식 11.4〉 $\hat{Y}=20.578+0.115X$은 〈표 11-2〉에 제시된 50개 자료를 이용하여 추정한 것이다. 자료가 달라지면 물론 추정 회귀직선도 달라진다. 가령 산점도 A, B, C에서는 $\hat{\beta}=0.140$이 된다. $\hat{Y}=20.578+0.115X$은 소득과 식비지출액에 대한 미지의 모회귀직선 $Y=\alpha+\beta X$에 대한 하나의 추정 회귀직선일 뿐이다.

모회귀직선은 알 수 없다. 하지만 상상은 할 수 있다. 소득과 식비지출액 사례에서 모회귀직선은 $Y=15+0.13X$라고 하자. 앞에서 추정회귀직선을 이용하여 표본자료의 각 점들과의 수직거리인 잔차를 구했다. 모회귀직선에서도 동일한 것, 즉 표본자료의 각 점들과 모회귀직선의 수직거리를 구할 수 있다. 이를 오차라 부르고 ε_i로 표기한다(물론 실제로는 모회귀직선을 모르므로 ε_i 역시 상상으로만 존재할 뿐이다).

모회귀직선 $Y=15+0.13X$에 따르면 소득이 300만 원이면 식비지출액은 54만 원이다. 이는 소득이 300만 원인 가구들은 평균적으로 54만 원을 식비로 지출한다는 말이다. 소득이 300만 원인 개별 가구들의 식비지출액은 서로 다르겠지만, 이의 평균, 즉 기댓값은 54만 원이라는 얘기다.[11] 그리고 이 기댓값

11 이걸 기호로 표시하면 $E(Y|X=300)=54$가 된다. $X=300$일 때 Y의 기댓값은 54라는 뜻

54만 원과 개별 가구들의 실제 식비지출액과의 차이가 소득 $X=300$만 원인 가구들의 오차 ε_i다. 개별 가구의 소득 X_i와 식비지출액 Y_i 간의 이러한 관계를 식으로 나타내면 다음과 같다.

$$Y_i=\alpha+\beta X_i+\varepsilon_i, \qquad E(Y_i)=E(\alpha+\beta X_i+\varepsilon_i)=\alpha+\beta X_i$$

모회귀직선은 모집단 자료들의 가운데를 관통하므로 오차들을 모두 더하면 +와 −는 상쇄된다. 즉 오차의 기댓값 $E(\varepsilon_i)=0$이다. 따라서 소득 X_i 일 때 식비지출액의 기댓값 $E(Y_i)$은 $\alpha+\beta X_i$가 되며 여기에 오차 ε_i가 더해진 것이 실제값 Y_i다. 그리고 소득 X_i에 상응하는 식비지출액 Y_i의 기댓값 $E(Y_i)$을 나타내는 직선이 모회귀직선이다.

회귀분석에서 오차는 매우 중요하다(중급 이상의 회귀분석으로 가면, 회귀직선 추정에서 발생하는 거의 모든 문제는 오차와 관련되어 있음을 알게 된다). 그래서 이의 의미를 명확히 이해하는 게 필요하다.

오차 ε_i는 주어진 가구소득 X_i에서 식비지출액의 실제값과 기댓값의 차이다. 이 차이는 왜 발생하는가? 식비지출에 영향을 미치는 요인은 소득 이외에도 다양하기 때문이다. 〈표 11-2〉에 제시된 가구원수와 맞벌이 여부도 식비지출에 영향을 미친다. 가구원수가 많으면 더 많이 먹으니 식비지출은 늘어난다. 또 맞벌이는 홑벌이에 비해 외식을 많이 할뿐만 아니라, 전업주부에 비해 알뜰구매를 하기 어려우니 아무래도 식비지출이 많기 마련이다. 그밖에도 개인의 음식에 대한 취향 등 다양한 요인이 가능하다. 가구소득은 동일해도 다른 요인들의 크기는 가구들마다 다양하다. 그러니 가구소득이 동일한 가구들이라도 식비지출은 다르기 마련이다. 즉 오차는 가구소득 X_i 이외에 식비지출에 영향을 미치는 다른 요인들 때문에 발생한다.

표준편차는 '개별 값과 기댓값과의 차이'를 측정하는 지표다. 오차 ε_i의 기댓값은 0이므로 오차 ε_i의 절댓값 자체가 개별 오차와 기댓값의 차이다. 그래서 오차 ε_i의 표준편차는 오차 절댓값의 표준적인 크기를 측정한 것이 된다. 오차의 분산과 표준편차를 σ_ε^2와 σ_ε로 표기하면, 이들은 다음과 같다.

$$\sigma_\varepsilon=\sqrt{\sigma_\varepsilon^2}=\sqrt{\frac{\sum\varepsilon_i^2}{n}}=\sqrt{\frac{\sum(Y_i-E(Y_i))^2}{n}}$$

이다.

오차는 기댓값 $E(\varepsilon_i)=0$이고 분산은 σ_ε^2 인 확률변수다. 이 확률변수는 어떤 분포를 따를까? 회귀분석에서는 오차가 정규분포를 따른다고 가정한다. 5장에서 정규분포를 설명할 때 다수의 독립적인 무작위오차의 합은 정규분포를 따른다고 했던 것을 기억하자. ε_i는 X_i를 제외하고 Y_i에 영향을 미치는 다른 모든 요인들의 영향의 합이며, 이 개별 요인들의 영향은 하나하나가 일종의 무작위오차라고 할 수 있다. 그러니 ε_i가 정규분포를 따른다는 가정은 대부분의 경우 타당하다. 따라서 오차 ε_i의 분포는 다음과 같이 나타낼 수 있다.

$$\varepsilon_i \sim N(0,\ \sigma_\varepsilon^2)$$

우리 예에서 ε_i는 식비지출에 영향을 미치는 소득 이외의 요인들 때문에 발생한다. 그러니 소득 이외의 요인들의 영향이 클수록 ε_i 절댓값의 표준 크기, 즉 σ_ε는 커질 것이다. 반대로 소득의 영향이 클수록 σ_ε는 작아질 것이다. 이해가 안 되면 [그림 11-15]의 산점도 A, B, C를 다시 보자. A보다는 B, B보다는 C에서 소득이 식비지출액에 미치는 영향이 더 크다. 다른 말로 하면 A보다는 B, B보다는 C에서 소득 X_i로 예측한 식비지출액의 기댓값은 실제값과 차이가 적다. 그래서 ε_i의 평균적인 크기를 보여주는 σ_ε는 A>B>C 순이다.

(2) 오차 및 오차의 분산과 표준편차 추정

우리는 표본자료로부터 모회귀직선 $Y=\alpha+\beta X$의 추정 회귀직선 $\hat{Y}=\hat{\alpha}+\hat{\beta}X$을 얻는다.

기댓값 $E(Y_i)$는 모회귀직선 상에서 소득 X_i에 상응하는 식비지출액 값이다. $\hat{Y}_i$는 추정 회귀직선 상에서 소득 X_i에 상응하는 식비지출액 값이다. 즉 $\hat{Y}_i$는 $E(Y_i)$의 추정치이다.

오차 ε_i는 실제값 Y_i와 기댓값 $E(Y_i)$의 차이, $Y_i-E(Y_i)$다. 우리는 $E(Y_i)$를 모르므로 ε_i도 모른다. 그러나 $E(Y_i)$의 추정치인 $\hat{Y}_i$를 이용하여 ε_i를 추정할 수는 있다. 즉 ε_i의 추정치는 $Y_i-\hat{Y}_i$로 구할 수 있다. 이것이 e_i로 표기하는 '잔차'다.

같은 방법으로 오차의 분산 σ_ε^2과 표준편차 σ_ε의 추정치들도 구할 수 있다. 이들은 각각 s_ε^2와 s_ε로 표기한다.

$$s_\varepsilon=\sqrt{s_\varepsilon^2}=\sqrt{\frac{\sum e_i^2}{n-2}}=\sqrt{\frac{\sum(Y_i-\hat{Y}_i)^2}{n-2}}$$

분모가 $n-2$인 것은 $\hat{Y}=(\hat{\alpha}+\hat{\beta}X)$를 구할 때는 미지의 모수 두 개($\alpha$와 β)의

추정치가 사용되기 때문이다(X_i의 표준편차 s의 분모가 $n-1$인 것은 미지의 모수 μ의 추정치인 $\overline{X}$ 하나만 사용되기 때문임을 상기하자).

모회귀직선과 추정회귀직선, 오차와 잔차의 비교

$$\begin{aligned} Y_i &= \alpha+\beta X_i+\varepsilon_i = E(Y)+\varepsilon_i \\ &= \hat{\alpha}+\hat{\beta}X_i+e_i = \hat{Y}+e_i \end{aligned}$$

통계학에서 오차(error)는 특정 관찰값(개별 자료값 일수도 있고 통계량일수도 있다)과 미지의 모수의 차이를 지칭하며, 잔차(residual)는 표본통계량과의 차이를 지칭한다. 회귀모형에서 개별 관찰값 Y_i와 모수인 $E(Y_i)$의 차이가 오차 ε_i이며, $E(Y)$의 추정값인 $\hat{Y}_i$과의 차이가 잔차인 e_i가 된다. 오차는 모수에 대한 것이므로 그리스 문자인 ε(epsilon)을 사용하고 잔차는 표본통계량에 대한 것이므로 영문자 e를 사용했다.

(3) 귀무가설 $\beta=0$의 검정

식비지출 사례에서 우리의 일차적인 관심은 가구소득이 식비지출에 영향을 미치는가이다. 가구소득이 영향을 미친다는 것은 회귀직선 $Y=\alpha+\beta X$의 기울기 $\beta\neq 0$이라는 말이다. 우리는 표본 자료로부터 추정 회귀계수 $\hat{\beta}$을 얻었다. 이를 이용하여 β가 0인 여부를 검정하자. 이를 위한 귀무가설과 대립가설은 다음과 같이 된다.

귀무가설: $\beta=0$,　　대립가설: $\beta\neq 0$

대립가설은 가구소득이 식비지출에 영향을 미친다는 것이다. 만일 대립가설을 가구소득이 증가할수록 식비지출액도 늘어난다로 세운다면 대립가설은 $\beta>0$이 되고 귀무가설은 $\beta\leq 0$으로 세우면 된다. 이 경우 단측검정을 하는 셈이다. 7장에서 설명했듯, 양측검정에서 귀무가설이 기각되면 단측검정에서도 기각된다. 그래서 실제 관심은 '$\beta>0$인가'라도 디폴트로 $\beta\neq 0$을 검정한다.

이제 검정통계량을 구할 차례다. 검정통계량은 $\dfrac{\text{표본값}-\text{기댓값}}{\text{표본값의 표준오차}}$이다. 관측치는 $\hat{\beta}$이고 기댓값은 귀무가설이 맞다는 전제 하의 β이므로 이 경우는 0이다. 따라서 $\hat{\beta}$의 추정 표준오차를 $s_{\hat{\beta}}$라고 하면 검정통계량은 다음과 같다(원래 $\hat{\beta}$의 표준오차 혹은 표준편차는 $\sigma_{\hat{\beta}}$이다. 그러나 늘 그렇듯 σ는 알 수 없으며 s로 추정할 뿐이다).

$\beta \neq 0$의 검정통계량: $\dfrac{\hat{\beta}}{s_{\hat{\beta}}}$

이제 $\hat{\beta}$의 추정 표준편차인 $s_{\hat{\beta}}$를 구하자. $s_{\hat{\beta}}$는 표본에서 구한 $\hat{\beta}$이 모집단 값인 β와 얼마나 다른가를 보여주는 지표다. 상식적으로 이 값은 개별 표본 값과 추정 회귀직선의 차이인 잔차($e_i = Y_i - \hat{Y}_i$)와 밀접한 관련이 있을 것 같다. 산점도 A, B, C의 비교에서 알 수 있듯 잔차들이 작을수록 $\hat{\beta}$은 β에 가까운 값으로 추정될 것이기 때문이다. 그렇다. $s_{\hat{\beta}}$는 잔차들의 표준적인 크기, 즉 잔차의 표준편차 s_e에 비례한다. 구체적으로 $s_{\hat{\beta}}$와 s_e의 관계는 다음과 같다.

$$s_{\hat{\beta}} = \frac{s_e}{\sqrt{\sum (X_i - \bar{X})^2}} = \frac{s_e}{\sqrt{\dfrac{\sum (X_i - \bar{X})^2}{n-1}(n-1)}} = \frac{s_e}{s_X}\frac{1}{\sqrt{(n-1)}} \qquad \langle \text{수식 } 11.5 \rangle$$

$s_{\hat{\beta}}$는 s_e를 X_i의 편차제곱합의 제곱근으로 나눈 것이다. 그런데 X_i의 편차제곱합을 $n-1$로 나눠주고 제곱근을 씌우면 X_i의 표준편차가 된다. 따라서 $s_{\hat{\beta}}$는 가장 오른 쪽 항처럼 나타낼 수 있다.

(4) $s_{\hat{\beta}}$의 의미

$s_{\hat{\beta}}$는 $\hat{\beta}$과 β의 차이를 보여주는 지표다. 다른 말로 하면 $s_{\hat{\beta}}$가 작을수록 β를 좀 더 정밀하게 추정할 수 있다는 말이다. 그런데 〈수식 11.5〉를 보면 $s_{\hat{\beta}}$의 크기는 표본 수 n, 잔차의 표준편차 s_e, X_i의 표준편차 s_X에 의해 결정된다.

표본 수가 많아지면 그만큼 추정에 사용되는 정보량이 많아지므로 당연히 더 정밀한 추정치를 얻을 수 있다. 잔차의 표준편차 s_e가 작다는 것은 그만큼 Y_i와 $\hat{Y}_i$ 의 차이가 작다는 것이므로 역시 더 정밀한 추정치를 얻는다는 것이 당연하다. 그렇다면 X_i의 표준편차 s_X가 클수록 더 정밀한 추정치를 얻을 수 있는 것은 왜일까? 어렵게 생각할 것 없다. 산점도 A, B, C를 다시 보자. 전술했듯 산점도 B는 A의 자료에서 잔차의 크기, 즉 $Y_i - \hat{Y}_i$만 절반으로 줄인 것이고 C는 다시 B의 잔차를 절반으로 줄인 것이다. 하지만 잔차 $Y_i - \hat{Y}_i$를 절반으로 줄이는 대신에 $X_i - \bar{X}$를 두 배로 늘려도 마찬가지의 효과를 얻을 수 있다. 즉 위아래를 누르나 좌우를 잡아당기나 크기는 달라져도 동일한 형태를 얻을 수 있다. [그림 11-15A]와 [그림 11-15B]를 보자. B는 A의 자료에서 s_e는 그대로 두고 $X_i - \bar{X}$만 5배로 늘린 것이다. B의 경우는 확실히 X와 Y 간에 +의 관계가 있을 것 같다. A는 뚜렷한 관계를 모르겠다. 비록 두 자료의 추정 회귀직선은 동일하게 $\hat{Y}=44.155+.128X$ 지만, A의 경우는 그다지 믿음이 가지 않는다. $\hat{\beta}$ 값은 동일하지만 $s_{\hat{\beta}}$는 A가 B의 5배이다.

[그림 11-15A]

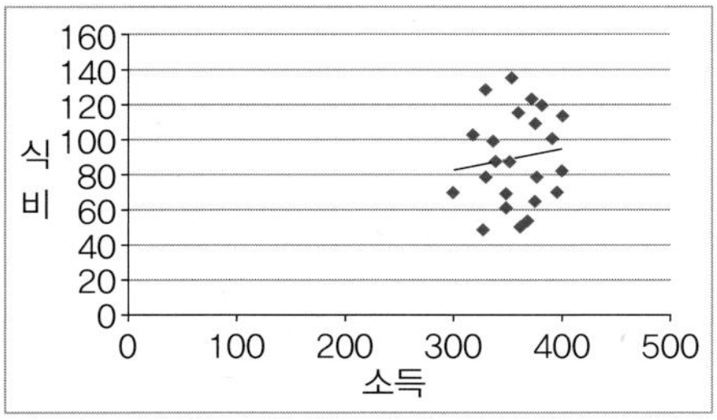

A

[그림 11-15B]

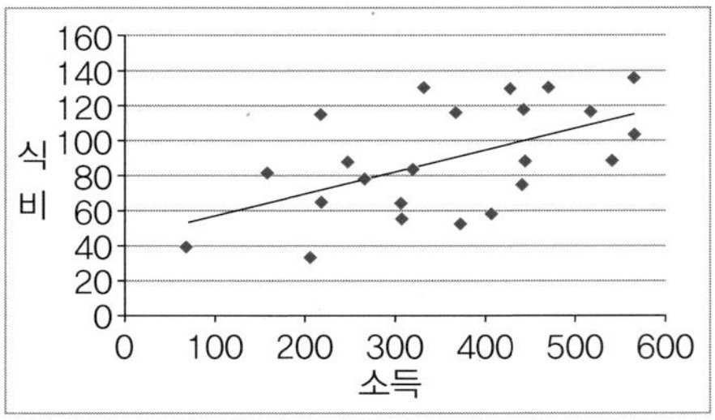

B

이제까지의 논의를 정리하자. $s_{\hat{\beta}}$는 표본 수가 많을수록, 잔차의 표준편차가 작을수록, X의 표준편차가 클수록 작아진다. 우리는 특정 표본을 이용해서 $\hat{\beta}$을 구한다. 그러니 표본이 바뀌면 $\hat{\beta}$도 바뀐다. 표본이 바뀌면 $\hat{\beta}$ 값이 얼마나 달라지는가는 $s_{\hat{\beta}}$에 좌우된다. 이 값이 작을수록 $\hat{\beta}$이 변하는 정도는 줄어든다. 그래서 $s_{\hat{\beta}}$가 작을수록 좀 더 정밀한 추정계수를 기대할 수 있다.

$s_{\hat{\beta}}$를 구했으니 이제 검정통계량 $\frac{\hat{\beta}}{s_{\hat{\beta}}}$을 구해서 검정하면 된다. 검정을 하려면 $\frac{\hat{\beta}}{s_{\hat{\beta}}}$의 확률분포를 알아야 한다. 지금까지의 논의에서 짐작할 수 있듯 $\hat{\beta}$은 ε와 동일하게 정규분포를 한다. 그러니 이를 표준편차로 나눈 것도 역시 정규분포를 한다. 그런데 8장에서 논의했듯 σ 대신 s를 사용하므로 정규분포보다는 t 분포를 한다고 하는 것이 더 정확하다(물론 표본수가 커질수록 정규분포에 가까워진다). t 분포를 적용하려면 자유도를 알아야 한다. 자유도는 '표본수−추정계수의 숫자'이다. 표본수는 50이고 추정계수는 $\hat{\beta}$과 $\hat{\alpha}$ 두 개이니 자유도는 48이다.

식비지출 사례의 추정계수를 검정하자. 〈표 11−2〉에 대한 추정 회귀직선은 $\hat{Y}=20.578+0.115X$이다. $\hat{\beta}=0.115$인데 $s_{\hat{\beta}}=0.024$이다. 그래서 $\frac{\hat{\beta}}{s_{\hat{\beta}}}=4.87$이다. 자유도 48에 t 값이 4.87이면 P 값은 0.000 보다도 작다. 당연히 귀무가설 $\beta=0$은 기각된다. 한 가지 분명히 할 게 있다. 귀무가설 $\beta=0$이 기각되었다는 것은 β 값이 0이 아니라는 얘기일 뿐이지 β 값이 0.115라는 얘기는 전혀 아니다. β 값이 얼마인지는 모른다. 다만 $\hat{\beta}$을 이용하여 신뢰구간을 추정할 수는 있다. β의 95% 신뢰구간은 $\hat{\beta}\pm 2.01 s_{\hat{\beta}}$이다(자유도 48인 t분포에서 양쪽 끝 면적 0.025에 해당하는 t 값은 ±2.01). 이를 계산하면 다음과 같이 된다.

$$P(\hat{\beta}-2.01s_{\hat{\beta}} \leq \beta \leq \hat{\beta}+2.01s_{\hat{\beta}})=0.95 \rightarrow P(0.067 \leq \beta \leq 0.162)=0.95$$

회귀분석을 할 때는 통계 패키지를 이용하는데, 당연히 알아서 추정계수의 유의미성을 검정해 주고 95% 신뢰구간도 계산해 준다. 그러니 직접 이들을 계산해야 할 경우는 없을 것이다. 그래도 논리는 이해하는 게 중요하다.

독립변수 X의 계수값 β가 유의미한지(0이 아닌지)를 검정하고 신뢰구간을 구했듯이 절편인 α의 계수값에 대해서도 유의미성을 검정하고 신뢰구간을 구할 수 있다. 이 값들도 통계 패키지가 알아서 구해 준다. 절편 α가 유의미하다는 것을 기계적으로 해석하면 X가 0일 때 Y는 0이 아니라는 의미다. 하지만 앞서 설명했듯 회귀분석에서 절편 α는 그 자체로는 별 의미가 없기 때문에 이를 검정하거나 신뢰구간을 구하는 것도 그다지 의미는 없다.

4) 적합도와 결정계수(Coefficient of Determination)

[그림 11-15]의 산점도 A, B, C를 다시 떠올리자. 추정회귀직선을 구하면 세 경우 모두 기울기 $\hat{\beta}$은 동일하다. 하지만 β의 유의미성(0인지 여부)을 검정하면, A는 유의미하지 않고(귀무가설을 기각하지 못하고), B와 C는 유의미하다. 척 봐도 A는 X와 Y 사이에 별 관계가 없는 것 같고 B와 C는 관계가 있어 보이니 예상과 부합한다.

그런데 B와 C를 비교하면, 둘 다 β가 유의미하고 추정계수도 동일하지만 X와 Y 관계의 강도는 다르다. 누가 봐도 B보다는 C에서 X와 Y 관계가 뚜렷하다. 즉 둘 사이의 관계가 인과관계라면, B보다는 C에서 X와 Y 사이에 뚜렷한 인과관계가 존재한다.

이러한 강도의 차이를 보여주는 지표는 없을까? 당연히 있다. X와 Y 간에 관계가 뚜렷한 정도를 '적합도'라고 하고, 이를 보여주는 통계량을 결정계수라고 한다.

그렇다면 산점도 A, B, C의 적합도 수준과 결정계수 크기는 어떻게 될까? 당연히 A<B<C가 될 것임을 짐작할 수 있다. 그렇다면 구체적으로 결정계수는 어떻게 구할까? 이를 위해 먼저 질문을 하나 하겠다. 왜 적합도 수준은 A<B<C라고 생각했는가? 다시 말해서 왜 X와 Y 간에 관계가 뚜렷한 정도가 A<B<C가 순이라고 생각했는가?

당연히 자료 점들을 관통하는 회귀직선(각 점들에서의 오차제곱합을 최소화하는)직선을 구했을 때, 각 점들과 회귀직선의 수직거리가 가까운 정도는 A<B<C 순이기 때문이다. 이 수직거리가 가까울수록 적합도가 높다고 하며, 그 정도를 측정한 것이 결정계수다.

독립변수가 하나인 회귀분석에서 결정계수는 독립변수 X와 종속변수 Y의 상관계수인 r을 제곱한 값이 된다. 이런 의미에서 결정계수를 r^2으로 표기한다. 상관계수의 범위는 $-1 \le r \le 1$ 이므로 결정계수의 범위는 $0 \le r^2 \le 1$ 이 된다. 당연히 1에 가까울수록 X와 Y의 관계는 강해진다.

어떤 경우에 결정계수 r^2은 0 또는 1이 될까? 모든 X와 Y 점들의 위치가 회귀직선과는 전혀 상관없이 정해지면 0이 되고, 모든 X와 Y 점들이 회귀직선 위에 완벽히 놓이면 1이 된다. 회귀분석에서 X와 Y의 관계는 인과관계라고 가정한다. 즉 Y값은 X값의 영향을 받는 것으로 가정한다. 이런 회귀분석의 의미를 살리면서 r^2이 0 또는 1이라는 의미를 다시 한 번 풀어 보자. X가 어떤 값을 갖든 전혀 상관없이 Y 값이 정해지면 r^2은 0이 된다. 그리고 주어진 X 값에 대해 회귀직선에 의해 완벽하게 Y 값이 정해지면 r^2은 1이 된다. 이는 X와 Y가 일직선상에 놓이는 경우, 다시 말해 상관계수가 ± 1인 경우이다.

이와 같은 결정계수의 특성을 일반화하면, r^2은 '종속변수의 총 변동 중에서 회귀직선에 의하여 설명되는 변동의 비율'을 나타낸다고 말한다. 무슨 말인지 다음 설명을 보자.

개별 Y_i와 평균인 $\overline{Y}$의 차이 $(Y_i-\overline{Y})$는 다음과 같이 분해할 수 있다.

$(Y_i-\overline{Y})=(Y_i-\hat{Y}_i)+(\hat{Y}_i-\overline{Y})$. 이는 $(Y_i-\overline{Y})$에다가 회귀직선에 의한 추정값 $\hat{Y}_i$를 뺐다가 더해준 것이다. 각 항은 다음과 같은 의미를 갖는다.

$(Y_i-\overline{Y})$	=	$(Y_i-\hat{Y}_i)$	+	$(\hat{Y}_i-\overline{Y})$
평균과의 차이	=	(추정 회귀직선으로) 설명 안 된 차이	+	(추정 회귀직선으로) 설명된 차이

우리는 $Y_i=\hat{\alpha}+\hat{\beta}X+e_i=\hat{Y}_i+e_i$임을 알고 있다. 즉 개별 Y_i는 추정값 $\hat{Y}_i$과 잔차 e_i의 합이다. 다른 말로 하면 개별 Y_i는 추정회귀직선으로 설명할 수 있는 부분 $\hat{Y}_i$과 설명할 수 없는 부분 e_i로 나누어진다. 여기서 좌우 양변을 $\overline{Y}$로 빼주면 $Y_i-\overline{Y}=\hat{Y}-\overline{Y}+e_i$가 된다. 그럼 $(Y_i-\overline{Y})$를 추정회귀직선으로 설명할 수 있는 차이인 $(\hat{Y}-\overline{Y})$와 설명할 수 없는 e_i로 나눈 셈이 된다. 그런데 $e_i=Y_i-\hat{Y}_i$다. 따라서 $(Y_i-\hat{Y}_i)$는 설명 안 된 차이가 된다(잘 이해가 안 되면 [그림 11-16]

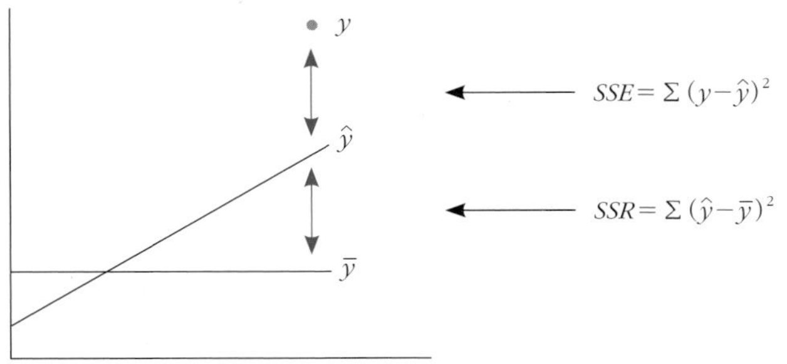

그림 11-16
그림을 통한 적합도의 이해

을 보며 곰곰이 생각해 보라).

분산분석에서 그랬듯이 모든 Y_i에 대해서 $(Y_i-\overline{Y})=(Y_i-\hat{Y}_i)+(\hat{Y}_i-\overline{Y})$를 구하고 이를 제곱해서 더한 후에 정리하면 다음과 같이 된다. 모든 차이를 제곱해서 더한 것, 즉 차이제곱합을 변동(variation)이라고 부른다. SST 총제곱합(Total Sum of Squares), SSE는 잔차제곱합(Error Sum of Squares), SSR은 회귀제곱합(Regression Sum of Squares)이라고 부른다.[12] 왜 SST가 총변동, SSE가 설명 안 된 변동, SSR이 설명된 변동인가는 이해했을 것으로 믿는다.

$$\underset{\substack{\text{총변동} \\ (SST)}}{\Sigma(Y_i-\overline{Y})^2} = \underset{\substack{\text{설명 안 된 변동} \\ (SSE)}}{\Sigma(Y_i-\hat{Y}_i)^2} + \underset{\substack{\text{설명 된 변동} \\ (SSR)}}{\Sigma(\hat{Y}_i-\overline{Y})^2} \qquad \langle\text{수식 11.6}\rangle$$

〈수식 11.6〉에서 종속변수의 총변동 중에서 회귀직선에 의하여 설명되는 변동의 비율은 〈수식 11.7〉과 같이 나타낼 수 있는데, 이게 바로 결정계수 r^2이다.

$$\frac{SSR}{SST} = \frac{\Sigma(\hat{Y}_i-\overline{Y})^2}{\Sigma(Y_i-\overline{Y})^2} = r^2 \qquad \langle\text{수식 11.7}\rangle$$

r^2은 다음과 같이 나타낼 수도 있다.

$$r^2 = \frac{SSR}{SST} = \frac{SST-SSE}{SST} = 1-\frac{SSE}{SST}, \qquad r^2 = [Corr(Y,\ \hat{Y})]^2$$

12 SSE는 Error Sum of Squares의 약자지만 오차(ε)가 아닌 잔차(e)의 제곱합을 의미한다는 데 주의하자. 표본으로부터 구한 것이므로 잔차가 맞다. 그런데 왜 Error로 표기했을까? 잔차인 Residual을 쓰면 약자가 SSR이 되어 회귀제곱합(Regression Sum of Squares)과 구분이 안 되기 때문일까?

첫 번째 식은 당연하지만 두 번째 식, 즉 r^2이 Y와 $\hat{Y}$의 상관계수의 제곱이란 것은 조금 설명이 필요하겠다. 앞에서 r^2은 독립변수 X와 종속변수 Y의 상관계수의 제곱이라고 했다. 그런데 $\hat{Y}=\hat{\alpha}+\hat{\beta}X$이다. 즉 $\hat{Y}$과 X는 정비례, 직선관계에 있다(따라서 둘 사이의 상관계수는 1이다). $\hat{Y}$과 X이 직선관계에 있기 때문에 Y와 X의 상관계수는 Y와 $\hat{Y}$의 상관계수와 동일하다.

지금까지 회귀분석의 기본을 설명했다. 이를 바탕으로 식비지출 사례 회귀분석 결과를 보고 해석해 보자. 〈표 11-2〉의 자료에서 소득을 X로, 식비지출액을 Y로 놓고 회귀분석을 해 보자. 통계 패키지는 어떤 걸 사용해도 상관없다. 난 주로 Stata라는 패키지를 사용한다.

표 11-3
회귀분석 결과

Source	SS	df	MS
Model	10566.9098	1	10566.9098
Residual	21379.1102	48	445.398129
Total	31946.02	49	651.959592

Number of obs	=	50
F(1, 48)	=	23.72
Prob > F	=	0.0000
R-squared	=	0.3308
Adj R-squared	=	0.3168
Root MSE	=	21.104

food	Coef.	Std.Err	t	P > |t|	95% Conf. Interval	
income	.1148197	.0235731	4.87	0.000	.0674228	.1622167
_cons	20.57814	10.40716	1.98	0.054	.3468687	41.50314

표의 오른 쪽을 보자. R-squared, 즉 R^2은 결정계수 r^2을 의미한다. 결정계수를 독립변수가 2개 이상인 다중회귀분석에서는 R^2으로 표기한다. 실제의 연구에서 회귀분석을 한다면 거의 다중회귀분석을 하므로 디폴트로 R^2으로 표기하는 것이다.

Coef.는 coefficient(계수)의 약자이고, Std. Err는 standard error(표준오차)의 약자, Conf.는 confidential(신뢰)의 약자, _cons는 constant(상수)의 약자이다.

즉 income(소득)의 추정계수값은 0.115이고, 표준오차는 0.236이므로 t 값은 4.87이고 이에 상응하는 P 값은 0.001보다 작다는 말이다. 그리고 β의 95% 신뢰구간은 0.067에서 0.162라는 말이다. 또한 결정계수는 0.33이라는 얘기다.

나머지들은 다음 장에 나오는 다중회귀분석 사례로 설명하는 것이 더 쉬우니, 그때 익히도록 하자.

제11장 점검

11장을 제대로 배웠다면 다음과 같은 것들을 충분히 해낼 수 있어야 한다.

1. 상관계수의 공식 $\frac{\sum \frac{(X_i-\overline{X})}{s_X}\frac{(Y_i-\overline{Y})}{s_Y}}{n-1}=\frac{\sum(X_i-\overline{X})(Y_i-\overline{Y})}{(n-1)s_X s_Y}$의 의미를 그림 그려서 설명하기
2. 상관계수만으로 두 변수 간의 관계를 파악할 경우, 그릇된 판단을 할 수 있는 다양한 사례 제시하기
3. 회귀직선 추정에서 최소제곱법($\min\sum e_i^2=\min\sum(Y_i-\hat{Y}_i)^2$)의 의미 설명하기
4. $\hat{\beta}$이 유의미한 것으로부터 X와 Y 사이에 인과관계가 존재한다고 하려면 어떤 조건들이 충족되어야 하는지 설명하기
5. 추정 회귀직선 기울기가 가파르다는 것과 두 변수 간 관계가 밀접하다는 것 구분하기
6. $\hat{\beta}$과 $s_{\hat{\beta}}$을 사용하여 β의 95% 신뢰구간 구하고, $s_{\hat{\beta}}=\frac{s_\varepsilon}{\sqrt{\sum(X_i-\overline{X})^2}}$로부터 좀 더 β에 근사한 $\hat{\beta}$을 얻을 수 있는 조건 설명하기
7. $(Y_i-\overline{Y})$를 설명된 차이와 설명 안 된 차이로 분해하고, 이로부터 결정계수 $r^2=\frac{\text{설명된 변동}}{\text{총변동}}$의 의미 설명하기
8. 통계 패키지로 자료 이용하여 회귀분석 해보고 결과표 해석하기

연습문제 해답과 자료 | "blog.naver.com/statforss"

연습문제

E·X·E·R·C·I·S·E

1. 교육학과 대학원생인 영철이는 50명의 임금근로자를 무작위 추출하여 월임금액(단위: 만 원)을 종속변수, 개인의 교육년수(예. 중졸 9, 고졸 12 등)를 독립변수로 하는 회귀모형식()을 추정한 결과 다음과 같은 결과를 얻었다.

$$Y=100+12X$$
$$se(\hat{\beta})=10,\ r^2=0.2$$

1) 교육년수 계수값에 대한 95% 신뢰구간을 구하라.

2) 교육년수 계수값을 유의수준 0.05에서 검정하라. 검정통계량과 P 값을 구해서 검정하라.

3) 월임금액과 교육년수의 상관계수를 구하라.

이번에는 50명이 아니라 200명을 무작위 추출하여 동일한 회귀모형을 추정하였다. 그 결과,

4) $\hat{\beta}$과 r^2 값은 앞서의 50명 대상 결과와 큰 차이가 없는 반면, $se(\hat{\beta})$ 값은 대폭 작아졌다. 왜 그런지 이유를 설명하고, 대략 얼마나 작아졌을지 설명하라.
5) 200명 대상의 결과는 50명 대상의 결과와 $\hat{\beta}$ 값은 동일하고 $se(\hat{\beta})$만 절반으로 작아졌다고 하자. 이 때 교육년수 계수값을 유의수준 0.05와 0.01에서 검정하라.
6) 영철이 선배 순심이는 $r^2=0.2$인 것을 보고, 이 회귀모형식은 적합도가 낮으므로 타당성이 약하다면서, 이는 교육수준이 임금에 미치는 영향력은 미미하다는 것을 보여준다고 말했다. 순심이의 평가는 적절한가?

2. 가구 소득이 자녀수에 미치는 영향을 알아보기 위해 2,000 가구를 무작위 추출하여 아래와 같은 회귀식을 추정했다. 종속변수는 자녀수이고 독립변수는 월평균 가구 소득(단위: 백만원)을 나타낸다.

$$Y=0.8+0.002X$$

1) 철수네 월평균 소득은 100만 원이다. 철수네 자녀수는 몇 명으로 예측할 수 있는가? 친구인 영희네 월평균 소득은 2,000만 원이다. 영희네 자녀수는 몇 명으로 예측할 수 있는가?
2) 이 회귀식은 직선이다. 그런데 가구소득과 자녀수의 관계가 +일 것 같기는 하지만 직선일 것 같지는 않다. 실제로 가구소득별 평균자녀수를 그린다면 어떤 형태일지 생각해 보라. 그렇다면 가구소득이 100만 원인 경우 평균자녀수는 앞서의 직선형태 회귀식으로 예측한 결과보다 많을까 작을까? 가구소득이 2,000만 원인 경우는 어떨까?

3. 서울시는 자치구별로 1인당 평균 인터넷 사용 시간(단위: 일주일)을 종속변수, 해당 자치구의 공공 Wi-Fi(무선인터넷) 설치 수를 독립변수로 하는 단순 회귀분석을 실시한 결과, 다음과 같은 추정계수를 얻었다(유의수준 0.05에서 유의미). 이 결과를 보고 서울시 정보화 담당관은 공공 Wi-Fi 수를 많이 설치할수록 (대략 추정계수 값에 비례하여) 시민들의 인터넷 사용 시간이 늘어난다고 주장하였다. 이 주장의 문제점을 논하라.

$$Y = 5 + 0.01X$$

(Hint 독립변수와 종속변수의 역 인과관계 가능성, 교란요인 존재 가능성, 자치구 단위의 분석 결과를 시민 단위 결과로 해석한 것 등등 다양한 문제점 존재)

4. 한국대학교는 좀 더 우수한 학생을 뽑기 위한 입시제도 개선안을 고민 중이다. 이 학교 통계학과의 A 교수가 작년도 입학생의 수능점수와 학점의 상관관계를 분석하였는데 그다지 뚜렷한 정(+)의 관계는 나오지 않았다. 이를 근거로 A 교수는 앞으로 한국대 입시에서 수능점수는 고려할 필요가 없다고 주장했다(대학 평점이 높을수록 우수한 학생이라고 가정하자).

이에 대해 같은 과의 B 교수는 한국대학교 입학생의 수능점수는 전체 수험생 중 중상위권, 즉 상위 30–40%에 해당하는데, 이 구간에 속하는 학생만으로 수능점수와 학점의 상관관계를 구했기 때문에 뚜렷한 + 관계가 도출되지 않은 것이라고 반박했다. 그러면서 만일 전체 수험생 중에서 무작위로 입학시켜서 수능점수와 학점의 상관관계를 분석했다면 틀림없이 매우 뚜렷한 + 관계가 도출되었을 것이라면서, 여전히 수능점수는 학생선발에서 중요하게 고려해야 한다고 주장했다.

B 교수의 주장이 타당하다고 했을 때(수능점수 상위 30–40%만을 대상으로 했을 때는 뚜렷한 + 관계가 나오지 않지만 전체를 대상으로 했을 때는 뚜렷한 + 관계가 나올 것) 예상되는 수능점수와 학점 간의 가상의 산점도를 그려보라. 여러분이 이 대학교 총장이라면 A와 B 교수의 주장 중 어느 쪽을 받아들이겠는가? 혹은 제3의 방안이 있다면 이를 제시해 보라(하나의 정답이 있는 것은 아님. 다만 편향되어 추출된 일부만을 대상으로 상관관계 혹은 선형회귀분석을 하면 전체에서 무작위로 추출된 경우와는 다른 결과가 도출될 수 있음에 주의하자는 취지의 문제일 뿐이다).

데이터를 활용한 연습문제 E·X·E·R·C·I·S·E

1. 아래 자료는 몇몇 국가의 1인당 GDP(달러)와 부패인식지수(2014년 기준)를 제시한 것이다. 부패인식지수는 낮을수록 더 부패수준이 높음을 나타낸다.

ID	국가	1인당GDP	부패인식지수
1	아르헨티나	12,245	34
2	호주	62,214	80
3	브라질	12,026	43
4	캐나다	50,440	81
5	칠레	14,817	73
6	중국	7,683	36
7	콜롬비아	7,913	37
8	덴마크	62,548	92
9	핀란드	49,914	89
10	프랑스	42,955	69
11	독일	48,042	79
12	그리스	21,760	43
13	인도	1,573	38
14	인도네시아	3,491	34
15	이스라엘	37,539	60
16	이탈리아	35,396	43
17	일본	38,096	76
18	대한민국	27,811	55
19	멕시코	10,452	35
20	네덜란드	52,157	83
21	뉴질랜드	44,503	91
22	페루	6,491	38
23	폴란드	14,339	61
24	포르투갈	22,077	63
25	러시아	14,125	27
26	사우디아라비아	24,575	49
27	싱가포르	56,336	84
28	슬로베니아	24,202	58
29	남아프리카공화국	6,484	44
30	스페인	29,623	60
31	스웨덴	59,180	87
32	스위스	86,605	86
33	대만	22,668	61
34	태국	5,941	38
35	터키	12,127	45
36	우크라이나	3,104	26
37	영국	46,783	78
38	미국	54,598	74
39	베트남	2,052	31

1) 1인당 GDP와 부패인식지수 간의 상관계수를 구하고, 이 결과를 바탕으로 경제수준

과 부패수준 간의 관계에 대해 추론해 보자(정답은 없음. 상관관계와 인과관계에 대해 생각해 보라는 문제임)

2) ①부패지수를 종속변수, 1인당 GDP를 독립변수로 하는 단순회귀분석을 실시하여 결과를 제시해 보자. 또한 반대로 ②1인당 GDP를 종속변수, 부패지수를 독립변수로 하는 단순회귀분석을 실시하여 결과를 제시해 보자.
   - 두 결과의 R^2 값은 동일하다. 그리고 독립변수의 계수값은 ①에서는 매우 작고 ②에서는 매우 크다. 왜 그런지 이유를 설명하라.
   - 두 회귀분석 결과를 바탕으로 경제수준과 부패수준 사이의 관계에 대해 이야기해 보자.

(정답은 없음. 인과관계 추론의 어려움에 대해 생각해 보라는 문제임)

이제부터는 (순전히 연습목적으로) 만일 경제수준과 부패수준 사이에 관계가 있다면, 경제수준이 원인, 부패수준이 결과에 해당한다고 가정하자.

3) 부패지수를 종속변수, 1인당 GDP를 독립변수로 하는 단순회귀분석을 실시하되, 이번에는 1인당GDP를 기준으로 상중하 각각 13개 국가씩 나눠서 분석해보자. (각 집단을 나누는 기준 1인당 GDP는 대략 1만4천 불과 4만 불 정도가 될 것이다). 그 결과를 전체에 대한 회귀분석 결과와 비교해 보자. (문제를 푸는 과정에서 두 변수의 관계에 대한 산점도를 제시하고 이를 이용하여 논의해보길 권한다.) (정답은 없음. 본문의 〈보기 11-2〉 논의 참조)
4) 이상의 분석을 통해 알 수 있는 경제수준과 부패와의 관계에 대해 논하되, 한계에 대해서도 언급하라.

2. income.dat 자료를 이용하여 다음의 분석을 실행하라

1) 임금을 결정하는 요인으로 교육년수가 중요하다고 한다. 실제로 그런지 확인하기 위해 교육년수(초졸=6, 중졸=9, 고졸=12, 전문대졸=14, 대졸=16, 석사=18, 박사=22)에 따라 임금(근로소득)이 어떻게 다른지 두 변수 사이의 단순회귀모형을 세우고 해석해보자.
2) 임금에 영향을 미치는 또 다른 변수로는 나이가 있다. 나이와 임금 사이의 단순회귀모형을 세우고 결과를 구해 해석해 보자. 이때 나이는 임금수준을 결정하는 '원인'이라고 볼 수 있을까? 나이가 임금수준을 결정하는 원인이기 위해서는 어떤 전제가 있어야 하는가?

부록 1 최소제곱법에 의한 회귀계수의 추정

최소제곱법에 의해 $\hat{\beta}$을 추정하는 구체적인 공식은 다음과 같다.

$$\hat{\beta} = \frac{n\sum X_iY_i - \sum X_i \sum Y_i}{n\sum X_i^2 - (\sum X_i)^2} = \frac{\sum X_iY_i - n\overline{X}\,\overline{Y}}{\sum X_i^2 - \overline{X}_i^2}$$

추정 회귀직선 $Y=\hat{\alpha}+\hat{\beta}X$은 표본자료들의 평균점인 $(\overline{X}, \overline{Y})$을 지난다. 따라서 $\hat{\alpha}$는 $\hat{\beta}$을 구한 후, 다음과 같이 기계적으로 구할 수 있다.

$$\hat{\alpha} = \overline{Y} - \hat{\beta}\overline{X} = \frac{\sum Y_i}{n} - \hat{\beta}\frac{\sum X_i}{n}$$

이제 〈표 11-2〉의 식비와 월소득 자료를 갖고 위 공식을 이용해서 식비지출을 Y, 월소득을 X로 하는 회귀직선 $Y=\hat{\alpha}+\hat{\beta}X$의 추정계수 $\hat{\alpha}$과 $\hat{\beta}$을 구해보자. 아래 표에는 50개의 자료 중 처음 2개와 마지막 2개를 제시했다. 엑셀을 이용해서 $\sum Y$, $\sum X$, $\sum X^2$, $\sum XY$을 구한 다음에 공식대로 계산하면 된다. 물론 $n=50$이다. 귀찮더라도 해 보자. 그리고 본문에 제시된 값과 비교해 보자.

자료 번호	Y(식비)	X(월소득)	X^2	XY
1	21	205	42025	4305
2	35	211	44521	7385
…	…	…	…	…
49	75	656	430336	
50	113	670		
합	$\sum Y$	$\sum X$	$\sum X^2$	$\sum XY$

귀찮아도 해보았을 거라고 믿고 답을 주자면,

$$\sum Y = 3457,\ \sum X = 21147$$
$$\sum X^2 = 9745433,\ \sum XY = 1554134$$

이 나온다. 혹여나 안 하고 답을 보았더라도 주어진 값으로 계수의 추정치를 구해보도록 하자.

부록 2 OLS 추정값과 이상치의 존재 그림

최소제곱법(OLS)은 개별 오차들의 제곱합을 최소화하는 직선을 구하는 것이다. 그런데 이상치(outlier)는 자료의 일반적인 추세에서 크게 벗어나는 값으로서 다른 값들에 비해 유난히 큰 오차를 갖는다. 이상치의 오차는 가뜩이나 큰데 이를 제곱하기 때문에 더욱 증폭된다. 그래서 오차제곱합을 최소화하는 직선을 구할 때 이상치는 다른 값들에 비해 기울기에 훨씬 더 큰 영향을 미친다. 다른 말로 하면 OLS로 추정한 회귀직선의 기울기는 이상치에 민감하다. 다음 사례를 보자.[13]

자동차 회사 '미래자동차'는 호봉제 급여체계(경력에 따라 급여가 올라가는 체계)를 기본으로 한다. 이 회사 입사를 고려 중인 준현이는 경력이 길어질수록 급여가 얼마나 높아지는지 알기 위해 이 회사 직원 중 30명을 표본추출해서 경력과 월급여를 조사했다. 경력을 X축, 월급여 Y축으로 해서 점을 찍었더니 [그림 11-A1]와 같았다. 그리고 월급여를 종속변수, 경력을 독립변수로

그림 11-A1
미래자동차 직원의 경력과 월급여 간 산점도

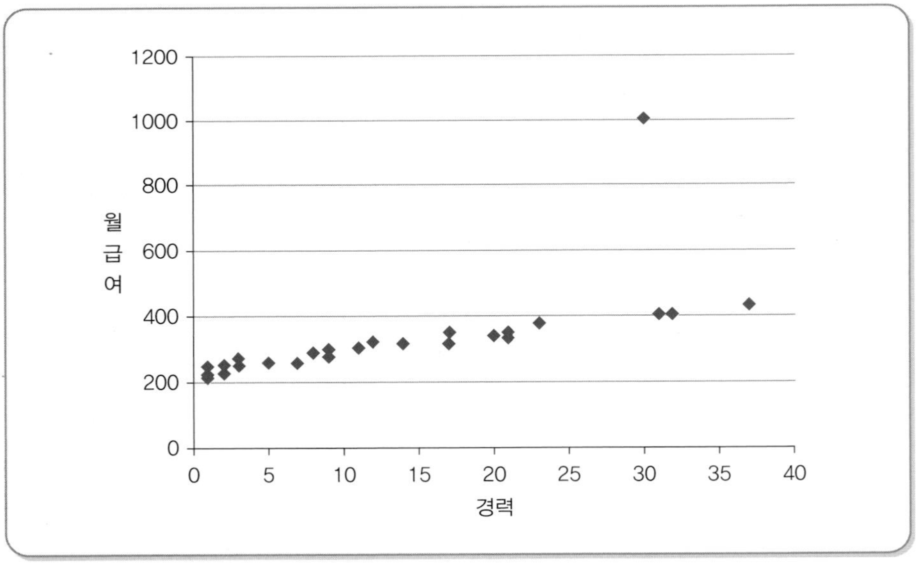

13 이 사례를 구성하는 데는 노틀담 대학교 윌리엄스 교수의 강의안 'outliers'의 사례(https://www3.nd.edu/~rwilliam)에서 큰 도움을 받았다. 이 강의안의 사례가 OLS 회귀분석에서 이상치 문제를 설명하는데 적절하다고 판단하여, 이를 응용하여 데이터를 만들었다.

하는 회귀분석을 실시했더니 〈표 11-A1〉와 같았다.

표 11-A1
회귀분석 결과1

	추정계수	t값	P>t
경력	8.757	4.63	0.000
상수항	211.523	6.74	0.000
$\bar{R}^2$	0.414		
N	30		

경력의 추정계수는 8.757로 매우 유의미하며 $\bar{R}^2$는 0.4가 넘는다. 그렇다면 이걸로 된 것일까? 그런데 그래프를 보면 아무래도 관측값 하나가 너무 튄다. 일반적인 경향에서 벗어나도 너무 벗어났다. 이상치 중에서도 정말 특이한 이상치다. 고민하던 준현이는 이 이상치를 제외하고 다시 회귀분석을 실시했다. 그 결과는 〈표 11-A2〉와 같다.

표 11-A2
회귀분석 결과2: 이상치 제거

	추정계수	t값	P>t
월급여	5.570	22.73	0.000
상수항	232.958	59.63	0.000
$\bar{R}^2$	0.949		
N	29		

경력의 추정계수는 5.570으로 크게 낮아진 반면 t-값은 훨씬 증가해서 유의미성은 더욱 강해졌고 $\bar{R}^2$는 0.9를 넘어서 대폭 상승했다.

이상치를 포함하고 분석한 게 타당할까 아니면 제거하고 분석한 게 타당할까. 참 판단이 어렵다. 정답은 없다. 상황에 따라 다르다. 고심하던 준현이는 월급여 1천만 원을 받는 사람이 누구인가를 봤다. 알고 봤더니 사장이었다(그는 창립자의 아들이었다!). 사장을 제외하면 500만 원이 최고였다. 준현이가 알고 싶은 것이 이 회사에 평사원으로 입사한 사람이 평균적으로 기대할 수 있는 경력 상승에 따른 급여 증가라면 사장은 제외하고 분석하는 것이 타당할 것 같기는 하다. 하지만 이처럼 이상치가 왜 생겼는지 알 수 있고, 연구목적에 비춰봐서 분명히 제거하는 것이 좋다고 판단할 수 있는 경우는 그리 많지 않다.

이번에는 실제 사례를 보자. 흔히 경제수준과 복지지출수준 사이에는 +의 관계가 있다고, 즉 경제 수준이 높을수록 복지지출 수준도 높아지는 경향이 있다고 생각한다. 정말 그런지를 알기 위한 실증분석 방법으로 대표적인 것이 OECD 국가들의 경제수준과 복지지출수준의 관계를 분석하는 것이다. OECD 국가들의 1인당 GDP를 X축, (GDP 대비) 복지지출비중을 Y축에 놓고 산점도를 그리면 [그림 11-A2]와 같이 된다. 자료는 모두 2010년 기준이다.[14]

이 그래프를 보면 대체로 1인당 GDP가 높아질수록 복지지출비중도 높아지는 경향이 있는 것도 같다. 그렇다면 복지지출비중을 종속변수, 1인당 GDP를 독립변수로 하는 회귀분석을 실시하자. 이 결과는 〈표 11-A3〉에 제시되어 있다.

그림 11-A2

OECD 국가의 1인당 GDP와 복지지출 비중 간 산점도

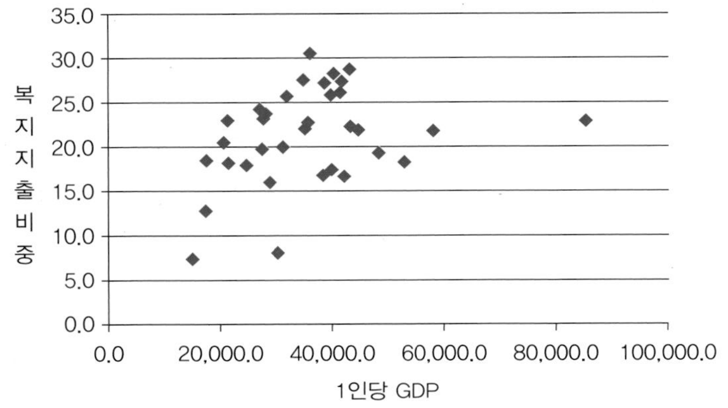

1인당 GDP는 PPP 달러임[14]

14 더 최근 자료는 빠진 국가들이 다수 존재해서 가장 많은 국가가 포함된 2010년 자료를 사용했다. 2010년 자료는 원래 35개국인데 칠레는 제외했다. 칠레도 멕시코, 터키, 한국이 모인 자리 부근에 위치한 이상치 국가이긴 하다. 하지만 칠레는 비교적 최근에 OECD에 가입했고, 멕시코나 터키에 비해 사람들이 특성을 잘 모르기 때문에 설명의 편의를 위해 제외했다. 물론 포함해도 결과는 변함이 없다.

15 PPP는 'Purchase Power Parity'의 약자로 우리말로는 구매력일치계수라고 부른다. 공식달러 환율은 양국의 구매력(물가)을 제대로 반영하지 못하므로, 이를 보정하여 구매력을 반영한 환율을 의미한다. 대체로 후진국은 PPP 환율이 공식 환율보다 높으며, 선진국은 낮다. 그래서 1인당 GDP를 PPP로 나타내면 후진국은 공식 환율로 표시했을 때보다 커지며, 선진국은 작아지는 경향이 있다.

	추정계수	t값	P>t
1인당 GDP	0.127	1.89	0.068
상수항	16.836	6.57	0.000
$\bar{R}^2$	0.072		
N	34		

표 11-A3
회귀분석 결과 1

1인당 GDP는 만 단위인데 비해 복지지출 비중은 십 단위다. 그래서 원래 수치를 그대로 사용하면 1인당 GDP의 계수값이 너무 작게 나온다. 그래서 1인당 GDP는 1000으로 나눈 값을 사용했다. 이는 1인당 GDP의 단위가 천 달러임을 의미한다. 1인당 GDP 추정계수의 P 값은 0.068이다. 통상 사용하는 유의수준 0.05 기준으로는 유의미하지 않지만 0.1 기준으로는 유의미하다. 표본수가 34개로 작다는 것을 고려하면 어느 정도는 관계가 있다고 해도 될 듯싶다.

그런데 그래프를 보며 룩셈부르크가 뚝 떨어져 있다. 복지지출비중은 다른 국가들과 큰 차이가 없지만 1인당 GDP가 워낙 높아서 그렇다. 룩셈부르크는 아주 작은 국가인데 조세회피 등의 이유로 다국적기업이 워낙 많은 탓에 1인당 GDP가 유난히 높다(GDP는 생산주체가 자국민이든 외국인이든 가리지 않고 국내에서 생산된 것을 기준으로 한다). 따라서 경제수준이 복지지출수준에 미치는 영향을 분석할 때는 이런 이상치는 빼는 게 더 적절할 것 같기도 하다. 그렇다면 룩셈부르크를 제외하고 분석한 결과를 보자.

	추정계수	t값	P>t
1인당 GDP	0.198	2.25	0.032
상수항	14.560	4.64	0.000
$\bar{R}^2$	0.113		
N	33		

표 11-A4
회귀분석 결과 2: 룩셈부르크 제외

룩셈부르크를 제외하고 분석했더니 1인당 GDP의 추정계수의 P 값은 0.032로 낮아졌다. 물론 유의수준 0.05 기준으로 유의미하다. R^2 값도 다소 상승했다. 그렇다면 1인당 GDP가 높아질수록 복지지출비중도 높아진다고 할 수 있을까?

룩셈부르크만큼은 아니라도 왼쪽 아래의 3개국 즉, 멕시코, 터키, 한국도

OECD 국가들의 분석에서 단골로 등장하는 이상치다. 최근에 많이 변했지만 OECD는 원래 선진국들의 모임이다. 멕시코, 터키는 오래 전에 가입했지만 선진국은 아니다. 그래서 다른 국가들과 특성이 많이 다르다. 우리도 가입한 지 20년이 넘었지만 선진국이라 하기는 좀 애매하고, 또 각종 사회지표는 소득수준에 걸맞지 않는 경우가 많다. 그러니 이번에는 이 3개국을 제외하고 분석해 보자.

표 11-A5

회귀분석 결과 3: 멕시코, 터키, 한국 제외

	추정계수	t값	P>t
1인당 GDP	0.040	0.69	0.500
상수항	21.070	9.46	0.000
$\bar{R}^2$	−0.018		
N	31		

멕시코, 터키, 한국을 제외한 나머지 31개국을 대상으로 한 분석에서는 1인당 GDP가 전혀 의미를 갖지 못했다. 심지어 $\bar{R}^2$는 마이너스다!(R^2는 정의상 절대 마이너스일 수 없지만 $\bar{R}^2$는 R^2가 아주 작으면 마이너스도 가능하다. 이에 대해서는 12장에서 설명). 이 3개국과 룩셈부르크를 함께 제외하고 분석한 결과를 봐도 대동소이하다.

표 11-A6

회귀분석 결과 4: 멕시코, 터키, 한국, 룩셈부르크 제외

	추정계수	t값	P>t
1인당 GDP	0.067	0.85	0.405
상수항	20.149	6.96	0.000
$\bar{R}^2$	−0.010		
N	30		

지금까지의 논의를 정리하자. 대체 경제수준이 높아질수록 복지지출 규모도 커지는 경향이 있는 것일까? 무엇이 이상치이며, 이를 발견했을 때 제외하고 분석하는 것이 맞을까 그대로 두고 분석하는 것이 맞을까?

경제수준과 복지지출의 관계에 대한 기존 연구결과를 종합하면, 선후진국을 모두 포함한 분석이라면 둘 사이에 정(+)의 관계가 존재한다. 하지만 선진국만을 대상으로 하면 정(+)의 관계를 발견하기 어렵다. 즉 일정 경제수준까지는 둘 사이에 정(+)의 관계가 존재하지만, 경제수준이 어느 정도를 넘어

서면 그렇지 않다.

OECD 국가는 전 세계 국가들 중에서 무작위로 선정된 것이 아니며, 그렇다고 선진국들만 포함한 것도 아니다. 따라서 전 세계 국가들을 모집단으로 생각하는 분석이라면 OECD 국가를 분석 대상으로 하는 것이 타당하지 않다.

언론에서는 흔히 한국의 상황을 얘기하면서 OECD 국가통계를 인용한다. 두 가지 이유 때문이다. 우선 OECD 국가통계는 구하기 쉽다(OECD 회원국은 각종 경제사회 통계를 제출해야 한다). 다음으로 지금은 선진국으로 보기 어려운 국가들도 제법 많지만, 여전히 OECD 회원국의 다수는 선진국들이다. 그래서 OECD 통계는 선진국들의 상황을 보여주는 지표로 통용되기 때문이다.

선진국들의 상황이 어떤가를 보는 게 목적이라면 OECD 국가 전체를 대상으로 하는 것보다 그 중에서 선진국으로 간주되는 국가들만을 대상으로 하는 것이 좀 더 나을 수도 있겠다. 하지만 선진국들만 가려낸다는 것도 객관적인 기준이 없기 때문에 애매하기는 하다.

만일 내가 "경제수준과 복지지출의 관계: OECD 국가들을 대상으로"라는 제목의 연구를 한다면, 4개의 표를 모두 제시하고 앞에서 했듯이 왜 결과가 달라지는지에 대한 논의를 하겠다.

어쨌든 이 사례를 통해 내가 하고 싶은 얘기는 이렇다. 첫째, 사례수가 많지 않을 때, 이상치의 존재는 분석 결과에 상당한 영향을 끼친다. 특히 회귀분석에서는 더욱 그렇다. 그래서 이런 경우에는 이상치의 존재를 체크하고 이를 어떻게 판단할지 고민해 봐야 한다. 둘째, 실증분석을 할 때는 분석 대상에 대해 잘 알아야 한다. 데이터가 있으니 기계적으로 분석하고 결과를 해석한다면 잘못된 판단을 하기 쉽다.

회귀분석 결과와 인과관계 판단

마지막으로 한 마디 더. 1인당 GDP를 독립변수, 복지지출비중을 종속변수로 하는 회귀분석 결과 유의미한 +의 추정계수를 얻었다고 하자. 그렇다고 해서 1인당 GDP가 높아지면(한 나라의 경제수준이 높아지면) 복지지출이 증가한다고, 즉 둘 사이에 인과관계가 성립한다고 할 수 있을까? 거듭 말하지만 유의미한 추정계수를 얻었다는 것은 둘 사이에 상관관계가 존재한다는 것을 보여줄 뿐이다. 이러한 상관관계가 존재하는 이유가 바로 1인당 GDP가 원인변수, 복지지출비중이 결과변수이기 때문이라고 할 수 있어야 인과관계가 성립한다. 이 판단은 통계분석 '이외의' 영역이다. 핵심은 1인당 GDP와 복지지출비중 사이에 교란변수가 존재하는가이다. 만일 고개를 끄덕일 만한 교란변수가 존재한다면 1인당 GDP만을 독립변수로 하는 단순회귀분석 결과로는 인과관계 판단을 할 수 없다. 이때는 교란변수를 또 하나의 독립변수로 추가한 다중회귀분석을 해야 한다. 그 때도 1인당 GDP의 추정계수가 유의미하게 나온다면 인과관계가 존재한다고 좀 더 믿을 만하다. 이에 대해서는 다음 장에서 좀 더 논의하자.

제12장

다중회귀분석

11장의 회귀분석 설명에서는 독립변수가 하나뿐인 경우를 다뤘다. 그러나 사회 현상의 인과관계 분석에서 단지 하나의 독립변수에 의해서만 종속변수가 영향을 받는 경우는 찾기 어렵다. 거의 모든 경우 종속변수에 영향을 미치는 변수들은 복수이다. 영향 미치는 변수가 복수이면 회귀모형도 복수의 독립변수로 구성하는 것이 타당하다. 독립변수가 복수인 경우의 회귀분석을 '다중회귀분석(multiple regression analysis)'이라고 한다.

1. 회귀계수 추정

11장의 식비지출액 사례에서는 소득 하나만 식비지출을 결정하는 것으로 설정했다. 하지만 식비지출에 영향을 미치는 요인은 다양하다. 두 가구의 소득이 동일하더라도 식구 수, 맞벌이 여부, 식성(가령, 육식 대 채식) 등이 다르면 식비지출액도 다를 것이다. 그러니 소득 이외에 식비지출에 영향을 미치는 다른 변수들을 추가해서 모형을 만들자. 예를 들어 가구원 수를 또 하나의 독립변수로 추가해 보자.

다중회귀분석의 개념과 추정방법은 둘 이상의 독립변수가 사용된다는 것 이외에는 독립변수가 하나인 단순회귀분석과 동일하다. 가구들의 식비지출액 차이를 설명하기 위하여 가족 수가 추가되었을 때, 종속변수와 독립변수의 관계는 다음과 같이 나타낼 수 있다. X_1은 소득, X_2는 가족 수를 나타낸다.

$$Y = \alpha + \beta_1 X_1 + \beta_2 X_2 + \varepsilon \qquad \text{〈수식 12.1〉}$$

α, β_1, β_2의 추정방법은 단순회귀분석과 동일하다. 즉 주어진 표본자료로부터 추정된 식비지출액($\hat{Y}$)과 실제 식비지출액(Y)의 차이를 최소화하는 방식으로 이루어진다. 이 방식을 단순회귀분석의 경우처럼 그래프로 나타내기는 어렵다. 독립변수가 두 개라서 3차원의 그림을 그려야 하기 때문이다. 대신 수리적으로 표현하는 것은 쉽다. 아래의 값을 최소화하는 $\hat{\alpha}$, $\hat{\beta}_1$, $\hat{\beta}_2$의 값을 구하면 된다.

$$\sum(Y-\hat{Y})^2=\sum(Y-\hat{\alpha}-\hat{\beta}_1X_1-\hat{\beta}_2X_2)^2=\sum e^2 \qquad \langle\text{수식 12.2}\rangle$$

e는 단순회귀분석에서와 마찬가지로 잔차($e=Y-\hat{Y}$)를 나타낸다.

이제 〈표 12-1〉의 자료를 이용해서 〈수식 12.1〉을 추정해 보자. 그 결과는 다음과 같다.

표 12-1
〈표 11-2〉의 자료에 대한 회귀분석 결과

Source	SS	df	MS
Model	13470.673	2	6735.33648
Residual	18475.347	47	393.09249
Total	31946.02	49	651.959592

Number of obs	=	50
F(2, 47)	=	17.13
Prob > F	=	0.0000
R-squared	=	0.4217
Adj R-squared	=	0.3971
Root MSE	=	19.827

food	Coef.	Std.Err	t	P > |t|	95% Conf. Interval	
size	5.642651	2.076108	2.72	0.009	1.46606	9.819241
income	.1089073	.0222523	4.89	0.000	.0641415	.1536732
_cons	4.570838	11.41389	0.40	0.691	−18.39095	27.53263

이의 해석은 단순회귀분석과 유사하다. 가구원 수(size)의 추정계수 $\hat{\beta}_2$이 5.64이므로 가구원이 1명 더 많으면 월 식비지출액은 평균 5.64만 원 더 많음을 알 수 있다.

소득(income)의 추정계수 $\hat{\beta}_1$은 0.109이므로 소득이 1만 원 더 많은 가구는 식비지출액이 평균 1천 90원 더 많음을 알 수 있다. 그런데 하나 주의할 게 있다. 11장에서 소득 하나만 독립변수로 하는 단순회귀분석에서는 소득의 추정계수가 0.115였다. 동일한 자료로 추정했는데, 왜 다중회귀분석에서는 소득의 추정계수값이 작아졌을까? 사실은 같은 독립변수인데도 단순회귀분석일 때와 추정계수가 달라지는 것이 다중회귀분석을 하는 가장 중요한 이유이다.

다중회귀분석에서 특정 독립변수의 추정계수는 '모형에 포함된 다른 독립변수의 영향을 통제한 상태에서, 해당 독립변수가 한 단위 증가할 때 종속변수의 변화량'을 보여준다. 소득과 가구원 수가 독립변수인 경우에, 소득의 추정계수는 가구원 수의 영향을 통제한 상태에서 소득이 한 단위 증가했을 때 식비지출액의 증가분을 보여준다. '가구원 수의 영향을 통제한다'는 것은 '가구원 수가 동일할 때'라고 이해해도 된다.

소득만 독립변수인 단순회귀분석에서는 가구원 수가 통제되지 않는다. 그런데 소득과 가구원 수 사이에는 어느 정도 +의 상관관계가 존재한다(이유는 잘 모르겠다. 식구가 많으면 돈 버는 사람이 더 많아서 그럴 수도 있고, 혹은 책임져야 할 식구가 많으면 가장이 더 열심히 돈을 벌어서 그럴 수도 있겠다). 그래서 가구원 수를 통제하지 않으면, 소득의 영향에 가구원 수의 영향까지 일부 얹어져서 더 크게 나타나는 것이다. 결국 단순회귀분석에서 소득의 추정계수는 순수한 소득의 영향만을 보여주지 못한다.

다중회귀분석의 장점은 이처럼 다른 변수의 영향을 통제할 수 있다는 데 있다. 9장에서 인과관계 성립의 세 요건을 얘기하면서, 사회과학의 인과관계 분석에서는 마지막인 '제3의 변수의 영향 배제' 조건이 관건이라고 했다. 그리고 11장에서는 회귀분석을 통해 *X*와 *Y* 사이의 상관관계가 인과관계라고 할 수 있으려면 세 번째 조건이 충족되어야 한다고도 했다. 그런데 *X*와 *Y* 사이의 인과관계 추정을 방해하는 제3의 변수 *Z*가 존재할 때, 이를 또 하나의 독립변수로 회귀모형에 포함하면 *Z*의 영향이 통제된다. *X*와 *Y* 사이의 인과관계를 교란하는 것을 통제하기 위해 추가한다는 의미에서 *Z*를 통제변수라고도 부른다.

이쯤에서 사려 깊은 독자라면 의문이 들 법하다. '사회현상에서 두 변수 간의 인과관계에 영향을 미치는 제3의 변수는 한두 개가 아닐 텐데, 그럼 모든 변수를 다 통제변수로 모형에 포함해야 하나? 자료가 없는 변수는 어쩌나?'

*X*와 *Y* 사이의 인과관계 추정을 방해하는 제3의 변수는 다양하다. 원칙적으로는 이들을 모두 통제변수로 모형에 포함해야만 *X*와 *Y* 사이의 인과관계를 제대로 추정할 수 있다. 하지만 이는 거의 불가능하다. 모든 제3의 변수를 알기도 어렵지만, 안다고 해도 자료를 구할 수 없는 경우가 허다하다. 그럼 어떡할까? 나는 수업시간에 학생들에게 통계학 자체는 science지만 통계분석은 art

라고 한다(여기서 art는 기술이라는 말이다). ○×의 확답이 있는 것이 아니다. 상식적으로 판단할 일이다. 모형에 포함하지 못하는 제3의 변수의 영향이 미미하다면 우리의 회귀모형이 X와 Y 사이의 인과관계를 추정하는 데 큰 무리가 없다고 할 수 있다. 그러나 제외된 제3의 변수의 영향이 중요하다면 X와 Y 사이의 인과관계를 제대로 추정한다고 할 수 없다. 이 경우는 비록 X의 추정계수가 유의미하게 나왔다고 해도 이 값은 올바른 인과관계를 보여주지 못한다.

9장의 사례였던 〈보기 9-2〉에서 화재현장에 출동한 소방차의 대수와 화재피해액 간의 관계를 상기하자. 화재피해액을 Y, 출동 소방차 대수를 X로 하는 단순회귀분석을 실시한다면 X의 추정계수는 유의미한 + 값을 가질 것이다. 그렇다고 해서 소방차가 많이 출동할수록 화재피해는 커진다고 하겠는가? 물론 화재규모라는 제3의 변수가 빠졌기 때문에 그런 결과가 나오는 것이다. 만일 화재규모 자료를 구할 수 있고, 이를 통제변수로 추가하면 출동 소방차 대수 X의 추정계수는 − 값을 갖게 될 것이다. 이처럼 제3의 변수의 영향을 통제하지 못해서 추정계수값에 엎어지는 것을 추정계수에 편의(bias)가 발생한다고 말한다. 소방차와 화재피해액의 회귀분석에서는 편의가 워낙 크다보니 계수의 크기는 물론이고 부호마저 바뀌는 것이다.

우리의 식비지출 사례에서 소득 하나만을 독립변수로 할 때는 계수값이 0.115였는데 가구원 수를 추가하니 0.109로 약간 작아졌다. 그럼 이 경우는 크기에 별 차이가 없으니 소득 하나만을 독립변수로 하는 단순회귀분석도 괜찮은 걸까? 두 가지를 따져야 한다. 첫째는 소득과 식비지출의 인과분석에 영향을 미치는 제3의 변수가 '가구원 수'만은 아닐 거라는 점이다. 다른 제3의 변수가 존재하고 이의 영향이 큰 경우, 이런 제3의 변수를 통제하지 못하면 문제가 심각하다. 둘째는 '가구원 수'의 영향이 큰지 작은지는 해보기 전에는 알기 어렵다는 점이다. '가구원 수' 자료가 있다면 당연히 포함해야 한다. 크든 작든 '편의'는 없는 것이 좋으므로 기왕에 자료가 있으면 이를 제외할 이유가 없다.

제3의 변수를 적절히 통제하지 못해서 추정계수에 편의가 발생하는 것은 사회현상의 인과관계 분석에서 가장 큰 문제이다. 그래서 중급 이상의 사회과학 통계분석에서는 이로 인한 문제를 완화하는 것이 핵심주제이다. 우리 책은 기초에 해당하므로 이에 대한 상세한 논의는 하지 않지만, 이의 중요성만은 명심하기 바란다.

2. 다중회귀분석의 논점들

다중결정계수 R^2 과 $\overline{R}^2$

다중결정계수 R^2은 단순회귀분석에서의 결정계수 r^2과 동일하다. 즉 종속변수의 총 변동 중에서 회귀모형에 의해 설명되는 정도를 보여준다. 독립변수가 둘 이상일 때의 결정계수라는 의미에서 다중결정계수라 부르고 대문자로 표기하는 것뿐이다.

〈표 12-1〉에서 R^2는 0.42여서, 가구 간 식비지출 차이의 42% 정도를 회귀모형에 의해, 즉 소득과 가구원 수의 차이에 의해 설명할 수 있음을 알 수 있다. 그런데 12장에서 소득 하나만 독립변수로 하는 단순회귀분석에서는 r^2이 0.33이었다. '가구원 수' 독립변수를 추가하니 0.09만큼 커졌다. 이는 당연하다. 독립변수가 하나일 때 보다는 둘일 때 종속변수의 변동(가구 간 식비지출액의 차이)을 더 많이 설명할 수 있을 것이기 때문이다.

회귀모형의 다중결정계수는 유용한 통계량이기는 하다. 하지만 이 값에 의하여 회귀모형의 '좋음'과 '나쁨'이 결정되는 것은 아니다. 다시 말해 큰 R^2 값을 얻는 것이 인과관계 규명을 위한 회귀분석의 주목적은 아니다.

소득과 식비지출액 간의 인과관계 규명에서 중요한 것은, 소득과 식비지출액 간의 인과관계에 영향을 미치는 제3의 변수의 효과다. '가구원 수'만이 소득과 식비지출액 간의 인과관계에 의미 있는 영향을 미치는 제3의 변수라면 〈표 12-1〉의 회귀모형은 타당하게 설정된 것이고, 소득의 추정계수를 구함으로써 우리의 목적은 달성된다. 소득과 가구원 수는 가구 간 식비지출액 차이의 42%만 설명한다고 이것이 의미가 없는가? 전혀 아니다. 식비지출액에 영향을 미치는 요인들은 매우 많다. 우리의 목적이 식비지출액을 결정하는 모든 요인들을 찾아내고 이들의 영향력 크기를 모두 규명하는 데 있다면 $R^2=0.42$, 즉 42%만 규명했다는 것은 문제가 된다. 그러나 수많은 영향 요인들 중에서 '소득'의 영향력을 올바르게 규명하는 데 관심이 있다면 문제될 게 없다.

어떤 통계학 책에서는 R^2 값이 일정규모 이상, 가령 0.3 이상은 되어야 회귀모형이 타당하다는 식으로 설명하고 있다. 틀린 설명이다. R^2이 0.1이라고 해서 회귀모형이 타당하지 않다고 할 수는 없다. 물론 기왕이면 R^2이 큰 게 작은 것보다는 좋을 것이다. 하지만 '기왕이면' 그렇다는 것이지 '반드시'는 아니다. R^2 값은 무엇을 분석하는가에 좌우된다. 원래 둘 사이의 인과관계가 밀접한 것을 분석한다면 당연히 R^2 값은 크게 나온다. 가령 소득과 식비지출액이 아니라 소득과 총 지출액의 관계를 분석한다면 R^2은 더 크게 나올 것이다.

회귀모형에 독립변수가 추가될 때 최소한 R^2 값이 감소하지는 않는다. 즉 추가된 독립변수가 종속변수에 아무런 영향을 미치지 못한다고 해도 R^2 값은 이 독립변수가 없을 때에 비하여 줄지는 않는다. 실제로는 어떤 독립변수와 종속변수 간에 전혀 관계가 없더라도 표본을 이용하여 둘 간의 상관계수를 구하면 완벽하게 0이 되지는 않는다. 우연이라도 약간은 상관관계가 존재한다. 그래서 회귀모형에 독립변수를 추가하면 R^2은 아주 조금이라도 증가하기 마련이다. 하지만 그렇다고 해서 회귀모형의 진짜 설명력이 증가한 것은 아니다. 따라서 이렇게 우연에 의해서 R^2이 증가하는 것은 제외하는 것이 좋겠다. 이처럼 우연에 의한 증가분을 제외한 것을 수정된(adjusted) R^2라고 하며 $\overline{R}^2$로 표기한다. '수정된'이라는 단어가 붙은 이유는 R^2 값을 독립변수 개수에 의하여 다소 작아지게 수정하기 때문이다. 그래서 독립변수가 추가되어 R^2 값이 증가해도, 이 독립변수의 설명력이 아주 작다면 $\overline{R}^2$ 값은 감소할 수 있다.

$\overline{R}^2$의 계산식은 다음과 같다. k는 독립변수의 개수이다.

$$\overline{R}^2 = 1 - \frac{\dfrac{SSE}{(n-k-1)}}{\dfrac{SST}{(n-1)}} = 1 - \frac{SSE}{SST}\frac{(n-1)}{(n-k-1)}$$

$R^2 = 1 - \dfrac{SSE}{SST}$이다. 그리고 $\dfrac{(n-1)}{(n-k-1)} > 1$이다. 따라서 $\overline{R}^2 < R^2$이다.

지금까지 R^2은 회귀모형의 설명력, 즉 회귀모형에 의해 종속변수의 변동을 설명하는 정도를 나타낸다고 했는데 이 의미를 되새겨보자. 11장에서 설명했듯 (다중) 결정계수 R^2은 종속변수의 실제값(Y)과 추정값($\hat{Y}$) 간의 상관계수를 제곱한 것($R^2 = [Corr(Y, \hat{Y})]^2$)이다. 즉 추정값 $\hat{Y}$이 실제값 Y와 얼마나 밀접한가를 보여주는 통계량이다. 그런데 $\hat{Y}$은 독립변수 X_i들에 추정계수를 곱해서($\hat{Y} = \hat{\alpha} + \hat{\beta}_1 X_1 + \hat{\beta}_2 X_2$) 구한다. 그래서 R^2을 독립변수 X_i들에 의해 Y가 설명되는 정도라고 하는 것이다. 하지만 이건 그 회귀모형이 독립변수와 종속변수 사이의 인과관계를 타당하게 보여준다는 것을 전제로 하는 말이다.

육류와 가공식품 지출액은 식비지출액의 일부이다. 따라서 이 둘을 독립변수로 회귀모형에 포함하면, R^2 값은 증가할 것이다. 그러나 이 회귀모형은 가구별 식비지출액 차이가 발생하는 원인을 규명하는 데 별 도움을 주지는 못한다. 가구별 식비지출액의 차이를 가져오는 원인은 무엇인가에 대한 답이 "육류와 가공식품 소비를 많이 하는 가구는 적게 하는 가구보다 식비 지출액이 많다"는 것은 아닐 것이다. 우리의 관심은 육류와 가공식품 지출 등의 식비지출액이 가구별로 달라지는 원인이 무엇인가를 규명하는 데 있다.

F 통계량과 적합도 검정

〈표 12-1〉을 보면 F(2, 47)=17.13라고 하는 *F* 통계량이 제시되어 있고 Prob>F=0.000으로 *F* 검정결과가 제시되어 있다. 이건 뭘 검정한 걸까? 독립변수들의 계수 중 적어도 하나는 유의미한가를 검정한 것이다. 무슨 말인가? 독립변수가 3개인 회귀모형을 구성했다고 하자. 3개 중 적어도 하나는 유의미한가를 검정한다면 귀무가설은 $\beta_1=\beta_2=\beta_3=0$이 된다. 귀무가설, 즉 3개의 독립변수 중 유의미한 것이 하나도 없다는 게 무슨 의미일까? 이는 3개의 독립변수 중 어떤 것도 종속변수의 변동을 설명하지 못한다는 것, 이 독립변수들과 종속변수는 아무런 관계가 없다는 것, 결국 이 회귀모형은 아무런 의미가 없다는 말이다.

달리 표현하면 적어도 이 귀무가설은 기각되어야만, 회귀모형이 조금의 의미라도 갖는다는 말이다. 이 귀무가설이 기각되어야만 회귀모형이 의미를 지니므로, 그 다음에 개별 독립변수가 유의미(개별 $\beta_i \neq 0$)한지, R^2은 얼마나 되는지 따져볼 이유가 생긴다. 설정한 회귀모형이 의미가 있는지, 종속변수와 독립변수간의 어떤 관계가 있는지를 판단한다는 의미에서 이 *F* 검정을 회귀분석의 '적합도(fitness)' 검정이라고 부른다.

〈표 12-1〉의 경우 *F* 값이 17.13일 때 *P* 값은 0.000 이하이므로 당연히 유의미하다. 만일 귀무가설이 참, 즉 독립변수들의 계수값이 모두 0이라면 R^2 값은 뭐가 될까? R^2은 회귀모형의 설명력을 나타내므로 이 값도 0이 되어야 한다. 즉 적합도 검정은 R^2 크기와 밀접하게 연결되어 있다. 실제로 *F* 값은 다음과 같이 구한다.

$$F=\frac{MSR}{MSE}=\frac{\frac{SSR}{k}}{\frac{SSE}{n-k-1}}=\left(\frac{SSR}{SSE}\right)\left(\frac{(n-k-1)}{k}\right)=\left(\frac{R^2}{1-R^2}\right)\left(\frac{n-k-1}{k}\right)$$

n은 표본 수이고 k는 독립변수의 개수(상수항 제외)이다. *F* 통계량은 종속

변수의 총변동 중에서 회귀모형에 의해 설명된 분산(MSR)과 설명 안 된 분산(MSE)의 비를 나타낸다. 설명된 분산은 회귀제곱합(SSR)을 자유도로 나눈 것이고, 설명 안 된 분산은 오차제곱합(SSE)을 자유도로 나눈 것이다. 그리고 $R^2 = \frac{SSR}{SST}$이고 $1 - R^2 = \frac{SSE}{SST}$이다.

어떤 통계학 책에서는 회귀분석에서 적합도 검정을 엄청 중요한 것으로 설명하고, 회귀분석을 한 뒤에는 이를 꼭 확인해야 하는 것이라고 강조한다. 그래서 "F 값은 0.01 이하에서 유의미하므로 이 회귀모형은 적합하다."라고 해야 한다고 말한다. 하지만 나는 회귀분석을 하고나서 적합도 검정 결과를 별도로 제시하지는 않는다.

물론 회귀모형 전체의 유의미성을 판정하는 적합도 검정은 중요하다. 하지만 적합도 검정 결과 유의미하지 않게 나왔다면, 회귀모형이 전혀 쓸모없다는 말이니 회귀결과 자체를 제시할 이유가 없다. 즉 회귀결과를 제시했다는 것은 적어도 적합도 검정 결과는 유의미하게 나왔다는 말이므로 이 결과를 별도로 설명할 필요는 없다.

그리고 나는 F 검정 결과 유의미하게 나왔다고 해서 '회귀모형이 적합하다'라고 해석하는 것도 안 좋아한다. F 검정에서 유의미하단 것은 단지 회귀모형의 설명력이 전혀 없는 것은 아니라는 것, 혹은 종속변수와 독립변수들 간에 아무런 관계가 없는 것은 아니라는 것을 의미할 뿐이다. 이것하고 '적합하다'는 것은 뉘앙스가 전혀 다르다. 적합하다고 하면 마치 회귀모형이 종속변수와 독립변수 간의 인과관계를 적절하게 보여준다는 것처럼 들린다. 하지만 앞에서 누누이 설명했듯이 이건 또 다른 얘기다. '적합'이라는 말에 너무 의미 부여하지 말자.

적합도 검정과 관련해서 한 가지만 더. 일단 적합도 검정에서 유의미하다고 나오면, 그 다음에 개별 독립변수가 유의미한가를 판단하기 위해 t 검정 결과를 보고 또 R^2도 체크하기 마련이다. 그런데 때로는 F 검정 결과는 유의미한데 개별 독립변수에 대한 t 검정을 하면 모두 유의미하지 않게 나오기도 한다. 즉 개별 계수값들을 독립적으로 검정하면 모든 경우에 $\beta_i = 0$이라는 귀무가설이 기각되지 않지만, 계수값들 전체에 대해 검정하면 귀무가설이 기각되는 경우가 있다. 이건 독립변수들 간에 '다중공선성(multi collinearity)'이 심할 때 발생하는 현상이다. 다중공선성은 독립변수끼리의 상관관계를 의미한다. 왜 다중공선성이 심하면 이런 현상이 발생하는지는 우리 책 수준을 벗어나므로 자세한 설명은 생략한다. 하지만 이런 경우, 즉 회귀모형 전체에 대한 F 검정 결과는 유의미지만 개별 독립변수에 대한 t 검정 결과들은 모두 유의미하지 않게 나오는 경우는 그리 흔하지 않으므로 크게 신경 쓸 일은 아니다.

표준화 회귀계수(Standardized Coefficients)

〈표 12-1〉에서는 소득과 가족 수가 식비지출에 미치는 영향을 보여준다. 둘 다 매우 유의미한 + 값이다. 두 변수가 모두 유의미한 양의 영향을 미친다는 것을 알고 나면, 식비지출에 미치는 영향력은 둘 중에 어느 것이 더 큰지도 궁금하다.

소득의 계수값은 0.109라서 소득이 1만 원 더 많으면 식비지출은 천백원 정도 더 많다. 그리고 가구원 수의 계수값은 5.64라서 식구가 1명 더 많으면 식비지출은 5만6천 원 가량 더 많다. 하지만 가구원 수의 계수값이 더 크다고 해서 가구원 수의 영향력이 더 크다고 할 수는 없다. 두 가지 이유 때문이다. 하나는 단위와 범위가 다르기 때문이다. 소득의 단위는 만 원이고 가구원 수는 명이다. 소득은 최하 205만 원에서 670만 원까지 분포되어 있지만 가구원 수는 2명에서 6명까지이다. 소득이 465만 원 더 많으면 식비지출은 50만 원 이상 더 많다. 가구원 수가 4명 더 많으면 식비지출은 22만 원 정도 더 많다.

또 하나는 관계의 강도가 다르기 때문이다. 독립변수가 종속변수에 얼마나 큰 영향력을 미치는가는 독립변수가 종속변수 총변동 중에서 얼마나 설명할 수 있는가에 달려있는데, 이건 기울기보다는 각 자료점들이 회귀직선과 얼마나 가까운가에 의해 좌우된다. 기울기는 작아도 회귀직선에 조밀하게 몰려있으면, 기울기가 커도 회귀직선 주위에 넓게 퍼져있는 경우보다 영향력이 더 크다.

이러한 두 가지 이유(단위와 범위 차이, 강도의 차이)를 모두 고려하면서 두 독립변수의 영향력을 보여주는 통계량은 없을까? 있다. 독립변수와 종속변수들의 값을 모두 표준점수(평균을 빼주고 표준편차로 나눠준 것)로 바꾼 뒤에 회귀모형을 추정하면, 그 때의 회귀계수가 바로 독립변수들의 영향력을 보여 준다. 표준점수로 바꿔서 추정했을 때의 회귀계수를 표준화 회귀계수 혹은 베타 회귀계수라고 부른다. 표준점수의 단위는 표준편차이다. 따라서 표준화 회귀계수값은 독립변수가 1 표준편차 증가할 때 종속변수가 몇 표준편차 변하는가를 보여준다. 모든 통계 패키지에는 표준화 회귀계수를 구하는 옵션이 달려있으므로 손쉽게 구할 수 있다. 〈표 12-1〉에서 표준화 회귀계수를 구하면 소득은 0.546이고 가구원 수는 0.303이다. 따라서 원자료에 대한 회귀계수는 가구원 수가 더 크지만 표준화 회귀계수는 소득이 더 크다는 것을 알 수 있다.

표준화 회귀계수를 구하면 상수항은 0이 된다. 왜 그럴까? 추정회귀직선은 표본자료의 X, Y 값의 평균인 ($\overline{X}$, $\overline{Y}$)을 지나게 되어 있다. 그런데 표준점수는 평균이 0이다. 즉 X, Y 값의 평균은 원점인 (0, 0)이 된다. 추정회귀직선이 원점을 지나므로 절편인 상수항은 0이 된다.

그러면 이 표준화 회귀계수 값은 통상의 회귀계수 값과 어떤 관계를 가질까? 독립변수가 2개인 회귀모형을 추정했을 때, 원래의 회귀계수값을 $\hat{\beta}_1$, $\hat{\beta}_2$ 라 하고 표준화 회귀계수값을 β^*_1, β^*_2 라고 하자. 그럼 다음의 관계가 성립한다(증명은 부록1에 있다).

$$\beta^*_1 = \hat{\beta}_1 \frac{s_{X_1}}{s_Y}, \; \beta^*_2 = \hat{\beta}_2 \frac{s_{X_2}}{s_Y}$$

즉 표준화 회귀계수값은 원래의 회귀계수값에다 해당 독립변수의 표준편차를 종속변수의 표준편차로 나눈 것($\frac{s_{X_i}}{s_Y}$)을 곱한 것이다. 따라서 표준편차가 큰 독립변수는 작은 독립변수에 비해 표준화 회귀계수값이 커지게 된다.

그럼 원래의 회귀계수의 의미와 표준화 회귀계수의 의미는 어떻게 다를까? 원래의 회귀계수는 기울기, 즉 독립변수 한 단위 증가에 따른 종속변수의 변화분을 보여 준다. 이에 비해 표준화 회귀계수는 독립변수와 종속변수의 선형관계에 대한 상대적인 강도를 보여 준다. 즉 독립변수와 종속변수 사이의 상관관계와 유사한 의미를 가진다. 실제로 독립변수가 하나뿐인 단순회귀모형에서는 독립변수 X의 표준화 회귀계수는 X와 Y 사이의 상관계수와 동일하다.

가변수(Dummy Variables)

〈표 12-1〉의 자료에는 소득과 가구원 수 이외에 맞벌이 여부도 있다. 맞벌이 여부는 명목변수다. 그래서 자료에서는 맞벌이 가구면 1, 홑벌이 가구면 0으로 표기하여 구분하고 있다. 1장에서 설명했듯이 명목변수에 부여된 수치는 단지 집단을 구분하기 위한 것일 뿐, 크기의 의미는 없다. 명목변수 중에서 특히 두 집단을 구분하기 위해 0과 1 또는 1과 2와 같은 두 개의 수치를 부여한 것을 가변수(dummy variable)라고 한다.

맞벌이 여부도 식비지출에 영향을 미칠 것 같다. 아무래도 맞벌이는 홑벌이에 비해 외식을 자주 할 테고, 식재료를 구입할 때도 홑벌이 보다는 알뜰구매가 어려울 테니 식비지출을 더 많이 할 것 같다.

그렇다면 이번에는 맞벌이를 독립변수로 하는 회귀모형을 추정해 보자. 회귀모형에서 독립변수에 부여된 수치는 크기를 나타내는 것이 원칙이다. 그래야 회귀계수값이, 독립변수가 한 단위 증가할 때 종속변수가 얼마나 변화하는가를 나타낼 수 있기 때문이다. 그런데 맞벌이 여부는 가변수라서 부여된 수치 1과 0에 크기의 의미는 없다. 그래서 회귀계수값 역시 일반적인 수치 변수와는 의미가 다르다. 가변수의 회귀계수는 (다른 독립변수의 영향을 통제한 상태에서) 두 집단 간 종속변수값의 차이를 보여준다. 아래에는 소득과 맞벌이 여부를 독립변수로 하는 회귀모형의 추정 결과가 제시되어 있다. 계수값 밑의 괄호 안 수치는 P 값을 나타낸다. 소득은 당연히 유의미하고, 맞벌이 여부도 P 값이 0.022이므로 유의수준 0.05 이하에서 유의미하다.

$$\underset{}{\text{식비지출}} = \underset{(0.180)}{14.03} + \underset{(0.022)}{13.64}*\text{맞벌이} + \underset{(0.000)}{0.112}*\text{소득} \qquad \overline{R}^2 = 0.402$$

여기서 중요한 것은 맞벌이의 계수값 13.64에 대한 해석이다. 맞벌이 변수는 맞벌이 가구는 1이고 홑벌이 가구는 0이다. 이 수치를 위의 결과에 대입해서 정리하면 다음과 같이 된다.

맞벌이 : 식비지출 = 14.03+13.64 + 0.112*소득
홑벌이 : 식비지출 = 14.03 + 0.112*소득

이를 그래프로 나타내면 [그림 12-1]과 같다.

그래프에서 알 수 있듯 맞벌이의 계수값은 소득이 동일할 경우 맞벌이 가구가 홑벌이 가구에 비하여 식비를 평균 13만6천4백원 더 많이 지출한다는 것을 보여준다. 이처럼 가변수는 집단을 구분해 주며, 가변수의 계수값은 1로 표기된 집단의 절편(상수항)과 0으로 표기된 집단의 절편(상수항)의 차이, 즉 모형에 포함된 다른 독립변수의 영향을 통제했을 때 종속변수값의 차이를 나타낸다. 두 집단을 구분하기 위한 가변수 값은 통상 0과 1을 부여하지만 꼭 그럴 필요는 없다. 때로는 1과 2를 부여하기도 한다. 이 경우에도 계수값의 해석은 동일하다. 단지 0과 1일 때에 비하여 절편(상수항)이 변할 뿐이다.

이 사례에서 맞벌이 여부 가변수는 범주가 두 개(홑벌이, 맞벌이)였지만, 때로는 한 변수가 세 개 이상의 범주를 나타낼 수도 있다. 예를 들어서 미국의 경우 센서스 조사에서 '인종/민족성' 항목은 백인, 흑인, 히스패닉, 기타 인종

그림 12-1

맞벌이와 홑벌이 가구의 추정회귀선

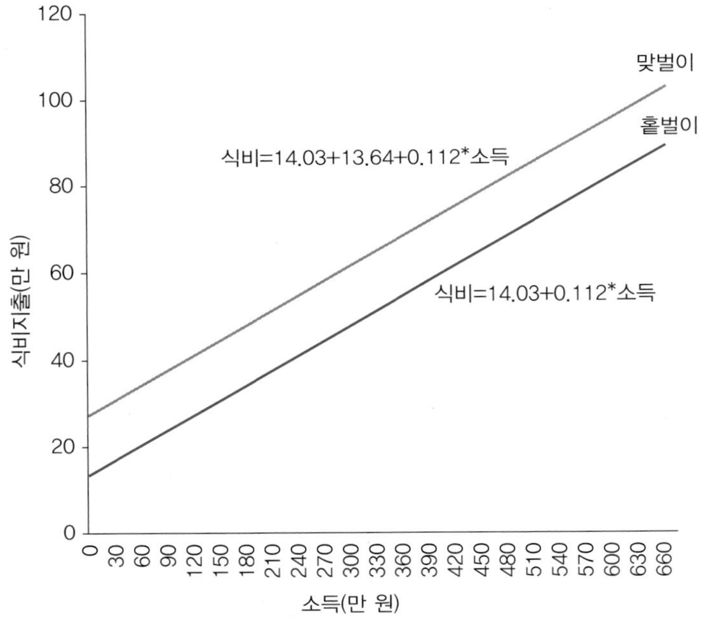

의 네 범주로 분류된다. 이처럼 범주가 셋 이상일 때도 가변수를 사용해서 각 집단의 (다른 독립변수를 통제했을 때) 종속변수값의 차이를 보여줄 수 있는데, 이는 부록2에서 논의하고 있다.

예제 12-1

우리 사례에서 홑벌이 가구의 평균 식비지출액은 60.73만 원이고 맞벌이 가구의 평균 식비 지출액은 75.75만 원이다. 만일 식비지출액을 종속변수, 맞벌이 여부만을 독립변수로 하는 단순회귀분석을 한다면 상수항과 기울기는 얼마가 되겠는가? 이 경우의 산점도를 그리고, 추정 회귀선도 넣어보라.

맞벌이 여부를 twoinc, 식비지출액을 food라고 하면 맞벌이 여부만을 독립변수로 하는 단순회귀분석의 식은

$$food = \alpha + \beta twoinc + \varepsilon$$

로 표현할 수 있다. 이때 맞벌이를 하는 부부의 평균 식비지출액은 $twoinc=1$이므로 $\alpha+\beta$가 되고 홑벌이 부부의 평균 식비지출액은 $twoinc=0$이므로 α가 된다. 문제에서 홑벌이 부부의

평균 식비지출액이 60.73만 원이라고 하였으므로 $\alpha=60.73$이고, 맞벌이 부부의 평균 식비지출액이 75.75만 원이므로 $75.75=60.75+\beta$이므로 $\beta=15.02$가 된다. 따라서 한 가구의 식비지출을 종속변수, 맞벌이 여부만을 독립변수로 두는 회귀식에서 상수항은 60.73, 기울기는 15.02이다.

이를 추정회귀선을 포함하고 있는 산점도로 나타내면 다음과 같다. 맞벌이 여부(twoinc)가 0과 1에만 있기 때문에 0과 1일 때 식비(food)가 분포되어 있는 모양이 보인다. 또한 추정회귀선은 *twoinc*=0일 때 평균 식비와 *twoinc*=1의 평균 식비를 이은 선이라고 보면 된다.

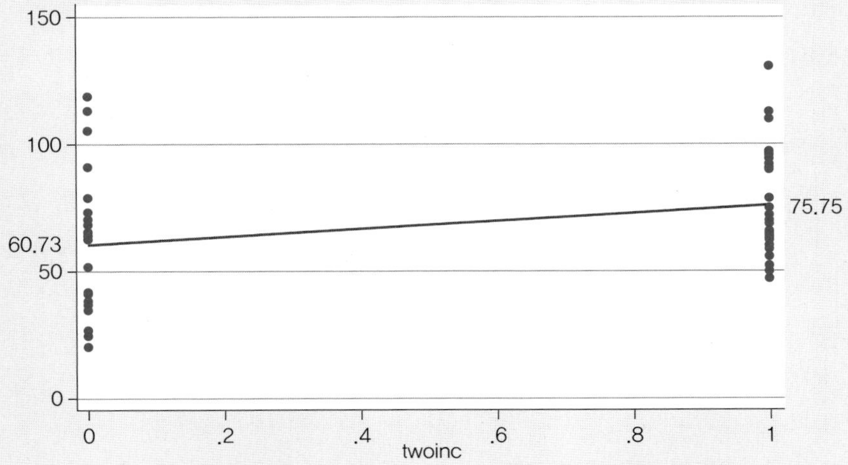

예제 12-2

우리 자료는 식비지출에 영향을 미치는 독립변수로서 소득, 식구 수, 맞벌이 여부 3개의 자료가 있다. 이들의 영향력을 파악하기 위해 두 유형의 회귀모형식을 구성해서 추정했다. 하나는 소득, 식구 수, 맞벌이 여부 3개의 독립변수를 갖는 것이다. 다른 하나는 자료를 홑벌이와 맞벌이로 구분해서 각각에 대해 소득과 식구 수 2개의 독립변수를 갖는 것이다. 각 회귀모형에 대한 추정결과는 다음 표와 같다. 이 표의 결과를 지금까지 배운 내용을 토대로 해석해 보라.

	전체	홑벌이 가구	맞벌이 가구
상수항	−12.65(0.248)	−17.35(0.217)	16.49(0.205)
소득	0.102(0.000)	0.156(0.000)	0.060(0.018)
식구 수	8.169(0.000)	3.534(0.200)	11.570(0.000)
맞벌이	20.95(0.000)	−	−
$\overline{R}^2$	0.544	0.650	0.548
N(표본 수)	50	22	28

여러분은 〈예제 12-2〉의 답을 뭐라고 했는가? 소득의 계수값, 즉 소득 1 단위 증가 시 식비지출 증가액은 〈예제 12-2〉의 세 결과 중 어떤 것이 타당할까? 예제의 결과는 소득의 계수값은 홑벌이 가구와 맞벌이 가구 간에 다르다는 것을 보여준다. 그렇다면 이 둘을 분리해서 보는 것이 더 타당할 것 같다. 그렇다면 맞벌이 여부가 소득에 미치는 영향은 어떻게 파악할까? 또 소득의 영향이 가족 수에 따라서도 달라질 수 있지 않을까? 또 이 세 변수 이외에 교란변수로 작용하는 것은 없을까? 가족 수의 계수값으로는 또 어떤 것이 타당할까? ….

지금까지의 설명에서 느꼈겠지만 사회현상의 인과관계를 올바르게 추정한다는 것은 참 힘들다. 다시 말하지만, 통계학 자체는 과학이다. 그러나 실제의 통계분석은 아니다. 기술이다. 그리고 우리가 파악하려는 미지의 현상은 변하지 않는다. 변하는 것은 분석 결과이다. 어떤 표본을 쓰고 어떤 모형을 구성했는가에 따라 결과는 달라진다. 통계분석의 목적은 미지의 현상을 가능한 있는 그대로 파악하려는 것이지, 유의미한 결과를 얻는 데 있는 것이 아니다. 아무리 유의미한 결과를 얻었어도 데이터와 모형이 현상을 제대로 반영하지 못했다면 그건 엉터리다. 그런 분석은 하지 않는 것이 낫다. 아니, 하면 안 된다.

예측과 인과관계 규명

지금까지 회귀분석의 쓰임새로 변수 간의 인과관계 규명에 대해 설명했다. 그런데 회귀분석에는 또 하나의 용도가 있다. 종속변수 Y 값의 예측이다. $\hat{Y}=\hat{\alpha}+\hat{\beta}X$ 처럼 회귀계수를 추정한 뒤에 특정 X 값을 대입해서 Y의 예측값인 $\hat{Y}$을 구하는 것이다.

하나의 회귀모형으로 인과관계를 분석할 수도 있고 미지의 Y 값을 예측할 수도 있다. 그런데 회귀모형이 인과관계 규명을 잘하기 위해서 갖춰야 할 조건과 예측을 잘하기 위해서 갖춰야 할 조건은 다소 다르다.

앞서 기왕이면 R^2이 높은 것이 좋겠지만, R^2이 낮다고 해서 의미 없는 것은 아니라고 했다. 그런데 이건 회귀분석의 목적이 인과관계 규명에 있을 때 적용되는 말이다. 예측이 목적일 때는 R^2이 높아야 한다. 생각해 보면 당연하다. R^2은 Y와 $\hat{Y}$의 상관계수의 제곱이다. 즉 R^2이 낮다는 것은 Y와 $\hat{Y}$의 상관관계가 낮다는 말이고, 그 말은 그만큼 Y와 $\hat{Y}$는 일치하는 정도가 낮다는 말이다 ($R^2=1$이라는 것은 Y와 $\hat{Y}$이 100% 일치한다는 말임을 기억하자).

예측이 목적일 때는 R^2 높은 것이 최고다. 그 대신 회귀모형이 *X*와 *Y*의 인과관계를 잘 반영하고 있는가는 덜 중요하다. 할아버지 허리가 쑤시면 어김없이 다음날 비가 온다. 이 경우 할아버지의 허리통증은 내일의 강우 여부를 100% 예측한다. 따라서 할아버지 허리통증 관찰은 내일의 강우를 예측하는 완벽한 모형이 된다. 그렇다고 할아버지 허리통증과 내일의 강우가 인과관계인 것은 물론 아니다.

인과관계 규명이 목적이라면 회귀모형이 연구자의 관심 대상인 특정 *X*와 *Y* 사이의 인과관계를 제대로 반영하고 있는지가 중요하다. 이를 위해서는 *X*가 원인, *Y*가 결과에 해당해야 하며, 둘 사이의 교란변수가 적절하게 통제되어야 한다. 비가 오는 원인이 무엇인가를 규명하는 게 목적이라면 아무리 할아버지 허리통증의 예측력이 높아도 이는 회귀모형을 구성하는 독립변수가 될 수 없다.

예측 목적의 회귀분석은 경제·경영 분야에서 흔히 사용된다. 내년의 경제성장률은 어떻게 될지, 내년의 회사수익은 얼마나 증대할지 등등 이 분야에서는 미래의 상태를 예측하는 것이 중요하기 때문이다.

물론 인과관계 규명과 예측이 전혀 별개인 것은 아니다. 인과관계 규명의 목적이 예측을 하기 위함인 경우도 많다. 직업훈련의 효과를 파악하는 이유는, 직업훈련을 실시함으로써 얼마나 취업을 늘릴 수 있는가를 알고 싶기 때문일 것이다. R&D 투자의 효과를 파악하는 이유는, R&D 투자를 늘림으로써 매출이 얼마나 늘 것인가를 알고 싶기 때문일 것이다.

이 경우들은 단순히 미래의 취업률과 매출규모가 얼마일까를 맞히려는 것이 아니다. 독립변수 값을 변화시킴으로써 종속변수값을 얼마나 변화시킬 수 있는가를 알기 위함이다. 취업률에 영향을 미치는 요인들은 다양하다. 아마 경기 상황이 제일 중요할 것이다. 경기가 좋으면 취업률이 높아질 것이고 경기가 나쁘면 낮아질 것이다. 직업훈련을 대대적으로 실시해도 불경기면 취업률은 낮을 것이고 직업훈련을 전혀 실시하지 않더라도 호황이면 취업률은 높을 것이다. 그러나 직업훈련을 실시하지 않으면 불경기 때 취업률은 더욱 낮아질 것이다. 그래서 직업훈련은 필요하고, 또 직업훈련의 효과를 아는 게 중요한 것이다.

정리하면 독립변수값을 변화시킴으로써 종속변수값을 얼마나 변화시킬 수 있는가를 예측하는 게 목적이라면 회귀모형은 인과관계를 적절하게 반영해야 한다. 그러나 순전히 미래의 종속변수값이 얼마일까를 예측하는 게 목적이라면 그렇지 않다. 이때는 인과관계가 아니라 예측력 높은 변수, 즉 R^2 값을 높게 만드는 변수를 독립변수로 포함하는 게 중요하다.

그래서 어떤 경우는 전년도의 종속변수값(Y_{-1})을 독립변수로 포함하기도 한다. 이렇게 하면 R^2 값은 높아지겠지만 이는 높은 상관관계를 의미할 뿐 인과관계는 아니다. 우리의 식비지출액 사례에서 만일 전년도의 가구별 식비지출액 Y_{-1}을 또 하나의 독립변수로 추가한다고 생각해 보자. 개별 가구의 전년도와 금년도 식비지출액은 상관관계가 높을 것이므로 R^2 값은 무척 높아질 것이다. 그렇다고 해서 "가구의 식비지출액 차이를 가져오는 요인은 무엇인가"에 대한 답이 "각 가구의 전년도 식비지출액이 다르기 때문이다"가 될 수는 없지 않겠는가.

통계적 유의미성과 실질적 중요성

인과관계 규명이 목적인 회귀분석에서 연구자가 가장 신경 쓰는 것은 물론 독립변수 X의 추정계수 $\hat{\beta}$이 통계적으로 유의미한가이다. 통계적으로 유의미하다는 것은 $\beta=0$이라는 귀무가설이 기각된다는 것을 의미한다. $\beta=0$이 기각되지 않으면 인과관계의 존재를 주장할 수 없으므로 그럴 수밖에 없다. 문제는 그 다음이다.

많은 연구자들은 $\beta=0$이 기각되면 연구목적을 달성했다고 생각한다. 그런데 통계적으로 유의미하다는 것, 즉 $\beta \neq 0$과 $X \rightarrow Y$의 영향이 중요하다는 것은 다른 개념이다.

예를 들어보자. 직업훈련이 얼마나 임금수준을 높일 수 있는가에 관심이 있다. 이를 위해 월급여(만 원)를 종속변수, 직업훈련 여부(받았으면 1, 안 받았으면 0)를 독립변수로 하고 기타 통제 변수(연령, 성별, 학력)를 포함하는 회귀모형을 구성하였다. 추정결과 직업훈련의 계수값은 2이며 유의수준 0.05에서 유의미한 것으로 나타났다.

통상 이런 경우 '해당 직업훈련은 임금수준을 높이는 것으로 밝혀졌다. 따라서 정부의 직업훈련 정책은 긍정적이며 향후 이를 더욱 확대해야 한다'는 식으로 결론짓는다. 하지만 과연 그럴까? 이 6개월짜리 직업훈련에 들어간 비용은 1인당 400만 원이었다고 하자. 그렇다면 이 분석 결과가 보여주는 것은 6개월간 400만 원을 들여서 직업훈련을 받으면, 받지 않았을 때에 비해 2만 원 내외의 더 높은 임금을 받을 것으로 기대된다는 것이다(그것도 모형이 타당하고, 추정이 제대로 되었다는 전제 하에서 그렇다). 6개월의 시간과 400만 원이라는 비용을 들인 결과가 고작 2만 원 내외로 임금을 높일 뿐이라면 효과적인 정책이라고 하기는 어렵겠다.

이번에는 정규직과 비정규직의 임금 격차에 관심이 있다. 아까의 직업훈련 예에서 직업훈련 변수만 정규직 여부(정규직=1, 비정규직 0) 변수로 바꾸면 된다. 직업훈련 때와 마찬가지로 유의수준 0.05에서 유의미한 계수값 2를 얻었다고 하자. 이 결과에 대해 연구자는 '다른 조건이 동일해도 비정규직은 정규직에 비해 적은 임금을 받는 것으로 밝혀졌다. 정부는 비정규직 차별을 시정하도록 노력해야 한다'와 같이 결론지을 것이다. 비정규직 차별이 존재한다면 물론 시정해야 한다. 그런데 이 분석 결과가 말하는 것은 연령, 성별, 학력을 통제했을 때 평균적으로 정규직의 임금 수준은 비정규직에 비해 2만 원 내외로 더 높다는 것이다. 가령 정규직의 평균 임금이 250만 원이라면 비정규직은 248만 원이라는 얘기다. 이 정도의 격차가 정책적으로 개입해서 풀어야 할 심각한 문제일까.[1] 게다가 연령, 성별, 학력을 통제했다고 해도 정규직 임금이 비정규직에 비해 높을 타당한 이유는 상당히 많다.

명심하자. 통계적으로 유의미하다는 것은 추정계수값이 0은 아니라는 것뿐이다. 추정계수값이 0이 아니라고 해서 $X \rightarrow Y$의 영향이 연구목적에 비춰 중요한 의미를 갖는 것은 아니다.

그럼 연구목적에 따른 중요한 의미, 실질적 중요성은 어떻게 검정할까? 이는 통계학의 영역은 아니다. 각각의 경우에 연구자가 연구목적과 연구주제의 상황 등을 고려해서 판단할 문제다. 물론 이러한 판단에 회귀분석 결과는 중요한 정보를 제공한다. 하나는 $\hat{\beta}$의 크기다. 직업훈련 사례에서 둘 다 $\beta \neq 0$이라도 $\hat{\beta}$이 2인 경우와 50인 경우는 의미가 다르다. 400만 원 들여서 월 급여를 2만 원 가량 높일 뿐이라면 효과성에 의문이지만 50만 원 정도로 높인다면 효과성이 탁월하다고 할 수 있을 것 같다.

또 하나는 R^2(혹은 $\overline{R^2}$)의 크기와 $\hat{\beta}$의 P 값이다. R^2이 크다는 것은 그만큼 독립변수 X들에 의해서 Y가 변하는 부분이 크다는 것, $X \rightarrow Y$의 영향이 크다는 것이다. 또 표본수가 동일할 때는 $\hat{\beta}$의 P 값이 작을수록 $X \rightarrow Y$의 영향이 크

1 물론 우리사회에서 비정규직의 차별은 상당히 심각하다. 실제 격차는 이보다 훨씬 클 것이다. 이는 어디까지나 가상적인 예일 뿐이다.

다고 할 수 있다. 물론 R^2은 모든 독립변수의 영향을 다 반영하기 때문에 관심 대상인 특정 X의 영향력만을 알기는 어렵다. 또한 $\hat{\beta}$의 P 값은 표본수가 커질수록 작아진다. 게다가 R^2이 얼마나 크면, 그리고 $\hat{\beta}$의 P 값이 얼마나 작으면 $X \rightarrow Y$의 영향이 중요하다고 할 수 있는가라는 기준도 없다.

즉 이런 통계치들은 연구자가 독립변수 X의 실질적인 중요성을 판단하는 데 도움을 주는 정보를 제공할 뿐이다. 최종 판단은 연구자의 몫이다. 다시 말하지만 통계학은 과학이지만 실증분석은 기술에 더 가깝다.

회귀분석의 가정에 대한 음미

이제 회귀분석 논의를 마무리 할 때다. 지금까지 두 개 장에 걸쳐 회귀분석을 설명하면서 회귀분석의 기본가정들에 대해서 명시적으로 제시하지는 않았다. 비록 설명 과정에서 부분적으로 논의하기는 하였지만, 그래도 회귀분석의 기본가정들을 일괄 정리해서 제시할 필요는 있겠다. 다음에 제시한 것이 우리가 다룬 회귀분석의 기본가정이다.

$$Y = \alpha + \beta X + \varepsilon$$

① 독립변수와 종속변수는 선형 관계에 놓여있다.
② 독립변수는 비확률변수이다.
③ 오차항과 독립변수 사이에는 상관관계가 존재하지 않는다.
④ 오차항의 기댓값은 0이다.
⑤ 오차항 사이에는 상관관계가 존재하지 않는다.
⑥ 오차항의 분산은 일정하다.
⑦ 오차항은 정규분포를 한다.

이 가정들의 의미를 간략히 살펴보자. 일단 이 7개 가정들을 일별할 때 눈에 띄는 것은 ③-⑦까지 5개 가정이 모두 오차항에 대한 것이라는 점이다. 그중에서 가정 ④, ⑥, ⑦은 오차항 ε은 기댓값은 0, 분산은 σ^2인 정규분포를 한다는 것, 즉 $\varepsilon \sim N(0, \sigma^2)$이라는 것을 뜻한다.

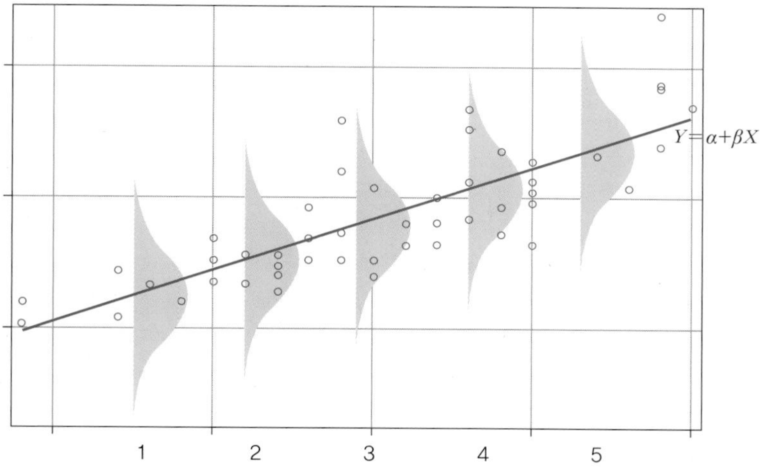

오차항은 특정 X에 대응하는 회귀직선 상의 Y 값과 개별 Y 값들의 차이 ($\varepsilon_i = Y - Y_i$)를 나타낸다. 따라서 오차항의 분포는 그림처럼 특정 X 값에 대응하는 회귀직선 상의 Y 값을 기댓값으로 하는 개별 Y 값들의 분포를 나타낸다.

오차항은 Y에 영향을 미치지만 독립변수 X로 모형에 포함되지 않은 모든 요인들, 다시 말해 회귀모형으로 설명되지 않는 모든 요인들의 영향력을 합한 것이다. 그러니 정규분포를 한다는 가정이 큰 무리는 없다. 또 회귀선은 오차항의 제곱합($\sum\varepsilon^2$)을 최소화하는 직선이므로 기댓값이 0이라는 것도 납득이 된다. 그리고 오차항의 분산이 σ^2으로 동일하다고 가정하는 것도 별 문제는 없을 것 같다. 마찬가지로 오차들끼리의 상관관계($Corr(\varepsilon_i, \varepsilon_j)$)가 0이라는 가정 ⑤도 그럭저럭 수긍할 수 있을 것 같다.

독립변수와 종속변수의 관계가 선형이라는 가정 ①은 회귀 '직선'을 구하기 위한 기본가정이다. 한편 그림에서 알 수 있듯이 주어진 X에 대해 개별 Y 값들은 기댓값(회귀직선 상의 Y 값)을 중심으로 특정 확률분포(정규분포)에 따라 위아래에 위치해 있다. 독립변수 X가 비확률변수라는 가정 ②는 바로 X는 특정하게 주어져있다는 것을 의미한다. 물론 종속변수 Y는 주어진 X를 중심으로 확률분포에 따라 위치하므로 확률변수이다.

인과관계 추론이 타당하기 위한 핵심가정

이제 남은 가정은 하나다. 가정 ③인 '오차항과 독립변수 사이에는 상관관계가 존재하지 않는다.'이다. $Corr(X, \varepsilon)=0$은 인과관계 추론을 위한 회귀분석에서 가장 중요한 가정이다. 앞서 인과관계 추론에서 회귀분석이 가장 널리 쓰이는 이유는 $X \rightarrow Y$ 사이의 인과관계에 영향을 미치는 교란변수(Z이라 하자)를 또 하나의 독립변수로서 모형에 포함함으로써 통제할 수 있기 때문이라고 했다.

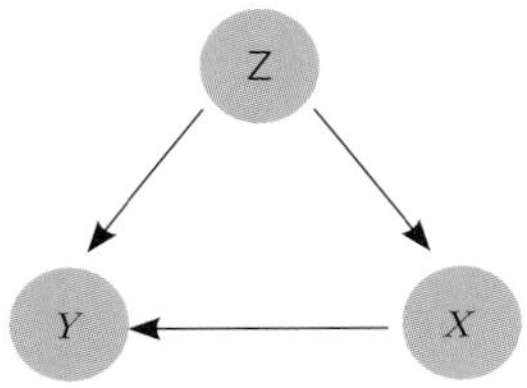

위 그림과 같은 관계가 있을 때 $Y_i = \alpha + \beta_1 X + \beta_2 Z + \varepsilon_i$ 처럼 모형을 설정하면 X의 계수값 β_1은 교란변수 Z의 영향이 통제된 상태에서 $X \rightarrow Y$의 관계를 보여준다. 그런데 Z 자료를 구할 수 없으면 어떻게 될까? 예를 들어 학력과 소득의 관계에서 재능·성실성 같은 개인의 특성은 교란변수로 작용할 수 있다. 재능·성실성이 뛰어난 사람은 그렇지 않은 사람에 비해 평균적으로 더 높은 학력 수준을 지닐 것이다. 그리고 같은 학력 수준이라도 재능·성실성이 뛰어난 사람은 그렇지 않은 사람에 비해 (사업을 하든 직장생활을 하든 더 성공할 가능성이 높으므로) 평균적으로 더 높은 소득을 올릴 것이다.

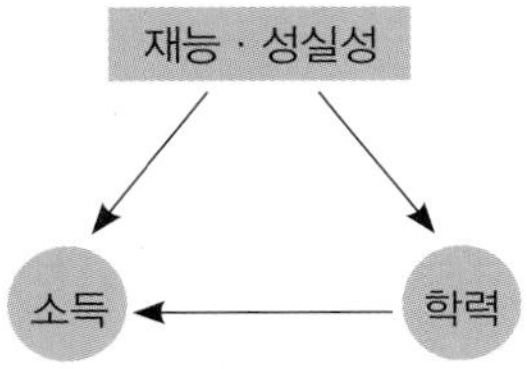

확실히 '재능·성실성'은 교란변수로 작용할 것이다. 하지만 이에 대한 자료는 구할 수 없다. 그래서 회귀모형에 독립변수로 포함할 수가 없다. 그러면 회귀모형 ⓐ $Y_i = \alpha + \beta_1 X + \beta_2 Z + \varepsilon_i$가 아니라 ⓑ $Y_i = \alpha + \beta_1 X + \eta_i$가 된다. 회귀모형 ⓑ의 오차항은 ⓐ의 오차항에 교란변수항이 포함된 것, 즉 $\eta_i = \beta_2 Z + \varepsilon_i$이다. 그런데 교란변수와 해당 독립변수의 상관관계는 0이 될 수 없다(교란변수라는 정의 자체가 독립변수에 영향을 미친다는 말임을 기억하자). $Corr(X, Z) \neq 0$ 이면 $\eta_i = \beta_2 Z + \varepsilon_i$이므로 $Corr(X, \eta) \neq 0$이다. 따라서 회귀모형 ⓑ의 경우는 독립변수와 오차항 사이에 상관관계가 존재하지 않는다는 가정 ③이 깨진다.

가정 ③이 깨지면 어떤 문제가 생기나? X의 계수값 β_1에 교란변수 Z의 영향이 얹어진다. 즉 계수값에 편의(bias)가 생긴다. 학력→소득 관계에 재능·

성실성의 영향이 얹어지면? 실제보다 계수값은 더 크게 나올 것이다. 이에 대해서는 이미 설명했다.

독립변수와 오차항 사이에 상관관계가 존재한다는 것은 X의 계수값에 편의(bias)가 발생한다는 말이고 이는 올바른 인과관계를 보여주지 못한다는 말이다. 편의는 계수값을 실제보다 작거나 크게 할 뿐만 아니라 때로는 없는 관계도 있는 것처럼 보이게 한다. 가령 학력과 소득 사이에 실제로는 아무런 인과관계가 없다고 해도 '재능·성실성'이 높을수록 학력과 소득이 높아지므로 '재능·성실성'을 통제하지 못하면, 학력의 계수값은 +로 나온다.

9장에서 선택요인에 대해 얘기했다. 사회현상 연구는 무작위 배정이 불가능하므로 선택요인의 문제를 안고 있으며, 이로 인해 올바른 인과관계의 추론이 어렵다고 했다. 선택요인은 '재능·성실성'처럼 회귀모형으로 통제되지 못하는 (개인특성) 교란변수이다. 선택요인이 존재하면 회귀계수에 편의가 발생한다. 선택요인으로 인한 편의라서 이를 선택편의라고도 부른다.

이상의 설명에서 알 수 있듯이 '오차항과 독립변수 사이에는 상관관계가 존재하지 않는다'는 가정 ③은 인과관계 추론이 타당하기 위한 핵심가정이다.

가정들은 항상 지켜질까

앞에서 가정 ③이 깨지게 되는 경우를 설명했다. 사회현상의 인과관계 추론을 위한 회귀분석에서 가정 ③이 완벽하게 지켜지는 경우는 드물다. 왜 아니겠는가? 문제는 위반의 정도다. 위반 정도가 약해서 편의도 작다면 큰 문제는 아니다. 하지만 위반 정도가 심해서 편의도 크다면 문제가 심각하다. 잘못된 인과관계 추론이 이뤄질 것이기 때문이다.

다른 가정들은 어떨까? 독자들도 짐작하겠지만 나머지 가정들 역시 완벽하게 충족되는 경우는 찾기 어렵다. 역시 정도의 문제이고, 정도가 심각하면 당연히 문제가 된다.

사실 회귀분석은 기본가정만 충족되면 아주 단순한 분석도구다. 원인변수와 교란변수를 독립변수로 놓고 결과변수를 종속변수로 놓고 통계 패키지를 돌리기만 하면 된다. 결과 해석을 위한 지식은 11장과 12장의 설명으로 충분하다.

사회과학에서 통계학을 가장 많이 사용하는 분과 학문은 경제학이다. 그래서 경제학과에서는 기초통계학을 배운 뒤에 계량경제학을 배운다. 계량경제학은 수준에 따라 초급부터 고급까지 다양하다. 그런데 계량경제학에서 배우는 내용은 태반이 회귀분석에 대한 것이다. 대체 뭘 배울까?

중급 이상의 회귀분석에서 배우는 것은 거의 전부 기본가정들의 위반에 대한 것이다. 어느 경우에 가정들이 깨지고 가정이 깨지면 무슨 문제가 발생하며, 이를 어떻게 해결할 수 있는가에 대한 것이다. 구체적으로 어떤 가정들이 깨지기 쉬운 지는 무엇을 분석하는가에 따라 다르며, 가정위반이 분석결과의 타당성에 미치는 영향도 다르다. 그리고 해결의 난이도 역시 다르다.

이 책은 기초적인 통계학 교재이므로 이런 가정위반에 대한 내용을 다루지는 않는다. 다만 회귀분석의 기본가정들은 지켜지지 않는 경우도 많으며, 그로 인해 인과관계 추론의 타당성이 저해되는 경우도 흔하다는 것만은 명심하자.

Advanced: 회귀분석 이해를 위한 문제

이제 정말 마지막으로 지금까지의 설명을 얼마나 잘 이해했는가를 점검하기 위해 다음 문제를 풀어보자. 이 문제들은 나의 학부 수업인 '행정통계분석'의 기말시험 문제 중 일부다. 너무 어렵다고 학생들의 원성이 자자하다. 솔직히 쉽지는 않다. 본 장의 내용을 아주(!) 충실하게 숙지해야만 제대로 풀 수 있다. 이 문제들을 익히면 회귀분석에 대한 이해가 한층 높아질 것이다. 자. 도전해 보자. 일단 스스로 문제를 풀어보고 나서 답을 보기 바란다.

1. 영심이는 공무원과 회사원 간 보수 격차를 분석한다. 이를 위해 회사원과 공무원을 각각 1천명씩 무작위 추출하여 보수, 교육수준, 연령, 성별을 조사했다. 이들의 기술통계(평균)는 다음과 같다.

변수	회사원	공무원
보수(월, 만 원)	300	400
교육년수(년)	14	16
연령(세)	30	40
성별(남=1, 여=0)	0.7	0.5

1) $y=\beta_0+\beta_1 x_1$(y는 보수, x_1은 공무원이면=1, 회사원이면=0)의 회귀모형식을 추정했을 때 β_0와 β_1의 추정계수값을 구하라.

답 이 모형에서는 앞서 설명했듯 가변수 값이 0인 회사원의 보수는 $\hat{\beta}_0$이 된다. 그리고 가변수값이 1인 공무원의 보수는 $\hat{\beta}_0+\hat{\beta}_1$이 된다. 따라서 $\hat{\beta}_0=300$, $\hat{\beta}_1=100$이 된다.

2) 이번에는 1)의 회귀모형에 다음과 같이 교육년수(x_2), 연령(x_3), 성별(x_4) 변수를 추가한 회귀모형을 구성하고 추정하였다.

$$y=\beta_0+\beta_1x_1+\beta_2x_2+\beta_3x_3+\beta_4x_4 \qquad \text{〈식 1〉}$$

(1) 표의 기술통계와 부합하는 가상의 추정계수 $\hat{\beta}_0$부터 $\hat{\beta}_4$까지의 값을 제시하라. 단, 교육년수(x_2), 연령(x_3), 성별(x_4) 변수는 +의 값을 갖는다.

답 일단 $\hat{\beta}_2=10$, $\hat{\beta}_3=6$, $\hat{\beta}_4=50$이라고 하자. 가상의 계수값이니 임의의 값을 넣으면 된다. 회귀선은 평균값을 지나므로 $\bar{y}=\hat{\beta}_0+\hat{\beta}_1\bar{x}_1+\hat{\beta}_2\bar{x}_2+\hat{\beta}_3\bar{x}_3+\hat{\beta}_4\bar{x}_4$이 성립한다.

회사원의 경우 $300=\hat{\beta}_0+10\times14+6\times30+50\times0.7$이다(회사원은 $\bar{x}_1=0$). 따라서 $\hat{\beta}_0=300-355=-55$가 된다. 공무원의 경우 $400=-55+\hat{\beta}_1+10\times16+6\times40+50\times0.5$이다(공무원은 $\bar{x}_1=1$) 따라서 $\hat{\beta}_1=400-435=35$가 된다.

(2) β_0와 β_1의 추정계수값이 1)에서와 달라진 이유는 무엇인가?

답 1)에서 $\hat{\beta}_0$는 회사원의 평균보수액이다. 그런데 $\hat{\beta}_2\bar{x}_2+\hat{\beta}_3\bar{x}_3+\hat{\beta}_4\bar{x}_4>0$이므로 이 변수들이 우변에 추가되면 $\hat{\beta}_0$값은 그만큼 줄어든다. 한편 공무원은 회사원에 비해 교육년수가 많고 연령이 높다. 따라서 두 집단의 평균보수 차이에는 이러한 교육년수와 연령 차이로 인한 영향이 포함되어 있다. 그러므로 교육년수와 연령 차이를 통제하면 공무원과 회사원의 보수 격차는 줄어든다. 반면 공무원의 남성 비율은 회사원보다 낮다. 그래서 남녀비율을 통제하면 보수격차는 벌어진다. 그런데 교육년수와 연령 차이 통제에 따른 감소 효과가 남녀비율 통제에 따른 증대 효과보다 커서 교육년수, 연령, 성별 통제 후에는 보수 격차가 줄었다.

(3) 학력과 보수의 관계를 보면 학력이 높을수록 보수도 높지만 교육년수에 비례하는 것은 아니다. 그보다는 고졸, 대졸, 대학원졸과 같이 최종 졸업 학력에 따라 보수 차이가 벌어진다. 이런 학력과 보수의 관계를 제대로 반영하려면 식(1)을 어떻게 바꿔야 할까?

답 교육년수 변수를 최종졸업학력의 가변수로 대체한다. 즉 x_1을 빼고 x_5(최종학력이 대졸이면 1 아니면 0)와 x_6(최종학력이 대학원졸이면 1 아니면 0)을 넣는다.

3) 정부에서 공무원과 회사원의 보수수준을 비교할 때는 연령과 교육수준을 통제한 뒤의 평균보수 차이를 분석한다(즉 성별을 통제하지 않는다는 점이 2)의 모형과 다르다). 이를 위하여 월 보수를 종속변수, 공무원더미(공무원=1, 아니면 0), 연령, 교육년수를 독립변수로 하는 회귀분석을 실시하여, 다음 표와 같은 연령과 교육년수 추정계수를 얻었다(모두 유의미).

	상수항	공무원	연령	교육년수
추정계수	?	?	5	10

상수항은 얼마이겠는가? 그리고 공무원의 보수수준은 대략 회사원의 몇 %인가?

답 회사원의 경우 $300=\hat{\beta}_0+10\times14+5\times30$이므로 $\hat{\beta}_0=10$이다. 공무원의 경우 $400=10+\hat{\beta}_1+10\times16+5\times40$이므로 $\hat{\beta}_1=30$이다. 즉 공무원의 보수수준은 회사원보다 30만 원 더 많은 셈이므로 회사원의 110%라고 할 수 있다.

4) 고졸 여성 기준으로 3)의 결과에 의거하여 ①25세와 ②45세 두 경우의 공무원과 회사원 보수 차이는 각각 어느 정도일까를 추론하라. 그리고 이러한 추론의 문제점을 논의하라.

답 3)의 모형에는 성별 변수가 없다. 그리고 공무원과 민간기업 종사자의 보수격차는 연령과 교육년수에 상관없이 30으로 동일하다. 즉 동일 연령과 학력이라면 성별에 상관없이 공무원은 민간기업 종사자에 비해 30만 원만큼 보수가 더 많다. 따라서 ①25세 고졸여성 ②45세 고졸여성 두 경우 모두 공무원과 회사원 보수 격차는 30만 원이다.

그런데 3)의 모형이 현실을 제대로 반영하고 있는가에 대해서 회의적이다. 공무원의 경우는 성별에 따른 보수격차가 없을 것이므로 성별 변수가 제외되어 있는 것이 타당하다고 할 수 있다. 하지만 회사원의 경우는 성별 보수격차가 존재할 수 있다. 이 경우 성별 변수가 제외된 3)의 모형은 적절하지 않다. 이 경우 남성의 공무원/회사원 보수격차는 여성의 공무원/회사원 보수 격차보다 작을 것이다. 그리고 공무원과 회사원의 보수격차가 연령과 학력이 달라져도 동일하게 30만 원을 유지한다는 가정도 현실적이지는 않다. 예를 들면 공무원은 학력에 따른 보수격차가 민간에 비해 훨씬 작을 것이다. 이 경우 고졸의 공무원/회사원 보수격차는 대졸의 공무원/회사원 보수격차보다 클 것이다.

한편 민간기업의 경우 기혼여성은 경력단절인 경우가 많다. 이를 반영하면 45세 여성의 공/사 보수격차는 25세 여성의 공/사 보수격차에 비해 클 것이다. 그밖에도 3)의 모형에 근거한 보수격차 추론에는 다양한 문제점이 존재할 수 있다.

5) 이번에는 회사원과 공무원 자료 각각에 대하여 교육년수, 연령, 성별을 독립변수로 하는 회귀모형식을 추정하였다(즉, 2)와 비교하면 직종 독립변수가 없음). 회사원에 대한 결과와 공무원에 대한 결과를 비교할 때, 교육년수, 연령, 성별의 추정계수값 크기와 추정계수의 t 값은 두 집단에서 어떻게 다르겠는가? 그리고 R^2 값은 어느 경우에 더 크겠는가? 단, 민간 기업은 연봉제(성과에 따라 보수가 결정되는 체계)를 실시하며 공무원의 보수는 전적으로 호봉제(경력에 따라 자동으로 보수가 올라가는 체계)를 따른다.

답 공무원의 보수는 경력에 따라 높아지는 체계이므로 연령 변수는 매우 유의미한 양의 값을 가질 것이다. 반면 교육년수나 성별은 경력과 관계가 없다면 값도 작을 것이고 유의미하지도 않을 것이다. 혹은 고졸이 대졸보다, 여성이 남성보다 더 젊은 나이에 공무원이 된다면 교육년수와 성별의 계수값은 유의미한 음의 부호를 가질 수도 있다.

회사원은 연봉제이므로 성과가 교육년수, 연령, 성별과 큰 상관이 없다면 이들 변수는 유의미하지 않을 것이며 크기도 작을 것이다. 혹은 성과가 교육년수와 어느 정도 양의 상관관계가 있다면 그만큼 교육년수는 유의미한 양의 값을 가질 것이다.

정리하면 연령 추정계수는 공무원이 값도 크고 t 값도 클 것이다. 교육년수와 성별의 경우는 각각 입직 연령과의 관계(공무원), 성과와의 관계(회사원)가 어떤 가에 따라 크기와 t 값이 달라질 것이다.

한편 공무원은 전적으로 호봉제를 따르므로 연령을 포함한 회귀모형식의 설명력이 높겠지만, 회사원은 연봉제이므로 그렇지 못할 것이다. 따라서 R^2 값은 공무원이 더 높을 것이다.

부록 1 표준화 회귀계수의 도출

표준화 회귀계수를 β_k^*, 일반 회귀계수를 β_k라고 하면 $\beta_k^* = \frac{s_{x_k}}{s_y}\beta_k$의 관계가 성립한다고 했다. 왜 그런지 증명해 보자. 어렵지 않다. 우선 기본 식은 아래와 같다.

$$Y = \alpha + \beta_1 X_1 + \beta_2 X_2 + \varepsilon \qquad \langle\text{식 1}\rangle$$

모든 독립변수와 종속변수의 평균값에서 오차항 $\varepsilon = 0$이므로 다음이 성립한다.

$$\overline{Y} = \alpha + \beta_1 \overline{X}_1 + \beta_2 \overline{X}_2$$
$$\Leftrightarrow \alpha = \overline{Y} - \beta_1 \overline{X}_1 - \beta_2 \overline{X}_2$$

〈식 1〉에 상수항 α 대신 $\overline{Y} - \beta_1 \overline{X}_1 - \beta_2 \overline{X}_2$를 넣어서 정리하면 다음과 같이 된다.

$$Y = [\overline{Y} - \beta_1 \overline{X}_1 - \beta_2 \overline{X}_2] + \beta_1 X_1 + \beta_2 X_2 + \varepsilon$$
$$\Leftrightarrow Y - \overline{Y} = \beta_1 (X_1 - \overline{X}_1) + \beta_2 (X_2 - \overline{X}_2) + \varepsilon \qquad \langle\text{식 2}\rangle$$

〈식 2〉는 모든 독립변수와 종속변수 자료값들을 평균값을 뺀 형태로 전환한 것뿐이다. 이렇게 전환하면 평균은 0이 되므로 원점을 지나게 되어 상수항은 0이 된다. 〈식 2〉처럼 평균을 뺀 것을 다시 표준편차로 나눠주면 표준점수로 전환한 것이 됨을 이미 알고 있다. 표준화된 독립변수를 X_k^*라고 하면, $X_k^* = \frac{X_k - \overline{X}}{s_x}$이므로 $s_x X_k^* = X_k - \overline{X}$가 된다. 마찬가지로 표준화된 종속변수를 Y^* 라고 하면, $s_y Y^* = Y - \overline{Y}$가 된다. 따라서 〈식 2〉는 다음과 같이 나타낼 수 있다.

$$s_y Y^* = \beta_1 s_{x_1} X_1^* + \beta_2 s_{x_2} X_2^* + \varepsilon$$

$$\Leftrightarrow Y^* = \beta_1 \frac{s_{x_1}}{s_y} X_1^* + \beta_2 \frac{s_{x_2}}{s_y} X_2^* + \varepsilon$$
$$= \beta_1^* X_1^* + \beta_2^* X_2^* + \varepsilon$$

이처럼 종속변수와 독립변수 자료값들을 표준점수로 전환했을 때의 회귀계수, 즉 표준화 회귀계수 β_k^*는 원래의 회귀계수 β_k에 $\frac{s_{x_k}}{s_y}$을 곱한 것, $\frac{s_{x_k}}{s_y}\beta_k$가 된다.

부록 2 범주가 셋 이상일 경우의 가변수 사용

미국에서는 인구 센서스 조사에서 '인종/민족성' 항목은 백인, 흑인, 히스패닉, 기타 인종의 네 범주로 분류된다. 이와 같이 어떤 변수의 범주가 셋 이상인 경우에도 각 범주별 행태 차이를 분석하기 위하여 가변수를 사용할 수 있다. 이 경우는 '범주(집단)의 개수−1'개의 가변수가 사용된다. 예를 들어 인종/민족성의 경우 네 가지 집단이 있으므로, 세 개의 가변수가 사용된다. 각 가변수는 각 집단에 해당하면 1, 아니면 0의 값을 갖는다. 가변수 설정에서 제외된 나머지 집단은 가변수로 설정된 집단들과 비교하기 위한 기준집단이 된다.

인종/민족성 항목에서 백인을 기준집단으로 한다면, 나머지 집단인 흑인, 히스패닉, 기타인종에 대한 가변수가 설정된다. 흑인 가변수는 응답자가 흑인이면 1, 다른 인종이면 0의 값을 갖고, 히스패닉 가변수는 응답자가 히스패닉이면 1, 다른 인종이면 0의 값을 갖는다. 기타인종의 경우도 마찬가지이다.

아래에는 연속변수인 X와 세 개의 인종 가변수로 이루어진 회귀모형식이 제시되어 있다.

$$Y = \beta_0 + \beta_1 X + \beta_2 \text{흑인} + \beta_3 \text{히스패닉} + \beta_4 \text{기타}$$

이 회귀모형을 인종별로 정리하면 다음과 같이 된다(어렵지 않다. 각자 해보자).

$$\begin{array}{lllll} \text{백인} & : & Y= & \beta_0 & + \beta_1 X \\ \text{흑인} & : & Y= & \beta_0+\beta_2 & + \beta_1 X \\ \text{히스패닉} & : & Y= & \beta_0+\beta_3 & + \beta_1 X \\ \text{기타} & : & Y= & \beta_0+\beta_4 & + \beta_1 X \end{array}$$

각 인종 가변수의 계수값은 X가 동일할 때, 백인과 해당 인종의 종속변수값의 차이를 보여준다. 가령 Y를 월소득, X를 학력이라 하자. 이때 $\beta_2 = -1{,}000$(달러)라면, 학력 수준이 동일해도 흑인은 백인에 비해 월소득이 1,000달러 작다는 것을 보여준다. 각 β_i에 임의의 수치를 부여한 후에 그래프를 그려보자.

제12장 점검

12장을 제대로 배웠다면 다음과 같은 것들을 충분히 해낼 수 있어야 한다.

1. 다중회귀분석이 인과관계 분석으로 가장 널리 쓰이는 이유 그림 그려서 설명하기
2. 그럼에도 불구하고 사회현상의 인과관계 분석에 다중회귀분석을 적용할 때의 한계점 설명하기
3. 단순회귀분석에서의 독립변수 추정계수값이, 독립변수를 추가한 다중회귀분석에서 변하는 이유 설명하기
4. R^2 과 $\bar{R}^2$의 의미 설명하기
5. R^2 값이 $[Corr(Y, \hat{Y})]^2$ 값과 동일한 이유와 의미 설명하기
6. 다중회귀분석에서 적합도 검정(F 검정)의 의미 설명하기
7. 표준화 회귀계수 의미 설명하기
8. 연속변수와 가변수를 독립변수로 포함한 다중회귀모형 예로 들고 계수값 의미 설명하기
9. 통계 패키지로 자료 이용하여 다중회귀분석 해보고 결과표 해석하기
10. 회귀분석 기본가정들의 의미 설명하기
11. 특히 왜 $Corr(X, \varepsilon)=0$이라는 가정이 인과관계 추론에서 핵심가정인지, 이를 위반하면 어떤 문제가 발생하는지 설명하기
12. 회귀분석을 각각 예측과 인과관계추론을 위해 적용할 때, 강조점의 차이 설명하기

연습문제 해답과 자료 | "blog.naver.com/statforss"

연습문제 E·X·E·R·C·I·S·E

다음의 연습문제도 내 학부 수업인 '행정통계분석'의 기말시험 문제 중 일부다. 앞의 'Advanced'와 유사하다. 'Advanced' 문제들을 풀 수 있으면 이 문제들도 당연히 풀 수 있다. 3번의 경우는 χ^2 검정과 F 검정에 대한 문제를 포함하고 있지만 복습 차원에서 해 보자. 이를 통해 χ^2 검정, F 검정, 가변수를 사용한 회귀분석의 관계를 잘 이해할 수 있다.

1. 경심이는 임금과 다른 변수들과의 관계를 분석하려고 한다. 이를 위해 민간부문 근로자 2천명에 대한 임금, 교육, 연령, 성별 자료를 구했다. 이 변수들의 기술통계(평균)는 다음과 같다.

변수	남(1400명)	여(600명)
임금(만 원)	350	250
교육(년)	14	12
연령(세)	40	30

그리고 다음과 같은 회귀분석 결과를 얻었다. 계수값은 모두 유의수준 0.01 이하에서 유의미하다.

임금=△ + 5*연령 + 10*교육 + □*성별 R^2=0.35 〈식 1〉

1) 상수항의 추정계수 △와 성별(남=1, 여=0)의 추정계수 □는 얼마인가?
2) 성별 추정계수값이 표에 제시된 남녀 임금 격차보다 작은 이유는 무엇인가?
3) 실제 자료에서 교육은 중졸, 고졸, 대졸의 세 범주로 되어 있다. 위의 기술통계는 중졸=9, 고졸=12, 대졸=16을 대입해서 구한 것이다. 그런데 임금 수준은 교육년수에 정비례하는 것이 아니라, 중졸, 고졸, 대졸처럼 최종학위에 따라 달라진다고 알려져 있다. 고학력일수록 임금이 높으며, 중졸과 고졸 격차에 비해 고졸과 대졸 격차가 훨씬 크다. 이를 반영하는 회귀모형을 구성하여 가상의 추정결과를 제시하고, 결과의 의미를 간략히 설명해보자. 가상의 결과를 만들 때는 문제에 제시된 회귀분석 결과를 어느 정도는 반영하도록 해 보자.
4) 개인의 '재능'은 개인의 교육수준과 임금 모두에 +의 영향을 미친다. 재능은 'TQ'라는 지수로 측정한다고 하자(어떻게 측정하는지는 모르지만 재능을 제대로 측정한다). 〈식 1〉의 독립변수에 'TQ'가 추가된다면 〈식 1〉의 결과는 어떻게 바뀔지 생각해보자.

2. 경심이 친구 순심이는 9급 입직 공무원 중에서 500명을 무작위 추출하여 임금 회귀모형을 추정하였다. 독립변수는 영심이와 동일하게 연령, 교육, 성별이다. 9급 입직 공무원의 학력은 고졸 아니면 대졸인데, 고졸자는 대졸자에 비해 평균 4년 더 빨리 입직한다. 그리고 여성은 남성에 비해 평균 3년 더 빨리 입직한다. 공무원의 임금은 동일한 입직 직급이면 전적으로 근무년수에 의해 결정된다. 다음 문제에 답해보자.

1) 위에 서술된 공무원의 임금수준 특성을 잘 반영할 수 있는 회귀모형을 구성한 뒤 가상의 결과(R^2값 포함)를 적어보자. 이를 영심이가 추정한 민간의 결과와 비교하여 설명하라.
2) 연령 변수를 빼고 대신 근무년수를 독립변수로 포함하면 1)의 결과는 어떻게 바뀌

겠는가?

Hint 교육(대졸 가변수)과 성별 계수값, 추정계수의 t 값이 확실히 변하며 R^2 값도 달라진다.

3. S당 정책연구원은 '연령대와 학력수준이 S당 지지에 미치는 영향'을 분석했다. 연령대는 40세 이하, 41세 이상의 두 카테고리로, 학력수준은 고졸이하, 대졸이상의 두 카테고리로 측정하였으며, S당지지 여부는 지지함, 지지안함의 두 카테고리로 측정했다. S당 지지율은 높은 연령대에서, 그리고 낮은 학력수준에서 더 높다.

1) 이와 같은 특성을 반영하는 가상의 교차표를 작성하고 χ^2 검정을 절차에 따라 실시하라. χ^2 검정 논리와 절차를 아는지 보기 위한 문제일 뿐이며, 검정통계량이나 임계치 등을 정확하게 제시할 필요는 없다. 교차표는 연령대×교육수준=4개의 집단에 대한 찬반 빈도를 제시하는 것, 즉 총 8개의 셀로 구성하라. 각 집단의 빈도분포는 가급적 단순하게 만들어야 다음 문제를 풀 때 편리하다.

2) 1)의 교차표를 이용하여 연령대와 학력수준에 따라 S당 지지율에 차이가 있는가에 대한 분산분석(F 검정)을 절차에 따라 실시하라. 역시 F 검정 논리와 절차를 아는지 보기 위한 문제일 뿐이며, 검정통계량이나 임계치 등을 정확하게 제시할 필요는 없다.

Hint 먼저 교차표로부터 4개 집단의 평균비율을 구할 것

3) 문제의 특성을 반영하는 회귀모형을 구성하고, 교차표 혹은 2)의 4개 집단의 평균비율에 부합하는 추정계수를 제시하고 설명하라.

Hint 4개 집단이므로 4−1=3개의 가변수를 구성

4) 소득과 교육수준 사이에는 +의 관계가 존재한다. 하지만 3)의 회귀모형에는 소득변수가 제외되어 있다. 이것이 교육수준과 여당지지율 간의 인과관계 추론에 어떤 영향을 가져올지 설명하라.

Hint 소득과 교육수준 여당지지율 간의 관계에서 무엇이 교란요인인지 따져 보라.

데이터를 활용한 연습문제 E·X·E·R·C·I·S·E

앞에서는 이론적으로 분석 방법과 결과를 논의했는데, 이번에는 실제 자료를 이용하여 분석함으로써 앞서의 논의 내용을 확인해 보자. 이를 위해 'income.dat' 자료를 사용한다. 이 자료는 회사원(민간임금근로자), 공무원, 자영업자를 각각 400명씩 표본 추출하여 월 근로소득과 기타 인적특성을 조사한 것이다. 이것은 대학원 기초통계학 수업의 테이크홈 시험문제였다.'

job_type: 1=민간임금근로자, 2=공무원, 3=자영업자
earnings: 월 근로소득
age: 연령
male: 1=남성, 0=여성
schyear: 교육년수 6=초등졸 9=중졸 12=고졸 14=전문대졸 16=4년제대학졸 18=석사 22=박사
regular: 1=정규직 0=비정규직

1. 세 직종(자영업자, 회사원, 공무원)별로 구분하여 다음과 같이 기술통계(평균, 표준편차)를 제시하라. 첫 번째 셀만 예시로 제시했다. 표준편차는 ( )에 있다.

변수	회사원	공무원	자영업자
월 근로소득(만 원)	366.6(144.9)		
교육년수(년)			
연령(세)			
남성(남=1, 여=0)			
표본 수	400	400	400

1) 세 직종의 평균 교육수준에 차이가 있는가에 대한 분산분석(F 검정)을 실시하라.
2) 세 직종의 평균 교육수준에 차이가 있는가에 대한 χ^2 검정을 실시하라. 단, 교육수준은 중졸이하, 고졸, 대졸이상의 3개 카테고리로 만들어 실시하라.

2. 소득을 종속변수로 하고 공무원여부(1=공무원, 0=공무원 아님)와 자영업여부(1=자영업자 0=자영업자 아님)를 독립변수로 하는 회귀모형을 구성하고 분석을 실시하라. 공무원여부와

자영업여부 가변수는 직접 만들어야 한다. 그리고 상수항 및 독립변수의 계수값을 기술통계표의 직종별 평균 월근로소득의 차이와 비교해 설명하라.

3. 이번에는 2의 회귀모형에 독립변수로 연령, 성별, 교육년수를 추가한 회귀모형을 구성하고 분석을 실시하라.
   1) 각 독립변수 추정계수값의 의미를 설명하라.
   2) 공무원여부와 자영업여부의 계수값이 2에서의 결과와 달라진 이유를 기술통계표에 제시된 다른 독립변수들의 직종별 평균값과 연계해서 설명해 보라.
   3) 교육수준을 교육년수 대신 중졸이하, 고졸, 대졸이상의 3개 수준으로 구분하고 수준별 가변수를 넣어서 분석을 실시하라(Hint 고졸(1=고졸 0=고졸아님)과 대졸이상(1=대졸이상, 0=대졸미만)이라는 두 개의 가변수를 만들고, 교육년수 변수를 삭제하고 이 두 변수를 포함하면 됨).

4. 이번에는 3개 직종별로 각각 회귀분석을 실시하라. 종속변수는 소득, 독립변수는 연령, 성별, 교육년수이다. 3개 직종별 추정결과를 비교하면서, 각 직종의 특성을 설명하라. 각 독립변수의 계수값 차이 및 R^2 값이 다른 이유를 직종별 특성과 연결해서 설명해야 한다.

5. 이번에는 남성과 여성을 분리하여 각각 임금 회귀분석을 실시하라. 자영업자 자료는 제외하고, 임금근로자만을 대상으로 한다. 종속변수는 소득, 독립변수는 연령, 교육년수, 공무원 여부이다. 추정결과를 보면 공무원 여부 계수값이 성별에 따라 크게 다르다. 이로부터 공공부문과 민간부문 노동시장의 특성을 설명하라.

참고문헌

남궁근(2017). 행정조사방법론 5판. 법문사.

노화준(1989). 행정계량분석. 법문사.

이정우(1997). 소득분배론. 비봉출판사(BBbooks).

허명회(2001). 통계적 개념,방법,응용. 자유아카데미.

사이버국가고시센터(2016). 공직적성검사(PSAT) 기출문제, 사이버국가고시센터 홈페이지 (https://www.gosi.kr/cop/bbs/selectBoardArticle.do).

서울특별시(2016). 한눈에 보는 2016년 서울시 예산. 서울특별시 홈페이지, http://finance.seoul.go.kr/archives/33432.

한국은행(2012). 금융안정보고서.

Admissions: Data From Berkeley. American Association for the Advancement of Science. Vol. 187: 398-404.

Bickel, P. J. & E. A. Hammel & J.W. O'Connell(1975). Sex Bias in Graduate Levitt, Rubin, Allen & Earl Babbi(2014). Research methods for Social Work, 8the edition, Belmont CA:Brooks/Cole.

Steven D. & Stephen J. Dubner(2005). 괴짜경제학(Freakonomics). 안진환 옮김. 웅진지식하우스

Triolla, Mario F.(2009). Elementary Statistics, 11th edition, Addison Wesley. Pearson College Div.

OECD(2014). Society at a Glance 2014: OECD Indicators, OECD Publishing.

Dallal, Gerard E.(2017.10.3). Correlation Coefficinets. Retrieved from http://www.jerrydallal.com

Williams, Richard(2017.9). Department of Sociology University of Notre Dame. Courses Materials: outliers. Retrieved from https://www3.nd.edu/~rwilliam.

부 표

Ⅰ. 표준정규분포표
Ⅱ. t 분포표
Ⅲ. χ^2 분포표
Ⅳ. F 분포표

Ⅰ. 표준정규분포표

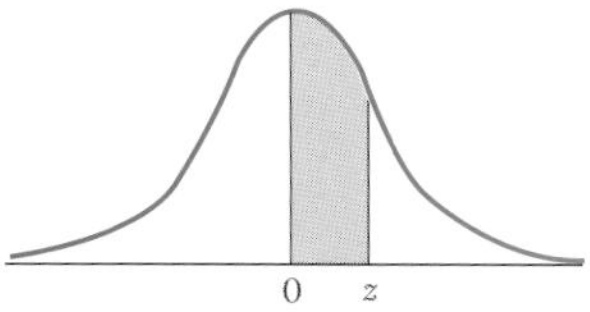

z	.00	.01	.02	.03	.04	.05	.06	.07	.08	.09
0.0	.0000	.0040	.0080	.0120	.0160	.0199	.0239	.0279	.0319	.0359
0.1	.0398	.0438	.0478	.0517	.0557	.0596	.0636	.0675	.0714	.0753
0.2	.0793	.0832	.0871	.0910	.0948	.0987	.1026	.1064	.1103	.1141
0.3	.1179	.1217	.1255	.1293	.1331	.1368	.1406	.1443	.1480	.1517
0.4	.1554	.1591	.1628	.1664	.1700	.1736	.1772	.1808	.1844	.1879
0.5	.1915	.1950	.1985	.2019	.2054	.2088	.2123	.2157	.2190	.2224
0.6	.2257	.2291	.2324	.2357	.2389	.2422	.2454	.2486	.2517	.2549
0.7	.2580	.2611	.2642	.2673	.2703	.2734	.2764	.2794	.2823	.2852
0.8	.2881	.2910	.2939	.2967	.2995	.3023	.3051	.3078	.3106	.3133
0.9	.3159	.3186	.3212	.3238	.3264	.3289	.3315	.3340	.3365	.3389
1.0	.3413	.3438	.3461	.3485	.3508	.3531	.3554	.3577	.3599	.3621
1.1	.3643	.3665	.3686	.3708	.3729	.3749	.3770	.3790	.3810	.3830
1.2	.3849	.3869	.3888	.3907	.3925	.3944	.3962	.3980	.3997	.4015
1.3	.4032	.4049	.4066	.4082	.4099	.4115	.4131	.4147	.4162	.4177
1.4	.4192	.4207	.4222	.4236	.4251	.4265	.4279	.4292	.4306	.4319
1.5	.4332	.4345	.4357	.4370	.4382	.4394	.4406	.4418	.4429	.4441
1.6	.4452	.4463	.4474	.4484	.4495	.4505	.4515	.4525	.4535	.4545
1.7	.4554	.4564	.4573	.4582	.4591	.4599	.4608	.4616	.4625	.4633
1.8	.4641	.4649	.4656	.4664	.4671	.4678	.4686	.4693	.4699	.4706
1.9	.4713	.4719	.4726	.4732	.4738	.4744	.4750	.4756	.4761	.4767
2.0	.4772	.4778	.4783	.4788	.4793	.4798	.4803	.4808	.4812	.4817
2.1	.4821	.4826	.4830	.4834	.4838	.4842	.4846	.4850	.4854	.4857
2.2	.4861	.4864	.4868	.4871	.4875	.4878	.4881	.4884	.4887	.4890
2.3	.4893	.4896	.4898	.4901	.4904	.4906	.4909	.4911	.4913	.4916
2.4	.4918	.4920	.4922	.4925	.4927	.4929	.4931	.4932	.4934	.4936
2.5	.4938	.4940	.4941	.4943	.4945	.4946	.4948	.4949	.4951	.4952
2.6	.4953	.4955	.4956	.4957	.4959	.4960	.4961	.4962	.4963	.4964
2.7	.4965	.4966	.4967	.4968	.4969	.4970	.4971	.4972	.4973	.4974
2.8	.4974	.4975	.4976	.4977	.4977	.4978	.4979	.4979	.4980	.4981
2.9	.4981	.4982	.4982	.4983	.4984	.4984	.4985	.4985	.4986	.4986
3.0	.4987	.4987	.4987	.4988	.4988	.4989	.4989	.4989	.4990	.4990

Ⅱ. t분포표

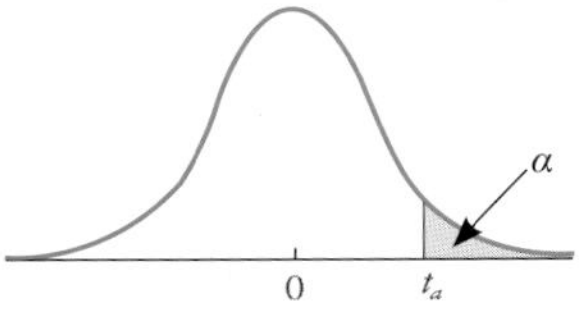

v \ α	.10	.05	.025	.01	.005
1	3.078	6.314	12.706	31.821	63.657
2	1.886	2.920	4.303	6.965	9.925
3	1.638	2.353	3.182	4.541	5.841
4	1.533	2.132	2.776	3.747	4.604
5	1.476	2.015	2.571	3.365	4.032
6	1.440	1.943	2.447	3.143	3.707
7	1.415	1.895	2.365	2.998	3.499
8	1.397	1.860	2.306	2.896	3.355
9	1.383	1.833	2.262	2.821	3.250
10	1.372	1.812	2.228	2.764	3.169
11	1.363	1.796	2.201	2.718	3.106
12	1.356	1.782	2.179	2.681	3.055
13	1.350	1.771	2.160	2.650	3.012
14	1.345	1.761	2.145	2.624	2.977
15	1.341	1.753	2.131	2.602	2.947
16	1.337	1.746	2.120	2.583	2.921
17	1.333	1.740	2.110	2.567	2.898
18	1.330	1.734	2.101	2.552	2.878
19	1.328	1.729	2.093	2.539	2.861
20	1.325	1.725	2.086	2.528	2.845
21	1.323	1.721	2.080	2.518	2.831
22	1.321	1.717	2.074	2.508	2.819
23	1.319	1.714	2.069	2.500	2.807
24	1.318	1.711	2.064	2.492	2.797
25	1.316	1.708	2.060	2.485	2.787
26	1.315	1.706	2.056	2.479	2.779
27	1.314	1.703	2.052	2.473	2.771
28	1.313	1.701	2.048	2.467	2.763
29	1.311	1.699	2.045	2.462	2.756
30	1.310	1.697	2.042	2.457	2.750
40	1.303	1.684	2.021	2.423	2.704
60	1.296	1.671	2.000	2.390	2.660
120	1.289	1.658	1.980	2.358	2.617
∞	1.282	1.645	1.960	2.326	2.576

Ⅲ. χ^2 분포표

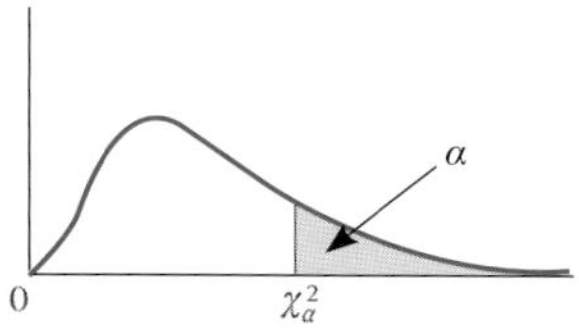

ν	α=0.995	α=0.99	α=0.975	α=0.95	α=0.05	α=0.025	α=0.01	α=0.005	ν
1	0.0000393	0.000157	0.000982	0.00393	3.841	5.024	6.635	7.879	2
2	0.0100	0.0201	0.0506	0.103	5.991	7.378	9.210	10.597	2
3	0.0717	0.115	0.216	0.352	7.815	9.348	11.345	12.838	3
4	0.207	0.297	0.484	0.711	9.488	11.143	13.277	14.860	4
5	0.412	0.554	0.831	1.145	11.070	12.832	15.086	16.750	5
6	0.676	0.872	1.237	1.635	12.592	14.449	16.812	18.548	6
7	0.989	1.239	1.690	2.167	14.067	16.013	18.475	20.278	7
8	1.344	1.646	2.180	2.733	15.507	17.535	20.090	21.955	8
9	1.735	2.088	2.700	3.325	16.919	19.023	21.666	23.589	9
10	2.156	2.558	3.247	3.940	18.307	20.483	23.209	25.188	10
11	2.603	3.053	3.816	4.575	19.675	21.920	24.725	26.757	11
12	3.074	3.571	4.404	5.226	21.026	23.337	26.217	28.300	12
13	3.565	4.107	5.009	5.892	22.362	24.736	27.688	29.819	13
14	4.075	4.660	5.629	6.571	23.685	26.119	29.141	31.319	14
15	4.601	5.229	6.262	7.261	24.996	27.488	30.578	32.801	15
16	5.142	5.812	6.908	7.962	26.296	28.845	32.000	34.267	16
17	5.697	6.408	7.564	8.672	27.587	30.191	33.409	35.718	17
18	6.265	7.015	8.231	9.390	28.869	31.526	34.805	37.156	18
19	6.844	7.633	8.907	10.117	30.144	32.852	36.191	38.582	19
20	7.434	8.260	9.591	10.851	31.410	34.170	37.566	39.997	20
21	8.034	8.897	10.283	11.591	32.671	35.479	38.932	41.401	21
22	8.643	9.542	10.982	12.338	33.924	36.781	40.289	42.796	22
23	9.260	10.196	11.689	13.091	35.172	38.076	41.638	44.181	23
24	9.886	10.856	12.401	13.848	36.415	39.364	42.980	45.558	24
25	10.520	11.524	13.120	14.611	37.652	40.646	44.314	46.928	25
26	11.160	12.198	13.844	15.379	38.885	41.923	45.642	48.290	26
27	11.808	12.879	14.573	16.151	40.113	43.194	46.963	49.645	27
28	12.461	13.565	15.308	16.928	41.337	44.461	48.278	50.993	28
29	13.121	14.256	16.047	17.708	42.557	45.722	49.588	52.336	29
30	13.787	14.953	16.791	18.493	43.773	46.979	50.892	53.672	30

Ⅳ. F 분포표

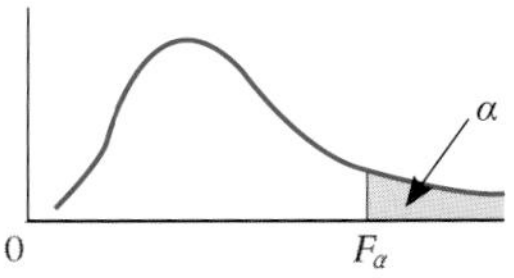

α=0.05

$\nu_2 \backslash \nu_1$	1	2	3	4	5	6	7	8	9	10	12	15	20	24	30	40	60	120	∞
1	161.4	199.5	215.7	224.6	230.2	234.0	236.8	238.9	240.5	241.9	243.9	245.9	248.0	249.1	250.1	251.1	252.2	253.3	254.3
2	18.51	19.00	19.16	19.25	19.30	19.33	19.35	19.37	19.38	19.40	19.41	19.43	19.45	19.45	19.46	19.47	19.48	19.49	19.50
3	10.13	9.55	9.28	9.12	9.01	8.94	8.89	8.85	8.81	8.79	8.74	8.70	8.66	8.64	8.62	8.59	8.57	8.55	8.53
4	7.71	6.94	6.59	6.39	6.26	6.16	6.09	6.04	6.00	5.96	5.91	5.86	5.80	5.77	5.75	5.72	5.69	5.66	5.63
5	6.61	5.79	5.41	5.19	5.05	4.95	4.88	4.82	4.77	4.74	4.68	4.62	4.56	4.53	4.50	4.46	4.43	4.40	4.36
6	5.99	5.14	4.76	4.53	4.39	4.28	4.21	4.15	4.10	4.06	4.00	3.94	3.87	3.84	3.81	3.77	3.74	3.70	3.67
7	5.59	4.74	4.35	4.12	3.97	3.87	3.79	3.73	3.68	3.64	3.57	3.51	3.44	3.41	3.38	3.34	3.30	3.27	3.23
8	5.32	4.46	4.07	3.84	3.69	3.58	3.50	3.44	3.39	3.35	3.28	3.22	3.15	3.12	3.08	3.04	3.01	2.97	2.93
9	5.12	4.26	3.86	3.63	3.48	3.37	3.29	3.23	3.18	3.14	3.07	3.01	2.94	2.90	2.86	2.83	2.79	2.75	2.71
10	4.96	4.10	3.71	3.48	3.33	3.22	3.14	3.07	3.02	2.98	2.91	2.85	2.77	2.74	2.70	2.66	2.62	2.58	2.54
11	4.84	3.98	3.59	3.36	3.20	3.09	3.01	2.95	2.90	2.85	2.79	2.72	2.65	2.61	2.57	2.53	2.49	2.45	2.40
12	4.75	3.89	3.49	3.26	3.11	3.00	2.91	2.85	2.80	2.75	2.69	2.62	2.54	2.51	2.47	2.43	2.38	2.34	2.30
13	4.67	3.81	3.41	3.18	3.03	2.92	2.83	2.77	2.71	2.67	2.60	2.53	2.46	2.42	2.38	2.34	2.30	2.25	2.21
14	4.60	3.74	3.34	3.11	2.96	2.85	2.76	2.70	2.65	2.60	2.53	2.46	2.39	2.35	2.31	2.27	2.22	2.18	2.13
15	4.45	3.68	3.29	3.06	2.90	2.79	2.71	2.64	2.59	2.54	2.48	2.40	2.33	2.29	2.25	2.20	2.16	2.11	2.07
16	4.49	3.63	3.24	3.01	2.85	2.74	2.66	2.59	2.54	2.49	2.42	2.35	2.28	2.24	2.19	2.15	2.11	2.06	2.01
17	4.45	3.59	3.20	2.96	2.81	2.70	2.61	2.55	2.49	2.45	2.38	2.31	2.23	2.19	2.15	2.10	2.06	2.01	1.96
18	4.41	3.55	3.16	2.93	2.77	2.66	2.58	2.51	2.46	2.41	2.34	2.27	2.19	2.15	2.11	2.06	2.02	1.97	1.92
19	4.38	3.52	3.13	2.90	2.74	2.63	2.54	2.48	2.42	2.38	2.31	2.23	2.16	2.11	2.07	2.03	1.98	1.93	1.88
20	4.35	3.49	3.10	2.87	2.71	2.60	2.51	2.45	2.39	2.35	2.28	2.20	2.12	2.08	2.04	1.99	1.95	1.90	1.84
21	4.32	3.47	3.07	2.84	2.68	2.57	2.49	2.42	2.37	2.32	2.25	2.18	2.10	2.05	2.01	1.96	1.92	1.87	1.81
22	4.30	3.44	3.05	2.82	2.66	2.55	2.46	2.40	2.34	2.30	2.23	2.15	2.07	2.03	1.98	1.94	1.89	1.84	1.78
23	4.28	3.42	3.03	2.80	2.64	2.53	2.44	2.37	2.32	2.27	2.20	2.13	2.05	2.01	1.96	1.91	1.86	1.81	1.76
24	4.26	3.40	3.01	2.78	2.62	2.57	2.42	2.36	2.30	2.25	2.18	2.11	2.03	1.98	1.94	1.89	1.84	1.79	1.73
25	4.24	3.39	2.99	2.76	2.60	2.49	2.40	2.34	2.28	2.24	2.16	2.09	2.01	1.96	1.92	1.87	1.82	1.77	1.71
26	4.23	3.37	2.98	2.74	2.59	2.47	2.39	2.32	2.27	2.22	2.15	2.07	1.99	1.95	1.90	1.85	1.80	1.75	1.69
27	4.21	3.35	2.96	2.73	2.57	2.46	2.37	2.31	2.25	2.20	2.13	2.06	1.97	1.93	1.88	1.84	1.79	1.73	1.67
28	4.20	3.34	2.95	2.71	2.56	2.45	2.36	2.29	2.24	2.19	2.12	2.04	1.96	1.91	1.87	1.82	1.77	1.71	1.65
29	4.18	3.33	2.93	2.70	2.55	2.43	2.35	2.28	2.22	2.18	2.10	2.03	1.94	1.90	1.85	1.81	1.75	1.70	1.64
30	4.17	3.32	2.92	2.69	2.53	2.42	2.33	2.27	2.21	2.16	2.09	2.01	1.93	1.89	1.84	1.79	1.74	1.68	1.62
40	4.08	3.23	2.84	2.61	2.45	2.34	2.25	2.18	2.2	2.08	2.00	1.92	1.84	1.79	1.74	1.69	1.64	1.58	1.51
60	4.00	3.15	2.76	2.53	2.37	2.25	2.17	2.10	2.04	1.99	1.92	1.84	1.75	1.70	1.65	1.59	1.53	1.47	1.39
120	3.92	3.07	2.68	2.45	2.29	2.17	2.09	2.02	1.96	1.91	1.83	1.75	1.66	1.61	1.55	1.50	1.43	1.35	1.25
∞	3.84	3.00	2.60	2.37	2.21	2.10	2.01	1.94	1.88	1.83	1.75	1.67	1.57	1.52	1.46	1.39	1.32	1.22	1.00

$\alpha=0.01$

$\nu_2 \backslash \nu_1$	1	2	3	4	5	6	7	8	9	10	12	15	20	24	30	40	60	120	∞
1	4052	4999.5	5403	5625	5764	5859	5928	5981	6022	6056	6106	6157	6209	6235	6261	6287	6313	6339	6366
2	98.50	99.00	99.17	99.25	99.30	99.33	99.36	99.37	99.39	99.40	99.42	99.43	99.45	99.46	99.47	99.47	99.48	99.49	99.50
3	34.12	30.82	29.46	28.11	28.24	27.91	27.67	27.49	27.35	27.23	27.05	26.87	26.69	26.60	26.50	26.41	26.32	26.22	26.13
4	21.20	18.00	16.69	15.98	15.52	15.21	14.98	14.80	14.66	14.55	14.37	14.20	14.02	13.93	13.84	13.75	13.65	13.56	13.46
5	16.26	13.27	12.06	11.39	10.97	10.67	10.46	10.29	10.16	10.05	9.89	9.72	9.55	9.47	9.38	9.29	9.20	9.11	9.02
6	13.75	10.92	9.78	9.15	8.75	8.47	8.26	8.10	7.98	7.87	7.72	7.56	7.40	7.31	7.23	7.14	7.06	6.97	6.88
7	12.25	9.55	8.45	7.85	7.46	7.19	6.99	6.84	6.72	6.62	6.47	6.31	6.16	6.07	5.99	5.91	5.82	5.74	5.65
8	11.26	8.65	7.59	7.01	6.63	6.37	6.18	6.03	5.91	5.81	5.67	5.52	5.36	5.28	5.20	5.12	5.03	4.95	4.86
9	10.56	8.02	6.99	6.42	6.06	5.80	5.61	5.47	5.35	5.26	5.11	4.96	4.81	4.73	4.65	4.57	4.48	4.40	.431
10	10.04	7.56	6.55	5.99	5.64	5.39	5.20	5.06	4.94	4.85	4.71	4.56	4.41	4.33	4.25	4.17	4.08	4.00	3.91
11	9.65	7.21	6.22	5.67	5.32	5.07	4.89	4.74	4.63	4.54	4.40	4.25	4.10	4.02	3.94	3.86	3.78	3.69	3.60
12	9.33	6.93	5.95	5.41	5.06	4.82	4.64	4.50	4.39	4.30	4.16	4.01	3.86	3.78	3.70	3.62	3.54	3.45	3.36
13	9.07	6.70	5.74	5.21	4.86	4.62	4.44	4.30	4.19	4.10	3.96	3.82	3.66	3.59	3.51	3.43	3.34	3.25	3.17
14	8.86	6.51	5.56	5.04	4.69	4.46	4.28	4.14	4.03	3.94	3.80	3.66	3.51	3.43	3.35	3.27	3.18	3.09	3.00
15	8.68	6.36	5.42	4.89	4.56	4.32	4.14	4.00	3.89	3.80	3.67	3.52	3.37	3.29	3.21	3.13	3.05	3.96	3.87
16	8.53	6.23	5.29	4.77	4.44	4.20	4.03	3.89	3.78	3.69	3.55	3.41	3.26	3.18	3.10	3.02	2.93	2.84	2.15
17	8.40	6.11	5.18	4.67	4.34	4.10	3.93	3.79	3.68	3.59	3.46	3.31	3.16	3.08	3.00	2.92	2.83	2.75	2.65
18	8.29	6.01	5.09	4.58	4.25	4.01	3.84	3.71	3.60	3.51	3.37	3.23	3.08	3.00	2.92	2.84	2.75	2.66	2.57
19	8.18	5.93	5.01	4.50	4.17	3.94	3.77	3.63	3.52	3.43	3.30	3.15	3.00	2.92	2.84	2.76	2.67	2.58	2.49
20	8.10	5.85	4.94	4.43	4.10	3.87	3.70	3.56	3.46	3.37	3.23	3.09	2.94	2.86	2.78	2.69	2.61	2.52	2.42
21	8.02	5.78	4.87	4.37	4.04	3.81	3.64	3.51	3.40	3.31	3.17	3.03	2.88	2.80	2.72	2.64	2.55	2.46	2.36
22	7.95	5.72	4.82	4.31	3.99	3.76	3.59	3.45	3.35	3.26	3.12	2.98	2.83	2.75	2.67	2.58	2.50	2.40	2.31
23	7.88	5.66	4.76	4.26	3.94	3.71	3.54	3.41	3.30	3.21	3.07	2.93	2.78	2.70	2.62	2.54	2.45	2.35	2.26
24	7.82	5.61	4.72	4.22	3.90	3.67	3.50	3.36	3.26	3.17	3.03	2.89	2.74	2.66	2.58	2.49	2.40	2.31	2.21
25	7.77	5.57	4.68	4.18	3.85	3.63	3.46	3.32	3.22	3.13	2.99	2.85	2.70	2.62	2.54	2.45	2.36	2.27	2.17
26	7.72	5.53	4.64	4.14	3.82	3.59	3.42	3.29	3.18	3.09	2.96	2.81	2.66	2.58	2.50	2.42	2.33	2.23	2.13
27	7.68	5.49	4.60	4.11	3.78	3.56	3.39	3.26	3.15	3.06	2.93	2.78	2.63	2.55	2.47	2.38	2.29	2.20	2.10
28	7.64	5.45	4.57	4.07	3.75	3.53	3.36	3.23	3.12	3.03	2.90	2.75	2.60	2.52	2.44	2.35	2.26	2.17	2.06
29	7.60	5.42	4.54	4.04	3.73	3.50	3.33	3.20	3.09	3.00	2.87	2.73	2.57	2.49	2.41	2.33	2.23	2.14	2.03
30	7.56	5.39	4.51	4.02	3.70	3.47	3.30	3.17	3.07	2.98	2.84	2.70	2.55	2.47	2.39	2.30	2.21	2.11	2.01
40	7.31	5.18	4.31	3.83	3.51	3.29	3.12	2.99	2.89	2.80	2.66	2.52	2.37	2.29	2.20	2.11	2.02	1.92	1.80
60	7.08	4.98	4.13	3.65	3.34	3.12	2.95	2.82	2.72	2.63	2.50	2.35	2.20	2.12	2.03	1.94	1.84	1.73	1.60
120	6.85	4.79	3.95	3.48	3.17	2.96	2.79	2.66	2.56	2.47	2.34	2.19	2.03	1.95	1.86	1.76	1.66	1.53	1.38
∞	6.63	4.61	3.78	3.32	3.02	2.80	2.64	2.51	2.41	2.32	2.18	2.04	1.88	1.79	1.70	1.59	1.47	1.32	1.00

찾아보기

I·N·D·E·X

국문